《韦卓民全集》编委会

顾　问：章开沅
主　任：马　敏

编委会成员：（按姓氏笔画顺序）

马　敏　　王世鹏　　刘占峰　　刘明海
刘家峰　　余子侠　　张　舟　　张卫国
李良明　　李艳鸽　　范　军　　段　维
赵子柳　　高新民　　唐有伯　　曹方久
熊桂玉

湖北省学术著作出版专项资金资助项目

韦卓民全集 第九卷

逻辑学研究

张卫国 张舟 等整理

韦卓民／著

华中师范大学出版社

图书在版编目(CIP)数据

韦卓民全集·第九卷/韦卓民著;张卫国,张舟等整理. —武汉:华中师范大学出版社,2016.7
ISBN 978-7-5622-7226-7

Ⅰ.①韦… Ⅱ.①韦… ②张… ③张… Ⅲ.①韦卓民(1888—1976)—全集 Ⅳ.①C52

中国版本图书馆 CIP 数据核字(2015)第 315665 号

韦卓民全集·第九卷

ⓒ 韦卓民著 张卫国 张 舟等整理

责任编辑:曾 艳	责任校对:王 炜
编辑室:学术出版中心	电话:027－67863220
出版发行:华中师范大学出版社	社址:湖北省武汉市珞喻路 152 号
电话:027－67863426/3280(发行)	027－67861321(邮购)
传真:027－67863291	
网址:http://www.ccnupress.com	电子信箱:press@mail.ccnu.edu.cn
印刷:湖北恒泰印务有限公司	督印:王兴平
字数:762 千字	封面设计:甘 英
开本:710mm×1000mm 1/16	印张:48
版次:2016 年 7 月第 1 版	印次:2016 年 7 月第 1 次印刷
定价:143.00 元	

欢迎上网查询、购书

敬告读者:欢迎举报盗版,请打举报电话:027－67861321

总　序

历经 20 年以上两代华师相关学者曹方久、高新民诸教授的辛勤搜集、整理、校订、编辑,《韦卓民全集》终于出版问世。这是华中师范大学出版社的又一壮举,也是这位前辈大家给我们留下的一笔丰厚学术文化遗产。

韦卓民先生不仅是一位卓越的大学校长,还是一位学贯中西、博古通今的杰出学者,其重要业绩在于中西文化之沟通。他毕业于华大前身文华大学,并曾先后就读于哈佛、伦敦、牛津、柏林等世界著名大学。他以毕生精力营造中西文化交流的桥梁。正如年轻一代学者王宏维所描述的那样:"集翻译、研究、教学于一体,熔'三大批判'于一炉,风雨如磐,运动迭起。精译、深耕、勤教,始终无怨无悔。"1915 年,韦先生以英文撰写《孟子之政治思想》,取得文华大学文学硕士学位,可以看作是其学术生涯的发端。随后陆续发表的《佛教净土宗以信得救的教义及其与基督教之比较》(1920)、《孔门伦理》(1929,博士论文)、《中国文化之精神》(1947)等论著,则是这一事业的继续发展。上个世纪 50 年代中期以后,他身处逆境,而沟通中西文化致力更勤,译著笔耕始终未辍,如《康德哲学介绍》(1956)、《亚里士多德逻辑》(1957)、《培根与其〈新工具〉》(1956)、《康德哲学浅说》(1972)、《黑格尔〈小逻辑〉讲稿》(年代不详)等。这些学术业绩多侧重于介绍西方传统文化的精华,特别是对亚里士多德、培根、康德、黑格尔等人哲学名著的翻译、阐释与导读。早在 1928 年他就说过:"有机体须从其环境吸收并同化一些要素,而且只有在吸收及同化的过程不断的情况下,才可能有生命。'综合'一词是很重要的。它意指我们须对我们要综合的文化有完整的分析,比较其优缺点,然后造成一个有机体的整体,以保存两种文化的优点。我们必须这样做,而且必须以母体系统为新结构的间架。这是精神创新的工作……又是多么伟大的工作。"(《东西文化之综合问题》,据台北韦卓民纪念馆译文)这些话陈义甚高。他是这样说的,也是这样做的,而且是以自己的全部生命投入这项伟大工作。或许可以说,不理解这一点就不懂得真正的韦卓民。

诚然,韦卓民是一个虔诚的基督徒,但他信仰而非偏执,更没有流于浅薄的迷信。其根本原因就在于他是一个真正的哲学家,在精神世界更着重于理性的超越,既超越世俗,也超越宗教。正如香港年轻一代学者陈广培所曾指出:韦卓民眼中的基督教与中国社会文化的关系,"隐含着'他者'的伦理视野",其终极探究乃是整个宇宙与人类文明的存在与变化。但他并非沉溺于幻想,而是立足现实,关切现实,理解现实。所以他在基督教对华传播问题上,极力主张必须根植于中华文化土壤。用我自己的话来表述,就是"主归中华应该先于中华归主"。作为基督徒,他当然希望"将远东拥有世界最悠久历史的这个国家的优良文化,带到主的神坛前,作为对主的奉献"。因此,他自己坦然承认:"我毕生研究,都在导致去发现怎样使中国文化基督教化。"但他毕竟又是一个经过长期科学训练的现代哲学家,他对基督教的信仰,虔诚而非迷信,从不认为任何经典就是绝对真理,而多数传教士与基督徒信奉与传播的也不一定就是真正的教义真谛。所以,他摒弃西方中心主义,特别是许多欧美差会在华传播基督教过程中所拘守的专断与偏执。我认为,他在学术上致力更多的还是对西方近代哲学名著的译介与诠释。即使是在神学方面,也是反复强调并致力于基督教的中国化,即根植于中华文化。

韦卓民一生最为辉煌的时期是 1945—1947 年。抗战胜利后,华中大学返回昙华林,重整家园,百废待兴,并且雄心勃勃制订十年发展计划。在此期间,他曾应邀赴美讲学,先是作为鲁斯世界基督教讲座教授(The Henry W. Luce Visiting Professorship of World Christianity),发表题为"让基督教在中国土地上生长"(Rooting the Christian Church in Chinese Soil)的系统演讲。随后,又应 Hewell 基金会邀请,在 Andoer-Newton 以及波士顿的圣公会多次演讲,主题是"中国文化之精神"(The Spirit of Chinese Culture)。这些系列演讲,均于 1947 年在美国结集出版。

这次讲学,规格甚高,声誉颇隆。韦卓民以前在耶鲁大学的老同事,曾任美国历史学会与美国教会史学会会长的赖德烈教授(Kenneth Scott Latourette),为其演讲文集撰写序言,高度评价说:"韦博士了解中国文化的精神,有同情而深度的睿智,同时他又是一位基督徒,在向英语世界里,阐述中国文化之深处,实在罕与其比。"赖德烈1910—1917年曾在中国雅礼学院任教,是上个世纪30—40年代美国中国史与教会史研究的领军人物,他对韦卓民的评价绝非礼仪性的客套,而是由衷的倾服。韦卓民虽然专攻西方哲学,但其中国文化根底甚深,长期教授逻辑学、代数与几何、政治学、哲学、神学等课程,早已具备中西跨文化研究(他自己称为"综合")的坚实基础,即使对欧洲早期汉学大家也不盲目崇信。韦卓民曾指出:"由于不够严谨地解释中国文字中若干名词,或是无意地把若干我们自己的意见掺杂到中国哲学宗教文献之中,我们假中国文化之名,表达我们自己的思想。……如此我们犯了理解上的谬误,翻译上的谬误,这尤其是在引用上最恶劣的谬误,因为在翻译原著时,你等于有效地告诉读者,这是原作者的意思。……最著名的汉学家,往往是最大的罪人。但是谁肯带头来批评呢?"他只有自己带头来批判,并且指名道姓地以这些"饱学之士"为例,如"19世纪的Legge(理雅各)与Ross(罗约翰),20世纪的Bruce(卜道成)和Rawlinson(乐灵生)"。他有意不提当时仍然在世的某些"饱学之士"的名字,算是给他们留点面子。

　　韦卓民在对外文化交流过程中显示出可贵的自觉与自信,他有足够的底气向西方学界挑战,因为他中文底子极好,熟读四书五经;又精通英、德、法、俄、希腊、拉丁等文字,不仅对西方相关经典著作钻研颇深,而且阅读涉猎甚广。例如,英国史学大师汤因比的巨著《历史研究》尚在陆续撰写出版之中,他就在演讲涉及人类文明兴衰时多次引用其论述,而当时中国史学界研究汤因比者还寥若晨星。韦卓民对西方"饱学之士"的批评,并非局限于经典中个别词语翻译的考订纠误。他特别强调:"我要指出的,不只是语言文字而已。整个的文化背景,必须也要加以考虑,诸如思想形式、思想规则、研究方法、哲学、宗教、艺术及社会结构等。"(以上引文均据老校友沈宝寰译文)因此,这种批评就不是口舌之争,更不是意气之争,而是力图实现层次更高而收效更为深远的东西文化高层交流。韦卓民的演讲不仅面对美国,而且面对世界;不仅面对基督徒,而且面对全人类。

　　韦卓民虽然是基督徒,但也是教育家与哲学家,他投入精力与思考更多的毕竟还是学校教育与哲学研究。教育使他进入世俗,哲学使他超越

宗教;他追求美好的理想,但始终立足于现实,立足于中国的土地,厕身于中国的人民。因此,不像那些专业的神学家与偏执的布道者,他公开而真诚地履行现实社会的公民承担。抗战爆发后,他不断以英文撰写时评文章,向全世界介绍中国人民团结抗击日本疯狂侵略的真实情况,勇敢地表明反对法西斯主义的政治立场,比如 1938 年 6 月在美国《耶鲁评论》(Yale Reviews)上发表《抗战初期中国的若干问题》(Questions about China),1940 年于重庆发表的长篇英文通讯稿《抗战时期中国的教育》(Education in Wartime China),1941 年春发表于《基督王国》(Christendom)杂志的《中国战争对中国文化的影响》(Cultural Effects of the Present War in China),1941 年 3 月在中国广播电台发表的广播词《学者在战争中的任务》(The Role of Scholars in the War)等。特别是这篇向美国人民发表的广播词,再次重申:"在中国所发生的战争,只是极权与民主间大战的先锋。过去一年半来的事实,证实了我的看法,中国正在作战,而且决心继续作战,直至正义和世界道德得到维护为止。"作为一所西迁云南大理的大学之校长,他还自豪地向世界宣布:"透过坚持不懈的努力,中国的高等教育,不仅在战时得以维持,而且在一些重要方面还获得了显著进步,特别是许多研究所和高等学府向大后方落后地区的转移,产生了很好的影响,使得过惯了沿海各地生活的师生们,有机会熟识内地的生活。这种情形本身就是一种具有深远意义的教育,文化得以广泛散布,现代思想得以传播,水准较低的学校,在和进步的省份迁来的大学接触后,也因此提高了程度和效能,其结果将是战后会出现一个更教育化的中国。"在这些平实而又恳挚的话语中,我们可以看到一个真正的爱国者,一个终生奉献教育的老校长,一个胸怀世界的卓越中国公民。

但是抗战结束以后,人们还没有从胜利的喜悦中醒悟过来,国民党反动派就发动了史无前例的大规模内战,而政府腐败与战祸绵延,迅速使广大民众再次陷入痛苦深渊。韦卓民与成千上万善良的知识精英一样,逐步放弃了对于国民党政府的幻想,同情民主运动,保护进步学生,并且毅然拒绝国民政府迁校台湾的指令。他与华中大学广大师生一起,迎接了新中国的诞生,并且接受人民政府的命令,断绝与外国差会的联系,把学校由私立改为公立,以后又顺应全国性院系调整,与中华大学、中原大学等校合并,改制建立华中师范学院。他确实自觉地努力适应新社会,新政府也确曾给予重视并委以领导建校的重任。但是由于朝鲜战争爆发,美国成为敌国,而中国选择"一面倒"的亲苏外交政策。在抗美援朝热潮中,教会大学被定位为"美帝侵华文化堡垒",其校长也相应被定格为"帝国主义文化侵略代理人"。在肃清"亲美"、"崇美"、"恐美"思想运动的高潮中,韦卓民成为理所当然且火力集中的靶子,并且从此离开学校领导岗位,成为一般教师。1957年他被错划为"右派"以后,在政治上更受歧视,"十年动乱"期间亦为当然的批斗对象,直至1976年以后才经过平反恢复名誉。但好景确实不长,不过两年,这一代学术宗师就溘然与世长辞。

应该承认,韦卓民1949年以后这将近30年之久的漫长岁月确实是一个悲剧,但悲剧并非个人原因造成。根据我个人亲自接触与文献检索两方面的了解,过去无论如何屈辱痛苦,俨然成为众矢之的,他都能以平和的心态、超脱的胸怀,似乎顺应而又有内在定力地坦然应对。他天性幽默,语言风趣。记得"文革"时期,他作为"批斗对象"每天都要挤公交车从昙华林到南湖校本部"集中学习"。吃中饭排长队时,有人好心提醒他的铝制饭盒已被挤扁,他微笑轻声回应:"人都扁了,何况饭盒?"这就是真实的韦卓民,一位伟大的哲学家、教育家。在那种是非颠倒、蒙冤受屈的岁月,仍然保持着学者的尊严与人格魅力,甚至在集中学习的"牛棚"里仍然照常写作不辍。

俱往矣,过往的岁月,已逝的往事!大江东去,浪淘尽千古风流人物。刘知几云:披沙拣金,时有获宝。评文如此,评人亦然,只要是真金,迟早总会闪耀炫目光芒。出版社领导嘱我作序,哲学与神学浅薄如我,何必贻佛头著粪之讥。但曾忝任后辈校长,毕竟有所相知,于公于私,义不容辞。感慨万端,直抒胸臆而已。不当之处,尚祈多界贤达不吝批评教正。

章开沅

乙未初冬 年方九十

于南湖实斋

韦卓民引领我们走向康德
——代出版前言

在中国,伟大哲学家康德的著作和思想正在被越来越多的人所熟悉、所掌握,他那博大精深的思想在中华民族精神进程中的魅力已逐步展现。

韦卓民先生对康德哲学在中国的传播起到了巨大的作用,他在康德哲学"东渐"过程中的关键性地位是不可磨灭的。

20世纪甫始,梁启超发表《近世第一大哲康德之学说》一文,首次向中国人系统地介绍了康德。

"五四"新文化运动前后,张颐先生率先将康德和黑格尔的哲学带进了中国大学的课堂,张铭鼎等许多老一辈的学者致力于康德哲学的介绍和传播,在文化理论界掀起了一个热潮。

20世纪30年代以后,国内陆续翻译出版了康德的一些原著,它们是:《纯粹理性批判》(胡仁源译,1931年,商务印书馆)、《实践理性批判》(张铭鼎译,1936年,商务印书馆)、《道德形而上学探本》(唐钺译,1937年,商务印书馆)。与此同时,也出现了一些有价值的研究专著和论文,如郑昕先生的《康德学述》(1946年,商务印书馆)。

从"五四"到中华人民共和国成立前,尽管康德哲学得到了一定传播,但正如贺麟先生所评论的:成效不大,深度不够,范围狭小,"以致最后谈康德的仅有学术界为数极少的几个人"[①]。这种情况之所以产生,恐怕与学术界对康德哲学原著的系统翻译和介绍工作做得不够有莫大关系。

20世纪60年代,这种情况得到了很大改善。康德的三大批判中译本陆续出版:《纯粹理性批判》(蓝公武译,1960年)、《实践理性批判》(关文运译,1960年)、《判断力批判》(宗白华、韦卓民译,1964年)。中国人终于可以用中文一窥康德批判哲学体系的全豹了。接着,商务印书馆又出

---

① 贺麟:《康德、黑格尔哲学在中国的传播》,见《贺麟选集》,吉林人民出版社,2005年,第461页。

版了三本解释康德原著的译作。即是韦卓民先生翻译的《康德〈纯粹理性批判〉解义》([英]斯密著,1964年)、《康德哲学著作选译》([加拿大]华特生编选,1963年)和《康德哲学讲解》([加拿大]华特生著,1963年)。

《纯粹理性批判》是批判哲学的根基,是康德的扛鼎之作。尘封20多年的蓝译《纯粹理性批判》的问世,对想学习康德而又无条件直接阅读原文的莘莘学子,就像久旱后之甘露①,它成了哲学系学生和哲学研究者案头必备之书。读懂康德,特别是他的《纯粹理性批判》,是十分艰难之事。入门需要引领,康蒲·斯密的《康德〈纯粹理性批判〉解义》,像他英译的康德原著一样,是一本国际公认的权威著作,近一个世纪以来,广泛流传,经久不衰。这一著作汉译本的出版,对康德哲学的传播,无疑又是一场及时雨。试问,有志于研究康德的学者,有几位没有读过这本《解义》的呢?这本书当时"内部"出版,印数很少,可谓洛阳纸贵,得之者将它作为珍品收藏。直到20世纪90年代,有的学校因难觅此书,为教学需要,不得不内部翻印,可见它的价值和作用。

同期出版的其他两本华特生讲解康德的译作,也是对学习、研究康德极具参考价值的读物。《康德哲学原著选读》(原书1888年出版)编选了"三大批判"和《道德形而上学基础》四本原著中的若干章节。作者认为这些包括了康德系统思想的一切要点,对初学康德哲学的人很有帮助,可以为进一步研究康德哲学作好充分准备。这本书曾作为加拿大的大学教材,美国的大学也采用过。《康德哲学讲解》(原书1908年出版)是作者用前书作为基本教材向大学生讲的讲稿,积20年的教学经验整理而成。作者认为把这两本书结合起来向学生传授康德哲学,是"比较成功的一种试验结果"。韦卓民教授也正是用过华特生的教本和经验讲授康德哲学的。

以《解义》为标志的上述三本讲解康德哲学的著作,对促进康德哲学的教学、研究的重要意义,是显而易见的。它们的翻译出版,在康德哲学东渐史中,如果不能说"不亚于",那也是"仅次于"康德原著翻译出版的一件大事。在短短的两三年内,韦卓民先生向世人贡献了包括《判断力批判》(下册)在内的四本有关康德的译作,这在当时无人能出其右,可以说,

---

① 20世纪30年代出版的胡仁源的译本是公认读不懂的。

解放后国内引进康德哲学最早、最多、最有力者,实应首属韦卓民先生。这些事实已然可以确定:在康德哲学在中国传播的第三个阶段①中,韦先生起到了发端奠基的重要历史作用。

但韦卓民先生所从事的康德哲学的传播、研究工作远远不止于此,人们以前知道得太少了。

韦卓民先生是一位学贯中西、融汇古今的大学者。他在中外哲学史、逻辑、教育和宗教神学等领域中均有很深的造诣与丰硕的建树。在西方哲学史领域,韦先生着重研究了四个人,即亚里士多德、培根、康德和黑格尔。关于这四位哲人,他均有遗著留下,但花时间最长、耗精力最多的乃是康德。在他留下近百部(篇)达七八百万字的中英文遗稿中,关于康德哲学的竟占了二分之一左右。这些足以证明,20 世纪中期,国内关于康德哲学的传播和研究,韦先生确实是首屈一指的。

韦先生之所以花大力从事康德哲学的传播和研究,是因为,他把康德看作西方哲学思想发展中承前启后的最关键人物。他认为,研究西方近代哲学中的人不管谈什么哲学问题,都必须追踪到康德。在他讲授康德、黑格尔哲学时,讲到康德,不时会流露出一种激情,这是他讲黑格尔时所没有的。他曾向王元化先生讲过,他对康德的评价远远超过黑格尔。当然,在那极"左"的年代里,他在称颂康德的同时也不得不从政治角度斥责过康德几句,这是可以理解的。

韦先生在 1957 年突遭厄运后,从居住几十年的校长楼移居一间斗室,工资陡降,生活条件急剧变差,但他从容对待,一心扑到对康德等人的研究上,到"文革"前,数年内以惊人的速度译出有关康德的专著竟达 10 部,300 余万字(同一时期,韦先生还撰写和翻译了 4 本关于黑格尔哲学和逻辑学等方面的著作达 100 万字左右)。这个时期,是中国最需要理性和人性的时期,也是他在康德的研究中成就最多的时期,也许这并不是偶然的。商务印书馆慕其名向他约稿,由于"文革"爆发,只出版了 4 部,这可以说是学界的一大损失。此后 10 年,这位耄耋老人在蹲牛棚、下农村、

---

① 贺麟先生在《康德、黑格尔哲学在中国的传播》中把康德、黑格尔哲学在中国的传播分为三个时期:早期为从变法运动到五四运动,中期为从五四运动到全国解放,后期为中华人民共和国成立之后到现在。

挨批斗、受凌辱等更为恶劣的境遇中仍念念不忘康德、黑格尔,笔耕不辍。在那令知识分子濒于崩溃绝望的岁月,他鼓励难友说:"要有信心,做学问不能停下来!"像其他中国学者一样,韦卓民先生也以自己的人格谱写了康德、黑格尔东渐史上悲壮的一幕。

我们看到,韦先生关于康德研究的遗著中,绝大部分是译著,是康德的原著和对原著解读的著作。他认为,要真正认识康德哲学一定要读原著,特别是他的"三大批判",这是康德哲学思想的精髓。韦先生曾著文专门分析"三大批判"的前提、基础和背景,提出了独到的见解。他认为"三大批判"中的《纯粹理性批判》是重中之重,代表了康德在哲学史上的地位。五六十年代,他在"康德哲学讲座"上,主要讲的是《纯粹理性批判》。他着重分析了该书的主题思想"验前综合判断怎样成为可能的?"这一课题的理论来源、内容实质和解决途径。正是因为想要帮助国内学子更好、更深入地学习这部名著,才知难而进,重新翻译这本最难读的书,以克服当时已有译本中的缺陷。在此前后,他还翻译了两位英国学者讲解《纯粹理性批判》的两本专著(即《康德〈纯粹理性批判〉解义》和《康德的经验形而上学》);特别在"文革"前夕,又翻译了康德为《纯粹理性批判》所撰的简写本《一切未来形而上学导论》。这些都说明了他对这一名著的异常重视。

但是韦先生并不是单纯为翻译而翻译,而是把研究寓于翻译之中,翻译的过程也就是他的研究过程。当年他讲康德、黑格尔哲学时,对一些重要概念、词语,总是反复地从结构、词根讲到语义,从英文、德文追溯到拉丁文,给人的感觉似乎有点"咬文嚼字"、"烦琐考证",但只要用心体会,就会领略到其中的奥妙和深刻。

下面仅举两例:

例一,"a priori"一词,国内一般都译为"先天",韦先生认为是错误的,因为"a priori"在拉丁文中并无"与生俱来"之意,康德用这个词更无此意。韦先生在译此词时,先译为"先验",后一再琢磨,觉得也不妥当。因为在康德著作里多年来已用"先验"来译德文的"transzendental",如果再用它来译"a priori",就混淆不清了。于是他反复推敲,最后决定创造一个崭新的词语"验前"来译"a priori"。从字面上看,二者似无甚区别,实际上意思却大不相同,"验前"更符合康德的原意。韦先生在"文革"中还专为此写过一篇文稿。韦先生的这一翻译,目前已得到许多学者的认同。例如中国人民大学的钟宇人教授在来信中写道:"康德所用'a priori'一词,蓝译本译为'先天的',影响很大,其实是不确切的。韦先生根据原拉丁文与对康德用意的深入研究,创译为'验前的',很符合康德所说'绝对不依赖于经验的'原意。"

例二,《纯粹理性批判》第二版序言中康德有一句名言:Ich musste also das Wissen aufheben, um zum Glauben Platz zu bekommen。20世纪的五六十年代,国内都把它译成"我否定知识,以便给信仰扫清地盘",并据此认定康德是个反对科学知识的信仰主义者。韦先生说,这根本不是康德的原意,是英译者错误地把"aufheben"译为"deny",国内有人据英文而译为"否定",是跟着别人犯错误。因此韦先生根据对德文"aufheben"与"Glaube"词义的考察,及对康德思想主旨的理解,把这句话译为"我要扬弃知识,以便替信念留有余地"。近年来,随着对康德哲学研究的深入,学术界对把"aufheben"译为"扬弃",把"Glaube"译为"信念"尚有不同的意见。但若留意到当年韦先生这样译,至少表达了康德既未否定知识,又给信仰扫清地盘的意蕴,从而为康德在中国的"错案"平了反,也就不难体会他的苦心了。

对康德哲学中的概念、术语,乃至重要句子,像这样苦心推敲、决不含糊的例子还有很多很多。正如韦先生说的,他在翻译时"以信为主",用尽心思忠实于原著,不能为了追求"达"、"雅"而损伤原著本意。为了更忠实于原著,他始终不断地修订自己的译文,刻苦钻研、精益求精,正如他所说的,做学问一定要有一种"主见不可无,成见不可有"的独立与创新精神。这种精神在当今弥漫着浮躁、浮夸气氛的学术界,尤其值得提倡,值得推崇。

韦卓民先生在康德哲学研究领域卓有成效的工作,辉煌的成就,是他一生事业的重要组成部分。韦卓民先生乃是为了一个宏伟的工程而奋斗终生。这个工程就是营造一座宽广而坚实的融通中西文化的桥梁。早在70年前,他已明确了这一奋斗目标。1928年他在伦敦所作的一篇演讲中声称,融合异质文化是各民族文化发展的规律,而在当时的我国,"融合中西文化则是中国走向现代化而必需的、富有挑战性的工作"。他还旗帜鲜明地申明:在吸收西方文化时,我们反对妄自尊大的"保守派",也要反对崇洋媚外的"洋化派"。如果说,解放前他在融合中西文化方面所做的工作主要是通过在国内办教会大学、宣讲基督教神学和在国外讲解与介绍中国传统优秀文化的话,那么,解放后他就把主要精力放在西方哲学史的译介上来了。原来,他研究、译介康德哲学正是站在这个高度来进行的!他常说:我们要在学习西方哲学时做到取长补短,以便更好地发展中国的哲学。他在上世纪50年代就曾多次说过:在欧洲,有些小国都翻译、出版了柏拉图、亚里士多德、康德、黑格尔等哲学大师的"全集",而我们至今还没有一套,这同我们这个文明古国的地位是极不相称的。他立志要弥补这一缺陷。本来他已具备优越的主观条件,既"通晓古今",又"学贯中西",仅外语就精通英、德、法、俄、拉丁文等七八种。可他并不满足,仍自谦说"差距很大"。其实,他是在鼓励我们努力奠定扎实的功底,以铺设他理想中的"桥梁"。他还认为,在介绍西方文化、西方哲学时,要避免把西方的观念"解说成中国的观念",过分追求中国化、通俗化,以致把人家的文化变质变味。我们体会他的意思是,在学习康德这样的西方哲学时,一定要力争学到原汁原味的康德思想;要努力体验领会德国语言的特征及其文化背景;设法逐渐领会康德的思维方式从而弄懂其实质,真正做到沟通中西,优势互补。

在这方面,韦先生开了先河,做了榜样,引领我们走近了康德,也引领我们走上了民族文化复兴的宽广大道。

唐有伯　曹方久
2006年6月24日

总目录

形式逻辑纲要	1
亚里斯多德逻辑	351
培根与其《新工具》	555
其他逻辑学论文	713
整理者后记	745
出版后记	746

形式逻辑纲要

目　录

第一章　逻辑是什么，为什么要研究逻辑 …………… 6
- 第一节　逻辑是什么——逻辑的对象 …………… 6
- 第二节　逻辑的定义 …………… 8
- 第三节　形式逻辑与其他科学的关系 …………… 18
- 第四节　形式逻辑的意义——为什么要研究逻辑 …………… 29

第二章　思维规律 …………… 34
- 第一节　思维规律的本质 …………… 34
- 第二节　同一律 …………… 35
- 第三节　毋矛盾律 …………… 41
- 第四节　排中律 …………… 47
- 第五节　充足理由律 …………… 52

第三章　概念 …………… 58
- 第一节　概念的本质 …………… 59
- 第二节　概念与词 …………… 68
- 第三节　概念与观念 …………… 71
- 第四节　概念的形成 …………… 73
- 第五节　概念的内涵与外延 …………… 89
- 第六节　概念的种类 …………… 93
- 第七节　概念间的关系 …………… 97
- 第八节　概念的划分 …………… 101
- 第九节　分类 …………… 106
- 第十节　定义 …………… 110

第四章　判断 …………… 117
- 第一节　判断的本质 …………… 117
- 第二节　判断的组成 …………… 119

第三节　判断与句子…………………………………………… 120
　　第四节　判断的种类…………………………………………… 122
　　第五节　命题中名词的周延性………………………………… 131
　　第六节　判断间的关系………………………………………… 134
　　第七节　判断的变形…………………………………………… 144
第五章　演绎推理上——三段论式推理………………………… 153
　　第一节　推理概论……………………………………………… 153
　　第二节　演绎推理的本质……………………………………… 157
　　第三节　三段论式……………………………………………… 159
　　第四节　三段论式的结构……………………………………… 162
　　第五节　三段论式的公理……………………………………… 166
　　第六节　三段论式的一般规则………………………………… 173
　　第七节　三段论式的格与式…………………………………… 182
　　第八节　格的改造……………………………………………… 193
第六章　假言推理与选言推理…………………………………… 197
　　第一节　假言推理的本质……………………………………… 197
　　第二节　假言推理的规则……………………………………… 202
　　第三节　选言推理的本质……………………………………… 207
第七章　简略推理与复杂推理…………………………………… 214
　　第一节　简略推理……………………………………………… 214
　　第二节　复杂推理……………………………………………… 216
　　第三节　谬论与辩论…………………………………………… 232
　　第四节　演绎推理在认识过程中的意义……………………… 238
第八章　归纳推理………………………………………………… 240
　　第一节　归纳推理的本质……………………………………… 240
　　第二节　归纳推理形式的种类………………………………… 244
　　第三节　现象间的因果关系…………………………………… 255
　　第四节　搜集材料的方法……………………………………… 262
　　第五节　假说…………………………………………………… 269
　　第六节　确定因果关系的方法………………………………… 275

第七节　类推 …………………………………………… 293

第九章　证明 ………………………………………………… 298

　　第一节　证明的本质 ……………………………………… 298

　　第二节　证明的组成 ……………………………………… 299

　　第三节　证明的种类 ……………………………………… 300

　　第四节　证明的规则 ……………………………………… 304

　　第五节　辩护与反驳 ……………………………………… 308

　　第六节　证明在逻辑中的地位 …………………………… 310

附录一：范畴和旌 …………………………………………… 311

附录二：植物分类的历史 …………………………………… 314

附录三：元素周期表 ………………………………………… 318

附录四：植物分类学说明分类在实际上某些问题
　　　　——分类所根据的属性 …………………………… 324

附录五：判断间的关系 ……………………………………… 327

附录六：形式逻辑教学图解的商榷 ………………………… 328

　　第一节　判断的图解 ……………………………………… 328

　　第二节　判断变形的图解 ………………………………… 336

　　第三节　直言三段论式的图解 …………………………… 340

附录七：检查三段论式的式之一种方法 …………………… 345

附录八：三段论式各格之化为第一格 ……………………… 347

后　记 ………………………………………………………… 350

逻　辑

第一章　逻辑是什么,为什么要研究逻辑

第一节　逻辑是什么——逻辑的对象

在这第一章,我们开章明义,要谈一谈:逻辑是什么,我们为什么要学习逻辑、研究逻辑。对于高等学校的学生和普通的读者说来,逻辑这一门科学,大都是比较陌生的,所以首先就要弄清楚,逻辑究竟是什么东西,以及要弄清楚,我们何以要学习逻辑、研究逻辑。在一般的逻辑教本里,这两个问题通常是以逻辑的对象和逻辑的意义(或者说,逻辑的任务)来提出的。逻辑的对象就是指逻辑是什么这个问题,逻辑的意义就是指为什么要学习逻辑、研究逻辑这个问题。这两个问题当然是紧密地联系着的。为什么要学习逻辑、研究逻辑,是决定于逻辑是什么。不知道逻辑是什么,当然就不能有根据来谈我们何以要学习逻辑、研究逻辑;我们的学习和研究是有所为而为的,是有其一定的目的的。所以我们首先要了解逻辑的对象,初步解决了这个问题之后,再来了解逻辑的意义或任务。

一、"逻辑"一词的始源与其含义

我们称我们所要学习的这门科学为逻辑。究竟"逻辑"这词是从哪里来的,原来这词是作何解?

逻辑是很古老的一门科学,起源于古希腊,一般认为其创始人是古希腊的一位伟大哲学家、科学家——亚里斯多德(公元前384—公元前322)[①]。他

[①] 在亚里斯多德遗稿中有六篇关于逻辑的文章,原无名称,亦未编为全书。六篇分别称为《范畴篇》、《辞意编》(通常译为《解释篇》,尽按字义翻译,似嫌不安,故拟今译)、《分析论前篇》、《分析论后篇》、《辩论常识篇》(有译为《命题篇》,盖望文生义,故拟今译)和《辩谬篇》,都是后人所订。至于六篇统称为"工具",则更晚,在亚里斯多德卒后几百年。参看拙著《亚里斯多德逻辑》一书第三章,科学出版社,1957年,第13—21页。

自己并没有用"逻辑"来称他所创立的这门科学。首先用"逻辑"来称这门科学的是公元前1世纪的罗马文学家与哲学家西塞罗(公元前106—公元前43)。逻辑一词原是希腊文的 λογική，以拉丁字母写出为 logikè①，俄文的 логика，英文的 logic，法文的 logique，德文的 Logik，都是从这个希腊文一字而来的。它本来是一个形容词 λογικός 的变形，意思是"有关于说话，或有关于理性"，和另一个希腊词 τέχνη，拉丁文的 techna 结合而为说话或理论的技术。这个希腊文的形容词是从希腊文的名词 λόγος (拉丁文的 logos)而来，即"话"或"理性"的意思，因之我们可以推测到西塞罗等人之所以用"逻辑"这词来称这门科学，大概是因为他们对从亚里斯多德流传下来的这门科学的理解是有关于说话和理性的，是属于思维研究的范围的。

二、将"逻辑"一词译成中文不容易

从我国明末到最近三百年来，译名莫衷一是，如最早有李之藻《名理探》一书所用的"名理学"这一译名，以后有采取我国"墨辩"的名词而用"辩学"这一译名的，借用"名家"这名词译为"名学"的，不一而足，而采用日本"论理学"这一译名的在20世纪上半叶最多，但孙中山先生则用"理则"这一名词，有音译的意味，不同于过去各种的意译。无论如何，采用旧

---

① 有些逻辑教本认为，"逻辑"一词是从希腊文"逻各斯"(λόγος)一词而来，似嫌不安。说是从这个词的文化而来尚可，但说是直接从这个词而来则不可，查"逻各斯"一词见之于古希腊思想史中计有三个不同的时期，而其意义变化很大。第一个时期是早在公元前6世纪，赫拉克利特用这个词来说明宇宙中秩序的原因，类似于人类的理智力量，它并不是非物质的，而是类似于火的东西，它是客观存在的理性，而不是主观的理智，有如今日的自然律那样的。但是到了公元前5世纪这观念就为阿那克萨戈拉的"心灵"(νοῦs)所代替，而在柏拉图和亚里斯多德的著作中，"逻各斯"这词的意义是不大明确的，柏拉图用的是 νοῦs("心灵")和 σοφία("智力")，而通常不用 λόγος("逻各斯")，亚里斯多德用"逻各斯"的地方很多，但其意义是不十分确定，且和他所研究的逻辑没有联系。到了斯多葛派(公元前3世纪以后)，"逻各斯"才意味着宇宙中的理性，这理性也是同样的在人的心中的，这是这个词意义演变的第二时期，最接近于我们现在逻辑的意义的。但不应和我们逻辑的意思相混淆，因之与其说"逻辑"这词是从"逻各斯"而来，毋宁说它是从 logikè 而来，以免思想的混乱，至于"逻各斯"这词在公元1世纪为新柏拉图主义者斐罗所用时，它的宗教和神秘意义至为浓厚，更应和我们现在的"逻辑"这词区分开来。西塞罗用希腊文 λογική，见于其 De Finibus, 1.7.22 De Fato, 1.1 用拉丁文 logica 见于其 Tusculanae Disputationes, 4.14.23，都是指逻辑而言的。

籍的名词来翻译外来的术语,总是有些困难,易产生误解。"逻辑"这词是音译,为"中央人民政府教育部"采用,现在通行全国了①。

第二节 逻辑的定义

在上节我们说明"逻辑"一词的始源与其含义时,已经谈到,根据这词的原义,逻辑这门科学是有关于人的说话、人的理性的科学,是属于思维研究的范围的。我们在本节还要进一步明确这门科学所研究的究竟是什么,也就是要替逻辑下一个定义。我们在后面还要说明下定义是什么一回事。在这里,我们只简单地说,下定义就要确定一个名词的主要内容,说明它们指的是什么,所以给逻辑下定义,就是确定逻辑这门科学所研究的是什么,就是确定逻辑研究的对象。

一门科学之不同于另一门科学,是因为它们所研究的对象各有不同,所涉及的客观现实范围有所不同。例如物理不同于化学,代数不同于几何,语文不同于历史,政治不同于政治经济。这不是说,两门邻近的科学,如物理和化学,彼此毫无相干,实际上,它们彼此间的联系是密切的,可是,虽然如此,它们各有各的特殊研究对象,各有各的研究领域、研究范围的。即使拿两门性质有比较大的区别的科学来讲,它们依然是有某些联系的,因为它们都是研究客观世界的不同部分,而客观世界是一个统一整体,其各部分都是相互联系的,不能说是毫无相干的。但是每一门科学都有其独特的主要对象,是它所特别要注意来研究的。客观世界的事物,品类繁多,形形色色,其中某一定的范围是为某一门科学所研究,这就是这门科学的对象。这个对象就使这门科学和其他的各科学部门区分开来,使它成为一门独立的科学。

逻辑的研究就以逻辑的定义明确起来,决定下来,可是定义是根据对象来确定的。先有客观对象而后才有定义。那么,逻辑的定义是什么呢?也就是说,人们研究逻辑所要研究的究竟是什么呢?根据亚里斯多德两千多年以来,和根据科学演变的历史,我们可以确定逻辑的定义。

---

① 我们认为"逻辑"已有"学"的意思在内,故不用"逻辑学"而用"逻辑"。

一、逻辑的定义:逻辑是关于正确思维的初步规律和形式的科学①

这条定义是很简明而确切的,是根据苏联1951年对逻辑问题的讨论总结的。这一定义的含义极其丰富,不能在学习这门科学的开头,一下子就把它全部彻底地来了解。要全面地了解逻辑是什么,就得要全面地学习逻辑,了解逻辑,而那是学习了逻辑之后的事,至少是在初步学习了全部逻辑结束之时,不是在学习的开始。但是在学习的开头,我们也得要有一条定义,来指定我们学习的范围,初步明确我们学习的对象,作为我们学习的指标。在学习的开头,定义有指导的作用,到了学习结束时,再拿定义来重述一遍,它就会有知识总结的作用。逻辑定义,正和任何其他科学的定义一样,在学习过程中有着两重的作用,是要明白地分开的。

二、关于逻辑定义简单的说明

我们拿上面逻辑定义来分析一下。定义是说:"逻辑是关于正确思维的初步规律和形式的科学。"根据这条定义,首先:(1)逻辑是一门科学;(2)这门科学的研究是属于思维的研究范围的;(3)而且它的研究范围是限于正确思维这一部分的;(4)在这范围里,它的研究对象是正确思维的规律和形式;(5)而且是初步的规律和形式。所以想要初步了解这条定义,我们必须简单地说明一下"科学"、"思维"、"正确思维"、"规律"、"形式"和"初步规律和形式"这几个概念。

(一)科学是社会意识的一种形态,是对于自然与社会发展规律所获得的有系统的知识②。人们的认识都是对客观事物的反映,其正确的反映才是科学知识的材料。关于客观世界某一定范围中事物与其联系的知识有系统地组织起来就是关于这范围里的客观事物的一门科学。逻辑是关于正确思维的科学。

(二)思维是有正确的和不正确的。首先,我们需要确定思维是什么。这问题在心理学中研究得更为详细。关于逻辑的,我们只简单地说,思维

---

① 本书中的着重号均为作者所加。——编者注
② 译自《苏联大百科全书》中的"科学"条。

是一种心理活动,是人类意识的一种过程,是对客观现实的一种反映。苏联一本心理学教科书关于思维的定义是说:"思维是事物之间有规律的联系和关系在人脑中的概括的反映。"①试举例来说明。每次雨下到一定的程度以后,屋顶就会是淋湿的。下雨和屋顶淋湿是客观现实事物一种有规律的联系。我们对于下雨和屋顶的淋湿是有感性的认识,是直接认识到的,但是两者的有规律的联系不是直接感知到的东西,乃是经过多少次观察的重复,下雨,屋顶淋湿,在人群中联系着反映,就被概括起来,作为下雨之后必有屋顶淋湿这一种概括性的反映。如果夜间下雨我们睡觉了,并不知道,而第二天清早起来,发觉屋顶是透湿的,我们虽然没有直接感知到下雨,只看见屋顶是透湿的,但通过过去经验的多次重复,通过把这些重复的经历概括起来,认识到下雨是什么事情,屋顶淋湿又是什么事情,从而认识到两者之间有着一种有规律的联系,就会想到屋顶的这样透湿不是由于别的原因,譬如说,不是由于有人来坐飞机到处洒水,而是由于夜间在我们睡觉时天上下了雨了。这种认识也是我们对客观事物的反映,但不是像知觉那样的直接反映,而是通过概括的事物联系由思维得到的间接反映。

思维就是这种心理活动。它和感性认识的感觉、知觉、表象一样,是人脑中的客观事物的反映,但是不同于感性认识的感觉、知觉、表象(又称观念),而是理论认识的间接反映②。

逻辑的研究对象是在这种心理活动——思维——的范围里面的。这是从一般的心理上来谈思维,但是马克思列宁主义关于思维是怎样教导我们的呢?

甲,马克思列宁主义认识论对于思维本质的规定是:我们必须认识到,我们在本书所讲的逻辑是形式逻辑,而不是辩证逻辑。这两种逻辑的分别和关系,后面当有所论列,但我们在这里首先要说明的是,虽然形式逻辑不是马克思列宁主义的一个组成部分,然而我们所讲的形式逻辑是不能离开马克思列宁主义来讲的,所以必须简单地了解马克思列宁主义

---

① 查色洛塞兹:《心理学》,人民教育出版社,1954年,第124页。
② 但是逻辑思维并不限于概括的反映,在后面还要讲到。

认识论对于思维本质有什么启示,我们才能正确地来理解所要谈的形式逻辑,否则所谈的就会脱离现实,离开真理,陷入非科学的唯心主义逻辑的泥沼里去。

1. 马克思列宁主义物质第一性,思维第二性的原理:物质是第一性的,因为物质在其发展过程中是先于意识,先于思维这一种意识形态的。物质是产生意识、产生思维的,物质是在意识、在思维之外,不依赖意识、思维而存在的客观实在;物质是感觉和意识的源泉,而意识是由物质派生的,思维是意识的一种形态,和其他的意识形态一样,是物质在人脑中的反映。正如后面还要讲到真实的思维必定要和它们反映的客观现实相符合。

思维既是意识的一种形态,而意识是人脑的一种特性,是运动着的物质这一人脑的特性之一,所以思维就决不能和物质和人脑这一思维器官分开。没有物质,就没有人脑,没有人脑,就不能有思维。思维不能在自然界以前产生,它只能反映自然界的规律性,决不能创造自然界的规律性。物质第一性,思维第二性的原理就是这样的。

2. 这条原理是很明显的。先有物质而后有从物质派生出来的思维,可是思维并不是一切物质的普遍性质,不是任何物质都有思维。思维是以感觉为其基础,发展到高度组织的物质才产生感觉;思维不会离开人脑,人脑是高度组织的物质形态。物质需经过长期的自然历史的发展才产生出人脑来,思维是自然在一定条件下辩证地发展出来的。

在发展的悠久途程中,先只有物质的无机物。经过很长久的时期,在无机物的基础上产生出有生之物,即有生命的物体。最原始的生物有一种特征,就是它的受刺激性,如葵花的向日,阿米巴①在水中能回避滴进水里的一小滴硫酸,随后就发展为有感觉的有机物。从无机化合物形成有机物,从有机物产生具有受刺激性的最初最简单的生命形式,已经是很长很长的自然历史中发展的一段时期,从而再进一步发展到具有神经系统甚至最简单的生物,又须经过很长的时期,才具备了它的必要条件。具有神经系统的生物才能有感觉。"感觉是在刺激感应的基础上、在最简单

---

① 阿米巴,现译为"变形虫",一种单细胞生物。——编者注

的生物受应当的外界条件的影响而变成比较复杂的生物的长期过程中产生的。"①有神经系统的生物再发展而为有神经中枢的生物,再发展而为有大脑的动物,发展而为能抽象思维的人类。

从这长久的物质发展过程,便可从自然科学看出物质第一性,思维第二性的原理是不可置辩的真理,并且看出思维的物质基础是有科学的证明的。自然科学完全证明脑是思维的器官,思维是脑的机能。

但是脑和思维是不应混为一谈的,它们是属于两个不同的范畴的,应该指出"脑及其高级神经活动是运动着的物质,心理的东西(如思维)并不是运动着的物质,而只是运动着的物质底特性之一"②。还应该指出,人的思维和动物的原始"思维"有本质上的区别。高等动物的原始"思维"是它们在一定的外界条件下的生物发展的产物。人类的思维则为社会所制约③。

乙,实践是思维产生的基础,人类之不同于动物乃是由于动物只能适应其自然环境,而人类并能改造其自然环境以满足自己的需要。改造自然就需要劳动实践,而劳动是人类独特地具有的一种活动,没有其他动物有像人类的这种劳动的。人类的劳动首先要具有两种相互联系着的特征:(1)工具的制造和工具的使用;(2)劳动的社会集体性。

人类在制造劳动工具进行生产的过程中,认识到客观事物的性质与关系。工具的制造及其使用是和认识各种物体的某些固定的特性和能分辨这些特性分不开的,并且和认识到物体间的关系分不开的。比如原始人打野兽就需要工具,需要武器,于是就需要制造打猎的武器,虽然是极其粗糙的武器。他们在劳动实践中认识到打野兽的武器不能用轻的软的木头,必须用重的坚牢的木头来制造。这是明显的。

人类在集体劳动中认识到自己行为的目的性:劳动的集体性是劳动的分工合作,是劳动的社会性。集体性劳动活动中的分工合作要求集体的有组织、有领导,有一定的工作纪律,有一定的行动计划和步骤。这就要求集体中每一个成员都认识到各人自己的行为和其他成员的行为有着

---

① 阿历山大罗夫主编:《辩证唯物主义》,人民出版社,1955年,第353页。
② 别郎耶夫:《论心理学的基本规律》,心理学会版,第32页。
③ 参见阿历山大罗夫主编:《辩证唯物主义》,人民出版社,1955年,第36页。

什么关系,认识到每个人和大家一起要达到什么共同的目的。例如原始集体狩猎中,每个猎人都有其一定的职务,一定的动作,一定的目的,一定的意义,这一切都是社会集体劳动的本质所规定的。各个在集体中的猎人,其动作都是有其目的,其行动都有其意义,而认识这目的,知道这意义,就是思维的活动。这种思维活动所以是社会集体劳动实践所要求,而又是社会集体劳动实践所逐渐提高的。

和社会劳动实践产生思维的同时,就出现了语言。集体劳动过程中需要集体成员的经常互相交际。语言是互相交际、互相了解的工具,是集体劳动分工合作必需的工具。没有思想交流的工具——语言——社会劳动实践的过程中一部分成员怎能使其他成员知道他们做了什么,希望其他成员要做什么,来完成集体的共同目的呢?因之"从有社会存在的时候起,就有语言的存在。语言随着社会的产生而产生,随着社会的发展而发展"[①]。斯大林所说的这话是完全正确的。他还指示我们说,"语言是工具、武器,人们利用它来互相交际,交流思想,达到互相了解"。他又接着指示我们说:"思想交流是经常极端必要的,因为没有思想交流,便不可能使人们在与自然力的斗争中……调谐其共同活动,便不可能在社会生产行为中获得成功,因此也就不可能有社会生产本身的存在……语言就是交际的工具,同时也就是社会斗争和发展的工具。"[②]思维和语言同是人类劳动实践的社会产物。

(三)上面曾经说过,思维不总是正确的;有正确的思维,还有不正确的思维。那么,什么才是正确的思维呢?解答这个十分重要的逻辑问题,我们首先要强调地重复一句:思维是第二性,它是反映客观事物的,必定先有客观事物的存在,而又有人脑能对客观事物作其反映的活动,然后才能有思维。认定了这一点之后,我们还要着重地指出,思维既是反映的活动,它就有其一定的过程。这过程可能是简短的,也可能是延长的。但无论它是简短或延长,无论它是简短到什么程度,延长到什么程度,总之它是在时间中的一种过程,有其前后的,有它的开头,它的中间,和它的结

---

① 斯大林:《马克思主义与语言学问题》,人民出版社,1953年,第20页。
② 斯大林:《马克思主义与语言学问题》,人民出版社,1953年,第20—21页。

尾。如果思维要是正确的，它自身就要前后一致，不能前言不对后语，自相矛盾，使它的内容莫衷一是，杂乱无章，不能成为什么有条理、有意义的东西。前后不一致，杂乱无章，没有意义的思维是不正确的，是失掉作为思想交流的有意义的内容的。这种的思维就不是正确的思维，因为它本身就不合思维的条件，失掉思维的资格的。所以首先思维是要有其正确性。

但是思维不只是一个过程，必须是前后一致、言之成理的东西，同时它又是反映客观事物的过程，它是有所反映的。它是否正确地忠实地反映它们所反映的客观事物呢？它是否和所反映的客观事物相符合呢？这就是思维真实性的问题。思维作为一个过程来讲，它有它能成为一个过程的条件，它不能前后自相矛盾，杂乱无章，使人不能把握住它是什么东西，失掉了它的意义；但思维作为一种反映客观事物的过程来讲，它是主观的一种反映过程，它必须和所反映的客观现实相一致，与之相符合，才是正确的反映，反映的才是符合于所反映的，才是真实的思维，这种思维才有其真实性。

可见思维的正确性不等同于思维的真实性。前者是指思维这一过程的本身而言，后者是指思维之作为反映客观事物的一种意识形态而言的；前者只是关于它本身的结构的问题，而后者是反映对于所反映的问题。逻辑的问题不只是前者的问题，而同时也是后者的问题。逻辑不但要求思维自身的正确，前后一致，意义明确，而且要求它是正确地、忠实地反映客观事物，因为逻辑不但是检查思想主观的正确性的一种技术，而且是帮助人们认识客观现实的一门科学，纵然像我们在后面要讲到的，仅仅依靠我们所讲的形式逻辑，是不能全面地去认识客观事物的。如我们认为形式逻辑关于思维的主观正确性，只问到思维的本身，而不去问到它们的真实性，不问它是否正确地反映客观现实，我们便脱离实际，形式逻辑便流为形式主义的逻辑，这是唯心主义的逻辑，是我们亟于要斗争的，因之，我们的逻辑定义所说的正确思维不只是本身正确的思维，而是正确地反映客观现实的思维，具有真实性的思维。正确的思维，即以其本身作为一种前后一致的过程而言的思维，不一定是真实。正确地反映客观现实的，但是具有真实性的思维，必定是正确的，因为如果它本身是意义不明确，杂乱无章,前后不一致,是不能正确地反映客观现实的。因之思维的真实性是包含着思维的正确性的。

上面说明了什么是正确的思维。逻辑的研究是在这正确思维的范围里去确定它的形式与规律的。

(四)现在我们就要谈谈什么是形式,什么是规律。思维的过程和自然界与社会中的任何事物一样,都有其内容与形式。形式和内容是对立的,但是它们两者也是统一的。没有无内容的形式,也没有无形式的内容。无形式的内容是无确定性,不可想象的;无内容的形式是空虚的,不能存在的;只有唯心主义哲学才把形式和内容分裂开来。马克思列宁主义把形式和内容看为是统一的,而且看作在这种统一之中,内容是决定性的东西,内容改变,形式就要随之而改变。离开内容而谈形式必定犯片面性的偏差,脱离实际,陷入唯心主义的泥坑。离开内容而一味去谈形式,好像形式就决定一切似的,在逻辑来讲,就是形式主义的逻辑,是我们要郑重地指出而与之斗争的。

但是这不等于说,我们不能把形式从内容中抽象出来,单独去研究它,只要我们不忘记掉这研究是从其实际内容抽象出来,作为研究的对象,其研究的结果,还须用到所从抽象出来的那一类的有内容的实际东西来检验我们研究结果的正确性。从内容抽象出来的形式是有其相对的独立性,可以作为研究的对象的。例如人民币的纸币有五元的、二元的、一元的等。我们可以把五元的纸币作为一种东西考虑其形式,把二元的作为另外一种东西考虑其形式等,并且把各种纸币又作为一大类考虑其形式,但是我们必须记得所考虑的是中华人民共和国最近几年发行的纸币,我们的考虑才有其意义。我们考虑的是我们国家发行的纸币的形式而不是空洞的与内容完全无关的形式,而且考虑是为着认识其内容而考虑,不是光为着认识其形式而考虑的。我们考虑正确思维的形式也是一样,不是仅把它的形式为看其形式本身而考虑,乃是为要认识正确思维必须具备什么形式其思维才是正确的这个目的而进行我们的考虑的。

然而形式本身究竟是什么呢?再拿我们的五元币为例,凡是我们的纸币,无论大小都是纸的,长方形的,有某一种颜色,两面都印上某一种图案,有某一定的数字表明其价值,并有一定的标志表示其为我们的政府所发行的纸币的。这一切东西有其内部的一定的结构就叫做它的形式。正确思维的形式是一样。其内部的结构必须要这样组织起来,各部分有彼此间的相互关系,才能通过语言正确地表达它所反映的事物,否则它就不能达到这一目的。

  上面曾说过,思维是客观事物之间有规律的联系和关系在人脑中概括的反映。作为概括地反映客观事物的过程来说,思维是一类的心理活动,有别于其他种类的心理活动,如感觉、知觉、表象、记忆、情感,等等。作为这一类的心理活动,思维有它一定的形式,不同于其他心理活动的形式,否则它就不能区别于其他的各种类的心理活动。这形式是思维的一般形式。但思维又有其不同的种别,如概念、判断、推理,而概念又有其不同的种别,判断和推理亦复如是。这一些不同种别的思维,其之所以不同,不是说它们的内容各各不同,如桌子的概念和桥的概念那样不同,乃是它们种别的形式之不同,其不同是指其不同的形式,而不是指每一种别的思维之中各个别思维之内容之不同,正如这一张五元币和那一张五元币是两张不同的五元币,其中有某些数字印在票面上以表示其两者的不同的,但是这不同虽然也是形式上的不同,但是因为同一种的个体内容有不同,所以两个在同一种中的个体的形式也有不同,但是不是研究五元币所要注意的,所以就不属于五元币的形式的。虽然在两张五元币的票面上有这一点形式上的不同,但是作为五元币,其形式是相同的,是同属于五元币这一种别的。可见我们谈到形式时,必须弄清楚我们所谈的是什么东西的形式,不能脱离实际笼统地去谈。一般说来,在任何一门科学里,我们所谈的形式大都是在一个系统中某一类别或种别的形式而不是个别事物的形式。大类有大类的形式或以别于其他的并列大类;一大类中有其划分出来的小类,称为种,种划分为属。类、种、属,各有各应具的形式。一个具体事物属于某一属,又在比较大些的范围里属于某一种,在更大的范围里又同时属于某一类。所以这一具体事物必须具有其所属的类、种、属的形式而又加上它之为这一具体事物的独特形式以别于其他同类、同种、而又同属的具体个别事物。形式逻辑也就是要研究属于某种类的具体事物必须具备这一种类思维所应有的形式才具有起码条件来正确地反映它所要反映的客观事物。

所以说,正确的思维,无论它是属于思维的哪一种类,必须要具备这一种类的思维所必具备的形式才能有条件成为符合客观现实的,有其真实性的思维,所以形式逻辑的对象就在现实思维过程中揭露这些形式,其为形式逻辑亦在此。但是这些形式只是相对独立作为研究的对象才从具体内容按其所属的种类分别抽象出的,离开其内容便失去其意义的。

正确思维既是有一定的形式的,而形式又是它的内部结构,所以任何一个思维的过程如果要成为正确的思维过程的话,必须按其形式进行,必须遵照一定的程序这样而不别样地进行着,其同时出现的各因素和各部分怎样联系着,其相继出现的各部分又怎样联结着,都必须遵照一定的样式而且每一个出现的因素必须明白确定,毫不模棱两可,其相继出现的各部分又必须前后一致,不自相矛盾,而从头到尾是一贯的,并且所表达的都是有其充足的理由的。一定要这样,思维才是正确的。这就是正确思维的规律。

思维有一般的形式而又有各种类别种别的形式,每种形式的思维必须遵守其所属种类的规律,所以有一切思维最一般的共同规律,而又有各类各种思维形式所必须遵守的特殊规律。这些规律都是和形式一样,为其实在内容所规定,而不是人们主观随意所制定的。当然,我们不能把思维的规律等同于思维所反映的客观事物之规律,前者是思维的规律,不遵照着这些规律而进行思维就犯了思维的错误,就不能正确地反映客观事物,因之它的反映就不是正确的,是歪曲了客观现实的,所以其结果不是真实性的思维;而后者是客观事物的规律,在客观世界起作用的,其作用不属于思维范围的,是人脑中思维的反映而不是反映过程所要遵守的;所以两个不同范围的规律不能混为一谈的。但这又不等于说,思维规律没有其客观的基础的。正确思维是符合于客观现实的,主观和客观虽不等同,但主观和客观需要一致的,主观必有其与之相适应的客观,否则便是脱离实际的主观,是错误的,同样地,思维规律不能等同于客观事物本身所必须遵守的规律,但是思维规律既是思维正确反映客观事物的规律,它们必与客观规律相一致,必以客观世界的规律为其基础,不是什么人所能主观构造的,也不是像有些唯心主义哲学家所说是与生俱来的。

(五)但是何以我们的定义又说,形式逻辑所研究的正确思维形式和规律是初步的呢？这是形式逻辑作为低级的逻辑对辩证逻辑作为高级逻辑而言的，这两种逻辑的区别和之间的关系在下节还要比较详细地讲。在这里，我们指出，正确思维具备某些形式是它起码的条件，不具备这些形式就没有资格来正确地反映客观现实，使我们有其可能来认识客观现实。但是要认识客观现实除思维具备这些形式这一条件之外，还有其他的条件是形式逻辑所不能决定的，必有待于马克思主义的辩证逻辑；惟有依靠唯物辩证法才能使思维正确地而又全面地反映运动着不断发展着的客观事物，才能使人们通过思维掌握着千丝万缕联系着、错综着、千变万化、生生灭灭的客观事物，形式逻辑所研究的思维形式和规律远远不能达到，所以它们只是初步的，是不够的，然而因为它们是起码的，所以仍然是必需的，不可少的。这就初步说明何以形式逻辑所研究的正确思维的形式和规律是初步的。

第三节　形式逻辑与其他科学的关系

在上一节，我们说明形式逻辑这门科学所研究的范围是属于正确思维的范围，而又说明在这范围里面形式逻辑的研究对象是正确思维的初步形式与规律。这都是说明形式逻辑本身是什么，确定了这门科学的定义。

除此之外，还要进一步了解它和邻近的东西有什么分别，有什么关系。关于形式逻辑的了解也是这样。我们知道了它是什么之后，还要了解它之作为一门科学和其他的科学，尤其是和它联系最密切的科学有什么分别，有什么关系。这就是本节所要讨论的问题。

一、形式逻辑与一般科学的关系

(一)形式逻辑是一门科学。此外当然还有许多各种门类的其他科学。它们都是关于客观世界——自然、社会、思维——某一定范围里的事物和其发生发展的规律的知识。这一些科学门类所研究的对象各有不同，例如天文学研究天体，地质学研究大地的外壳，数学研究数、量，等等，但是这些对象都是客观事物，而客观事物没有什么是孤立的，都是普遍联系着的，没有哪一部分的范围是和其他部分的范围截然隔开的，总是有某些联系的。所以一般说来,任何一门科学都必定和其他各部门的科学多多少少有着联系与关系。形式逻辑与其他科学的联系与关系,一般地也可以这样讲,这是可以肯定的。但更具体一点,我们可以从三点来谈判这个问题:

(a)因为形式逻辑是研究思维的一门科学,而任何科学的研究又一定要运用思维,所以无论哪一门科学都要运用形式逻辑所研究的正确思维的初步形式与规律,否则它所运用的思维就不能保证其正确性,而不正确的科学思想根本就不是科学的思想。

因之我们可以断言:任何科学部门都要来用形式逻辑所研究的思维形式。它的内容尽可是不同,但思维的形式是一样的。譬如,化学有"凡金属都是元素,铜是金属,所以铜是一种元素",物理学有"所有气体都可压缩,大气是气体,因而知道大气也是可以压缩的"。这里,化学和物理所谈的内容不同,但在这两个简单的论证里所用的是一种相同的思维形式,那形式就是一类事物是怎样的,这一类中的每一事物都是怎样的这一形式。"金属"和"气体"是分别地指一类的事物而言的;既然肯定了金属都是元素,而铜是这一类中的一种事物,所以铜必是一种元素。同样地,气体是一类的东西,这一类的东西既然都是可以压缩的,那么这一类中的大气也必然是可以压缩的。可见两个属于不同科学部门的论证,虽然内容是不同,但所用的论证形式是一样的,而这共同的论证形式正是形式逻辑所研究,找出其正确的初步形式与规律的。这不过是一个例子,说明我们的论点,就是各门科学具有共同的思维形式。

(b)任何科学部门在其研究的过程中都须应用形式逻辑所研究的逻辑方法与操作,并须遵守形式逻辑研究出来的关于这些方法和操作的规律。比如,几何学和物理学,尽管它们所研究的对象各有不同,但是都是应用形式逻辑的比较、分析、综合等等。这些科学下定义的时候,都要遵守下定义的形式逻辑规律。

(c)而且我们知道,任何一门科学都是关于客观现实某一定范围里事物的系统知识。其组成系统时,必须满足形式逻辑对于系统组成的要求。各门科学的具体内容尽管不同,但是它们既然都是有系统的知识,其条理必须分明,而且必须清楚,前后必须一致,不能自相矛盾,而且所有的论点都是有其根据,所有论证都有其充足的理由的,而这些都是形式逻辑所研究的问题,足见形式逻辑和其他的科学部门是有其联系和关系的。

(二)上面一小段是说明形式逻辑和一般科学的联系与关系。现在要谈,形式逻辑不同于其他各门科学是在于什么地方。

一般科学都要运用形式逻辑所研究的思维形式与规律。但不把思维的形式与规律作为它们自己研究的对象,只有形式逻辑才把正确思维的初步形式与规律作为自己独特的研究对象,因之形式逻辑便不同于其他各部门的科学而成为一门独立的科学。

(三)那么,形式逻辑在一般科学中的地位就是很明显的了。它对于一般科学很像是数学对于一般科学那样。任何科学都运用数学,但不把数学作为它们的研究对象,同样地任何科学都应用正确思维的初步形式与规律,但不去研究这些形式与规律,惟有形式逻辑才去专门地研究它们。可见形式逻辑在一般科学中是有其地位的。

二、形式逻辑与其他科学既有一般的关系又有其特殊的关系

上面曾讲过,所有的科学部门,认真地分析起来,都是相互联系着,不能说一门科学和另一门科学完全没有关系的,可是关系有些是比较密切,而又有些比较是疏远的,比如心理学研究心理活动,而形式逻辑所研究的对象是属于思维的范围,但思维是心理活动的一种过程,所以形式逻辑和心理学的关系当然就是很密切的。又如语言学是以各种民族语言的发生、发展、变化和其发生发展变化的规律为其研究的对象,其究研的结果对于词义的确定和语言的意义有极大的贡献,而逻辑所研究的概念必须以词来表达,所经常要处理的判断必须用命题式的句子来说出,所以语言学与形式逻辑的关系一定是很密切的,形式逻辑的研究是在人类思维活动的范围里面,而唯物辩证法在思维部门里以辩证逻辑的形式出现。我们有两种逻辑,即辩证逻辑和形式逻辑。这两种逻辑是不同的,不能混为一谈的,但是它们的关系是密切的,至于形式逻辑这百年来发展为数理逻辑,而数理逻辑与数学的关系更是密切。但我们在本书里只谈到传统的形式逻辑,除有些地方必须借助于数理逻辑以说明传统形式逻辑,正如有时在说明算术的某些比较繁难的公式和操作时不得不借助于代数那样,

但一般是不涉及代数的;同样地我们在本章一般也不谈到数理逻辑。所以在这里,我们所要初步弄清楚的只是形式逻辑和心理学,和语言学,和辩证逻辑这三种关系,尤其是要说明形式逻辑与它们的区别,像这样来进一步确定形式逻辑这门科学的范围与对象。

(一)首先是形式逻辑和心理学有区别与关系:形式逻辑和心理学是有其共同之属的。上面曾经不止一次提到,形式逻辑是研究正确思维的,其研究的对象是在思维的范围里的,而思维是一种心理活动,也是心理学所必定要研究的,虽然心理学不限于思维活动的研究,而还要研究其他的心理活动过程。我们也不能说,心理学只研究思维活动的现象及其发生发展的过程而不关心其规律,只有逻辑才研究思维的规律。这种说法是不正确的,因为作为一种科学,心理学不能只限于思维现象与过程的研究而必定也要揭示其规律。形式逻辑在这点上是和心理学一样的,都是把思维作为反映客观现实来研究的,要了解其活动揭示其规律。但是我们不可把两者混同起来,认为形式逻辑只是心理学的一部分,没有它的独立存在。把研究思维的逻辑归结为心理学的一部分,认为逻辑的东西只是心理学的东西是逻辑学说中的心理主义①,是唯心主义的一种表现,认为思维的正确性无非是决定于意识的内部特性,决定于主观的内部调协,此外无所谓思维的真实性,认为思维规律是完全由心理活动本身所决定的。这是错误的看法。

当知形式逻辑和心理学在其研究范围上虽有重合之属,但是它们还是有区别的。第一,逻辑的研究是属于思维的范围,而思维的研究因只是心理学的一部分,因为除了思维之外,心理学还研究其他的心理活动,如

---

① "心理主义"这名词是 19 世纪下半叶才出现的。根据《牛津大学英文大辞典》,1858 年,O. A. Brownson 于第一次用这一词,即英文的 psychologism(译为"心理主义",和"唯心主义"(idealism)"感觉主义"(sensationalism)相对立)。心理主义只承认主观的心理活动,而不承认客观现实的存在。1874 年 G. S. Morris 翻译 Friedrich Ueberweg 的《哲学史》为英文时,曾有这一句话:"在法国开始于笛卡尔而不久就蔓延至意大利的哲学革命,表现为两种心理主义(即唯心主义)的形式和感觉主义,一方面为笛卡尔和马勒伯朗士(Malebranche)所代表,而另一方面则为洛克和孔狄亚克(Condillac)所代表。"(见 Ueberweg:《哲学史》第二册英译本,附录 2,第 479 页。)足见这里的"心理主义"是以笛卡尔的哲学为代表的。但根据《牛津大学英文大辞典》所指出的,到了 1907 年时,Expositor 杂志就有这一句话:"超经验的逻辑学倾向,越过一切的经验主义和心理主义,企图把认识的基本特征和范畴都从纯粹的概念推演出来。"这才是我们现在所用的"心理主义"这词的意思,认为逻辑的东西究全是可以从心理学推演出来的。

感觉、知觉、记忆、情绪、意志,等等,这些都不是逻辑所涉及的;所以两者的研究范围是有广狭之不同的。其次,在思维这一部分范围里,两者研究的任务也是不同的。心理学把人的思维当作心理活动的自然过程来研究,看它是怎样发生发展,怎样进行,怎样可能和其他的心理现象联系着,例如一种愉快的情绪怎样影响人的思维,一种忧愁的悲观情绪又怎样不同地影响人的思维,等等。心理学家需要找出这些联系和影响的规律,而这虽然都是很有意义的科学问题,却只是心理学的问题,而不是形式逻辑的问题。再次,形式逻辑研究正确思维的形式与规律,是要知道如何保证思维的正确性,保证如何才能从某些思想正确地推出另一个思想。有时我们的思维是不正确的,有时一个思想的根据不够充分,可能是错误的。在心理学来讲,这都是完全可以理解的心理过程,但是从形式逻辑来讲,它们是不被容许的,是不应该有的。在心理学上,这些现象都有其理由,没有什么应该和不应该的问题发生,而形式逻辑是以正确思维为其研究的对象,其研究的目的也是为要保证思维的正确性,虽然它也研究不正确的思维,正如在后面我们常常要提到谬论的问题,并要指出谬论发生的原因,但是研究谬论的目的乃是要避免谬论、揭发谬论,以求思维的正确。可见形式逻辑和心理学都是研究思维和思维的过程,但是它们研究的任务是不同的。

总结上述,我们可以断言形式逻辑和心理学这两门科学虽然有其密切的关系,但是是两门具有不同任务的科学,其研究的对象虽然是在范围上有重合之属,但具体的对象实际上是不同的,所以它们是两门独立的科学。

(二)形式逻辑与语言学的关系:斯大林《马克思主义与语言学问题》一书阐明了思维与语言的关系,也就是阐明了逻辑与语言学的关系。我们谈到这问题时完全以这一经典的著作为根据。

第一,我们肯定思维和语言是密切地直接联系着的。不可能有没有语言表达出来赤裸裸的思维。斯大林教导我们说"语言是思维的直接现实(马克思语)。思维现实性是表现在语言之中。只有唯心主义者才谈到……没有语言的思维"①,又说"语言是直接与思维联系的,它把人的思

---

① 斯大林:《马克思主义与语言学问题》,人民出版社,1953年,第44页。

维活动的结果,认识活动的成果,用词及由词组成的句子记载下来,巩固起来"。也就是说,没有语言,人类思维的结果,经验的积累,就不能有很有效的记载,有像我们中国一句老话那种意思"言之无文,行而不远"。思维是和语言这样紧密地联系着,不可分割开来。斯大林在同一名著中又这样说,"从有社会存在的时候起,就有语言的存在。语言是随着社会的产生而产生,随着社会的发展而发展的"①。社会有新的发展就必然产生新的思想,随着就有新的词汇。旧社会灭亡,旧的词汇就失去其意义,久而久之就没有人使用它,为人所忘记,有的因社会环境的变化,旧词汇取得了新的意义与旧的原有的意义不同,因之以新的意义来理解旧的词,是完全错误的,所以研究古籍而不知古音古义,每每是曲解古人,闹成笑话的。我国旧时读经籍必先讲小学,即古文字之学,是有其道理的。一个时代总有它这时代所产生的词汇,例如我国解放以来短短几年已经有许许多多的新名词,是解放前在我国不可能有,而且即使从外国翻译过来,也是人所难以深刻理解的。例如"社会主义建设"、"社会主义改造"都是新的名词来表达新社会的思想,足见思维和语言的直接和密切的联系,那么研究语言的发生发展和词义变化的语言学和研究思维的逻辑当然也就有其密切的联系了。语言学是能帮助我们更确切地了解一种民族的语言,更深刻地掌握一种语言在某一时代的意义,不致发生严重的误会,所以对于研究正确思维的形式逻辑是有其极大的贡献的。反过来说,研究语言学的人每每要涉及别的民族语言,和自己的语言大大不相同的,每每还要涉及和现在相隔很遥远的时代的语言,其社会情况是和我们所熟悉的社会情况格格不入的。怎样去了解这些语言而掌握它所表达的思想呢?首先当然是要掌握其词汇和语言结构的语法,而词汇的形成和语句结构的规则都有人类思维共同的规律,但是这就是逻辑的规律,所以形式逻辑对于语言学的研究又有其莫大的贡献。这两门关系密切的科学是能互相帮助,而以其关系的密切,其帮助便更大更多。

　　第二,形式逻辑与语言学的关系特别表现于语法上面,那就是因为语

---

① 斯大林:《马克思主义与语言学问题》,人民出版社,1953年,第20页。

法和形式逻辑在性质上是很相近的。

斯大林说:"文法①的特点就是在于它给以词的变化的规则,不是指具体的词(某一个词),而是……一般的词,它给以造句的规则,不是指某种具体的句子……而是一般的句子。……文法把词和语加以抽象化,而不管它的具体的内容。文法把词的变化和用词造句的基本共同之点综合起来,并用这些共同之点组成文法规则,文法定律。文法是人类思维长期抽象化工作的成果,是人类思维所获得的巨大成功的指标。"②

和语法一样,形式逻辑的特点也是撇开思维的具体内容,把思维的具体东西,如金属、铜,加以抽象化而只谈到概念,把"凡金属都是元素"、"铜是金属"这种具体的判断加以抽象化而只谈到判断,把这个和许多论证加以抽象化而只谈这种形式或那种形式的推理,就是说"把概念、判断、推理中的个别的和具体的东西加以抽象化,把概念、判断、推理的基本共同之点综合起来,并用这些共同之点构成自己的规则和规律。思维形式和这些形式的规律正是作为思维具体内容的抽象化的结果而产生的"③。这也就是形式逻辑所研究的正确思维的初步形式与规律。

不但形式逻辑和语法在性质上是相近,即在其功用上也是很相似的。我们知道,没有语法的话语,即不遵守语法规则的话语,是毫无言义的,没有人能懂。没有逻辑的思维,即不按照形式逻辑的形式与规律而进行的思维也是一样毫无意义的,没有人认为是正确而能被接受的。所以说,在其功用上,语法之对于语言和形式逻辑之对于思维是一样的。

但是语法与形式逻辑是有其区别的。语法研究的对象是语言的形式,词的变化(指欧印语而言),句的结构,和怎样正确而有效地表达心中所想要表达的意思;而形式逻辑研究的对象是正确思维的初步形式与规律,虽然它不能不考虑到语言的形式以正确地了解语言所表达的思想,但是语言究竟不是它研究范围中的主要东西。语言是思维的外壳,是思维外在表现的形式,是服务于思维的。语法只注意思维表现的形式,而形式逻辑则研究思维本身的结论。两者是不同的独立科学。尽管它们的关系

---

① 文法即语法。
② 斯大林:《马克思主义与语言学问题》,人民出版社,1953年,第22页。
③ 勒·巴热诺夫:《论逻辑正确性的本性》,《学习译业》,1957年第9期,第48页。

是非常密切的。语言既是思维的直接现实,思维的正确与否便直接反映在其语言的表达上面。没有正确的思维固不能有正确的语言,但是没有正确的语言就无法表达正确的思维。我们常听见说"词不达意",这是可能的,所以我们须努力于语言的修养,但又常听见说:"可以意会,而不可以言传。"这是否由于所会的意还不够明确呢?

语法和形式逻辑都是人类思维长期抽象化工作的结果,都是思维巨大的指标,是由长期社会劳动多次重复的经验总结出来,提高到理论水平上成为有组织有系统的科学,并不是什么人创造而是社会历史的产物。可是语法是研究某一种民族语言,所以它是限制于使用那种语言的社会范围,而形式逻辑是研究人类思维最一般,纵然是最初步的形式与规律,所以它是全人类性的。

(三)形式逻辑与辩证逻辑的区别与关系。

这个问题在苏联和我国曾一度是哲学界中争辩很剧烈的一个问题,但是在马克思列宁主义经典著作中却早就已经解决了的。

我们现在首先要明确什么是辩证逻辑,它和形式逻辑的区别何在,然后再谈它们两者的关系。

首先,恩格斯在《反杜林论》一书中写道:"……研究人类思维法则的科学即逻辑及辩证法。"[1]在这句话里,"逻辑"和"辩证法"是并列地写着的,我们认为恩格斯所指的是形式逻辑而不是辩证逻辑。可见形式逻辑不等于研究人类思维法则的科学之全部,还有辩证法也是研究人类思维法则的。而且恩格斯在全书里还指示我们说:"辩证法……是关于自然、人类社会及思维的一般运动法则发展法则之科学。"[2]我们从这指示就可知道,辩证法不只是有关于人类思维的研究,而是以整个世界为其研究的对象,为其作用的范围,而人类思维只是它的对象之一部分,其起作用的范围之一部分而已。从研究的对象和作用的范围来讲,辩证法就已比形式逻辑广大得多,何况辩证法又不像形式逻辑那样只涉及人类正确思维的初步、最起码的形式与规律而"对于一切事物及其思想上的反映,基本上是从它们的联系上、错综上、运动上、生灭过程上去理解的"[3]。这就

---

[1] 恩格斯:《反杜林论》,生活·读书·新知三联书店,1954年,第106页。
[2] 恩格斯:《反杜林论》,生活·读书·新知三联书店,1954年,第173页。
[3] 恩格斯:《反杜林论》,生活·读书·新知三联书店,1954年,第12页。

是说从思维的研究上讲,辩证法之研究人类思维要从它的联系上、错综上、运动上、生灭过程上去理解,远非形式逻辑所望而及,要比研究思维初步形式规律的形式逻辑精微高深得多。

我们初步看辩证法和形式逻辑在思维研究上的对比是这样的。

可是,在上面的引文里,所说的都是辩证法,即马克思主义的唯物辩证法,而不是明白地用辩证逻辑这个名词。那么,辩证逻辑是什么?它是否就是唯物辩证法,和唯物辩证法是一是二?如果是两种不同的学问的话,两者又有什么关系?我们对于这些问题的解答,必先引用列宁在其《黑格尔〈逻辑学〉一书摘要》中写过的一句话。他写道:"逻辑不是关于思维的外在形式的学说,而是关于'一切物质的自然的和精神的事物'的发展规律的学说,即关于世界的全部具体内容及对它的认识的发展规律的学说。换句话说,逻辑是对世界的认识的历史的总计、总和、结论。"①这里,列宁所用的"逻辑"是指辩证逻辑而言的。根据列宁的指示,我们认为辩证逻辑乃是唯物辩证法之应用于人类思维的研究,正如唯物辩证法用于自然的研究则称为"自然辩证法",用于人类社会历史的研究则称为"历史唯物主义"一样。三个名词由于其应用范围之不同而不同,但其实质是一样,无同无别,我们不能把马克思主义的唯物辩证法割裂为三种学问,或者把唯物辩证法分解为三个部分。辩证逻辑乃是唯物辩证法用于人类对世界的认识上面,应用在思维科学部门里面。

辩证逻辑比诸形式逻辑广大得多,高深精微得多,所以称为高级逻辑,而研究正确思维初步形式与规律的形式逻辑只是低级逻辑。

但是有了唯物辩证法的高级逻辑出现之后,就产生三个问题:

(1)既然有了辩证逻辑,是否还需要形式逻辑呢?

(2)如果形式逻辑仍然是需要的,它能否成为一门独立的科学?

(3)如果形式逻辑是一门独立的科学,它和辩证逻辑的关系是怎样?

对于第一个问题,我们的答复是肯定的。虽然有了辩证逻辑,我们还是需要形式逻辑的。辩证逻辑是唯物辩证法之用于思维上面,它认识事物是从事物的普遍联系上,事物的相互错综上,事物的不断运动、不断发

---

① 列宁:《哲学笔记》,人民出版社,1956年,第67页。

展上来看，全面地来看，而形式逻辑对事物的看法是从事物的相对稳定状态来看的，是要把事物彼此分辨开来看的。两种逻辑看事物的方法是不同的。形式逻辑既是从事物的相对稳定状态来看事物，它的看法就不免局限于事物的这一面，但是唯物辩证法并不否认事物是有这相对稳定之一面，所以辩证逻辑之认识事物虽然是看事物的全面，看事物的运动发展，但也须根据事物相对稳定这一种状态，认定在某一定程度上变化发展的事物是某一定的事物，有其规定性的事物，否则就不能甚至于说什么是变化着发展着，连变化发展都失掉了它的意义。恩格斯曾指出："在着手研究过程以前，应当先研究事物。应当首先知道这一事物是什么，然后才可以研究其中所发生的变化。"①"这种程度在个人的智力发展过程中也是同样必要的。例如，儿童不能够一下子就懂得事物是一种过程，他首先要把事物认做固定不变的东西。除此而外，人在自己的日常生活中接触到普通的事物和关系，为要认识这些事物和关系，有形式逻辑的基本规则就够了。但是，为要科学地认识复杂现象和关系，只有形式逻辑的基本规则是不够的。在这意义上，形式逻辑有它自己的界限，在这界限之外，它是不适于作为认识的方法的"②。可见虽然有了辩证逻辑，据恩格斯的指示，形式逻辑还是需要的。人们在日常生活中需要它的帮助来辨别事物，来认识一种事物是什么，然后才有其可能来研究这事物中所发生的变化。一种事物的变化和另一种事物的变化是依照不同的规律。如果不把人类和草木辨别开来，以为人类变化的规律是和草木变化的规律一样，就永远不会认识人类的变化，也不会知道草木的变化，因为把两者混淆起来，便离开了多样性的客观现实，便失掉了列宁所说的"具体内容……的认识"③。

但是形式逻辑虽然是必要的，然而作全面认识客观事物的方法靠它自己是不够的。它有它的局限性，因为正如列宁所指出，"形式逻辑是根据最普通的或最常见的东西来做形式的定义，而且只限于这一点……"④

---

① 恩格斯：《费尔巴哈与德国古典哲学的终结》，《马克思恩格斯文选》第 2 卷，1955 年，第 386 页。重点是作者所加。
② 罗森塔尔、尤金合编：《简明哲学辞典》中"逻辑"，人民出版社，1955 年，第 764 页。
③ 列宁：《哲学笔记》，人民出版社，1956 年，第 67 页。
④ 转引自罗森塔尔、尤金合编：《简明哲学辞典》，人民出版社，1955 年，第 764 页。

列宁并接着教导我们说,"辩证逻辑则要求我们继续深入。要真正地认识事物,就必须把握、研究它的一切方面,一切联系和'中介'"①。也就是说,要真正地认识事物,全面地认识它们,形式逻辑是不够的,还有待于辩证逻辑。

是否这就等于说,虽然形式逻辑还有它起作用的地方,但仅仅靠它的帮助我们不能全面地、深入地认识事物,它就不能成为一门独立的科学呢?不是的,它的局限性并不妨碍它的独立性。人们想要全面地深入地认识客观不断运动着发展着的事物不能光靠形式逻辑,必有待于辩证逻辑,但是这两门是独立的科学,其涉及的范围之广狭有所不同,其深入事物认识的程度高低亦有所不同,然而不能把形式逻辑作为辩证逻辑之一部分,因为它们在本质上是不相同的。

辩证逻辑,正如上述,是唯物辩证法之用于思维科学部门,在实质上它就是唯物辩证法,不是唯物辩证法以外的一门科学,而唯物辩证法是唯物主义和辩证法有机地联系而构成的,它是马克思列宁主义政党的世界观,是属于无产阶级的最先进的科学,是"对自然界现象的看法,研究自然界现象的方法,认识这些现象的方法,是辩证的"。它是无产阶级政党的武器,只有无产阶级的先锋队才真正掌握它对自然作斗争,对阶级敌人作斗争而战无不胜,攻无不克的。它是无产阶级的武器,有阶级性的。

形式逻辑则不然。它研究人类正确思维初步的形式与规律。这些正确思维起码的形式与规律是属于全人类,不是只属于某一个阶级的。形式逻辑不只为一个阶级服务,它和语言一样,对于所有阶级一视同仁的,它是没有阶级性的。同样在一个社会里,剥削阶级和被剥削阶级都还是要有思想交流,因之就必须用同样的思维初步的起码的形式与规律,才能彼此知道所说的是什么,所想的是什么。这又是形式逻辑和辩证逻辑不同之一点。

总上所说,我们可以断定这两种逻辑是不同的逻辑,是两门独立的科学。

形式逻辑是初级的逻辑,而辩证逻辑是高级逻辑。其理由不只是因

---

① 转引自罗森塔尔、尤金合编:《简明哲学辞典》,人民出版社,1955年,第764页。

为前者只从事物的一种形态看问题,从事物的相对稳定状态看问题,而后者是从事物的全面,从事物的发展变化看问题,而且是因为只有依靠全面看问题的辩证逻辑才能揭露形式逻辑的局限性,指出它对于客观事物的相对稳定性看问题只能看出事情的一面,所以对事情全面的认识是不够的,所以我们要更往前进。要真正地认识事物,就必须把握、研究它的一切方面,一切联系和"中介"。况且形式逻辑在人类思维长期实践过程中发现其甚至初步的正确思维形式与规律,正如其他科学发现其规律时一样,是要依靠辩证逻辑的指导的。当然在马克思以前,科学运用的辩证法是自发的而不是自觉的。但在今日,形式逻辑经过了两千多年的演变,尤其是经过了被欧洲中世纪经院哲学的利用和歪曲,其中掺杂了某些唯心主义和烦琐哲学的成分,有待于辩证逻辑来予以廓清,使形式逻辑纯洁化,好好地发挥其积极作用,为人们正确思维服务。这又说明了辩证逻辑与形式逻辑的关系。

第四节 形式逻辑的意义——为什么要研究逻辑

在上两节解释了形式逻辑的定义,说明它的研究对象是什么,而又划清它和其他科学的界限,确定其研究的范围,现在我们就可以提出它的意义的问题,就是说,为什么我们要学习形式逻辑,研究形式逻辑。

一、为什么要学习形式逻辑、研究形式逻辑?

(一)我们首先谈谈学习形式逻辑、研究形式逻辑的一般意义。马克思主义经典著作中许多地方是谈到形式逻辑的意义的,例如上面已经引用过恩格斯关于这问题教导我们的话,这里不重复了。列宁也是很高地估计形式逻辑的,虽然他所看重研究的是辩证逻辑,他的名著《黑格尔〈逻辑学〉一书摘要》是其明证。但是他曾这样说过:"不论在经济分析中或政治分析中,在正确的思维条件下,是不应该有逻辑性的矛盾的。"①

斯大林回忆列宁演说的逻辑力量时,曾这样说过:"当时使我佩服的是列宁演说中那种不可战胜的逻辑力量,这种逻辑力量……紧紧地抓住

---

① 《列宁全集》第23卷,俄文版,第29页。

听众,一步一步地感动听众,然后就把听众俘虏得一个不剩。"斯大林又说,我记得当时有很多代表说:"列宁演说中的逻辑好像万能的触角,用钳子从各方面把你钳住,使你无法脱身:你不是投降,就是完全失败。"①

这是列宁演说中所表现的逻辑性,是我们的典范,我们应该学习的。当然列宁演说的伟大力量不是光靠他的逻辑性强,他还有他的思想内容、丰富知识、丰富经验,逻辑不能代替在革命斗争、生产事业和科学研究所获得的实际知识,可是逻辑确是一种帮助,正如斯大林认为"列宁演说中的这个特点是他的演说艺术中最强有力的地方"②。在我们怎样运用思想,组织材料,在我们说话、研究、分析问题,解决问题等等上面,形式逻辑的知识和锻炼都能起指导作用,所以苏联《哲学问题》杂志1951年登载的《逻辑问题讨论总结》一文中曾这样写道:"懂得和遵守形式逻辑的初步规则,不仅对于一个学生是必要的,而且对于每一个成年人也是必要的。这对于党和苏维埃的工作人员、工程师、教师、医生、农学家、法学家等等都是必要的。如果不善于循序渐进地和明确地思考,就不能领导任何部门的工作。……一个人如果不懂得和不遵守逻辑的规则,那就没有人能够了解他;这种人的思维是没有系统的,而思维的结果是不正确的。正如不懂得算术和文法的规则的人不能正确地计算和通顺地写作一样,不懂得逻辑规则的人是不能正确地思考和行动的。形式逻辑的意义就在于此。"③

(二)学习形式逻辑在教育工作中的意义,上一段所讲的是学习形式逻辑一般的意义。师范学院的学生是准备作人民教师,培养自己成为良好的灵魂工程师的。他们必须形成共产主义的世界观。这是科学的世界观,不是什么人随意构造,而是根据科学最高的知识和最新的成果而形成的。这就不能囫囵吞枣地,教条主义地接受它,必须很好地去认识客观世界,了解关于客观世界的真理,接受对客观世界正确反映的科学知识,通过生产劳动和阶级斗争的实践亲身体会到客观世界的全部具体内容,认识它发展的规律。这是科学的锻炼,是自觉地形成科学的世界观。在这

---

① 《斯大林全集》第6卷,人民出版社,1956年,第50页。
② 《斯大林全集》第6卷,人民出版社,1956年,第50页。
③ 巴克拉节等:《逻辑问题讨论集》,生活·读书·新知三联书店,1954年,第343—344页。

种艰巨的工作中,形式逻辑是一种有力的帮助。

其次,在教育工作过程中,在教学的工作中,如果不了解思维的形式和规律,在备课时不能分析问题,不能按教材的性质组织材料,不能按照思维的形式与规律引导学生去接受我们所讲授的,指导学生去深入钻研,系统学习,我们的教学就不会有大成功的。

形式逻辑在教学中能够起的作用是有实验的证明的。苏联列宁格勒的学校曾在文学、物理、历史等课中作过实验,某些班上讲课特别注意学生思维的逻辑锻炼,就大大地提高了他们的学习成绩,并且对建立他们的共产主义世界观有非常巨大的意义。这是苏联教学的宝贵先进经验,值得我们珍视和学习的。

尤其是在语文专业的教学和学习里面,形式逻辑是应该起很大的作用的。上面已经讲过思维和语言,形式逻辑与语法的密切联系,又已经讲过,没有正确的思维则不能有正确的语言,思维没有条理就难希望作为它的外壳的语言有其条理,不懂逻辑就不容易科学地分析一篇语文的作品。就不能很好地理解这篇作品,很好地引导学生去理解它。不好好地掌握逻辑的形式与规律,怎样能好好地写一篇文章,怎样发现学生作文中思维的错误而纠正它,使他们不再犯同样的错误呢?形式逻辑的学习对于语文的教学和学习是有巨大的意义的。

再以政治教育系的学生为例。政治教育系的学生是准备自己将来教宪法等课,通过这些课去培养青年一代的政治思想,提高他们的政治水平的。政治是阶级斗争,宪法就是阶级斗争的成果,也是阶级斗争的武器。宪法的内容是很复杂的,表现着尖锐的斗争。谈到政治时,摆在我们面前的形势,我们所要解决的问题,常常是许多因素纠缠在一起,陡然不容易看清楚的。怎样分析一个具体的情况,抓住里面的主要矛盾,一方面不致犯教条主义,而另一方面又不致为片面的经验所局限,所迷惑,这是有待于辩证逻辑,从而掌握理论,理解政策,结合实际情况,但是理解能力和分析本领的锻炼,形式逻辑是有其帮助的。

我们暂且以语文和政治教育两系的师范学院学生为例以说明形式逻辑学习与研究的意义。关于其他系的教师和学生可以类推,不必赘述了。

二、自发逻辑的思维和自觉逻辑的思维

形式逻辑作为一门科学创始于亚里斯多德,只有二千三百年的历史。在那以前人们还是能很好地思维的,其实无论什么时候、什么地方,系统地学过形式逻辑的人还是少数,其余许多人还是能够很好地进行思维的。这些没有系统地学过形式逻辑的人也能正确地思维,因为他们有自发的逻辑思维。形式逻辑是反映客观事物中存在着的事物的逻辑,必先有这存在于客观事物的逻辑,才能有它在人脑中的反映而为人认识到,系统地组织成形式逻辑这门科学。人们根据客观事物当然的道理而进行思维,是正确的,这是自发的逻辑思维,有别于形式逻辑这门科学所要我们掌握的科学知识,运用它来正确地思维的那种自觉的逻辑思维。既然有自发的逻辑思维,我们就不能说没有系统地学过形式逻辑的人就不能正确地思维。如果这样说就是错误的,和事实不符合的。

那么,又何必学习形式逻辑呢?我们要学习形式逻辑,因为自发的逻辑思维虽然也能得到正确的结果,但是它不能保证思维结果的正确,犯了错误也不知何以错误,不知错误之原因何在。比如说,凡人都是动物,是不是凡动物都是人呢?当然不是:事实告诉我们只是有些动物是人,不是凡动物都是人。自发逻辑思维必须从事实才知道这点,而学过形式逻辑的人,掌握逻辑的科学知识,就能运用这科学知识,从理论上知道由"凡人都是动物"只能正确地说"有些动物是人",而不能说"凡动物都是人",除非我们所具有的消息不只是"凡人都是动物"。这里所谈的便是关于形式逻辑的规则。这些规则是对我们自觉地去进行正确的思维而且无不必要的错误。由此可见,自发的逻辑思维是不够的,它是不完备的,因之就要学习形式逻辑来补充它。

学过了形式逻辑,掌握了正确思维的形式和规律,知道了在什么情况下哪一条或哪几条规律要起作用,哪种思维形式才是适合的,就不会犯错误,至少少犯错误,就能提高思维能力,不必走一些弯路,碰不必要的钉子,从而加速认识的过程。能自觉地运用逻辑的知识就作了思维的主人翁,掌握它,使用它,叫它为我们的利益而服务,防止自己的错误,揭发阶级敌人的诡辩和阴谋。

三、形式逻辑的学习和实践

逻辑的理论必须付诸实践。必有实践才能从实际获得理论的知识,再实践才能使理论和实际相结合,才能真正了解,真正掌握理论的科学知识,使之成为熟练技巧。在算术、代数、语文、理化等科学上是如此,在形式逻辑上亦复如此。

从书本得到的逻辑知识每每是很有限的,必须在日常生活、科学研究的经常不断的实践中发展它,丰富它,提高它。

学习形式逻辑,正如学习任何其他一门科学一样,是长远的过程,学习形式逻辑以培养思维的能力,锻炼思维的技术是长期不断的进程,是一件艰苦的事情,但是可以克服的。

马克思教导我们说:"在科学上面是没有平坦的大路可走的,只有那在崎岖小路上攀登不畏劳苦的人,才有希望到达光辉的顶点。"

在学习形式逻辑的过程中,我们应该以马克思这句名言为我们的座右铭。

第二章　思维规律

第一节　思维规律的本质

一、思维规律之辩证唯物论的基础

我们在上章最后一节曾讲到,只有遵循思维规律以进行思维的活动才能使思维的进程和结果达到其真实反映客观现实的目的。思维之能真实地反映客观现实,是因为它所遵照而进行的思维规律是与客观事物的规律一致,具有其客观现实的基础的。思维规律不是人所能随意制定,而是从思维长期实践中总结出,并且总结出来乃是不是像这样进行思维就不能得出正确结果的。所以列宁教导我们说,思维规定有着"客观的价值与存在"①。他又指出一切人类的思维规律都是徒然的。他写道:"这种哲学(从费希特?)做了一个开头,想从理性自身引出理性底规定来。但是这个尝试底主观态度没有使它得到实现。"虽然这里列宁引用的是黑格尔的话,但他是判定了一切的思维规律的主观说法都是枉费心机的②。思维规律必须有其客观性才在实践中证明它是有效的。它是根据思维反映客观现实的本质的。列宁写道:"逻辑底规律是客观的东西在人底主观意识中的反映。"③

二、思维规律是认识和实践活动的必要条件

客观事物是相互联系,不断地变化、发展着,但是它们也有其相对稳定的一面。事物固然是不断地在变化、发展,但是在某一定时期内,我们对于变化发展的事物是可以认识到某一事物在变化发展着,而不是另一

---

① 列宁:《黑格尔〈逻辑学〉一书摘要》,人民出版社,1953年,第42页。列宁在这里是用赞成的口气引用黑格尔的话。
② 列宁:《黑格尔〈逻辑学〉一书摘要》,人民出版社,1953年,第41页。
③ 列宁:《黑格尔〈逻辑学〉一书摘要》,人民出版社,1953年,第148页。

事物在这样变化发展着。譬如一个人由少至壮而至老,不断地在改变,但是在某一定时期内他有其规定性,使我们认识这个人是一个少年或壮年或老年,而且在其整个改变的过程中我们认识到是这一个人而不是别的一个人由少年变为壮年,由壮年又变为老年。必定要这样去认识事物,我们在生产斗争和阶级斗争中才有可能来辨别事物,确定某一事物是具有某种属性,不致对于一切都模糊不清、思想混乱,才能不至于自相矛盾,譬如说了这个人是一个少年,同时又说他是一个老头子。一定要这样,我们的思想才能确定,不致模棱两可;一定要这样,别人才能认识我们所说的是指什么,否则语言就无明确的内容,变成毫无意义的虚话,失掉其思想交流的功用。思维无论是以什么形式出现,它必定要像这样而不能是别样,这就是它最基本规律性的表现。

思维最基本的规律有四:同一律、毋矛盾律、排中律、充足理由律①。兹分别阐述如次。

第二节 同一律

一、同一律是什么

同一律是说,在某一论证或辩论之中,所用的每一个词所指的概念必定保持其同一的意义。

同一律的表述,各逻辑家言人人殊,纷纷其说,不免有些混乱,其混乱的原因大都是由于把事物的同一性,即事物是什么就是什么,和思维的同一律混淆起来。思维的同一律是说,在一个论证或辩论之中,我们所用的词必须有一定所指,其所指必须首先明确,而明确之后则保持其同一内容,如亚里斯多德所说:"任何一个字必须有其意义……凡是说

---

① 在亚里斯多德的逻辑学说中只谈到同一律、矛盾律和排中律,而没有谈到充足理由律。这第四条思维规律之列为形式逻辑的基本规律,一般认为是莱布尼兹加上的。即前三条规律也不是亚里斯多德在其著作中有专题论证的,只是后代逻辑家按亚氏的学说编纂出来的。以这三条规律而论,亚里斯多德认为矛盾律(我们译为"毋矛盾律")是最可靠、"不容置辩的",是思维最基本的规律而又是最明显的。参看拙著《亚里斯多德逻辑》第五章,科学出版社,1957年,第89—104页。

'这是而又不是'的人实则否定他所肯定的。"①虽是这已涉及下面将要讲的毋矛盾律,但其对于词之保持其同一意义,确定其所指,其要求是很明显的。

同一律的公式一向是用A是A。这也就是说在我们讨论中如果用到什么一个词A来表达某一个概念作为思想的对象,其内容就是所表达的概念A,而一直在这讨论过程中都保持其同一的内容,即A这概念,而不能是别的概念。可见,同一律所要求保持的乃是词的所指的内容之同一性。即其所表达的概念的同一性,而不是概念所反映的客观事物之同一性。换言之,我们须明确思维的同一律是关于思维的一条规律,而没有涉及客观事物同一性的一条规律。当然,概念的形成是以客观事物之相对

---

① 亚里斯多德在其《形而上学》中说,"进行辩论的人们必须在相当程度上互相理解,否则彼此如何辩驳?所以任何一个字都必须有其意义,指着什么,而且所指的不是指许多东西,而是指一个东西;如果一个字能指的东西不只一个的话,就应该弄清楚这个字用时是指哪一东西的。凡是说'这是而又不是'的人实则否定他所肯定的,那就是说,他认为这字所指的不是这字所指的,这是万万不可的,所以,如果'这是'是有其意义的话,就不能说了这之后又说与之矛盾的话而不犯错误"(《形而上学》,标准页第1062a 第12至18行)。上面的一段引文,主要的是"任何一个字都必须有其意义";这就是同一律的意思。亚氏之后,同一律的表述,纷纷其说,但内容大都是一样的。例如,莱布尼兹表述同一律为"凡百事物是什么就是什么";耶方斯说,"凡是什么就是什么";孟塞尔说,"凡思想对象都被构思为其自身",引自威尔顿(J. Welton)的《逻辑手册》(A Manual of Logic)第一册,1912年伦敦版,第31页。威尔顿自己的说法是,"同一律要求在任何一个论证中我们是在一个不变的意义上使用每一个名词"(见同上引书同页)。斯特罗果维契对同一律的定义是:"在关于我们思想的某一对象的论辩过程中,必须指的是同一个对象,这对象是什么就应当把它看成什么,不能以另外的对象来代替它。"(见斯特罗果维契:《逻辑》中译本,人民出版社,1953年,北京版,第20页。)我们认为这定义有些模糊,正如莱布尼兹、耶方斯、孟塞尔的定义一样,好像把事物的同一性和词的意义之同一性混淆起来。威尔顿的说法是正确的,而斯特罗维契在其《逻辑》一书(同上引版第25页)也说"可是要思维正确,就必须使在研究一个对象或争论一个对象中间所应用的概念有着同一的意思,而不在不同的和不相类的意义下应用这些概念。这就是说,在同一思维过程中同一概念应当表示同一思想对象"。苏联科学院哲学研究所1954年出版的康达夫著《逻辑》一书是说:"在某一议论中每一个思想,不管重复多少次,保持其同一的内容。"(译自该书俄文版第47页)这些说法,我们认为是比较正确的,而不能同意于苏联1955年出版的高尔斯基著《逻辑》一书俄文版第148页的同一律之表述:"同一律说思想的确定性是关于任何东西的思想之存在的条件。这个或那个思想(概念、判断等)之为思想,是要它具有确定性的性质,就是说,是要它反映现实完全确定性的方面(对象的确定属性,对象间的确定关系,等等),因为这也是把思维的正确反映客观现实和思想在思维中使用的确定混淆起来。两者不是同一事情,而后者才是同一律所要求的。"

稳定状态为其基础。如果没有客观事物相对稳定状态之一面，如果按事物的不断瞬息变化，这刹那的事物不是下一刹那的事物，甚至在同一刹那中都不能有同一相对稳定的事物，而甚至不能说有什么同一的刹那。那么，正如亚里斯多德所说，"感性的事物总是在流动的状态之中，人们对之是不能有什么认识的"[①]。那么，概念就不能有其确定性，名词所指的则不能有一定的内容，我们所说的就不知所云，不为别人所了解，语言也就失去其意义，不能有思想的交流，社会便不能存在。

A 是 A，就是说，在同一思维过程中，凡说到 A 的时候，不管是重复地说多少次，总是指原来 A 的内容，绝对不能指其他，A 这名词必定是表达 A 概念的这内容，绝对不能表达另外一个概念作为其内容。例如，"肃反运动"是指"肃清一切暗藏的反革命分子的运动"。在这运动中，"肃反"总是指这一件事，不会指另外一件事。

同一律在我们思维活动一开始时就起作用的。在思维活动一开始时，就得明确我们所用的词是表达什么样的一个概念，确定我们所想的对象是什么，以后就须一直说它是什么，在同一思维过程中，始终如一，绝不改变这词所表达的概念和这概念所反映的客观对象，这样来保持思维的确定性、一致性。同一律的要求是这样的。

更具体地来说明：在同一时间内和同一关系之下，同一名词只有一个意思，不能有两个或更多的意思，否则思想就混乱，语言就模糊不清。

最理想的就是只用一个名词来表达一个概念，用同一个说法来表达一个意思。但是实际上如果大家都很清楚不致引起误会的话，往往也有用不止一个名词来表达同一个概念，来指同一个事物，往往也有用不同的说法来表达同一样的意思的。例如"洋火"和"火柴"是两个不同的名词，但是大家都知道它们是指同一事物，它们是同义词，没有人会因为使用这样的不同的名词而引起争论的。"北京"和"我们的首都"也是一样，它们所指的是同一座城市，不会引起思想的模糊。这是指某一时间而言的。在不同的历史时代，这两个词就不是同义词了。如不同国籍的两个人在谈话，"北京"和"我们的首都"，严格地说，又不能说是同义词了。在一定

---

① 亚里斯多德：《形而上学》，标准页第 987a 第 33 行。

的时间一定的情况下,这两个词是可以互换而不致有思想的混乱的。但是在严格的科学范围里,名词是确定其意义的,丝毫不容苟且的,我们就更清楚地看见同一律所起的作用。

二、违反同一律就是"偷换概念"

你原来用一个名词是表达这一概念,具有这概念的意思,后来你用同一个名词是指另外一个不同的概念,于是就改变了这词的意思。名词虽同而意思换掉了,偷龙换凤,是同一律所禁止的。

在简短的议论和论证中违反同一律的错误是易于察觉的,例如像这样的一种错误:"物质是永恒不会毁灭的;棉布是物质;所以棉布是永恒不会毁灭的。"明显地,这里是概念的偷换,违反了同一律。前面所用的永恒不会毁灭的"物质"是物理学所讲的物质,物质不灭的物质,而后面所讲的棉布是物质的"物质"是指一种物质的形态。两个是不同的概念。以物质的某一种形态代替了物质的本身便是偷换了概念,而在很简短的一段论证中出现,是易于为人所发觉的。它违反了同一律,所以它的思维过程虽是表面上符合思维的一种形式,在后面称为三段论式的推理形式,但是因为它在用词上违反了同一律这一条思维的基本规律,它所得出的结论是错误的。

在比较更复杂的问题中,思维由一个概念转移到另一个概念常常是不自觉的而且又是不易察觉的。我们就拿同一律的意义来作例子罢。同一律所要求的同一性原来是词所表达的概念在同一思维过程中的同一性而不是概念所反映的客观对象的同一性,更不是这客观对象的"真实的具体的同一性"。因为亚里斯多德在其谈到进行辩论时"要弄清楚的是一个字用时是指哪一东西"[①],正如上面从他的著作所引的两段文字所讲的那样,而并未涉及客观事物本身,所以就其批评赫拉克利特的学说而言,也不是批评赫拉克利特万物皆变的学说,而是批评赫氏之由于事物之流动而不能为人们认识的学说,批评赫氏因为事物的变动不居以致关于变动的事物什么也不能说的主张[②]。但是由于同一律里所谈到的同一性这概

---

① 亚里斯多德:《形而上学》,标准页第 1062a 第 12 至 18 行。
② 参看拙著《亚里斯多德逻辑》,科学出版社,1957 年,第 91—93 页。

念从词的所指之同一性转移到概念的反映的客观事物之同一性,就引起形式逻辑的同一律是否是旧的形而上学意义下的同一律的问题,形式逻辑的同一律是否和辩证唯物主义冲突的问题。为要把问题弄清楚,我们不得不讨论一下形式逻辑的同一律和唯物辩证法是否有冲突这个问题。

首先人们必须承认形式逻辑的同一律是以概念的确定性为其基础,什么就是什么是指词之所表达的概念,开头是什么则一直是什么而不得改变的,始终如一到一段议论或论证的结束为止。但是概念的形成是根据其所反映的客观事物的相对稳定性的。一类事物中的每一事物如"植物动物每一个细胞,在其生存的每一瞬间",正如恩格斯早就正确地指出,"都和自身同一而又和自身相区别,这是由于各种物质的吸收和排泄,由于呼吸,由于细胞的形成和死亡,由于循环过程的进行,一句话,由于全部无休止的分子变化,而这些分子变化便形成生命,其累积的结果一目了然地显现在各个生命的阶段上——胚胎生命,少年,性成熟,繁殖过程,老年,死亡。生理学越向前发展,这种无休止的、无限小的变化对于它就越加重要,因而对同一性内部的差异的考察也越加重要,至于物种的进化就更不用说了。而旧的抽象的、形式上的同一性观点,即把有机物看作只有和自身简单地同一的东西、看作固定不变的东西的观点,便过时了。尽管如此,以这种同一性观点为基础的思维方式及其范畴仍然继续存在。但是,就是在无际的自然界中,同一性本身实际上也是不存在的。每一个物体都不断地受到力学的、物理的、化学的作用,这些作用不断使它发生变化,使它的同一性变形。只有在数学中,即在一种研究思想事物(不管它们是不是现实的摹本)的抽象的科学中,才有抽象的同一性及其与差异的对立,而且甚至这里也不断地被扬弃"①。恩格斯在这里把"那旧的抽象的形式的同一性观点"驳斥无遗了,形式逻辑的同一律是否还以这陈旧腐朽观点为依据的? 是否建立在这观点上面的呢? 如果是的话,它就是反科学的,被抛弃的了。恩格斯又说,"旧形而上学意义下的同一律是旧世界观的基本原则:a=a,每一个事物和它自己同一,一切都是永久不变的,太阳系、星体、有机体都是如此。这个定律被自然科学在每个场合下逐步地驳斥了,但是在理论中它还继续

---

① 恩格斯:《自然辩证法》,人民出版社,1955 年,第 176—177 页。

存在着,而旧的事物的拥护者还常常用它来抵抗新事物:一个事物不能同时是它自己又是别的。但是是最近自然科学很详细地证明了(见上):真实的具体的同一性包含着差别和变化。——抽象的同一性,像形而上学的一切范畴一样,只有对家事才能应用,因为在这里所考察的只是很小的范围或很短的时间;它所能适用的范围差不多在每一个场合下都是各不相同的,并且是由对象的性质来决定的;……但是对于综合的自然科学,即使在任何一个别部门中,抽象的同一性便是根本不够的;……"①

恩格斯在这一段引文中指示得很清楚,抽象的同一性虽然是被自然逐步驳斥无遗,但是对所谓家事还能应用。所谓"家事"就是人们经常碰见,范围很小而为时也比较短促的事情,为识别事物起见,只从其相对稳定状态这一面来看问题的事情,而概念的形成也就是根据一类事物的抽象同一性为其客观基础的。如果我们忘记这一点,使用概念时就会忘记概念的本质,认为它能足够反映活生生的具体事物的全部内容,而不是仅只反映一类事物从具体抽象出来的抽象同一那一面作为认识事物的标志,作为思想交流的工具的。形式逻辑的同一律要求在某一段议论中,在某一个论证中,词的所表达之概念保持其同一性,虽是不能脱离概念形成所依据的客观事物相对稳定的抽象同一性,但这同一律所指的不是这个客观事物的抽象同一性,而是议论或论证中所用的词的意义之同一性。如果把这两种同一混淆起来,在讨论形式逻辑同一律时,仅仅以客观事物的同一性为其思考的对象而不去谈所用的词的意义之同一性,岂不就是偷换了概念,违反了同一律吗?

所以我们断定形式逻辑的同一律既是以议论或论证中所用的词意义的同一为其对象而未涉及客观事物的同一性,不管是抽象的同一性或真实的具体的同一性,因之它所谈的就不会和唯物辩证法有所冲突的。固然同一律是根据概念的相对稳定,而概念的相对稳定是以客观事物相对稳定状态这一面为其客观基础,否则就不能有任何概念的形成,但是形式逻辑还是承认事物的相对稳定状态是相对的,惟有事物的不断运动,不断变化才是绝对的,所以形式逻辑的同一律并没有什么东西是和唯物辩证

---

① 恩格斯:《自然辩证法》,人民出版社,1955年,第178页。

法不相容的。形式逻辑完全承认客观事物的变化,甚至承认概念之承受着它所反映的客观事物之变化而变化,但是在谈到事物的变化时,同一律要求我们一开头就要弄清所谈的是变化而不是其他的状态。所谈的是这个或那个事物的变化,或者是谈一般事物的变化,而不能在谈这事物的变化时,忽然又谈到另外一个事物的变化。关于这一点,我们再一次引用恩格斯教导我们的话。恩格斯写道:"在着手研究过程以前,应当先研究事物。应当首先知道这一事物是什么,然后才可以研究其中所发生的变化。"①认识事物之为这样的事物而不是别样的事物,确定它是什么而在一段议论或论证中保持它是这个什么的内容便是形式逻辑同一律所要求的,而且它所要求的不过如是,并未涉及其他。

可是我们必须指出,同一律既是以客观事物的相对稳定状态为其基础,而客观事物只在或长或短的时间之内才是相对稳定,这时间之长短正如恩格斯在其《自然辩证法》一书中指出,"在每一个场合下都是各不相同的,并且是由对象的性质来决定的"②,所以同一律的应用是有其局限性的,因为"抽象的同一性根本是不够的",因之形式逻辑的同一律只在某一定的讨论或辩论范围中确定用词的意义而不能应用到客观事物的具体研究。

第三节 毋矛盾律

我们在这一节所要讲的毋矛盾律,就是亚里斯多德的原文所讲的"矛盾律"。在欧洲各语文中大都没用这个名词作为形式逻辑的一个术语,但是这条思维规律并不谈到客观事物中和人们生活中活生生的矛盾,乃是指思维本身不应自相矛盾,所以不应称这条思维规律为矛盾律,以免和唯物辩证法的矛盾律相混淆。同时,我们译这条规律的名称为"毋矛盾律",不沿用矛盾这一习惯的名称,因为这条规律是禁止思想的自相矛盾,是人的思想不要自相矛盾,所以称为毋矛盾律比较恰当。

---

① 转引自罗森塔尔、尤金合编:《简明哲学辞典》,人民出版社,1955年,第764页。原文载恩格斯:《费尔巴哈和德国古典哲学的终结》,人民出版社,1954年,第50页。

② 恩格斯:《自然辩证法》,人民出版社,1955年,第178页。

一、毋矛盾律是什么

毋矛盾律是说,在同一时间内和同一关系下,我们不能认为一个东西是什么而又是和这不相容的另一个什么。用公式来表述,这条规律是说,A 不能同时和在同一关系下既是 A 而又是 B,其 B 是和 A 不相容的。有时将这条规律的公式写成 A 不能同时是 A 又不是 A。显然是 A 和不是 A 两者是不相容的。例如说人是动物而又说他不是动物,这两种说法是不相容的,既说人是动物便不能又说他不是动物;又如一道墙如果是白颜色的,就不能在同一时间内和同一关系下又是黄颜色的,因为白色和黄色是不相容的,既是白的,就不能同时又是黄的。

亚里斯多德认为,毋矛盾律(他称为"矛盾律")是最基本而又最可靠、无可争辩的一条规律。他写道:"凡是理解存在事物的人所必须把握的一条原则必不是一种假说;凡知道事情的人所皆知道的,也就是一个人进行特种研究的时候所必定已经知道了的。明显地,这样的一条原理一定是最可靠的;这样的一条原理是什么,让我们进行来讲。那就是,同一属性不能在同一情况下属于同一对象而同时又不属于这对象;为了防止辩论中的反对意见,我们必须无条件地这样肯定。这就是原理之最可靠的,因为它是符合上面所下的定义的。"①他又写道:"……这条原理自然是一切其他公理的起点,因为对这原理有什么错误的人必定是自语相违的。"②

---

① 亚里斯多德:《形而上学》,标准页第 1005b 第 15 至 23 行。

② 亚里斯多德:《形而上学》,标准页第 30 至 34 行(节译)。在这段引文里,亚里斯多德说,"这条原理自然是一切公理的起点",其理由不过是,"因为对这原理有错误的人必定是自语相违的"。可能有人要问,这就足以证明这么最基本的一条思维规律吗?说到证明,亚里斯多德很正确地认定,证明不可能是无终止的,以 B 来证明 A,以 C 来证明 B,而又以 D 来证明 C,一直就必须来到 X,是不能再有什么其他范围更广阔的原理来证明它的,所以,X 或是不待证明而自明,或是不能证明而必须为我们所假定的,但是我们必须假定它,才能在实践中证实它是正确的。在科学研究中,什么是能证明的,什么是不待证明的,什么是不能证明而须假定的,这种识别的能力是十分重要的。亚里斯多德这样说道:"不错,有人要求甚至这不可置辩的原理也要证明,这只是由于他们之欠缺教育而已,因为不知是什么东西可以要求证明,什么东西不可要求证明,正是说明其教育有所缺欠。任何什么东西都要加以证明是不可能的(这是无穷的后退,毕竟是没有证明);但是如果有的东西原来就不应该要求加以证明的,这些人就不能说还有什么其他原理比这原理是更加自然明显的了。"(引自拙著《亚里斯多德逻辑》,科学出版社,1955 年,第 96 页;原文见亚里斯多德:《形而上学》,标准页第 1006a 第 5 至 12 行。)

具体来说,毋矛盾律所禁止的乃是,在任何一道判断里,以两个不相容的属性归之于同一个主体,或者以一种和主体不相容的属性归之于这主体;或者在表达一道判断的命题里,主词和宾词不相容,或者主词或宾词由于它含有不相容的成分因之就不能成立,所以命题便失去其意义。

例如,在"我们是在上课而又不是在上课"这一判断里,"我们"这主体不能同时有两种互不相容的活动,即"上课"和"不上课",以命题来讲,"我们"这主词不能同时有两个互不相容的宾词,即"上课"和"不上课"。所谓不相容就是说,既是这样,不能同时又是另一样。这墙既是涂上了黄色,就不能涂上红色,黄色和红色对于这墙来讲是不相容的,正如一个碗装满了水,就不能同时又装豆浆。碗既先装满了水,它就不能同时装豆浆,所以对这碗来讲,水和豆浆是不相容的。但是如果在不同的时候,碗可以盛水,也可以盛豆浆;在不同的时候,就没有不相容的问题发生。如果这碗既盛了水,但没有装满,还有余空,便可以再把一点豆浆倒进去,而不占水原来所占的地位。地位既不相同,也没有不相容的问题发生;水和豆浆混淆在一起而尚有位置在这碗里来收容它们,是说明它们在这情况下不是不相容的。

所谓同一关系是对同一标准而言,可是标准只是一种关系。比方,同一盆温暖的水,放进去一双手,一只手是从很热的水刚拿出来的,而另一只手是从很凉的水刚拿出来的,同一个人的两只手,对于一只手,水是温的,而对于另一只手,水是凉的;同一盆水,两手的感觉有所不同,因为关系不同的缘故。温和凉原是不相容的,但是在不同的关系下,就没有不相容的问题发生。我们不能说,这水是温的而又是凉的,因为这温和凉是同一个人在同一时间内在同一关系的感觉,说这水是温而又是凉,在这种情况下是无意义的,但是如果在前一例子的情况下,说这水对于一只手是温的,而对于另一只手是凉的,这是可以理解的,不是毋矛盾律所禁止的。毋矛盾律所禁止的是,在同一时间内和同一关系下认为一个东西是什么而又是和这不相容的另一个什么。这条思维规律不容许我们说,同一盆水对于同一个人的感觉来讲,是温的而同时又是凉的,因为时间既同,关系又同,这水不能既认为是温的,又认为是凉的,因为在这情况下,温和凉是不相容的,既温则不能是凉,既说它是凉,就不能在这情况下,又说它是温,否则是自语相违。

所谓自语相违,就是前言不对后语,既说是温的,而在同一时间同一关系下又说是凉的。这是以两个不相容的属性归之于同一主体,同一对象,所以是说不通的,使语言失掉其意义的。如果在一个判断里,以和主体不相容的属性归之于这主体,也是自语相违的错误,是毋矛盾律所禁止的。例如说"这地主是不剥削的"是自语相违。不剥削怎能成为地主?地主本身是剥削农民的,以不剥削的这属性要归之于地主这剥削为生的主体,显然就是自语相违,既说这是地主而又说他不剥削,显然是毫无意义的。就命题来讲(命题是判断的表达),我们说这是主词和宾词的不相容。主词"地主"的含义和宾词"不剥削"的含义是互不相容的,故为毋矛盾律所禁止的。

如果一道命题的主词或宾词含有互不相容的成分也足以使命题失掉其意义,致令思想混乱的。例如说,"不剥削的资本家是难得的",或者说,"这人是一个不反动的右派分子",都是无意义的。既不剥削怎能成为一个资本家?"资本家"这概念原来就含有"剥削"的意思,否则不成其为正确反映客观现实的一个概念,今说"不剥削的资本家"作为一个主词,这主词所表达的是不能成立的一个概念,故说这种说法是"自毁概念",一口气就自己打自己的嘴巴,不能自圆其说,是错误的思想,是毋矛盾律所严禁的。以"不反动的右派分子"为一个名词,在上面所举的例子里是作为宾词,也是"自毁概念"的逻辑错误,为毋矛盾律所不容,因为右派分子是反党、反人民、反社会主义的反动分子,而以"不反动的"这属性加在"右派分子"上面,是不能正确反映任何一个具体的人,是无意义的一个空洞名词,是错误的思想,为毋矛盾律所严禁的。

"自毁概念"和"自语相违",严格讲来,同是自语相违的逻辑错误,为毋矛盾律所严禁,因为都是说者之不能自圆其说,前言不对后语,思想不能一致,以致自相矛盾,但是"自毁概念"的错误是发生于命题中的一个名词、主词或宾词,而"自语相违"在这里是指两个名词含义之不能相容,这两个名词可能是主词和宾词,如"这个资本家是不剥削的",又可能是两个宾词用来陈述同一个主词,如"这水是温的而同时又是冰凉的"。

相对稳定状态中的客观事物不会同时表现在同一关系下互不相容的

属性,所以正确反映在人脑中的概念或判断,从而表达为名词或命题,不能有"自毁概念"或"自语相违"的现象。毋矛盾律所禁止的就是和客观现实相违的这种逻辑错误。

可是须郑重地指出,毋矛盾律所禁止的是以两种或更多的不相容的属性归之于同一判断的主体,禁止命题中的主词同时兼有不相容的宾词,但是并不禁止以相异的属性归之于同一判断的主体,或命题的同一主词同时兼有表达不同属性的宾词,不相容固然是不相同,但是不相同的不一定是不相容的,我们必须把两者区分开来。一朵花的颜色是红的就不能同时又是黄的;红与黄是互不相容的颜色;但是一朵花的颜色是红的而又是鲜艳的,红与鲜艳是颜色的两种不同的属性,但不是互不相容的属性,所以是可能同时归之于这一主体,即这朵花的颜色。又如一个人可能是一位教授而同时又是一位科学家,因为教授和科学家这两种身份可能同时属于同一个人,因为它们不是不相容的,而只是相异的;一个人可能是工商业主兼地主,但绝对不能是中农兼地主,原因是在于相异与不相容之分。

二、毋矛盾律是形式逻辑思维的规律,并不涉及客观事物本身的矛盾,所以和唯物辩证法并不矛盾的

但是有人不十分理解毋矛盾律的旨趣,认为客观事物都有内在的矛盾,内在的矛盾是事物运动、发展的动力,毛主席根据恩格斯在《反杜林论》里说过的"对立的斗争和对立的解决,是一切发展的动因……"[①]这正确的原理,曾写过"没有什么事物是不包含矛盾的,没有矛盾就没有世界"[②],何以我们有形式逻辑的毋矛盾律,不许思维中有矛盾呢?

当记得矛盾有两种,一种是辩证唯物主义,即上面引文中所说的客观事物中内在的矛盾,另一种,即毋矛盾律所禁止的不正确思维中,前言不对后语,使语言失去其意义的矛盾。前者是自然的规律,贯穿着所有事物的,即在思维的活动中也存在着有其矛盾的,而毋矛盾律不禁止有这种矛盾,并且是它所不能禁止,而又是它所不涉及的。毋矛盾律所禁止的只是

---

① 转引自阿历山大罗夫主编:《辩证唯物主义》,人民出版社,1955年,第198页。原文载《反杜林论》,1948年,俄文版,第328页。

② 毛泽东:《矛盾论》,人民出版社,1956年,单行本,第8页。

对于现实陈述时在语言中发生的自相矛盾使得思想混乱,莫知所云。例如,我们不应该说"矛盾是事物发展的动因而又是和事物发展无关的"。自相矛盾紊乱无次的思想不能正确反映真理,模糊不清的话语也不能表达正确的思想。毋矛盾律是一条思维的规律,它禁止的只是思维中和语言中的自相矛盾,并不否认事物自身中的矛盾,所以和辩证唯物主义不相矛盾的。

三、从上面所说的,我们就可以理解毋矛盾律在思维中的意义了

第一,如果把不相容的东西混淆在一起而构成一个概念,这概念就模糊不清,人们不知它所指的是什么;如果一道命题中的主词和宾词是本质上不相容的,或者一个主词兼有两个宾词,而这两个宾词是不相容的,则是自语相违命题不能为人所理解,对事物是什么不能表达正确的判断,所以毋矛盾律是要保证词的明确、命题的正确,作为正确思维的一种条件。

其次,在思维中常常有否定的判断,如说,"人非木石"。这种否定的判断是以什么为基础的呢?当我们说,"人是动物"时,我们在思想中是以人类作为一种隶属于动物这一类的。当我们说"人非木石"的时候,我们的思维活动究竟是做了什么?是把人类排除于木石这一类的东西,而其排除的根据是在于事实上人类有其和木石不相容的属性,使人类和木石在这不相容属性的基础上分别开来,故说"人非土木"。正如我们说,"不可与鸟兽同群",这是指人类讲的。人类和鸟兽都是动物,都在动物这一大类中为其不同的各个种,但是按其相同之点,人类和鸟兽都同属于动物这一大类,然而按其互相差异之点,又分别为各个种,故说"人不可与鸟兽同群"。这差异性是使人类和鸟兽不相容的。同样地,以物质的个体而言,人与木石是相同的,故说"人是物体","木石也是物体",但从其差异性而言,从其分别性而言,"人非木石",其间差异性之一种就是人是有情的,而木石无情,所以就说"人非木石,谁属无情"。由于两个东西有其互相排斥的差异性,故不相容,故说:"这不是那。"这种否定判断之作出是根据事物的互不相容性,所以说毋矛盾律是一切否定判断的逻辑基础。我们上面所讲的,总起来说,就是我们断定A不是B,是因为我们认识到A和B

是不相容的,不能联系起来的。"美国帝国主义不是我们的朋友。"我们认识到"美国帝国主义"和"我们的朋友"是互不相容的两个概念,如果说"美国帝国主义是我们的朋友",在这判断中就以一个和"美国帝国主义"这主体不相容的属性,作为"我们的朋友"的这一属性,归之于"美国帝国主义"这一个主体,便是自语相违,为毋矛盾律所禁止,所以按毋矛盾律的要求,我们必须说,"美国帝国主义不是我们的朋友",这才是对的。因之,不认识到事物的不相容性,否定判断就没有其客观基础,也没有其逻辑的基础。A 不是 B 这判断的基础乃是事实上 A 和 B 的不相容。

再次,毋矛盾律是揭露论敌的谬论之有力武器:论敌的谬论,尤其是无产阶级的阶级敌人的谬论,每每是否认事实和事实不相容的,所以在其本质上必定是自相矛盾的。例如,在朝鲜停战的谈判中,美国说,同情共产主义的国家不能承认为中立国。那么,不同情共产主义的国家就是同情资本主义的国家,根据美国的说法,也不能认为是中立国,那就没有中立国了! 既承认要有中立国,而又认为没有国家是中立的,岂非自相矛盾? 这是毋矛盾律所不容的谬论,应该予以揭露而打击的。

以上的三点,说明毋矛盾律在思维实践中的意义。

第四节　排中律

一、排中律是什么

排中律是说,"矛盾之间不能有中间的存在,任何一个宾词之对于一个主词我们必须肯定或否定"[①]。这是亚里斯多德对排中律的表述。

我们首先把排中律和毋矛盾律比较一下:毋矛盾律说我们在同一时间内和同一关系下不能认为一个东西是什么而又是和这不相容的另一个什么,换句话说,不能说它是什么而又不是这样。排中律是说,如果关于什么东西有两种互相矛盾的说法,我们就必须肯定其一种说法而同时就否定其他,二者必居其一,不容有第三种说法;换句话说,非此即彼。例如

[①] 亚里斯多德:《形而上学》,标准页第 1011b 第 24 行。参看拙著《亚里斯多德逻辑》,科学出版社,1957 年,第 102—103 页。

一个数非奇即偶,没有第三者之可能。

排中律的公式是:A 是 B 或不是 B,二者必居其一,因为 B 和不是 B 是矛盾的,其间没有第三者之可能的。所谓第三者是指两矛盾的,其间没有第三者之可能的。所谓第三者是指两矛盾的东西之间的中间物,因为矛盾的逻辑意义就是不能有中间物存在于其间的,故非此即彼。可见排中律的特征是:

1. 对于某一事物必须有两个相矛盾的判断,其中一个必是真的,而其他一个就因之必是假的;一真,则其他便假;一假,则其他必真。

例如,这墙是红色的或不是红色的。必红或非红,二者必居其一。这里才适用排中律,因为"红"与"不是红"(即"非红")是矛盾的。

但是,这墙是红色的或是黄色的不是两个互相矛盾的说法,所以在这里就不适用排中律,因为"红"与"黄"不是矛盾的,只是不相容的,既红则不能是黄,但非红不一定是黄,可能既非红亦非黄,而是白的。"白"就居于"红"与"黄"之间,是其第三者。红与黄之间可能有白,亦可能有蓝,或其他非红亦非黄的颜色,而这些别的颜色统言之为红与黄之间的中间物,所谓其第三者。

2. 由此可见,排中律只适用于矛盾概念,如"红"与"非红",其中无第三者之可能的,而不适用于不相容的概念,如"红"与"黄",因为"红"与"黄"之外还有其他颜色为其"第三者",如"白"、"蓝"、"青"、"绿"等。使用排中律时,我们必须严格认真对于某一东西的两种说法是否矛盾的而不只是互不相容的。矛盾的东西也是互不相容的东西,但是互不相容的东西不一定是矛盾的。不相容而又无第三者居于其间才是矛盾的。例如"老"和"少"是不相容,因为如果一个人是老年,他就不能同时是少年,是少年则不能同时是老年,但是他可能既非老年而又非少年,因为他是壮年的或中年的。可是"男"和"女"是矛盾的,一个人既男则必非女,因"男"和"女"是不相容的形容词,但同时我们可以说,一个人非男则女,不能是非男又非女,二者必居其一,所以"男"、"女"是矛盾的。以年龄的各阶段来讲,幼年、少年、壮年、中年、老年,都是不相容的,肯定了一个,必否定其他各个,但不能由否定其中的一个而肯定其他之一个,如说"非老"则必是"幼"。但是"老"和"非老"是矛盾的,因为"非老"是"老"之外所有其他年龄阶段之统称，故无第三者居于其间，我们就可由肯定"老"而否定"非老"，也可由否定"老"而肯定"非老"，例如说："这人既非老年，则必是非老年。"但不能确定他是"非老年"中的幼年、少年，或其他，这是只有实际了解才能确定，不能由逻辑推出。

二、排中律和唯物辩证法并不矛盾

何以提出这个问题呢？因为恩格斯曾说过："辩证法使固定的形而上学的差异互相过渡，除了'非此即彼'，又在适当的地方承认'亦此亦彼'。"①

这是否和形式逻辑的排中律相矛盾呢？辩证法使固定的形而上学的差异互相过渡，比如使少年过渡到壮年。形而上学是把少年和壮年固定下来，少年是少年，壮年是壮年，本来是不同，永远是不同，绝不能说少年是壮年的。可是事实上随时随地都有少年的人过渡到壮年的阶段。不是说少年即是壮年。这样的说法是违反毋矛盾律的。一个人要就是少年，要就是壮年，不能同时是少年而又是壮年。在我们对于一个人的认识达到某一种程度的时候，是可以说，他不是一个少年就是一个壮年，非此即彼。恩格斯也不否认这点。我们要注意在上面的引文里，他并不否认"非此即彼"，他是说"除了'非此即彼'，又在适当的地方承认'亦此亦彼'"。那就是说，从事物相对稳定的状态来看，非此即彼，因为从这方面看，事物是有其确定性的，一个人确定是少年或是壮年，所以在这情况下，"非此即彼"的排中律是适用的，但是在适当的地方，从事物的发展、变化来看，就得要承认"亦此亦彼"。一个人从少年变成壮年，当我们从相对稳定的状态看他时，他还是稳定在少年阶段，但是他一直是逐渐从少年过渡到壮年。这个过渡的过程不是突然的，在少年阶段上就已经有壮年的萌芽，而在过渡的过程中，少年逐渐衰退而壮年逐渐成长，两者同时并存，一进一退，所以在这种地方，我们得要承认这人的确是少年而又是壮年，"亦此亦彼"。亚里斯多德早就指出："同一事物在同一时间之内可能是存在而又

---

① 《马克思恩格斯全集》第14卷，俄文版，第432页。

不存在——但不是在同一关系之下。因为同一事物以潜在而言是在同一时间内为两对立物，但以实在而言则不能是这样。"①他之所谓"潜在"也可以说从发展看，"实在"是从相对稳定状态看。从发展看，在同一时间之内，"壮年"在这人的少年阶段上是存在而又不存在，是从实在上看，从相对稳定状态上看。

所以"非此即彼"是指事物的相对稳定状态而言的，而"亦此亦彼"是指事物的发展变化而言，指其过渡的过程而言的，因之恩格斯教导我们说，"除了'非此即彼'，又在适当的地方承认'亦此亦彼'"，两者不可混为一谈。唯物辩证法并不取消形式逻辑的排中律，可是我们不应该因为形式逻辑而陷入形而上学的泥沼中去，把形式逻辑确定的东西僵化掉了。形式逻辑的排中律在适当的地方是有其作用的。我们试着看斯大林在他的《论目前形势》一篇演说里是怎样使用这条思维规律的②。

在这篇著名的演说里，斯大林说："谁都晓得，在俄国社会政治生活的发展中出现了两条道路：一条是伪改革的道路，另一条是革命的道路。……日益发展的城市中的危机和农村的饥荒使新的爆发不可避免，所以在这里是不容许动摇的：或者是革命走向高潮，那我们就应当把它进行到底；或者是革命走向低潮，那我们就不能，也不应该提出这样的任务……鲁登科在寻找中间路线，他想说，革命又在高涨又在不高涨；应当把它进行到底，又不应当把它进行到底，因为在他看来，辩证法正是要求这样提问题的！我们却不是这样了解马克思的辩证法……"

鲁登科的错误是不是庸俗化了，曲解了恩格斯所指示的"适当地方"而企图这样错误地使用"亦此亦彼"的公式，而不知道应使用的是"非此即彼"的公式呢？斯大林正确地驳斥了他，指出在当时的形势具体情况之下，革命要就走向高潮，要就走向低潮，是适用形式逻辑的排中律的场合，二者必居其一，不得模棱两可，裹足不前，这才是正确了解马克思的辩证法。

可见排中律和唯物辩证法并不矛盾。

---

① 亚里斯多德：《形而上学》，标准页第1009a第34至35行。
② 见《斯大林全集》第1卷，人民出版社，1953年，第219—220页。

三、排中律在思维和实践中起很大的作用，但是必须在我们认识具体的情况发展到某一种程度，问题形成为两种可能性，互相矛盾、非此即彼的时候，才能使用排中律

上面所举斯大林演说中的"目前形势"就是一个典型的实例。当时的具体形势摆在面前，革命要求的任务是明确的：不是这样做就是那样做，是非明显，不容推诿责任，必须坚持原则，否则是犯错误。排中律是这样确切地指出行为的方向。

在阶级斗争中，排中律帮助人们澄清思想，划清敌我界限，要求坚决斗争，正如在"肃反"、"反右"历次政治运动中那样。右倾思想和温情主义都是没有正确运用排中律的表现。

以上三节所讨论的同一律、毋矛盾律和排中律，我们可以体会到这三条最基本的思维规律是要贯穿所有一切思维形式的：其中的同一律是说，是即是，非即非，主要是要求名词与概念的明确，不能游移不定；毋矛盾律是说，不能在概念或命题中是非模糊，自相矛盾，必须始终一致；排中律说，非此即彼，在某一定情况之下，具体事情已经发展到某一定的程度，面前只有两种互相矛盾的可能性，没有中间路线，必须选择其一，无可逃避推诿的。

但是毋矛盾律的作用和排中律的作用是要分辨清楚的。当我们论断某一事实的时候，毋矛盾律规定"是与非不能同时并存"，而排中律则规定"或是或非，非此即彼，二者必居其一"。

毋矛盾律适用于不相容的概念，如"黄"与"红"，既"黄"则不能又同时是"红"，但"非黄"，则不一定是"红"，可能是"黄"与"红"之外另一种色，如"蓝"、"白"、"黑"、"青"、"绿"等。必先肯定然后从而排斥其他与之不相容的；而排中律，如上所说，是只适用于矛盾的概念的，两个互相矛盾的东西不只是互不相容，而且其间不容有中间物的存在，不能有所谓"第三者"。因之，比如，是"男"则"非女"，是"女"则"非男"，而且"非男"则必是"女"，"非女"则必是"男"，可由肯定其一而因之否定其他，亦可由否定其一而肯定其他。以"红"、"黄"、"蓝"、"绿"等色而言，"红"和任何其他一色都是不相容，但"红"只有和"非红"（其他各色之总和）才是相矛盾的。如果肯定了"红"，毋矛盾律和排中律同样能起作用，即否定其与"红"不相容之

"黄"、"蓝"等色,否定"非红";那就是说,毋矛盾律说,既"红"则不能是任何其他的一种色;排中律说,既"红",则不能是"非红",亦即不能是任何其他的一种色,所以排中律在这种情况下是和毋矛盾律起着同样的作用的。但是如果我们否定了"红",毋矛盾律不能起什么作用,不能因之而肯定什么色;但是在这情况下,排中律却起作用,能因之而肯定和"红"矛盾的色,可是它所能肯定的只是"非红",而不能肯定"非红"之中的"黄",或"蓝",或其他。排中律能从肯定其一而到否定其他,亦能从否定其一而到肯定其他,"非此即彼",但实际上孰是孰非,不是排中律所能决定,更不是毋矛盾所能决定,必须在实践中根据具体的情况来决定,然而决定了之后,毋矛盾律和排中律在逻辑上就分别起其作用了。

第五节　充足理由律

一、充足理由律是什么

充足理由律是说,任何思想当其具有充足的理由时才能算是正确的。这就是我国儒家的一句话:"凡天下之事莫不有理。"事物之理就是一事物为什么存在而不会不存在,并且为什么是这样地而不是别样地存在。我们知道宇宙的一切事物都是相互联系着,相互制约着的。凡事物的发生、发展和消灭都有其一定的规律,并且这规律是可以为人所发现、所知道的。知道事物的联系和其怎样联系的规律性就是在思维中正确地反映客观事物的联系,就是不但知其然而且知其所以然。这就是充足理由律的客观基础。

在形式逻辑史上,一般承认,提出充足理由律之作为思维基本规律的第一个人是欧洲18世纪的莱布尼兹[①]。我们的思想必须有充足理由,才

[①] 莱布尼兹在其《单子论》一书第31至38节里有这样的话,"由于这条原理(指充足理由的原理——译者),我们知道,没有充足的理由说明何以它是这样而不是别样,就不能认为什么事实是实在的,什么命题是真实的"。再则,"任何东西的存在,或者说任何是真实的,必须有其充足理由说明何以这东西或这命题是要像这样而不是别样"(译自威尔顿著《逻辑手册》第一册第37页英译引文)。威尔顿说:"这原理还有其他的表述如下:每一个判断必须有其断言的充足根据(孟塞尔);每一个命题必须有其理由(康德);只有思想的(逻辑)联系符合于一种(实在的)因果联系时,一道判断才能从另一道(实质上与之不同的)判断而得出(俞勃尔惠)。"(见仝上页)

能使人信服,就是说,必须举出充足的理由来证明它是正确的,可见充足理由律在思想交流中的意义。但是不独如此。即使在我们自己进行思维的时候,也要保证我们思维过程的第一步骤是有其充足理由而不是任意的,必须这样,我们的思想才是紧密合理。这是科学的要求,具有充足理由是科学思想的一种特征。

充足理由律以符号来表述是说:A 之为 C,是因为有 B,也可以表述为 A+B=C;这公式里的 A 是代表原来的事物,加上了 B 这条件,它就成为 C 这样的结果。这里所说的 B 是凡 A 加上了 B 这条件必定产生 C 这结果,然后才可以说 A 有了 B 这条件就构成 C 之产生的充足理由,A 固然是 C 的产生之一种理由,因为没有 A 就不能有 C;B 也是 C 的产生之一种理由,因为只有 A 而没有 B,也不能有 C 的产生;但 A 或 B 都不是 C 的产生之充足理由,必须是 A 加上 B 才能算是 C 的产生之充足理由。所以我们必须把事物的必要的理由和它的充足理由分辨开来。事物的必要理由,无之固不能有这事物,但有之亦不一定会有这事物,因为它不是这事物的充足理由。充足理由是这样的:无之则必不能有这事物,有之则必定有这事物,否则不是这事物的充足理由。以必要理由看为充足理由是错误的①。

在形式逻辑教本和参考资料中,我们常常看见这种说法,说充足理由律是客观因果关系在我们意识中的逻辑表现,但是这种说法不是完全正确的。构成充足理由的理由不应和事物发生的原因相混淆。原因固然可以说明事物发生的理由,但是说明事物的理由不一定是事物发生的原因。客观事物的各种各样的联系中有前因后果的关系。根据因果关系,有这样的因,必有这样的果,有这样的果,必有这样的因。但说明事物的一种理由是这样的:如果承认 B 是对的,就要承认 A 也是对的。由 B 可以逻辑地推出 A 来。B 是 A 的充足理由,而 A 就称为从 B 推出来的推断。

但是在思想交流中,对于一件事的说明,使人信服的逻辑上之充足理由不一定是所说明的那件事的原因。譬如,早晨起来,看见某些现象,我

---

① 关于充足理由律的 A+B=C 这公式,参看威尔顿:《逻辑手册》第一册,英文原本,第 38 页。(G. Welton, A Manuel of Logc, Vol. I. p. 38.)

说"昨夜下了雪"。如果有人问,"何以知道?"说服问话的人的充足理由可能是,"到处都是白的雪"。但"到处都是白的雪"却不是"昨夜下了雪"的原因,恰恰相反,而是"昨夜下了雪"的结果。两者确是有因果的关系,但是举出来作为"昨夜下雪"这论断的理由的乃是"昨夜下了雪"的结果,而不是它的原因。所以我们说,理由不应和原因混为一谈,不应该把两者等同起来。

二、充足理由律是论证的一条思维规律,其意义是在于举出事物的充足理由来说服他人,当然这并不是等于说在自己进行思维的过程中,我们不需要充足理由来保证我们思维的正确性和科学性,但是说服他人的意义是重要的

可是,对他人也好,对自己也好,怎样进行说服呢?回答这问题,就要说明明显真理与不明显真理。

明显真理是不需要论证而自然明白的。明显真理有三大类:(1)直接的感性认识;(2)众所周知的事实;(3)公理及其有公理性质的规律和原理。兹分别简单地予以说明如下:

(1)直接的感性认识:例如"今天天晴"。如果是天晴,这还需要证明吗?正常的人都能知觉到的。这是明显真理。

(2)众所周知的事实:"北京是我们的首都","师范学院是培养中等师资的高等学校"。凡知道我们国家的事情,粗知我国教育制度的人都知道而不待证明的。

(3)公理及具有公理性质的规律和原理。公理是在某一知识领域里面最一般的原理,用以证明其他原理的,例如"整体大于其任何一部分","和同一东西相等的东西必是彼此相等"等:这都是公理,一经指出之后,人们都能理解,无须证明的。此外还有在某一定科学部门里面,像"甲大于乙,乙大于丙,则甲大于丙","两直线段不能成一几何形"等,不列为公理,但是凡初步知道几何学的人都知道这些原理,把它们看为和公理有同等的作用,故说它们虽不是公理,但是有公理性质的原理。

不明显真理之为不明显,是因为有人不容易接受它们,所以需要拿对于这些人足够明显的真理作为根据来证明这些所谓不明显的真理。拿明

显的真理来证明不明显的真理,而证明发生效力,能说服那些不能接受它认为是不明显的真理的人,这就是充足理由律起作用的地方。拿来去证明不明显的真理的明显真理必须是充分可以说明,并充分可以证明不明显的真理的,否则证明是不发生效力的,不成其为充足理由。

理由必须充足才能证明。实践中提出的理由常常其本身还待证明的。例如,我们要向人证明我们的社会主义建设一定会胜利完成的,其理由是我们的社会主义建设事业有马克思列宁主义为其思想的正确指导,有党和人民政府的英明领导,有以工人阶级为领导,以工农联盟为基础的人民民主专政,有觉悟提高了的全国人民的伟大力量,有苏联和其他人民民主国家无私的帮助,等等。但是对于某些人,这些理由虽然是完全充足,可是认为其中某些条款还不够明显,有待证明。那么,我们就须按照那些不完全明了的人的具体情况,根据其现有的知识水平和政治觉悟,拿他们现在认为是明显的真理作为理由以证明他们所不明白的。这就是充足理由律在日常生活实践中的应用。

由此可见,明显真理和不明显真理的分别是相对的而不是绝对的,按各个人的实际情况而决定的。这是教学工作者所应牢记的。教师的明显真理,对于学生可能是很不明显的,学生现在的不明显真理,到了他们认识提高之后可能是很明显的了。因材施教需要首先了解学生承受时的实际情况,其重要性就在于此,充足理由律的意义也在于此。

尤其要指出的,上面所说的第三类明显真理,公理和具有公理性质的规律和原则,不是像有些唯心主义者所说的那样是与生俱来,或者是从天上掉下来,神所指示的。那种说法是毫无根据的。这些公理等都是长期实践中,从重复多少次的经验总结出来而又为实践所证实而后提高到理论上去和全部的人类知识结合起来,为人类认为不是这样就什么都说不通、什么都不能理解的。公理和具有公理性质的规律和原理之源泉是人类的社会劳动实践,这是我们所要肯定的。

三、充足理由律在思维实践中的意义:兹分三点说明

1. 间接知识都是从已知推出来未知的结果。已知就是据以作为推出未知的理由。我们起初可能不知道美国帝国主义是我们的死敌,但是从

过去许多事实我们却知道美国帝国主义的战争贩子每每在企图破坏人民的事业,每每企图来阻挠人民政权的建立,我们并知道这些阴谋是由于帝国主义的本质,帝国主义一天不消灭,这些阴谋永远不会终止的。从这些已知的东西,就可以推出我们从前未知的真理,即美国帝国主义是我们的死敌。

2. 从部分之理推知全体之理:全体是由各部分有机地组成的,其各部分都是有机地相互联系,相互制约着而成其全体,而且这种联系和制约是按照其一定的而为人能知道的规律的。因之,了解其一部分之后,就可按图索骥以推知全体之理。例如,如果我们只知道一个圆上面的三点,我们就可以根据几何学的原理作出这整个圆。又如著名的"北京人"只是百万年前一个人的头颅骨,但根据充分的科学知识就能从而推知百万年前生活着的整个"北京人"的身体。这是充足理由律的作用之一种表现。

3. 根据充足理由律以组成系统的知识:我们上面曾讲过,科学就是有系统的知识。人类关于客观事物的知识其所以能够组成为条理分明的系统,是因为"凡天下之物莫不有理",而天下之物都是有条理地按规律地相互联系着,这部分的事物和任何其他部分的事物都是有条理地按规律地相互联系着,其道理都是相互关联着的。科学研究的任务就是要逐步弄清楚这个道理。既然客观的真理是互相联系着的,科学所反映的知识就可在任何科学研究的领域中把它获得的知识组成系统,知其各部分之如何联系,才能组成这个科学知识的系统,是按照其充足的理由,然后才能根据正确反映客观事物的知识持之而有其故,言之而成其理,才能根据充足的理由使这系统的各部分纲目分明,条理清楚,成为一个科学知识的系统。如果这科学系统的纲目还未臻完备,其条理还未完全清晰,其系统还有缺欠,那就是我们对于客观的事物还未充分地认识"理有未穷,故其知有不尽"(朱熹语),正是充分的理由要求科学更向前推进。

总结思维规律:同一律、毋矛盾律和排中律的相互联系已经在上面第四节最后一段小结过。在结束思维规律这一章之前,我们还得要把四条基本规律总结一下。

首先是思维规律的统一性:思维规律是关于思维的规律,而正确思维是反映客观事物有规律的联系和关系的。客观事物整个说来是一个统一的整体,所以在人的意识中也应该反映为一个统一的整体,这整体可从各个不同的方面来考察。

以客观事物相对稳定状态中的确定性来看,什么就是什么,标明其所然而不容有一点模糊,这就是同一律的意义;客观事物同时也有差异性,什么是什么而不是同时与之不相容的另一个什么,这是毋矛盾律的意义;人们对客观事物的认识深入到某一定程度,就可以断定它不是这样就必定是与之相矛盾的那样,绝无第三者之可能,故须在这和那之间有所抉择,这就是排中律的意义。充足理由律是根据客观事物整体联系中某一事物和另一事物的不可分之密切联系,故能从其一事物确定其他一事物。这种认识是依据充足理由律的。所以四条基本规律都是客观现实整体不同方面的反映,在人的意识中,是相互联系着的,是正确思维所必须遵守的。

这四条基本规律贯穿着全部形式逻辑,那就是说,不论正确思维是以什么形式出现,都不能违反这四条规律,它们所以就称为正确思维的基本规律。

正确思维不仅要服从一定的规律,并且要由一定的形式而活动。所有的思维形式都必须服从上述的基本规律,而同时又有各种正确思维形式的特殊规律,我们在讲到各种思维形式时将要涉及这些特殊规律。

各种思维形式是什么,其特殊规律又是什么,详在下面各章。接着在下面的第三章首先就讨论概念这一种思维形式。

第三章 概念

我们在第一章曾讲过,形式逻辑是研究正确思维的初步形式与规律的一门科学。在上面第二章讨论过正确思维基本规律之后,我们就要分别地讨论各种思维形式与其规律。概念是思维的一种基本形式,它有它的特殊规律,除了遵守思维的基本规律之外,还须遵守它的特殊规律。概念是什么样的一种思维形式,它的特殊规律是什么,就是本章所要讨论的①。

---

① 过去欧洲各国刊行的形式逻辑教本一般都是把概念列在判断和推理之前,形成传统的概念、判断、推理这种的次序。例如穆勒的《名学系统》,耶方斯的《名学浅说》,威尔顿的《逻辑手册》,约瑟的《逻辑导论》,都是 19 世纪中叶以来英国最通行的形式逻辑教本,其概念的各章莫不列在判断和推理各章之前。又如法国禅尼(Janét)的《哲学概论》中逻辑部分,其概念的一章亦在判断和推理各章之前,天主教耶稣会 1924 年刊行拉丁文的《逻辑》(Logica)一书也是这样(该书作者为 Carolus Frick,苏联斯特罗果维契的《逻辑》是为高等学校用的,又诺哥拉道夫和库兹敏合著的《逻辑》是为中等学校用的,即近年(1955 年)苏联科学院出版社高尔斯基著为中等师范学校用的《逻辑》亦复如是,把概念列在判断和推理之前。惟有苏联科学院 1954 年出版康达科夫著《逻辑》一书一变旧习,把概念共四章列在判断和推理各章之后,而只在证明一章之前,成乎在全书之末。我个人在理论上是同意康达科夫的做法的。概念本为从实践获得的认识积累之结晶。一般的形式逻辑,因见亚里斯多德的逻辑六篇,先有其《范畴篇》,继之以《解释篇》(有译为《命题篇》的),然后再有研究三段论式推理的《分析论前后篇》计两篇,于是两千年来,皆循概念、判断、推理的顺序,未尝移易。当知亚里斯多德逻辑六篇的顺序,本非亚氏本人所厘定,乃是他死后许以其遗著为其私淑弟子整理时所安排,何说科学不断向前发展进步,新陈代谢是客观真理表现的常规,不应墨守不符合实际的清规戒律,好像必要为在形式逻辑系统阐述中,先有概念而后有判断和推理,或以为必先有概念,而后才能有概念之联结而为判断,再由判断的结合而为推理。这也不能成为定论,是由语言的分析而得到的一样感觉,移到思维方面来的。语言之表述是词,缀词而成句,联句而成文,故在语法中大都先研究词、词条,而后研究句法、章法,可是我们反转来看思维的发展,人们在劳动实践中获得的知识总是以判断的形式开始出现的。我们在日常生活中的经验如是,幼儿认识发展的程序亦复如是。我们碰见一件新鲜事物,首先是问"这是什么?"所以知识开始的形式是这问题的回答:"这是什么。""这是什么"是一个判断。至于幼儿,其知识的起点不是"母亲"这一种概念,而必是"这是吃的"。以判断必是概念之结合,先有概念而后才能有判断,未免过早把认识过程抽象化了。难道我们日常所有的判断都至少是两个概念的联结而成的吗?难道甚至一般知识水平比较高的人不是常常在判断中只用观念而不是用概念吗?有多少人是有"汽车"的一个真正的概念的呢?我们通常说:"这是一部汽车。"在这里,"这"是指当前的一个具体事物,而不是一个概念,而"汽车"多半是一个观念,纵然有人称这为"普通的观念"(或称其他名词),而毕竟它本质上是一个观念而不是形式逻辑所讲的概念。概念的形成有待于判断。概念是知识的总结而不是知识的开端。在形式逻辑系统的阐述中,列概念在判断和推理之后是有其科学的理由的,是符合对客观事物的认识发展过程的。即亚里斯多德也曾说过"感知是判断"。(见《辩论常识篇》,标准页第 111a 第 16 行;参看拙著《亚里斯多德逻辑》,第 58 页。)心理学告诉我们感觉加上判断,分辨所感觉的是什么而不是其他,才有感知或称知觉,才有对事物的感性认识,纵然这种分辨只是判断的萌芽,尚不能为抽象思维的判断,但离概念的形成还更远得多。然而所说这一些是关于概念在认识过程中的地位。为教学和学习方便起见,我们在本书里依然按一向的习惯而将概念的阐述放在判断之前。

第一节 概念的本质

一、概念是什么

我们关于概念所下的定义是:概念是正确反映一类事物的本质属性的思维形式。

这定义说,概念(a)是一种思维形式,(b)是反映一类事物的思维形式,(c)是正确反映一类事物的本质属性的思维形式。(a)和(b)两点在第一章曾有论列,兹不重复,关于(c)这第三点,我们必须说明什么是事物的属性,什么是一类事物的本质属性。

1. 首先说明事物的属性①:属性即一事物和他事物之相同相异的性质。

世界中的各种各样的事物之所以成为各种各样事物而为人认识到他们是各种各样的不同事物,是因为他们的差异性,使他们各各不同,为人所能分辨的。例如,俗语说"人之不同各如其面"。各个人的脸面是各不相同的。没有两个人的面孔是完全相同的:有些人的面是长一点,有些是圆一点,有些是方一点,有些是黑一些,而有些是白一些或黄一些,有些是胖的而又有些是瘦的,有些是人认为好看的,而又有些不是这么好看的,等等。所说的"长"、"圆"、"方"、"黑"、"白"、"黄"、"胖"、"瘦"等,都是人的脸面不相同的属性——形状、颜色等的性质,即人的脸孔相同相异之点,而"圆一点"、"方一点"等是其相异的属性。但是所比较的这些脸孔都是人的脸孔,这就是他们相同的属性。

相同的性质和相异的性质都是事物的属性,从而把各事物识别开来的。

2. 事物的属性分为(a)本质属性和(b)非本质属性。

什么叫做事物的本质属性呢?本质属性乃是某一类事物或某一事物之所以为这类事物或这一个别事物的属性。这就是说,一个事物如果是属于某一类事物,则就得要具有某一定的属性,为其本质属性,缺一不可

---

① 参看附录一。

的；如果缺少了这些本质属性之一种，这事物便不属于这一类；某一事物如果要成为这一事物，它必须具有这些本质属性，缺一不可，如果缺少这些属性之一，它便不成其为这一事物，而是另一事物了。

例如，平面等边三角形是一类事物，因为等边三角形的边可能有长短之不同，可能画在线上、墙上或黑板上，可能是用白粉笔画成白色的直线而构成的，也可能是用有色的粉笔画成各种颜色的直线而构成的，等等，但是他们都属于等边三角形这一类的平面几何形。何以他们都属于这一类呢？因为他们都是几何形、平面的、有三边的，而且三边的长度是相等。这四种属性决定他们属于平面等边三角形这一类。这四种属性是平面等边三角形所必须具备而不能或缺的，缺少一种则这东西便不成其为平面等边三角形。这四种属性就是平面等边三角形这一类事物的本质属性。又如这班的同学都是……学院……系……年级……班的学生。这四种属性缺乏任何其一就不能称为……学院……系……年级……班的学生。像这样的属性就是一类事物的本质属性，就是使事物属于这一类的属性。

某一个别事物的本质属性就是使这一个别事物之为这一个别事物的属性，缺一则不成其为这一个别事物。

例如，画在这黑板上这一个平面等边三角形，除一般的平面等边三角形的本质属性之外，还具有其为这一个平面等边三角形的特有属性，无之则不成其为这一个平面等边三角形，即它是多么长的边，画在这黑板上这处地方，是用白粉笔画的，等等。

可见某一个别事物的本质属性要比一类事物的本质属性复杂得多，因为它是一个具体的东西，除具有所属的种类应有的本质属性外，还具有它之成为这种类事物之这一个实例的本质属性。

所谓非本质属性就是事物的本质属性以外的任何属性。例如上面所讲的平面等边三角形，即以其为一类而言，除所列举的属性，即称为本质属性的那些属性之外，还有其他属性，比如所有平面等边三角形的三个角是相等的，从其顶点作一直线到底线的中点，这直线必平分这三角形，此外还可举出别的属性，虽不是平面等边三角形的本质属性，但是所有平面等边三角形都具有的。这一类事物以其是这类的事物而必定具有的属性，但不是本质属性，就称为该类事物的固有非本质属性。可是一类事物是包括许许多多不可胜数的个别事物,包括我们称为这类事物的许多不可胜数的实例,如这个平面等边三角形,那个平面等边三角形,等等。这些平面等边三角形的实例都是具体个别的东西,以其为属于类而言,他们具有这一类的本质属性和固有的非本质属性,但是因为他们是个别的平面等边三角形,他们都一定有其边的长度,又从边的长度决定这平面等边三角形的面积。其边的长度和其面积是三角形的固有的非本质属性,因为没有一个平面等边三角形是没有其边的长度和其面积的,但是边的长度是多长,面积是多么大,正如某一个平面等边三角形是画在那里,用什么颜色的直线构成的一样,不是一类平面等边三角形中每一个平面等边三角形所一定具有的,而是这一个平面等边三角形所偶然具有的,因之就称为平面等边三角形的偶然属性或偶性,偶性当然是非本质的,因为不必要具有这样的属性才成其为平面等边三角形的。但是从其类而言,才称为是偶性的。所以属性的区别可列表如下。

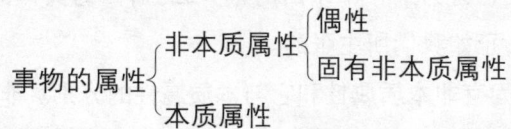

以事物的一类而言,本质属性和固有非本质属性都是全类事物所共有,即该类事物的每一事物所必有,但该类事物之属于该类是因它们都具有这些本质属性,而不是因为它们具有这些固有非本质属性,虽然如亚里斯多德那样说法,固有非本质属性和本质属性一样是能和该类事物在一个命题中主词和宾词互相换位的,换言之,是和该类事物完全对称的。例如"能够学习语法是人类的固有非本质属性","因为某甲如果是一个人,他必能学习语法,如果他能学习语法,他就是一个人。如果一种性质既属此类事物,又可属于另一类事物,则不能称为该类事物的固有非本质属性"①。

可见一类事物的固有非本质属性是该类每一事物所必具有,而且只有这类事物才具有的。其所以然,是因为固有非本质属性是依于本质属性而发生的,但须指出,其发生并不是依于该类事物本质属性之任何一种属性,乃是依于该类事物的所有一切本质属性有机联系之总和的,那就是

---

① 亚里斯多德:《辩论常识篇》,标准页第 102a 第 18 至 22 行。

说是依于该类事物之为该类事物的。例如三个角皆相等是等边三角形的固有非本质属性,但三个角之和等于两个直角之和则不是等边三角形的固有非本质属性,因为虽然所有等边三角形三个角之和都是等于两个直角之和,可是这一属性不只属于等边三角形这一种三角形而且也属于其他种的三角形,实为三角形的固有非本质属性,而不是等边三角形或任何特殊一种三角形的固有非本质属性。但是三角形这一类中的每一种之作为三角形也具有三角形的固有非本质属性。三个角之和等于两个直角之和这一属性不是决定于等边三角形的种概念,而是决定于三角形的类概念。它是类的固有非本质属性而非种的固有非本质属性,所以必须先确定类事物的本质属性,然后才可知道其固有非本质属性,亚里斯多德在《形而上学》一书中明白地指出:"定义(按即本质属性之有机联系的总和)中的一切属性必须是一体的;因为定义是一个单一的公式而且是实体的一个公式,因之它必为某一个东西的单一公式;因为实体的意思就是'一体',而是'这',正如我们所主张的。"①

上面说明固有非本质属性和它与本质属性的分别。非本质属性除固有非本质属性之外还有偶性。偶性或者说偶然属性是事物中偶然出现的性质,是其按实际情况可有可无的。例如,某一个平面等边三角形之每一边是三寸长这一属性是偶性,因为平面等边三角形的每边不必是三寸长的,任何一个平面等边三角形不必每边都是三寸长的,而这一个平面等边三角形由于具体的特殊情况被画成为每边三寸长,但是边仍然是它的属性,可是从类而言,是一种偶然的属性。

偶性的意义是其明显表面上易于理解的。亚里斯多德对偶性的说明是这样的:"所谓偶性,是事物的一种属性,既非其定义(按即本质属性),又非其

---

① 亚里斯多德:《形而上学》,标准页第 1037b 第 25、26 行。按亚里斯多德这里所讲的"实体"是指第二性实体,指类与种,而不是指个别具体存在的第一性实体,如这个人、这一栋房子等,亚里斯多德分实体为第一性实体与第二性实体。这是他《范畴篇》的学说,在《范畴篇》里他是这样写道:"所谓第一性的实体,即严格地称为实体者,不能作为另一主体谓词,亦不能依存于另一主体。例如,某一个体的人,或某一匹个体的马,是严格地称为实体的东西,是为第一性的实体。第二性的实体,即物之种与物种所属之类。第一性实体的个体人属于其人的种,而人的种又属于动物之类。人之种与动物之类都是第二性实体。"(见《范畴篇》第 5 章)

固有非本质属性,亦非其类,而是事物之可有可无的,例如'坐着'等。"①

上面对于事物的属性和其本质属性的阐述是为着要理解我们关于概念所下的定义。因为本节一开头就替概念下了这个定义,说概念是正确反映一类事物的本质属性的思想形式。根据我们的阐述,本质属性是全类事物普遍所具有的属性,否则它就不能是本质属性。本质属性既是一类事物所共有的属性,所以它也称为这一类事物的"共相"②。

---

① 译自《辩证常识篇》,标准页第 102b 第 4 至 8 行。亚里斯多德认为偶性是暂时的、相对的。它是暂时的,如"坐着",因为一个人不可能永远是坐着的;它是相对的,因如果它是绝对的,则它是为这一事物所恒有,恒有的属性则不是偶然的,而且它是相对的,因是对于同类的事物而言,这一事物有些属性。可见偶性是某一事物的偶性。参看拙著《亚里斯多德逻辑》,科学出版社,1957 年,第 48、49 页。

② 有些逻辑学家下概念的定义为:概念是正确反映事物的普遍的和本质的属性之思维形式。例如苏联文诺哥拉道夫和库兹敏合著的《逻辑》一书是这样下概念的定义的。(见高晶齐中译本第 28 页)。苏联科学院哲学研究所 1955 年莫斯科出版高尔斯基著的《逻辑》所下的概念定义是:"概念乃是一种思维形式,其中反映的是现实对象和现象的共同而又本质的属性。"(译自该书俄文版第 16 页。)但是斯特罗果维契在其《逻辑》一书所下的定义是"反映并确定事物和客观现实现象之本质性的思维形式就叫作概念"(见人民出版社,1953 年,中译本,第 65 页)。苏联科学院哲学研究所 1954 年出版康达夫著《逻辑》一书所下的定义是"概念乃是思想的一种高级形式,反映着一个事物或一类事物的本质"(译自该书俄文版第 274 页)。马卡洛夫主编的《逻辑教学大纲》的概念定义也是:"概念是反映对象本质属性的思维形式。"(见生活·读书·新知三联书店,1956 年,第 3 页。)我们认为既有"本质的"字样,则不必加上"共同的"或"一般的"字样。"共同的"和"一般的"都是同一个俄文的词之翻译,译为"一般的",不如译为"共同的"。但"本质的"必是"共同的",又何必在形容词"本质的"之上加"共同的"呢? 固然列宁在其《黑格尔〈逻辑学〉一书摘要》中有这一句话:"概念的第一个特性是普遍性(Allgemeinheit)。"(见《哲学笔记》,人民出版社,1956 年,第 161 页。)但是我们不应该引用列宁这句话来谈形式逻辑的概念的性质,因为他写这句话时,他是在作关于黑格尔《逻辑学》一书"概念论"这一部分的笔记,而黑格尔在这里所讲的"概念"是和形式逻辑所讲的概念完全不同,贺麟先生译为"总念"的。贺译《小逻辑》是说:"总念本身包括下面三个环节。第一为普遍性——这是指总念在它的特性里与它自身有自由的同等性。"(见贺译:《小逻辑》,生活·读书·新知三联书店,1954 年,第 337 页。)所以我们说,列宁在其笔记这里所写的"概念"不是形式逻辑所讲的"概念",而且他所说的"普遍性"即黑格尔所讲的"普遍性",也不是有些逻辑家在概念定义里所用的"共同性"或"一般性"的东西。黑格尔在其《小逻辑》中上引的一段曾这样地写道:"一说到概念(总念)我们总想到只是一抽象的概括性,于是概念(总念)便常被界说为一个普遍的观念。因此我们说颜色的概念,植物动物的概念等。而概念之形成便认为你由于排除足以区别各种颜色、植物动物等的特殊部分,而坚持其共同之点。这就是知性所了解的概念。……但总念的普遍性并不仅是代表一与独立自存的特殊事物相对立的共同性,而乃是自身特殊化,在它的对方里仍明朗地保持它的自身,无论为知识或为实际行为起见,不要把真正的普遍性或共相与仅仅的共同之点混为一谈,实至关重要。"(见《小逻辑》第 163 节附录一,贺麟中译本,第 338 页。)可见列宁所引用黑格尔"概念的第一个特性是普遍性"这句话中的普遍性是总念,在其发展中的普遍性,而不是"知性所了解的概念"之抽象的"共同性",是由普遍而到特殊,由特殊到个别之继续发展的普遍性,故和知性的概念之共同之点有别,而这共同之点是由于一类的本质属性而来的。参看拙著《亚里斯多德逻辑》,科学出版社,1957 年,第 45—46 页。

正如上述,本质属性固然必须为一类事物所共有,然而一类事物固有非本质属性也一样地必然为这一类事物普遍地所共有,这两种普遍为一类事物共有的属性,实际上如何分析开来,譬如说:何以说有三个边是三角形的本质属性,而有三个角就说是它的固有非本质属性,这的确是一个复杂而又十分困难的问题,但是这问题不在概念的本质这一节里来讨论,姑保留到我们谈概念形成时再讨论。关于概念的本质问题,我们还要谈一下概念有其存在,并如何存在这问题。

一类事物之为一类的事物是因为其中每一个别具体的事物都具有这一类的本质,具有这一类的普遍的,或者说一般的,亦即共同的属性。只要我们记住这共同的属性是一类事物的属性,是这类事物所共同具有的,这共同属性的存在问题和它怎样存在的问题是不大,即它和事物的关系问题亦比较易于理解。但是如果我们想到这一类事物之成为一类是因为其中每一事物,即它的个别实例,都具有某一种共同的本质,因之而就说这些具有共同本质的事物都属于这一类,这一类就像是有其独立的存在,而具有其本质的事物只是由于这本质的具有而属于这类,于是好像个别事物就和其所属之类对立起来,个别事物是属于这一类的,而这一类是个别事物所属的。既然属于这类的个别事物,从感性认识说来,是有其客观存在的,那么它们所属的类是否亦有其客观存在?如果是有的话,是怎样存在,并和属于它的个别事物有怎样的关系?

这问题作为一个哲学问题,在古希腊哲人和苏格拉底时代就早已发生的,柏拉图有其解答,亚里斯多德又有其不同的解答。但是作为一个逻辑问题,到了亚里斯多德的时候才特别被提出的。

在亚里斯多德的《范畴篇》里有第一性的实体,如某一个体的人,或某一个体的马,这些第一性的实体是独立地在客观现实中存在的;又有第二性的实体,即事物之种与其种所属之类,如个别的人属于人类的种和人类之种所属的动物之类。种与类只能依存于第一性实体而存在,不能有其独立的存在。从逻辑上讲,第一性实体,即严格地称为实体者,不能作为另一主体的谓词,亦不能依存于另一主体。类与种是依存于第一性实体的,可以用来陈述主体,在命题中作为谓词的。可见亚里斯多德并不否

---

① 参看拙著《亚里斯多德逻辑》第五章,科学出版社,1957年,第36—41页。

认类与种的存在，即是不否认共相的存在，但它的存在是依存于个别实体的。

这问题特别是在中世纪欧洲的逻辑家和哲学家研究薄斐略的《亚里斯多德逻辑导言》时提到日程的首要地位的。薄斐略本人在其著作中并不讨论这个问题，虽然他曾指出这问题的轮廓，提到类与种有无实质的存在，抑或只存在于人们的思想中；如果它们有实质的存在，它们的实质是物质性的，抑或是非物质性的；它们是独立于感性认识对象而存在的，抑或是在这些对象的里面和它们一起才为人们所认识的①。

对于这些问题在欧洲的哲学史和逻辑史中主要有两种答复，一种是唯实论，另一种是唯名论。

唯实论认为一般性是有其本身的存在，并且是离开人的思想意识，离开个别事物，而独立地先于个别事物而存在的，显然这是古希腊柏拉图唯心哲学的继续，认为先有理念而后才有具体个别事物的，认为还没有具体

---

① 参看俞勃尔维：《哲学史》(History of philosophy by Friedrich Ueberweg，英译本，1874年，纽约版，第一册，第365—366页。兹译其一段以备参考："薄斐略(今译波菲利——整理者)不愿关于这些问题进行特别的讨论(而这些问题是在中世纪早期尚不知道的亚里斯多德的著作中，在柏拉图或者说伪柏拉图的《巴门尼德》对话中，和在其自己业师普罗提诺的教义中发现的)，其理由是在导言性的著述中，这些问题是太难考虑的；但是甚至这几句话已足以表达主要问题的本身，指出企图解决问题的可能诸道路，提供了中世纪唯实论和唯名论的出发点，尤其是教会基本教义的自身演变不得不导致这一问题的讨论。柏拉图的至少是亚里斯多德认为是柏拉图的学说，乃是一般脱离个别对象而有其独立的存在的，在个别对象之先(不管是以等级而言，或以因果关系而言，或以时间的先后而言)而存在的。这就是极端的唯实论，后来归结为下面的公式：一般在事物之先(拉丁文为 universalia ante rem)。亚氏学派的意见就是，一般虽然具有其实在的存在，但只存在于个别对象的里面。这是温和的唯实论，其表达的公式是：一般在事物之中(拉丁文为 universalia in re)。唯名论是这样的一种学说，它认为只有个别的东西有其实在的存在，而类与种不过是相类似的因素主观上的结合，其结合一方面借助于同一的概念(拉丁文的 conceptus)，通过这概念，我们就想到它所包括的许多同类的对象，而另一方面是用同一的词(拉丁文的 nomen vox)，由于没有足够数目的简单专有名，我们就用这个词来同时表达其概念所包括的同类对象之总和。唯名论有两种，其一种是强调概念的主观性(即概念论 conceptualism)，另一种是强调用来指出概念所包括的对象之词的同一性(即极端唯名论，又称狭义的唯名论)。唯名论的公式是：一般在事物之后(拉丁文为 universalia post rem)，这一切的主要学说，在其萌芽状态或在其发展的某一程度上，都出现于公元第9和第10世纪；但其更完备的展开和其辩论中的证明，以及其各派拥护者的尖锐争辩和其各种各样的变动与联合的发展则属于下面的一个时期。"

个别的人就已经有"人"的理念,而且具体个别的一个人是否是一个完善的、真正的人,是看他表现(或说"参加"——柏拉图语)即接近人的理念的程度。理念先于个别事物,一般在事物之先,显然就是认思想意识为第一性,而个别事物为第二性,是唯心主义的说法,应该加以批判,不能作为我们理解概念的基础。

唯名论与此相反,但还是错误的,唯名论的萌芽也是在古希腊时代,哲人派的诡辩家曾有近于唯名论的主张而为苏格拉底、柏拉图所驳斥。亚里斯多德认为只有具体个别事物有独立的存在而为第一性的实体,但承认一般性的东西,如类与种的第二性存在,却只存在于个体事物之中,所以是唯名论和唯实论协调的主张,后世称为概念论的一种见解。唯名论发展于中世纪以之和当时教会当权派所主张的唯实论相对抗,确是反对当时统治阶级的思想表现,起着进步作用的。这派反抗教会正宗的而被称为"异端"的思想,认为只有具体个别的东西才有其存在,而一般性的东西是空洞的抽象,徒有其名而已,故称为唯名论。但这种见解认为一般只是空名、毫无内容的名字、符号,只承认感性认识而不承认理性认识对象的实在性,不承认概念是客观现实间接的正确反映,其逻辑结论必是否认从事物认识的积累所形成的理论,是唯心主义的表现,所以虽然对于当时统治阶级主张的唯实论而言是进步的,有多少唯物主义的成分的,但它的唯物主义思想,为当时历史条件所限制是有其局限性与不彻底性,也不能作为我们理解概念的基础。

从辩证唯物主义理解概念的本质:我们必须从辩证唯物主义来理解概念的本质。列宁教导我们说:"否定概念的客观性,否定在个别与特殊中普遍底客观性,是不可能的。"①这是很明显的,因为在"这一张白纸"这个别中,或在"一张白纸"这种特殊中,有"一张"、"白的"和"纸"这些普遍或统一性的存在,而普遍存在于个别与特殊之中,而个别与特殊则表现出普遍。普遍固然不能离开个别的客观具体事物,如这一张纸,而独立存在,但也不能有什么个别是不表现着一些普遍结合着而在这个别表现出

---

① 列宁:《黑格尔〈逻辑学〉一书摘要》,人民出版社,1953年,第142页。我们认为这里列宁是指形式逻辑的"概念"而言的,因为这一段笔记的开头是谈到"抽象的"概念的形成及其运用(见同上所引书同页)。

来的,如"一张"、"白的"和"纸"等之结合着在"这一张白纸"中表现出来。当然在这一张白纸中除这些普遍之外还有其他的普遍在其中表现出来,例如"厚"或"薄"、"长"或"短"、"宽"或"窄",等等。个别的事物是客观现实事物,而个别事物之成为这一个别事物是由于它们表现的普遍,由于它是"这"、"一张"、"白的"、"长的"、"宽的"、"纸"等普遍,所以不能说普遍,即共相,只是空名而无其客观存在的,只是他们存在于个别,而不能离开个别事物,作为只是"一张"或"白的"等而存在。这就破斥了唯心主义的唯名论。但没有个别也不能有离开个别而存在的普遍。这就破斥了唯心主义的唯实论,说什么普遍存在于个别之先那种荒谬的话。普遍只能存在于个别之中,而个别之为这个别或那个别,正是由于这表现着这一些普遍,而那表现着别的一些普遍。每一个别总是有其某属性而为人所识别,其每一属性都是一种普遍,故普遍之外,离开一切属性,不能有什么个别,离开了"这"、"张"、"白的"、"纸",等等,不能有什么纸。

二、概念的作用

概念是人们在一类事物的概括认识之后,把事物的本质属性抽象化而形成的东西,是人类社会劳动中经验积累的初步成果。例如,"物质"、"价值"、"阶级"、"政权"等概念都是抽象的科学概念,没有科学的思维能够不借助于这种概念而进行其工作的,没有什么人能进行抽象的思维而不使用概念的,而能运用抽象思维制造劳动工具是人类的特征,是人之所以异于禽兽的特征。人之能"更深刻、更正确、更完全地反映着自然"[①],也是在于此。所以,概念的作用有三:

1. 概念是认识事物的工具。例如,有人在北京第一次看见一种水果(沙果),而不知道它是什么,但认识到它在本质上是和武汉地区花红一类的水果一样,就因之而认识到它是那一类的水果,知道怎样对付它。"花红"这概念就帮助了人们认识北京的沙果。

2. 概念是思想交流的工具。我们在思想交流的过程中是经常运用概

---

① 毛主席在《实践论》引用列宁的《黑格尔〈逻辑学〉一书摘要》的话,见《实践论》,人民出版社,1951年,单行本,第5页。

念的。例如在我们讲课的时候，首先是要说明课中所用的各种概念，如"逻辑"、"思维"、"形式"、"规律"，等等，然后学生才理解教师所讲的什么，然后在学生和教师之间在讲课的这种教学形式中才有思想的交流。

3. 概念是个人进行思维的工具。就是我们独自在想到任何一个问题时，也必须运用概念，例如我们可能独自在想，怎样才能把形式逻辑这一门科学学好，我们认为必须注意听课、作好笔记、帮理笔记、有系统地复习、看参考书、独立思考、深入钻研，等等，而在这样想时，在独立思维的过程中就用了"形式逻辑"、"一门科学"、"学习"、"注意"、"听课"、"笔记"、"整理"、"系统"、"复习"、"看"、"参考书"等十多个概念。我们试想一想，如果我们完全不使用这些概念，怎样能够进行甚至上述的那种简单的思维。即使在想到比这更简单的日常生活的问题时，也不能不使用一些概念，这是很明显的。

第二节 概念与词

一、概念与词的关系：词是概念的外在表现

词是属于语言的，而概念是属于思维的。但是如在第一章所述，"没有无语言的思维"，任何思维必定有其语言的材料作为它的外在的基础才能进行的。思维需要语言作为其表达，作为其进行活动的工具。从最起初，人类有思维就有语言。我们思维的时候，也要运用语言，不管是说出声的，或者不说出声的，但总是有音节的语言。所以概念永远是和词联系着而不可分割的。我们尝试一下想到任何一个概念，看是否总是在运用一个词作为这概念的代表，作为其符号。我们能够想到学校而不用"学校"这个词吗？关于这点斯大林在其《马克思主义与语言学问题》一书中已明白地指示过我们，我们在本书第一章也曾有过初步的论列了。语言是思维的外壳，思想是语言的内容。谈到概念与词的关系，也是一样：词是概念的外壳，概念是表达它的词之意义。没有词，则概念会无从表达出来；没有概念，则词便是空洞的话语。我们说话、写文章都运用概念，而又使用词来表达我们的意思。说出来、写下来的词是代表我们所运用的概念的，是表达我们的意思的，通过词，别人才能理解我们说话，写文章所指

的是什么。

二、概念与词的区别

（一）上一段讲过概念与词的密切关系,但是它们是有区别,不可混为一谈的。首先,如上所述,词是属于语言而概念是属于思维的。概念是在人的意识中反映客观事物,所以和事物是比较直接地联系着。虽然在我们讲到感性认识和理性认识时,我们说概念是属于理性认识阶段,是在间接的认识阶段上面,但是它还不脱离客观事物,比诸表达概念的词,还是直接地和事物联系。词是代表概念的。如果我们对于它所代表的概念认识不清楚,词是很模糊的。例如,"先令"这一词是英国货币的一个词,没有这种货币的认识,"先令"这词是没有多大意思的。

（二）从下面几点,更可看出概念与词的区别。

1. 同一个概念可由几个不同的词来表达——同实异名。例如,番茄,洋辣子(云南),西红柿;大衣,外套,外衣。

2. 同一个词可以用来表达几个不同的概念——同名异实。例如,经济建设、经济客饭、家庭经济,这三个虽然是不同的词,但是从分别组成这三个词的"经济"这一成分来看,还是同一的词,然而有不同的意义。又如"子曰"、"子女"、"以子之矛攻子之盾"的"子",同是"子"这一个词,但其所表达的概念是不同的。

3. 中国语法上有所谓的"字",有所谓的"词"。一个词可能是一个字,也可能是几个字组成的。一个字的词如"花",几个字组成的词如"中华人民共和国",词又分为名词、代词。此外,像"耕田"这种词又称为"动宾短语","帝国主义失败"这种词又称为"主谓短语",等等。但这些语法上的区分都是和形式逻辑无关的。在形式逻辑上,不论词是什么形式,只要它表达某一个思想对象就是代表一个概念或观念。我们必须注意,"红楼梦的作者"不是两个词,"红楼梦"和"作者",而是一个词,即"红楼梦的作者"。当然"红楼梦"是一个词,"作者"又是一个词,但这里"红楼梦的作者"是一个完整的词。不论其构造怎样复杂,用字怎样多,表达一个思想对象的总是一个词。例如"周总理在第一届全国人民代表大会第五次会议上就《目前国际形势和我国外交政策》所作的重要讲话"只是一个词,表达一个思想对象。其中当然可以分析为许多个成分,每一个成分都有一个词来表达它,例如"全国人民代表大会"、"第一届"、"第五次会议"、"目前国际形势"、"讲话",等等,但这些个别成分一起组成的只是一个词,表达一个完整的思想对象。

中国的汉语如是,其他各语言亦复如是,只有比较复杂些和简单些之分。

所以我们在逻辑上必须认清在文字中什么是表达一个思想对象的词,切不可望文生义,例如把"红楼梦的作者"作为两个词来整理;又不可把语法的分析混为逻辑的分析,例如"发展得快些是好的",这里"发展得快些"只是代表一个东西的词,不能像语法那样看,把"发展"作为主词而把"得快些"作为"发展"这动词的副词而与其修饰的动词分开。

4. 同一概念可由各国的文字来表达,否则各国文字就无从互译。字典、辞典上的例子很多,无须列举,这又说明概念与词的区别。

三、概念的混淆常常是由于词的暧昧,而词的易于混淆其原因是很多的

兹举出数种如下:

1. 音同字异,其义当然是不同:这种语言现象常见于各国语言,但我们的汉语中例子是尤其多的。例如相(照相),象(象牙),橡(橡树),像(遗像);弓(弓箭),躬(躬自),宫(宫室),公(公事)等。

2. 字同音异,其义亦不同:这种例子欧洲语言亦常见,但又是汉语最多。例如朝(朝廷)和朝(朝气)两字虽同而读音不同,而意义是有别的。又如"寺观"的"观"和"天下之大观"的"观"也是这样。所以汉语的正音是十分重要的,尤其是在说话的时候。

3. 字的形意均同而义则异:这种例子也是各国语言都有,而在汉语中须特别注意,从而加以区分的。例如"夫妇之愚,可以知焉"这句中的"夫妇"并不是婚姻关系的"夫妇"。这是由于词义的转变。其原因大抵有三:

(甲)词义变宽:例如"经"、"报告"等。

(乙)词义变狭:例如上面曾举过的"夫妇",又如"朕"、"子"(由男子通称到儿子)等。

(丙)词义转借:例如"纲"、"纲领"、"领袖"、"敷衍"等。

(丁)译名:译名每每经过长期不能确定,因而一词有数译,致使概念不清,例如"名学"、"论理学"、"逻辑"、"观念"、"表象"、"共同性"、"一般性"、"普遍性"等。

第三节　概念与观念

一、观念的区别

观念,又称表象,是属于感性认识阶段的。感性认识阶段有感觉。如橘子的黄,橘子的甜且酸,其嗅的香,其形的圆扁,其皮的柔软;知觉,如这是橘子;观念,如具体的橘子不在面前为我们所能感知,而由于橘子在人脑中的印象,再生而为观念,橘子是这样的东西。所以观念是不脱离感性认识的具体材料,把具体的感觉和感知所获得的东西,按当时脑中的印象再生而为观念的。

概念则不然。它是属于理性认识阶段的。概念是一类事物的本质属性反映在人的脑中,不是某一具体事物的反映,也不是而且不能是一类事物的所有实例之所有属性的反映,也不是我们任意撷取某些属性来反映,乃是一类事物所共同具有的本质属性之反映。我们在后面还要讨论一类事物的本质属性是如何确定,经过什么过程才形成一个概念,而在这里只需指出,由于概念的形成是通过某些思维的活动,如比较、分析、抽象、综合、概括,等等,所以是间接认识的成果,不同于观念之为直接与感性认识联系的一种意识形态。

二、概念与观念的共同点

观念虽然是属于感性认识阶段,对于所认识的事物而言,比较是直接认识,但是它还包含着某一定程度的概括因素,它从许多知觉活动留在人的头脑中的印象概括了那些经常的,或者我们特殊注意的属性,抛弃了具体知觉中某些其他的属性而形成一个观念或表象,是概括活动的结果。例如我的宿舍门前有一棵白果树,我出出入入的时候曾多次看见过它,有了无数次我对于它的知觉,直接地对它有所认识,而在我的头脑中留下来许许多多对于这棵树的具体印象。现在我在书房中写这稿子的时候，不能看见这棵白果树，但是，能够叫我对于这树的印象在我的头脑里再生，而再生的不是某一次具体的印象而是多次印象比较模糊地，却概括地，即多多少少是我平时对于这棵白果树最注意的属性，由于注意而多次重复，由于重复而印象就更深，所以在其再生而成观念时，便是这更深的印象而不是其他。可见我对于这棵白果树的观念，虽然是经过概括的过程，但是所概括的都是一些直接或感性认识的因素，即使不自觉中由于过去的注意有所选择，可是这种无意识的选择不是按照什么原则而是偶然的。这是我宿舍门前一棵白果树的观念。既是我宿舍门前的那一棵白果树的观念，虽然是多次抽象概括的结果，但仍然是限于那一棵具体的白果树。我可能曾在不同的地方，看过不同的白果树，而对于一些不同的具体的白果树有不同的观念。但谈到白果树时，我把这些不同的白果树的观念又概括起来，形成"白果树"的观念。这个概念的概括程度便更高一些，而有些心理学家称这种观念为"一般的观念"。我们可以有"树"的一种观念，那就比"白果树"的观念更一般，因为它的概括程度是更高的。

在这概括性上，观念和概念是相同的。由于观念是这样的一种概括性的结果，它和概念一样能表达人们对事物的某种程度的认识，如说"这是一部汽车"，这里"汽车"这一个词所表达的可能是一个概念，指汽车的本质属性而言，但也可能只是一个观念，表示说话的人所想到的具有某种形状的交通工具。因之，观念是认识事物、表达知识、交流思想常用的工具。

可是概念所反映的是一类事物的本质属性，而观念所反映的不是一类事物的本质属性，而是某一个别事物或某一些事物的最为某一个人所注意或最经常碰见而因之印象最深刻的某些属性。所以观念不管它的概括性多么高，仍然属于感性认识阶段，是直觉的，不脱离具体的直接认识的，而概念对现实是反映其本质，所以是抽象的、间接的，却"更深刻，更正确，更完全地反映着自然"，因为如毛主席教导我们，感觉材料固然是客观外界某些真实性的反映，但它们仅是片面的和表面的东西，而思维中的概念是"将丰富的感觉材料加以去粗取精，去伪存真，由此及彼，由表及里的改造制作工夫……这种改造的认识不是更空虚、更不可靠的认识……正如列宁所说,乃是更深刻、更正确、更完全地反映客观事物的东西"①。

所以概念和观念虽然有其共同之处,但在本质上是不相同,而概念就因之而被称为更高形式的认识。比如概念能把握观念所不能把握的东西。我们的观念中能有一个小时飞三百公里、五百公里的飞机,而不能有每秒钟三十万公里速度的运动(光速),但是我们能有这种概念,就是说思维能把握这样的运动,并能把握更复杂的东西,否则科学是不可能有其现代惊人的发展的。

第四节　概念的形成

我们在上一节曾引用过毛主席在其《实践论》这一部名著中关于概念的形成所教导我们的话:"必须经过思考作用,将丰富的感觉材料加以去粗取精,去伪存真,由此及彼,由表到里的改造制作工夫,造成概念……"可见概念是在感性认识的基础上,依据感觉材料造成的,不是凭空制造的。毛主席这指示是十分重要的,因为虽然概念是属于理性认识阶段的一种思维形式,但是如果把它形而上学地从感性认识分割开来,我们就无法理解概念是如何形成的。虽然概念是属于理性认识的思维阶段,而感觉和知觉是属于感性认识阶段,但两个阶段是紧密地相互联系着,而同时又在本质上彼此区分开来。认识这点才能辩证地认识到这两个阶段是不可分割的统一。所以正如我们在本节后面所要指出,概念的形成从唯心主义的观点看,甚至从马克思主义以前的机械唯物主义观点看,都引起了不能解决的问题,只有辩证唯物主义才能说明思维怎样既以感觉和知觉为基础而又能超出感觉和知觉的范围,超出直接认识的范围,而深入到事物的本质,形成一类事物的概念。"必须经过思考作用,将丰富的感觉材料加以去粗取精……由表及里的改造制作工夫,造成概念……"这是一条富有指导性的原则。

但是实际上在思维中用什么方法,经过什么步骤,才能制作出一个概念呢? 换句话说,概念是如何形成的呢? 形式逻辑必须了解这个问题,可是形式逻辑不能答复这个问题,有待于辩证逻辑来答复,足见在许多基本

---

① 毛泽东:《实践论》,人民出版社,1951年,单行本,第11—12页。

的科学问题上形式逻辑必须依赖辩证逻辑,足见在研究形式逻辑时,不能因为某些问题是属于辩证逻辑的范围而置之不理,也不能说这样处理问题是把辩证逻辑和形式逻辑混为一谈,我们乃是在辩证逻辑的光亮下来更清楚地、更深刻地了解形式逻辑的某些基本问题。

我们先讲用以构成概念的几种逻辑方法,然后说明怎样运用这些方法来构成概念,最后还须提出概念形成的过程中所要碰见的问题,并试图加以解答。

在逻辑上用以构成概念的方法有五:比较、分析、抽象、综合、概括。这些方法的使用当然不限于概念的构成,所以在说明它们的性质时,一并说明它们在一般科学工作中的功用。兹依次说明如下:

一、比较

1. 比较是一种什么方法?比较是在思考中比照对象,别其异同的方法,就是在人的意识中分辨客观事物相同相异之点。

例如,我们面前摆着两件家具在实践中我们认识这两件家具是桌子,它们在日常语言中也叫做桌子,所以已经有了初步的分类,把它们归到桌子这一类来,当然是因为在实践中发现了它们有共同之点,才称它们为桌子。但是分别来考察,一张桌子是方的,另一张是圆的——形状不同;一张大些,另一张小些——大小不同;一张是红的,另一张是黑的——颜色不同。它们在这些方面,还有其他方面,都是不同的。我们像这样比照对象,别其异同,就是运用比较的逻辑方法。

2. 比较的客观基础:客观事物都是在不同形式中运动着的物质。它们有相同之点,也有相异之点。因其同而认识它们是属于一类的,因其异而判定它们是一类中的个别个体。如果事物是完全不同,我们就无从来比较它们。我们怎样来比较李太白的《大鹏赋》和集体农庄?如果事物是完全相同,也无法进行比较,因为两个完全相同的东西是彼此分辨不开的,分辨不开的东西又怎样比较呢?可是客观现实中的事物有其相同之点,也有其相异之点,只是同异程度之差别而已。所以在思考中可依其同异进行比较。

3. 直接比较法与间接比较法:有些东西是可以直接比较的,例如甲同学可与乙同学比较身量的高矮,两个人站在一起就行了。但是怎样直接比较他们的体重呢?武汉市武昌区的洪山高些,还是同区的蛇山高些,我们不能叫这两山站在一起来比较一下高低,但是可以用仪器来测量,正如简单地用尺来测量这块黑板和教室外的走道的宽度来比较一下一样。前者是直接比较法,而后者是间接比较法。通常还是使用间接比较法为多。

4.进行比较的条件:条件有三:(甲)所比较的东西至少在其一方面还属于同一类的。例如山和树虽不属于同一的类,但是就其高度而言是同属于"有高度的"这一类,于是就在这方面进行比较。任何方面都不同类的东西,就不能比较,勉强比较是没有意义的。(乙)完全相同的东西,正如上述也是不能比较,例如同是一个自来水管出来的水,各方面都是同一的,惟有重量之多少不同,如只就其是水而言,是毫无相异之处,所以就不能比较。(丙)比较时,必须有一定的标准,如长度之有尺,重量之有天秤、量子、价值的单位。市场上的买卖,多少只鸡换一头牛如何决定呢?鸡和牛如何比较?是通过市价的,看鸡的市价每斤值多少人民币,牛的市价每斤又值多少人民币,就可知道一头牛应交换多少只鸡。价值就是一定的标准用以衡量商品的,而人民币是用来作价值计算的单位。

5.比较法的使用在实践中是广泛的。小而言之,如货物价值的比较,大而言之,如一年全国生产量和另一年全国生产量的比较,人民民主阵营目前的占优势与其日益强大和帝国主义侵略阵营力量的日益衰弱的比较。可举的这些实例是很多的。这些都是比较法应用的例子,说明其用途的广泛。

在概念形成的过程中,比较法是必要的一种方法。概念是反映一类事物本质属性的思维形式。什么事物是属于同一类的,必须比较后才能以之归之于一类或排斥在这类外。有了一类的事物,才能比较其属性,分别哪一些是本质的,哪些不是本质的,然后在思维中才以概念的形式把这一类事物的本质属性正确地反映出来,可见比较法是构成概念必需使用的一种逻辑方法。

二、分析

1.分析是一种什么方法?分析是在思考中剖析整体为其各个部分、

属性、特征、关系以进行考察的方法,就是在人们意识中将客观事物的各个不同的因素分别加以考察的方法。

例如一个三角形有边、有角,又有边的长短、角的大小,我们把其各个边、各个角等分别来看,这就是分析。

2. 分析的客观基础:客观事物都具有各部分和各种属性。甚至从前科学家认为是最简单而不可分析的原子,现在我们知道是很复杂由各部分组成的而且具有多样的属性的。因为客观事物是由各部分所组成而具有多种属性,同时它们又都有各方面、各种关系,所以我们在思考中就能把这些组成部分,把这些因素,分别开来加以考察,把各个方面、各种关系分别来看,把各种属性分辨开来成为各方面和各种关系等,逻辑的分析方法才有其客观基础,否则便是主观的虚构。

3. 一般说来,分析也是在科学中和日常生活中最广泛地使用的一种方法。当我们想要好好地认识任何一事物的时候,我们必须认识它的个别属性。例如想要知道橘子是一种什么水果,和梨子及其他水果的异同,就须分析其属性,看它的形状、颜色、大小、气味等和其他类似的水果有什么不同之处;如果我们想要理解事物,譬如说想要识别一个反革命分子,我们就得要了解他的历史背境、社会关系、思想情况、行动的动向,等等,分别加以分析研究;如果我们想要对某一事物进行研究,必须仔细考察其各种因素、各个方面,它之与其他事物的各种联系,它之发生、发展的各个阶段,在各个阶段上发展的规律。这一切都有待于分析,而且在分析之后,分别加以比较。由此可见,分析这种逻辑方法是广泛地应用在科学工作中、日常生活中和阶级斗争中的。

4. 分析也是在构成概念的过程中所必需的一种方法。概念既是正确反映一类事物本质属性的一种思维形式,那么,要知道一类事物共同具有什么属性,在这些属性之中,什么是本质的,我们首先就要把这些事物加以分析。当知在任何具体事物之中,其属性不是一一摆列开来在表面上,一看而知的,有待于我们深入观察,在思考中加以分析,然后构成事物整体的属性和其他因素才能分晓的,才能辨别的。属性分明,又须进行比较,然后才能知道哪些属性是本质的,哪些不是本质的。可见分析是构成概念所必需的一种方法,而且是和比较这种方法错综着来使用的。

三、抽象

1. 抽象是一种什么方法？在思考中把一个整体的事物分析出来它的各种属性、各个因素、各个方面和各种关系之后，抽取其中我们所特别加以注意的东西作为思想的对象而姑且舍去其余，这就是抽象的方法。

例如一匹具体的马是具有各种属性和其身体和各个部分，而且是谁的马，在什么工作上使用的马，都是这一匹马之为这一匹马的各种因素。为着某一种目的，我们只考虑这匹马的颜色，而把它的白色作为思想的对象加以研究而不问其他的因素，暂且在思考中把它们放在一边。这就是抽象的作用。

在这里我们是把抽象作为一般的逻辑方法来考虑，其实我们的主要目的是要看抽象这一种逻辑方法在概念形成的过程中起什么作用。在构成概念时，我们所要从一类事物抽取出来的必须是这一类事物的本质属性的诸因素；但是抽象一般说来，其抽取作为思想对象的不一定是事物的本质属性，而是我们考虑的问题所要特别注意，因之视为重要的东西，例如上面所举一匹马的例子，马的白色可能不是马的本质属性，如果我们只谈到马，或战马的话，而我们抽象它的白色，是因为在那一种情况下我们正在研究马的皮色，所以就把这匹马的白色抽取出来以作研究的对象。"抽象"这词的原意乃是"从其整体抽取出来"的意思，所抽取的原无限制，全视我们所以抽象的目的。

2. 抽象的客观基础：在客观现实中，各个具体事物是统一整体，其属性和其他因素都是结合在一起以形成这个或那个具体事物，实际上每一属性或每一个因素都是在形成这事物的过程中都有其作用，都是一样的重要的。可是在某一定情况下，为着某一定的目的，人们看事物的属性等是有不同的看法的，因为在实践中人们发现在某一种关系上事物的某一种或某一些属性为着实践的需要是比其他属性更为重要的，其他属性是次要的，甚至于不是重要的。因之某一事物或某一类事物，对于人们来说，在某种情况下为着实践的某种目的，有些属性是重要的，其余是次要的或不重要的。可是事物属性是客观存在的东西，非人的意识所能改变或构造，但是属性的重要性是对某一定的实践需要而言的，不是和人的实践目的毫不相干的。然而必须指出人们之所以能够分别对待事物的各种不同属性,按其实践的需要分辨事物的属性为重要与不重要,是因为实际上事物的属性不是黑白不分,是有其差异性的。抽象这种逻辑方法有其可能,是以事物的差异性为其客观基础的。

3. 抽象也是广泛地应用在科学研究中、阶级斗争中和日常生活中。科学研究所用的都是抽象的概念,如"科学"、"概念"、"力"、"能"、"关系"、"生产力"、"阶级"、"阶级斗争"等,不胜枚举。在阶级斗争中,大而谈到两个阵营力量的对比,小而进行了解在某一情况下阶级敌人的破坏动机。在日常生活中所用的"衣服"、"家具"、"食物"、"生活"、"工作"、"劳动"等都是抽象所形成的概念,一般称为类名,都是在实践中用抽象的逻辑方法,尽管是自发的逻辑方法,从许多具体的对象经过长期的经验抽取其某些属性而形成的。

一切的客观事物都是统一整体,其各属性与各因素都是紧密地相互联系着,正如世界中一切事物普遍地相互联系着一样。但是恩格斯是这样教导我们的:"为了了解个别的现象,我们就必须把个别的现象从普遍的相互联系中抽出来,孤立地考察它们。"① 这就是抽象这种逻辑方法的应用。

4. 抽象是构成概念必需的一种方法。概念是反映一类事物本质属性的思维形式,所以必须在分析、比较之后,从事物的属性中把本质的属性和非本质的属性分开而只抽取出其本质属性。例如等边三角形是一类的事物,首先我们在实践中知道等边三角形是一类的几何形,所以几何形可说是等边三角形最显著的一种属性,此外它还具有我们可以分析出来的这些属性,如"有三边"、"有三个角"、"三个角是相等的"、"三边相等的"、"三个角之总和是等于两直角之总和的"、"每一个角是六十度的",还有其他属性。这些属性都是全类的等边三角形所共同具有的,至于每一个别的等边三角形虽同属于这一类,但其每边的长度是各不相同的,其所处的位置也是不同的,可能还有许多各不相同的地方。这些不相同之点都是个别等边三角形之作为等边三角形讲所具有的偶性,和概念的形成无关

---

① 恩格斯:《辩证法与自然科学》,人民出版社,1954 年,第 81 页。

的。其个别等边三角形所共同具有的属性之中有些是本质的,而有些是固有的非本质属性(两者如何区分,实际上是最困难的一个问题,后面还要讨论),其中只有"几何形"、"有三边"、"三边均相等"这三种是本质属性,我们就以抽象的方法,一一把它们分别抽取出来,列在等边三角表的概念里面,这就是抽象这一种逻辑方法在概念形成的过程中所起的作用,它的这种作用是在分析和比较的基础上的。

5. 抽象可能是正确的,也可能是虚构,这是必须注意的。上面已经讲过,抽象这种逻辑方法是为人们广泛地使用着,尤其是在科学工作中是必须使用的。正确的抽象是把具体事物实在存在的属性从该具体事物的抽取出来作为独立的思想对象,并不是意味着这种抽象的思想对象在客观现实中一定有其独立的存在的。抽象的东西既从整体抽象取出来之后,在思考中又可综合起来,联结起来,作为独立的单一思想对象,如我们在下段所要谈到的。但是这些以抽象方法抽取出来的东西能否以之结合在一起,要看现实中它们是否结合在一起,不能主观臆造,科学地运用抽象方法是这样的。

但是有人想象着事物中原来不存在的东西,例如想象人体中有一种可以脱离人身而单独存在,独自活动像人那样活动的东西,就把它抽象出来,称为灵魂。又如肠胃消化不良,是因肠胃失去作用,或因饮食过度,妨碍肠胃的消化作用,而有人认为是肠胃里有温热,把温热作为一种思想对象。这些原来并不是客观存在的东西,只是人们主观想象的产物,而硬说它们是和科学的抽象对象,如力与能一样,是抽象方法歪曲的使用,因为它是没有客观的基础的。同一类型的不正确抽象乃是把现实中不能联系的东西联系起,如人面狮身的怪兽,三头六臂的神等,都是客观现实所无,而用抽象的方法把"人面"和"狮身"这些具体对象的部分抽取出来,把"头"、"臂"、"三"、"六"这些具体对象的部分或因素抽取出来,而凭空洞的想象任意又把它们结合起来成为思想对象,而且认为这些思想对象并有其与之相适应的客观存在,这是错误的抽象方法之使用,其结果是虚构的。

四、综合

1. 综合是一种什么方法? 综合是在思考中把某些分开的东西作为部

分,或把从事物抽取出来的某些属性、特征等,作为因素,结成一个整体的方法①。

例如,上面曾举过等边三角形的实例,我们把等边三角形的各种属性在思考中剖析开来,成为各个的思想对象,并通过抽象的过程把其中的本质属性抽取出来,然后再把这些本质属性以综合的方法结成一个整个作为初步形成的概念。这就在于综合的工夫。

2. 综合的客观基础:综合的客观基础就是事物的多样性,其多种性质存在于统一整体之中,凡具体事物的一切属性,既共存于一个事物之中,在事物相对稳定状态之下,它们是一致的、统一的,不是互不相容而不能并存的。例如橘子的黄色、香味、软皮等是并存的而不是互相排斥的,因之在我们的思考中是可以把这些属性综合起来的。我们不能把互不相容的属性综合在一起,淆乱思想,这是违反毋矛盾律的。

3. 综合和上述的其他逻辑方法一样,是在我们的思想中广泛地使用的,是认识、理解、研究的方法。我们认识事物、理解事物和研究事物须用分析方法以看事物的各种属性、各个部分、各个方面,和它与其他事物的各种联系与关系,但是不能满足于此,同时必须看其全面,整体地来理解

---

① 分析与综合固然是统一的,而不是相互排斥的方法。恩格斯曾写道:"思维就是把意识的对象分解成各个部分,同样也就是把相互联系的各个部分综合成为统一体。没有分析,就没有综合。"(见《反杜林论》,生活·读书·新知三联书店,1954年,第41页。)但是综合不一定是把原来从一个整体分析开来的因素重新再结合起来,好像是还原似的;至少在构成概念的过程中不是这样。可是不少学生在参考书上看这样关于综合的说法,如"综合法——是这样一个逻辑方法,借着它,我们在做分析时把对象现象分成的个别部分有意识地结合成一个整体",(见文诺哥拉道夫、库兹敏合著:《逻辑》,高晶齐译,正风出版社,1951年,第22页。)甚至有人把综合说成是"在思考中把分析开来考察过的部分、属性、特征复结成一整体的方法",就认为综合无非是分析的还原。结合着概念的形成这样来理解综合法是错误的。综合固然是把从分析得来的由整体分出的因素等结合起来成一个整体,但不是一定把原来从一个整体剖析开来的东西在思考中复结成一个整体,而在构成概念时,从事物分析出来的属性有本质的,又有非本质的,经过抽象,只把其本质属性抽取出来,抛弃其非本质的属性,然后再把这些抽取出来的本质属性结合起来,最后把这结合起来的初步形成之概念推广到全类(即概括),显然不是一种还原的过程,所以上面引的两种说法是容易引起误会的,应该在这里指出。再则,虽然分析与综合这两种逻辑方法是结合的、统一的,如列宁正确指出,(见《黑格尔〈逻辑学〉一书摘要》,人民出版社,1953年,第190页。)但是在形成概念的过程中,分析之后不能马上进行综合,因为必先知道哪些属性是本质的,这是比较的结果,然后进行抽象把各个本质属性抽取出来才能有综合,否则所综合的是什么东西呢?

它、研究它。这就是要运用综合方法。只看一方面,或者把各方面分割开来看,都是片面的看法,是错误的,是"管中窥豹"。这不是等于说不分别地来看各方面,乃是说不只看各方面。可见分析与综合是应该结合起来运用,既不可以偏概全,亦不应以全废偏。不分析则不能看事物之微,不综合则不能见事物之显,故不可偏废。

4. 综合是在分析与抽象之后或在构成概念过程中必须运用的一种逻辑方法。概念是思想的一个单位,是一个整体,包含一类事物的所有本质属性有机地结合起来,在考察一类事物的过程中,为要明确它们的本质属性,当然就要从分析开始,从而比较以划分其本质和非本质的属性,本质属性既经一一通过抽象方法抽取出来,是分开的各种属性,每一种都是一个思想对象,如果要它们成为一个概念,成为一个思想对象,就必须把它们综合起来。这是综合法在构成概念过程中所应起的作用。

五、概括(类化)

1. 概括是一种什么方法? 概括是"把研究过的对象的属性推广到同一类中的一切对象"[①]。

在俄文书和在许多其他欧洲语文中一样,"概括"这词有两种不同的意义。其一种的意义是指一类事物统一在一起,而另一种意义是指把具有某些共同属性的事物作为代表其整个类来看,就是说,这些有代表性的东西是怎样,其同类的一切东西也都是怎样。

我们在构成概念过程中所用的概括方法是依上面的第二种意义,就是说,我们在形成一个概念时,经过分析、比较、抽象三种方法适当地配合着运用之后,把抽取出来的一些考察过的事物之本质属性综合起来成为而属于同一类的事物。这种过程又译为"类化",我们认为"类化"这词比"概括"更为适当,但"概括"这词是很通行的。

---

① 这是引用斯特罗果维契在其《逻辑》一书的话,见人民出版社,1953 年,第 72 页。所引的本不是斯特罗果维契用来下概括的定义的话。他的概括定义是:"概括是在头脑里从个别单独对象底属性推广到属于这些对象底整个类的属性。"(见上引书同页)但是我们认为这定义之作为一般意义上概括的定义不如我们所引他的那句话那样清楚,可是我们在这里只谈到一般意义的概括,至于构成概念过程中所用的概括法还须如我们在正文中那样解释。

所以概括是构成概念过程中必须要使用的一种逻辑方法。概念的形成是从一类的个别事物研究开始,"但是我们所能研究的只是个别的对象、现象、事实、事变。概念所包括的却不仅是它们,而是该类中的一切对象,但把其中的每一个对象都加以研究则是不可能的。把研究过的对象的属性推广到同一类中的一切对象,则是凭着概括的方法所达到的"。"例如,在研究某类植物的特性时,我们发现所研究的一切标本有一些共同的特性、属性,我们便据之作出概括,指出该类中的一切植物具有这些属性。"①

2. 概括的客观基础:同类事物既属于同一个类,则必具有共同的特性而为其本质的,所以就可用同一个概念来在思维中,反映其全类。这是明显的。

3. 抽象与概括有着统一的,不可分割的关系。概括是类化,但类化的东西是由抽象而从一类事物分析出来的属性取出其共同的属性才能进行类化的。所以概括必须在抽象的基础上进行的。

4. 概括不仅是构成概念的一种必要的方法,在科学研究和文艺创作中它也是一种重要的方法。科学研究中实验的结果可推广到条件相同的其他地方的现象,这便是类化,文化创作之如"白毛女"是把某一类型的具体事实,作为典型推广到我国旧的土地封建所有制情况之下许多同类的事实,因之其演绎和其影片的放映能博得反封建制度的人民之广泛同情和对地主阶级的愤怒。这些无非是概括在科学工作和文艺工作中广泛地使用的例子。

上面所讲的比较、分析、抽象、综合、概括五种方法只有研究它们时,才分别地来讨论它们,其实,它们并不是孤立的,而是紧密地关联着的。在比较时,往往就必先要有分析和抽象,因为所比较的东西原是各个整体的属性或部分,而不是单独的东西,而且在比较中常常是有综合,而综合又每每先有抽象,至于概括,正如上述,它总是先有抽象而后综合,而抽象就含有分析、比较的意思,否则是如何能抽取,如何知道抽出的是什么?

---

① 引自斯特罗果维契:《逻辑》,人民出版社,1953年,第72页。斯特罗果维契教授正确地指出这种概括的过程是归纳法的过程,在讨论归纳法时所要谈的简单枚举的方法。详见本书下文。

可见这五种逻辑方法在思维实践中是交错着来运用的。哪种方法应使用在先,哪种应使用在后,须看具体按实际情况,虽然一般说来,分析比较是在先,而抽象、综合和概括在后。

再拿上面用过的例子来重复一次:我们要考察一些几何形来构成等边三角形的概念。我们先是分析这些几何形的属性,比较其异同,分辨本质与非本质的,然后按我们要构成等边三角形这一个特殊目的,抽出其是本质的那些属性,如"几何形"、"有三边"、"三边相等"这三种属性,予以综合成为一个整体的思想对象,最后才以之推广到全类作为等边三角形这一类几何形的概念。

理论上概念形成的过程和步骤大概是如此。但实际上并不这么简单,这么容易的。逻辑家曾指出①概念按其定义,是一类事物的所有本质属性之总和。问题便马上发生了。这说法是假定已经有一类的事物摆在我们的面前,我们形成这类事物的概念,首先就着手找出这类中所有事物共同具有的属性,从而分辨出哪些共同属性是本质的,即没有这些属性则不成其为属于这一类的事物的,和其他虽是这类各事物所共同具有,但不是本质的属性,这些在逻辑里称为固有的非本质属性。第一个问题就是:什么事物是属于这一类的? 属于这一类的事物必须具有这类的本质属性的,但是在这类的本质属性未经确定之先,就没有一定的标准来鉴定某一事物是否属于这一类。可是在这一类的事物还未穷尽地归拢到这一类之前,又如何能确定这全类各个事物所共同具有的属性,从而确定这类的本质属性? 所以这就成为一个恶循环:本质属性还未确定,就不知什么个体事物是属于这类的,但是全类的事物还没有完全归到这类来,又无从确定其本质属性。第二个问题是:可能有人说,概念的形式不是根据全类事物的考察而是根据某一些有代表性的实例,即所谓典型的例子,从这些典型例子通过分析、比较、抽象、综合,初步构成概念的雏形,然后以之推广到全类去而形成这一类的概念。显然这种说法是企图回避第一个问题的困难而窃取问题所提出需要证明但未证明的论点,因为不知什么是这一类,

---

① 例如英国的逻辑家约瑟(H. W. B. Joseph)在其《逻辑导论》(An Introduction to Logic)第四章谈到"五旌"时,尤其是谈到本质属性、固有非本质属性和偶性时,曾指出我们所要在这里讨论的问题。参看该书英文原版,牛津第二修正版,第91—106页。该书有中文拙译,待出版。

如何找出其有代表性的例子？这仍然是一个问题，第二个问题是如何辨别本质属性和固有非本质属性的问题。两者同是一类事物所共同具有的，但是根据本质属性的定义，本质属性是一类事物之为这一类事物而不是别的一类事物的一切属性。亚里斯多德说，"所谓本质属性是一事物之所以区分于其他一切事物的一种属性"①，固有非本质属性之称为"固有"，因为它是全类事物所共同具有，用亚里斯多德的话来讲，是能与这类换位的，而且只为该类事物所具有的。例如，"能够学习语法是人类的固有非本质属性，因为某甲如果是一个人，他必能学习语法，如果他能学习语法，他就是一个人。如果一种属性既属此类事物，又可属于另一类事物，则不能称为该类事物的固有非本质属性"②。这样一来，本质属性和固有非本质属性都是该类事物所共同具有，毫无例外，而且只有这类的事物才能具有，此外别无其他事物能具有的，那么，何以一种属性称为本质属性而另一种就称为固有非本质属性呢？例如在欧氏几何的系统里，三角形有三边这一属性称为它的本质属性，但它的有三个角则称为它的固有非本质属性，其差异何在？如果说固有非本质属性是由本质属性派生出来的，一个三角形的三个边固然是形成它有三个角，但是何以不能说它的三个角形成它的三边呢？派生是含有因果的意思，而因果是有先后的，难道一个三角形是有三边之后才有三个角吗？虽然不能这样说。正如有人曾指出，黄金之称为黄金是因它的颜色是黄的，如果发现一种金属具有黄金一切的属性，却颜色不是黄色，而是白的，那么显然黄与白都和这金属的其他属性没有必然的联系，它的颜色便贬为偶性了，那么，在我们确知一类事物的各种本质属性和固有非本质属性之间的必然联系，确知必有其本质属性才能有其固有非本质属性之先，不能断言某些属性是另外某些属性所派生的，如果两类的属性都同样的是全类事物所共同具有，如果我们能知道全类的事物的话，我们就无从决定哪一类属性是本质属性，哪一类是固有非本质属性。这是关于概念形成的第二个问题。还有第三个问题，那就是概念既是一类事物的本质属性在人头脑中的反映，那么，

---

① 亚里斯多德：《辩论常识篇》，标准页第128b第34行。
② 亚里斯多德：《辩论常识篇》，标准页第102a第18至22行。

关于个体事物，如某一个人，我们有没有形成他的概念之可能呢？某一个人如张三或李四的本质属性是什么呢？本质属性是一事物之所以区分于其他一切事物的属性。张三之区分于李四的属性是不可胜数的，例如他的身材是多高，体重是多少公斤，性情是怎么样，走路的姿态，声音的高低等都是由以区分于其他人的，这一些是否都是这个人的本质属性呢？我们固然没有列举他随时变更的一些属性，但只就其相对稳定的属性和特征而言，已经是不胜枚举的了。怎样能把这一大些东西都包括在这个人的概念里面呢？这是个体事物是否以概念的形式在人的头脑中反映的问题。

关于这三个问题，过去和现在的唯心主义逻辑家曾争辩不休的。首先我们要指出他们是没有考虑到社会生产实践和语言在认识过程中的作用的。当知没有社会生产实践，就不会有同时产生出的一对宁馨儿——思维与语言。这一对宁馨儿是同时生出的社会产物，而且在其发展中都是紧密地联系着的。在劳动实践中，人们已经认识到某些客观对象共同具有的属性，而在语言中根据这些客观上它们共同具有的属性以同一名称来称呼它们，这便是一类事物形成为一类的开始，随后跟着社会生产实践的发展，人们对于客观事物与其属性的认识就日益深入，对于一类的事物究竟是什么一些东西，这一类事物之包括在这一类里面是由于它们具有什么必要的属性，无之则不能列入这一类，因为无之则它们在人们社会生产劳动实践中不能起着这一类事物的作用，于是这些属性就是这一类事物所必具的，否则某些事物就不能列入该类。一类的事物之成为一类是社会生产劳动实践长期经验积累的总结，其本质属性是决定在劳动实践中什么事物才归到这一类来。离开社会生产劳动实践就不能凭空决定什么事物归之于什么一类，根据什么本质属性把事物归之于某一类。因为唯心主义逻辑家不能了解这一点，所以才提出一些关于概念本质的种种不正确的理论，例如说概念只是一个为大家协议决定的名称，譬如说协议决定具有某些属性而且颜色是黄色的金属才是黄金，凡缺乏这些属性之一的东西就不能归之于黄金的一类。这种"理论"是不切合事实，毫无根据的。所协商决定其为某一类事物的本质属性是如何决定下来的？何以恰恰选定这一些属性为这一类事物的本质属性，据之以决定某一事物应否归之于这一类而以类的名目称呼它呢？这种"唯名论"是站不住脚的。只有根据人类长期的社会生产劳动实践才能解决这些概念形成的基本问题。

一类事物既经决定为一类之后，随着社会生产劳动的日益发展，日益复杂，人们关于客观事物的认识就日益深入、日益精确，事物的分类就日益细致、日益系统化，于是在人们的头脑中反映客观现实的思想也随之而更细微、更系统化起来，以便运用思想的系统来更好地认识客观事物，掌握客观事物的规律，使之更好地为人类社会的利益而服务。思想的系统化所以也不是凭空的臆造而是有其客观的基础。创始于亚里斯多德的"旌的学说"而完成于薄斐略的"五旌"说，是一套逻辑的术语，是科学的语言，表达着客观事物相互关联的一种看法，为着促进人们对于客观的更好认识的。形式逻辑所谈的一类事物的本质属性，因有非本质属性，要在了解"五旌"时才能弄清楚的。我们以几何形作为一个思想对象的系统来说明"五旌"如下表：

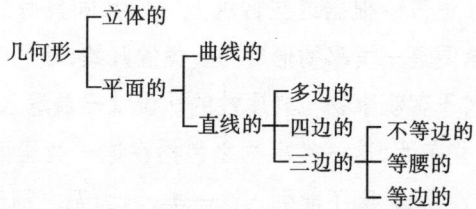

上面的表解是为着说明"五旌"的。这一系统中以"几何形"为其最高类。这类划分为两种，即平面的几何形和立体的几何形；其划分的根据乃是几何形的次元，平面的几何形是二次元体，立体的几何形是三次元体。平面几何形又按其线的曲直而二分之；直线的几何形又按其边之多少而再分；三边几何形称为三角形，最后又按其边的相等的情况而划分。这简单的系统至此为止，因等边三角形，按这系统的原理再不能往下划分，而"等边三角形"等就称为这个系统的最低种，其下更无类之分为种。系统中的"几何形"是开始从而分出其中间类，如平面的几何形、直线平面几何形、三角形(只从一支说)，每一中间类又分为某种，如平面几何形之分为直线的和曲线的两种，故类与种是相对名词。以直线几何形而言，三角形是其种，但以等边三角形而言，三角形是其类。类也，种也，固然有其客观基础,不是人们任意可以决定,但是在这一系统中是这样决定下来,是按这系统的性质,而这系统按这性质来组成,是人们按其实践的需要,在客观事物的各种性质中选定这一性质,如几何形的次元、边,为其组成系统的原理的。系统的组织原理既经确定,则系统中的每一类之为这一类亦随之而定,是则这一类之为这一类的本质属性亦从而决定下来,如等边三角形是几何形之平面的、直线的、有三边的,而三边相等的。这些是等边三角形的本质属性,其余等边三角形类共同所具有的属性都称为固有非本质属性。至于一类中的个别实例,如等边三角形这一类之某一个具体地画在纸上的这一个等边三角形,其每一边的长度,不是等边三角形这一类的性质所决定而是这一个具体个别等边三角形在某情况下"偶然"具有的一种属性,故称为偶性。等边三角形在三角形这一类中为其一种,而这类还有其他的种,如等腰三角形和不等边三角形,等边三角形这一种之区分于其他两种(对等边三角形说称为同位种)是由于它的三边是相等的,而三边相等这一属性就称为等边三角形的种差,是这一种和其同位种的差异。种差是其种的本质属性之一种属性。本质属性、固有非本质属性、偶性、类、种是薄斐略的"五旌"。我们把种放在最后,由种是薄斐略在亚里斯多德的列在前面四旌之上所加上而成为"五旌"(又称五公)的。其实种之为种不过是其最近类,如等边三角形的三角形,加上其种差,故有本质属性和类这两个旌,就不必再有种而为单独一个旌。但"五旌"说沿用一千六百年,我们仍依其说。可见某一类事物的本质属性和其固有非本质属性之决定与区分是有其客观基础,原本由社会生产劳动实践长期经验所确定,但是在某一思想系统中某一类的地位和其本质属性之确定而与固有非本质属性区分开来,是根据其所隶属的思想系统之组织原理。因之,某一类事物的本质属性之存在为这类事物所共同具有是客观的,但是这些属性虽是一类事物所共同具有而列为本质属性,不列为固有非本质属性,要看这一类事物在所属的系统,如上述的几何形系统,是占什么地位,为这系统的组织原理所限定。

据此,则个别具体事物既不能列入一个思想系统,人们对于它,从形式逻辑来讲,是不能形成一个什么概念的。个别具体事物有其专有名,如张三、武汉、长江大桥或以批示语来指出它,如这一栋房子,我正在读的一本书,对于这些个别的具体事物,我们只有其观念,而在思维活动中观念也起着适当的作用的,如说"长江大桥是伟大的社会主义建筑物"。

我们对于上面在关于概念所提出的三个问题是这样解答的。**实践在概念的形成和发展中的作用**:上面已经指出,实践,即社会生产、劳动和人们所参加的社会实际生活的一切活动,是概念的形成之根源。由于这问题的重要,我们再从概念的形成和其发展两方面分述如下:

(1)任何概念的形成都离不开实践。毛主席在《实践论》中教导我们说:"社会实践的继续,使人在实践中引起感觉和印象的东西反复了多次,于是在人们的脑子里生起了一个认识过程中的突变(即飞跃),产生了概念。……抓着了事物的本质……"[①]正如上述,这是唯心主义的哲学家和逻辑家,离开社会实践来谈概念的形成的不能认识到而引起争辩不休的问题的,概念是在社会实践中发生而形成的,事物的本质属性是在社会实践中才认识到而和事物的其他属性分辨开来的。

(2)实践不但是概念发生的根源而又是概念发展与变化的根源。一切认识是从实践开始,但是人们对客观事物的认识到了形成概念之后,概念不是一成不变、永远固定的东西,而是随着认识由浅入深,由表到里的深化不断地在发展、变化着。例如我们对于社会主义革命的认识,在解放前是极其模糊的。解放后随着客观形势的发展,主观的认识逐渐变化,逐渐深入,社会主义革命这个概念对于中国人民来讲,是和解放前大大不同了,社会实践使之改变了、发展了。这一概念是如此,其他一切概念亦莫不如此,都是随着社会实践而变化,而有所发展。

概念的变化有下列几种形式:

甲、旧概念的消失:实践中没有这些概念的需要,因为它们反映的客观事物已经不存在了。例如"朝廷"、"公侯"、"状元"、"地主"在我们人民民主国家里面再不是认识事物的工具,只有在研究历史和谈到某些其他国家时才要知道这些概念的意义,否则就成为转借的名词,例如"行行出状元"的"状元"。

乙、新概念的产生:新时代在实践中碰见新鲜的事物,例如"社会主义

---

① 毛泽东:《实践论》,人民出版社,1951年,单行本,第4页。

工业化"、"计划供应"、"社会主义改造"、"国营农场"、"公私合营商店"等。这些概念在苏联出现之前是没有的。

丙、原有概念的转化与发展:例如"经济"这概念在中国的古籍中乃是说经营天下的事情,所谓"经济文章",后来转化为现在政治经济学的"经济";又如在"有民人焉"所指的"人民"和现在"人民民主国家"这词里"人民"是不同的两个概念。这种例子是很多的。

第五节　概念的内涵与外延

一、概念的内涵和概念的外延:这两个名词表达了两个重要的逻辑概念,必须清楚地了解而要好好地掌握的

什么是概念的内涵? 概念的内涵就是概念所反映的一类对象(事物)之所有本质属性。例如等边三角形这个概念,它的内涵就是等边三角形的"几何形"、"三边的"、"三边相等的"这三个本质属性之总和所构成的。概念的内涵也可以说是概念的意义,决定什么事物按其性质是属于概念所反映的这一类的①。

什么是概念的外延? 概念的外延就是概念所反映的一类事物的所有事物。例如"学校"这一概念的外延是包括古今中外所有的学校和将来出现的学校。概念的外延也可以说是概念反映对象的范围。

概念的内涵由于人们对事物的认识深化了,认识到事物从前所未发

---

① 注意我们在这里是说"概念的内涵",而不是像有些逻辑家那样谈"名词的内涵"。名词的内涵是这名词的意思,符合这意思的对象才能称以这名词,否则不能称以这名词。这样一来,内涵是完全主观的,随用名词的人的意识而决定的。概念的内涵是这概念所反映的一类事物的本质属性之总和,所以概念的内涵是客观事物所决定的。虽然人们对客观事物的认识随着社会实践而不断地更加深入,因之概念的内涵亦随之而变化,但是任何时候,概念的内涵还是依据客观事物而不随从人们主观的意识,关于这点,参看威尔顿(J. Wellon)《逻辑手册》第一册,英文第二版,第54—57页。由于有些逻辑家把概念的内涵认为是名词的内涵,所以就要把名词的内涵和名词的意义区分开来,又要把名词的外延和名词的范围(即其使用的范围)区分开来。(参看约瑟:《逻辑导论》(H. W. B. Joseph, An Introduction to Logic),第六章,有中文拙译,待出版。)这样一来,不但是使定义和事物的客观属性脱节,而陷入唯心主义唯名论的错误,而且定义既随人们使用词的意思为转移,则定义必因人而变更,无法确定。

现或认识尚未清楚的属性,其中有些是一类事物的本质属性,概念的内涵就因之变化了、发展了。例如物理学中"原子"这一概念,从前直至19世纪末,是反映不可分割的、不能破碎的、不可穿透的,物质最小单位,但现在我们知道原子是要以分裂为阳电子、阴电子等所构成的物质复杂单位,于是"原子"这个概念的内涵就变化了、发展了,因为人们对原子的认识深化了。可是,如果新发现的属性不是本质属性,只是从已知的本质属性派生出来的,则概念的内涵不被这新发现所影响,依然不变。

概念的外延是可扩大、可增加的,因概念所反映的对象原来只有若干种,后来新种被发现,概念的外延现在就因之扩大增加。例如从前只有私营商店,等等,"商店"这概念的外延现在就扩大增加了。但是如果不是新种出现,增加的无非是原来人类的个体,"人类"这概念还不会被改变的。

虽然概念随着人们对客观事物认识的深化而改变其内涵与外延,但是在某一定时间内是相对稳定的,所以我们还是能根据概念的内涵与处延确定概念的意义和其使用的范围,而维持思维的同一律。

二、概念的概括与限定:这是关于概念外延的两个逻辑名词

什么是概念的概括?缩减概念的属性因而扩大其外延,称为概括,即概念的概括。例如师范学院是培养中等师资的高等学校。这概念的外延是比较小的,只反映某些专业的高等学校。如要我们减去"培养中等师资"这一属性,剩下来的属性只是"高等学校"属性,而高等学校的范围,这概念的外延,就扩大多了。如果我们再减去"高等"这一属性,而只剩下"学校"这概念所反映的对象,则学校的范围,这概念的外延,又扩大得更多了。这就是由"师范学院"通过概括而扩大其概念的外延到高等学校的范围,再一次通过概括而扩大其概念的外延到学校的范围。每一次概括都是由原来外延比较小的概念到外延比较大的一个新概念,不是概括以前的那个原来的概念了。这是概括的作用。

什么是概念的限定?增加概念的属性因而缩小其外延,称为限定,即概念的限定。例如图书馆的书籍,其"书籍"这概念所反映的对象是一切各种各类的书籍,如果在"书籍"这概念之上增加一种属性,如"自然科学的",则这新的概念"自然科学的书籍"所反映的书籍,为数就要少得多,其

反映的范围就缩小了,就是说,这新概念的外延缩小了。如果再加上"外文的"这一种属性,形成"外文的自然科学书籍"这个新概念,其反映的对象就更少,其外延就更缩小了。在原有的概念上,每一次增加一种属性,结果是形成一个新的概念,其外延总是比原来未这样加以限定的概念之外延要小些。这是限定的作用。

三、据上面所述,我们就发现概念的内涵及其外延之间的相互关系

这关系,一般说来,就是概念的内涵与其外延成反比例。反比例的意思就是两个东西有着这样的关系,其一个增加,则其他一个按比例而减小,其一个减小,则其他一个按比例而增加。这是数学上的一种关系,称为反比例。但是如上段所述,概念的内涵扩大,即属性增加,形成新概念的外延就比原来概念的外延缩小;概念的内涵缩小,即属性减少形成新概念的外延就比原概念的外延加大;概念的外延增减,其所形成的新概念的内涵也随之而缩小或增加。我们因之就说,概念的内涵与其外延成反比例。但是我们不可把这说法理解为数学上的反比例。譬如以我国现在的人口而论,总数是六亿,那么,"中国人"这概念的外延,以现在而言,是六亿人。假如加上一个属性,譬如,"男性",就成为"中国男子"这新的概念,其外延就比原来的"中国人"这概念的外延缩小为大概变为大约三亿人。假使在这概念之上再加"九十岁以上"这属性,就形成另一新的概念,即"九十岁以上的中国男子"。这概念的外延比"中国男子"的外延一定不止缩小一半,恐怕要缩小到千分之一以下。这就证明概念的内涵与其外延的关系,虽说是成反比例,只是有反比例的模样,并非严格的数学反比例,可以用数学来计算的。

其次,如果在限定的过程中所增加的属性不是在形成的新概念中能够成为其本质属性的,而只是原概念的一种固有非本质属性,则形成新概念的外延并不缩小。例如"等边三角形"上加"三角皆等的",则"等边三角形之三角皆等者"之外延并不小于"等边三角形"的外延,因"等边三角形之三角皆等者"还是原来"等边三角形"的那一类,无别无异,增加"三角皆等"这固有非本质属性并不增加其内涵。但是如果增加的属性是原概念的一种偶性,例如"中国男子"之上加"爱好象棋的"这一偶性,结果是形成

"爱好象棋的中国男子"这个新概念。在这个新概念里"爱好象棋的"这属性形成为一个本质属性,因之其内涵就增加,其外延就因之而缩小;又如"反革命分子"之上加"暗藏的"这属性也是把原概念限定了。

关于概括,概念属性的缩减必是减少其本质属性,因为偶性不在概念之内,无从减去,而固有非本质属性是随本质属性为转移的,不能没有本质属性之变动而能抽出一种固有非本质属性来把它减去。

四、类概念与种概念

类与种这两个名词所表达的两个概念在逻辑上是说,在某一定的概念系统中,凡外延较广的概念对较狭的概念而言,称为类概念,凡外延较狭的概念对较广的概念而言,称为种概念①。

我们再看谈到五旌时所用的表解:在表解中,几何形是类概念,平面几何形和立体几何形是种概念;对直线的平面几何形而言,平面几何形是类概念,而直线的平面几何形是种概念。可见类概念与种概念是相对的。单独一个概念,无所谓类与种。正如"父"、"子"是相对称号;单独以一个人而言,无所谓父与子。同一个概念,在一个概念系统里,对下面的概念称为类,对其上面的则称为种。

同属一类概念之下的各个种概念称为同位概念,如表解中的平面几何形与立体几何形,直线形与曲线形,等等。

一个概念在某一定的概念系统中,其下无种,谓之最低种,如表解中的等边三角形、等腰三角形和不等边三角形。最低种所包括的是个体对象,因如果它还可分为种,则显然它不是最低种。一个概念系统中只有类与其分出来的小类,称为种,并不包括个体对象,可见个体对象,如张三、武汉市、这张书桌,都不能以概念来反映它,更不能如下所述,以最近类和种差这种方式来下它的定义。(最近类的解释见下文。)

同位概念中每一概念所具之特征,因之以别于其他同位种的,谓之种差。例如等边三角形的"三边相等"这一属性。

---

① "类"与"种"是翻译名词。我们译为"类"的,也有人译为"种",而我们译为"种"的,也有人译为"类"。还有把我们译为"类"的译为"种",而把我们译为"种"的译为"属"。还有其他异译。

最近类是一种所直接而分出来的类,如直线形是三角形的最近类,三角形是等边三角形的最近类,等等。

在一个概念系统中,除最低种之外,其余的概念都可作为一个类而划分出它的各个种,除最高类之外,一个种之上的较高类都称为中间类,但它所直接分出来的那一类则称为它的最近类。平面几何形、直线平面几何形都是等边三角形的中间类。

种概念与类概念内涵之关系通常是以下列公式来表达:

种概念的内涵=最近类概念的内涵+种差

应该注意:(1)公式中的"种差"是指该种的种差;(2)种差可能是一种属性,也可能是多种属性;(3)种差是该种的本质属性的一部分;(4)种的内涵既等于最近类的内涵加其种差,则该种的中间类和其最高类的本质属性都包含在其最近类的内涵之内。

第六节　概念的种类

为了正确地了解并使用概念,必须把概念的种类区分清楚。概念可从各方面来分类,可按各种的根据来划分。其主要而又最通常的划分法如下:

一、按其外延,概念划分为"单称"概念和普通概念

1.单称概念是反映某一特定事物的概念,这是一种说法,因为我们是从概念的外延来划分概念的,而概念所反映的事物可能是某一特定的,也可能是某一类的任何一个事物因之就有单称概念和普通概念之分。但是这种说法是有其困难的。上面曾讲过,概念是反映一类事物的本质属性的一种思维形式,而在我们谈到有没有可能来形成一个体事物的概念时,我们的结论是对于个体事物是无法形成其概念的,我们对于它只有其观念,而在思想交流中只能用一种指示性的专有名,如张三、李四、长江大桥、汉江等。

我们可能这样说①我们概念的定义固然是"反映一类事物本质属性

---

① 在某一段时期,一直到最近,我在教学中是这样主张过的,但是现在我觉这种说法还是很不科学的,应作自我批判,加以修正。

的一种思维形式",而某一特定事物,如张三,虽不是一类事物,但是人们对于他一定有过一系列的印象,都可再生在我们的头脑中为一系列的观念(表象)的。这些观念岂非就在于一类的事物?我们就把它们分析比较,把其是张三的本质的东西抽取出来,而放弃其非本质的东西,如他所穿的衣服,各个时候表示的姿态,等等。而只保持其为张三这个人的特征,这些便是他的本质属性,从而综合起来,构成"张三"这个概念。可是什么是张三之为张三的东西?本质属性是区分某一类事物于其他一切事物的,是则张三这个人之不同于其他人的东西不胜枚举,怎样能总汇在一起以构成他的概念?所以我们认为不可能有某一特定事物的概念。我们只能有它的观念,而在思维活动中和思想交流中只能用也的专有名"张三"。凡是某一特定的客观事物都是活生生的,在我们的思想中它所代表的是极其丰富的,不能以形式逻辑的一个抽象的概念来完全地反映它的。当我们从外延方面来谈概念,我们可能不容易发觉形成所谓"单称概念"的困难,但概念是反映事物的本质属性的,我们不能不联系着事物的属性而谈概念。

"单称概念"这一词的发生,大概是由于单称名在形式逻辑的使用。武汉市、长江大桥、北京的天坛、李四等是单称名,是这些事物或人的专有名,每一个这样的名都是指某一特定的人或事物。辛亥革命,都是一样。每一个在思维中的概念都是在语言中有其与之相适应的词来表达它。这词便是这概念的名,例如三角形这概念在语言上就称为"三角形",但如上述,概念不应与其名相混淆。可是这种混淆是最易发生的。于是因为有专有名或单称名,就认为必有单称概念。有名必有实,但名之实不一定是一个概念而是一个具体的客观事物。故此我们认为可说单称的名词,而不能说单称的概念。

2. 普通概念(又称普遍概念)是反映一类事物的概念。表达普通概念的词因之称为类词。例如:城市、首都、领袖、战役等。

普通概念之为普通是限于它所反映的那一类的事物,其类词在同一意义上可用于那一类任何一个个别事物的。

有时一个专有名,虽然它原来是一个单称名,所称的只是某一特定的事物,例如"河口"、"在某区域"内只是指某一特定的地方,但在不同区域可能有几处把同时称为"河口",然而其意义是不同的,所指的是这河的口,或那河之口,不像普通名之称为类名,是由于同一个名称在同一意义上可以用于这一类的任何事物。而且有时一个专有名并可转化为普通名,例如前几年鞍钢机械总厂工具车间"王崇伦工作精神"原来只是指一个劳动模范的工作精神,原是一个单称名,但它典型化了,便成为一个普通名。普通名之原来表达一个普通概念的,如"母亲"在某一家庭的儿女中,"妈妈"就变成一个单称名。

3.集体概念原是和个体概念相对立的。集体概念是把一群的事物作为一个整体而反映的,例如"森林"是反映许多树一起作为一个整体。"丛书"、"军队"等也是一样。

集体概念不同于个体概念,因个体概念所的映的只是某一类的个体,如"书"、"城市"等。但个体概念不等同于单称名所代表的某一特定事的概念,因为单称名所表达的只是某一特定事物,而个体概念是表达为类词,可用于许多不同但同一类的事物。某一特定事物必定表达为单称名,如用普通名来表达必定在其上面加一种指示词,如"这个人"或"全国最大的一座城市"。

集体名也有普通集体名和单称集体名之分。"图书馆"、"丛书"是单称集体名的例子。

应该指出,同一个概念有两种不同的反映:

(1)所反映的是集体之作为一个整体,例如"中国人民整体的力量是伟大的",这里的"中国人民的力量"是指中国人民整体的力量,而不是指每一个中国人民的力量。这是一个集体概念。

(2)所反映的是集体中任何一个成员,例如"中国人民都是爱戴毛主席的",这里中国人民是指任何一个中国人民。在这里"中国人民"是一个普通概念。

二、按其性质,概念划分为具体概念和抽象概念

1.具体概念是反映整体的事物的概念,如"城市"、"学校"、"国家"、"战役"等。

2. 抽象概念是反映事物的性质、作用、关系的概念,例如"伟大"、"影响"、"友谊"等。

具体概念所反映的整体事物是单独存在于客观现实之中的,而事物的性质、作用、关系等只能存在于具体事物,靠思维的抽象才将它们从整体中抽取出来作为思想的对象。而在客观现实中是没有它们的独立存在的。我们只有纸的白、玉的白、马的白,不能有独立存在的白。故"白"是一个抽象概念。

三、按概念之有无某属性而划分为积极概念与消极概念

1. 积极概念是反映某一种或某些属性的存在,如"白玉"、"正义的战争"等。积极概念又称肯定概念。

2. 消极概念反映某一种或某些属性的不存在,如"非白的玉"、"非正义的战争"等,消极概念又称否定概念。

可是"反侵略的正义战争"这一概念是消极的还是积极的呢?从"侵略的"这属性而言,它是消极的,但是从"正义的"这属性而言,它是积极的。还有某些概念,其形式虽是积极的,但其意义是消极的,例如"黑暗"是"无光",从"黑暗"这属性而言,它是积极的,但是其意义是指"无光"的,是指"光"这种属性之缺乏的,故是消极的。要看从那一方面着想,才能确定它是积极的或是消极的。

"盲人"、"哑人"等称为残缺概念。"盲人"是"失明的人","哑人"是"无声的人"。这些概念不只是反映一种属性的缺乏,如"非正义"、"反侵略"等,而且是反映着一事物或一类事物应有一种属性而实际上则无这种属性,如人是应该能见的,却不能见,故称残缺。

四、按一概念与另一概念有无一定的连带
关系划分为相对概念与绝对概念

1. 相对概念是说两种事物因为是同一关系的两方面,所以在思想上必是相互联系的概念,例如"父"与"子","夫"与"妻"。无父则无子,无子亦无父,父与子是同一个关系的两个方面。"上"与"下"亦然。

2.绝对概念有其独立的意义,在思想上不一定和任何另一概念相互联系着的。例如"战斗"、"生产"、"阶级"等。

当然,客观事物没有孤立的,都是相互联系的,但是它们大都可不与别的事物在思想上联系才有其意义的。如"桌子"是反映桌子而有其独立的意义,但不能说不连带着想到"子"而"父"有其意义。一想到"父",则必定含有"子"的意思的。全是手是手,足是足,虽然手在身体上是有联系,而在语言上又常常相提并论,但是没有什么一种关系使我们在思想上必定要把它们连带着去想它们。"手"和"足"有其独立的意义,故为绝对概念。

五、概念是可从其他方面进行划分,兹不多述

主要的是要认识一个概念可以从各种角度来区分其与他概念的差异。譬如"森林"是普通概念,同时另一方面,它是一个集体概念,又是一个具体概念,又是一个绝对概念,又是一个积极概念。余可类推。

第七节 概念间的关系

概念是反映客观事物的,而客观事物是相互联系着,相互有其关系的,所以反映事物的概念也是有各种之不同的关系。但是概念间的关系和客观事物间的关系一样,有些是密切的,又有些是疏远的。密切关系的概念是可比较的,很疏远关系的概念,其比较是无意义的。故概念间的关系,首先就有(1)不可比较的概念,如"李太白的诗"与"拖拉机",与(2)可比较的概念,如"封建制度"和"奴隶占有制度"。

可比较的概念再分为(1)相容概念与(2)不相容概念。

相容概念是两个概念,其外延是完全或部分一致的。相容概念再分为(1)同一关系的;(2)从属关系的;(3)交叉关系的。

不相容概念是两个概念,其外延是不相一致的。不相容概念再分为(1)同位的;(2)对立的;(3)矛盾的。

兹列表如下并以图表示之:

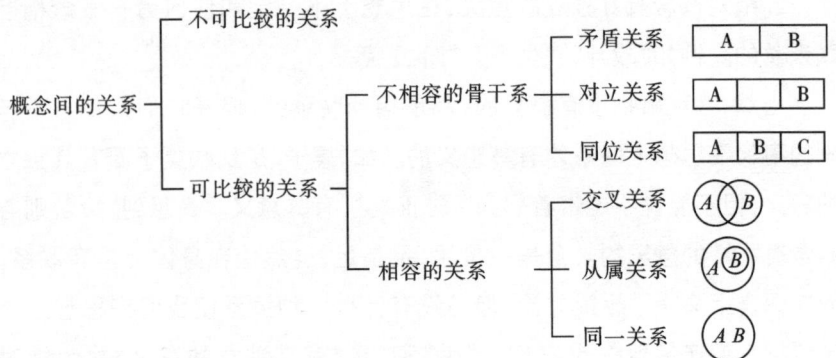

分解各关系：

1.同一关系的两个概念，如果是同其外延，则各类必同其内涵，因以概念而言，其外延与内涵是互相制约的，不可能说同是一类的事物，其外延完全相同，而其内涵是不同的，但是是同一类的东西，如菊花，因处在不同的思想系统之下，根据其一种思想系统，某些属性在这系统中是这一类的本质属性，如菊花在植物系统中以某些属性为其本质属性，其中没有譬如"清心明目"这一种属性，但是同这一类的菊花，从外延看，是完全原来的那一类的，而在本草的系统中，它是一种药物，其作为一种药物所具有的本质属性，因之以区别于其他一切药物的，是和同这一类菊花之作为一种植物所具有的本质属性不同，因为菊花的所有属性是客观现实所决定的，是菊花这一类客观东西所具有而不是人们主观意识所能变更的，可是这些属性之中，哪一些是本质属性是根据其所属的思想系统，今菊花既属于两个不同的思想系统，植物系统和本草系统，则其本质属性尽可能不完全相同，如"清心明目"这一属性是菊花作为药物的一种本质属性，而不是它作为植物的一种本质属性。所以植物系统的菊花和本草系统的菊花是两个不同的概念，其外延完全相同，故称为同一关系的概念，但其内涵不是完全相同的。如果内涵与外延都相同，则只有一个概念可能用两个不同的词来表达，是同实异名的两个词，并不表达可以比较的两个概念。"第一次世界大战"和"1914年帝国主义战争"[①]有人认为是同一关系的两

---

① 文诺哥拉道夫和库兹敏合著的《逻辑》所用同一关系概念的例子，见正风出版社，1951年，第43页。

个概念,说它们是在外延上完全同一,但在内涵上不完全一致。这种说法是不正确的,因为"第一次世界大战"和"1914年帝国主义战争"是两个单称名,所指的是同一事件,所以可说其"外延",即所指的范围,是同一,但个体事物不能有其概念,已见上文,故不能说这两个词所代表的是两个概念,只是同一事件的两种不同的名称而已,所以不能作为同一关系的两概念之例子。"北京"和"我们的首都"、"鲁迅先生"和"《阿Q正传》的作者"也不能作为同一关系的概念,只有"植物系统菊花"和"本草系统的菊花"等,才是同一关系的概念,其外延完全相同,但其内涵,即本质属性,不是完全一致的。

2. 从属概念是,两个概念中的一个概念的外延,完全包含在另一个概念外延之中,例如"师范学校"是"学校"的从属概念,因"师范学校"的外延完全包含在"学校"外延之中,没有一个"师范学校"不是"学校"。

从属关系的两个概念有上位概念与下位概念之称,以分辨其从属与所从属。"师范学校"是从属于"学校"的,"学校"是所从属,称为上位概念,"师范学校"是从属的,称为下位概念。下位概念从属于上位概念。

从外延讲,下位概念完全包含在上位概念之中,如"师范学校"完全包含在"学校"之中作为其一部分;但从内涵讲,上位概念的内涵完全包含在下位概念的内涵之内作为其一部分,如"学校"是"师范学校"的上位概念,其内涵则完全包含在"师范学校"的内涵之内作为其一部分。上面曾列过这一公式:种概念的内涵=最近类的内涵+种差;类概念即上位概念,所从属的,种概念即下位概念,从属的。

所从属的概念—上位概念—类概念,如"学校"。

从属概念—下位概念—种概念,如"师范学校"。

应该注意:从属与所从属的关系,即种与类的关系,不同于部分与整体的关系。手对于身是部分对于整体的关系,不是从属对于所从属,种对于其类的关系。师范学校是学校,但手不是身,笔尖不是笔,书之一页不是书。

3. 交叉概念的关系是两个概念的关系,这两个概念有一部分的外延和一部分的内涵是共同的,例如"学生"和"青年团员"的关系是交叉关系。有些学生是青年团员,而有些青年团员是学生,又如"科学家"和"教授"也是交叉关系的两个概念。

上面是三种相容概念的关系，下面要说明不相容概念的三种关系：

4. 同位（又称并列）概念的关系乃是几个概念同隶属于一个类概念之下而为其种概念，它们的外延并不重合，亦不交叉，是互不相容，彼此排斥的，例如原始公社、奴隶主社会、封建社会、资本主义社会和社会主义社会这五种社会形态的概念是同位概念，同属于社会形态这一类而为其五个并列的种。但是一个高等学校的若干系，如中国语文系、外国语文系、物理系、化学系等是同位概念所反映的，它们是并列的，相互排斥的，然而必须注意，它们的上位概念不是所隶属的高等学校，而是"系"。每一系都是系，而不能说是"高等学校"。从这高等学校来讲，它们是其部分，不是种。两种不同的关系不可混淆。

5. 对立关系也是一种同位（并列）关系。对立关系的两个概念，按其内涵是互相反对的，但同属于同一个类概念之下，故以这类而言，它们是有相同之点的。例如"老年"和"幼年"是年龄阶段概念的对立的，但同是隶属于"年龄阶段"这个类概念之下而为其两个不同的种，故是同位的种。

但对立关系有别于同位关系，虽然这两种关系都是不相容的关系，然而对立关系是同位种之极端不相容的，是遥遥相对的，是对峙的，譬如"幼年"、"少年"、"青年"、"壮年"、"中年"、"老年"是同位关系的几个概念，而"老年"和"幼年"是极端不相容的，故称为对立的，而"青少"并称，因为它们是连接的，虽不相容，可是比较接近的。

6. 矛盾关系乃是两个概念的关系，其两个概念互不相容，彼此否定，其间没有第三者之可能的，例如"男"与"女"、"红"与"非红"、"奇"与"偶"、"人民民主阵营"与"帝国主义侵略阵营"，两者既互不相容，互相排斥，和同位概念与对立概念一样，但又无第三者之可能，故非此即彼，在这点上不同于同位的关系或对立的关系。

上文在第二章讲思维基本规律时，讲过毋矛盾律和排中律。当时指出毋矛盾律适用于不相容的概念，即适用于并列概念和对立概念，因矛盾概念也是不相容的，故毋矛盾律是同样可适用的，但排中律只适用于矛盾概念。并列、对立和矛盾的两个概念，因其是不相容的，故肯定其一之后，必否定其他，但否定其一之后，对于其他的并列或对立的概念不能说什么,因有第三者之可能;否定一朵花是红的,不能说它是黄的,因可能非红又非黄,而是白的,否定一个人是老年,不能就说他是少年,因可能他是一个壮年;但是对于两个矛盾概念,从否定其一便可肯定其他,正如从其一可以否定其他一样,因为其间没有第三者。一个人非男即女,一个数非奇即偶,反之亦然。

小结概念间关系的研究在实践中的意义:

同一关系帮助我们从不同方面来了解一类的东西,例如作为植物一种的菊花和作为药物一种的菊花。

从属关系指出事物的共同性和差异性的结合,例如大学生是学生,但是和一般的学生又不相同,有其差异性。

交叉关系指出不同事物之间有相同之点,也有不同之点。例如学生与青年团员,有共同的属性,也有不相同的属性——异中之同。

同位(并列)关系帮助我们了解同类事物有其共同性,但发展而成为各种的特殊性——同中之异。

对立和矛盾两种关系使我们认识事物之间的不相容性是有不同的程度的。如果虽不相容,却有第三者可能是对立的关系,譬如医生如果说"少吸烟"是说不可多吸,而不是不可吸,是对立的说法;但是如果他说,"不可吸烟"就是和"吸烟"矛盾的说法。

第八节　概念的划分

我们在上面已经讲过,概念有其两个方面,外延与内涵。想要弄清楚一个概念必须清楚它的外延是什么,即它所反映的是关于哪一些事物,它反映的范围是什么;同时,也得要弄清楚它的内涵,即一个对象必须具有什么本质的属性才在这个概念所反映的范围之内。两方面弄清楚了,概念的意义就应该是清楚的了。兹先在本节谈怎样弄清楚一个概念的外延。这就是在形式逻辑中称为划分这一种逻辑操作。

一、划分是什么

我们所讲的是一个概念的划分。概念的划分是揭示概念外延的方法。这种逻辑操作,本质上把划分的概念作为一个类而分之为其各个种。

上文讲到类概念和种概念时,曾讲过类和种的分别和类与种的关系。一类按其内容分为若干小类,这些分出来的小类称为种,逻辑的概念划分就是把一个概念作为一类划分之为其各个种的一种操作。

二、划分中的几个名目

我们把一类的东西分为若干小类,例如,"三角形"之分为"等边三角形"、"等腰三角形"和"不等边三角形"这三个小类,被划分的如"三角形"这一概念称为"类",又称为"纲",又称为"母项"。其分出来的小类,如"等边三角形"等,称为"种",又称为"目",又称为"子项"。

划分时,必有进行划分的根据,如"三角形"的划分是根据其边之相等与否。边之相等与否便,是把"三角形"这类分为种的根据,是把这纲、这母项分为若干目、若干子项的根据。

三、划分的根据是怎样选定的

划分没有固定的方式。一类事物之分为若干小类,即纲之分为目,是根据实践的需要的,所以划分在实践中,为着一定的需要,选出所划分的概念的某一种适合于实践需要的属性作为其划分的根据。例如,如果要便于教学,就把学校的学生按其学业的程度分为若干年级。这里学业程度是一种属性,为着教学的实践需要而选出来作为划分的根据。同样的那些学生如果要帮助提高其政治思想,进行辅导,可能按其家庭出身、社会成分、思想情况,等等,而作出另外一种的划分。在这里,家庭出身等是选出来作为这一种划分的根据,不同于前面划分的根据。可见划分的根据是被划分的类的各事物客观所具有的属性,按划分的性质而选定的。

但是在逻辑中根据划分的根据应是该类事物的本质属性。如上文所述,本质属性是一类事物所共同具有的属性,但其为本质属性,须看这一类是属于哪一种思想系统。在某一定的系统中,类之划分为其各种,其划分的根据就决定各个种的种差,如"三角形"在"几何形"的系统中,划分的根据都是线,而"三角形"这一类就按其三边的线是否相等作为其划分的根据,所以作为划分根据的属性都是本质属性,例如"三角形"的边之相等与否是种差之所从而决定,是三角形的本质属性。

四、划分的实践意义

问题是为什么要划分？首先，如上所述，划分是要弄清楚一个概念的外延，弄清楚它反映的一类事物，其中究竟包含着一些什么东西。其次，划分是叫我们搞清楚事物的种类关系，搞清楚其纲目，纲目清楚，才属于掌握其全类。再次，事物间的关系和条理井然有序，我们就便于记忆，易于运用。

五、划分的规则

进行划分必具有两种条件：(1)对于被划分的对象须具有相当丰富的知识。如果要依据我国现行的学制来划分武汉市所有的学校，即划分"武汉市学校"这一概念，我们对于我国现行的学制不好好了解，则划分毫无根据；对于武汉市的学校实际情况不熟悉，便是闭门造车，脱离现实，划分出来的结果，一定是不伦不类。在划分之先，具备必需的这种知识是第一个条件。(2)其次，还须知道如何进行划分才能避免错误，至少少犯错误。如何划分就是人们过去划分的经验积累，总结出来，反映事物客观规律的一些便于实践中遵守的规则①。划分的规则有五：

---

① 有人把规则与规律作为对立的东西来看，是大可不必，而且是不正确的。参看《哲学研究》杂志，1957年第4期，朱丰杰先生的《论同一律》一文，特别是谈到"规律与规则"一段（见该期杂志第73—74页）。该文作者认为"规则是人的主观世界中自觉的，具有目的性的倾向。……不是独立于人的主观意志之外，而且在根本上就是人的主观意志为了谋求某种福利，达到某种目的，根据规律而制订出来的。这就是说，规则与规律不同，规律所表述的是必然如此的，但规则所表述的只是应该如此，规律反映客观事物之必然秩序，但规则只是人的思维与行动的规范或方法"（见第74页）。这是把客观事物的规律，"客观事物之必然秩序"和人们对于它的反映两者混淆起来。事物的规律当然是客观的，但是人们对它的反映是主观，而有其客观的基础的。事物客观规律是必然的，否则不是规律，但人们对它的主观反映可能是不完全的，甚至不正确的，因之就不完全是必然的。人们订下来关于思维与行动的规则，如我们在这里所谈的划分规则，是根据客观事物的规律的，但人们对于是规律的理解可能不完全，甚至不正确，那么订下来的规则便不完全正确，有待于在实践中来纠正、修改，但这是由于主观理解客观事物的规律之不完全正确，不是由于"规律与规则乃是本质不同"（见第74页）。该文作者既认定"规律（即事物客观规律——引者）乃是正确的规则与方法的依据"，而且认定"方法若能行之有效的正确方法，它必须是以科学的规律为依据"（见第74页），则人们主观所认识，所理解的规律和正确的规则不是"本质不同"，因为同是以客观事物的规律为依据的。

1. 每一划分只可用一个根据,例如武汉市的学校划分为高等学校、中等学校、初等学校,是根据学校的程度而划分,这是对的。假使把武汉市的学校划分为高等学校、职业学校、中等学校和初等学校,那就错了,因为职业学校不是依据学校的程度而称为职业学校的。所以在这划分里,有两个错杂在一起的根据,是不应该的,乃是本条规则所禁止的。但是划分为高等学校、中等学校和初等学校之后,再将中等学校划分为普通中学和中等职业学校便是对的,因为这里一个新的划分也只用"学校内容"一种的根据。

2. 划分出的各目必须相互排斥。那就是说,一个对象只可属于一目。武汉市的学校划分为高等学校、中等学校、初等学校,而某一学校如果可列为高等学校这一目之下,又可列为中等学校另一目之下,那就一定是不对的。各目必是互不相容的同位概念,否则划分是不清楚的,各目的界线不明,致有重合,或交叉的现象,就是因为没有在划分中遵守各目必须相互排斥的规则。

3. 划分的纲与其各目之和必须是对称的。那就是说各目之和必须恰恰与其纲在外延上相等。如 A 这纲划分为 a、b、c、d 四目,则 $a+b+c+d$ 须等于 A,不能过多亦不能过少;过多必是有不应在内的列入了,过少,则必有遗漏。两者都是错误划分的结果。

4. 划分如有一系列的阶段,须按级递进,不得躐等。例如本章第四节曾用过几何形的表解,那表解是表现着有一系列阶级的划分,而每一阶级实是一个划分。如果几何形分为平面的与立体的之后,马上就分平面几何形为三角形等,而不经过直线形与曲线形之分,这就是不按级递进,便是躐等的划分,这种越级的划分其结果是遗漏了曲线形的错误。那么,圆、椭圆等在哪里呢? 曲线三角形又在哪里呢? 划分之后,其各目必不能等于开始划分的总纲。

5. 划分所用的根据须采取各目之间本质差别的属性,否则划分出来的各目,有些对象可以不属于其任何之一的,例如资本主义国家主张把国家划分为斯拉夫国家与西方国家。这是极端错误的,因为斯拉夫这属性并不决定其国家的政治立场,即苏联亦非仅由斯拉夫民族组成的。

六、二分法

1. 二分法通常是以事物某一属性之有无为划分根据的一种划分方法,其每次划分都以积极与消极的两个矛盾概念为其目的。例如战争之划分为侵略的与非侵略的,图书馆的书籍划分为中文的与外文的,中文书籍又划分为文学的与非文学的。其公式是把 A 划分为 B 与非 B。

2. 二分法的优点:二分法是很古老的一种划分方法,在古希腊时代已在哲学界流行的。它是最易于符合上述的划分规则的,很自然而然地概括一切小类,因它是根据某一属性之有无,所以其分出的两目总是互相排斥,纲与目之和总是对称的。

3. 二分法的使用:(a)这方法适用于某一定的场合,如所需要知道的只其一目,譬如我们如果想要知道学生中那些人需要种牛痘,我们就进行调查,把他们用二分法划分为在最近某一时期哪些人曾种过牛痘,哪些人没有种过。(b)当我们对于划分出两目之一不必加以详细的了解时,也可以用二分法,例如档案二分为已清理的、可暂时搁置,其未清理的、须赶紧处理。(c)有时事物的情况只能划分为两种,如性别之分为男女,数之分为奇偶,等等。

4. 但二分法有其缺点的。二分法划分出的一目,其消极概念之一目,往往是不大了解的,其性质是消极的,所以是无定的,如书籍之划分为中文的与外文的,究竟外文的是什么文字的,只知其不是中文的而已。一直把分出的两支用二分法来进行划分,到最后还不免有一种,即一目,是消极的概念,其内容是否定的,其次二分法如果不是顺应自然的情况,如性别之分为男女,形式地使用它,其结果常有不自然的现象存在,而且是紊乱,有违划分的本质的。例如下面的一个一系列的划分是不自然的:

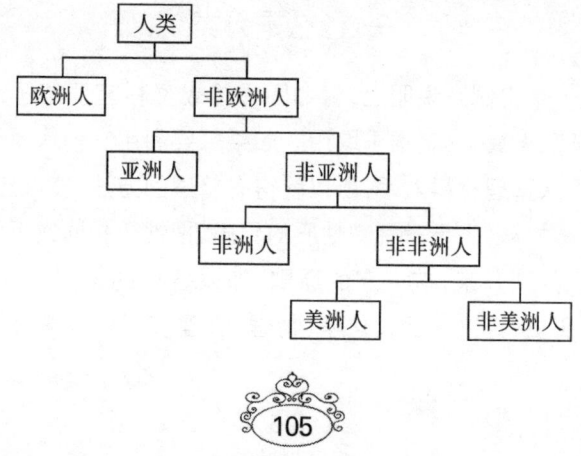

又如下面一个一系列的划分,结果是紊乱的:

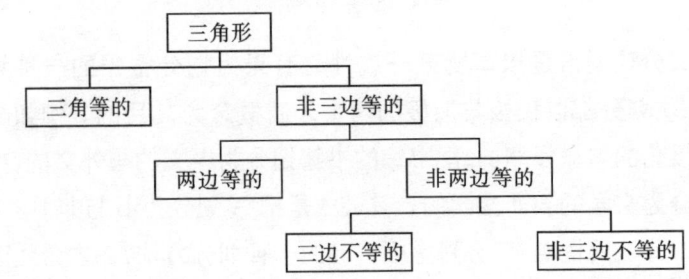

像这些二分法都是流于形式,毫无意义的。

七、在二分法之外,还有三分法、四分法等,视其实在情况而分别使用

八、类似划分而本质不是划分的方法:有些如下列的方法,本不是划分,而类似划分的,应与划分区别开来

1. 分割(又称分解),即把一物剖为若干部分,如把一支笔拆开为笔尖、笔头、笔盖、笔杆等部分。

这不是划分,因划分的纲与目乃是类与种的关系,而整体和其部分的关系不同于类与种的关系,已见上文,"大学生"是"学生",但"笔尖"不是"笔"。

2. 分部,如思想的排列、布置,写发言提纲、教学提纲等,都不是划分的工作。书的一章是书的一章,而不能说是书,还是部分与整体的关系,不是类与种,划分的纲与目,母项与子项,虽然部分是从整体分出来,但不是依据划分的逻辑原则而分出来的,不可不加以区别。

第九节 分类

一、什么是分类

兹先以一个实例来说明之,譬如图书馆或资料室汇集了许多的书刊手稿,大都杂乱无章,读者难于取用。如果想要利用它们作系统的科学研究,自不能不从整理材料入手,所以就得有整理的方法,使这些材料、这些书刊手稿以类相从,先是辨别其性质的异同,把性质相同或近似的归结到一堆,不同的分别开来,按一定的原则,加以各堆的排列,由小堆按其性质,如语文、历史、经济、政治、化学、物理、心理、教育、哲学等再归结为更大的堆,循次综合,以成为一个系统,然后才算是经过一番整理的材料,读者才方便使用。这可以说是杂乱的零星材料之归类,是由个体到小类,由小类到大类的归类过程。

这种使杂乱的材料归类,是科学研究从而开始的很重要步骤,因为任何科学的研究都是从事物的观察开始的。由观察所得的材料积累为大量的资料,如果没有好好的记述、保存、整理、归类的方法,就不能供科学研究的应用。归类的方法基本上是以逻辑的划分原则为根据的。所以在本节所讲的分类,实际上就是我们所说的归类,就是应用概念划分的逻辑方法来整理材料使成系统的方法。

因之,我们要把概念的划分和材料的归类(或说分类)区分开来。两者不是同一的过程,是两种不同的操作。概念的划分必先有整个概念,因要了解其详细内容,故从它的外延着手,把这概念分析为其反映范围里所包含之各种,种又作为类,再分为种,循序递进,以至于最低种,即不能按这划分的原理再加以划分的种。这种过程是从大类到小类,从上至下,即从最高类到最低种的一种逻辑过程。其操作是以概念为其对象的,不涉及一类所包括的个体。

归类,或说分类,则不然。它不是从一个完整的概念开始,而是从还没有什么一定的概念可以反映的乱杂无纪的零星个体事物开始的,从个别事物,加以分析其性质,比较其异同,分别为各小类,由小类而大类,一直按实践需要所决定的原理到最大的一类,这最大类便包含一切有关的个体事物,构成一个尽量完整的系统,为分类的最后目的,以完成这分类的过程。可见这种操作是从个体到小类,从小类而到大类,递进到更大的类,直至完成其最大的类,涵盖一切有关的材料,是从零到整,从下至上的一种过程,与概念划分的过程可说是相反的。

但是须在这里指出,概念划分和材料分类这两种操作虽是其出发点各有不同,其过程的经过有别,可是,如果分类能按照概念划分的逻辑原理,掌握的材料又比较详尽,其结果便是一个概念的形成,把整个分类的过程来看,就是概念划分过程的倒置,然而这是分类的理想,在实际上不容易达到,但是我们在分类操作中所努力要达到的。

由于分类,有其实际上的困难,一时不能一蹴达到最高的逻辑理想,其实践中采取的形式,有初步分类和高级或科学分类之分,其初步分类是为高级分类作准备的,不是彼此脱离的。兹详言分类的形式如下:

二、分类的形式

1. 初步分类:初步分类大都只根据事物表面上比较容易见到的特征,别其异同,作成类别,例如图书馆的书籍分类,或者按书刊的内容分为种类、部门;或者按作者的姓氏之笔画多少、横直等;或者作者的姓氏是外国拼音的字,则按其字母进行排列;又如字典中的字和词,按编纂所采取的原则,分别条成字典,以便查阅。

这一些的分类都是按事物表面上的同异而定其类别的,其列为同类者,每每是互相联系甚少的,如姓氏之同为八画的"官"与"宗",相互关系极少,而在图书馆作者卡片目录中是摆在很近的地方,甚至同是姓"官"的作者,实际上又何曾有什么联系,只在查图书馆的目录卡片有其一定的方便而已。从这种分类不能作出什么新的有助于科学研究的发现。

比这种分类进一步的初步分类是索引式的分类。索引有详有略。但不管是怎样详细的索引,亦不过是按一定的方法,把材料编成秩序,便于寻找某一对象。例如人民出版社 1955 年出版的恩格斯的《自然辩证法》中译本有人名索引,如要找关于哥白尼的地方,就在十画中找着,但是"哥白尼"是紧接着在"哥伦布"之上的,而哥白尼和哥伦布事实上有什么关联呢?还是这是编索引的方式,是为检查方便起见的。索引式的分类是初步分类,其一书的人名索引和字典辞典无异,但事项索引,虽在一条之下将书中有关同一事件的地方列举在一起,却事项与事项之间的关系和联系不能在索引中很好地表示出来的,例如"正和负"与"生命"编在一起,只因"正"与"生"都是五画的字,而无其他理由。

诊断式的分类与索引式的分类比较又深入些,因它已表示事物某一定的内部联系,不同于图书馆作者卡片和索引只按事物的外表而定其类别。例如病人到医院初诊时,医生分发他到内科、外科、妇科等,是诊断式分类,仍是属于初步的分类。

2. 科学分类是真正按照科学最新的成就,把事物根据其最主要的本质属性分别为种类的,这种分类是企图从而发现事物发生发展的规律与其相互间联系的规律的。例如动植物的分类、化学元素的分类等是科学分类。

各部门的科学有其特殊的分类法与名目,例如现代植物分类所采用的名目,由大至小,有门、纲、目、科、属、组、系、种、类型,而类型之下所包括的就是个别植物,即个体①。

大体上讲,科学研究是以观察对象,分别异同,初步分类的尝试为其起点,研究逐渐深化,对于对象的本质认识和了解愈多,一步一步地更加从整体来观察对象,发现其本质上的联系,作成更科学的分类,例如植物分类的历史过程,从公元前 4 世纪到现在,两千三百多年的悠远岁月中,有过各种不同的分类法,表示出由希腊比较粗糙的植物分类到现在科学的植物分类。这种分类法承受科学知识的进展而逐步演变是我们在研究分类这问题时所亟应注意而学习的②。

科学分类既是根据事物在其本质上的联系,就更有可能根据事物属性之关系来发现事物发生和发展的规律,例如俄国杰出的科学家门捷列夫(1834—1907)的化学元素表是根据元素的原子量递增的顺序排列以发现其排列的规律。按照所发现的这条规律,表中须有若干元素,而当时已知的元素不能填满这表,后来的科学研究就根据它所留下的空白来寻找,结果是新元素的发现正如这表所指示。这就是科学分类的功用之卓越例子③。

三、总上所述,分类在科学实践中的意义是很大的

分类使事物以类相从,纳入有条理有秩序的系统中,相互联系,便于记忆,易于理解。凡散乱无纪、零星片断的东西是难于记忆的,而所谓理解一事物,主要是看出其相互间的联系,故分类的愈接近于科学分类的形式,则其中事物的联系之科学性就愈强,对于它的理解就更容易,因而发现其因果的关系和其发生发展的规律就更有端倪,上面所引用的门捷列夫的元素周期表就充分地说明这点。

---

① 录自金杰里、库德里亚绍夫:《植物学》第三册,傅子祯译,中华书局,1953 年,第 449 页。
② 参看附录二。
③ 参看附录三。

四、但是,虽然如此,分类是有其一定的局限性的

分类多少带有其主观性。把一大堆的客观事物,按人们所观察到的异同而分别排列成为一类一类的东西,是由主观观察的辨别其性质而作出分类来。但是自然和社会的客观事物,虽有其差异性,但也有其同一性,其差异与同一是辩证地统一的,所以如果把我们事物的类别看成是绝对的就错了。何况同样的东西,按人们的实践需要,可以作出来各种不同的分类,如菊花在植物分类中是根据它的某些属性而成为一类,在本草的系统中则根据它的另一些属性而成为一类,又如学校的学生为着教学起见是这样分类,为着政治思想辅导是另外一种分类,从医药保健方面着想又分为正常伙食的学生和保健伙食的学生,等等。

可见这些分类是有其相对性的。类与类之间没有"硬而牢固的界线"。恩格斯教导我们说:"硬而牢固的界线是与进化论不两立的。基至脊椎动物与无脊椎动物之间的界线也不再是固定的了,鱼与两栖类之间的界线也是如此,而鸟与爬虫类之间的界线一天天地愈渐消灭着。"①

第十节 定义

一、什么是定义

这就是定义的定义的问题。

定义是提示概念内涵的逻辑方法。它是把一个概念的内涵提示出来,使之明白确定。在上面已经讲过,内涵乃是一个概念所包含对象之所有本质属性。上面也曾讲过,一个概念有其两方面,内涵与外延。已有专节论划分如何是提示概念外延的逻辑方法。在本节里,我们要说明定义是提示概念的内涵的。想要弄清楚一个概念,以便于了解它、掌握它、使用它,就必须认识它所反映的是哪一类对象,这就是它的外延,同时又须认识这些为概念所指的对象,具有什么本质属性,没有这些本质属性的对

---

① 恩格斯:《辩证法与自然科学》,人民出版社,1954年,第47页。并参看附录四关于植物分类所根据的属性。

象,便不是这概念所反映的,不能列入这对象反映的范围之内的。所以我们说概念的定义是和其划分一样,是明确一个概念所必需的。

二、为什么要下概念的定义

其理由有下面的几种。

1. 讨论时必须严格确定所用概念的意义,确定所用的概念是指会有某些本质属性的对象,如果不含有这些本质属性的对象就不是这个概念所指的。这是同一律所要求的,是正确思维起码的条件。

2. 进行科学研究时,关于所研究的对象必须有明确的规定,这就是要替它下一个确切的定义,使得研究中的注意力不致转移,研究的方向与目标不致模糊。这也是同一律所要求的。

3. 在实践中,一个正确的定义可借以判定是非,也可以作为行为的规范。例如"道"这概念是什么意义呢? 有资产阶级的道德,有无产阶级的道德。资产阶级的道德是从剥削者的利益出发的,无产阶级的道德是从人民大众的利益、从广大劳动人民的利益出发的。我们站在无产阶级的立场,对于资产阶级的道德,正如韩昌黎的老话所说,"道其所道,非吾所谓道也,德其所德,非吾所谓德也"。当然这里我们只是借用韩愈的两句老话,并非采取他《原道篇》的意思。"道德"这概念是有其历史性、阶级性的,不替它下一个明确的定义,常常就产生思想的混乱。我们现在需树立的是共产主义道德的标准,作为我们行为的标准的。

共产主义的道德是什么? 列宁教导我们说,"共产主义道德的基础是为巩固和完成共产主义而斗争"。同样的,在我们祖国的发展现阶段上,在社会主义建设的阶段上,社会主义道德是为巩固和完成社会主义而斗争的行为。明确我们道德的定义。我们就能判别是非,就能以之作为行动的准绳,例如增产节约是否合乎社会主义道德,就应按我们道德的定义来决定,增产节约是有利于巩固和完成我国社会主义的建设的,所以是完全合乎道德的标准的。

上面是谈为什么要下概念的定义。

三、恩格斯关于定义有他的指示

恩格斯在《反杜林论》一书里有一段是谈到"生命"的定义的①。他的结论是:"我们生命的定义自然是非常不够的。……一切定义在科学上都只有极小的价值。如果要对生命作真正详尽的表象,那么我们应该顺次地考察一切从最低到最高的生命表现的形式。可是在日常的应用上,这样的定义(即"生命是有机物的新陈代谢"——引者)是极其便利的,而且有些地方,没有它们就不行;无论如何,假使我们不忘记它们的不可避免的缺点,那么它们是不能为害的。"②

以"生命"这概念的定义而言,承受着科学的发展,人们对于客观事物认识的日益深化,对于事物的本质日益了解,概念的定义必定逐渐变化,如果把科学发展某一阶段的定义固定而全部化起来,便是形而上学的错误,妨碍科学的进展的关于"生命"这一定义如此,关于其他的概念所下的定义亦莫不如此。"原子"这概念在科学中变化了,它的定义亦必须随之而变。定义固然是要确定,但它的确定性是相对的,然而当前是必要的,是同一律所要求的,但事物的相对稳定性是同一律的客观基础,亦即概念的定义的客观基础。

四、怎样下定义

1. 下定义是要把一个概念所反映的对象确定下来。上文讲到划分时是说,划分把概念所指的对象之范围,即其外延寻清楚,在这里所讲的是定义如何把概念所指的对象之本质属性确定下来,即把其内涵确定下来。两种方法都是要把一类对象和其周围相联系的对象区分开来,划清界限。欧洲各国语文"定义"这词都有"确定"的意思,并且是同"决定"这词同一字根的,故中译为"定义"的,又可译为"界说"。

2. 下定义既是要明确概念所有的本质属性和其内涵,而一个概念的内涵所包含的本质属性可能是很少,亦可能是很多。例如"三角形"的本

---

① 恩格斯:《反杜林论》,生活·读书·新知三联书店,1954年,第93—96页。
② 恩格斯:《反杜林论》,生活·读书·新知三联书店,1954年,第96页。重点是引者所加。

质属性不多,所以下它的定义时,说"三角形"是"有三边的几何形"就够了。但是有些概念所反映的对象,其本质属性是繁多的,然而在定义中不必尽数一一列举,例如"人"的本质属性是"物"、"有生命的"、"能移动的"、"有脊椎的"、"哺乳的"、"能制造劳动工具的"、"能运用抽象思维的"等。定义中不必把这一些都列举出来。为简化而明了方便起见。逻辑的定义只举出其最近类和种差,如"人"的定义只说是"哺乳动物"(最近类)"之能制造劳动工具者"(种差)就够了,因"哺乳动物"包含其上面各中间类和最高类的一切本质属性,如"物"、"有生命的"……而"能制造劳动工具的"这种差作为本质属性已包含"能运用抽象思维的"这固有非本质属性,因"能制造劳动工具"便"能运用抽象思维"。

这种下定义的方式是科学上最通常的定义形式,其公式是:

定义＝最近类＋种差,这称为本质的定义。

这种定义的形式是简单明了的,但是主要是求定义之正确,不可为着简化而忽略其正确性。有时一类事物的种差不是一种属性所能穷尽的,如等边三角形之区别于其同位种,只是它的"三边相等"这一种属性,例如民族是大统的一种共同体,其区别于其他人们的共同体的不是单一的一种属性,而是好几种属性,那么,这些属性都必须在定义中列举出来,所以斯大林关于民族的定义是:"民族是历史上形成的一个有共同语言、有共同地域、有共同经济生活以及有表现于共同文化上的共同心理状态的稳定的人们共同体。"这定义中的属性是缺一不可的,缺少了一种属性,则不成其为"民族"的定义。所以下定义须根据对象的性质,不可只求简单。

3. 还有一种在科学上常用的定义形式是,根据事物发生的方式来下定义。

例如几何学关于圆的定义一般是:"圆是一个平面形,为一条称为圆周的线所包含,其中一点称为中心,从而画到圆周的所有直线都是相等的。"①这是圆的本质的定义,其最近类是"平面形",种差是定义的其余部分。

但是圆的定义又可采取下面的形式:

---

① 欧几里几何学定义第十五。

"圆是在平面上的点对一个中心保持相等的距离而周转所形成的曲线形。"

这称为发生的定义。它是说明圆怎样发生的，虽形式上不同于本质的定义，但所产生的圆，其属性都符合于本质的定义所确定的本质属性，没有相出入的地方的。

这种定义形式是能指出通过什么样的过程来产生出具有某一定属性的对象，很适合于数学的需要，尤其是几何学的需要。几何学的作图每每需要这种定义，因为圆的本质定义并不指出圆是怎样作出的，而圆的产生定义就含有这种指示，所以这种产生定义常常就在立体几何学上使用。但是在许多社会科学部门里，这种定义形式是不便于使用的，例如怎样下"学校"、"国家"、"战争贩子"的发生定义呢？

五、下定义的规则

要正确地下定义，首先必须具备概念所属的那门科学的知识，否则无从确定要下定义的概念的最近类和种差，也无从知道某一类事物是怎样发生的。

但是具备了必需的科学知识之后，还要遵守长期实践经验总结出来关于下定义的规则，以免犯逻辑上的错误。

下定义的规则有五，是指下本质的定义而言的：

1. 定义必须揭示定义所指的对象之一切本质属性。这是根据定义是什么，根据定义的定义而定下来的一条规则。上文已有许多例子，可不重复。

2. 定义必须和被下定义的概念对称。例如"等边三角形"不能下定义为"有三边的形"，因为"有三边的形"的外延比"等边三角形"的外延为宽，其原因是遗漏了"等边"这一本质属性，结果就根据内涵与外延成反比例的原则，这定义是太宽了，它所指的对象比"等边三角形"所指的对象多得多了，定义和被下定义的概念就不对称了。

同样地，如果把"等边三角形"下定义为"三边都是五公寸的三角形"，这定义也不对称，因为它所指的对象只是每边长五公寸的三角形，但此外还有许许多多的等边三角形，所以这定义是不正确的。

要保证定义和被下定义的概念对称,最好是用最近类加种差的方法,但须注意(a)所用的最近类的确是这概念在所属的系统中的最近类,即顶头的上位概念,而且种差的确是这概念之所以区分于其同位概念的差别,不多亦不少。

3. 定义不应是循环定义。违反这条规则则有同语反复的错误。违反这条规则的形式是把下定义的概念用在定义里面,例如"剥削阶级是剥削他人的阶级",没有说明什么是剥削。

4. 定义必须用肯定之词,非万不得已,莫用否定之词,否则便是无穷的定义。例如如果说"学生不是在机关里的干部",这并未确定学生是什么。当然否定学生是什么是缩小了他是什么的范围,但是这种无条件的缩小范围是无穷的过程,一万个"不是"都不能确定学生是什么。否定形式只说明某一对象不具有某一属性等,而并不确定它具有什么属性等。定义的任务是要确定概念的意义。不确定就不是下定义。

5. 定义须力求简单确切,必须简单而明了,一切晦涩、冗长比喻之词都是在应该避免之列。

这并不是说比喻、描述等没有作用,例如"人民教师是人类的灵魂工程师"是描述得很确切而有力的,是一个极好的比喻,但这不是一个逻辑定义。

我们也并不说定义必须简短的,须看对象的具体情况,有时科学的定义是复杂的,例如上面所举斯大林关于民族的定义是相当长的,但具体事情需要它那样长,不能更加简化,否则不够确切。再则不能因为某些人对于一条定义不大明了便说它失于晦涩。有些科学定义是需要具备若干科学知识才能明白理解的。某一条定义是否晦涩,有待于其所属的科学部门来决定。

六、类似定义,但不是逻辑定义的形式

1. 释名:字典、辞典中许多"定义"只是对名词的解释,不是定义。从一种文字翻译为另一种文字本质上是文字的解释,不能说是下定义。

2. 求值:数学中常常有求值的操作,例如 $x=x^2-2$,求 x 的值,粗知代数的人都能求出 x 的值是 2,但这不是替 x 下定义。

3. 描写:如寻人的广告:"男子二十五岁,操汉川口音,面上左边有一痣近耳,身长约五市尺……"又如说明某事物的某种特征也不是下定义,例如"我们制造的汽车是成本廉而耐用,兼之美观的。"

4. 比拟:例如"自然界是人类的伟大导师"、"生活是人的终身学校"等。

5. 区别:即一种比较的说法[①]。

[①] 此处缺失韦卓民先生手稿中的第179页,约300字。——编者注

第四章 判断

第一节 判断的本质

一、判断是什么

判断和上章所讲的概念一样,也是一种思维形式,而且可以说是最基本的思维形式,正如乌辛斯基说,"我们所说所想的任何东西一定都有判断的存在"。但是判断和概念有所不同:概念所反映的是一个思想的对象,而判断所反映的是肯定这对象是什么,或者否定它是什么。例如"帝国主义"在思维中是个对象,反映为一个概念,而作为一个概念,在思维中我们对它并没有说什么,只意识到它在思维中的存在,但是,如果我们认识到"帝国主义"是侵略的,我们在思维中就把"帝国主义"和"侵略的"这性质联系起来,形成了一个判断,肯定帝国主义具有侵略性,而这判断的形式便是"帝国主义是侵略的"。如果我们又认识到帝国主义要按其本质是不可能做人民的真正朋友的,就是说"帝国主义"和"人民真正的朋友"是不相容的,我们在思维中便形成"帝国主义不是人民真正的朋友"这一判断,否定帝国主义是人民真正的朋友。可见判断是对某一对象或某一类对象,或某一类的某些对象有所肯定或否定的一种思维形式。这就是说:判断是人的头脑中的一种思维形式,反映某一思想对象是什么(如帝国主义是侵略的),或者不是什么(如帝国主义不是人民真正的朋友)。

这两个例子明显的是对某对象有所肯定或否定,所以明显的是判断的形式。但是如果我们忽然看见一种现象,很着急地喊出来说:"火!"或者有时有一种感觉而叹气说:"好热!"这些都是判断。"火"虽然在表面看来只是代表一单个概念,不成其为一个判断,但是在人们日常生活中每每有一些判断,其形式在语法上和在逻辑上看来是不完备的,然而在实质上它们是判断的思维活动,例如"火!"的意思是说,"那里的东西是起了火","好热!"是说,"这东西很热"。

二、判断的特征

1. 上文已指出,判断和概念一样,同是思维反映客观现实的形式,所属于理性认识的阶段,但是它不同于概念,因它对于某一思维对象有所肯定或否定,由于它是这样,所以它是会有某对象,而又有用来对这对象作肯定或否定的东西,因之我们很容易认为必先有概念而后把至少两个概念联系起来才形成一个判断。可是在思维的活动中,实际上并不一定是这样的。实际上,我们对客观事物认识的起头不是概念的形式,而是判断的形式,不是"桌子"、"农具"、"国家",而是"这是可以放书的"、"那是可用来锄地的"、"这是一种政治的组织",经过多少次的这种判断的作出,最后才有一个概念的形成作为人们对客观事物认识的结晶,所以不能说先有概念而后才能有判断,只在逻辑上我们才把判断分析为组成它的概念,而且组成一个判断的因素,甚至在逻辑分析上,不一定都是概念,例如这是"桌子"这判断中的"这"便不是一个概念。但是判断总是我们认识客观事物开头的一种反映形式,甚至于在感性认识阶段上的知觉都含有判断,如"梨子"是说,"这就是梨子",而不是其他。

2. 判断可能是对的亦可能是错的:这也是判断的一种特征,不同于概念的。当然,概念反映一类事物的本质属性也可能有正确的反映和不正确的反映,但是当一个人说出只是一个概念时,如只说"反侵略战争",我们不能说同意他的说法,因为他说对了,或不同意他的说法,因为他说错了;当他只说"反侵略战争"时,他的话远没有说完,不能说他是说对了或说错了。但如果他说"反侵略战争是正义的",那时,我们便可说:"你说对了,因为事实是这样。"判断才有对与不对。对与错是判断的一种特征。判断是判定某一东西是这样或不是这样。如果判定的是符合客观事物,判断就是对的,否则就是错的。这就是说客观对象,譬如说,这墙原是白的而我判定"这墙是白的",那就对了,如说"这墙不是黑的",而是"墙原不是黑",那也是对的,但墙原是白的,而我判定它不是白的,那就错了。

如何知道判断是否和客观现实相符合呢? 在唯心主义的认识论中,这问题曾引起多少次的争辩,因唯心主义哲学家说,你怎样知道客观事物是怎样的呢? 你关于它所知道的是否又可能有对与不对的,你必须要找出原来的东西作为标准,看你所知道的是否正确。这是无穷的追索,结果必导致不可知论这种偏差。辩证唯物主义是以实践为判断的真实性的标准的。毛主席教导我们说:"要知梨子的滋味,亲自吃一口。"这墙是否是白的,而白与非白有物理学的标准,让大家根据物理学的标准来看一看。根据物理学的标准看一看便是社会实践。

第二节　判断的组成

　　判断是思维活动的一种形式,作出一个判断时,我们必定在思维中反映客观存在的某一对象作为所判断的主体,而判断它是什么时,无论是肯定或否定,都是对它有其陈述。所以在一个判断里,有判断的主体,即所判断的,而又有其陈述,即用来对主体作出判断,说它是什么或不是什么的,这个什么就是判断中的陈述。这是对判断的分析。

　　判断总是有其语言上的表达的。表达判断的语言形式称为命题。一个命题分析为主词和宾词,而又有把主词和宾词联系而成命题的一个词,在逻辑上称为系词。命题分为这三个部分:主词、宾词、系词。

　　判断是思维的一种形式,而表达判断的命题是语言的一种形式。两者是联系着但又不可混为一谈的。判断的主体在命题中表达为其主词,判断的陈述对于判断的主体可能是肯定的形式,亦可能是否定的形式,而在命题中则表述为"是"或"不是","是"与"不是"在题中就是系词,把主词和宾词联系成一个命题的。

　　例如,我们在思想中认识到我国的社会主义建设是突飞猛进的。在思维中反映的对象是客观存在的中华人民共和国社会主义建设的事业,这就是我们的判断,"我国社会主义建设是突飞猛进的"之主体,而在语言中表达为"我国社会主义建设是突飞猛进的"这命题里,"我国社会主义建设"这词便是主词;判断中对于主体有其陈述,所陈述的是"突飞猛进的"这一状态,而在语言中表达为"突飞猛进的"这形容词,在命题中便是宾词;所作的这个判断是肯定"我国社会主义建设"这主体在"突飞猛进的"这种状态之中,两者一致,故肯定它们是联系着的,而在语言形式的命题里,"是"这肯定式的系词便把主词和宾词联系起来。所以我们就有:

思维中的	语言表达的
判断	命题
主体	主词
陈述	宾词
肯定或否定	系词——"是"或"不是"

在逻辑上习惯以 S 来表示命题的主词，S 是拉丁文"主词"(Subjectum)的第一个字母①；以 P 来表示宾词，P 是拉丁文"宾词"(Praedicatum)的第一个字母。

把判断表达为命题时，中文和俄文的系词"是"是可以省略的，如"秋风真凉快"这命题中，其系词"是"省略了，完全写出，应该是"秋风是真凉快的"。但"不是"绝不可省的。中文的"不是"可略为"不"。

命题的公式符号表达为：S—P(S 是 P，或 S 不是 P)。

第三节　判断与句子

1. 上文已讲过，一个判断必须用句子来表达，成为语言形式的一个命题。思维总是要以语言来表达的。思维和语言是不可分割地联系着的。正如概念有名词来表达它。判断必有命题作为它的表达形式，而命题在语法上是一个句子。

2. 但不是所有句子都是命题，所以不是所有句子都表达着判断②。例如命令、请求、愿望等句，如"向前看"、"请把门打开"、"祝你健康"等句不是表达什么判断的句子，不是命题；疑问句，如"课堂里有多少张桌子？"也不是表达判断的命题，不能对之表示同意或不同意的；感叹句，如"真快乐！"也不一定是含有命题的意思。但是也不能以句子的形式是疑问或感

---

① 形式逻辑作为一门科学在欧洲创始于公元前 4 世纪古希腊的亚里斯多德，而亚里斯多德的著作当然是用古典希腊文写的。自公元前 1 世纪起便有希腊文著作翻译为拉丁文。许多逻辑名词是从这时起以拉丁文流行于欧洲，故欧洲各国近二千年习惯于拉丁文的逻辑名词。

② "命题"这逻辑名词是从拉丁文 propositio 这词翻译的。propositio 原是有两部分，其词冠是 pro，"在前"义，其词干是从 ponere 演变的，而 ponere 是"放"的意思，所以"命题"的原意是说，把什么"放在别人(指论敌)面前"，让他同意或不同意，接受或拒绝，不必表示同意或不同意从而接受或拒绝的句子都不是命题。

叹句便决定它没有含着命题的意思而表达着判断。例如"我国的建设不是蒸蒸日上吗?""今天天气多么好!"是含有判断意思的,实质上是命题,让人对它们同意而接受或不同意而拒绝的。"大好河山!""可爱的祖国!""难道这不叫人兴奋吗?"都是判断的表达。

因之,我们不能机械地只看句子的形式而决定它是否表达着判断,确定它是否表达判断的一道命题,必须看它的语气,揣摩它的意思,并要看它的上下文。而且语文中句子的结构所分成语法上的部分是不同于命题在逻辑上所分的因素的。例如这一个句子:"我们深刻地认识了学习苏联的重要性。"从语法上的句子来讲,这句子里有"我们"代名词用作主语,"深刻地"副词,"认识了"动词,"学习苏联的重要性"动宾短语的宾语,但这句子作为一个命题,其表达的判断只有三个因素,即"我们"是命题的主词,亦即判断的主体,和"深刻地认识了学习苏联的重要性"是命题的宾词,亦即判断的陈述;系词省略了。

所以我们看见一个句子,首先要弄清楚它是否表达判断的一道命题,然后分析它的主词和宾词是什么,尤其是在古汉语里这是很重要的。例如"智者不失人"和"智者亦不失言"以"亦"字结合在一起而成的;两句同一主词"智者","不失人"和"不失言"是其分别的宾词,而系词"是"都省略了。又如下面几个例子:

"人的认识主要地依赖于物质的生产活动。"(《实践论》):"人的认识"——主词;"主要地依赖于物质的生产活动"——整个短语是宾词;系词"是"省略了。

"只有人们的社会实践才是人们对于外界认识的真理的标准。"我们须注意句中的"只有"字样。这是排它式句子的标志,是一种复合句的压缩形式,其中有两句压缩在一起,即"人们的社会实践是人们对于外界认识的真理的标准"和"不是人们的社会实践都不是人们对于外界认识的真理的标准"这两句压缩在一起,应该分别地来加以分析。其第一句的命题是肯定的命题,主词是"人们的社会实践",系词是"是";第二句的命题是否定的命题,主词是"不是人们的社会实践的(东西)",系词是"不是";两命题是同一宾词的。

"世上最可笑的是那些'知识里手'"这是表达判断的一道命题。表面上可以说其主词是"世上最可笑的",而宾词是"那些'知识里手'"。但揣摩其语气,我们认为判断的主体是"那些'知识里手'",而宾词是"世上最可笑的"。

这种考虑都是语法上的问题,本不属于形式逻辑的范围,但是思维既和语言密切地联系着,我们在逻辑上每每要把语言表达的是什么东西弄清楚才能解决逻辑的问题。

第四节　判断的种类

判断的种类是把判断作为一类划分而成的。判断可按各种不同的根据而划分,但主要是按"质"、"量"、"关系"、"程度"和"组成"来划分判断。兹分别论列如后。

一、按判断的质而划分:
所谓判断的质,是指判断之为肯定的
或否定的。按质划分判断为肯定判断与否定判断

1. 肯定判断是反映其主体与某一陈述之联系,表达为主词被宾词肯定的一个命题。其形式是:S 是 P。例如"社会主义事业和和平事业的兴隆旺盛正是我们奋发有为的大好时光"(1958 年 2 月 11 日《长江日报》)是一个肯定判断,也是一个复合判断,两个主词结合在一起,"社会主义事业的兴隆旺盛"和"和平事业的兴隆旺盛"结合而压缩为"社会事业和和平事业兴隆旺盛",其宾词是"我们奋发有为的大好时光",而其系词是肯定的"正是",主词表达的主体和宾词表达的属性在客观上是联系的,故以肯定命题来表达判断主体之具有陈述的属性。

2. 否定判断是反映其主体之与某一陈述分离,表达为主词被宾词否定的一个命题。其形式是:S 不是 P。例如"我们这些从旧社会来的科学家们绝大部分不是从'又红又专'出身的"。这是一个否定判断,其系词"不是"是表达判断的主体"我们这些从旧社会来的科学家们绝大部分"和其陈述"从'又红又专'出身的"是分离的,主词表达的主体不具有宾词表达的陈述的那属性。但须注意"不是'又红又专'的科学工作者是不能担当起这个时代的重大任务的"这是一个肯定命题,而不是一个否定命题。

它的系词是"是",把"不是'又红又专'的科学工作者"和"不能担当起这个时代的重大任务的联系起来",说这样的科学工作者是这样的,即是"不能担当起……任务的"。

二、按判断的量而划分判断为全称判断与特称判断

所谓判断的量,是就判断主体概念之外延而言,并不涉及其他,并不管判断陈述的外延。

1. 全称判断的主体是遍及其概念的全部外延的,在表达这判断的命题中,如果是用一个普通名词为其主词,则在这普通名词之上冠以"所有"或"一切"这种字样为其标志以表示这名词是在其遍及意义上使用的。例如"所有中国人民都是热爱和平的",这是一个全称判断,表达这判断的命题中,主词"中国人民"之上有"所有",标志着"中国人民"这名词的使用是指其全部外延,故命题亦称为全称命题。

2. 特称判断的主体只是其概念的外延之一部分,在表达这判断的命题中,作为其主词的普遍名词之上必须冠有"有些"等字样以表示名词表达的概念只在其部分外延的意义上使用。例如"有些学生是共青团团员","几乎所有学生都是对形式逻辑的学习有兴趣的"。前一命题中主词之上冠有"有些"字样,以表示其表达的概念不是在其遍及的意义上使用,不是指所有的"学生",而只指其中某些;后一命题的主词之上有"几乎所有"的字样,也是表示不是指所有学生,而只指某些。

"有些"这字样在形式逻辑中是常见的,其意义是必须确定的。"有些"是指一类中"至少一个",而可能是许多,甚至可达到其类之全部,但还不能确定其为多少,所以只说有些。在逻辑上只能说"有些"是"非没有"的意思,而和"全部"即"所有"并不矛盾的。例如说了"有些学生是兴趣于形式逻辑的学习"之后,而又说"所有学生都兴趣于形式逻辑的学习",这两种说法前后并不矛盾,因"有些"的意思不否定"所有",而只否定"没有"。但"几乎所有"则含有接近于全部而实际上尚不是全部之意思,却不与全部矛盾,然而"只有些"则确定不是全部而是其一部分,与全部的意思是不相容的,不能说了"只有些"而不说"所有"。

上面是说明判断按其量而划分则有全称判断与特称判断之分,全称

判断是指其主体概念之全部外延而言的,特称判断则指其主体概念之一部分外延而言,而这一部分是尚未确定的部分,可大可小,而且是任何一部分,不专指某一部分。全称判断和特称判断表达为命题时,其主词都是一个普通名词,如"学生",而全称判断的命题则其主词之上有"所有"这种字样以表示"学生"中任何一个,特称判断的命题,其主词之上有"有些"这种字样以表示"学生"中一部分的任何一个,但都没有指定某一个。指定某一个对象的名词便是一个专有名。用专有名为命题的主词的所表达的判断乃是以某一特定对象,即某一个体事物为其主体的。思维中不能以概念的形式来反映一个体事物,故以一个体事物为其主体的判断,表达为命题时,其主词便是一个专有名。这种判断称为单称判断。"这张桌子是红的",主词是单一名,判断也是单称判断。

从判断的量这一方面而言,单称判断和全称判断是可以作为同一类的判断来处理的,因为单称判断的主体既是某一特定对象,某一个别事物,判断所涉及的必是这个别事物的整体而不可能是其部分,正如全称判断所涉及的乃其主体概念全部外延在其遍及意义上一样①。

所以按命题主词的性质,则其表达的判断分为:个体判断与普遍判断。

按命题主词所表达的概念是用在其外延全部或其一部分的意义上,则其表达的判断分为:普遍(即全称)判断与特殊(即特称)判断②。

---

① 亚里斯多德关于判断的划分有两种,在其《辞意篇》里面,判断分为普遍的与个体的;以普遍词为主词的判断(按亚氏在其逻辑六篇中并未把判断与命题严格地区分开来,故常谈到判断的主词与宾词,其所用的词亦以同一个词来述说判断的主体和命题的主词——作者)是一个普遍判断(按"普遍"亦即我们今译为"全称"的,其拉丁文同是 universalis——作者),以个体词为主词的判断能是一个个体判断(见《辞意篇》,标准页第 17a 第 37 行至标准页第 17b 第 2 行),而在其《分析论前篇》,则分判断为普遍(即全称),特殊(即特称),与不定,所谓不定判断,因指其表达没有普遍或特殊的标志,如"所有"或"有些",故不能决定其为普遍或特殊,故称不定。判断之划分为普遍的和个体的,是根据其作为表达主体的名词只能应用到一个特定的事物或者是以同一意义来应用到多数同类的事物;其普遍判断判断又划分全称和特称的,按其主词所指的是主体概念的全部外延或外延之一部分(见《分析论前篇》,标准页第 24a 第 18 至 21 行)。有些逻辑家把判断按同一根据而划分为单称、特称和全称三种是不符亚里斯多德的原意的,而且这种划分也是模糊的,其根据是不明确的,未弄清楚是根据主词的性质或主词所表达的概念之外延,故本书作者不采取这种三分法。

② 参看拙著《亚里斯多德逻辑》,科学出版社,1957年,第 65—66 页。

三、结合判断的质与量而成四种判断

1. 全称肯定判断　　所有 S 都是 P　　简称 A
2. 全称否定判断　　所有 S 都不是 P　　简称 E
3. 特称肯定判断　　有些 S 是 P　　简称 I
4. 特称否定判断　　有些 S 不是 P　　简称 O

A、E、I、O 是两个拉丁字 afirmo 与 nego，即"我肯定"与"我否定"的每个字之第一、第二个母音字母。这四个字母用来代表上面四种类型的判断（或命题）是始于欧洲公元 2 世纪，一直到现在沿用了 1800 年，成为了形式逻辑通用的符号，是很方便的，而且是学习形式逻辑的人所必须熟记的[①]。

单称判断只有 A、E，而无 I、O 的形式，这是明显的。

四、按关系划分，即按表达判断的命题之中其主词与宾词之联系有无条件而划分

这种划分的结果有：

(1) 无条件的判断，即直言判断。
(2) 条件判断，而条件判断又有两种形式，即假言判断与选言判断。

故按关系划分，判断有三种：直言判断、假言判断、选言判断。

命题的主词与宾词之联系有无条件是由于判断所反映的主体之具有或不具有其陈述所指的属性是有条件的或无条件的，如有条件，这条件是什么方式的。解释见后文。

直言判断是直截了当以断定语气说出其主体具有或不具有其陈述所指的属性，所以说这种表述是无条件的，是直言的，例如"人民的力量是伟大的"（A 类型），"有些人不了解社会主义革命的重大意义"（I 或 O 类型）[②]。

[①]　A、E、I、O 是从两个拉丁字的字母抽出来，当然不会渊源于亚里斯多德，据法人禅尼的《哲学史》（Paul Janét, Histoire de la philosophie, 1928, p. 573），首先用这四种符号以代表四种类型的判断的是公元 2 世纪的亚布里耶（Apulée, 114—190），见于其 Dogmate Platonis 一书的第三卷。参看拙著《亚里斯多德逻辑》，科学出版社，1957 年，第 66—73 页。这问题涉及判断宾词的量化。

[②]　这里我们说"I 或 O 类型"，因为这命题可能有两种不同的解释：如解释为"有些人是不了解……"，则为 I 类型，因"不"是在宾词里面，而系词是肯定的"是"；如解释为"有些人不是了解……"，则为 O 类型，因"不"是在系词里而成为否定的系词。究竟那种解释是对的，应该看上下文，其结果亦不十分重要的。因如本章下文要说明 I 命题如何是可换质而成 O 命题而不改变其原意。

上面的 A、E、I、O 四种类型的命题(判断)都是直言命题(判断)的例子。

直言判断(命题)的公式:S 是(或不是)P。

假言判断反映其主体之具有或不具有其陈述所持的属性是以某一条件为转移的。

其公式是:如果 A 是 B,则 C 是 D。(1)

这公式可有其他形式:

如果 A 是 B,则 C 不是 D。(2)

如果 A 不是 B,则 C 是 D。(3)

如果 A 不是 B,则 C 不是 D。(4)

在这四种不同的形式中,其"如果"部分皆称为前件,其"则"部分皆称为"后件"。前件与后件皆可能是肯定形式,亦可能是否定形式,两种形式配合便形成上面的四种形式。

假言判断为条件判断,就是因为其后件中的主体 C 具有(肯定形式)或不具有(否定形式)D 这陈述所指的属性,是以 A 是 B(或不是 B)这条件为转移的。例如"如果敌人不投降(A 不是 B),我就消灭他(C 是 D)"。

假言判断的特征:(1)它是两个简单判断联系而成的,其一个判断表述其前件作为条件,如"如果……",其另一个判断表述其后件作为断定,如"则……"。这两个判断是联系着形成一个统一的假言判断的。(2)一般说来,假言判断的前件与后件常常是前因与后果的关系,但是也可能不是前因与后果的关系,例如"月晕而风","石润而雨",月晕不是风的因,石润也不是雨的因,都是气候在某一种情况下的两个结果,其间有联系,却不是因果的关系。

应该注意:(1)假言判断如果要正确,其前件(理由)与后件(推断)的关系必须是客观事物必然联系的正确反映。有时我们说,"如果下雨,我就不上街"。这是假言判断的形式,但是不一定下雨我就不上街? 说了这话之后,纵然下雨,我也可能上街,因为下雨并非我上街的不可克服的障碍,下雨和我不上街实际上没有必然的联系,所以这种不反映客观事物必然联系的所谓假言判断不能作为推理的根据。(2)从逻辑上讲,假言判断,如果 A 是 B,则 C 是 D(亦可是上面其他任何一种形式),并不肯定其前件(A 是 B),亦不肯定其后件(C 是 D),而只肯定两者之间的必然联系,"如果……则……"。以"敌人不投降,我就消灭他"为例:我们并不肯定敌人是不投降,也不肯定我是消灭他,乃是肯定如果他不投降,我就消灭他。

选言判断反映的主体可能有几种陈述的选择,而其条件是只能选择其中之一种,而且必须选择其中之一种;亦可能反映几个主体,其中一个必具有某一陈述所指的属性,而且只能一个主体具有或不具有这属性。

例如"明天不下雨就是刮风";

"或者你,或者我,要担当起这任务"。

其公式是:S 是(或不是)P_1 或 P_2 或 P_3……

S_1 或 S_2 或 S_3 是 P(或不是 P)。

注意事项:(1)究竟 S 是 P_1 或 P_2 或 P_3,明天究竟下雨或刮风,不是选言判断本身所决定。选言判断只肯定 S 不是 P_1 就是 P_2 或 P_3,不是 P_1 又不是 P_2 就是 P_3,如果只有三个选项的话,三者必择其一。(2)选项是互不相容的。选择了一个选项,则必排斥其余的选项;如果 S 是 P_1,则必不是 P_2 或 P_3……(3)不可能在所列举的选项之外另有其他选项。选项之列举是按客观事物的具体情况决定的。(4)选项数目多少是没有限制的,必须按我们对于客观具体情况之认识而决定。但选项愈多,则选择范围愈广,作出最后的决定则愈困难,表示主观的认识愈不够具体,不够准确,所以在认识和研究客观事物时,须一步一步地力求选项的减少,到了只剩下两个选项时,便是有决定性的选择,非此即彼了。

五、按程度划分,即按判断所反映事物联系实在性的程度而划分为盖然(又称或然)判断、实然判断、必然判断

判断的这种区分又称为判断的模态①。

这种划分是根据我们对于客观事物联系的认识之程度深浅到了盖然的阶段,或者到了实然的阶段,或者到了必然的阶段。

盖然判断反映其主体与其陈述的联系或分离是有其可能性的表达为

---

① "模态"是拉丁文 modus 变来的,有时又译为"样式"。

命题时,其系词是附加着"可能"这一类的副词以表示其盖然的模态的,例如"今晚可能下雨"。

盖然判断的公式是:S 可能是 P;S 可能不是 P。

能够这样肯定,虽然是盖然的,也表示对客观事物一定的认识,对其本质和发展已经达到某一定的掌握,某一定的预见程度。"今晚可能下雨"不是随意的猜想,是有一定认识的根据的。

实然判断反映其主体和其陈述的联系或分离之实在性,表达为命题时,其系词不必有什么副词来表示其模态,直截了当说什么是如此或不是如此。这种判断表示人们实际上已认识到某一事物或一类事物,即判断的主体,具有或不具有其陈述所指的属性。例如"现在正在下雨"。

实然判断的公式是:S 是 P;S 不是 P。

必然判断反映其主体与其陈述的联系或分离之必然性,表达为命题时,其系词每每有"必"或"一定"这种副词来表示其模态。这种判断是根据客观事物的本质和发展的规律的一种反映,认识到事物非这样不可的。例如"美国帝国主义对我台湾的侵略必遭失败"。美国帝国主义者现在还继续他在我台湾的侵略,但是根据目前的日益有利于我国的国际形势和人民力量的日益强大,根据侵略行动的规律,美国内部矛盾和经济危机的日益尖锐,可以预见到它在台湾的侵略是必定失败的,毋庸置疑的,正如朝鲜战争初期,我们已经知道美国帝国主义必遭惨败,而以后的事实就证明了,因为我们的预见是根据客观事物的本质与其发展的规律的。现在我们关于美国帝国主义在台湾侵略的结果也是根据客观规律而作出必然性的预见,同样地将为事实所证明,因它是理所必至,事所必然的。我们的预见是以一个必然判断的形式出现。这是理性认识的高度发展。

六、按判断的组成划分,即按判断的主体或陈述是单个或几个而划分为简单判断、复合判断、复杂判断。

简单判断是反映一个主体和一个陈述的联系或分离的判断:如 S—P 这种形式的判断。直言判断的简单形式都是简单判断。上面已有过许多例子。

复合判断反映几个主体和一个陈述,或一个主体和几个陈述的联系或分离。这种判断是几个判断结合在一起。实际上是可以分开的。其形式有:

1. S 是 P_1,P_2,P_3;S 不是 P_1,P_2,P_3。

例如"毛主席是中国人民的伟大领袖,中华人民共和国第一任主席,而又是天才的马克思列宁主义的学者"。这里的一个判断表达为一个命题,其中只有一个主词而有三个宾词,是"S 是 P_1,P_2,P_3"的形式,故是复合的形式。但是可以分解为三个判断而表达为三道命题,即"毛主席是中国人民的伟大领袖","毛主席是中华人民共和国第一任主席"和"毛主席是天才的马克思列宁主义的学者"。

这种命题是合宾命题,把联合的宾词分开与其共同的主词联系,便成为几个单独命题而不改变其意思。其"S 不是 P_1,P_2,P_3"形式的命题也是表达着在形式上结合在一起的几个判断,可按上一个例子的方法把它分为几个单独命题以表达原来几个判断,并不改变其原意。

2. S_1,S_2,S_3 是 P;S_1,S_2,S_3 不是 P。

例如"英、法、荷都是欧洲西方的国家"。

这里的一个判断表达为一个命题,其中有三个主词而有一个分解为三个判断而表达为三道单独的命题,即"英国是欧洲西方的国家"、"法国是欧洲西方的国家"和"荷国是欧洲西方的国家"。

这种命题是连主命题,把连在一起的主词分开与其共同的宾词联系而成几个单独命题,并不改变其原意。其"S_1,S_2,S_3 不是 P"形式的命题也是可以同样的原理。

连主合宾的命题,如"S_1,S_2,S_3 都是 P_1,P_2,P_3",例如"某甲、某乙、某丙都是学生,又是共青团团员,而又是劳动最积极的"。这种命题也可以分开为几道命题,每一道命题表达着一个单独的判断,如"某甲是学生","某甲是共青团团员","某甲是劳动最积极的","某乙是学生"等九道命题表达着九个单独判断,所以这种命题也是复合命题。

复合命题还有其他形式,如上文指出过的排它式的命题,"只有人们的社会实践才是人们对于外界认识的真理的标准"。这命题可以分解为两个独立的命题,因它的形式是:"只有 S 是 P",可分解为"S 是 P"和"不是 S 不是 P"这两个命题,所以也是复合命题,是两个命题结合压缩而成,但可分解为独立命题而不失其原意的。

3. 但是上面各种命题的形式也可能是复杂命题的形式。所谓复杂命题是两个以上的主词和一个宾词结合,或一个主词和两个以上的宾词结合,或两个以上的主词和两个以上的宾词结合;其结合的方式又可各不相同,而不能把所成的命题像复合命题那样分解为独立命题而不失其原意的。例如"某甲、某乙和某丙是同系、同级而又同班",这命题虽可分解为"某甲、某乙、某丙是同系的","某甲、某乙、某丙是同级的"……但不能任意把"某甲"、"某乙"、"某丙"单独地分开而成几个命题不失其原命题的意思。故这种命题不同于复合命题,而是复杂命题。

假言判断和选言判断是表达为假言命题和选言命题,其形式,如前所述,是"如果 A 是 B,则 C 是 D"和"A 是 B 或 C 或 D",都是复杂命题,表达着复杂判断,假言命题是由其前件与后件两个命题构成的,但不能将这两个命题拆开成为独立命题而不失其原来的意思的。选言命题则更复杂,因为"A 或是 B 或是 C"(只取两选项,因选项愈多,则选言命题更复杂)的意思乃是"如果 A 是 B,则 A 不是 C;如果 A 不是 B,则 A 是 C;如果 A 是 C,则 A 不是 B;如果 A 不是 C,则 A 是 B,则 A 是 C"这四个命题结合在一起而成的,而且缺一不可,所以这两个命题不能拆开而不失其原来选言命题的意思的。

这些考虑原本是语言形式的问题,属于语法和修辞学范围的,但如上述,语言和思维紧密联系,每每弄不清楚语言所表达的意思则会导致思维的混乱,所以在逻辑上我们附带地指出判断表达为命题的各种形式,而在判断划分中,说明上面所述判断按其不同的根据而划分为不同的种类。所根据的当然不止判断的量、质、关系、程度(模态)、内部组成等,还有其他划分根据,但可不多赘述。

一个判断按其划分根据可分入各个类中。例如"凡是中国人民都是爱戴毛主席的"这一判断按质是肯定判断,按量是全称判断,按关系是直言判断,按模态是实然判断,按组成是单一判断,按质量结合是属 A 类型。

第五节　命题中名词的周延性

一、命题中的名词就是其主词和宾词

命题的主词和宾词是表达判断的主体和其陈述的。判断的主体和其陈述是反映客观事物，其所指是有一定的，在判断中清楚地表出，但表达在命题中乃是两个名词，其主词如果是一个专有名，则其所指必是这特定事物的整体而不能是其一部分，但如果主词是一个普遍词，则表达的是一个概念，而这主词是表达其概念的全部外延或其一部分，主词之上必冠有"所有"或"有些"这种字样为其标志以表示之。可是命题的宾词没有这种标志，就须看命题所表达的判断之性质以决定这宾词是指其概念的全部外延或其一部分。这就是命题中的名词周延性问题。

二、名词的周延性就是指其所指的是概念的全部外延或其一部分

如果名词是用来指其概念的全部外延，这名词便是周延的，如果只指其概念之一部分，则这名词是未周延的。

例如"所有中国人民都是热爱和平的"这命题中的"中国人民"之上冠有"所有"，一看而知这名词是指概念的全部外延，故是周延的。又如"毛泽东思想是伟大的"，这里主词"毛泽东思想"没有什么量的标志，但按这名词的性质和在这命题里的用法，是指全部毛泽东思想，所以也是周延的，但是在"有些人没有深刻地体会中国革命的统一战线政策"这命题里，"人"这主词在其上面冠有"有些"这个量的标志，因而一望而知"人"这名词在这里是用来指"人"这概念的外延之一部分，所以"人"这名词在这命题中是未周延的。

三、A、E、I、O四种命题中主词和宾词的周延性

1. A型命题：公式是：所有 S 都是 P；写为 SaP。

主词既有"所有"为其量的标志，则主词是周延的，但是宾词 P 没有什么量的标志，就须看命题的性质才能决定它的周延性。兹先举一例来说明。

例如"中国人民解放军是热爱祖国的"。这命题里的宾词是"热爱祖国的"。"热爱祖国的"这概念的外延是大于"中国人民解放军"这概念的外延,因为"中国人民解放军是热爱祖国的"这命题的意思是说"中国人民解放军"是属于"热爱祖国的"的范围,意味着除中国人民解放军之外有别的热爱祖国的人,可见这里的宾词只是指"热爱祖国的"这概念外延之一部分而不是全部,所以这里的宾词 P 在 SaP 中是未周延的。

一般说来,A 型命题的主词总是周延的,其宾词是未周延的。从外延来讲,A 型命题所表达的判断,其主体是包含在其陈述之内,故主体不穷尽其陈述之外延,不占满其所指的范围。

有的逻辑家指出,有的 A 型命题是表达例如定义式的一种判断的,譬如"形式逻辑是关于正确思维初步形式与规律的科学"。在这种定义式命题里,其主词概念的外延是与其宾词概念外延相等的,因为它们是相对称的,在两者之间是可以画一等号的,因之其主词和宾词都是周延的。

这是否一种例外呢?是否 A 型命题的一种特殊情况呢?我们认为不是的。分析起来,定义式这一种命题,其实不是一个单一命题,其性质是表达着一个复合判断的。"形式逻辑是关于正确思维初步形式与规律的科学",其中包含有"关于正确思维初步形式与规律的科学就是形式逻辑"的意思,否则不能称之为定义。从形式上是看不出来这命题是个定义,必须在具体知识上才能决定。具体知识便包含有定义必和被下定义的概念对称的,即它们的外延是相等的,正如亚里斯多德所说,它们是可简单换位的,这是简单从 A 型命题的形式所不能知道,而有待于命题之外的消息的。所以我们认为这一类的命题不是 A 型命题的特殊情况,乃是不同于 A 型命题的。A 型命题的公式是:SaP,即所有 S 都在 P 之内,而定义式的命题之公式应是 S=P,其中会有两道命题,即 SaP 和 PaS,这才是定义和被下定义的概念对称的意思。我们不能把 SaP 和 S=P 这两道公式等同起来,亦不能说 S=P 是 SaP 的一种特殊情况。

2. E 型命题:公式是:所有 S 不是 P(或者没有 S 是 P);SeP。

E 型命题的主词显然是周延的,因其上冠有量的标志所有或没有。例如"所有帝国主义国家都不是爱好和平的",或者说"没有帝国主义国家是爱好和平的",它们是同一命题的不同形式,而且只是不重要的表面上之不同。E型命题的主词和宾词是全部相互排斥的,故主词是在宾词的全部外延之外,所以其宾词也是周延的。所有帝国主义国家都是在整个爱好和平者的范围之外与之毫无相涉。可见E型命题的主词和宾词都是周延的。

3. I型命题:其公式是:有些S是P;SiP。

主词既是指有些,所以在I型命题中是未周延的。按命题的意思,这有些S是在宾词P所指的范围之内,但并不占满P的范围,所以宾词是未周延的。例如"有些学生是共青团员"。其主词既指有些,不是全部学生,所以学生这名词是未周延的,而这些学生虽是在共青团团员之中,但并没有占满共青团团员的整个范围,因为还有其他共青团团员而不是学生,所以宾词,"共青团团员",也未周延。

4. O型命题:其公式是:有些 S 不是P;SoP。

主词是指有些,所以在O型命题中是未周延的;而宾词是周延的,因为以主词所指的那些S而言,它们是完全在P的范围之外的,整个P的外延是和那些S分离的。例如"有些学生不是共青团团员",其主词显然是未周延,而这一些学生是在共青团团员全部范围之外,故宾词,"共青团团员"是周延的。

小结上面分析的结果,可列表如下:

	A	E	I	O
主词	周延	周延	未周延	未周延
宾词	未周延	周延	未周延	周延

换言之,在全称命题中,S周延(单称命题同)

在特殊命题中　　S未周延

在肯定命题中　　P未周延

在否定命题中　　P周延

上面已经指出,有些命题在形式上虽是一个A型命题,但实质上是另一种命题,如定义式的命题是S等于P这一种命题,则其宾词是周延的。有些形式上是I型命题而实质上是含有复合命题的意思的,例如"有些作家是编剧家"这命题,从形式上看,是一个特殊肯定命题,属于I型的，根据I型命题的性质，其宾词是未周延的。但事实上我们知道所有编剧家，毫无例外，都是作家。那么在"有些作家是编剧家"这命题里，有些作家所指的即所有的编剧家，所以这命题的宾词是周延的。这是不同于一般的I型命题的。可是我们知道这命题里的"编剧家"是指所有的编剧家，不是从这命题的本身而知道的，乃是另一方面的消息说："所有编剧家都是作家。"因此我们认为，如果"有些作家是编剧家"的宾词是周延的，这命题不是单纯的I型命题，乃是含有两个命题在内，即"有些作家是编剧家"（SiP）和"所有编剧家都是作家"（PaS），而是一个复合命题。不可和单纯的I型命题混为一类，而说它是在特殊情况的一种I型命题。这种说法是把逻辑的形式太过简单化了。命题的形式(亦即判断的形式)不能尽数包括在 A、E、I、O 这四种简单类型之内。

第六节　判断间的关系

一、判断间的关系之客观基础

正如上章所讲的概念一样，判断也是在人的意识中一定客观事物的反映，但它所反映的与概念所反映的不同，它是反映着客观事物之间的联系或分离的，而联系或分离都是一种关系。关系也是客观现象，故关系亦有其关系，所以反映客观事物的关系之判断亦有其相互的关系。

二、判断间可比较与不可比较的关系

有些关系是密切的，而又有些是疏远的。疏远的关系是不适宜于比较的，这些关系反映为判断间不可比较的关系。当然，所谓不可比较是相对的说法，世界上一切事物都是普遍地联系着，相互制约着，不能说有什么东西和其他的东西毫无关系，绝对没有比较的一方面，但是要看这种比较有无实践意义，我们这里说不可比较的判断是其比较之意义不大的，故不予以比较，并非说绝对的不可比较。

例如"有些学生是共青团团员"和"有些学生不是共青团团员"这两类命题都是表达反映事物间联系与分离比较接近和密切的关系的判断，所

以我们可以拿这两类判断来看，它们有什么有意义的关系，故称为可比较的。

又例如，"北京是一座伟大的城市"和"等边三角形的每一个角都是60度"，这两个判断间的关系很疏远，拿它们来比较没有多大的意义，故称它们为不可比较的。就是说，不是完全没有关系，因为如果把它们作为命题看，它们的主词都是周延的，而两个命题都是肯定的，等等，但是这种比较除在研究命题的类型之外，没有什么意义的。

三、可比较的判断又分为同素材与不同素材的

首先说明素材是什么意思。判断的素材就是判断中主体和陈述两个表达在命题中为其主词和宾词这两个词的本身而不管命题的质与量。例如"有些学生是共青团团员"和"有些学生不是共青团团员"，这两个命题中的学生和共青团团员便是命题的素材。只有素材，如 S—P，尚不成为一个命题，不能表达什么判断，必须有质和量，表出命题是全称或特称，是肯定或否定，才成为一个命题而有其一定的意义，例如 S—P 有质与量之后才是 SoP，即有些 S 不是 P，我们才知道它的意思是什么。S 和 P 是素材的符号。

SeP 和 SiP 这两个命题是同素材的，尽管它们的质量都不同。

可是 SiP 只是素材的符号。可以在不同命题中代表不同的素材。所以素材必须是具体的，即一定的名词，不管它是专有名或类名，又不管它是具体名词或抽象名词。例如"有些学生是共青团团员"和"有些学生不是共青团团员"，这两个命题有相同的素材，"学生"和"共青团团员"，为其主词和宾词的材料，故称为同素材的命题。

如果命题的主词和宾词这两个词的素材有一个是不同的，则命题便是不同素材的。例如"鲁迅先生是阿Q正传的作者"和"鲁迅先生是'又专又红'的文艺工作者"，是不同素材的两个命题，因为其主词的素材虽同，但其宾词的素材是不同的，"中国人民是热爱和平的"和"苏联人民是热爱和平的"也是不同素材的命题，因它们的宾词虽同素材，但主词的素材是不同的。"北京是我们政治的中心"和"武汉市是全国交通的中心"这两个命题更是不同素材的。因其主宾词的素材都是不同的。

四、同素材的命题之间的关系在形式逻辑中一向是以"逻辑正方形"来揭示的①

这种关系又称为对当关系。逻辑正方形和其说明如下：

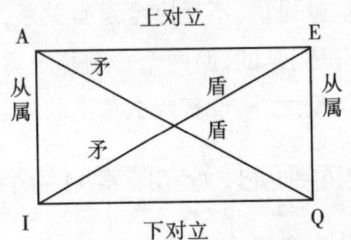

逻辑正方形的形成：逻辑正方形是以 A、E、I、O 这四种同素材的命题类型而形成的。通常是把 A 放在正方形左边的上角，E 放在右边的上角，I 放在左边的下角，O 放在右边的下角，并把两对角线作出。这就是逻辑正方形。

逻辑正方形所表示的四种命题对当关系。

(1) A 与 E 的关系称为上对关系。

(2) A 与 I 和 E 与 O 的关系称为从属(又称差等)关系。

A 是 I 的上位命题，I 是 A 的下位命题；E 是 O 的上位命题，O 是 E 的下位命题。上位与下位命题的关系是全体与部分的关系，但不一定是类与种的关系，因为"所有的人"不是"有些人"的类。

(3) A 与 O 和 E 与 I 的关系称为矛盾关系。

注意：对立关系和矛盾关系在判断中和概念中是一样的区别，即 A 与 E 之间有第三者之可能，如"所有学生都学习形式逻辑"和"没有学生学习形式逻辑"都不是真的，只有"有些学生学习形式逻辑"才是真的。

A 与 E 只是不相容的关系，但 A 与 O 和 E 与 I 之间不但是不相容而且是无第三者之可能，故为矛盾关系。

(4) I 与 O 的关系称为下对立关系。

注意：下对立和上对立之为对立有不同的意思，应留意上对立的 A

---

① "逻辑正方形"在亚里斯多德的逻辑六篇中便已形成其崖略了。但后人才予以明确地公式化。

真则 E 必假,因它们是不相容的,但下对立的 I 真则 O 只是不定,而不能决定其必假,故不是不相容,但 I 假则 O 必真,O 假则 I 必真,而从假推到真不是不相容关系的表现。

兹分别考察这四种对当关系如下:

试以具体例子来帮助我们的考察。以符号来解释是方便的,但是如果初学逻辑的人觉得符号太过抽象,可以考虑下面的具体例子,则理解比较容易。可是总要锻炼自己使习惯于使用符号。具体例子只能帮助我们的认识,如果不把它分析而提到一般的理论水平上去是不能说明原理的,因每一个具体例子都有其确定性,故有局限性,则靠具体例子来说明原理,每每犯以偏概全的错误。

A——SaP:所有高等学校的学生都学习形式逻辑。

E——Sep:没有高等学校的学生学习形式逻辑。

I——SiP:有些高等学校的学生学习形式逻辑。

O——SoP:有些高等学校的学生不学习形式逻辑。

1. A 与 E 是上对立关系。

(1)A 真,则 E 必假。(如果)"所有……都学……"是真,则"没有……学……"必假。

E 真,则 A 必假。(如果)"没有……学……"是真,则"所有……都学……"必假。

所以两个上对命题不能同时真:一个真,则其他一个必假。

(2)但 A 假,不能从而知 E 的真或假。"所有……都学……"是假的,可能"没有……学……"也是假的,因事实上只"有些……学……"但不是都学,却不是"没有……学"。然而不能因 A 假便说 i 必真,故说 i 是不定。

E 假不能从而知 A 真,其理由也是一样。

所以两个上对立的命题可能同时是假的,不能从一个的假而知其他之真或假,其他一个是未定的,可真可假的。

2. A 与 I,E 与 O 是从属(差等)关系。

A 对于 I 是上位命题,而 I 对于 A 是下位命题。

E 对于 O 是上位命题,而 O 对于 E 是下位命题。

(1)如果上位命题 A 或 E 是真[所有……都(或都不)学……]是真,则其下位命题 I 或 O[有些……学(或不学)……]必真,因为全体(所有)即真(即遍及义而不是集体义的全体),则其部分是真……全体每一个不是,则部分每一个亦必不是。

注意:中国人民的力量是战无不胜,攻无不克的,这里"中国人民的力量"是集体义的"中国人民",而不是遍及义的"中国人民";但"中国人民都爱戴毛主席和拥护共产党的"里面的"中国人民"是遍及义的,故从前者去命题之真不能说任何一个中国人民的力量都是战无不胜,攻无不克的,但从后者之一命题之真就可知每一个中国人民都是爱戴毛主席必拥护共产党的。

(2)但如果上位命题 A 或 E 是假,不能因而便知道它的下位命题 I 或 O 之假或真;它可以是假,但亦可能是真,它是不定的,因为虽然不是"所有……都学(或不学)……",但可能"有些……学……",所以 I 是真,又可能"……都不学……",所以 I 是假,因之如果 A 假,则 I 不定,即可真可假,而尚未定。

据上理由,E 假,则 O 亦不定。

所以从上位命题的真可知其下位命题亦必真,但从上位命题的假,不能知其下位命题的真或假,它是未定的,可真可假的。

(3)如果下位命题 I 或 O 是真,即"有些……学(或不学)……"是事实,不能因而知道其上位 A 或 E"所有……都学(或不学)……"是真,因为固然"有些……学(或不学)……"但也许只是有些而不是全体,却亦可能是全体,而尚不知道,故称不定。

注意:特称判断(命题)所用的"有些",正如上述,是在逻辑上表示一类对象中某一些有所陈述,而关于此外的其余的同类对象没有肯定什么,也没有否定什么,例如说"有些……学习……",就是说,我们知道而能肯定的是"有些",其为多少尚不确定,但学习形式逻辑的学生是存在的,至于这一些之外,并未涉及,所以有些不排斥全部,然而尚不知是否全部。

如果"有些"用成"只有些"的意思,则这命题是表达着一个复合的判断,即两个判断压缩在一个命题里面,其两个判断是:"有些……是……"和"有些……不是……"(SiP 和 SoP)。

通常在形式逻辑上,"有些"是作第一种的解释。逻辑正方形的 I 和 O 之"有些"是第一种意义,是说"有些"而不是说"只有些",所以 I(或 O)不排斥 A(或 E),因之 I 真而 A 不定,可真亦可假,O 真,E 亦不定,可真可假。

(4) 如果下位命题 I(或 O)是假,则其上位命题 A(或 E)必假,因"有些"尚不是,何况全部?

可见由下位命题的真,不能因而知道其上位命题的真或假,它是不定的;但由下位命题的假,可以断定其上位命题之必假。

3. A 与 O,E 与 I 是矛盾关系。

两个矛盾命题不能同时真,亦不能同时假,其中必有一个是真的,因而其他一个必是假的,但事实上哪一个是真,根据实际情况而决定,不是形式逻辑的问题。

如果 A 真,则 O 必假。

如果 E 真,则 I 必假。

如果 A 假,则 O 必真。

如果 E 假,则 I 必真。

如果 I 真,则 E 必假。

如果 O 真,则 A 必假。

如果 I 假,则 E 必真。

如果 O 假,则 A 必真。

矛盾命题是以排中律为原则的——不容许第三者之可能。

4. I 与 O 是下对立关系。

它们的关系,最容易是通过矛盾关系而看出。

如果 I 真,则与之矛盾的 E 必假,而 E 假,则 O 不定。

如果 I 假,则与之矛盾的 E 必真,而 E 真,则 O 必真。

如果 O 真,则与之矛盾的 A 必假,而 A 假,则 I 不定。

如果 O 假,则与之矛盾的 A 必真,而 A 真,则 I 必真。

所以从一个下对立命题之真,不能推知其他一个的真或假,它是不定的;但从一个下对立命题之假,可以知道其他一个必真,因为如果"有些……学……"是假的,则"有些……不学……"一定是真的,但如果"有些……不学……"是真的,不能反过来说,可以从而知道"有些……学……"是真或假,故为不定。

我们要注意:从 I 的假可以知道 O 必真,但不能反过来说,从 O 的真便可知道 I 的假。

可见两个下对立命题不能同时假,其一是假,则其他必真,但它们不是存在矛盾的关系,因为其一是真,则其他是不定的,而不能从而确定它是假的。

由此可见,下对立关系既不同于矛盾关系,又不同于不相容关系。它们不是不相容,因其一是真,不能因而排斥其他,说它必假,它是不定,可能是真,亦可能是假。

为了一目了然起见,可作下表以表示 A、E、I、O 四种命题相互的关系。表中以√符号来代表真,以×符号来代表假,以?这符号来代表不定,即可真可假。

	A	E	I	O
A	√	√	×	√	×
	×	×	?	?	√
E	√	×	√	×	√
	×	?	×	√	?
I	√	?	×	√	?
	×	×	√	×	√
O	√	×	?	?	√
	×	√	×	√	×

由上表可以见到:

(1)由全称命题的肯定(真)可以得出其他三种命题的肯定(真)或否定(假),都是确定的。

(2)由全称命题的否定(假)只能得出其矛盾命题的肯定(真),其余两种命题尚不定。

(3)由特称命题的肯定(真)只能得出其矛盾命题的否定(假),其余两种命题尚不定。

(4)由特称命题的否定(假)可以得出其他三种命题的肯定(真)或否

定(假),都是确定的。

并且由此可见,肯定一个全称命题,或否定一个特殊命题,比较难而意义大,但否定一个全称命题或肯定一个特称命题则比较易而效果小。

单称判断(命题)间的关系:上面在逻辑正方形上的命题都是全称命题和特称命题,用来作主词的都是普通名词,即类词,所以在考虑同素材的命题时,我们还要补充地来考虑一下单称命题之间的关系。

如上文所述,单称命题的主词是一个专有名,或只是指某一特定事物的名词,如"这一个人"、"我正在读的一本杂志"等。单称命题表达以某一特定事物为其主体的判断。

从量来看,单称命题是可同全称命题一样来对待的,因它的主词所指的对象是整个反映在思维之中作为其思想对象,正如全称命题的主词是表达其判断主体的全部外延一样。因为单称命题不能有量的分别,所以它只有和 A 与 E 相应的形式而不能有和 I 与 O 相适应的形式。因之单称命题的对立关系亦即其矛盾关系,如果它们是同素材的话。例如,"北京是一座伟大而美丽的城市"和"北京不是伟大而美丽的城市",在形式上是 A 和 E,其关系是不相容的,但是因为这两命题是同素材的,其区别只是"是"与"不是"之间,而"是"与"不是"之间没有第三种可能,故为矛盾关系,二者必居其一的。可是,"某一高等学校有十个系"和"某一高等学校有十一个系"是不同素材的两个命题,但同其主词,即"某一高等学校"这单称名词,故为两个单称命题,它们存在的不是矛盾关系,而是不相容的同位关系,因为是"有十个系",则不能是"有十一个系",但不是"有十个系",则不一定是"有十一个系",可能是"有其他数目的系",因之它们只是不相容的同位关系①。

如果两个单称命题,其主词是同一个单称名词,而其宾词不同,是为不同素材的命题,则其关系就要看这两个不同宾词彼此间的关系。如果这两个宾词是同义词,则这两个命题便是同一关系,如果这两个宾词是相互矛盾的词,则这两个命题便是矛盾关系,如果这两个词是相容的,则这两个命题是相容的,如果这两个词是不相容的,则这两个命题是不相容

---

① 原因是"有十个系"和"有十一个系"是不相容的两个同位词。

的。可是在同一关系和矛盾关系情况下,这两个命题的值必须是相同的,但是在相容和不相容的情况下,这两个命题的值可能是不相同的,须看两个命题的意义是相容或不相容,可见同一单称主词的两个不同素材的命题,其彼此间的关系须看其具体的意义而定,不能像同素材的命题之关系问题那样简单的。

五、不同素材的命题之间的关系

从上面关于不同素材的单称命题之间的关系的考虑,我们已经体会到不同素材的命题之间的关系不能像同素材命题的关系那样简单地予以公式化,必须看两命题的具体意义而后决定其彼此间的关系。下面说明这问题的重要几点以备参考:

(1)不同素材的两个同一关系命题是两个命题,其主词或宾词是相同的名词,而其他一个名词是同义词,或者两个主词是同义词而两个宾词又是同义词,同时这两个命题的质(肯定或否定)是相同而量又是相同的。例如,"我们要努力于掌握唯一正确的世界观"和"我们努力于掌握马克思列宁主义的世界观"是同一的命题,因其主词相同而宾词是同义词,同时它们的质与量又是相同的。

(2)不同一关系的不同素材命题是两个反映不相同的事物联系的判断之表达,例如"花是香的"和"花是美丽的"是两个命题,表达着不同事物的联系,其中一个所表达的是"花"和"香"的联系,另一个所表达的是"花"和"美丽"的联系,这两个联系是不同事物的联系。

不同素材命题的不同一关系又分为相容的关系和不相容的关系。

(1)相容关系的不同素材两个命题,其主词、宾词或系词不是完全相同,其中又可能没有同义词作其两个主词或宾词,但一个命题之真并不排斥其他一个命题之真。例如"花是香的"和"花是美丽的"是相容的,"社会主义建设事业是令人兴奋的"和"困难不是无法克服的"这两个命题也是相容的。

相容关系在不同素材命题来说,也可分为从属关系和平列关系。

不同素材从属关系的两个命题,其中一个之真包含着其他一个之真。例如"我国所有师范学院的学生都是准备去做人民教师的",如果这命题是真,则"某一师范学院的学生都是准备去做人民教师的"也必定真,而且是从属于第一个命题,因其真实性是包含在第一个命题的真实性之中为其一部分。

平列关系的不同素材两个命题,其中一个命题之真不排斥其他一个命题之真,但不包含在其他命题的真实性里面。例如上面所举相容关系的两个不同素材的例子都是属于这一类。

这种平列关系的命题不互相排斥,故是相容的,但不同于逻辑正方形上的下对立命题,即 I 与 O 的关系。其原因是:平列命题之中,其一之真不排斥其他的真,如 I 与 O 一样。但不决定其真或假,这也是和 I 与 O 一样,但是 I 与 O 之中如果其一个命题是假,则其他一个必真,因为通过第一个命题的矛盾命题可推知这矛盾命题的下位命题的性质,知道它是真的,可是两个平列命题之间则不能由于一个命题之假就确知其他一个命题之真。例如"花是香的"和"花是美丽的"是平列命题,如果"花是香的"亦不排斥"花是美丽的",但如果"花不是香的"即"花是香的"是假的话,不能从而推知"花是美丽的"。

(2) 不相容的关系两个不同素材的命题是不能同时真的两个命题,一个之真排斥其他一个之真,但可能同时是假的,因为一个之假不能从而就知道其他一个是假,这其他一个是可真可假的。例如"所有花都是红的"和"所有花都是白的"是两个不相容的不同素材命题。这两个命题显然是不能同等真,因其一如果是真,则其他必是假,但可能同时是假的,因为可能(事实上亦是如此)只有些花是红的,"有些花是白的"、"所有花都是红的"和"所有花都是白"之同时假,也可能在某一场合上"所有花都是黄的",所以这两个命题是有第三者(即中间)之可能的,但尚不能说它是和逻辑正方形的 A 与 E 那样的上对立关系,因为"红"与"白"不是对立的两个词,"所有教师都是老年人"和"所有教师都是青年人"这两个命题可以说是不同素材对立关系的命题,因为以教师而言,"老年人"和"青年人"是在年龄上差别最大的,是在教师年龄之两极端。而"所有花是红的"和"所有花是白的"只说是同位关系而互相排斥的命题。

不相容关系的不同素材两个命题也可能是互相矛盾的,即它们既不能同时真,亦不能同时假,二者必居其一,没有第三者之可能。例如"台湾是我国的领土"和"台湾不应由我们去解放"这两个是不同素材的矛盾关系命题。如果敌人承认"台湾是我国的领土",而且历史证明"台湾确是我们的领土",任何人不能不承认,那么就没有人敢说"我们不应该去解放台湾";如果台湾的解放是我们的责任,因为它是我国的领土,那么就不能说,"台湾不应由我们去解放"。假使硬要说"台湾不应由我们去解放"而又承认"台湾是我国的领土"就是自相矛盾的。这种立场是不攻自破的。

以上是判断间的关系,而是从表达判断的命题方面进行分析的[①]。

第七节　判断的变形[②]

一、什么是判断的变形

判断的变形乃是根据原来一个判断的意思引申出与之主体或陈述不同或主体与陈述不同的另一判断的一种逻辑方法,例如从所有旧知识分子都是应该改造的这一判断按其性质便可引申出有些应该改造的人是旧知识分子和其他的判断。

二、为什么要考虑判断的变形

研究判断的变形有什么实践的意义？我们在形式逻辑上不但要明确一个判断的意思,像我们在本章上面各节所要达到的目的那样,甚至在上一节研究判断间的关系,也只是试图把一个判断和其有关系的判断分析开来,以明了它的性质。同时更深刻地来理解某一个判断的意义,我们还要知道除这判断在表面上所表达出来的意思之外,还涉及其他什么东西;除它所表达出来的消息之外,我们可以根据它获得什么其他的消息。譬如我们知道,"所有平时努力学习的学生都是考试考查及格的",这判断是符合客观事物,是我们确知为真的,我们也许要从而知道,平时不努力学习的同学是否还能考试考查及格的呢？以符号来表示:如果 SaP 是真,我

---

① 兹表列判断间的关系,见附录五。
② "变形"是一个逻辑名词的翻译,其拉丁文是 transformatio,直译应是"变形",但也有译为"变换"的。

们要知道根据这判断,我们以 P 为陈述,对于非 S 能说一些什么话? 我们也许会知道根据明知是真的判断,对于 P 能以 S 为陈述能说一些什么的话? 就是说,"考试考查及格的是否都是平时努力学习的呢?"能否说 PoS 呢? 是否不及格的学生都是平时不努力学习的呢? 就是说,$\overline{P}_a\overline{S}$是否也真呢? 这里$\overline{P}$是"非 P"的符号,$\overline{S}$是"非 S"的符号,所提出的问题都是由判断的变形而解答的,这就是研究判断变形的意义。

三、判断变形的诸形式与其变形的方法: 我们只考虑直言判断的变形

一个直言判断表达为一个直言命题,其公式是 S—P。在直言命题里,其主词是 S,宾词是 P,这是上节所谓的素材,用以构成一个命题的,但尚没有命题的质与量之表示。S 与 P 只是两个名词。

S 和 P 这两个名词都有其矛盾名词,即"非 S",写为$\overline{S}$,"非 P",写为$\overline{P}$。如果 S 是代表"平时努力学习的学生",则$\overline{S}$代表"平时不努力学习的学生",如果 P 代表"考试考查及格的",则$\overline{P}$代表"考试考查不及格的"。

一个直言命题的两个名词,即 S 和 P,连同它们的矛盾词$\overline{S}$和$\overline{P}$,一共四个名词,都可以用为命题的主词,而同时又可用为命题的宾词。如果以 S、$\overline{S}$、P、$\overline{P}$之一为主词,要以其中之一为宾词,所构成的命题,有些是自相矛盾或同语反的,如 S—S,S—$\overline{S}$,$\overline{S}$—S,$\overline{S}$—$\overline{S}$,P—P,$\overline{P}$—$\overline{P}$ 等,所以其中之一为主词只能以其他两个为宾词,而不致同语反义或自相矛盾,则有下面八种命题之可能:

命题的形式	变形中的名称
(1) S—P	原命题
(2) S—$\overline{P}$	换　质
(3) P—S	换　位
(4) P—$\overline{S}$	换位的换质
(5) $\overline{P}$—S	质位并换(对置)
(6) $\overline{P}$—$\overline{S}$	质位并换的换质(全对置)
(7) $\overline{S}$—P	戾　换
(8) $\overline{S}$—$\overline{P}$	戾换的换质(全戾换)

上八项除原命题 S—P 之外,还有七项是由原命题以变形的方法引申出来,或者说,变换出来的,这七项都是变形的形式。

这七项命题的质与量是什么才是正确的变形,必须根据原命题的质与量而推出,于是就有各种变形的规则和步骤,这就是条件变形的方法。

这七种变形的形式主要的两种,即(2)换质和(3)换位。这两种是基本的变形,其余各种都是由这两种产生的,兹分述之如下:

1. 换质:即上表的第(2)项,由 S—P 换为 S—$\overline{P}$。

说明:命题的换质是(a)主词不变,而(b)命题的质变,即由肯定变为否定,或由否定变为肯定,(c)但命题之量不变方法。

方法:(1)把原命题的宾词换成它的矛盾词,即 P 换成 $\overline{P}$。(2)原命题由肯定变为否定,或否定变为肯定(即"是"变为"不是","不是"变为"是")。(3)命题的其余部分皆不变。

例如 SaP 变为 Se$\overline{P}$,SeP 变为 Sa$\overline{P}$,SiP 变为 So$\overline{P}$,SoP 变为 Si$\overline{P}$。

换质后的新命题和原命题的是完全一样的,只有形式上的变换。其根据是两否定成一肯定的原则。

例如"唯心主义哲学不是科学的世界观"(SeP)。这命题的 S 是"唯心主义哲学",P 是"科学的世界观"。命题的质是否定,其量是全称。换质就由 SeP 变成 Sa$\overline{P}$,而 $\overline{P}$ 是"非科学的世界观",所以换质后的新命题"唯心主义哲学是非科学的世界观"(Sa$\overline{P}$)。

其余三种类型的命题都可换质,方法仿此。

2. 换位:命题的换位即上表的(3)项,由 SiP 换为 PiS。

说明:换位是变换一个命题使之成为一个以原命题的主词和宾词互相替换的一个新命题的方法。

方法:换位是(a)把原命题的主词和宾词互换位置,(b)但不变其质,而(c)名词在原命题未周延的不得在换位后的新命题中周延,但在原命题周延的名词可能在新命题中不同延。A、E、I、O 四种类型的命题之换位须分别考虑如下:E 和 I 命题的换位是简单的,只把命题的主词和宾词的位置颠倒过来,而不变质与量。

SeP→PeS,SiP→PiS。

例如,"人非木石"换位为"木石非人";"有些欧洲的国家是帝国主义国家"换位为"有些帝国主义国家是欧洲的国家"。但 A 型命题的换位则不能用简单的方法,因为 A 型命题的宾词是未周延的,如果把 SaP 简单地主词和宾词互换而成 PaS,则在换位后的主词 P(原宾词)便周延了,这是逻辑所禁止的,因为原来只知道 P 的一部分(在 A 命题的 P 只是指其外延之一部分),而在 PaS 中 P 是指其全部外延,这是无根据的,违背了充足理由律,故是错误的。要正确地把 SaP 来换位,只得把它换成 PiS。

这称为限量换位,即换位后新命题的量限小了,由原来的一个全称命题换成一个特称命题,而 S 的周延变为不周延。这是不违反换位的方法的,因方法说在原命题未周延的名词换位后不得在新命题中变为周延,但已周延的名词在换位后可以不周延;推断不得超出理由的范围,但是可以不尽用其理由,不耗尽其根据,譬如有五百元的人不应用过五百元,但是可以用到比五百元更少的数,如三百元。换位后的命题是完全新的一个命题,其主词和宾词都改变了,但是这崭新的命题是根据原命题推出来的。

O 型命题不能换位,因换位不改变命题的质,如果 SoP 换位变成 PoS,则在原命题未周延的 S 在换位后便周延,这是违反换位的规定的。

注意:A 型命题换位是限量的,如上述,即 SaP 换位为 P—S。但是有些形式上是 A 型命题,而其实质是表达一种复合的判断,例如上面讲过的定义式判断,则其主体与陈述本是对称的,故其命题的宾词和其主词的范围是一样的,所以宾词和主词一样是周延的,则换位时,SaP 变为 PaS,例如"三角形是有三边的形"换位变为"有三边的形是三角形"。有些 I 型命题,其实质也不同于一般的 I 型命题,因为其宾词原是周延的,如上文所举的"有些作家是编剧家",我们从命题的消息以外知道这里"编剧家"是指"所有的编剧家",所以换位时,这形式上是 I 型命题可以变成 PaS。"有些教育工作者是教师"也是属于这一类的命题,换位时由 SiP 变为 PaS。这是符合换位的规定,亦即符合充足理由律的。

3.换位的换质:这是上表的(4)项。上文曾说过,变形的是基本形式是换质与换位,其余各项都是根据这两种方法而成的。换位的换质不过是把换位后的新命题再换质,其形式是:S—P→P—S(换位)→P—(换质)。

例如"所有资本家都是剥削的"(A)换位而为"有些剥削的人是资本

家"再换质而为"有些剥削的人不是非资本家"。

凡能换位的命题都可以有换位的换质,因凡命题都可换质的。

$$
\begin{array}{ccc}
(\text{换位}) & (\text{换质}) \\
\text{SaP} \rightarrow & \text{PiS} \rightarrow & \text{Po}\overline{\text{S}} \\
\text{SeP} \rightarrow & \text{PeS} \rightarrow & \text{Pa}\overline{\text{S}} \\
\text{SiP} \rightarrow & \text{PiS} \rightarrow & \text{Po}\overline{\text{S}}
\end{array}
$$

4. 质位并换又称对置①,即上表的(5)项,由 S—P 换为 $\overline{P}$—S。

说明:质位并换是以原命题宾词的矛盾词为新命题的主词的一种命题变形的方法。

方法:(a)先将原命题换质以得 $\overline{P}$,然后(b)将新命题换位,其结果便是原命题宾词的矛盾词($\overline{P}$)成为新命题的主词,即 $\overline{P}$—S,上表的(5)项。

注意:先换质,然后将新命题换位,是质位并换的正确步骤,切勿先换位再换质。后者是换位的换质,上表的(4)项,而前者是(5)项。两者是不同的方法,得到不同的结果,不得混同。

质位并换是要解答这样的一种问题的:如果我们知道"所有努力学习政治理论的人都能提高其政治思想水平的",我们想要知道根据这个命题,关于不能提高其政治思想水平的人对于"努力学习政治理论"是怎样的。一般来说,既知道 S—P,我们关于 $\overline{P}$ 能说的是什么?质位并换是要解答这种问题的。

A、E、I、O 四种类型的命题,其质位并换的过程如后:

A:SaP 换质为 Se$\overline{P}$,再换位为 $\overline{P}$eS。

E:SeP 换质为 Sa$\overline{P}$,再换位为 $\overline{P}$iS。

I:SiP 换质为 So$\overline{P}$,而 O 无换位,故 I 无质位并换。

O:SoP 换质为 Si$\overline{P}$,再换位为 $\overline{P}$iS。

5. 质位并换后亦可得所得的新命题,如上面的 $\overline{P}$eS 等再换质,这便是上表的(6)项,称为质位并换的换质,又称全质位并换,或全对置。

SaP 质位并换为 $\overline{P}$eS,质位并换之换质为 $\overline{P}$a$\overline{S}$。

---

① 拉丁文原是 contrapositio,直译为"对置",意译为"质位并换"。

SeP 质位并换为 $\overline{P}$iS,质位并换之换质为 $\overline{P}$o$\overline{S}$。

SoP 质位并换为 $\overline{P}$iS,质位并换之换质为 $\overline{P}$o$\overline{S}$。

6. 戾换:戾换①是以原命题主词的矛盾词为新命题的主词的一种命题变形的方法,即上表的(7)项,由 S—P 换为 $\overline{S}$—P 的形式。

说明:原命题的主词是 S,而戾换是要变形而得出一个以 S 的矛盾词为其新命题的主词。这种变形的意义就是原命题既已对于 S 说有一些什么,我们想要知道根据这命题能够对于 $\overline{S}$ 说些什么。例如我们已肯定,"所有努力学习政治理论的人都能提高其政治思想水平",那么,对于"不努力学习政治理论的人",我们从形式逻辑来讲,根据原已肯定的命题能否推知出什么呢?他们能否提高其政治思想水平呢?

那就说要从 S—P 推出 $\overline{S}$—P。

方法:其方法比较复杂,兹以符号形式说明其步骤如下:

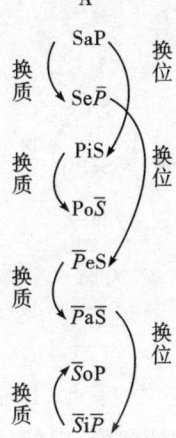

A 型命题有 7 种变形的形式如上图,其戾换是先得出第 8 种的戾换形式,称全戾换,其步骤是(a)先将原命题换质而得 Se$\overline{P}$,(b)换位而得 $\overline{P}$eS,(c)再换质而得 $\overline{P}$a$\overline{P}$,(d)再换位便得全戾换的 $\overline{S}$i$\overline{P}$。戾换是从全戾换换质而来的。

注意:我们要得出以 $\overline{S}$ 为主词的命题,而上图中 $\overline{S}$ 首先出现于 $\overline{P}$o$\overline{S}$,但这命题是 O,不能换位,只得把第 5 个命题换质而得 $\overline{P}$a$\overline{S}$,再换

——————
① 戾换是拉丁文 inversio 之译,inversio 这名词是从拉丁文动词 inversum 而来,意即"反转",即从相反的方向而转变。

位便是 $\overline{S}i\overline{P}$。

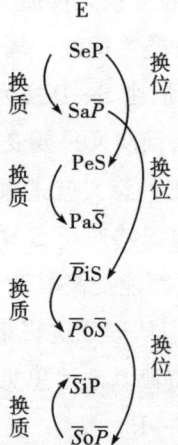

E 型命题有 7 种变形的形式如上图。其戾换也有 4 个步骤,如图所指出,首先是得戾换。

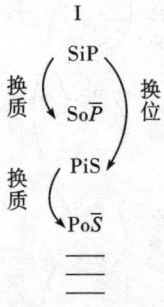

I 型命题不能有以 $\overline{P}$ 为主词的变形,因换质后是 O,而 O 不能换位。I 型命题亦不能有以 $\overline{S}$ 为主词的戾换,因换位后再换质的新命题是 O,而 O 不能换位。

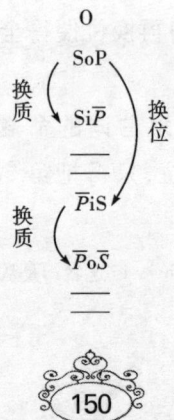

O 型命题不能换位,亦不能有以 $\bar{S}$ 为主词的戾换,因质位并换再换质才得 $\bar{S}$ 的宾词,但这命题是 O,不能换位。

兹将上面变形的结果表列如下:

	(1) 原命题	(2) 换质命题	(3) 换位命题	(4) 换位换质命题	(5) 质位并换命题	(6) 质位并换换质命题	(7) 戾换命题	(8) 戾换换质命题
A	SaP	Se$\bar{P}$	PiS	Po$\bar{S}$	$\bar{P}$eS	$\bar{P}$a$\bar{S}$	$\bar{S}$oP	$\bar{S}$i$\bar{P}$
E	SeP	Sa$\bar{P}$	PeS	Pa$\bar{S}$	$\bar{P}$iS	$\bar{P}$o$\bar{S}$	$\bar{S}$iP	$\bar{S}$o$\bar{P}$
I	SiP	So$\bar{P}$	PiS	Po$\bar{S}$	——	——	——	——
O	SoP	Si$\bar{P}$	——	——	$\bar{P}$iS	$\bar{P}$o$\bar{S}$	——	——

上面我们一律用符号来进行各种命题的变换,省了许多麻烦。符号是一种工具,能使操作更为有效的,故在形式逻辑应适当地运用。其实亚里斯多德在其逻辑著作中运用符号的地方很多,以后逻辑经典著作作家亦多用符号。

尤其是当命题的主词、宾词比较复杂而冗长时,符号是能帮助我们避免名词变更中可能发生的错误。

例如,"所有进学校的人都有机会来提高自己的文化和思想水平"。这是一个 A 型命题。如果须求得其质位并换的命题,首先就要换质为"所有进学校的人都不是没有机会来提高自己的文化和思想水平的",再换位为"没有机会来提高自己的文化和思想水平的人都不是进学校的人"。如果命题和其主词与宾词更为复杂,通过这种变换的过程就很麻烦而易生混乱。如果用符号,则先写出符号的素材。

S:进学校的人。

P:有机会来提高自己的文化和思想水平的。

$\bar{S}$:不进学校的人。

$\bar{P}$:没有机会来提高自己的文化和思想水平的人。

:然后按符号写出。

"没有机会来提高自己文化和思想水平的人都不是进学校的人。"

其他变形的过程仿此。

注意:在上面命题变形中有一点必须指出的。那就是在 A 型命题的变换成为庚换的是 $\overline{S}o P$ 这形式的命题,其中的 P 是周延的,但是 P 在 SaP 这原命题中是未周延的。怎样经过变换之后原来未周延的一个名词会变为周延的呢？是否过程中有什么错误？我们仔细检查 SaP 变为庚换的过程和其各个步骤,是 SaP(原命题)→$Se\overline{P}$(换质) →$\overline{P}eS$(换位) →$\overline{P}a\overline{S}$(换质) →$\overline{S}i\overline{P}$(换位)→$\overline{S}o P$(换质):每一个步骤都是正确地依照命题变形的规定,并无错误;那么 $\overline{S}o P$ 中的 P 之周延是从何而来？怎样解释这问题？是否庚换没有充足的理由？如果把庚换放弃,又破坏变形的系统性之完整,因为以 $\overline{S}$ 为主词的一种变形是从命题的主词宾词与其矛盾词演变出来的,既有以 $\overline{P}$ 为主词的变形后新命题何以不能以 $\overline{S}$ 为主词的新命题,其理由何在？问题的答复见本书附录六——形式逻辑图样之二,"命题变形的图解"①。

四、结束本章之说,我们应要体会到思维的发展,我们在本章各节里谈到判断的性质,判断间的关系等问题,主要是帮助我们来弄清楚一个命题所表达的判断的意思,谈到判断间的关系,在逻辑正方形上已经谈到由 I 之而推出 O 的必真,这就已由判断的问题过渡推理的问题

这种判断对当便是直接推理的一种形式;命题的变形,由 SaP 到其质位并换的 $\overline{P}eS$,到其庚换的 $\overline{S}o P$ 等,也都是直接推理的形式和过程,也是从判断过渡到推程,是思维的发展。

根据思维发展的程序,我们在下一章就要研究推理。

---

① 附录六——形式逻辑图解可能帮助我们用直观图形来解决某些形式逻辑的问题,如 A、E、I、O 四种类的命题的性质,逻辑正方形上判断间的关系,和本节所讲的变形。参看该附录的一、二两种部分,其余是下一章用的图解。

第五章　演绎推理上——三段论式推理

第一节　推理概论

一、什么是推理

推理是从一个或多个已知为真的判断推出另一个判断的一种思维形式。

例如，我们知道"掌握形式逻辑的科学知识能帮助人们领会其他科学"，并且知道"某些同学是掌握了形式逻辑的科学知识的"；因之，我们就可肯定"某些同学是会更好地领会其他科学的"。

这是一段推理，由第一、第二两个已知为真的判断，我们推出来第三个新的判断。

所以我们可以说，推理是由判断适当的推进以得出结论的一种思维形式。

从而推出新判断的那个判断或那多个判断称为前提，而从前提推出来的新判断称为结论。

前提和结论的关系即上文第二章充足理由律时所讲的理由和推断的关系。推理是根据充足理由律的。

二、推理与其他思维形式的关系，即与概念和判断的关系

我们在上面两章已经讲过概念和判断这两种思维形式。在这里我们又说推理也是一种思维形式，推理和概念与判断既都是思维形式，可以说它和概念与判断都是思维形式这一类反映形式之下的三个种。那么，推理这一种思维形式的种差是什么，就是说，它是怎样区别于概念和判断的？如上文在第三章所述，概念是反映一类事物的本质属性的，思维通过一类事物的本质属性把握住这一类事物作为其反映的对象，而判断是反映客观事物的联系或分离的关系；但客观事物的这些关系又是相互联

系和相互制约着的,推理就是根据客观事物关系的相互联系、相互制约而反映客观现实,所以从这方面讲,它是比概念和判断在思维中向前推进了,发展了,它是这样和概念与判断区分开来的。这也就说明推理和概念与判断的关系。从形式上讲,判断中运用着概念,而在推理中又联系着判断。

三、形式逻辑中推理的种类

按其前提的数目,推理划分为(1)直接推理和(2)间接推理。

1. 直接推理是由一个判断而不假借其他的资料推出其结论的一种推理。

上章讲过的逻辑正方形上某些对当关系可以说是直接推理形式,如由 O 之假而知 I 之真①;讲到判断(命题)的变形时,由 SaP 到其质位并换的 $\overline{P}eS$ 和其戾换的 $\overline{S}oP$ 也是从一个前提得出结论的直接推理形式,但换质只是命题形式的改变,并不是推理的形式。

所以我们说,从形式上讲,推理是从前提推出结论,而从其实质上讲,是从已知推出未知。

推理是一种思维活动,就是上面所讲的直接推理,其为推理都不是不费什么思索,不通过什么思维过程,马上就导出结论的。直接推理之为直接,亦不是不费思索的意思,而是说有了一单个前提之后,更不需要另一个前提作为媒介、作为桥梁,就由思维的活动,根据思维简单的形式和规律而得出一个新的判断作为其结论,直接推理仍然是理性的认识,有其一定的形式和规律的。

上面说明直接推理的性质。

2. 间接推理是由两个或两个以上的前提的相互关系而推出其结论的

---

① 我们在这里说,逻辑正方形上某些对当关系,而不是说所有对当关系,可以说是直接推理形式,因为从 A 之真而到 I 之真,显然不是推理,其不是推理,因为说 A 之真时,已经知道 I 之真,故 I 之真不是从 A 之真推论出来的,而是已经包含在 A 之真里面的。但是当我们说 O 之假,并不确知 I 之真,要想到何以 O 是假,是因为全类,即 A 是真,才知 I 必真,所以才说这是推理。把逻辑正方形上所有对当在系说成是直接推理,只是记住推理从一个前提而得出"结论"这一点,而未问到是否通过推理而得出另一判断。我们要记住推理是由已知到未知的一种过程。在 A 之真已经知道 I 之真的,故由 A 之真到 I 之真不是一种推理过程。

一种推理。

怎样用间接推理来推出结论就不能在这里简短地说明,这是本章其余部分和下四章所要论列的。我们首先要说明间接推理在形式逻辑上主要的两种形式:(a)归纳推理;(b)演绎推理(类比这一种推理时在归纳推理上来讲)。

(a)归纳推理是由特殊到一般的间接的推理。

毛主席在《矛盾论》一书中教导我们,"……两个认识过程:一个是由特殊到一般,一个是由一般到特殊"①。由特殊到一般就是归纳推理的过程,由一般到特殊就是演绎推理的过程。兹遵照毛主席的话分别说明这两种推理过程。先说归纳推理。

毛主席教导我们说:"就人类认识运动的秩序说来,总是由认识个别和特殊的事物,逐步地扩大到认识一般的事物。人们总是首先认识了许多不同事物的特殊的本质,然后才有可能更进一步地进行概括工作,认识诸种事物的共同的本质。"②

由特殊到一般是首先要认识许多不同的事物,认识它们的特殊的本质,然后才更进一步地进行概括,就是寻找出并验证它们的共同的本质。我们在第三章讲到概念的形成时,便是讲到这一点。概念的形成本就是归纳的过程。可是归纳推理所要得出的不但是概念的形成,而且更重要的是事物间发生、发展和彼此间联系的规律。

例如,我们首先认识到美国帝国主义是侵略的,英国帝国主义是侵略的,法国帝国主义是侵略的,过去日本帝国主义、德国帝国主义都是侵略的。我们考察各国的帝国主义,分析它们,比较它们,抽出其本质属性,并进一步找出帝国主义的本质和其侵略性是联系着,分不开的,所以就不会再去统查所有帝国主义的国家而得出结论说:"帝国主义国家都是侵略的。"这就是"由认识个别的特殊的事物——美、英、日、德等帝国主义国家——逐步地(经过分析、研究、归纳)扩大到一般的事物——所有帝国主义国家"。这就是首先认识许多不同事物,深入到本质,才进行概括(类

---

① 毛泽东:《矛盾论》,人民出版社,1956年,单行本,第14页。
② 毛泽东:《矛盾论》,人民出版社,1956年,单行本,第14页。

化)得到"帝国主义国家"与"侵略性"的联系这一规律。这就是归纳推理,这就是特殊到一般的认识过程。

(b)演绎推理是由一般到特殊的间接推理。

关于从一般到特殊,毛主席指示说:"当着人们已经认识了这种共同的本质以后,就以这种共同的认识为指导,继续地向着尚未研究过的或者尚未深入地研究过的各种具体的事物进行研究,找出其特殊的本质,这样才可以补充、丰富和发展这种共同的本质的认识,而使这种共同的本质的认识不致变成枯槁的和僵死的东西。"①

毛主席在《矛盾论》中的这一段指示的话,其前一半是说,认识了共同的本质之后,就根据这共同本质的认识——一般原理——为指导,向着未研究过或者尚未深入研究过的各种具体事物进行研究,是从一般到特殊的过程就是演绎推理。

但是后一半的指示是说演绎不仅是这样,而且演绎之运用归纳推理所得出的结论——一般原理——在它应用到每一具体的特殊事物时,还要补充、丰富和发展这共同本质的认识,而使它不致变成枯槁的和僵化的东西,变成教条主义的东西。这是演绎推理对于归纳推理所得的成果应然的作用,不但是运用它在具体的特殊事物上面,而且通过这种应用而在应用的过程中更加使理论和实际相结合,使新认识的实际能补充、丰富、发展原有的理论。演绎推理是从归纳推理的结论出发,但演绎推理又不断地回过来补充、丰富和提高原来从归纳推理得出的理论,并且不断地发展它,使它的真理日益明朗,日益能应用到范围更广的具体特殊事物。

毛主席的指示是说归纳推理和演绎推理是相互联系着而不可割裂开来的,可是它们是两个不同的认识的过程,这是两个认识的过程:一个是由特殊到一般——归纳;一个是由一般到特殊——演绎。这是说它们的不同。但是人类的认识总是这样循环往复地进行着的,互相联系着,互相依赖着,互相补充着,而第一次的循环,只要它是严格地按照科学的方法,理论指导着行动而又紧密地和实际结合着,都能使人们的认识提高一步,

---

① 毛泽东:《矛盾论》,人民出版社,1956年,单行本,第14页。

使人类的认识不断深化①。既然人们的认识总是由认识个别和特殊的事物，逐步扩大到认识一般的事物，我们就应该按这秩序，先讲归纳推理，然后再讲演绎推理②，但是归纳推理的过程中应用到演绎推理形式的操作比较多，而且演绎推理易于公式化，在教学中说服力比较大，所以为教学的方便起见，我们仍然采用形式逻辑教本一般的习惯，先讲演绎推理，后讲归纳推理。

第二节 演绎推理的本质

一、上面已经讲过，演绎推理是间接推理的一种形式，它是由两个或多于两个的前提的联系，根据已知的原理而推出这原理所涵盖的特殊事物作为其必然的结论的

例如，凡帝国主义国家都是侵略的；美国是一个帝国主义国家：所以美国是侵略的。这是从两个前提的联系，根据凡帝国主义国家都是侵略的这原理而推出，美国是侵略的这结论，而这结论是必然的。

又如，甲大于乙，乙大于丙，丙大于丁，所以甲大于丁。这是从三个前提的联系，根据大于这概念所包含的原理而推出"甲大于丁"这必然性的结论。

这种的推理是演绎推理，由两个以上前提的联系，按前提中包含着已知的原理而推出其必然性的结论。演绎推理反映客观事物的必然联系。

二、演绎推理的客观基础

演绎推理是从它的前提的联系，根据其前提中包含的原理而得出结论的。这结论的正确性必须以其前提联系的形式是否依照正确思维的形式与规律，而正确思维的形式与规律是有其客观基础的，所以演绎推理形式上的正确性有其客观基础；其真实性则依赖其所根据的前提与原理之真实性，而正确的演绎推理所依赖的原理是由科学归纳推理概括人们观

---

① 参看毛泽东：《矛盾论》，人民出版社，1956年，单行本，第14页。第三大段，至少从第12至16页。

② 苏联科学院哲学研究所1954年三月底出版康达科夫著的《逻辑》一书是把"归纳推理"摆在第八章，"演绎推理"摆在第九章，"类比"摆在第十章的。

察的客观事物而形成的,所以演绎推理还是以客观事物的性质与联系为其基础的。

三、可见演绎推理有两种必须的条件才能得出正确而真实的结论

1. 其前提必须是真实的。这就是说,作为推理前提的判断必须是正确地反映客观事物与其联系或分离的。有时候,前提不是真实的,而结论可能是正确,但是这结论的正确只是偶然碰见而不是前提的必然之结论。

例如亚里斯多德曾举过这一个例子:"凡石头都是动物;凡人都是石头;所以,凡人都是动物。"这里,两个前提都是不真实的,但是按这两个前提的结合形式,所得出的结论是和客观现实相符合的,然而这只是偶然的,是碰到的一个结论,不是从前提必然地得出的,因为如果第一个前提是"凡石头都是天生物",而这是真实的,把它和第二个前提结合起来,就得到"凡人都是天生之物"这一不真实的结论。又如"凡石头都是动物,大理石是石头;所以大理石是动物",这结论又是不符合于客观现实的。

2. 思维之相互联系,即推理的形式,必须是正确的。这就是说,前提联系的形式不能随意凑合而必须正确反映客观事物本身的联系,就是根据客观现实在社会实践中认识到的必然联系而总结为正确的思维形式。

例如"凡是违法乱纪的人都应依法处理;某甲是违法乱纪的;所以,某甲是应依法处理的"。人民正确的法律和一个实在的案情结合起来,而这结合又是按照正确思维的形式,那么,结论就一定是正确的。

但是,如果我们拿这两个判断,例如"美国是一个帝国主义的国家"和"人民的力量是伟大的",把它们作为前提;虽然这两个判断是真实的,但把它们作为推理的前提结合起来是不适当的,这种联系不是正确思维的形式,所以就不能从而得出什么有效的结论。至于什么前提怎样联系才是正确的演绎推理就是下面所要讨论的。

恩格斯说:"如果我们的前提是真实的,而且我们正确地在前提上应用思维的规律,则结果必定是和现实相符合的。"①

---

① 恩格斯:《反杜林论》,俄文版,1948年,第317页。此部分中译本未译出。

第三节　三段论式

一、在本章第二节起头时谈到演绎推理曾举出两个例子

第一个例子只有两个前提而得出结论,第二个例子有三个前提,也得出结论。两个结论都是正确的,因为其前提是真实的,而且结论的得出是遵循正确思维的形式与规律,按照客观事物联系某一种性质的。但是这两个结论的得出是代表着两种性质不同的演绎推理形式。第一个结论"美国是侵略的"是从两个判断"凡帝国主义国家都是侵略的"和"美国是一个帝国主义国家"一定的联系而得出的,这两个判断表达逻辑上称为主谓命题,其中每一个命题的主词,譬如"帝国主义国家"是指判断的主体,亦即思想的对象,而其宾词(亦称谓词),即侵略的,是用以作为一个形容词来说明,"帝国主义国家"具有什么性质,说明它所具有的一种属性。以这来称谓其主体,故称之为主谓判断,表达为主谓命题。传统的亚里斯多德形式逻辑认为这是命题的典型形式,一切判断都可以用这个形式来表达。亚里斯多德的三段论式原来就是根据这种命题的性质而形成的,因此之故,我们在上面谈到判断和判断的种类时,也只限于这一类型,即主谓判断的类型的范围,而并未谈及其他类型的判断和其种类。

可是,这并不意味着我们认为主谓判断之外没有其他类型的判断,并不意味着我们认为三段论式这种演绎推理形式之外没有其他形式。"甲大于乙、乙大于丙、丙大于丁",根据这三个前提我们便得出完全正确的结论说,"甲大于丁"。后面我们比较详细地来研究三段论式的结构与其规则时,我们就知道这种推理不是属于三段论式类型的推理。如果我们把这里的三个前提拆开来处理,先拿"甲大于乙"和"乙大于丙",就得出"甲大于丙"这一个结论,于是便有人认为三个前提既可拆开来处理,这种推理形式还是可以归结为三段论式,而且还有人同时主张"大于乙"是"甲"的一种属性,所以"甲大于乙"还是一个主谓命题,以"大于乙"来称谓"甲",把"大于乙"作为一种属性来归之于"甲",以之来称谓"甲",在这一情况下固然可以说得过去,可是如果我们拿"甲是乙的父亲"作为一种属性而归之于"甲"吗?属性是可为"甲"所具有,也可为和"甲"同类的对象所具有的,如马之白也是雪之白和玉之白,但"父亲"只是"甲"对于"乙"的

独特关系,非"甲"所能与他人共有的。这里我们并不是说同一个关系不是不同对象所能共同对于另一对象而有,例如5大于3,7和其他许多数都可能是大于3,我们所要指出乃是关系式毕竟不同于属性,在一判断中不能以关系等同于属性来处理。在属性的判断中,只需有一个思想对象便能作出有意义的判断,如"人是有理智的"这一属性判断里,以"有理智的"这一属性归之于"人"这一个思想对象,便作出一个有意义的判断,"人是有理智的"。但是一种关系必须有至少两个思想对象才能作出一个有意义的判断。譬如我们拿"父亲"这一个关系来讲,如果把"父亲"作为一种关系讲,必定要说"某甲是某乙的父亲",意义才完整,只有"某甲"这一思想对象,或者只有"某乙"这一思想对象,都无法作出一个有意义的判断,比如我们不能说"某甲是父亲",除非我们不把"父亲"作为一种关系讲,而是把它作为"有儿女的人"这一类词来讲,那就不同了。"父亲"是一种人与人之间的关系,必须有两个人才完成其意义。这个意思如果拿"在左"或"大于"这些关系来讲,就更明显了。我们绝不能作出,这桌子是在左,判断其在左必是在什么别的东西之左;绝不能作出"这些房子大于",而无人知道所说的是什么,必须说"这些房子大于那些房子"等。

何况在讨论三段论式时,如果牵强地把关系说成是属性,那么,"甲大于乙"和"乙大于丙"这两个前提中就有四个不同的名词,即"甲"、"大于乙"、"乙"和"大于丙",因为绝不能把"乙"和"大于乙"混淆起来,因为"乙"是指一个对象,而"大于乙"所指的可能是许多对象,正如"5大于3",其中3是一个数,而"大于3"的有无限多的数,两者是不能混淆的。在两前提中有四个不同的名词便不能作为三段论式前提而得出正确的结论,但是从"甲大于乙"和"乙大于丙"这两个具有四个不同的名词的前提,我们能得出"甲大于丙"这结论。其理由是什么呢? 要说明这理由,我们就越出传统形式逻辑的范围之外,但是为寻清楚要讲的三段论式的性质,我们在这里不得不简介地把这问题来谈一谈。

凡是一种推理必须根据这种推理形式所反映的客观事物相互联系的性质,而这客观的事物相互联系的性质就在推理过程中制约着其推理进

---

① 当然我们不否认在谈到动植物间的关系时,也可以用"父亲"的这种关系名称,但这是转借于人与人之间的关系的。

程作为其所根据的原理。主谓判断是亚里斯多德三段论式的基础①。其所根据的原理是概念含蕴的关系。所谓含蕴关系,即一个概念的性质必然含蕴着另一概念的性质,如"凡帝国主义国家都是侵略的"这判断里,主体"帝国主义国家"必然是"侵略的",即"帝国主义国家"的意义含蕴着"侵略的"意义,为其固有的一种性质,故"帝国主义国家"是属于"侵略的国家"之类型,而"侵略"便不是它的偶性;"美国"以其本质而言是属于"帝国主义国家"之类型的,故凡是"帝国主义国家"的固有属性必是美国的属性。所以根据含蕴关系的性质而得出结论说,"美国是侵略的",因为"美国"含蕴着"帝国主义国家",而"帝国主义国家"含蕴着"侵略性",因含蕴是传统性的一种关系②,故"美国"便含蕴着"侵略性"为其固有性质。三段论式的推理是以这含蕴关系为其进程的根据的原理。含蕴关系是传递性的,即 a 含蕴 b,而 b 含蕴 c,则 a 必含蕴 c。"甲大于乙、乙大于丙、丙大于丁",从而得出正确的结论。说:"甲大于丁。"这不是三段论式的推理形式,其推理进程所根据不是含蕴关系的原理,甲之性质,本身并无大于乙之必要,乃是和乙比较才显出大于它。这"大于"是一种关系,按其性质不是对称的,而是非对称的,故不同于三段论式所依据的含蕴关系。但和含蕴关系一样是传递性的,因为甲如果大于乙,而乙又大于丙,则甲按客观事物大小这关系而言必大于丙。根据传递性的"大于"关系,故知"甲大于乙、乙大于丙、丙大于丁",则"甲必大于丁",这是客观事物大小关系的性质所制约着的规律性。关系在客观事物之间是多种多样的,其性质各有不同的,必须具体研究才能确定的,这种研究是各门科学的任务,但把各种事物间的关系按其性质之不同来研究是数理逻辑一部分的任务。传统形式逻辑的研究,根据亚里斯多德的学说,限于主谓判断,而以主谓判断为基础,又限于三段论式的演绎推理,而在判断与演绎推理这两问题上,并不涉及其他类型的判断和非三段论式的演绎推理。可是,我们如果以

---

① 参看拙著《亚里斯多德逻辑》,科学出版社,1957 年,第 64—65 页、67—69 页。

② 如果 a 真则 b 必真,我们便说 a 含蕴 b。含蕴关系不同于包含关系,因为 a 含蕴 b,同时 b 也可能含蕴 a,其关系是可对称的,但 a 如果包含着 b,则 b 不能同时包含着 a,其关系是非对称的。从对称讲,一种关系可能是(1)对称的,例如"等于",如 a 等于 b,则 b 必等于 a,(2)可对称的,例如"了解",a 了解 b,而 b 可能了解或不了解 a,(3)非对称,如"在上面",如果 a 在 b 的上面,b 绝不能同时也在 a 的上面,含蕴关系属于(2)类。

主谓判断为判断的一种典型来研究,以三段论式为演绎推理的一种典型来研究,在初级形式逻辑来讲,由于时间的限制,也不得不如此。但是如果把主谓判断作为唯一的判断形式来看,把三段论式作为唯一的演绎推理形式来看是不可以的,因为这不但忽视了逻辑,甚至形式逻辑在亚里斯多德以后尤其是近百年来的发展,而且是和人们的思维实践的事实不相符的。

现在我们集中注意来研究三段论式这种演绎推理形式。

二、什么是三段论式

三段论式是从两个以一个共同媒介词联系着的主谓判断为前提而得出结论的一种间接演绎推理形式。

这是我们三段论式的定义。兹加以说明:

1. 三段论式是演绎推理,因为它的思维活动是从一般的原理到比较范围狭小的事物或一类的事物的。

2. 三段论式是间接演绎推理,因为它是需要两个前提通过一个共同的媒介词才能得出结论的,例如,"所有帝国主义国家都是侵略的"要和"美国是一个帝国主义国家"通过"帝国主义国家"这一个共同媒介词结合看,才能把"美国"和"侵略的"联系起来成为结论。

第四节　三段论式的结构

三段论式推理表达为三个命题,其中一共只有三个不同的名词。

例如"所有帝国主义国家都是侵略的;美国是一个帝国主义国家;所以美国是侵略的"。

这便是一个三段论式,其中有三个命题,由前面表达两道判断的两个命题推出其作为结论的第三个命题。

前面作为推理的根据的两个命题称为前提,即例子中的"所有帝国主义国家都是侵略的"和"美国是一个帝国主义国家"这两个命题。

由前提的结合而推出的一个新判断,表达为结论的"美国是侵略的"这一命题。这个结论所表达的新判断不能单从"所有帝国主义国家都是侵略的"这一前提而得出,因这前提只谈到"所有帝国主义的国家",说它们都是侵略的,而还没涉及"美国";也不能单从"美国是一个帝国主义国家"这一前提而得出,因这前提只谈到"美国"是一个帝国主义国家,而尚没有涉及它的其他属性；必须把这两个前提结合在一起，才看到既然"美国是一个帝国主义国家"，而"所有帝国主义国家都是侵略的"，那么，通过"帝国主义国家"这个媒介词就把"美国"和"侵略的"联系起来而成推理的结论。可见这媒介词在三段论式的推理过程中是起着决定性的作用的。

三段论式的两个前提有大前提和小前提之分：含有结论的宾词的前提称为大前提；含有结论主词的前提称为小前提。大前提和小前提连同结论便是构成三段论式的三个命题。一个三段论式有三个命题，而每个命题都含有两个名词，即其主词与宾词，所以三个命题之中一共是有六个名词，但这不是六个不同的名词，因为每一个不同的名词都在三个命题之中重见一次，所以实在只有三个不同的名词，如上面所举的例子中的"帝国主义国家"、"侵略的"和"美国"这三个不同的名词分别称为大词、小词、中词。

大词是结论的宾词。

小词是结论的主词。

中词是两提所共有而不见于结论的那一个名词，中词见于两前提作为它们的联系因而推出结论的，故亦称为媒介词。

由上面所讲，可见在分析一个三段论式时，首先是要找出三段论式中哪一个命题是其结论。

在逻辑的形式上，通常是把大前提放在第一位，小前提放在第二位，结论放在第三位。这称为三段论式的逻辑顺序。可是在寻找三段论式的结论时，不可认为摆在第三位的命题总是它的结论，因为在日常说话中和在写文章中，常常是不限于这顺序的。例如"美国帝国主义在台湾的侵略一定要失败的，因为它是在那里进行反人民的勾当，而反人民的勾当是一定要失败的"，在这里结论是摆在论证的第一位。好在词句中还有"因为"这字样，标志着它们引起的两句是理由，从而说明摆在第一位的推断，即三段论式的结论，所以这两个命题是前提。如果论证中有"由于"、"因为"、"所以"等语气，则用三段论式的推理形式时，其前提与结论是容易分析的，因而大词、小词、中词也易于决定，从而也决定哪是大前提，哪是小前提。但是有时没有这一种作为理由与推断的字样或语气，我们怎样确定哪一命题是三段论式的结论呢？

这是清理一个三段论式在实践中十分重要的问题。我们在答复这一推理形式的话，哪三个命题是构成这三段论式的，然后揣摩其文气，决定这三个命题之中,哪两个是用来证明哪一个的,那就是说,要按其论证的文气或语气,哪一个命题是论证中所要决定下来,而是用哪两个命题来导致这一种决定的。例如在上面所举的例子里面,既然没有"因为"这一类的语气,只说"美国帝国主义在台湾的侵略是一定要失败的",人们不都知道凡是反人民的勾当终归失败,而美国帝国主义在台湾是进行着反人民的勾当吗?显然这里所要决定下来的是"美国帝国主义在台湾的侵略是一定要失败的"。美国帝国主义在台湾的侵略是反人民的勾当,这是一档事实,尽人皆知,有目共睹的,无可讳言,只有帝国主义分子和其走狗才企图颠倒是非,淆乱黑白的,而大家又从历史发展中知道,"反人民的勾当是一定要失败的"这一原理。根据这原理而结合着一个大家公认的事实,所以就知道,"美国帝国主义在台湾的侵略一定要失败",这便是结论,其他两个命题是用来导致这结论的前提。

结论决定之后,它的主词和宾词也就决定了,其他两个命题之含有这结论的宾词的便是大前提,含有这结论的主词的便是小前提,像这样,三段论式的三个命题的地位就决定了。

大前提和小前提之所以称为大小是因其含有大词和小词,而结论的宾词称为大词,其主词称为小词是有历史的根源的。原来形式逻辑的古希腊创始人亚里斯多德认为,最完全的三段论式是通常以下面的形式表达出来的一种形式①:所有 M 都是 P,所有 S 都是 M,所以,所有 S 都是 P。

以符号可以这样写出:

---

① 波兰著名的数理逻辑家卢卡西维茨(Jan Lukasiewicz)在其 1951 年在爱尔兰以英文出版的《亚里斯多德的三段论式学》一书中认为我们通常使有的三段论式形式不是亚里斯多德原来所用的,不是"凡人皆有死,苏格拉底是人,所以,苏格拉底必有死",因亚里斯多德的三段论式系统中并无单称名词或单称前提的使用,即"凡人皆有死,凡希腊人都是人,所以,凡希腊人皆有死",虽比较近于亚氏的三段论式形式,然而毕竟不是他原来所用的。他原来所用的形式不是一种推理形式而是一种含蕴的形式,"是以前提的结合为其前项而以其结论为后项的含蕴形式"(该书英文原版第 2 页)。所以亚氏三段论式的其正例子应该是下面的样式的:"如果所有人皆有死,而所有希腊人都是人,那么,所有希腊人皆有死。"(见该书同上页)参看《教学与研究》杂志 1957 年第 12 期黄顺基著《介绍卢卡西维茨的〈亚里斯多德的三段论〉》一文。

从外延来说，"所有 M 都是 P"的意思是 M 都在 P 里面，"所有 S 都是 M"的意思是 S 都在 M 里面。用三个圆形来表示，便得下图：

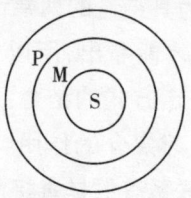

这三个圆形之中，显然 P 是最大，S 是最小，而 M 是居中的，因之就有大词、中词、小词之称。可是这图绝对不能代表所有的三段论式。例如，我们拿这样的一个三段论式：

任何帝国主义国家都不是人民的真正朋友。

美国是一个帝国主义国家。

所以美国不是人民的真正朋友。

这例子中，S 是"美国"，P 是"人民的真正朋友"，M 是"帝国主义国家"。用通常的图来表示，便得下图：

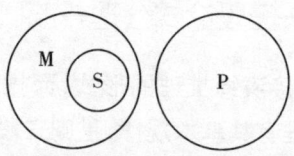

根据这图，S 虽然是小于 M，但 M 完全在 P 之外，就无从决定究竟 M 是否小于 P。所以大词、中词、小词之称只是由历史传来的一种术语，为方便起见，我们仍旧沿用，但不能坚持其原来的意思。

那么，中词的"中"字再不作为其外延介乎其他两词的外延之中来理解，而作为在其中间起媒介作用来理解。其实亚里斯多德用的希腊字和中世纪以来形式逻辑用的拉丁字的"中"字都可作为"媒介"来理解的①。

可见中词在一个三段论式的推理中是要起着媒介的作用，那就是说要通过它而在结论中把小词和大词的关系确定下来。三段论式的大前提是大词与中词所构成，表示出大词与中词的关系是联系的或者是分离的；小前提是小词与中词所构成，表示出中词与小词的关系是联系的或者是

---

① 按亚里斯多德所用的"中词"，其希腊文为 μέσον，原有"共同地域"这一意思，后世译为拉丁文 terminus medius，其形容词 medius 亦有媒介义。

分离的。通过中词作为媒介就可拿这两个关系来比较而决定大词与小词的关系是联系的抑是分离的,这便是三段论式所得出的结论。三段论式为间接推理的一种形式,因为其结论的两端词,即 S 与 P 的关系不能直接建立起来,必须通过中词 M 才能看出,所以三段论式的结论之得出乃是通过大前提与小前提照某一定方式的结合,而这结合的方式主要还是要使中词能在两前提的结合中起媒介的作用。我们知道,凡事物在客观现实中都是相互联系的,但其联系有的是直接而易见的,亦有的是间接而不易看出的。后者之一类联系,由于它们的隐晦而不易察觉,故须通过一种中间的媒介才表现出来。中词 M 在三段论式推理的思维活动中就是起这种中间联系的作用。没有中词来起着这种中间媒介的作用,就不能有三段论式推理这种形式。足见中词在三段论式这样推理形式中是占极其重要的地位的。

第五节　三段论式的公理

一、三段论式公理一般概念

三段论式是一种间接演绎推理的形式,而推理是一种思维活动的形式。如上所说,正确思维有其基本规律,是则三段论式这种思维活动也得遵守正确思维的基本规律的。但是三段论式既然又是思维活动的一种特殊形式,由于其特别的性质有别于其他种类的思维活动形式的,那么它之遵守思维基本规律就应有它的特殊的方式。三段论式作为一种演绎推理形式的特征是在于它的结论之作出是通过其两前提共同的中词的。中词在大前提中如果和大词构成一个肯定的命题,那么,中词与大词间便存在某种程度的同一因素,如果在小前提中和小词又是构成一个肯定的命题,则它与小词之间又存在着某种程度的同一因素,这两个同一因素通过中词就得联系起来,而其联系起来得出三段论式的结论必须按照思维基本规律的同一律,而不得与之相违的,否则三段论式的结论一定是不正确的。如果三段论式的两前提中一个是肯定命题,而其他一个是否定命题,则其否定命题之中的一个端词(大词或小词)便是和中词分离的,而肯定命题之中的另一组端词是和中词有某程度的同一因素的,于是在结论中必须遵照思维基本规律的毋矛盾律把这肯定前提中存在着的一个端词同一因素和其他一个端词分离开来成为一个否定的结论,而这里的同一因素必不能超过肯定前提中所建立的同一因素范围,否则所得的结论是不正确的,而这个三段论式的推理便是无效的。可见思维基本规律是三段论式推理这种思维活动的主要原理。

这些思维的基本规律结合着三段论式的这种推理形式就表现为三段论式的公理,而各种各样的三段论式推理形式(即下面所讲的格与式)所应遵守的特别规则,又须是从这公理或这些公理按其各种不同的形式演变出来的。正如上面第二章谈到思维基本规律时所强调指出的,思维的基本规律有其客观基础,是人类思维活动实践长期间多次重复的概括,所以以正确思维基本规律为基础的三段论式公理同样地有其客观基础,不是人们的意志所能任意更改的,即有不同的述说,也不过是措词之不同表达而已。

如上所述,三段论式的公理,一方面是根据正确思维的基本规律,结合着三段论式这种推理形式具体地把它们表现出来,而另一方面是各种三段论式所必遵守的规则所从而产生的,所以公理是表达思维基本规律而又更具体地表现为三段论式的一般规则和各种三段论式的特别规则。它是介乎基本规律与三段论式的规则之间的。

二、三段论式遍有遍无公理:三段论式的公理有各种不同的表达形式,其最常用的是遍有遍无公理[①]

1. 这公理的一种条文是:"凡可以之肯定或否定一全类的,亦可以之

---

① 这公理严复译为"曲全公理",见严译《穆勒名学》(2)第18、19页。其拉丁文一种条文是:Quidquid dictur universum de aliquo subiecto, affirmatur de quovis contento sub illo, quidquid negatur de aliquo universaliter accepto negateer de omnibus de quibus illud alterum affermatur. 另一种条文是今日之称为遍有遍无公理所根据。其全文如下:Quidquid de omni valet, valet etiam de quibusdam et de singulis. Quidquid de nullo valet, nec de quibusdam valet, nec de singulis. 中文直译是:"凡可以之肯定或否定全类的亦可以之而肯定或否定其类之任何一部分或任何一事物。"这公理简称为 dictum de omni et nulls,其标题的 de oumnoe at vuolla 直译是"关于全类和关于没有一个",故译为"遍有遍无",似乎比严译的"曲全"为通俗,这是条文的严译是"凡于一类之全而有所谓者,于其曲有所不谓也",故其曲全公理的"曲全"是译条文的内容,而不是译 de oumnoe at vuolla 的标题,这条文也只是从曲全的外延来讲的,故曲全类而列其任何一事物,另一种条文是从曲全的内涵来讲的,其全文如下 Nota notae est nota rei ipsius. Repugnans notae, repugnant rei ipsi. 中文译为"凡事物属性的属性,也就是事物自身的属性。凡与事物属性矛盾的,也是与事物自身矛盾"。

而肯定或否定其类的任何部分或任何一事物。"这是从拉丁文条文译出的。其意思是,凡某一类东西所遍有的属性,其部分或其任何一分子都必然有这属性;这是从肯定方面说的;另一方面是从否定方面说的;凡某一类东西所遍无的属性,其部分或任何一分子都必然没有这属性。不论是肯定或否定,都是从全类推到其部分或其任何一分子。故是从概念的外延说的。

从肯定方面说,可以举这个例子来说明:"所有帝国主义国家都是侵略的。"这是对于"帝国主义国家"这全类东西有的肯定,即肯定全类都是"侵略的"(遍有这一属性),所以对于这类的一个分子"美国",因肯定了它是一个"帝国主义国家",属于上面所说的类,我们便可肯定它也具有全类所遍有的"侵略性"。

从否定方面说,可以举这个例子来说明:"所有帝国主义国家"这一类东西都遍无作为人民真正朋友这种属性,而"美国"既肯定是属于这一类的一个分子,所以它也是没有"作为人民的真正的朋友"。

2. 从内涵方面说,三段论式公理最通常的一种条文,从拉丁译出是:"凡事物属性的属性,也就是事物自身的属性。"这是从肯定方面说的;从否定方面说是这样的:"凡与事物的属性矛盾的,也是与事物自身矛盾。"

什么是属性的属性呢? 这里所说的属性,当然是指固有属性。如果某一属性为一个事物或一类事物所固有,而另一属性又为这属性所固有,则后一属性是为属性的属性。公理是说,这种属性的属性亦即具有其属性的事物的属性。例如"帝国主义国家"这种性质的,而"帝国主义国家"这属性又具有"侵略的"这一属性,所以"侵略的"便是属性的属性,因之按这条公理所说事物的属性之属性,也就是事物自身的属性,这里事物自身就是美国,所以"美国是侵略的"。这是从肯定方面解释这条公理。

从否定方面来解释,也是一样的。从否定方面,公理之条文是说"凡与事物的属性矛盾的,也就是与事物自身矛盾"。在上面的一个例子中,"人民的真正朋友"是和"美国的这事物的属性"、"帝国主义国家"相矛盾的,根据毋矛盾律我们便说"帝国主义国不是人民的真正的朋友",所以"人民的真正朋友"也就和"美国"自身矛盾,因之根据毋矛盾律,我们必须说,"美国不是人民的真正朋友"。

上面无论是肯定方面或否定方面的说法，都是从概念内涵说的。

分析起来，三段论式公理上面所述的两种最通常的条文都是正确思维基本规律的同一律和毋矛盾律这两条规律的具体表现，而用符号来表达其最明显的是下面的两种三段论式的形式：

(1)
$$\frac{\begin{array}{c} M\,a\,P \\ S\,a\,M \end{array}}{\therefore S\,a\,P}$$

(2)
$$\frac{\begin{array}{c} M\,e\,P \\ S\,a\,M \end{array}}{\therefore S\,e\,P}$$

上面所举的例子都是这两种三段论式形式的实例。下面讲到三段论式的格与式时，我们便知道这两种形式都是属于第一格的，即中词为大前提的主词和小前提的宾词的那一个格，而且这两种形式乃是第一格的第一、第二两个式即 AAA 和 EAE 这两个式。

那么，除这两个三段论式的特别形式之外，所说的公理还是适用吗？这是有关亚里斯多德形式逻辑学说的一个重要问题，得要简略地来谈一下的。

我们首先再来看：上面符号表达出来的那两个三段论式的形式，其第一个形式是：

$$\frac{\begin{array}{c} M\,a\,P \\ S\,a\,M \end{array}}{\therefore S\,a\,P}$$

从外延方面说，这公式的意思就是 P 乃是用以肯定 M 的全类的，而 S 是 M 的一部分，所以就可用 P 来肯定 S。这显然是思维基本规律的——同一律之应用，因为说"所有 M 都是 P"时，其意思乃是整个 M 类是和 P 的某一因素同一的，而说"所有 S 都是 M"时，其意思乃是整个 S 类是和 M 的某一因素同一，但整个 M 是和 P 的某一因素同一，因之整个 S 通过 M 必和 P 的那个因素同一，所以就得出"所有 S 都是 P"这一个结论。可见三段论式公理从外延来讲这条文的肯定部分确是同一律的应用。

再从内涵方面来看这公式:SaM 是说,M 是 S 的属性,而 MaP 乃是说 P 是 M 的属性,故 P 是 S 的属性之属性,所以 P 也就是 S 自身的属性。这也显然是同一律的应用,因为即是所有 S 都具有 M 这属性,而 M 这属性又具有 P 这属性,如果有些 S 不是 P,则这些 S 的属性 M 便和 P 不一致,而就不是 P,这是违反同一律的,所以所有 S 都必是 P。这就是公理从内涵方面所说的"凡事物属性的属性,也就是事物自身的属性"这条文的意义。

再看第二个以符号表达的公式:

$$M\,e\,P$$
$$S\,a\,M$$
$$\therefore S\,e\,P$$

从外延方面说,这公式的意思就是,P 乃是用以否定 M 的全类的,而 SaM 是说,S 乃是 M 的一部分,所以就可用 P 来否定 S。这显然是思维基本规律的毋矛盾律之应用,因为说"所有 M 都不是 P"时,其意义是整个 M 这类都是和 P 分离的,而说"所有 S 都是 M"时,其意思是说整个 S 这类是 M 这类之一部分。既然整个 M 这一类都和 P 分离,我们不能说作为 M 类一部分的 S 是和 P 一致的,因为不能既说 M 与 P 分离,而又同时说有些 M 和 P 一致,这是毋矛盾律所不容的。因之其结论必是"所有 S 都不是 P",这才是毋矛盾律所要求的,可见从外延来讲,公理条文的否定部分确是毋矛盾律的应用。

再从内涵方面来看这第二个公式:SaM 的意思乃是说 M 是属于所有 S 的,就是说,M 是所有 S 的属性,但 MeP 是说,P 和 M 是矛盾的,所以 P 也就和具有 M 属性的 S 自身相矛盾,否则便可说有些 S 是 P,而所有 S 都具有 M 这属性,但 M 和 P 是矛盾的,故不能说 S 是 M 而又是 P,这是毋矛盾律所不容的,所以必须得出"所有 S 都不是 P"这结论才是毋矛盾律所要求的。可见,不论是从概念外延来看或者从概念内涵方面来看三段论式的公理,其否定部分确是毋矛盾律的应用。

然而上面所举的三段论式之两种形式,都是以中词为其大前提的主词而同时又为其小前提的宾词的,但是在一个三段论式中,其中词不限定必为其大前提的主词,可能是其宾词,又不限定必为其小前提的宾词,可能是其主词,所以上面所举的两种形式不能穷尽地代表所有三段论式的各种形式。而且,即使拿中词为大前提的主词而又为小前提的宾词这种形式来讲,也不限定必为上面所分析的那两种形式,因为其大前提不一定是全称的而可能是特称的,其小前提不定是全称肯定的,也可能是全称否定,或特称肯定,或特称否定,或完全代表三段论式的所有各种各样的形式,即下面将要谈到的三段论式的各个格与其各个式。

可是,我们当要知道,从亚里斯多德以来,传统形式逻辑是以中词为大前提的主词而又为小前提的宾词这种形式为三段论式的典型,称之为完全的形式,而上面所举出的两个式又是这种完全形式之最典型的,其他的能得出正确结论的各式都可以直接或间接改变为这两个式,或由之而派生出来的,否则就不是能得出正确的结论的。因之,有的逻辑家认为这两个形式是亚氏三段论式逻辑系统的公理之表现①。

我们看看能否从遍有遍无公理得出三段论式的规则。这些规则是根据中词为大前提的主词而同时为小前提的宾词这种形式的,其应用到其他三段论式的形式,是要通过这个典型的形式的,所以所得出的规律也可以看为是一切三段论式各种形式的规则。

---

① 参看卢卡西维茨:《亚里斯多德的三段论》一书,1951年,英文原版,第73页。据卢氏的研究,"遍有遍无公理原非出自亚里斯多德作为一切三段论式推理的根据,如凯因斯所断言那样。亚氏在其《分析论前篇》并没有在什么地方把这公理作成公式表达为三段论式的原理。有时人们引用为这原理的公式表示的也不过是'用以对所有陈述'和'不对任何一个东西陈述'这两种说法的解释而已"(译自上引书第47页)。这种看法,严格地说来,是正确的,在亚里斯多德现存的著作中,确无遍有遍无公理的条文,但有两段文字是和其内容有关的。其第一段见《分析论前篇》,标准页第24b第26至30行,其中一部分也是卢氏在上引文中所引用的。其整段全文中译如下:"一个词全部包含在另一个词之内,就是等于以第2个词来称谓第1个词之全部。所谓以一个词来称谓另一个词的全部,就是说,没有主词所指的任何事例是谓词所不能称谓的。不能以一个词来称谓另一个词的任何部分,其结果也可以由此类推。"另一地方是《范畴篇》标准页第1b,第10至16行。中译如下:"如果以某一东西来称谓另一东西,则凡可以之称谓其谓词者,亦可以之称谓其主词。"例如,以"人"来称谓某甲,而又可以"动物"来称谓"人",因之亦可以"动物"来称谓某甲,即可以说,某甲是"人"而同时又是"动物"。这两段文字的第一段就是遍有遍无公理从概念外延看的内容,其第二段就是公理从内涵看的内容。但是公理的条文是以拉丁文写出,据普兰特尔的《西方逻辑史》第一卷,原德文版,第652页又第649页,是波业提奥斯在公元5、6世纪之际才确定是从亚里斯多德而来的。参看拙著《亚里斯多德》,第119—120页。

首先，我们分析公理的条文：它是说"凡可以之肯定或否定全类的亦可以之而肯定（或否定）其类之任何部分或任何一事物"。条文中，"凡可以之肯定（或否定）"是就大前提的宾词即大词而言的；其"全类"之"类"即所肯定或否定的，那就是大前提的主词亦即中词，而"其类之任何部分或任何一事物"即小词。可见，公理条文含有三个词，而且只含有三个词，不能多于三个，亦不能少于三个，这便是三段论式规则的第一条。

其次，公理条文中只意味着三个命题：第一，是以什么来肯定（或否定）一全类；这是大前提。第二，肯定什么是这类的一部分或事物；这是小前提。第三，"以之而肯定（或否定）这一部分或一事物"；这便是结论。可见，公理条文是意味着三段论式有三个命题，而且只有三个。这是规则的第二条。

再次，肯定或否定的是"一全类"，而这"类"是中词，所以公理是要求中词至少是在一个前提中周延的。如果这里所有定或否定的不是"全"类，则中词在前提中不能周延，结论就不能得出的。这便是规则的第三条。

又次，公理条文中的"任何部分或任何一事物"不是说的"任何"，乃是指任何在小前提中任何属于"其类"之那个任何部分或事物，因之结论的任何部分或事物必须是小前提指出属于"其类"的任何部分或事物，不能走出小前提所指的部分或事物的范围。这便是规则的第四条。

复次，公理条文所说的"其类之任何部分或任何一事物"是要求指出某一部分或某一事物肯定地属于开头所肯定（或否定）的全类，所以这个小前提必须是肯定，如果这小前提不是肯定，而前面可能是一个否定的大前提，则结论又是不能作出的。这就是规则的两前提中必有一个是肯定的这一条。

最后，公理条文后面所说的肯定（或否定）是按照前面所说的是肯定（或否定），而小前提既然必须肯定，是则两前提为肯定，其结论必是肯定，两前提中有一是否定，结论必须是否定。这又是三段论式的一条规则。

由此可见，三段论式的主要规则都可以从这公理分析出来的，所以我们在上面说，一方面，三段论式的公理是正确思维基本规律结合三段论式形式的具体表现，而另一方面，它又是三段论式的一般规则所从而产生出来的,它是介乎思维基本规律和三段论式这种特殊思维活动的规则之间的。

下面我们就比较更详细地来讨论三段论式的一般规则。

第六节　三段论式的一般规则

三段论式的规则可分为一般的规则和特殊的规则。一般的规则是所有各种各样的三段论式形式所必须共同遵守的,而特殊规则是三段论式某些特殊形式所遵守的。兹先谈一般的规则,共七条,其中主要的是上面指出从三段论式的公理分析出来的,而其他是从主要的规则推演出来的。

一、第一条:三段论式必须具有三个命题和三个名词,不得增减

说明:在上面本章第三节中已经讲过,按三段论式的定义,三段论式规定是从两个以一个共同媒介词联系着的主谓判断为前提而得出结论的一种间接演绎推理形式。在这种推理中必须有两个前提,而从这两个前提推出一个结论,可见每一个三段论式都有三个命题,而只能由三个命题才构成三段论式,这也是从三段论式的公理分析出来的。正如上述,三个命题之中共有六个名词,但是其中只有三个不同的名词,每一个重复一次,是为六个,用以构成三个命题。

例子在上面已曾多次举过,兹可不赘述。

但必须指出,有时一个三段论式表面上只有三个不同的名词,其实是四个,因为其中一个名词,最通常的是中词,在两个命题中是词同义异的。

例如,有人不深入理解辩证唯物主义,或者有意歪曲辩证唯物主义,就提出问题说,"物质是永恒的,而棉布是物质;岂不是棉布是永恒的吗?"这里,"物质"这一个词在两个不同的命题中代表着两个不同的概念,一个是"物质的一般存在",而其他一个是"物质的一定形态"。因为"物质"这词是在不同的意义上使用,实在是两个不同的名词,违反了同一律的规定,所以把这词作为中词来联系大词和小词,其期望的联系是建立不起来的,因之结论便不能得出,这种三段论式的推理是无效的。它犯了四名词的错误。

这种错误是诡辩家和我们的阶级敌人,帝国主义的外交家,所常常企

图利用来进行其欺骗的诡计,且是我们所应予以驳斥,从逻辑方面揭露其阴谋的。

但是我们还须指出,这是三段论式推理的一条规则,并不是说,譬如我们可以说,"凡是记熟房子第三层楼是在其第二层楼之上,其第二层楼是在第一层楼之上,所以其第三层楼是在其第一层楼之上"。这段推理是得到正确的结论的,但是它却在两前提里有四个不同的名词,即"房子的第三层楼"、"在其第二层楼之上"、"第二层楼"和"在第一层楼之上",而且结论是完全从这两个前提的结合而得出的。然而我们要知道,这是关系判断的推理,控制这种推理的原理不同于控制三段论求推理的原理。其推理的所依据的原理既是不同的,则必须遵守的规则亦不同,所以凡三段论式推理在其两前提中只能有三个不同的名词,如有四个不同的名词,便犯了四名词的错误。这条规则不适用于以"在……之上"这种关系而构成的推理的形式,因为这不是三段论式的推理,所以就不属于三段论式推理规则有效的范围。

二、第二条:中词在两前提中至少须周延一次
——如果违反之,则犯中词在前提未周延的错误

说明:一个三段论式的中词在前提中是出现两次的。这条规则规定它在前提中至少须周延一次,那就是说,它可以周延两次。如果中词都不周延,那么,中词在大前提中可能是指其概念外延之某一部分,而它在小前提中所指的是这概念外延之另一部分,在两前提中所指的既是不同的对象;则中词在两前提表面上虽是同一个词,但是不指同一的东西,其效果是和词同义不同的两个词,不能作为大词与小词之间的媒介,失去其中词的作用,而是违反了第二条规则。这种错误在三段论式推理中是很容易犯的,应格外留意。这种错误也是犯同一律的错误。

兹举一例来补充说明:"某某师范学院的毕业同学是熟悉自己的业务的,我们的语文老师是熟悉自己的业务的",从这两个前提,我们能否得出结论说,"我们的语文老师是某某师范学院的毕业同学"呢? 不能,因为得出这样的结论是不正确的。这并不是说,"我们的语文老师不可能是某某师范学院的毕业同学",这是另一问题,其真实与否不可能从前面的两个

前提而确定,因为这两个前提中的中词,即"熟悉自己业务的"这名词,并未周延一次,其未周延,因为在两前提中它都是肯定命题的宾词,而肯定命题的宾词是未周延的。

我们试以图形来说明:

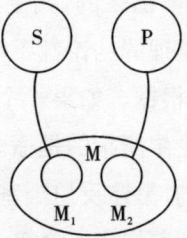

在上面的图形中,S(小词)是M(中词)的一部分M_1联系着,而P(大词)是和M的另外一部分M_2联系着。实际上M_1和M_2是两个不同的东西,不能作为S和P的媒介,而决定S和P究竟是有无联系,所以是无结论的可能的。

但是如果中词在至少一个前提中是周延的,姑且说它在大前提中周延,那么,它所指的概念的全部外延,而在另一前提,即小前提,未周延,所以它所指的是这概念的一部分外延,但是这一部分外延是全部外延的一部分,所以通过这一部分外延,中词就能起其媒介作用。在图形上可以看出这是:

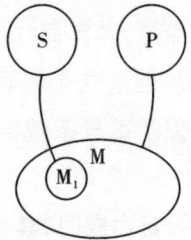

图形中P是和M的全部外延联系的,虽然S只和M的一部分外延M_1联系,但这一部分乃是全部外延的一部分,所以这一部分是P和S所共同联系的,因之它就起了媒介作用,可见中词在两前提中须至少周延一次,才能起其中词的媒介作用。这条规则也是可以从公理引申出来的。

三、第三条:凡前提中未周延的名词,在结论中不得变为周延——如果违反之一则犯大词非法周延或小词非法周延的谬误

说明:这一条规则是指大词、小词而言的,因为中词并不出现于结论,这条规则也是可以从公理引申出来的,如上述这条规则表现着演绎推理的基本精神和本质,凡演绎推理的结论都不能超出其前提的范围,必须完全以其前提所提供的消息为根据。如果一个名词在前提中所指的只是其概念外延的一部分,而在结论中所指的是概念的全部外延,超过前提所提供的消息,那就是没有根据的,是违反思维基本规律的同一律和充足理由律。它违反了同一律,因为在前提中一个名词是指其概念外延的一部分,而在结论中则变为指其全部的,在两个地方是同一个名词而所指的不同,即指不同的对象,改变了原来的意义,偷换了概念,故说它违反了同一律,同时,在结论中涉及名词所代表的概念全部外延,但在前提中只有关于这外延一部分的消息,是违反规则的,如果是大名词,则这错误称为大词非法周延的谬误,如果是小名词,则称为小词非法周延的谬误。下面是大词非法周延谬误的一个例子:

所有学生都应该努力学习的————大前提 MaP。

干部不是学生————————小前提是 SeP。

所以 (?)干部不应该努力学习———结论 SeP。

这里的结论是一个 E 型命题,其宾词"应该努力学习"是周延的,因为否定命题的宾词都是周延的。但是这个名词在 A 型命题的大前提里为其宾词,是未周延的,所以是犯了第三条规则的规定,这个便是大词非法周延的谬误之一例。

但凡三段论式的结论是否定命题时,其大词必是周延的,我们就在检查其正确性的时候,首先要看大词在大前提中是否周延的,以免犯大词非法周延的错误。

结论的主词可能犯小词非法周延的错误。下面便是一例:

我们图书馆流通的书都不是反动的————大前提 MeP。

我们图书馆流通的书都是印刷品————小前提 MaS。

所以(?)所有印刷品都不是反动的————结论 SeP。

这里,S 在小前提里是一个肯定命题的宾词,是未周延的,而在结论中是全称命题的主词,故是周延的。这就犯了小词非法周延的错误。

但凡三段论式的结论,如果是一个全称命题,其小词必是周延的,在检查其正确性时,首先就要看小词在小前提中是否周延,如未周延,便犯了小词非法周延的错误。

注意:这条规则只说在前提中未周延的名词不得在结论中变为周延的,但并未禁止在前提中周延的名词而在结论中不周延。如果一个名词在前提中是指其概念的全部外延说的,而在结论中只指其外部的一部分,这是完全正确的,并未违反什么规定,而且是有根据的,因为全部既真,则其一部分也是真的。在逻辑正方形上我们已经证明过,如 A 真,则 I 必真的。我们如果掌握全部消息,而在使用时,只需要使用其一部分,这完全是容许的。可是,在议论的进程中,如果进一步推论时是以所得的结论为根据,则原有的全部消息已经被减少,而削弱了。这也是应该注意到的一点。

四、第四条:两前提皆为否定的命题,不得有结论

说明:本规则是意味着任何三段论式的两前提,其中必须有一个是肯定的命题,否则不能得出任何正确的结论,因为三段论式推理是要在前提中通过中词而把小词和大词的关系确定下来的。如果两个前提都是否定的命题,那就是说 P 和 M 不联系而是分离的。S 和 M 也不联系而又是分离的,那就无从知道 S 和 P 究竟有无联系,说它们有联系或无联系,都没有充足的理由,这是违反充足理由律的。

例如我们拿下面这样的两个前提:

教育系的学生不是语文系的学生——全称否定命题。

语文系的学生不学习儿童心理学——全称否定命题。

不管怎样,以这两个命题作为前提是不能得出任何结论的。我们不能由之而知道教育系的学生是否学习儿童心理学。如果他们事实只是学习儿童心理学的话,我们是从别的方面得到消息,而不是根据这两个命题作为前提按三段论式推理的过程而推知的,两前提皆否定的命题,是无从推出结论的。

五、第五条：两前提之一为否定，则结论必为否定；但两前提俱属肯定，则结论亦必为肯定

说明：上面规则第四条规定两前提不得俱为否定，至少有一个前提是肯定的，如果一个前提是否定，则其他一个必是肯定，那么，得出的结论必是否定。

前提中是中词 M 和 S 或 P 的关系之表现。如果一个前提是否定的，就是表明 S 或 P 和 M 是不相容的，其他一个前提是肯定的，那就是说，其中表示出来的 P 或 S 的关系是相容的，那么，S 和 P 之中，其一个是和 M 不相容而另一个是和 M 相容的，所以 S 和 P 之间的关系必是不相容的，因之我们断定结论是否定的。例如：

政治觉悟提高的学生必定努力学习与劳动的。

某甲学生不努力学习与劳动。

所以某甲学生不是政治觉悟提高的。

如果两前提都是肯定，则 S 和 P 都和 M 有着联系，所以通过 M，它们亦能有联系。如果其他条具备能按三段论式推理的形式得出结论，这结论是肯定的。

注意：本条规则规定的只是说，两前提之一为否定，则结论必为否定，如果两前提都是肯定，则其结论必为肯定。换言之，如果要得出一个否定的结论，则前提之一必须是否定的；如果要得出一个肯定的结论，则两前提必须都是肯定的。但是我们必须注意，这只是要得出结论的条件之一，还有其他的条件得要考虑，只靠两前提之一为否定，或两前提都是肯定，不能就决定能否得出正确的结论，更不能决定所得出的结论是什么，是 A、E、I 或 O。决定这点须看其他条件，如前提的质与量，和中词在前提中的位置，这些问题留在下节再谈。

六、第六条：两前提皆特称，不得有结论

说明：两前提皆特称的情况下，我们暂且不管其中哪一个是大前提，哪一个是小前提，只按其两前提都是特称这一情况来推论。

在这种情况之下,只有三种可能,那就是两前提是:

(1)I I,(2)O O,(3)I O。

兹分别来检查如下:

(1)如果两前提是 II:我们第二条规则规定的是,一个三段论式的中词在前提中必须至少一次周延,否则不能得出结论。这是得出结论的极重要的条件之一。在 I 型命题里没有名词是周延的,所以在两前提都是 I 型命题这种情况下,中词是没有周延的,所以从两个 I 型命题作为前提就不能得出任何结论。

但是有人认为从两个特称肯定前提也有可能得出结论的。例如:

有些学生是精通俄文的。

有些青年是学生。

所以,有些青年是精通俄文的。

事实上,确是有些青年精通俄文,但问题是:从逻辑的三段论式推理来讲,"有些青年是精通俄文的"这结论能否从前面的两个特称前提而得出?我们解答这问题时,先将上面的三段论式以符号列出如下:

$$\frac{\begin{array}{c} M i P \\ S i M \end{array}}{S i P\ ?}$$

M 代表"学生",P 代表"精通俄文的",而 S 代表"青年"。从概念的外延来看,有些 M 是在 P 的外延里面,而有些 S 是在 M 的外延里面,但是 M 是没有周延的,所以就无从知道 S 所在的 M 那部分是否在 P 里面那一部分的 M。可能是的,但也可能不是的。如果结论是说,有些青年可能是精通俄文的,那么,反驳的人同样也可以说"有些青年可能不是精通俄文的",从所提出的两前提并不能决定哪一个可能性的结论是正确的,所以都不成其为结论,因之我们说,不能得出结论,如硬要说可以得出结论,这结论是毫无逻辑的根据的;没有逻辑的根据,便违反了思维的充足理由律。从 II 两前提不能得出任何结论,其理由就是在于此,我们必须在推理中找逻辑的根据。

(2)如果两前提是 OO:这两前提都是否定的,而根据三段论式规则的第四条,两前提否定,不得有结论。

(3)如果两前提是 IO:我们不必去管哪一个是大前提,哪一个是小前提,只考虑到在 I 这前提中没有名词是周延的,而在 O 前提中只有一个名词是周延的,那就是 O 前提的宾词(姑勿论这名词是 S、M 或 P)。所以在 IO 这两前提中,一共有一个名词是周延的。但是根据第五条规则,一个三段论式如果有一个前提是否定的,其结论必为否定,而这里 IO 中的 O 是否定的,所以如果得出结论的话,这结论必须是否定的,那就是说在结论里必是周延的,所以 P 在大前提中也必须周延,否则犯大词非法的错误。但是如果一个三段论式要得出结论,它的中词在前提至少须周延一次,否则就犯中词不周延的错误,那么,在 IO 两前提中,如果要得出合乎规则的结论,必须有两个周延的名词,否则就无结论,而在 IO 两前提中只有一个名词,即 O 的宾词,所以从 IO 这两前提是得不出合乎规则的结论的,如硬要得出一个结论的话,不是犯大词非法的错误,就是犯中词未周延的错误。

以上三种情况检查的结果,我们说,从两个特称前提是不能得出任何结论的。

七、第七条:两前提中有一个为特称,则结论亦必为特称

说明:这里所说有一个前提是特称,乃是不管这特称的前提是大前提或是小前提,如果能得出结论,这结论必定是特称的。这是在这种情况下结论的一种条件。

问题的分析:两前提中有一个为特称,可能有四种不同的情况,即 AI、AO、EI、EO,而不管两前提中哪个是大前提,哪个是小前提。

兹分别检查这四种情况如下:

(1)前提是 AI 的情况:AI 两前提中只有一个名词是周延的,那就是 A 的主词,因为 I 前提的主词、宾词都不周延的。如果要得出结论的话,首先中词就要周延,这是第二条规则的规定,所以在 AI 两前提中周延的名词必须是中词,那就是说,必须是 A 前提的主词,才能得出结论。

这也就是说,如果其他条件都具备,而能从 AI 两前提得出一个结论,

这结论必定是特称的,因为在前提中只有一个名词是周延的,而这周延的名词须是中词,所以其他两个名词没有周延。S 既在前提中未周延,所以在结论里也是不周延的,因之结论如果得出时,必定是特称的。

(2)前提是 AO 的情况:以 AO 作为前提而得出结论的话,至少中词在前提中要周延一次,这是第二条规则的规定,而 O 前提是否定的,所以根据第五条规则,结论亦必是否定的,那就是说,P 在结论中是周延的,因之 P 在前提中也必须是周延的,所以在两前提中至少要有 M 和 P 这两个名词是周延的。

可是,在 AO 两前提中,也只有 A 的主词和 O 的宾词这两个名词是周延的,并不可能有第三个周延的名词,所以 S 在前提中一定未周延,因之结论只可是特称,才合乎规定。

(3)两前提是 EI 的情况:根据第四条规则,一个前提既是 E,则结论必是否定(E 或 O 尚未定),那就是说,P 在结论中必须周延,所以在前提中也得要周延,否则犯大词非法周延的错误,而根据第二条规则的规定,如果要得出结论,M 在前提中至少须周延一次,那就是说,在前提中须有两个周延的名词,即 M 与 P。

可是,在 EI 这两前提中,也只有两个周延的名词,即 E 的主词和宾词,因为在 I 前提中没有名词是周延的,所以 S 在前提中未周延,因之在结论中也不能周延,故结论必是特称的,否则犯小词非法周延的错误。

(4)前提是 EO 的情况:在这种情况下,没有结论是明显的,因为两前提皆否定,根据第四条规则的规定,是不能有结论的。

总上四种情况的分析,如果一个三段论式两前提中有一个是特称的,其他条件具备是可得出结论的,但这结论必须是特称的。

现在我们把上述的规则七条分析如下:

(1)三段论式规则列举七条,其中第一条规定什么是三段论式;第二、第三两条是关于名词的周延与不周延的;第四、第五两条是有关前提的质的(肯定与否定)而制约着结论的质;第六、第七两条是有关前提的量(全称与特称)而制约着结论的量的。

(2)第六、第七两条是明显地以前几条来证明其正确性的,所以有时称它们为附则,而称前五条为正则。

(3)但是严格地讲,除第一、第三和第五这三条是独立的规则之外,其余各条都可从它们引申出来的。

例如第二条规定中词在前提中至少周延一次,否则表面上虽有三个名词,而中词在两前提中所指的可能是不同的对象,故实际上便有了四个名词,而违反了第一条规定的规定,所以第二条规则基本上是用第一条来证明的。

又如第四条是可从第二条推出来的,因为第四条规定两前提中至少必须有一个是肯定的命题,不能两个前提都是否定的。假使我们拿两个否定命题,如 Pe$\overline{M}$和 Se$\overline{M}$作为前提,换质后便为 Pa$\overline{M}$和 Sa$\overline{M}$,中名词就不周延了,违反规则第二条的规定,因之第四条是可用第二条来证明,而第二条是用第一条来证明,所以第四条是依赖第一条的。

这只说明,规则七条有着许多的相互联系,本不必强调正则与附则之分。

我们列举规则七条,是为着便于检查任何一个三段论式的正确性,后面讲到三段论式的格与式时,就可见到规则的作用。

(4)遵守这几条规则乃是三段论式得出正确结论的一种条件,这条件是必要的,但还是不充足的,除遵守规则之外,还须有真实性的前提,这一点在上面已经讲过,在这里再次提出加以留意。

第七节　三段论式的格与式

一、什么是三段论式的格

三段论式的格乃是三段论式的一种结构的形式,决定于其中词在两前提中所属的地位是主词抑或是宾词。

说明:一个三段论式的中词是出现于两个前提的。它在两前提中所属的位置有四种的可能:(1)它可能是大前提的主词,小前提的宾词;(2)它也可能同时是两前提的宾词;(3)它也可能同时是两前提的主词;(4)它也可能是大前提的宾词,小前提的主词。

只有这四种可能的形式,所以三段论式就有四格①。

如果自左至右,将大前提列为第一行,小前提列为第二行,就有下面

---

① 原来亚里斯多德只认为我们现在的前三个格,其第四格是后人增加上去的。何以亚里斯多德只承认三个格呢?他曾说过,"由中词的位置而知其格"(《分析论前篇》标准页第47b,第14行)。按我们现在那样来分别中词在两前提的位置,显然就有四格,缺一不可。但是亚里斯多德在谈到三段论式中词在前提的位置时,是这样说的:"如果中词在两肯定前提中,一为主词,一为宾词,或者它是一个前提的宾词,而又一否定前提的主词,那就是第一格;如果中词是一肯定前提的宾词而同时又是否定前提的宾词那就是中间格;如果中词是两肯定前提的主词,或者是一肯定前提的主词,另一否定前提的主词,那就是最后格。"(同上标准页第1至13行)从这段引文可以看出,亚里斯多德没有像我们现在那样把大前提和小前提分别开来看,中词是大前提的主词抑或是小前提的主词,而只说为主词,一为宾词……这样就可把现在的第一和第四格摆放在一起而不分开,所以他只有三个格,同时,我们须知道亚里斯多德的格的划分有他的划分根据,不同于我们只有中词在前提所说的位置是主词或宾词的,他是根据中词和大小词的宽度的比较。如果我们以这为划分格的根据而将亚氏的三个格列为公式,则有下面的情况:

第一格　　M——P　中词狭于大词
　　　　　S——M　中词宽于大词

中间格　　P——M
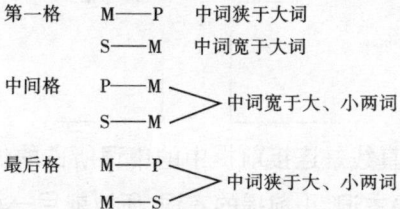中词宽于大、小两词
　　　　　S——M

最后格　　M——P
　　　　　M——S　中词狭于大、小两词

这样一来,是不能分出第四个格来的。所以亚里斯多德只有三个格。

原来的第一格是可以包括今日的第一格和第四格的。参看拙著《亚里斯多德逻辑》,科学出版社,1957年,第181—183页。现在一般都认为第四格是公元2世纪格伦所提出,故称为格伦格,据英国逻辑家凯因斯的考证,以第四格为格伦所提出,是公元12世纪西班牙系的亚拉伯人,亚里斯多德的权威注释家阿弗罗厄斯(Averroës)的意见。第四格之称为"格伦格"从此始。在18世纪初叶之前,形式逻辑各典籍中没有第四格的出现,即近代逻辑家亦多不主张列入第四格而保持亚氏的传统的,约瑟在其《逻辑导论》一书便是一例,他认为加入第四格是一种错误,参看该书原英文第二版第262页(全书有拙译,尚未出版)。当然还有其他逻辑家持不同的意见,例如英国近代另一逻辑家庄逊便写道:"对于第四格之列为逻辑三段论式的一格,成见很深,而且这成见由来很久,主张不以之列入的意见,大都是这样论证的:'凡值得列为逻辑推理形式的都是平常议论中所运用的,今察得,没有什么在平常议论中所运用的是第四格,所以,第四格不是值得列为逻辑推理形式的。'庄逊就反驳说:'这论证就已是第四格的形式,基谬可不置辩。'"参看凯因斯(J. N. Keynes):《形式逻辑》英文原版,第326—329页。上文是据 P. M. Eaton 在其《逻辑概要》(General logic)1931年英文原版第112页所引。可是,波兰逻辑家卢卡西维茨在其1951年出版的《亚里斯多德的三段论》一书里认为"把第四格作为格伦的创作是一种长期的错误",他指出格伦所研究的是含有四个名词的复合三段论式而把这种复合三段论式划分为四个格,并非我们所知道带有中世纪名称的这些简单的三段论式。参看该书英文原版第38—41页、又第74—75页。

的情况:

(1)	(2)	(3)	(4)
M—P	P—M	M—P	P—N
S—M	S—M	M—S	M—S

(1)是第一格:M 是大前提的主词,小前提的宾词;

(2)是第二格:M 是两前提的宾词;

(3)是第三格:M 是两前提的主词;

(4)是第四格:M 是大前提的宾词,小前提的主词。

这四个格都是根据中词在两前提中的位置,学习形式逻辑的人必须熟记的。为帮助记忆起见,可以熟记下面的简图。

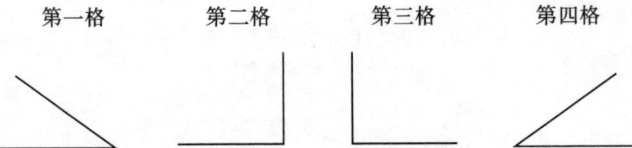

上面的斜线和直线是连接前提中的中词所占的位置,例如在第一格里,中词是大前提的主词,小前提的宾词,所以就用一斜线连接它们;在第二格里,中词都是前提的宾词,而在命题的右端,故直线段画在横线段的右端。余仿此。

二、什么是三段论式的式

三段论式的式是三段论式的格结合其三个组成部分的命题之质与量而决定的形式。

说明:上面所谓的三段论式的格,只需看其中词在两前提中的位置,而并未涉及其两前提的质与量,更未涉及其结论的质与量。一般称为三段论式的式是要考虑这三个命题的质与量的。任何一个三段论式的形式必须在某一格里按其三个组成命题的质与量表现出来。那就是说,式的决定是按其所属的格,即按其中词在前提中的位置和组成三段论式的三个命题的每一个是 A、E、I 或 O。

每一个三段论式都有三个命题为其组成部分,而这三个命题之中每一个都可能是 A、E、I 或 O。这就是说,大前提的质量有四种可能性,小前提亦有四种可能性,而抽象地说,结论也有四种可能性,4 乘 4,再乘 4,一共便有 64 种可能性,而这只是在一格来说的,如果把四个格加在一起,一共就有 256 种可能性,那就是说有 256 个可能的式。

这些 256 个可能的式不都是正确的,即符合三段论式规则的所规定的结论的,其中许多是不正确的,所以就必须加以检查。但检查时,无须考虑到所有这 256 个可能的式。我们知道,一个三段论式的结论受它的两个前提所制约的,所以在研究其式的时候,只需考查其两个前提是什么类型的命题,而不必问其结论。如果只考虑三段论式的两前提,则每一个格中只有 16 个不同的可能结合,如 AA、AE 等,四个格一共也只有 64 个。

即这 64 个前提结合的可能形式也不是都能得出正确的符合于三段论式的规则所规定的。我们分别四个格来进行检查。

检查的方法有几种,在形式逻辑教本里,最常用的方法是分为两个步骤进行的。第一步是按三段论式的一般规则,即上节所讲的七条检查两前提 16 种可能的质量结合,如 AA、EA、IA、OA 等,而排除其违反一般规则的那些结合,例如 EE、EO 等,是显然违反两否定前提不能得出结论的规定,又如 II、IO 等是显然违反两特称前提不能得出结论的规定。排除后剩下只 9 种可能前提的结合,即 AA、AE、AI、AO、EA、EI、IA、IE、OA。这 9 种可能结合中,其第一个符号代表大前提,第二个代表小前提,故 AI 与 IA 不同,AE 与 EA 不同,AO 与 OA 不同,EI 与 IE 不同。

但是这第一步的检查,还未考虑到格的不同形式。所以第二步就按四格的不同的特别规则,分别在各格来进行检查而得出每一格里的正确的式。四格共只有 19 个式是能得出正确的结论的①。

这种方法,在理论上是很简单的,但是必须首先确定每一格的所谓特别规则,然后才能进行第二步的检查,我们认为规则的增加是加重了学习逻辑人们记忆的负担,所以我们不采用这方法,而采用一种更为直接的方法,只运用三段论式的一般规则进行检查。这方法是有利于学习的人在

---

① 这种方法详见本书附录七——检查三段论式的式之一种方法,可参考。

实践中使用所学的七条一般规则的。

三、三段论式的正确性检查中所应注意的各点

(1)先将大小前提按排列,总是把大前提写在第一行,小前提写在第二行,一共写成第一格的十六式的素材如下:

1. ~~MaP / SaM~~　　9. ~~MiP / SaM~~

2. ~~MaP / SeM~~　　10. ~~MiP / SeM~~

3. ~~MaP / SiM~~　　11. MiP / SiM

4. ~~MaP / SoM~~　　12. MiP / SoM

5. MeP / SaM　　13. ~~MoP / SaM~~

6. ~~MeP / SeM~~　　14. ~~MoP / SaM~~

7. MeP / SiM　　15. ~~MiP / SiM~~

8. MeP / SoM　　16. ~~MaP / SoM~~

(2)按 a、e、i、o 的次序在大前提的公式上填写,其第一、四个填上 a,第二、四个填 e……等等。然后每四个小前提也都顺着次序填上 a、e、i、o,直至填写成十六个前提的结合。

(3)按规则进行检查,凡两前提都是否定的,都无结论,就用斜线(/)删掉,两前提都是特称的,无结论,就用双斜线(///)划掉。

(4)有了至少一个全称的前提,至少一个肯定前提之后(全称和肯定前提可能是同前提)就要看 M 在前提中是否周延一次,否则便无结论。第一格的 9、13 是不合这规定的,就用三斜线(///)划掉。

(5)再看哪几个前提的结合是有一个否定前提的(不管是大,还是小

前提);如有结论,其结论必是否定的,P 必须在大前提周延,否则是不合规定的,就用×划掉第一格的 2、4、10。

第一格剩下来合乎规定的前提结合只有四个,即 1、3、5、7。

1 的结论是 A,因 S 在小前提周延,而两前提皆肯定。其结论是 SaP,故式为 AAA。

5 的结论是 E,因 S 在小前提周延,而有一个前提是否定。其结论是 SeP,故式为 EAE。

3 的结论是 I,因 S 在小前未周延,而两前提皆肯定,其结论是 SiP,故式为 AII。

7 的结论是 O,因 S 在小前提未周延,而有一前提是否定。其结论是 SoP,故式为 EIO。

将这四式以符号写出就得:

$$\frac{MaP}{SaM}\therefore SaP$$ 称 AAA 式,$$\frac{MeP}{SaM}\therefore SeP$$ 称 EAE 式,$$\frac{MaP}{SiM}\therefore SiP$$ 称 AII 式,$$\frac{MeP}{SiM}\therefore SoP$$ 称 EIO 式

用同样的方法得出第二格合乎规定的四个式如下:

$$\frac{PeM}{SaM}\therefore SeP \quad \frac{PaM}{SeM}\therefore SeP \quad \frac{PeM}{SiM}\therefore SoP \quad \frac{PaM}{SoM}\therefore SoP$$

应该注意,上面第一个式 EAE 和第二个式 AEE 是不同的两个式,而且第二格的 EAE 和第一格的 EAE 也不同。

用同样的方法又得出第三格合乎规定的六个式如下:

$$\frac{MaP}{MaS}\therefore SiP \quad \frac{MiP}{MaS}\therefore SiP \quad \frac{MaP}{MiS}\therefore SiP \quad \frac{MeP}{MaS}\therefore SoP \quad \frac{MoP}{MaS}\therefore SoP \quad \frac{MeP}{MiS}\therefore SoP$$

用同样的方法,最后又得出第四格合乎规定的五个式如下:

$$\frac{PaM}{MaS}\therefore SiP \quad \frac{PaM}{MeS}\therefore SeP \quad \frac{PiM}{MaS}\therefore SiP \quad \frac{PeM}{MaS}\therefore SoP \quad \frac{PeM}{MiS}\therefore SoP$$

为上个格合乎规定的式共有十九个。

我们得出这十九个有正确结论的式,完全是应用三段论式的一般规则,并不必引用什么各格的特别规则。大凡科学,都以简化其规则为宜。

规则愈多，不但愈发加重记忆的负担，而且多记不必要的规则，是妨碍理智的使用的。

一般形式逻辑教本所列的各格特别规则，皆可以从得出合乎规定的式作为各格的特征总结出来。

四、各格的特征与其在实践中的意义

(1)第一格:有四个合乎规定的式，如上述。

从这四个式可以看出：

(a)大前提都是全称命题。

(b)小前提都是肯定命题。

(c)结论的质与大前提的质相同，其量则与小前提的量相同。

为什么是这样的结论？

大前提都是全称，因为如果大前提是特称，则其主词 M 不周延，则 M 在小前提必须周延，然后才有得出结论的条件，而 M 在小前提是宾词，如要周延，则小前提必须是否定的，那么，结论又必是否定的，则 P 必须在大前提周延，那就须大前提也是否定的，而小前提既已是否定的，那就会有两个否定的前提，便不能得出结论，故大前提不能是特称的，而必须是全称的。

小前提必须是肯定的，如果它是否定的，则结论必是否定的，则 P 必须在大前提周延，则大前提亦必否定，而小前提既已否定，那就是两前提皆否定，无结论得出之可能。故小前提不能是否定的，它必须是肯定的。

结论之量同于小前提之量，因小前提的主词是 S，所以视乎 S 在小前提是否周延而定其在结论之是否周延，故结论之量与小前提之量相同。结论之质与大前提之质相同，因为第一格的特征之一乃是其小前提必是肯定的，如上所证明，那么，如果大前提又是肯定的，则两前提皆肯定则结论是肯定的;如果大前提是否定的，则两前提中有一个是否定的，其结论必否定。可见结论之质是和大前提的质相同的，原因乃是小前提必是肯定的。

上面是说明第一格三段论式的特征皆有其故可得的。第一格的意义:

(a) 第一格亚里斯多德称之为完全格①，其原因有四：其一，在第一格能得出 A、E、I、O 四种类型的结论，为其他各格所不能的，因为 A 型结论只在第一格才能得出。其二，如亚里斯多德所说，"一个三段论式在其陈说之外，不须另外什么来明白地得出其结论的，称为完全格；不完全格必须在其前提所说之外至少有一个命题，纵然这命题是原有前提的后果，然后才能得出结论"②。所说的前提之外另一个命题是指变格中所用的换位，详见后文变格的第一节。其三，一般人都认为第一格的思路是自然的：其大前提的宾词就是结论的宾词，其小前提的主词就是结论的主词。其四，大前提是全称的一个命题，得出一个原则，M 是或不是 P，而小前提肯定 S 是属于 M 的，所以 P 是怎样说到 M，根据三段论式的公理，P 也同样地说到 S，因之第一格最直接地显示这公理的应用。

(b) 第一格的形式是演绎科学的形式，先举出一条原则，再举其一定的事例，然后把原则应用在这事例上面。法院判决是应用这方式的。

(2) 第二格：有四个合乎规定的式，如上述。

从这四个式可以看出：

(a) 前提之一必为否定。

(b) 大前提必为全称。

(c) 结论必为否定。

为什么是这样的呢？

第二格里面，中词 M 在两前提中都是宾词，而 M 在前提中必须至少周延一次。那就是说，两前提中有一个（而只一个，但不管哪一个）是否定的，以使 M 能周延，故前提之一必为否定。

既有一前提否定，则按三段论式的规则，结论必是否定的，则 P 在结论中必周延，故在大前提亦须周延，而 P 在大前提是主词，只有大前提是一个全称命题，才能使 P 周延。

故第二格的大前提必是全称的。

其结论必为否定，已经说明，兹不重复。

---

① 参看拙著《亚里斯多德逻辑》，科学出版社，1957 年，第 120—123 页。
② 亚里斯多德：《分析论前篇》，标准页第 43a 第 23 至 26 行。

可见第二格的特征都是有其理由的。

第二格的意义：

(a)大词 P 在前提中是主词而在结论中是宾词,这是颠倒的秩序,亚里斯多德认为这是不自然的。

(b)第二格的结论都是否定的,非 E 即 O,论证此物,或此一类事物,或有些这类的事物不是什么,故最宜于反驳论敌的全称肯定论题。论敌的 A 型论题,我们可以 E 来推翻,亦可以 O 来推翻,但成立 O 比较易,而成立 E 则比较难,O 固然是够来达到推翻 A 的目的,可是如果能成立 E,其说服力则更大。

(3)第三格:有六个合乎规定的式,如上述。

从这六个式可以看出：

(a)小前提都是肯定的。

(b)结论都是特称的。

为什么是这样的呢？

第三格的小前提必须是肯定的,因为如果小前提是否定的,则结论必须是否定的,则 P 在结论周延,而在大前提就必须周延,但 P 在第三格是大前提的宾词,如要它周延,则大前提必须否定,今假定小前提是否定的,就会有两个否定前提,那就得不出结论,故小前提为否定的这种假定是不可能的,证明第三格的小前提必须是肯定的。

结论必是特称的,因为第三格的小前提已经证明,必须是肯定的,而 S 是这肯定前提的宾词,所以在前提中是未周延的,因之它在结论中不得周延,所以结论是特称的。

由上所论证,可见第三格的特征都是根据三段论式的一般规则的。

第三格的意义：

(a)第三格的 S 在前提中是宾词而在结论中是主词,这是秩序的颠倒。以前提的宾词为结论的主词,在思想上有些不自然的。

(b)第三格的结论都是特称的,不是 I 就是 O,而 I 是 E 的矛盾,O 是 A 的矛盾;证明 I 便是指出 E 的例外而就推翻了 E,证明 O 便是指出 A 的例外而就推翻了 A。所以第三格是最适宜于攻破论敌所作的全称肯定或全称否定的论点是指出例外的论证方式。

(c)第三格两前提的主词都是 M,而它的六个式中三个式是,M 是 P 而 M 又是 S 的形式。S 和 P 是不同的东西,用来陈述 M 的,可能无法成立它们之间的关系,但通过 M 便证明有些 S 是 P。

(4)第四格:有五个合乎规定的式,如上述。

从这五个式可以看出:

(a)结论的形式有 E、I、O 三种,前提 AA 得 I 的结论,而前提 AE 得 E 的结论,前提 EA 却得 O 的结论,情形看来是比较复杂的,不易看出其规律性,因之有些逻辑家认为实际上很可不必用第四格,而且只要把这格的大小前提倒置过来,就变成了第一格,只是变成第一格之后,其结论的主词是 P,把所得的结论加以换位,便得到以 S 为主词的结论了。

例如第四格的 $\frac{PaM}{MaS} \therefore SiP$,如将大小前提倒置,便成为第一格的 $\frac{MaS}{PaM} \therefore PaS$,以这结论换位之后,便得 SiP,即原来第四格的结论。

但是,虽然如此,我们却不应该不考虑第四格,因为如果以 M 在两前提中的位置来决定三段论式的格时,没有第四格是会使系统不完整的。

第四格亦有其特征可言的:看它的五个式,不只是使我们有着上述的观感,仔细看来,还有下面的几点。

(b)如果前提有一个是否定,则大前提必须全称(大前提是全称否定,便合此条件)。

(c)如果大前提是肯定,则小前提必须全称。

(d)如果小前提是肯定,则结论必须是特称。

(e)大小前提皆无特称否定的。

(f)结论没有 A 型命题的。

上面之所谓特征几点,大都是可以明显地看出根据三段论式一般规则得出的结果,其不是十分明显的,一经指出,亦不难理解的。

例如,如果前提有一个是否定的,则结论必是否定的,则 P 是周延的,因之在前提中也得要周延,而 P 在大前提中是主词,所以大前提必须全称,否则犯大词非法周延的错误。

又如,如果大前提是肯定,则 M 在大前作为肯定命题的宾词是未周延的,所以小前提必须全称才能使它的主词 M 得到周延,否则犯中词未周延的错误。

又如，如果小前提是肯定，则其宾词 S 未周延，故结论必须是特称的。

大小前提皆无特称否定的这一点，是需要加以论证的，但也不过是三段论式一般规则的应用。因为如果有一前提是特称否定(O)，它首先不能够作为大前提；如果大前提是否定，则结论必是否定，则 P 须得要在大前提中周延，但我们在这里假定大前提是 O，所以 P 是未周延的，O 也不能作为小前提，因为如果小前提是 MoS，则 M 在这里未周延，就须在大前提周延，而 M 在大前提是宾词，故大前提要使 M 周延，就必须是一个否定命题，但小前提已经假定是 O，这就会有两个否定的前提，便无结论，可见大小前提都不能是 O。

第四格不能有 A 型命题以表达其结论，因为如果要得出 A 的结论，S 必须在小前提周延，但 S 在小前提是宾词，要周延，则小前提必须是一个否定的命题，可是有了一个否定的前提，则结论必是否定的，便不能是 A。可见 A 不能作为第四格三段论式的结论。

上面是说明第四格的特征，都是从三段论式一般规则推演出来的。

第四格的意义：

(a)第四格 S 有前提中是宾词而在结论中是主词，P 在前提中是主词而在结论中是宾词，顺序很不自然的，但是在亚里斯多德的三段论式中没有第四格，其原因都不是在此①。亚氏的格不完全依中词在前提中的地位，而主要是依中词与大小词之外延大小而决定，没有我们现在的第四格是有其一定的理由的。

(b)第四格的结论都可将第四格改变为第一格而得出，所以从这点讲来，第四格没有它的特殊实践意义。但我们为完整格的系统起见，仍然保存着这第四格，而有时也用得着它的。况且近两千年来，形式逻辑的三段论式都沿用第四格，没有严重的理由要将它废掉。

注意：我们在上面简单地讨论了三段论式的公理、规则、格与式。其实这一切连同上章所讲的判断变形、逻辑正方形上的判断间的关系，都可用图解作直观的说明，并不必去管上面所讲的规则，也不必去问三段论式

---

① 亚里斯多德的三段论式没有第四格。

的格与式。任何一个三段论式的正确与否都可用图解来检查出来的。为着适合教学,我们不把这套图解编入本书的正文,而把它列为附录六,以供参考,亦可作为教学与学习的补充资料,三段论式的图解详见该附录六的第三部分。

第八节　格的改造

一、什么叫做格的改造

格的改造是把上节所讲的三段论式的第二、第三和第四格所有的各式都转化为第一格与之相当的式。

例如第二格有:

$$\frac{\begin{array}{c}PeM\\SaM\end{array}}{\therefore SeP}$$

这个式是合乎规定的而得出 SeP 为其正确的结论。我们可以把它转化为第一格而得出同样的结论。

所须注意到的乃是这第二格的两个前提,其小前提的形式是和第一格小前提的形式同相的,则中词 M 是在宾词的地位,但大前提的形式则与第一格大前提的形式不同,因它的 M 是宾词,而在第一格的大前提里,大前提中的 M 是主词。所以如果要把第二格转化为第一格的形式,显然小前提可以不变,而大前提就须改造。怎样改造呢?由 P—M 变为 M—P 显然就是换位的形式,所以只把上面第二格这个式的大前提加以换位,结果便是第一格了。其形式与过程是这样的:

第一格		第二格
$\dfrac{\begin{array}{c}MeP\\SaM\end{array}}{\therefore SeP}$	$\xrightarrow[\text{不变}]{\text{换位}}$	$\dfrac{\begin{array}{c}PeM\\SaM\end{array}}{\therefore SeP}$

又如第四格有 $\dfrac{\begin{array}{c}PeM\\MiS\end{array}}{\therefore SoP}$

这个式也是合乎规定而得出 SoP 这结论的。我们就把它改造为第一格,看看是否得出同样的结论。

第四格两前提中 M 的位置是完全和第一格颠倒的。按上面这式的

两个前提都可以简单换位的,换位后,其形式如下:

第一格　　　　　　　第四格

　MeP　　　　　　　　PeM
　SiM　　换位　　　　MiS
∴SoP　　换位　　　∴SoP

再看第三格的一个式如下:

　MiP
　MaS
∴SiP

如果我们想要保留大前提,因它的 M 是和第一格大前提的 M 的位置一样的,而把它的小前提换位成为 SiM,结果便是两前提都是特称,不能得出结论。所以须用一种保持 MaS 这全称命题的改造方法。这就得要把大前提简单换位其结果便是:

　PiM
　MaS

这便是一个第四格的形式。要把这形式改变为第一格的形式,惟有把两前提颠倒位置而成

　MaS
　PiM
∴PiS

所得的结论是以 P 为主词的 PiS,再把这结论简单换位,便是和原来在第三格的结论一样的了。

上面是几个改造格的例子。

二、为什么要有格的改造

原来任何一个三段论式的推理,都可由一个格转化为另一个格,一方面说明三段论式的各个格是相互联系,可以相互转化的;但另一方面,并说明三段论式格的区分不是三段论式推理本质上主要部分的理论,正如在本书附录六——形式逻辑图解第三部分所证明,不必问到格是什么,用图解都可得出正确的结论。

可是如上面曾讲过,自从亚里斯多德的时候,二千多年来,形式逻辑家一般认为三段论式的第一格是最能表现出三段论式推理的思维活动形

式的。三段论式是一种间接演绎推理的形式,而演绎推理的过程是从一般到特殊或个别的推理,我们根据演绎推理性质的这样理解,三段论式的大前提应该是一般原理的说出,而其小前提乃是把某种特殊场合或某个别事物,归到这一般原理之下,从而得出根据两前提所制约着的结论。这种思维活动过程最明显的是表现在第一格。遍有遍无公理(拉丁文借用的 dictum de omniet mullo)也是第一格表现得最明白的。因之,为要说明一个三段论式的推理确是从一般到特殊或从一般到个别的推理,为要说明它是符合遍有遍无公理的,如果它原来不是第一格的形式,就通过种种的逻辑操作,如前提的换位,两前提互换位置等,把它改造为第一格。

三、具体改造的方法大致分为两种,按被改造的形式的实际形况而分别使用

第一种是直接改造方法:这直接方法是根据原来那个式的两前提,通过换位,换质,或前提互换位置,而变成第一格以得出原来那个式的结论。上面所举的三个例子都是用直接改造的方法的。

间接方法是第二种方法,这种方法是用第一格的式证明原来那个式的结论之矛盾命题是不正确的,因而证明原来的结论是正确的。这方法又称为归谬法,意思是以谬论归之于论敌,是亚里斯多德常用的一种方法,例如第二格有下面这个式

PaM
SoM
∴SoP

如果有人认为结论 SoP 之从 PaM 和 SoM 这两前提得出是不正确的,那他就得要承认,从这两前提应该得出与 SoP 相矛盾的结论,那就是 SaP。我们可以用第一格来证明这个结论是不可能的,而以其谬论归之于对方。其过程如下:

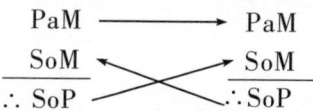

论敌是承认原式的两前提的,即 PaM 和 SoM。今又认为原结论的 SoP 不对,故须承认其矛盾命题 SaM 是正确的。把这命题作为小前提而

与原来的大前提 PaM 相结合,其结论根据第一格的 AAA 那第一个式便是 SaM,但这命题却和原来的小前提 SoM 相矛盾的,所以论敌是自相矛盾,可见他之不接受原来的结论,必要产生自相矛盾的后果,所以原结论是正确的,这就是间接方法,归谬法的一个例子。

在实践中,格的改造虽然并不困难,但有时还须讲点思索的,为便于学生背诵,中世纪经院逻辑家把格的改造方法编成各种歌诀的韵文,其中最通行而流传至今的是罗马的天主教皇约翰第二十一世[①]所编,其全文如下:

Barbara, Celarent, Darii, Ferioque, prioris;
Cesare, Camestres, Festino, Baroco, secundae;
Tertia, Darapti, Disamis, Datisi, Felapton, Bocardo, Ferison, habet;
Quarta insuper addit Bramantip, Camenes, Dimaris, Fesapo, Fresison.

这个韵文的歌诀一直到最近学习形式逻辑的人还有背诵的,但这是不必要的。我们现在尽可以根据三段论式的一般规则或其他简易的方法,如附录六的图解,来检查任何一个三段论式的正确性,必须靠格的改造这种方法,可是作为一种逻辑史的材料,我们把这韵文的用法详细说明,列为附录八,以供参考。

---

① 教皇约翰二十一世 Pedro Hispano,卒于 1277 年。

第六章　假言推理与选言推理[①]

第一节　假言推理的本质

一、什么是假言推理

假言推理是一种演绎间接推理,其前提中至少大前提是表达着一个假言判断的。

我们在上面论判断的一章中已经讲过,假言判断是一种判断,其在后件中主体与陈述的结合为肯定(联系)式或为否定(分离)式,是以其前件中所说某一定条件为转移的。

例如,"如果干劲大,生产就会大跃进"。这就是说,"生产"这判断的主体之能以"大跃进"来陈述它,是以"干劲大"为其条件的,也就是说,前件的"干劲大"是"生产大跃进"的理由,这理由是"生产大跃进"的根据,从而推出"生产大跃进"这推断来的。

"干劲大"和"生产大跃进"的联系就是,如果理由是真而无推断是不可能的。

理由和推断之间的联系是反映客观事物的必然和普遍的联系,其为

[①] 一般逻辑教本称假言推理为假言三段论式推理,称选言推理为选言三段论式推理。这种名称是不十分妥当的,因为根据三段论式的定义,它是通过一个在两前提出现的中词把大小两词的关系建立起来的,而在假言推理和选言推理中,其前提每每也是有两个,形式上和三段论式相似,因之一向就称它们为假言三段论式和选言三段论式,但是假言推理和选言推理之得出结论都不是通过一个中词而是通过另一种的关系,可见其推理的性质和三段论式有本质上的区别,故不应和三段论式混淆起来。当知"三段论式"这名称在亚里斯多德的名著逻辑六篇后人称为《工具论》者这些著作之中,是用为"推理"的同义词,故传统形式一向沿用"假言三段论式"和"选言三段论式"这两个名词是有其历史的根源的,我们现在使用"三段论式"这名词是在其四格的意义上作为推理的某一定形式,就不得不把它和假言推理、选言推理等推理形式区分开来。但我们还常常借用三段论式中"大前提"和"小前提"这两个名词来称呼假言推理和选言推理的前提,其意义乃是,大前提表达推理的一段原则,而小前提则指出这一段推理的特殊场合,其结论是这原则应用在这场合上的必然结果。

必然,乃是说,有了理由,则一定有推断的;其为普遍,是说每一次在同样情况下有这样的理由,则必定无例外地有同样的推断之得出。

可是,理由和推断的关系,一般说来,不是对称的。这就是说,一般说来,有理由必有推断,但有推断,不一定是根据这一个理由。如果我们以 p 来作理由的符号,以 q 来作推断的符号,p→q 作"如果是 p,则是 q"的符号,其中的关系可以表达如下:

p	q	p→q
真	真	真
真	假	假
假	真	真
假	假	真

这就表明,有理由,则有推断,不能有理由而无推断,但可以无理由而推断还是真的,可能根据另一理由而成为它的真,虽无理由而又无推断,两者不真,然而理由和推断的关系依然可肯定其存在。所以假言判断并不肯定其理由(前件)之真,亦不肯定其推断(后件)之真,而只肯定两者必然联系之真。这是假言推理的原理,根据它来进行推理得出结论的。

二、假言推理有两种:(1)假言直言混合推理;(2)纯粹假言推理。亦分别论之

(1)假言直言混合推理:大前提是假言命题,小前提是直言命题,结论是直言命题的这种形式的演绎推理。

例如"如果美国帝国主义继继侵略台湾,它必遭惨败;今美国帝国主义是继续侵略台湾;所以它必遭惨败"。

表面上看来,这好像是一个三段论式,因它是三个命题组成的,而且有大前提表达这论证的原则,有小前提指出当前的情况,而结论是大前提所表达的一般原则应用到具体场合的结果,但是这论证的进行并不是通过中词而把结论中的两项建立其关系。所以这种推理在本质上不足一个三段论式,而是由"美国帝国主义继续侵略台湾"和"它必遭惨败"的必然联系而作出其推断的。

我们在假言推理和后面讲的选言推理中，借用"大前提"和"小前提"这两个名词，一方面是为着沿用一向所用的名词是很方便的，而另一方面，这里的大前提确是表达一段推理所根据的原则，小前提指出某一定的场合，是符合演绎推理从一般到特殊的过程。

(2)纯粹假言推理是前提和结论都是假言命题这一种形式的演绎推理。

例如，"如果干劲大，则生产必大跃进；如果大家的社会主义觉悟提高，则干劲必定大；所以，如果大家的社会主义觉悟提高，则生产必大跃进"。

这推理的进程是明显的，是由肯定理由而到推断的一种进程，先由"大家的社会主义觉悟提高"而到"干劲大"这推断，既有这推断作为理由，便知"生产大跃进"这推断是必然地作为结论。

三、假言直言混合推理又有两种形式，(1)构成式(又称肯定式)；(2)破斥式(又称否定式)①

(1)构成式：大前提是一个假言命题，表达一种其前件所设的条件作为后件所说的事项之理由，小前提肯定是前条件的存在，而结论便因之而确定事项之必然发生。

例如上面所曾举过的例子，"如果美国帝国主义继续侵略台湾"这就是一种条件，有这条件的存在，则可作为理由推断"它必遭惨败"。这就是推理的大前提，而小前提肯定这条件的存在说："美国帝国主义继续侵略台湾"，所以就得出结论说，"它必遭惨败"。

以符号来表达，就有下面的公式：

如果 A 是 B，则 C 是 D。

A 是 B，

所以，C 是 D。

---

① 我们这里的"构成式"是拉丁文 modus ponens 之译，拉丁文 ponens 这现在分词是从 pōno 这动词来的，是"构造"义。"破斥式"是拉丁文的 tollens modus 之译，拉丁文 tollens 是现在分词是从 tollo 这动词来的，是"破坏"义，故详为"构成式"和"破斥式"比较确切。"肯定式"和"否定式"是意译。

我们在这里必须强调地再一次指出,假言推理的基本原理是表达为其大前提的假言判断。如果这判断是正确地反映客观事物的必然联系,即如果A是B,则必然地而毫无例外地C是D。假使情况是这样,虽然有A是B这事情,而可以没有C是D所指的事件,那么前件和后件的联系就不是必然的,普遍地就不能据以进行推理作出结论,因为所作出的结论可能是不正确的。

例如,常听见有人说,"如果下雨,我就不上街"这一类的话。是否下雨,说话的人就不上街呢?下雨是否他之不上街的充足理由,下雨他是否必然就不上街呢?如果他有事情,一定要上街,下雨这一种情况,是否就绝对妨碍他上街呢?他可否打伞或穿雨衣上街呢?所以如果一个人说了"下雨,我就不上街"这话之后,我们不能因之就知道如果下雨,他就一定不上街的,因为这两件事情之间没有必然的联系的。除非在某一定具体情况下,下雨就绝对叫某一个人不上街,我们就不能根据"下雨,我就不上街"这种说法而进行推出一个结论来,即在形式上可以推出结论,其结论不是必然性的。

(2)破斥式:大前提是一个假言命题,小前提否定其后件所指的事项的发生,结论便因之而破斥其前件所设的条件。例如:

如果今天是假期,我们必不上课。

我们上课,

可见,今天不是假期。

这里,小前提看破斥大前提的后件所指的局面,故可肯定其前件所设的条件(理由)是不存在的,因为据大前提所表达的,如果有了这条件,则局面不是上课的形势。不能有了条件而没有其必然的结果。即我们不上课的那个结果的。

以符号来表达,破斥式就有下面的公式:

如果A是B,则C是D。

C不是D。

所以,A不是B。

注意:构成式是构成大前提所说的一种局面。如要构成这局面,则必须具备大前提在前件所假定的条件。故须肯定这条件的存在,然后才能根据其前件与后件,即条件与事件的必然联系而推断后件所指的事件必然发生。所谓肯定B是确立大前提前件所假定的,如这前件假定的是"A是B",则确立它时,便要说,"A是B",如这前提假定的是"A不是B",则确立它时得要说,"A不是B"。所以肯定条件的命题不一定本身是一个肯定命题,可能是一个否定命题,因大前提前件所假定的可能是一个否定命题的形式,故确立它时,也得要用否定命题的形式。例如,"如果敌人不投降,我就消灭他",这是大前提,其前件是一个否定命题的形式,构成式肯定其条件时就在小前提里说,"今敌人不投降",然后结论便是"故我消灭他",从而构成大前提所表达的局面。

破斥式是破斥大前提所说的一种局面,如要破斥这局面,根据假言推理的原理,必须否定大前提后件所指的事项。如果这事项是在后件以肯定命题形式表达的,则否定它须用否定命题的形式,但是如果这事项是以否定命题表达的,则否定它就须用肯定命题的形式。例如"如果美国的经济是良好的,失业的人数就不会增加"。这是后件的事项是以一个否定命题来表达的,故破斥式否定这事项就用一个肯定命题作为小前提而说,"美国失业的人数是日益增加的",从而得出结论说,"故知美国的经济情况不是良好的"。

四、纯粹假言推理也有两种形式

(1)构成式:其公式是:

如果 A 是 B,则 C 是 D。

如果 E 是 F,则 A 是 B。

所以,如果 E 是 F,则 C 是 D。

这是明显的:如果 E 是 F,则 A 是 B;A 既是 B,这推断作为理由时,则当然根据第一个前提,C 就是 D。

如果干劲大,则生产大跃进。

如果社会主义觉悟提高,则干劲大。

故知,如果社会主义觉悟是提高,则生产必大跃进。

(2)破斥式:其公式是:

如果 A 是 B,则 C 不是 D。

如果 E 是 F,则 C 是 D。

所以,如果 E 是 F,则 A 不是 B。

第二节 假言推理的规则

根据上节所说,假言推理显然是以充足理由律这条正确思维基本规律为其依据,而充足理由律又是反映客观事物紧密地相互联系的,足见假言推理是有其客观基础的。充足理由律规定凡事必须有其充足理由才是真实的,既有充足理由,则可据之而作出推断,所以在假言直言混合推理和纯粹假言推理的构成式上,肯定了其大前提前件所说的理由后,便有充足的条件来肯定其后件所指的事项。但破斥式是说,否定了大前提后件所指的事项,亦即否定其前件所说的理由,这是遵照毋矛盾律的,因为大前提所说的是有前件所说的理由,则必有后件所指的事项,今既无后件所指的事项,当然就不能说有前件所说的理由,否则按毋矛盾律便是犯了自相矛盾的错误。这种推理,也显然是排中律的应用,因为无大前提后件所指的事项,则其前件所说的理由非有即无,今既按毋矛盾律不能说它是有,则它必定是无,故破斥式否定了后件所指的事项,则必否定其前件所说的理由,正确思维的基本规律是这样在假言推理的过程中起其作用的。

本节所讲的假言推理的规则也无非是正确思维基本规律按假言推理的特殊形式而起其作用的表现,如上节所述,假言推理的大前提是表达一个假言判断的命题,而假言判断是理由和推断的关系之表达,其联系是必然的,普遍的,但不是对称的,我们曾以下面这样的符号公式来表示它:

p	q	p → q
真	真	真
真	假	假
假	真	真
假	假	真

根据假言推理前件与后件的这种关系,得出下面四条规则:

第一条:肯定前件则肯定后件。

例如：

如果社会主义觉悟是提高，干劲就大。

社会主义觉悟提高了。

所以，干劲就大。

能够作出这结论来的原因就是如公式所列，p 真，则 q 真，否则不能有 p→q 这种联系（公式的第二横行）。这就是说，有理由则必有推断，否则便是反于大前提所表达的那种联系，是违反毋矛盾律的。

第二条：否定后件，则否定前件。

例如：

如果美国经济情况是好的，则失业人数不会增加。

美国的失业人数是日益增加的。

所以，美国的经济情况不是好的。

这结论是按排中律和毋矛盾律这两条正确思维基本规律亦即上面公式第二和第四两横行所表示的。q 假，则按第二和第四横行，p 非真即假，但如果 p 真，则违反 p→q 这种联系，犯了毋矛盾律，而按排中律，p 既不能是真，则 p 必是假的，故可予以否定。无后件则无前件。

第三条：肯定后件不足，据以肯定前件。

例如：

如果病人患伤寒症，他必发高烧。

今他发高烧。

能否作出结论说，他确是患伤寒症呢？

我们不能作出这种结论，因为上面公式第一和第三行是表示 q 真，而且都符合 p→q 这种联系的，但 p 可真可假，故不能确定其为真，结果是无结论。原因是，按上面 p→q 这种联系来说，作为一种关系，它不是对称的，那就是说，p 真则 q 必真，但不能倒过来说，q 真则 p 必真，只能说 q 真 p 可真可假。这是在科学中常说的多因关系（有时称为多因律），即同一结果可能是由各种不同原因单独产生出来的，如病人发高烧可能是由于患伤寒症，也可能是由于患疟疾，也可能是由于其他病症，不能因他发高烧而断定他是患伤寒症。换句话说，这里 p→q 关系中的理由是充足理由，但不是充足而又必要的唯一理由。

如果我们对客观事物的认识能达到这样的程序,如在科学中某些地方已经达到,也是科学希望将来能在更多的地方达到那样,凡一种现象确定它只有是一定的原因,普遍地建立一因一果的关系,那么由同样的原因可推知同样的结果,同时由同样的结果也可确定是由于同样的原因,那么,假言推理这第三条规则便可取消。事实上在许多正确的科学部门里,这条规则是不适用的。例如一个三角形如果是等边的,它必定等角的;如果肯定它是等角的,它必是等边的,等等。在自然科学和社会科学中都可举出许多这样的实例,但未知道具体情况之先,一般说来,假言推理这第三条规则还是必要的,否则在许多地方会犯错误。

第四条:否定前件不足据以否定后件。

其原因是同第三条所说的一样,前件所说的理由固然是后件所指事项的充足理由,故肯定它之存在便是以肯定后件所指的事项必然发生,但是它不是充足而又必要的唯一理由,所以后件所指的事项可能由于别的理由而发生,不能因否定一种理由就据之以否定后件所指的事项之发生。如果我们确知后件所指的事项只有一种理由,则否定前件是可据之以否定后件的。在这种情况下,这条规则是无故的,在这种情况下,我们就应该说,如果 A 是 B,而且只有 A 是 B,C 才是 D。这是表达一因一果的情况,在科学中是常有的。

就是在一般的情况下,关于假言推理还须强调两点:

(1)假言推理主要是根据充足理由律的。充足理由律要求凡推理所根据的理由必须是充足的理由,充分而正确地反映客观事物之间密切必然的联系。如果假言推理的大前提,"如果 A 是 B,则 C 是 D"是这样对客观事物的正确反映,则假言推理才有其确实的根据的。

(2)假言推理的结论是完全可靠的,不应该因为其大前提在"如果……则……"这种形式,就认为推理得出的结论是有些靠不住的。结论的真实性固然是以其前提的真实性为依据的,但这不限于假言推理,而是一切推理的原理,如果假言推理的大前提正确反映客观事物的必然联系,其小前提又是事实的正确叙述,则根据推理的正确逻辑过程所得出的结论是完全真实,不容置疑的。

例如,"如果帝国主义铤而走险,发动世界战争,则只促进其自身的灭亡"。这是社会发展的规律,是正确的科学的。如果帝国主义果真铤而走险,发动世界战争,则其灭亡是可指日而待,无可置疑的。

有的形式逻辑家认为假言推理都可用直言三段论式的形式来表达的。

例如这样一个假言推理的例子：

"如果今天是假期,今天就不上课。

今天是假期,

所以,今天就不上课。"

这假言推理可以三段论式表达为：

"凡假期的日子都是不上课的日子,

今天是假期的日子,

所以,今天是不上课的日子。"

这便是一个真正的三段论式,因为它的结论是通过"假期的日子"这个中词而得出的,它是第一格 AAA 式。用符号公式表达,构成式是这样的：

如果 A,则 B,

A,

所以,B。

这里 A 和 B 都代表一个命题。以三段论式的形式表达便是：

凡是 A 的情况都是 B 的情况,

这是 A 的情况,

所以,这是 B 的情况。

其破斥式是这样的：

如果 A,则 B,

不是 B,

所以,不是 A。

以三段论式的形式表达,便是：

凡是 A 的情况都是 B 的情况,

这不是 B 的情况,

所以,这不是 A 的情况。

显然这是第二格的 AEE 式。

我们并且可以证明否定前件而否定后件的假言推理谬误,就是三段论式的大词非法周延的谬误。

如果 A 是 B,则 C 是 D,

A 不是 B,

故 C 不是 D。(?)

用三段论式表达之,便是:

凡是 A 是 B 的都是 C 是 D 的,

这不是 A 是 B 的,

故这不是 C 是 D 的。(?)

这是第一格的 AEE,是不正确的式,因为

MaP
SeM
―――
SeP

这式里面,P 在结论周延,而大前提未周延,故犯大词非法周延的错误。

同样地,我们可以证明假言推理肯定后件从而肯定前件的谬误乃是三段论式中词未周延的谬误。

如果 A 是 B,则 C 是 D,

C 是 D,

故 A 是 B。(?)

用三段论式表达之,便是:

凡是 A 是 B 的都是 C 是 D 的,

这是 C 是 D 的,

故这是 A 是 B 的。(?)

这是第二格 AAA 的不正确的式,因为

PaM
SaM
―――
SaP ?

这式里面,M 在两前提中都未周延的,故得出 SaP 的结论是犯了中词未周延的谬误。

上面固然并不困难地证明一个假言命题可以用直言命题来表达,假

言推理的形式也可以用三段论式的形式来代替。这说明各种思维形式是有能讲通的地方,但并不证明假言判断在其本质就是直言判断,亦不证明假言推理在其本质就是三段论式推理。我们在上面已曾指出,一个真正的假言判断是反映着事物间必然的联系的,并不是每一个"如果……则……"这种形式的命题都表达着一个真正的假言判断,我们须要考虑命题的内容而不可只看它表面的形式。我们在上面也曾指出,三段论式是通过中词而建立大小词的关系,但假言推理是根据理由和推断的必然联系而得出结论。这两种推理在本质上不同,不应把它们等同起来,它们的差别不止于形式上的差异。

第三节　选言推理的本质

一、什么是选言推理

选言推理是其大前提为一个选言判断,小前提为一个选言或直言判断,结论为选言或直言判断的一种演绎推理形式。

这个定义是比较复杂的,因为选言推理的形式是多种多样的,例如我们可以举出下面四种不同的情况:

(1) A 是 B 或 C ——————大前提是选言命题。
　　A 是 B ——————————小前提是直言命题。
　　所以,A 不是 C ——————结论是直言命题。
(2) A 是 B 或 C 或 D ————大前提是选言命题。
　　A 是 B 或 C ——————小前提是选言命题。
　　所以,A 不是 D ——————结论是直言命题。
(3) A 是 B 或 C 或 D ————大前提是选言命题。
　　A 不是 B ——————————小前提是直言命题。
　　所以,A 是 C 或 D ————结论是选言命题。
(4) A 是 B 或 C 或 D 或 E ——大前提是选言命题。
　　A 不是 B,亦不是 C ————小前提是复合直言命题。
　　所以,A 是 D 或 E ————结论是选言命题。

有些形式逻辑家想要把大前提的选项限为两个以下选言推理的定义

为大前提是一个选言判断,小前提为一个直言判断而得出一个直言判断为其结论的一种演绎推理,但是没有什么充足理由把大前提的选项限定不多于两个的。如果我们想要简化选言推理的定义,可以概括上面的四种情况说,选言推理是有一个选言判断为其大前提的一种演绎推理,但这只是掩盖了一些具体情况的说法,不是正确的。

二、选言推理所根据的原理

选言推理的情况既是多种多样,如上所述,我们首先就要弄清楚它的进行所根据的原理。选言推理是以作为它的大前提的选言判断的性质为其基础。我们在上面关于判断一章里曾指出选言判断是类划分为种,即无须划分为某些子项的表现,如 A 是 B 或 C。这里的 A 是代表划分的母项,代表一个类的概念,而 B 和 C 是代表划分的两个子项,代表两个种的概念。根据划分的规定,划分的子项,即选言判断的选项,必须相互排斥而其总和必穷尽其类的。

据此,则选言推理中的选项如果只有两个,则根据正确思基本规律的毋矛盾律,如果 A 是 B,则显然 A 不能同时又是 C,这就是选言推理以取为弃的原则,如果选项不止两个,而是多于两个,则据这以取为弃的原则,肯定了 A 是 B,则必否定 A 是 C 或 D,或其他。

同样地,选项既是划分的子项而又是穷尽其类的,则 A 必是其中的一个。如果 A 是 B 或 C,只有两个选项,则 A 如果不是 B,则根据排中律的要求,A 必是 C,这就是选言推理另一原则,即以弃为取的原则。如果选项不止两个,而是多于两个,则据以弃为取的原则,肯定了 A 不是 B,则A 必是其余的选项之一,即 C,或 D,或其他。

三、选言推理有两种形式:(1)以取为弃;(2)以弃为取

(1)以取为弃:大前提是选言命题,小前提是肯定命题,而结论是否定命题。其公式是:

---

① 这里"以取为弃"是拉丁文 moduo ronoudclo tollouo 之译,即小前提是肯定的而结论是否定的;"以弃为取"是拉丁文 moduo tolloudo roneno 之译,即小前提是否定的而结论是肯定的。

A 是 B,或 C,或 D,

A 是 B,

所以,A 不是 C,亦不是 D。

大前提 A 是 B,或 C,或 D,这命题的意思乃是 B、C、D 之中只有一个选项能作为 A 的宾词的,今小前提既是 A 是 B,则 B 被取上了,故其余的选项,这里的 C 和 D 都得要被抛弃,故称以取为弃,即先取而后弃,其结论为 A 不是 C 亦不是 D,是复合直言命题。

例如:

"一个三角形要就是三边等的,要就是等腰的,要就是三边都不等的;

这三角形是等腰的;

所以,它不是三边等的,也不是三边都不等的。"

(2)以弃为取:大前提是选言命题,小前提是否定命题,结论是肯定命题。其公式是:

A 是 B,或 C,或 D,

A 不是 B,亦不是 C,

所以,A 是 D。

又一公式是:

A 是 B,或 C,或 D,

A 不是 B,

所以,A 不是 C 就是 D。

这里的 A 要在 B、C、D 三个选项中选择其一作为它的宾词,如果抛弃了 B 和 C,那么只剩下一个,所以 A 就是 D。推理的目的是要作出确定性的结论。在选言推理过程中要尽量抛弃其与当前论点无关的选项而只取其一。但有时在研究中只能排除其选项之一,而剩下其余的选项作为进一步探讨的对象,缩小了研究的范围,这也是对事物认识的进展,所得的结论是一个选言命题,但也是一个正确的结论。

选言推理的规则:选言推理的规则是完全根据上面所讲的选言推理的性质表现出正确思维基本规律的毋矛盾律和排中律这两条规律的。规则计有二条:

(1)选言推理大前提中的选项必须是互不相容的。

这就是要求,如果 A 是 B,或 C,或 D,则 B、C 和 D 是互不相容,即相互排斥的。

原因是:如果 B、C、D 这些选项不是互不相容,则在选言推理过程中不能取其一而弃其他,因为取其一之后并不妨碍另取其他。假使我们说,这人或者是一个教授,或者是一个科学家。"教授"和"科学家"不是两个不相容的概念,不是说了某人是教授之后不能又说他是科学家。这两个概念是相容的,所以就不能应用以取为弃的原则,而认为肯定一个人是教授,就不得不否认他是科学家。大都真正的教授都是科学家,但事实上不是所有教授都是科学家。然而"教授"和"科学家"这两概念既非互不相容,所以肯定一个人是教授之后不能因而否定他是科学家。要应用以取为弃的原则,选项必须是互不相容的。

(2)选言推理大前提的选项必须是穷尽其类所包括之一切可能的。

这就是要求,如果 A 是 B,或 C,或 D,其 B、C、D 三个选项之外没有其他选项之可能。

原因是:如果 B、C、D 不穷尽 A 所能包括的而在它们之外还有选项之可能,则不能因弃其某项而取其余,即不能应用以弃为取的原则而进行选言推理。例如说,"这个人不是湖南人,就是江西人,否则必是湖北人"。能否因为确定了他不是湖南人,又不是江西人,于是就肯定他是湖北人呢? 不能,因为这人的籍贯不限于湖南人、江西人、湖北人这三个选项,除此之外,他可能是属于其他省市的,因之就不能以否定(弃)他是湖南人或江西人,就肯定(取)他是湖北人。要以弃为取而作出结论,选言推理大前提中的选项必须穷尽其类的一切可能的。但穷尽其选项是需要具体情况的认知的,不是形式逻辑所能决定的。形式逻辑只提出这一要求以保证选言推理得出结论过程的正确性。

上面两条规则所要求的,总的来说,选言推理大前提中的选项必须互不相容,而且穷尽其类。选项互不相容,是说至多只一项是对的;穷尽其类,是说其中必定有一项是对的。

注意:选言判断表达为选言命题,其中常用"或"这一词,这词在习惯语中其意义是不十分明确的,我们应注意下面两点。

(1)在科学用语上,"或"字并不是猜测之词,是用于较高度的确定性场合上的。科学研究每每是在比较多的可能中探求其哪一种可能是实在的。研究到了 A 或是 B 或是 C 或是 D 的比较（这也是一种可珍贵的结论），而且能确定可能性并不能超出 B、C、D 的范围，同时又能确定最后的结论必是 B、C、D 三者之一，研究的成绩已有可能的了，否则我们如何可能限于 B、C、D 而且知道最后结果必是三者之一呢？例如上面所举的某人的籍贯一例，如果根据我们对于他的具体认识，确是能知道从他的口音、生活习惯等方面看，他不是湖南人就是江西人，否则就是湖北人，而不是其他省市的人，我们所用的"不是……就……否则是……"等和"或"同义时，这样是有充分知识的根据的，并不是瞎说，也不是任意猜测的。

(2)在各国语言中，其实在科学的习惯中，"或"字有两种意义。(a)相容义：例如，这条路或那条路都到东湖，这就是说两条路都是连通，随你选择。当然一个人不能同时走两条路，可是这条是通东湖的路，并不妨碍那条同时是通东湖的道。作为到东湖的路，两者是相容的。再如，"明天要就下雨，要就刮风"，这也不是严格的"或"的意思，因明天可能下雨而同时又刮风。又如"他来可能是看你或者看我"，也不是严格意义的"或"，因为他可能来看你而又看我，两者并不互相排斥，而且"看你"和"看我"并不穷尽一切可能，可能他来并不看你，也不看我，而是要办别的事。(b)不相容义，表示相互排斥的，在选言推理中用"或"字是在不相容义上才能作出结论的，详见下文。如果使用选言推理而不符合上述两条规则的条件，其情况有三种，兹分别论列如下：

(1)大前提的选项既非不相容而又不穷尽其类，当无结论可以得出。

A 是 B，或 C，或 D；如果 B、C、D 三选项是相容的，则肯定其任一项之后，不能因而否定其他，譬如肯定了 A 是 B，不能因之就否定 A 是 C 或 D，因为 A 虽是 B，它可能同时又是 C 与 D，或同时可能是 C 或 D；例如"某甲或是教授，或是艺术家，或是促进派"。这里的选项"教授"、"艺术家"和"促进派"都是相容的，一个人固是教授，他可能同等又是艺术家而又是促进派，其为教授并不妨碍他是一个艺术家，或者又是一个促进派分子，又专又红。这就是说不能以取为弃，不能得出否定的结论。

如果选项又不是穷尽其类的，则 A 虽不是 B，并且也不是 C，但不能因而就肯定它就是D,因为B、C、D既未穷尽其类,它们之外还有A是E之可能,故不能使用以弃为取的原则,不能得出肯定的结论。

选言推理的大前提中选项如果既非不相容而又不穷尽其类,则没有什么结论可以得出。

(2)大前提的选项是互不相容的,但不是穷尽其类的,就可能得出否定的结论,而不能得出肯定的结论。

大前提是,A是B,或C,或D。如果B、C、D是不相容的选项,肯定了A是B,则A不能同时又是C或D,因为B、C、D既未穷尽其类,A可能是它们之外的某一选项,即E或其他,所以在这样情况下,不能得出任何肯定的结论,因不能使用以弃为取的原则,而犯充足理由律。

(3)大前提的选项是穷尽其类的但不是互不相容的,就只能得出肯定的结论,而不能得出否定的结论。

大前提是:A是B,或C,或D。B,C这些选项既穷尽其类,此外别无选项,则A如果不是B,又不是D中,就可肯定它是D,应用者以弃为取的原则。但这些选项既非不相容,则不能应用以取为弃的原则,由肯定A是B而得出结论说,它不能同时是C或D。因B、C、D既非不相容,A之为B,并不妨碍它同时可能是C或D。所以在这种情况下,选言推理就只能得出肯定的结论,而不能得出否定的结论。

总上所述,如欲运用选言推理这种论证形式而得出正确的结论,其大前提的诸选项必须是代表概念关系表上所列举的不相容两种关系的概念,即矛盾概念和同位概念,而不能是对立概念,因两个对立概念有第三者之可能,故虽是互不相容,但不是穷尽的,所以是属于上面第(2)种情况,只能得出否定的结论,而不能得出肯定的结论。如用矛盾概念选项,则有两种选项,这两种选项既是互不相容,而又穷尽的;如用同位概念选项,则必须按具体的科学知识列举所有的同位概念,否则选项就是不穷尽其类的。

上面曾经讲过,有的形式逻辑家主张把假言推理总结为三段论式,因为他们认为假言判断都可改变为直言判断的。我们讨论这问题时,也曾指出其主观不妥之处,同样地,有些形式逻辑家并且主张把选言判断同假言判断一样都称为条件判断,像这样,也把选言推理改变为假言推理,而假言推理据他们的见解既可变成三段论式而选言推理亦可变为三段论式。但我们认为这种看法也是不十分妥当的。指出各种推理不同形式有可能融通之处，这是好的，是异中求同，但不能只看见形式上某些相同而忽视其本质上的差异，这是不科学的。

主张选言推理可以改变着假言推理的人们认为下面的选言推理形式，例如：

A 是 B,或 C,

A 是 B,

所以，A 不是 C。

这形式可改变为：

如果 A 是 B,则 A 不是 C,

A 是 B,

所以，A 不是 C。

这假言推理形式又可改变为：

凡是 A 是 B 的(M)都是 A 不是 C 的(P),

这(S)是 A 是 B 的(M),

所以，这(S)是 A 不是 C 的(P)。

这样的改变在形式上固然是说得通的，但是一个选言判断，如"A 是 B 或 C"果真就可用"如果 A 是 B,则 A 不是 C"这一个假言判断的形式而把它所含的意思完全表达出来吗？我们认为是不可的。究竟"A 是 B 或 C"这个比较简单的选言判断形式所包含的是什么意思呢？它不但是含有"如果 A 是 B,则 A 不是 C"的意思，而且同时并含有下面的三种意思：

(1)如果 A 是 C,则 A 不是 B。

(2)如果 A 不是 B,则 A 是 C。

(3)如果 A 不是 C,则 A 是 B。

既然"A 是 B 或 C"包含着这四种意思为其真正的内容，岂可以"如果 A 是 B,则 A 不是 C"这一种意思而作为完全表达的它的整个含义？显然是不可的。因之，我们认为假言推理和选言推理按其本质来说，都不同于三段论式推理，所以我们在本章专论这两种推理，而不把它们和三段论式混淆在一起。

第七章　简略推理与复杂推理

我们把简略推理和复杂推理这两种推理留在这里作为一个专章来谈,因为这两种形式可能用于三段论式也可能用于假言推理和选言推理,所以必须在讨论了三段论式和假言推理与选言推理之后才可以谈这两种推理形式。

第一节　简略推理

一、什么是简略推理

简略推理是略去三段论式,假言推理,或选言推理的大前提,或小前提,或结论的一种演绎推理形式。

二、简略推理的形式有三种

(1)省去大前提——称为第一型。

例如"美国是一个帝国主义国家,因此,它必定是向外掠夺,对内剥削的"。这里,大前提省去了。何以知道呢? 因按这两句话的语气,我们知道,它(美国)必定是向外掠夺,对内剥削的结论,而举出的前提"美国是个帝国主义国家"含有结论的主词,"美国"所以省去的必是大前提即"所有帝国主义国家都是向外掠夺,对内剥削的"。

(2)省去小前提——称为第二型。

例如"美国帝国主义是濒于死亡的",因为所有帝国主义都是濒于死亡的。何以知道这里是省去了小前提呢? 明显的"美国帝国主义是濒于死亡"的是结论,因为接着的一个命题有"因为"这字样,标志着它是陈述理由,所以是一个前提,而且我们可以看出这是大前提,因为它含有结论的宾词"濒于死亡"的。可见省去的是小前提。

依据第一型和第二型的简略推理来看,在形式上结论是从一个前提而得出的。但这并不能把简略推理的第一型和第二型看为是直接推理。

它们和直接推理在本质上是有分别的,直接推理是不需要第二个前提,直接地从一个前提而按某一定的方式得出结论,但是简略推理的第一型和第二型虽然说出来的只有一个前提,然而结论的得出不是直接从这一个前提而来的,还有待于另外一个未说出来,省去了的前提,只因这省去的前提是我和对方所熟悉而承认的,故为着行文或说话更有力起见,默认它而不明白地说出来罢了。

(3)省去结论——标为第三型。

例如"所有不忠于人民的事业的人都必遭受人民的谴责,而某甲是不忠于人民的事业的"。显然"某甲必遭受人民的谴责"这结论被省掉了。

上面为方便起见,只举三段论式的简略形式的例子,但简略形式同样可用于假言推理和选言推理。例如,"我消灭了敌人,因为如果敌人不投降,我必须消灭他"是简略假言推理的第二型,小前提"他不投降"省去了。又如"这人必是一个湖南人,因依据他的种种情况来看,他要就是湖南人,要就是江西人"。这里的小前提"他既不是江西人"被省去了。

三种简略推理形式都有其不同的作用的,如果大前提的一般原则是尽人皆知的,就不必说出来;不说出来,让大家承认,反而增加说话或行文的力量。

省去小前提,是因小前提所提供的事实是大家知道的,而且都承认无疑的,说出来作为小前提反为觉得只是形式,尽可不必,只要提出论理这事情的原则作为推理的大前提,就可得出论理这事情的结论。

如果大前提的原则提出来为大家所接受,而小前提提出当前的事实又为大家所承认,所谓"立敌共许",就尽可不明白地把应得的结论说出来而让大家默认,在心里领会,那就能使结论成为自发的,它的说服力更大。

我们并可以说,简略推理其实不是逻辑上有别于上面所曾讲过的一种什么新的推理形式。它只是修辞学的方式,以求增加说话或行文的力量的,是属于语文技术方面的。

可是,简略推理的形式是常常为人所使用的。从逻辑方面来讲,简略推理形式可能在里面隐藏着易为人忽略的谬论,所以检查简略推理是逻辑的要求。

三、简略推理的检查

在形式上简略推理是不完整的推理,但它是我们经常碰见的。例如:"少年不学习,老大徒悲伤。你正在少年,不加紧学习政治和业务,将来怎样为人民服务?"这是一个简略式的假言推理,其结论省掉了。又如"不一边倒向苏联,就一边倒向帝国主义;但倒向帝国主义是一条死路"。这是简略的选言推理,又是结论省去了的,那就是"必须一边倒向苏联"。

但是三段论式推理也好,假言推理或选言推理也好,其结论的正确性和真实性是根据两前提和它们的正确结合。一个前提如果省去了,就容易很可能有的某些谬论混过去,这是不可不提防的。所以简略推理须予以检查。检查的方法就是将省去的命题补上去,再按正确推理的规则进行检查,其正确与否便应该一目了然了。这就是把形式不完整的简略推理还原为形式完整的推理,以便于检查其正确性与真实性。

简略推理只有两个命题,其第三个是省去了的。所省去了的是什么命题,须先决定说出的两命题中有无推理的结论。如果其一个是结论,则其另一命题是含有结论的主词的,则省去的命题乃是大前提,以结论的宾词和中词便可构成大前提;如果其另一命题是含有结论宾词的,则省去的命题乃是小前提,以结论的主词和中词便可构成小前提。如果说出的两命题是前提,则其结论当然就可按推理的规则而得出,补充上去,把简略推理还原为形式完整的推理。

第二节　复杂推理

一、什么是复杂推理

复杂推理在形式上不只有三个组成部分,像简单推理,如三段论式、假言推理和选言推理那样,而是有多于三个的命题为其组成部分的,但其本质还是和简单推理一样,并不意味着新的原理为其推理进行的根据的。

复杂推理的形式繁多,兹略论其四式:(1)带证式;(2)复合式;(3)联锁式;(4)二验证式。

二、带证式,所谓带证式是一种推理的形式,其前提是附带说出其所根据的理由,而说出理由的前提是简略推理的形式的

例如:"破坏粮食统购统销政策的人应受法律制裁的,因为他们是危害人民的利益。对于粮食统购统销政策散布谣言的人是破坏政府政策的,因为散布谣言就妨碍政策的推动。所以,对于粮食统购统销散布谣言的人应受法律的制裁。"

这个例子可用公式列出,加以分析如下:

例子中有其主要的推理,是一个三段论式的推理如下:

大前提:破坏粮食统购统销政策的人(M)应受法律制裁的(P)。

小前提:对于粮食统购统销政策散布谣言的人(S)是破坏政府政策的(M)。

结论:对于粮食统购统销散布谣言的人(S)应受法律制裁(P)。

上面主要推理的大前提是第一型的简略推理:

"破坏粮食统购统销政策的人(M)应受法律制裁(P)"——这是结论;

而"他们(指破坏政策的人)是危害人民的利益"——这是简略推理的小前提;

大前提省去;故这简略推理为第一型。

主要推理的小前提也是第一型的简略推理:

"对于粮食统购统销政策散布谣言的人是破坏政府政策的"——这又是结论;

而"散布谣言妨碍政策的推动"——这又是一个简略推理的小前提;

大前提又省去了,故这简略推理也是第一型的。

以公式列出便是

$$\text{MaP}:\begin{cases}(\text{LaP})\text{省去了}\\ \text{MaL}\\ \therefore \text{MaP}\end{cases}$$

$$\underline{\text{SaM}:\begin{cases}(\text{NaM})\text{省去了}\\ \text{SaN}\\ \therefore \text{SaM}\end{cases}}$$

$$\therefore \text{SaP}$$

从上面可以看出，主要推理的大前提、小前提都是三段论式的结论，而得出这两个结论都是简略式的三段论式，这两个三段论式都只是有其小前提，在整个推理中以带有"因为"（当然不是在任何带证式推理中都用这种字样）的前提出现作为简略推理的组成部分的，而其大前提是省去了的。

公式中的 LaP 是被省去了的大前提："所有危害人民利益的人都应受法律制裁的"，NaM 也是一个被省去了的大前提："所有妨碍政府政策推动的都是破坏政府政策的。"这两个大前提之省去，是因为它们是显而易见的，无可置疑的。

上面的例子中两个前提都附带说明其理由的，但不是在一个带证式里两个前提都必须附带提出它们的理由，可能只有一个前提附带有理由，这也是带证式。而且简略式的前提不限于第一型，也可能是第二型，但不能是第三型，因为必须说出其结论作为主要推理的前提。

带证式不限于三段论式，也可用于假言推理和选言推理。

三、复合式：复合式是结合两个或更多个简单推理而成的，其中一个简单推理的结论用来作后一个简单推理的前提，依次递进以达到最后的结论

复合式主要是用于三段论式和纯粹假言推理。这两种推理形式。兹举出一个复合三段论式的例子，从而说明它的结构形式：

$$
\begin{cases}
\overset{y}{\text{一切增加知识的东西都是有用的，}} \overset{p}{} —— yap \\
\overset{xy}{\text{科学是增加知识的，}} —— xay \\
\overset{xp}{\text{所以，科学是有用的}} —— 结论一 —— xap \\
\overset{Mx}{\text{而数学是科学}} —— Max \\
\overset{Mp}{\text{所以，数学是有用的}} —— 结论二 —— Map \\
\overset{Sp}{\text{几何学是数学，}} —— SaM \\
\overset{Sp}{\text{所以，几何学是有用的}} —— 结论三 —— Sap
\end{cases}
$$

可用公式列为：

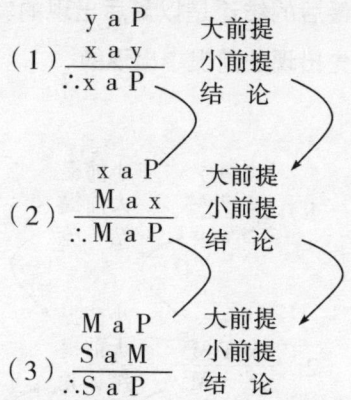

上面推理(1)的结论成为推理(2)的大前提,推理(2)的结论又成为推理(3)的大前提。

推理(1)对于推理(2)称为先行推理,而推理(2)对于推理(1)则称后行推理。像这样两个以上简单推理的结合就称为复合推理,或称复合式的复杂推理。

这是复合式的第一种形式——甲式。

甲式复合式是以先行推理的结论为其后行推理的大前提,最后的结论是以最先出现的前提的宾词为其宾词的。

甲式的作用是在于它首先提出一个最广泛,即范围比较大的原则作为前提,然后一步一步地把这原则应用到较小的范围之事物,所以每一个先行推理的结论都是用为其后行推理的大前提,而逐步缩小其范围的。这就是所谓演绎性科学,如数学、力学等所常用的推理方法。

我们可以用图来表示这种推理的进程如下：

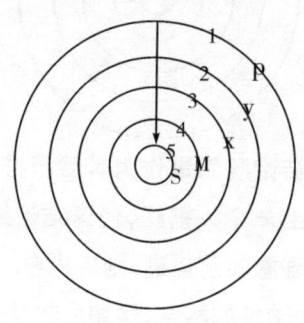

第二种复合式——乙式——是以先行推理的结论为其后行推理的小前提的一种形式。其最后的结论是以最后出现的宾词为其宾词的，而最后结论的主词是在最先出现的前提中出现的。

其公式为：

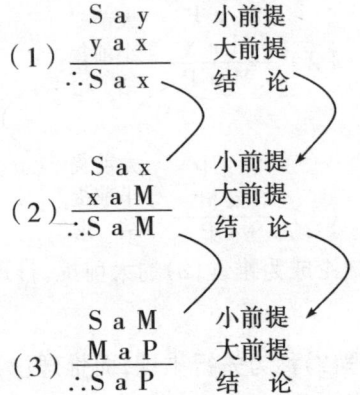

注意：在上面的公式中，为指出思维活动的路线由小范围到较大的范围起见，我们把小前提摆在每一个三段论式的第一位，而把大前提摆在第二位，这不是平常的摆法。

这复合式的第二种形式——乙式——是以最先出现的前提之主词为最后结论的主词，其进程乃是把这主词所表达的东西逐步承受着推理的进展归到愈推广的一般原则。其进程可以用图来表示：

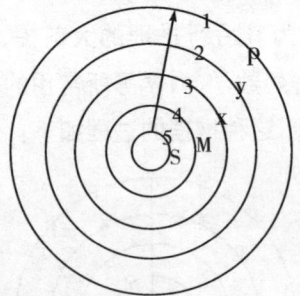

第一个先行推理的结论既然是作为其后行推理的小前提，可见推理的进程乃是第一步都加上一个大前提，使这结论纳于更广泛范围的原则之下。这种复合式的推理愈向前提进，则应用愈广泛的原则，故常用于自然科学，而有时被称为归纳性的科学，例如生物学。

上面是说明复合式的两种形式与其应用。

　　四、联锁式:联锁式是一种复合式,只是把其所有的
　　　　先行推理的结论省去,而只留下最后的结论

兹先举一例,然后加以说明。

上面所举复合式的例子也可用作联锁式的例子如下:

一切增加知识的东西都是有用的,

科学是增加知识的,

而数学是科学,

几何学又是数学。

所以,几何学是有用的。——最后结论

如果把这段推理和上面作为复合式例子的那段推理比对一下,就不难看出联锁式是复合式的简略形式。

因之,既然有两种复合式的形式,所以也有两种联锁式。

两种联锁式的公式如下:

从第一种复合式简略而成的:

y a P
x a y
(∴ x a P)
M a x
(∴ M a P)
S a M
∴ S a P

上面的公式中,xap 和 Map 都是先行推理的结论,在联锁式中被省去的,故写在右边。如果用假言推理的形式,其公式就可写为:

如果 y,则 p,

如果 x,则 y,

如果 M,则 x,

如果 S,则 M,

今是 S,

所以 P。

如果 x,则 y,上面公式中的 p、y、x、M、S 都是代表一个命题(如 A 是 B,C 是 D 等)并不是一个名词。

由上面的公式可以看出联锁式是复合式的简略式,只把复合式的先行推理的结论省去,到最后才得出整改推理的结论。如果把先行推理的结论一一补上,则联锁式还原为复合式。

上面所举的例和所列的公式都是属于从第一种复合式简略而成的联锁式。这种联锁式称为逆联锁式。其称为逆,因为它的推理过程是由较广范围而逆推到较狭的范围,因最后结论的宾词先出现,而其主词是最后出现的。

从第二种复合式而成的联锁式称为顺联锁式,其公式是:

S a y
y a x
(∴ S a x)
x a M
(∴ S a M)
M a p
─────
∴ S a P

上面公式的说明仿第一式。

如果用假言推理的形式,其公式就可写为:

如果 S,则 y,

如果 y,则 x,

如果 x,则 M,

如果 M,则 p,

今是 S,

所以 P。

是从第一个假言判断的前件而到最后一个假言判断的后件,然后得出结论,是顺的秩序,所以称顺联锁式,是从较小范围顺推到较大范围的。

顺联锁式推理是由第一个前提的宾词转为第二个前提的主词,由第二个前提的宾词又转为第三个前提的主词,如此循着顺的秩序前进达到最后结论时,第一个主词便归到范围最广的原则下面去。

逆联锁式则反之,由第一个前提的主词转为第二个前提的宾词,由第二个前提的主词又转为第三个前提的宾词,如此按着逆的秩序后退,而到最后结论乃是以最后出现的主词反归于最先出现的宾词,其涉及的原则范围并未超出第一个前提所提出的。

这两种联锁式推理有不同的规则。但首先要指出,两种复合式和从而得出的两种联锁式都是三段式第一格或与之在形式上相适应的假言推理的形式,故其规则也是与之相适应的简单推理的规则,可是根据其不同的组织形式,规则的表达也有不同。

(1)顺联锁式推理的规则(是按三段论式推理的,后仿此)。

第一条:最后前提(即含有结论宾词的)可为否定,其余前提均须肯定。

说明:这就是说,前提可以都是肯定的而得出肯定的结论,但是如果有一个前提是否定的话,则只能是最后的一个前提,否则就不能得出最后的正确结论,因为结果是犯大词非法周延的错误。其理由是:如果除最后,即含有结论宾词的那个前提之外,任何一个前提是否定的,从而得出的中间结论必是否定的,而这结论成为它的后行推理的一个前提,则这后行推理的结论又必是否定的,循此直至最后的结论也就是否定的,那么,p就周延,但p要周延,则最后一个前提必须周延,所以最后一个前提就须否定,而它的前面已有一个前提是否定的,那就会有两个否定前提,就不能有结论,所以如果顺联锁式有一个前提是否定,则只能是最后的那一个前提,其余的前提都必须是肯定的。如最后的前提是否定,则最后的结论是否定的。

第二条:第一个前提(即含有最后结论的主词的)可以特称其余的前提均须全称。

说明:这就是说,前提都可以是全称的,而得出全称的结论,但是如果有一个前提是特称的,这特称前提必须是最先出现的一个前提,即含有结论主词的那个前提,否则犯中词不周延的错误;因为如果除最先的一个前提之外，任何一个前提是特称，则其主词是不周延的，而这个主词又是前一个前提的宾词，但根据第一条规则，那个前提是肯定的，其宾词是未周延的，可是这宾词和下面特定的一个特称前提的主词，在三段论式中都是中词，两个中词均不周延，就不能得出结论，联锁便中断了。所以在顺联锁式推理中，除第一个前提之外，任何其他前提必须全称。

如果第一个前提是特称，则所有省去的中间结论都是特称，和后面的全称前提作为大前提结合，可以得出特称结论，一直到最后的结论都是特称的。

(2)逆联锁式推理的规则：

第一条：只有第一个前提(即含有最后结论宾词的那个前提)，可以是否定的，其余的前提都必须是肯定的。

说明：同上两联锁式第一规则一样，如果在第一个前提之外，任何一个前提是否定，最后的结论犯大词非法周延的错误。

逆联锁式不管有多少个前提。只能有一个是否定的：如果有一个前提是否定，它仍须是第一个。

第二条：只有最后一个前提(即含有最后结论的主词的)可以特称，其余前提均须全称。

说明：也是同项联锁式第二条规则一样，如果违反这种规则。则逆联锁推理必犯中词未周延的错误。

逆联锁式上只能有一个特称前提，如果有一个特称前提，它必须是最后那一个。

为上两种联锁式推理的规则，我们可以这样把四条规则合并为两条如下：

第一条：联锁式推理不管前提多少，只能有一个可以即含有最后结论宾词的那个前提可以是否定的，其前提和必须是肯定的。

第二条：联锁式推理不管有多少前提，只能有一个前提，即含有最后结论主词的那个前提可以是特称的，其余的前提都必须是全称的。

可以把这两条规则和三段论式第一格的特征，有时称为第一格特别规则的,比较一下,两组规则的性质是相同的①。

① "联锁式"是 sorites 之译。Sorites 这词是从希腊文 σωρὸs这词而来,原是"一堆"的意思,形式逻辑家一向称赞联锁式为"亚里斯多德联锁式"而称顺联锁式为"哥克林尼式"。"哥克林尼式"是由 Rudolph Goclenius 而得名。哥克林尼奥斯是 16 世纪德国马尔堡大学教授,在其 1598 年出版的《亚里斯多德工具论导论》(Isagoge in Organum Aristotelis)中,第一次提出逆联锁式与其时形式逻辑的顺联锁式相对比。但据英国逻辑家罕米尔顿(Sir W. Hamilton)的研究,所谓"亚里斯多德联锁式"这逻辑名词最早只是出现于 15 世纪中叶出版的 Laurentius Valla 所著之 Dialectica 一书,亚里斯多德自己在其著作中并未用现在意义上 Sorites(联锁式)这一词,虽然在有些地方他曾提到一连串的论证。首先使用"联锁式"这名词的,看来是斯多葛派逻辑家,而后来为塞西罗(Cicero)所来用,但其通行则为时更晚,故称顺联锁式为"亚里斯多德式"是不符合历史事实的,除非是指原来亚里斯多德学派传统的意思,那么,哥克林尼奥斯的形式逻辑又何尝不属哥氏传统。[参看威尔顿著《逻辑手册》(A Manuel of Logic by G. Welton),1912 年英文第二版,第一册,第 399 页,又约瑟著《逻辑导论》(An Introduction to Logic by H. W. B. Joseph),1916 年修正第二版,第 254 页注 3,有全书拙译,未出版。]一般形式逻辑教本所举的联锁式都是顺逆这两式,其逆联锁式虽前提的排列和顺联锁式的秩序顺逆不同,但都根据三段论式第一格的形式的,故其两式的规则和三段论式第一格的所谓的特别规则在本质上是相同的。问题是能否按三段论式的第二格或第三格的形式构成联锁式呢？英国形式逻辑家罕米尔顿在其《逻辑讲演》(Lecture on Logic)第二卷第 403 页上面这样说:"在第二格和第三格中,既没有名词从属关系,可能构成的联锁式只得依靠同一个中词的重复。在第一格中,联锁式进程的每一步骤都能有一个新的中词,而在第二格和第三格中,不管端词多少,其中词总是只一个。"其提出的第二格和第三格的联锁式如下:

第二格联锁式
没有 x 是 M,
没有 y 是 M,
没有 z 是 M,
而有 p 是 M,
所以,没有 x 或 y 或 z 是 P。

第三格联锁式
所有 M 都是 x,
所有 M 都是 y,
所有 M 都是 z,
所有 M 都是 p,
所以,有些 x 和有些 y 和有些 z 是 P。

正如威尔顿在其《逻辑手册》一书中指出,罕米尔顿这种所谓第二格和第三格的联锁式并不是什么联锁式推理,因它们不是贯串着的一些前提,通过其间的联锁而得出结论,乃是一些个别的结论在最后的结论中总合起来而成的一个复合结论。英国形式逻辑家凯因斯在其《形式逻辑》一书(Formal Logic by J. N. Keynes),原英文第三版,第 330—332 页上面这样提出他的第二格联锁式(方括弧里是省去的结论):

有些 A 不是 B,

五、二难式：是一种复杂的演绎推理形式，其大小前提是假言判断和选言判断的适当配合，而得出的结论是对方所难接受的①

1. 二难式推理的原则是结合假言推理的原则和选言推理的原则，因得出的结论是使对方进退两难的，故称为二难式②。

所有 C 都是 B，
所有 D 都是 C，
[所以，有些 A 不是 D，]
所有 E 都是 D，
所以，有些 A 不是 E。

凯因斯认为"这是第二格的惟一可能的联锁式，除非把两前提互换地位而其结果便是第二格的几个三段论式，其形式便是 Baroco 式。这联锁式也可以说是在同一个式而又是同一个格的。它是类似亚里斯多德联锁式的，因其结论的主词出现于第一个前提，而方括弧里省去的前提在其三段论式里都是小前提。"（见上引书第 331 页。）

凯因斯所举出的第三格联锁式如下（省去的结论都在方括弧里）：
有些 D 不是 E，
所有 D 都是 C，
[所以，有些 C 不是 E，]
所有 C 都是 B，
[所以，有些 B 不是 E，]
所有 B 都是 A，
所以，有些 A 不是 E。

凯因斯写道："这些三段论式都是第三格的，而其式是 Bocardo；其构成的联锁式也是在同样的一个格和同样的式。这联锁式类似哥克林联锁式，因其结论的宾词出现于第一个前提，而省去的前提都是在其三段论式中为大前提。"（见上引书同页。）

正如威尔顿在其《逻辑手册》一书中指出，第二格和第三格的联锁式当然不适用我们所谓亚里斯多德联锁式和哥克林尼联锁式的规则，因其组成的形式是不同的。由于上面所举的第二格和第三格的联锁式不常碰见，其重要性又不大，故未研究出其所应遵守的规则。本注内容大都是引用威尔顿《逻辑手册》第一册，英文版第 398—399 页。读者可参考。

①二难式推理的前提称为大前提小前提是和假言推理与选言推理一样，为方便起见，借用三段论式的术语的。可是从前提的作用来讲，称为大前提的是说出整个形势，而称为小前提的是指明在这形势下对方所能选择的出路，而结论乃是选择的结果，故与三段论式的三个组成部分类似的。

②"二难式"是 dilemma 之译，查 dilemma 这拉丁文名词亦即希腊文的 διλημμα，从 δί 即 δìs，两次义，和 λαμβανειν，采取义，假定义，故有译为"双肢式"的，但以其推理的作用来说，译"二难式"为宜。

我们可举下面的例子来说明二难式的结构:

"如果美国帝国主义继续扩充军备,它必遭经济破产;如果它不继续扩充军备,又无法维持其最高利润的剥削;(大前提)

美国帝国主义要就继续扩充军备,要就不继续扩充军备;(小前提)

所以,美国帝国主义不遭经济破产,就无法维持其最高利润的剥削。(结论)"

上面例子中的大前提是两个假言判断构成的,其小前提是一个选言判断,而结论也是一个选言判断,其中两个选项都是美国帝国主义所难接受,感到进退维谷的。这就是二难式的结构形式。

我们说二难式推理的原则是结合假言推理的原则和选言的推理的原则,假言推理的原则是根据假言判断前件所说的条件与后件所指的事项两者之间必然的联系,而选言推理的原则是根据选言判断中列举的诸选项是彼此互相排斥,总起来是穷尽其类的,按二难式一般的结构,其大前提既是假言判断,则其推理的正确与否,第一个关键是在于作为它大前提的两个假言判断,每一个之中前件与后件的联系根据客观现实的情况是必然的,毫无例外的;其小前提既是选言判断,其选项是要超出来使论敌必须选择其一,此外别无出路,而选择的结果,根据大前提又是必然,无可逃避的,而且都是论敌所不能接受的。这样构成的二难式是十分有力量的。反之,如果其大前提中前后件的联系不是事实上必然的,则论敌尽可承认其前件而否定其后件,形式逻辑中所谓抓住二难式野牛的双角而不被害,这种二难式便是不能控制对方的。如果小前提提出的选项不是穷尽其类的,则论敌尽可不管你所抽出的,都予以否定,而找另外的出路,这便是形式逻辑所谓逃出野牛两角之间,这种二难式也是软弱无力的,所以如果要构成一个强有力的二难式必须严格地依照假言推理和选言推理的原则。严格地这样构成的一个二难式确是能够使论敌进退两难的,是阶级斗争的强大武器。

2. 二难式的形式计有四种:

(1)简单的构成式。

其公式是:

如果A是B,则C是D;如果A不是B,则C也是D;

要就 A 是 B,要就 A 不是 B;

所以,C 总是 D。

例如:在资本主义社会里,工厂的工人生活是极端困苦,劳动条件差,毫无劳动保险的制度。如果一个工人患肺结核,到了严重阶段,他必定这样想:

"如果我继续工作下去,我的病就加剧,我就要死,如果我不继续工作下去,我生活无着,也得要死;

我要就继续工作下去,要就不继续工作下去;

结果我总是一死。"

这真是资本主义社会工人阶级进退维谷,走投无路;这种二难式称为简单的,因它的结论是一个简单命题的形式,而它又称为构成的,因它是由肯定大前提的前件而肯定其后件构成大前提所提出那种局面的。

(2)简单的破斥式。

其公式是:

如果 A 是 B,则 C 是 D 而同时又是 E[①];

[①] 简单破斥式的结论是一个简单命题的形式,如果二难式的大前提必须是一个或两个假言判断而其小前提必须是一个选言判断,则有的形式逻辑教本所举的简单破斥式以复合直言判断为其小前提的,是不能成为一个二难式的,因为小前提既无选择,则失去二难的原意。例如英国枯雷顿原著,刘奇译述的《逻辑概论》,中译本,第 174—175 页所讲的"单纯破斥双肢式",即我们的简单破斥二难式,便是这样的,该书引用古希腊学家芝诺的一个著名论证如下:

"若一物是运动,则必在其所占之位置中运动,或在其所不占之位置中运动,

但物是不能在其所占位置中运动,亦不能在其所不占之位置中运动,

故物是不能运动。"

作者并指出:"须知此例中小前提非为选择命题,乃系究全破斥大前提之二后件,并非选择二者之一而破斥之。此二选择条件仅系大前提之第二部分。惟有'单纯破斥双肢式'之形式中,系含如此之大前提与小前提。"(见该书第 175 页)

可是形式逻辑家一般认为二难式推理,其大前提必为假言判断,小前提必为选言判断,这是 Mansel 根据 whatley 所下二难式的定义而后来为其他形式逻辑家所采用的(参看 Manoel 编的 Artis Logice Rudimenta 第 108 页,注 1),而亦为枯雷顿自己在其《逻辑概论》一书中所采用的(见原英文第三版第 187 页,刘奇译本第 173 页),当然原英文本有"选择通常是在小前提说出"这说法(文中通常的重点是引声加的)而刘译竟把通常字样不予以译出,更增误解,但原作者并未说明何以"单纯破斥双肢式"不依照这通常的形式。我们认为以复合直言判断为小前提的不能构成二难式,故采用本书正文中的那种形式以论二难式的意义。关于这点,可参看约瑟著《逻辑导论》,原英文第二版,第 360—361 页。中文拙译尚未出版。

C或者不是D,或者不是E;

所以,A不是B。

例如"如果某一件事是某甲和某乙两人合作的,则事件的发生必有某甲在场,而同时又有某乙在场;

今查得事发生时,要就某甲不在场,要就某乙不在场;

所以这事情不是某甲和某乙合作的。"

这种二难式是简单的,因为它的结论是一个简单命题的形式,而它又称为破斥的,因为它是由否定大前提的后件而否定其前件,破斥了大前提所指的那种局面的。

(3)复杂的构成式。

其公式是:

如果A是B,则C是D,如果A是E,则C是F;

A或者是B或者是E;

所以,C或者是D,或者是F。

例如"如果某干部是有意地这样做,他便是不忠于人民的事业;如果他是无意地这样做,他是对人民的事业漠不关心的;

这干部这样做,要就是有意,要就是无意;

所以他不是不忠于人民的事业就是对人民的事业漠不关心。"

这种二难式称为复杂的,因为得出的结论是一个选言命题的形式,是一个复杂命题的形式,而又称为构成的,因为它的得出结论是由肯定大前提的前件而肯定其后件,而构成大前提所摆出的那个局面的。

(4)复杂的破斥式。

其公式是:

如果A是B,则C是D,如果A是E,则C是F;

或者C不是D,或者C不是F;

所以,A或者不是B或者不是E。

假如一个干部没有好好地执行上级的指示,我们可能想到:

"如果这干部是一个忠实干部,他就会服从上级的指示,如果他是有知识的,他就会好好地了解上级的指示;

他这样做,要就是不愿意服从上级的指示,要就是没有好好地了解上级的指示；

所以,这干部不是一个不忠实的干部就是一个糊涂的干部。"

这种二难式称为复杂的,因为结论是复杂命题的形式,又称为破斥的,因为结论的得出是由否定大前提的后件从而否定其前件的,是破斥了大前提所指的那种局面的。

上面是四种二难式推理的形式。最应注意的(1)是大前提前后件的联系是否必然的,例如在复杂破斥式里的那个例子的说的,一个干部如果有知识,他是否一定会好好的去了解上级的指示,当然我们必须具体地了解这干部和他所做事的实际情况,可能作出这个假言判断。如果这假言判断不和实际情况相符合,我们用来作二难式推理的大前提之一部分,得出的结论是不能说服人的,就是说,我们的二难证式是不健全的,再则小前提的选项是否穷尽其类的,例如上例的干部这样做事,除不愿意服从上级指示或者没有好好地了解上级指示这两种理由之外,还有其他可能的理由没有呢？这两种理由显然尚未穷尽一切可能的理由,但是依据实际上具体情况的了解,也可能只有这两种理由。如果是这样,那么这二难式是有力量的。我们所讲的只是二难式推理的形式,其实在内容必须根据所了解的具体情况。

3. 二难式推理的规则:如上述二难式推理是假言判断和选言判断适当地配合着两组成的一种演绎推理形式,所以这种推理形式所应遵守的规则必须是根据假言推理和选言推理的规则的。违反这两种推理的基本原则,则二难式推理是犯错误的。

二难式推理的规则有三条:

第一条:大前提是假言判断,必须确定其理由与推理(两前提"如果……"和"则……")两者的必然联系可以是根据客观事物的必然联系的。

第二条:小前提是选言判断,但确知其提出的选项是相互排斥而又穷尽其一切可能的,关键是在于"或"字或同作用的字样是正确的,即选言判断所用的"或"字的确切意义。

第三条:二难式推理是思维的一种形式,须遵守正确思维的基本规律;它又是一种演绎推理的形式,须遵守演绎推理的一般规则。

4. 二难式推理可能发生的错误。

根据上列规则可知其能发生的错误就是：

(1) 大前提的理由和推断间的关系不是必然的和普遍的，那就是说，可能有其假言判断中的前件而不一定是其后件的，不一定，便是可有可无而不是必然的，有时有而有时无，便不是普遍的。

(2) 小前提的选项不是一切的可能，未穷尽其类的，对方是有隙可乘的。

一个二难式推理犯了上述的错误，对方就能提出对抗的二难式来反驳它，说明原来的二难式是有毛病，有空可钻的。

例如，形式逻辑有一个多年常常引用的一个例子，据说古希腊有一个哲人普罗泰戈拉，是一位雄辩学大师，接徒传业取费亦丰，他的名气是很盛的，他和其学徒欧亚达约定，学费的一半在卒业时缴纳，其另一半要等到欧亚达在法院里第一次胜诉时缴清。岂知青出于蓝，欧亚达迟迟不愿执业[①]，普罗泰戈拉认为他企图抵赖不清应缴的学费，因之就在法院起诉，而当庭申诉门徒欧亚达无法再行抵债。

他这样提出一个二难式的论证：

"如果我胜诉，那就由法院强制学生缴费，如果我败诉，则学生胜诉，那就根据合约，他要交费；我不胜诉就要败诉，二者必居其一；所以，我必能使学生缴费。"

学生欧亚达的反驳是：

"如果我胜诉，根据法院的判决，我便不缴费，如果我败诉，则根据合约我不须缴费；我不胜诉就是败诉，二者必居其一；所以无论如何，我总是不缴费的。"

学生的这样反驳，真是青出于蓝而胜于蓝了，两个二难式一个是进攻，一个是反击，针锋相对，其反驳的有机可乘是在那一点呢？其思想的性质姑且勿论，以形式逻辑来讲，问题是在于两个二难式推理的小前提虽然是建立在排中律的基础上面，非此即彼，无第三者之可能。但是大前提的前件与后件是没有必然的联系的。从普罗泰戈拉方面说，如果他胜诉，则学生须缴费，但从欧亚达方面说，同一情况而根据另一理由他无须缴

[①] 执行律师职务。——整理者注

费,可见前件与后件的联系不是一定的;前后件的联系不一定,对方便可以钻这个空子,而提出有力的反驳。

这种推理,表面上合乎推理的形式,而实质上是违反推理的原则,便是形式逻辑称为谬论的,知其为谬论而故意用来作一种骗人的手段,便是诡辩。两者还是有分别的。兹在下节谈谬论与诡辩。

第三节 谬论与辩论

对于这个问题应该安排在形式逻辑的阐述那部分来谈,逻辑家的意见是不一致的,甚至谬论与诡辩是否属于形式逻辑研究的范围,还有一些不同的意见①。

我们认为谬论与诡辩是形式逻辑所应研究的问题。首先,形式逻辑的传统是把谬论与诡辩列入其研究范围里的;亚里斯多德的逻辑六篇中就有《辩谬篇》这一篇,而且占相当大的篇幅,几乎占《分析论前后篇》总数之一半,而远超过《范畴篇》与《辞意篇》(又译"解释篇")两篇之总数,可见亚氏之重视这问题②。其次,形式逻辑的研究必须使理论紧密地结合实践,而在思维实践中,尤其是在阶级斗争的思维实践中,敌人常常是企图利用诡辩来欺骗人民的,我们必须学会在逻辑上予以驳斥,揭露其谬论与诡辩。最后,虽然在上面各章谈到正确思维基本规律、概念、判断和各种形式的推理,在阐述各种思维活动的规则时,我们都曾郑重地指出过在种种情况下可能犯的谬论,即违反逻辑规定的错误,但不是系统地来研究各种谬论的类型,很难保证我们自己在思维实践中不犯这些谬论的错误,所以,即使简略地研究谬论的各类型,还是可以帮助我们避免这些错误,或者少犯这些错误的。即此之故,我们把谬论和诡辩列为一专节,进行简短的研究。

一、谬论与诡辩是什么

先谈谬论,因为两者是有分别的。

---

① 关于这问题,可参看约瑟:《逻辑导论》,英文第二版,第二十七章。该作者把谬论这一章列为"附录",但长达 36 页的篇幅。

② 参看拙著《亚里斯多德逻辑》,科学出版社,1957年,第 13—21 页。

谬论是一种思维的形式,表面上似乎是正确而实质上是违反逻辑的原理的。

据此,则不能把什么文章里或说话中所有的错误都说成是谬论。人们种种的偏见和其他不符合事实的意见都是错误的;写别字、用不合语法的词句等是错误;胡说八道也都是错误,而且可能是很严重的错误;但在逻辑上并不称这些为谬论①,只有违反逻辑的原理而表面上是正确的才称为谬论。

诡辩是在辩论中或议论中为着欺骗人故意构成不正确的一种似是而非的手法②,是有意地玩弄逻辑的形式企图用以使人入其圈套的,任何逻辑思维的形式都可为诡辩家所利用,尤其是为阴险的阶级敌人所利用,必须予以痛击,无情揭露的,但在逻辑上这种诡计是站不住脚的。例如资产阶级的政客和外交家宣传帝国主义的战争政策而借口"言论自由",其诡辩的形式是:

"自由发表个人自己的意见和信念是使用言论自由权;
宣传战争是自由发表个人自己的意见和信念;
所以,宣传战争是使用言论自由权。"

因之,以此借口,帝国主义贩卖战争分子就主张宣传战争不加禁止。这当然是帝国主义的阴谋、故意歪曲言论自由权的道理。试问贩卖战争分子们,既是为着"保护"他们所谓"言论自由权"而不禁止宣传战争,那么根据同一理由,有人公开反对战争时,也一样地是自由发表个人自己的意见和信念,他们是否让这些人自由地来宣传反对战争呢?所谓"保护"的"言论自由权"是什么言论自由权,是为着谁的利益?这是不攻自破的。即就逻辑来讲,这也是"四名词的谬论",因为言论自由是社会为着整个社会利益而依法给予人民的一种权利。宣传帝国主义的战争是鼓动带来进行破坏社会利益的行为,应在人民禁止之列的。"自由发表个人自己的意见和信念"中的"意见和信念"在上面两个前提中是两个本质上不同的概

---

① 在逻辑上,"谬论"是拉丁文 fallacia 之译,原意是"使人误解的外貌",其逻辑的意思是违反逻辑规定的推理,在广义说,包含一切违反逻辑原理的思维形式。

② "诡辩"是拉丁文 sophisma 之译,亚里斯多德认为诡辩乃是不诚实的辩论者故意所设的圈套企图陷害对方的。

念,是名同义异的两个名词用在一个三段论式中作为中词,这是违反三段论式推理的规定的,是逻辑上的谬论。但是帝国主义分子有意地玩弄违反逻辑规定的手法,企图蒙骗,就不是只犯了逻辑上的谬论,而是施行诡辩,我们就应该不但指出其错误,而且要大力反击以攻破其阴谋。

诡辩有时候是很容易用逻辑的方法来揭发,但有时明知它是诡辩而不容易马上分析出它的性质,所以我们对阶级敌人必须随时提高警惕以免中其诡计。下面一个例子是比较复杂的。

有人说"我现在说的这句话是谎话";如果这句话是说谎话,这句话便是假的,所以这句话如果是真的,这句话就是假的。

岂非从这句话是真可以推出它是假的吗?

表面上看来,这是自相矛盾,但实际并不尽然,上面一段推理是利用对于"话"的本质未弄清楚而进行诡辩。试分析之。

如果这话是真的,这话是谎言,如果这话是谎话,这话就是假的。

这里,第一个假言判断中,前件"真"字是指"这话"(主词)和"谎话"(宾词)在"我现在说的这句话是谎话"之中联系着。既说"我现在说的这句话是谎话",当然它们是联系着而成为一个判断式的命题。

既成了一个命题,它所表达的判断的真假就要看这判断是否正确地反映客观现实,即看事实上主词反映的对象"这话"是否具有"谎话"这属性。但是"这话"是无内容的故无从决定实际上它有无"谎话"的这种属性。

而后面第二个假言判断只把"谎话"和"假话"从字义上等同起来,于是就用联锁式推理由肯定第一个理由而得出第二个推断作为结论。"如果这话是真"被肯定了,结论便是"这话是假的",所以从"这话是真而得出这话是假"的结论。

可见前面的"真"和后面的"假"(即非真)是用不同意义的"真"与"假",所以这一段推理在形式上是正确的,而其实质乃是玩弄手法,企图欺骗的,是一种诡辩。

这种诡计虽然比较复杂一点,但是用逻辑的分析是不难揭露其破绽的。只要我们熟练思维形式和规律,敌人的阴谋是易于击破的。

二、谬论的种类

谬论是诡辩的根据,其区别在于谬论常常是无意的,而诡辩是有意的,后者既是利用前者的形式,所以无论我们是要预防自己在无意中发生谬论或帮助他人发现谬论,指出其性质,或者要揭露阶级敌人有玩弄诡辩企图蒙骗,我们总得要掌握谬论的种类,善于侦察它们,因为谬论形式繁多,不易于逐一认识,因之为便于掌握它们就把它们划分为某些类别。

谬论分类总是难于令人满意的。正确思维有其常规所以易于说明,可是离开常规的错误思想,其形式是不一而足的,想要把它们都纳入一个系统里面是难做到的。其结果乃是自从亚里斯多德以来,曾有过不少的谬论分类,兹谨列出最初出现而又为形式逻辑家所最常引用的亚里斯多德谬论分类,并说明其所用的术语如下:

逻辑上谬论分为两大类:1. 原于语言的;2. 外于语言的①。

1. 原于语言的谬论又分为六种:

(1) 歧词(Aequivocatio):歧词是指字同而义异的词在谬论中用为同义词,违反同一律。例如"杀人者死,执行死刑的杀人,故执行死刑的当死"。这里,两前提的"杀人者"是不同意义的词,故为歧词的谬论。

(2) 双关语(Aunphitoia):双关语不同于歧词:歧词意义含糊是在于用词不严谨,而双关语谬论是在于语句的意义不够明确。例如,"父母惟其疾之忧",《论语》所引孔子的这句话,一向是解释为父母只是在他们自己有疾病时才郁闷,但又可解为父母只郁闷自己生病,又可解为父母只郁闷他们的儿女生病。语意不够明确,致生误解,是为双关语谬论。

(3) 合悖(Compositio):是不应合的而合,例如,坐着的一个人可以行走,但不能就因之而说坐着的人一个人同时是在行走着。不同时间可做的事,不应认为是同一时间能做的事。

(4) 分悖(Divioio):分悖正是合悖之反,不应分而分。例如 3 加 2 为 5,而 3 是奇数,2 是偶数,故 5 既为奇数,又为偶数。

(5) 重言(Accentcco):重言谬论常常是发生于语言中有几个音节的词,如欧洲语。这种谬论亦可指汉语的错读字声,例如"寺观"的"观"读成"天下奇观"的"观"便使听者发生误会。重音谬论又可发生于句中的重音放

---

① "原于语言的谬论"是拉丁文 fallacies in dictione 之译,原希腊文的 ,"外于语言的谬论"是拉丁文 fallacies extra dictionem,原希腊文 εξω την λεξωs 之译。

在不应以重音读的字上,例如"你不应欺骗你的同学",重音应在"欺骗",如果重音放在"同学"就可错误地解释为"同学不可欺骗,但可欺骗别人"。

(6)比喻(Figuia dectionis):这不是说比喻的误解而是由词句之一种解释转移到另一种不妥当的解释,例如约翰·穆勒著名的比喻谬论是他在其名著《功利论》里说:"证明一物之可见是实在有人看见它,证明声音之可闻,是实在有人听见它,我们经验的其他来源亦莫不如是,我认为同样地,能够证明什么东西是值得想望的,只是在于实在有人想望它。"①这里的谬论是由于英文字"可见"、"可闻"、"值得想望的"都有同样的词尾,因之约翰·穆勒尽管他是一位形式逻辑家,竟然把这三个字作为一类来看待,故其得出的结论是错误的。

2. 外于语言的谬论分为七种:

(1)偶性(Accidens):这种谬论是由于把事物的本质和它的偶性混淆,或把其类与种混淆,或把一种与种的个别事物混淆,例如亚里斯多德所举的例是,葛利斯不同于苏格拉底;而苏格拉底是人,那么,葛利斯不同于人。当知葛利斯在其偶性上是不同于苏格拉底,但是在人的本质属性上是相同的。本质不应与偶性混②。

(2)通局混(Fallacia a dicto Aecundccm quid ad dictum):所称的"通"就是拉丁文的 simplicdes,"局"就是 secumdnm squicl。一般情况是全与通,而特殊情况是偏与局。以全论偏和以偏概全都是谬论。亚氏所举一例是,一个印度人全身是黑的而牙齿是白的,但不能就说他是黑的而又是白的。全与偏不应混为一谈③。

(3)遁辞(lqnosateo eleuchi):原拉丁文的意思是,不知道所驳的是什么,就是不能和论敌的论点针锋相对,所谓文不对题。

(4)丐辞(petieio pimcipii):又译"窃取论点",就是"凡未经证明的论点认为是已经证明,而据以论证论题,是为论点的窃取"④。

---

① 可参见约翰·穆勒:《功利主义》,徐大建译,上海人民出版社,2008年,第35页。——整理者注

② 亚里斯多德:《辩谬篇》,标准页第166b第30至37行。

③ 亚里斯多德:《辩谬篇》,标准页第166b第37行至标准页第167a第20行。

④ 亚里斯多德:《辩谬篇》,标准页第167a第37、38行。

(5)误因(non eausa piocausa):直释拉丁文当为"非因而误作为因",例如以日为夜之因,以月举为风之因皆是。

(6)误果(consequens):亚氏谓"误果之谬由于误认因果可以相互换位"①。"凡有A则必有B,于是认为凡有B亦必有A,此为误果。"②

(7)多问(plases mintesogationes):多问并不是谬论,其谬在于一问中含有数问,非一答所能答复的,例如,如果假定一个人是吸烟的而便问他戒了烟没有,这是多问之谬论,因为先应问这人是否素来吸烟,如果他答,是一向吸烟,然后再问他已戒了没有。一开头就问他戒了烟没有,是犯多问的谬论错误。

上面是亚里斯多德的谬论在逻辑上讲所分的两大类,共十三种。亚氏还指出有第三大类,而这一类的谬论"其论证或反驳以形式言虽属正确,但对于所谈的问题实质上并非适当"③。如要对于所谈的问题实质上适当,则必须就所谈的知识部门加以分析。但知识的部门繁多,非形式逻辑所能概括,所以关于科学各部门的谬论,应该用其各部门的具体知识来揭露,形式逻辑只能根据一般的原理求得科学知识的共同原理与规则,作为各门科学检查论证的一般原理与规则,另如两类十三种所述。

根据我们所讲的形式逻辑各章内容,谬论的检查亦可按下列的程序④。

(1)有关概念的谬论:

①错误的或不完全的定义。

a. 自毁概念,即概念含有互不相容的属性。

b. 亚里斯多德的"歧词"。

c. 亚里斯多德的"比喻"。

d. 亚里斯多德的"通局混"。

e. 亚里斯多德的"合悖"、"分悖"。

②错误的划分。

---

① 亚里斯多德:《辩谬篇》,标准页第167b第1、2行。
② 亚里斯多德:《辩谬篇》,标准页第167b第3、4行。
③ 亚里斯多德:《辩谬篇》,标准页第169b第22行。
④ 这一段是根据威尔顿:《逻辑手册》第二册,1896年,英文版,第235、236页。

a. 划分根据的转移。

b. 划分的不穷尽。

c. 划分的错等。

(2) 有关判断的谬论：

① 自语相违的判断。

a. 亚里斯多德的"双关语"。

b. 亚里斯多德的"重音"。

② 假言判断的误解。

③ 选言判断的误解。

(3) 有关直接推理的谬论：

① 错误的对当，包含亚里斯多德的"多问"。

② 非法换位。

a. A 型或 O 型判断的非法换位。

b. 亚里斯多德的"偶性"。

c. 亚里斯多德的"误果"。

③ 非法的质位并换。

④ 非法的戾换。

(4) 有关演绎推理的谬论。

① 抽象的。

a. 中词不周延的三段论式。

b. 大词非法周延的三段论式。

c. 小词非法周延的三段论式。

② 具体的——四名词——包括所有含有上面(1)①b,c,d,e 中任何一种错误的那些命题的推理和含有上面(2)②的命题的推理。

上面所列的只限于概念、判断和直接推理与演绎推理的谬论。关于归纳推理和证明的谬论当于下两章论列之。

第四节 演绎推理在认识过程中的意义

一、总结演绎推理

我们在前三章分别研究了演绎推理的各种主要形式，说明演绎推理在形式上是从一般到这一般范围里的特殊情况,而在其内容上是从已知到未知,但它的结论并不超出其前提的范围的。

二、演绎推理是和归纳推理相互联系不可分割的

毛主席在《矛盾论》中教导我们说,认识有两种过程,"由特殊到一般,由一般到特殊"即归纳与演绎。演绎推理是由前提的一般原理推论到结论的特殊情况。但是前提的一般原理是从哪里来的呢?它是从许多特殊具体的事物,从直接或间接感性认识到的东西,反复多少次才"造成了大体上相应于该客观过程的法则性的思想理论"[①]。所造成的大体上相应于该客观过程的法则性的思想理论就是归纳推理的成果,就是演绎推理用作大前提的,也就是演绎推理所依据的基础。

三、毛主席在《矛盾论》中又教导我们"必须防止过去认识中已经成为一般的东西变成枯槁僵死的东西,必须把它们用之于实践,才可以检验、补充、丰富和发展它们,必须实践、认识、再实践、再认识,循环往复,以至无穷"[②]

这就是说,演绎推理的前提从归纳推理得来,而归纳推理所得的一般性的原理须在实践中演绎推理来应用。应用即实践,在实践中又可检验、补充、丰富、发展归纳推理的成果。可见在这过程中演绎推理和归纳推理是相互联系,不可分割的。

为学习方便起见,我们先就研究了演绎推理。在下一章就要进行归纳推理的研究,我们更能看出归纳推理在其过程中是怎样和演绎推理紧密地联系着的。

---

① 毛泽东:《实践论》,人民出版社,1951年,单行本,第14页。
② 《矛盾论》,单行本,第14页;《实践论》,单行本,第18页。

第八章 归纳推理

第一节 归纳推理的本质

1. 什么是归纳推理？归纳推理是从特殊到一般的间接推理。它是依据一系列的特殊事实从而导致较普遍原理的方法。

这就是说，归纳推理和上三章所谓的演绎推理一样是间接推理的一种形式，但是归纳推理与演绎推理不同，就是它的种类是从特殊到一般的事实，从而得到一个比较普遍性的结论，归纳推理的前提所谈的是特殊或个别对象的某种共同属性，而根据这些前提的分析与概括，就得出结论把这种属性推广到整类的对象去。

例如，前提是：美国是一个帝国主义国家且是侵略的；英国是一个帝国主义国家且是侵略的；法国是一个帝国主义国家且是侵略的；从前日本、德意志和其他的帝国主义国家也是侵略的。从这一系列的个别帝国主义国家看来，它们无例外地都具有侵略性这种属性，依据我们分析与研究之后，就得出一个概括性的结论把侵略性推广到全类的帝国主义国家而说，凡是帝国主义国家都是侵略的。这结论就是普遍性的原理，通过归纳推理从有关个别对象的前提而得出的。

从这种例子看来，我们便说，归纳推理是根据某一类的个别实例所得到的知识，通过一定的思维过程，而得出关于这一整类事物的较为普遍性的结论，于是也就说，归纳推理是从个别或特殊到一般的间接推理。

这样从归纳推理得出的较为普遍性的原理，就是上面三章所谓的演绎推理所依据而作为前提的一般性原理，正如在所举的例子中从一些帝国主义国家是侵略的这些个别实例而得出结论说，凡帝国主义国家都是侵略的。演绎推理根据"凡帝国主义国家都是侵略的"这原理，结合着美国是一个帝国主义国家这事实，就推出"美国是侵略的"这一正确的结论。可见演绎推理不离归纳推理。后面我们在本章还要说明在归纳推理，尤其是在科学归纳推理的过程中，也必须结合着演绎推理。所以我们说，归纳推理和演绎推理是互相依属,互相补助,且是统一着的,但是归纳推理和演绎推理同时又是不同的两种认识过程。

2. 归纳推理与演绎推理之同异:两者之间在上面已经讲过,因两者都是认识客观事物的过程,都是间接推理过程,都是反映客观现实的思维形式。

演绎推理是反映客观的一般存在于个别:凡帝国主义国家都是侵略的这一般性的原理存在于个别的帝国主义国家,如美国、英国、法国等,这些个别的帝国主义国家,如美、英、法等,都表现出侵略的性质为其一种固有属性,反之归纳推理反映客观的个别或特殊表现一般;一个一个的帝国主义国家都表现着一般的侵略性,因之我们就在这些个别的帝国主义国家中发现帝国主义国家在其本质上是和侵略性有着必定的联系,而建立成凡帝国主义国家普遍地必然是侵略的这一条原理,而为归纳推理的结论。

因为这样,所以两者同是人类认识客观事物的工具,同是人类对于自然和社会的规律的认识和掌握的工具,同是对于自然和社会的创造所必需的。

但是两者也是不同的。从它们作为认识过程来说,演绎推理和归纳推理的出发点不同,所得到的结论亦不同。演绎推理是由一般到个别或特殊,而归纳推理是由个别或特殊到一般。

而且在研究演绎推理时,我们认识到演绎推理的结论是在其前提所涉及的范围之内的,所以是必然的,而归纳推理的结论可以超出其前提范围之外,所以它可能是盖然的,但是如果其结论是根据事物本质的分析,按照其发展的规律而确定的,也就是说是必然的。

这是什么缘故呢?归纳推理在这点上不同于演绎推理,因为演绎推理之所以为演绎,是由于它把前提所含蕴,所包藏的东西按思维的正确程序在结论中引申,排铺出来,好像茧里原来蕴藏着丝,缠丝不过是把蚕丝从茧引申出来,丝自茧出,不超出茧之外,茧是如何,丝也便是如何,是可断言的,这称为演绎,演绎的前提如果真实,推理的过程又符合正确思维的形式与规律,其结论的正确性是可保证的。

但是归纳推理的性质则与之不同,归纳推理的结论只是根据一类事物某些实例的观察,通常是未穷尽其全类的,而将所得的结果,因为这并未在所观察的范围里碰见例外,便推广到其全类,但全类中的事物有些不是观察所及的,而且总是有些不是在作出结论时观察所能及的,可能在这些观察不到的事物中发现与结论相违的情况,故其结论可能是有例外,不是普遍性的,因之就说它是盖然的。例如,语云"天下老鸦一般黑",这是积累了长期许多的实际观察的经验而得出的结论。每一次说这话时,没有人根据经验而提出不同的意见,就证实这话的真实性。可是,人们所观察过的老鸦虽然是许多,而又不限于某时某地,却毫无例外,老鸦都是黑的,所以就一直地说天下老鸦一般黑。问题是:能否尚有未观察到老鸦,如原始森林从没有人到过的地方的老鸦,还有尚未生出的老鸦,而其中有不黑的老鸦,就推翻天下老鸦一般黑这话呢?归纳推理之由个别或特殊,由这只老鸦,那只老鸦,或此时此地的老鸦,彼时彼地的老鸦,而到一般,即所有的老鸦,随时随地的老鸦,其结论是否有同样的不可靠性呢?如果这问题不加以解决,科学的可靠性是否会受到动摇,客观世界之可知性是否会变为可怀疑的原理呢?

这问题早在古希腊哲学中已经提出,而18世纪英国苏格兰的休谟根据其当时狭隘的经验哲学又强调提出,一直到现在为资产阶级反动的唯心哲学所利用,企图动摇真理的客观性和其可知性,所以归纳推理作为认识事物的工具和这问题是密切联系着的,所以不可不辩。

恩格斯在他的经典著作《自然辩证法》一书中曾批评过归纳推理,好像是说归纳推理的结论是成问题的。他曾在书中说过这些话:"这种惠威尔(Whewell)以来英国人弄出来的骗人的归纳法","黑格尔说归纳的推理本质上是一个尚成疑问的推理,这命题的论断是何等地高妙啊!"[①]这岂不是恩格斯认为归纳推理是骗人的,至少同意黑格尔说归纳推理在本质是成疑问的一种推理呢?

如果我们仔细地读恩格斯在《自然辩证法》里说这两句话的前后文,体会其说话的精神,就会认识到恩格斯完全不是认为归纳法本身是骗人的,完全不是认为所有归纳推理的方法在本质上是尚成问题的。恩格斯

---

① 见曹葆华等:《自然辩证法》中译本,人民出版社,第189页。

认为是骗人的归纳法不是正确的归纳法,而是英国19世纪中叶以来惠威尔提倡的那种称为全归纳的归纳法,是脱离演绎推理,和演绎法对立的归纳法。在英国,提倡归纳法的第一个人不是惠威尔,而是17世纪的法兰西士培根,而恩格斯说是骗人的归纳法乃是指惠威尔以来的归纳法,足见他说骗人的不是归纳法本身,而是和演绎法完全脱离的全归纳派的归纳法。

恩格斯同意黑格尔说归纳法本质上是一个成问题的推理形式,所指的是我们在本章将要谈到的一种归纳法而不是归纳法最可靠的形式。我们只翻阅一下黑格尔说这句话的地方,便知道这是在他的《逻辑科学》(俗称《大逻辑》)论反映的推理那一节,相当于《小逻辑》的第190节①。黑格尔在那里谈的归纳法相等于我们本章后面要谈的简单枚举法的归纳推理,而对于简单枚举法的结论的无疑问,也是我们将要提出的意见。这意见是完全正确的,可是这并不是指科学归纳推理而言的。科学归纳推理是和演绎推理相结合,不是孤立的,而正如恩格斯所说,是和演绎法相互依属的,相互补充的归纳法②。如果科学归纳推理是正确地运用,它是为科学服务的,是人们认识客观事物的有效工具,那么其结论是可靠的,是科学的真理。

科学归纳推理固然不是以穷尽其类的实例作为其前提的,所以其结论推广到全类事物,绝不能依靠前提实例枚举性的经验堆积,因为只靠实例的堆积,究竟不能涵盖不在堆积里面的其他实例,而这些其他实例可能是无穷数的。科学归纳推理的结论的得出,是在于确定事物间的必然性和普遍性的联系。这种联系是依据某一工作特定知识范围内我们认识到的所有大量的事物联系,而这种联系既为客观事物所证实,而又为这知识范围内一切确定了的科学原理所支持,则这联系是可作为归纳推理所依据而作出结论的,而且这结论是可靠的。

3. 归纳推理的客观基础:毛主席在《矛盾论》一书里面对我们的指示是"就人类认识运动的秩序说来,总是由认识个别的和特殊的事物,逐步

---

① 黑格尔:《小逻辑》,贺麟译,生活·读书·新知三联书店,1954年,第371—372页。
② 见曹葆华等:《自然辩证法》中译本,人民出版社,第189页。

地扩大到认识一般事物"①。个别的和特殊的事物是客观现实中的具体事物,是感性认识的对象。而一般事物乃是理性认识的对象,但是,理性认识总是以感性认识为其基础的。在《矛盾论》中,毛主席又教导我们说,"我们的教条主义者是懒汉,他们拒绝对于具体事物做任何艰苦的研究工作。他们把一般真理看成是凭空出现的东西,把它们变成人们所不能捉摸的纯粹抽象的公式,完全否认了并且颠倒这个人类认识真理的正常秩序"②。由此可见,归纳推理所得出作为其结论的一般真理是艰苦研究客观现实中具体事物,深入认识客观现实的成果。归纳推理是以这艰苦深入认识客观个别的和特殊的事物为其基础的,是建立在完全唯物主义的观点上面的。归纳推理在其进程中是运用人类思维能动性的概括能力,由个别的具体事物的认识提高到一般的认识,飞跃到一般真理的认识,在个别事物中发现其存在的一般,由个别具体事物通过概括总结出来对于客观现实的一般规律。这就是归纳推理过程的客观基础。

归纳推理是由个别和特殊到一般的认识过程,是在个别的和特殊的事物中通过考察,分析而发现其存在着的共同性。这共同性是客观地存在于具体个别事物,为人们所发现,而并不是人们在其意识中所臆测想象出来的。人们在各个个别具体事物之间发现存在着的事物发生发展变化的原因,发现其发生发展变化的规律,这些原因与规律是客观地存在于具体事物,而不是人们意识所能改变的,而归纳推理只是帮助人们在认识客观事物中把它们发现出来,形成为关于该类事物的一般原理。这些一般原理作为归纳推理的结论的得出,是根据个别的和特殊的客观事物的研究,发现客观存在着的事物的相互联系,特别是因果性的联系,从而认识到它们发生发展与变化的客观规律。这就是归纳推理的客观基础。

第二节 归纳推理形式的种类

对于研究的对象,由于它们的数目繁多,可以全数加以考察,也可以不是全数加以考察,根据这一区别,归纳推理就有不同的形式而划分为:

---

① 《矛盾论》,单行本,第14页。
② 《矛盾论》,单行本,第15页。

1.完全的归纳推理和2.不完全的归纳推理。所谓完全的或不完全的是指所研究的一类对象是全数或不是全数,而并不是指其考察的性质之完善或不完善。

不完全归纳推理又分为(1)简单枚举法和(2)科学归纳法。可列表如下。

归纳推理 { 完全归纳推理 ; 不完全归纳推理 { 简单枚举法 ; 科学归纳法 }

兹分别论列如下:

1.**完全归纳推理**:完全归纳推理在其前提中把一类或一群的个别事物全数枚举,加以考察毫无遗漏,然后根据这全数的考察加以概括作出结论。

例如一年有十二个月,我们考察每个月的日数,而知道一月有三十日,二月有二十八或二十九日,三月有三十一日,七月和八月各有三十一日,九月有三十日,十月有三十一日,十一月有三十日,十二月有三十一日。每年都是一样,而闰年则二月有二十九日。于是我们根据这很简单的考察便加以概括,作出结论说,一年中没有一个月的日数是少于二十八而多于三十一的。这是完全归纳推理之一例。

又如,我们这班学习形式逻辑的同学一共一百二十五名。我们按名询问其所属的国籍,发现毫无例外都是中国人,于是就根据这询问的结果而作出结论说,这全班同学都是本国国籍的。这又是完全归纳推理又一例。

很明显,完全归纳推理的特点是:(1)其结论并未超出前提的范围之外,但是(2)结论是由许多个别的对象如一班的同学,或特殊的对象,如每年的月份,加以个别的研究而得出的,其结论既不超出前提的范围之外,故只要前提是考察正确的结果,所据以作出的结论必定是正确的。这一特征是完全归纳推理和演绎推理相同的。但是这结论是由个别的或特殊的事物而推进到一般性的概括的,这又和归纳推理的性质是相同的,故按其本质,完全归纳推理是属于归纳推理的类型的。

有人认为完全归纳推理的结论不超出其前提范围之外,在这点上是和演绎推理一样,所以便主张把完全归纳推理列为演绎推理。这种看法是不正确的,当知演绎推理之为演绎,是由于它的推理过程乃是从某一种事物类的一般原理出发,而在前提中把某一事物属于这一般性的原理,或指出它不是能归属于这一般性的原理的。从而得出肯定或否定的结论,然而这并不是完全归纳推理的性质,它是从个别或特殊事物出发经过个别或特殊事物的调查研究,而总结这调查研究作出结论,是不同于演绎推理而属于归纳推理的类型。如果认为完全归纳推理在其过程中不过是其前提的总结,所以就属于演绎推理的类型,这是表现着对于演绎推理根本性质的曲解而不止于误解了完全归纳推理而已,因为演绎推理的结论并不是其前提的概括,而是个别的或特殊的情况和一般原理的关系所决定的。我们在完全归纳推理那找不到这种思维活动的表现。所以就不属于演绎推理的类型,而根据它是从个别的或特殊的事物出发,进而推到关于一类事物的结论,把它属于归纳推理的类型,这是合理的①。

可是这种称为完全归纳推理的思维形式②。是否是从已知到未知的一种思维活动呢? 其结论中所得的未知是什么呢? 这便提出了完全归纳推理本质上是否是一种推理形式的问题了。如果它的思维过程不是从已知到未知,它就不能称为一种推理的形式。且用上面所举的两个例子来说明:一年有十二个月,尚未逐个月加以考察之前,我们不能对于全年每个月作出概括性的结论,不能根据什么而断言没有一个月的日数是少于二十八或多于三十一,这断言是以前提为根据的,在前提是未完全提出来之前,是无法这样断言的。故结论这个断言是从已知到未知的。全班同学二百二十五人,在按名询问,在做了记录之前,不能断言全班同学毫无例外都是本国国籍的,但是在全数查阅之后,才有根据作出关于全班同学的结论。这是思维的活动知识范围的扩大,是从已知到未知。从前知道的只是关于这个或那个个别同学,而调查完事之后所得到的新知识是关于全班同学这个整体,所以完全归纳推理是推理的一种思维活动形式,是

---

① 参看穆勒:《逻辑系统》英文第八版,第三卷第二章第一节。

② 我们在这里用"称为"这字样,是因为有些形式逻辑家只称我们称为完全归纳推理的这种推理形式为"完全枚举法"(英文的 complete enumeration)。当然,既称之为完全归纳推理而又提出它是否归纳推理这问题是不恰当的。

归纳推理的一种形式。

完全归纳推理的结论是可靠的,只要它所根据的前提都是可靠的。根据它的前提,它的结论是必然性的。这种推理在日常生活中和在科学中都起着其适当的作用,是认识客观事物不可或缺的一种工具。但是这种推理的形式必须穷尽所研究的整类或整群的对象,而这条件不是在任何情况下都可履行的,因此归纳推理不是只运用完全归纳推理这一种形式,而且在下面我们还要论到任何枚举式的归纳推理都有其缺点,我们必须使用更完善的归纳推理方法。

兹先概述所谓不完全归纳推理。

2. 不完全归纳推理:正如上述所谓不完全归纳推理并不是说它的方法不完善,要比完全归纳推理的方法差些,而是说就研究的一类事物而言,它只考察其中若干对象而不考察其全数对象,而结论便从所考察的那些对象作出,推广到全类去。

何以要使用不完全归纳推理呢? 第一,上面已经讲过,完全归纳推理这种考察过全类一切对象才作出关于这类对象的结论的方法不是在任何情况之下都能使用的。许多事物是无法穷尽其类而一一加以考察的。第二,在科学研究中亦不必要把全类对象尽行加以研究才作出能够推广到全类的那种结论,所研究的只须是某些典型的范例。例如我们调查我国农业合作社以了解情况,而全国农业合作社的数目很大,不能在短时间内作详尽的个别逐一的调查,而且为要了解合作社一般的情况也不需要考察全数的农业合作社,只需选择若干典型有代表性的范例,运用科学调查的方法加以详尽缜密的考察,从而作出全国农业合作社当前情况的结论,这就是不完全归纳推理的一个例子,但是这个例子不一定是简单枚举法的例子,亦可能是科学归纳法的例子,要看它的工作是怎样进行的。在正确领导下发动群众依靠群众,遵照马克思列宁主义的原则,实事求是地了解若干农业合作社,把得出的结论,结合各地的具体情况,推广到全国各地去,是完全正确的科学方法,虽然它是一种不完全的归纳推理形式,但是符合科学归纳法的方法的。

我们先讲简单枚举法,然后讲科学归纳法。

(1)简单枚举法:简单枚举法是根据考察过某一类的若干事实,发现它们具有某一属性,而并不在考察中遇见与之矛盾的事实,于是就作出结论,认为同类全部事物都具有这属性。这是不同于完全归纳推理又称完全枚举法的,因为它并未如后者考察全数的事物。

例如"天下老鸦一般黑"这结论是从所见过许多的老鸦而作出的,但不可能是从观察过天下所有的老鸦而作出。

问题是,怎能从所看见过的虽然许多老鸦而就作出关于天下所有老鸦的一个结论呢?这的确是不完全归纳推理的一个问题。

就简单枚举法而言,结论的作出是因为凡所观察过的老鸦都具有黑色这属性而并未遇见过例外,但是根据这种观察只能作出结论说,凡观察过的老鸦都是黑的,因为在观察中并没有遇见过不是黑的老鸦,这结论是有充分的根据的,因为它是完全枚举法,即完全归纳推理的结论。所涉及的并未超出前提的范围。可是如果作出的结论不是"凡观察过的老鸦都是黑的",而是超出前提的范围,超出实际观察的范围,而竟然说"天下老鸦一般黑",那么这结论就没有充分的根据,好像就违反了充足理由律。在作出这结论的时候,天下自然还有许多老鸦是未经观察过,其实天下不断地产生新的老鸦,所以无论什么时候作出"天下老鸦一般黑"的结论都不是根据全数的老鸦的实际观察而作出。天下的全数老鸦可能尽是黑的,因为至少截至作出结论的时候为止,并没有遇见过不黑的老鸦,但是没有什么理由说我们不能随时遇见一只不是黑的老鸦而推翻我们所作出天下老鸦一般黑这个全称肯定式的结论,因此说简单枚举法的结论是盖然的并不为过分,而完全是正确的。固然,历时愈久、地域愈广,各种情况愈是不同,而观察到的老鸦毫无例外都是黑的,则"天下老鸦一般黑"的这个结论的盖然性愈大,但是仍然不能靠简单枚举法而就保证来说"天下老鸦一般黑"。

当科学还没有发达的时候,人们远没有准确地认识到事物的规律,只由经验的积累而作出经验性的概括,而这种概括尚不是经过科学的分析,深入到事物的本质而作出的结论。结果是由经验积累所形成的知识,例如"月晕而风,础润而雨",和许许多多很有趣而在某一定情况之下很有价值,确能指导人们行动的"经验之谈",例如湖北和许多华中地区"雷打惊蛰前,高山好种田",广东一带"未过惊蛰雷先响,七七四十九日不开云"这种话,都是指着阳历三月六日惊蛰这个节令之前如果打雷,春天的雨量是多的,而据最近气象学家的研究,这种说法是有科学的根据的,而我国农民早就已经从长期的经验积累而作出这种经验性的结论,是值得我们珍惜的。这是简单枚举法的作用。可是又有别的一些所谓经验之谈不是那么靠得住的,是很成问题的,可能是局限于一个时期,一个地域,易地以居,就不准确的。还有一些老话是我们看不出什么理由的,例如武昌郊区的农民有一句话说:"三十连初一,半月水滴滴",就是说,如果阴历的三十(或月小的二十九)跟着初一那天连着下雨,那就要跟着一连下半个月的雨。何以特别阴历月份里这两天连着下雨,就要跟着下半个月的雨呢?这种经验之谈好像就不是根据长期记载的系统统计而总结出来的。即使有了很广泛的观察,而观察的结果只浮在表面的现象,不深入到事物的本质,还是不能得到科学的知识的。经验的积累,充其量只是知其然而不知其所以然,然而经验的积累在实际生活中起着广泛的作用,代表相当有价值的知识,能够解决一些实际问题,例如过去长期老农老圃的生产技能多半是这种经验的积累,其本质就是类似于简单枚举的归纳方法。

但是简单枚举这方法是有其缺点的,正如黑格尔在他的《小逻辑》第190节里批评归纳推理时所说:"当我们说,所有金属、所有植物时,我们只是说,直至现在为止,我们所知道的所有金属、所有植物而已。因此每一种归纳总是不完备的。我们尽管对于这个和那个作了许多的观察,但我们总无法观察到所有的事例,所有的个体。"[①]黑格尔这批评正针对简单枚举的缺点,所以我们说简单枚举法所得的归纳结论是盖然性的。

其次,简单枚举法的本质既是经验的积累,而经验是感性认识,当其尚未正确地提高到理性认识的科学阶段,所获得的知识可能只是轻率的概括而是错误的。

在归纳推理中,首先我们要辨别"所有"(每一个)和"凡"(任何)这两个字样的意义。"所有 S 都是 P"和"凡 S 都是 P"这两种判断在本质上是有区别的。

"每个 S(即所有)都是 P"是总结经验的一种结果,可能是上面所讲完

---

① 黑格尔:《小逻辑》,贺麟译,生活·读书·新知三联书店,1954年,第372页。

全归纳推理即完全枚举法的结论。这种结论在其本质是一种枚举的命题所表达的,其应用亦只能限于枚举的范围,限于经验所及的范围,不能作为一条原理来看待。在上面所举的例子中,我们询问过一全班的同学,而知道他们都是中国籍的,我们就得出结论说"这全班同学每一个(或者说,所有这班的同学)都是本国籍的",但是这结论不能超出询问的范围之外。如果我们想要知道是否凡是学习形式逻辑的学生都必定是中国籍的,就不能只靠询问这一班学生,询问是枚举法的使用,纵然是完全枚举,亦不能超出其询问的范围,而靠简单枚举的结果推广到未询问过的范围去显然是靠不住的。要推广到未经考察的范围,必须找出事物的必然联系,例如必须找出学习形式逻辑的学生和中国籍是有必然的联系的,这就不是任何枚举法,无论是简单枚举法或是完全枚举法所能决定的,如果我们知道学校有一种规定,或者教育部有一种规定,譬如这样说话,只能准许本国学生学习形式逻辑,那么甚至不必加以查问就知道,凡学习形式逻辑的学生都是本国籍的,这就不是表达枚举结果的一个命题,而是一个原理性的命题。

"凡学习形式逻辑的学生都是本国籍的"这一种结论是不容易得出的,"凡 S 都是 P"乃是说只要一个对象是 S(即其具备 S 的条件的话),这对象必然是 P,那就是说,S 和 P 在其本质上有必然的联系,就是说,因为 S 具有某些本质属性便使它不能不具有 P 的属性,换句话说,凡是 S 而不是 P,即 S$\bar{P}$ 是不可能的,是客观现实中所不能有的,是违反客观事物的性质和规律的。由于客观世界的事物普遍的联系,科学才能作出这种必然性的判断的。

科学归纳法就是要发现这种客观事物之间的联系,要求获得这种基于客观现实的知识。人们对于周围客观世界的认识提高到这种程度才是真正的科学知识,科学研究所追求的不只是所观察的"每个 S 都是 P"而且要得到"凡 S 都必是 P"这就是科学归纳法的任务。

(2)科学归纳法的定义:科学归纳法是把人们对于客观事物由个别的或特殊的实例的感性认识提高并发展到一般事物规律性的理性认识的一种推理过程。

科学归纳法不同于完全归纳推理用完全枚举这一种方法,因为它并不考察到一类事物的全数,而是像简单枚举法一样,只考察该类事物的若干实例,但它又不同于简单枚举法,因为它不仅仅由观察所到的事物毫无例外都具有某种属性,就据以把观察的这种结果推广到全类事物,认为即使没有观察到的同类事物也都具有所曾观察过的事物所具有的共同属性;它是必定根据一类事物某些典型实例的观察,通过分析、比较、抽象等过程之后,找出事物间本质上必然的联系,尤其是因果性的联系,因而认识到这类事物之所以然之理,认识到何以这类事物之所以具有观察发现的共同属性,然后才作出关于全类事物的结论说,凡是属于这类的任何事物必须具有所说的那种属性,否则不能属于该类。

例如,"天下老鸦一般黑"这结论的得出只是由于简单枚举法的经验积累,这种经验积累所导致的结论固然有其某一定的实践意义,但是尚没有认识到老鸦是否必定是黑的,经验积累只对经验过的事物而言的,没有充足理由把这经验的结果推广到尚未经验过的事物的。

但是科学归纳法则不然。例如,生物学家研究北极熊毛色是白的。他不只知道凡所见的北极熊毫无例外都是白毛的,而且从熊的性质,熊的生活环境和生活习惯而知道何以北极熊的毛色必须是白的。"天下老鸦一般黑",但不知何以老鸦的羽毛是黑的,所以这只是经验积累的结果,还可能有尚未发现的例外,而这例外是可能随时发现的,正如过去欧洲人都相信天鹅尽是白,而现在已在澳洲发现了例外。可是,北极熊尽是白的,从生物科学来讲,已不只是经验之谈,不只是由于简单枚举而得出这个结论,它已从简单枚举更进了一步,由北极熊的性质,熊之生活环境,生活习惯,深入一步而知道北极熊的毛色必须是白的。熊的行动并不太过敏捷的;熊是依靠捕捉其他动物而生活的。要捕取其他生物,熊就必须有掩护色,必须有白的毛,颜色和周围的雪一样白,才能靠这掩护色接近要捕取的动物而获得它的食料,否则不能在北极的环境而生活,而滋生,因之北极熊之为北极熊,其毛色是熊之生活环境与生活需要的必然结果,所以"北极熊尽是白"乃是客观现实制约着的一定联系,不是偶然的。找出这种联系是用科学归纳法的。这样从个别的或特殊的(北极熊是特殊的,因它是北极的熊而不是一般的熊)事物而推论到一般的结论,如凡是北极熊必是白毛的这必然性的结论,有其所以然之理制约着其然的。

怎样才能由个别的或特殊的事物,经过科学的观察、分析、比较等,而得到上述的因果性的联系呢?毛主席在其《实践论》中指示我们说"认识的真正任务在于经过感觉,而到达于思维到达于逐步了解客观事物的内部矛盾,了解它的规律性"①。

这是十分宝贵而重要的指示:①首先,科学归纳法必须经过感觉,必须有具体事物的感性认识为其基础,那就是必须从观察或实验入手,无论这观察或实验是我们自己的或是他人的,②逐步了解客观事物的内部矛盾,因为矛盾是事物发生发展变化的原动力,不了解客观事物的内部矛盾就不能了解事物发生发展变化的主要原因,了解到这内部矛盾便了解事物的规律性,就是了解各个具体事物之所以是这样而不是别样的本质,然后③由各个具体事物的本质("矛盾论"的特殊矛盾)的了解而深入到事物根据这矛盾向前发展变化的规律。

科学归纳法是这样进行的。其步骤主要是:①实际的观察或实验,从而②发现问题、分析问题、确定问题关键之所在,追求其原因的性质,根据已经掌握的科学理论知识,结合当前具体观察与实验的结果,③找出解决问题的可能方案——假说——④从这假说,或这些假说(因假说可能不只一种)根据科学的理论和逻辑的规律引申出来应有的结果(即如果 A 是 B 这假说是真的,则应有 E 是 D 的结果)②,⑤回到具体事物中去检查所引申出来的结果,看这结果是否和事实相符合,这样由实际的观察或实验以及其他已获得的材料,经过分析和推理种种过程,确定假说的正确性,必要时加以修正,再进行检查决定其取舍,⑥以证实的假说作为归纳推理的结论。

上述的是科学归纳法一般的步骤,可以拿医生的诊断作为一例。

医生的诊断,①首先是观察病人的病状,发现病人哪里感觉不舒服,如果主要的病症是发高烧这一具体事实,医生的问题便是,为什么病人会这样发高烧呢?②这便是问题的具体提出,是医生诊断的重要关键,一般说来,是科学研究的重要关键,没有这研究,就没有方向。医生提出这具体问题之后,就根据他的医学知识结合他的临床经验,③就搬出假说来作

---

① 毛泽东:《实践论》,人民出版社,1951年,单行本,第5页。
② 注意这里明显的是归纳推理结合演绎推理的地方。

为解答问题的假定:他认为根据实际情况,只有两种可能:要么就是病人患疟疾,要么就是患伤寒。从形式逻辑上讲,这是一个选言判断,其形式是:A 是 B 或 C(这里的 A 代表病人的病症,B 代表患疟疾,C 代表患伤寒),二者必居其一。我们要注意如果医生在这里只提出两条假说,是因为根据当前实际的情况和他所掌握的医学理论和临床的经验,只有这两条假说是可能的,其他的假说都因为上述原因已被他排除了,认为不足考虑的,这就说明医生在这里和一般科学工作者在研究所表现的科学造诣。④有了假说提出之后,医生就须进一步根据自己的医学知识和临床经验,从这两条假说,分别引申出来其可以观察得到而予以证实的结果。假说的提出,说病人的发高烧是由于患疟疾或者由于患伤寒,二者必居其一,不是任意的瞎猜,必须有其充分的科学根据,否则便是庸医误人。从假说引申出来的结果也必须有其科学的根据,依据经验积累总结出来的理论,经过实践加以检查证实的真理,而结合当前具体情况,从而推论出来的结果。引申的是:如果病人是患疟疾,则他的血液中必定有疟疾的原虫;如果⑤经过检验室的检查,病人血液中没有疟病原虫,那么病人就不是患疟疾。推理的形式在这里是:如果 A 是 B(病人是患疟疾),则 C 是 D(其血液中有疟疾原虫);今 C 不是 D(其血液中没有疟疾原虫),所以,A 不是 B(病人不是患疟疾)。病人患疟疾这假说既经推翻,就须进行其他一条假说的检查。从第二条假说引申出的结果是:如果病人患伤寒,他的体温上升是有一定的形态的。观察他的体温几天来的记录,恰恰就是这种形态,这就可断定病人是患伤寒。这就是由所观察的事实,⑥确定假说的确实性,于是医生所提出的问题,这病人为什么发高烧,就⑦得到解答了。

我们在这里应该指出两点:①上面第二条假说的证实是这样的一种形式:如果 A 是 E(病人患伤寒),则 F 是 G(他的体温上升有一定的形态),今 F 是 G(他的体温上升是这样的形态),所以 A 是 E(病人是患伤寒)。显然这是由肯定后件而肯定前件的谬论,何以我们认为假说是证实了的呢?但形式上来讲,这问题是正确的,应该提出的。可是实际上根据具体情况,只有两种假说是可以考虑的,其他的假说都已为当前情况所稽斥,而两种假说之一又经病院检验室的检查所推翻,所以剩下来的只有伤寒这一种可能,故当前并没有一果多因的问题,而选言推理不能由肯定后件而肯定前件,是因为有一果多因的可能性,今既无这种可能,所以从后件的肯定到前件的肯定并非错误的而是正确的推理,我们在上面第六章讲选言推理的规则时,曾经指出过的。②我们在上面假定病人是患伤寒这一假说,由当前的事实证实了。如果这假说又不为事实所证实,则问题还未解决。我们不能说,两个能够考虑的假说都已被推翻,再不能考虑其他的假说,这不是科学的态度。我们前面选有的两种可能:第一,重新更仔细地观察事实,看看有无观察的遗漏或错误,根据新的或补充的观察,再一次进行假说的检查。其次,假说可以修改,看修改后是否符合事实。像这样,不断地深入了解事实,不断地按事实修改假说,一直等到问题得到满意的解答。科学研究不是一帆风顺,而是经过多少的波折才成功地解决问题的。科学的精神乃是百折不回、再接再厉、实事求是的精神。

上面阐述归纳推理中,尤其是在说明科学归纳法的过程中,曾用过"同类事物"、"一类的典型例范"这些词语,而归纳推理是要证明"凡S是P"的事物间的这种必然性的联系,如果有S而不是P,就该说明这S不是真正属于S一类的。那是否我们先认定已知道所求的类是什么,是具有什么属性,而后才进行去确定什么具体事物属于这类吗?这样的推理岂非是演绎推理,先有一般而后再推到个别或特殊吗?即使在运用完全枚举法或简单枚举法时,我们都是首先认定哪些事物是属于某一类,然后才能枚举的,如果枚举的不属于一类,是不能得到甚至枚举法的结果的。一类的事物是由于这些事物具有某些共同属性而形成其为一类,而归纳法是要确定一类事物的属性,这岂不是一种量循环?不知道什么事物构成一类的事物,便不能进行甚至枚举法的推理,更不必谈到科学归纳法,然而归纳推理就是要确定一类事物的属性;恶循环就在于此。

这是脱离实际的抽象提法,当知思维不是在一个抽象的真空中进行的。人类思维是社会劳动实践的产物,是和语言同时产生的。在社会劳动实践,语言就已经作出了初步的事物概括。一切名词如"木"、"石"、"鸟"、"兽"、"虫"、"鱼",都是类词,为社会交际和思想交流所必需的。有了这种语言,亦即初步的抽象思维的概括,人类对于客观现实的认识日益深化,随着社会劳动的需要,才更逐步地形成各种形式的归纳方法,使得人们更深入地认识客观现实。先有一类,但对于这类的认识还是粗糙的,不完全的,逐渐而到达精细的,更完全的认识,这是辩证唯物主义对于认识发展的看法,毛主席在《实践论》中曾教导我们说,"这种基于实践的由浅入深的辩证唯物论的关于认识发展过程的理论,在马克思主义以前,是没有一个人这样解决过的。马克思主义的唯物论,第一次正确地解决了这个问题,唯物地而且辩证地指出了认识的深化运动,指出了社会的人在他们的生产和阶级斗争的复杂的、经常反复的实践中,由感性认识到理性认识的推移的运动"①。

第三节　现象间的因果关系

因果性的联系在科学中是这样重要,我们必须比较详细地来研究这个问题。

1. 什么是因果? 因果是原因和结果的简称。我们在认识过程中和实践活动中判明:在各个现象之间存在着一定的,有规律的联系,这种有规律的联系表现为一种现象在一定的条件下必然引起另一种现象。

在一连串相互联系的现象中引起,决定或制约着另一现象的现象称为原因,而那个被引起的现象称为结果。

现象的因果依赖性表现于一种现象必然引起另一种现象。任何一种结果,不论它多么微不足道,都有它的原因。无原因的现象是没有的。任何现象都不能从无中产生,都不能"独自"产生;相反地,任何现象都是由某种原因决定的。另一方面,不引起一定结果的原因也是没有的②。

这是把原因和结果两个概念说得很清楚,很浅显的。因果是有时间性的,有其先后的秩序的,所谓前因后果,前后相承,不容颠倒更换的,绝不会结果在先,原因反在其后的。再则有了前因,则必有后果,但是要原因能起作用产生其后果,必须具备一定的条件,条件不具备,纵然有原因的存在,结果还是不出现的。这是因果性的联系,又称因果关系,是科学在客观事物间所要追求而发现,借以控制客观事物的。

首先,我们要知道因果关系虽然是事物间很有实践意义的一种关系,

---

① 毛泽东:《实践论》,人民出版社,1951年,单行本,第5页。
② 阿历山大罗夫主编:《辩证唯物主义》,人民出版社,1955年,第75—76页。

但是因果关系只是客观事物间的一种关系,并非客观事物间唯一的关系。列宁曾写道:"原因与结果不过是全世界的相互依存性(普遍的)联系一事实的相互交错之单一的契机,不过是在物质发展底锁链中一个环节而已。"①他又跟着强调地指出:"因果性所能仅仅片面地,断片地,与不完地表现的世界联系的全面性与无所不包的性质。"②

这就是说,世界的一切对象和现象,一切的运动都是相互联系着,相互制约着的一个统一体,一个有规律地发展着的整体。在这种普遍联系之中,自然界和人类社会一定的现象在一定条件之中,自然界和人类社会一定的现象在一定条件之下必会引起另一种现象,绝无例外。事物的这种因果关系是必然的、普遍的、即绝无例外的,而且是人们能够在事物中发现而认识的。

在一连串相互联系的现象中,一事之成有其因,而这因本身又是一事,故亦有其因,因之外复有因之因,因就成为果,而果又是一事,它又会在一定条件之下复引起他果,故果又成为了因,环环相扣,成为事物间一连串的因果联锁。甲之成甲,因为有乙为其因,而乙又有丙为其因,丙又有丁为其因……故成联锁,绝无没有原因的事。甲之引起为另一果,而其果复又引起另一果,循此下推,亦复如是,绝无没有后果的事。乙之对于甲为因,而对于丙则为果,故因果是相对的概念,事物的因与果不相转化,而其对一事是因,对另一事是果;它引起另一事,故为因,而它为另外又一事所引起,故为果。同一事有两性,因性与果性,要看是对哪一事而言。

2. 因果关系的复杂和多样性。

(1)因果是相对的概念:这就说,一事之为因是对于某另一事而言的,因为它引起这另一事;但对另外又一事,它是果,因为它本身又是为这另外一事所引起的。例如,社会主义觉悟提高便干劲大,干劲大,则生产大跃进。这是三件联系着的事情。干劲大是社会主义觉悟提高的结果,但它又起原因的作用而引起生产在跃进。可是,探本求源,社会主义觉悟之提高不是没有原因的,而生产大跃进也还要作为一个原因,引起其应有的

---

① 见黑格尔:《逻辑学》一书摘要,1949 年,人民出版社,第 119 页。
② 见黑格尔:《逻辑学》一书摘要,1949 年,人民出版社,第 120 页。

结果的。因果是相对的概念就是这个意思。

(2)一果数因:这就是说,一种事情不是单独一种原因所能引起,必须几种原因配合在一起才能引起这事的。例如要产生水的这结果,不能只有氢,而且必须有氧和一定分量的氢相配合,在一定条件之下,水便形成为两气结合之结果。这就称为一果数因。

(3)一因数果:就是说,一种原因所产生的同时有数种果为其直接所引起的,并不是说这原因引起一种结果,而这结果作为原因又引起另一结果。后者是上面(1)所说的,因引起果,而这果又作为原因引起另一结果。前者所说的与之不同,乃是同一原因同时直接引起几种不同的结果。例如城乡物资交流,不只城市和农村的人民同时得到其需要的满足,而且城市的工业有了刺激便更繁荣,农民的农产品增加销路,则农村经济提高,同时城乡物资交流,工业都繁盛起来,全国人民愈加团结,等等。

(4)一果多因:这是说,同一结果可由几种不同的原因单独引起。这与一果数因不同,一果数因的几种不同的原因单独不能引起其结果,必须适当地配合起来才能共同引起这结果的,而这里所说的一果多因,乃是几种原因分别地单独地能够引起同样的结果。例如病人之发高烧这现象是有多因的,即不只由一种原因可以引起的,它可以为疟疾所引起,又可能为伤寒症所引起,又可能为其他病症所引起。这些原因之中任何一种都能单独地引起病人的发高烧。这种情况称为一果多因的情况。

(5)原因又称为内因与外因:所谓内因是发生于结果之现象的对象之内的,而外因是发生于这对象之外的。病人患病是由于其内部某一机关失去正常的功能,这就是结果产生于内因,如果病症是由外面传染得来的,其病因是自外面来的,便是外因。

(6)远因与近因:一个人患病由于受着传染,这传染是其近因。但传染的细菌是不断存在于周围,然而力量不够大来引起传染病在某一地区爆发。由于这地区卫生工作抓得不够紧,没有及时防范外来传染病的波及,于是就增加了某种传染病在该地区的力量,传染病便出现了。地区卫生工作抓得不够紧乃是传染病发生的远因,而使这个人受到传染。

(7)原因与条件:两者的区分须分析具体情况才能弄清楚的。一个人患肺结核病,当然是由于肺结核病的细菌传染到他身上来作为致病的原因。可是，许多人都同样地生活在同一地区，由于身体的抵抗力大或者由于营养比较好，或者经常有体格的锻炼，所以病菌就没有条件在这些人身上引起肺结核病，而这个病人身上有了有利于病菌起作用的条件，肺结核病便出现在他的身上了。

上面是说明因果关系的复杂性和它的多样性。原因和结果一般说来，是有其时序的，所谓前因后果。但是一件事情的发生，在它发生之前有不只一件事，有不只一种情况，同它同时发生的也不止它的这一件事，伴随着的也有许多情况，而这些情况也可以说都是一些事情。我们怎样来决定在一件事情发生之前的那一些事情，那些情况中，哪一件是这事发生的原因？这事发生之后，又会引起别的一些事情为它的结果，而和这些事同时发生的又有许多事，哪一件或哪些事是这事的结果？而且所谓一件事情有其开始，而又有其结束，这事的开始和它的结束是决定在时间上那一点？这些问题不加以解决，原因和结果就不易确定下来，因果关系亦无从判明。

例如，蒋介石叛变革命，因而与帝国主义和封建地主阶级妥协，与帝国主义和封建地主阶级妥协，就出卖人民的利益，就为全国人民所唾弃，结果就是他的完蛋。所以，他背叛革命是他完蛋的原因，而他完蛋是他背叛革命的结果。原因和结果间是有相当的时间距离的。

可是，上面所列举的一连串的事件，每一事都不是很简单而是复杂的，不易判明它是从哪一定的时间开始，在哪一定时间结束的。例如蒋介石背叛革命也就是他和帝国主义与封建地主阶级妥协，这种行为也就是出卖人民的利益，很难说作为原因的事件在哪一时间终结然后作为结果的事件才开始，两者是紧接着，只能在我们的思想中才把它们划开，其中时间的距离之长短很难决定的。而且所谓任何一件事情都是许多因素组成的，而这些因素一但是同时存在着的，其中有些还是相继发生的。如果把这些因素分析出来，排列出来，就构成一系列交错着，一连串连续不断的事，几乎不可割裂的一件事，然而却是许多的事。我们每每称这事的起头为原因，其末端为结果，两者之间有着许许多多相互联系着的事。

我们再拿另一比较简单的事来看。我们拿起一支墨水笔，滴一滴墨

水在纸上,墨污了纸。我们说,墨水滴在纸上是因,而纸之被墨污是果。这也是前因后果的一例罢了,但是墨水滴在纸上也就是纸被墨污。墨水滴在纸上之前一刹那,纸还没有被墨污,必须等到墨水确实滴到纸上来,纸才被墨污,所以墨水滴在纸上就是纸的被墨污,两者之间,间不容发,在时序上孰前孰后? 还是同时发生的。墨水正在滴时,但远未落在纸上,只是墨水往下滴,远未构成其为纸被墨污的原因,墨水还未落在纸上时,依然还没有纸被墨污的结果。无果尚不能成其为因,故要等到果之出现才有因之出现。因果是相互依存的,从另一方面说,同一事件,是因亦是果,因即果,果亦即因。

墨水滴在纸上和纸的被墨污是比较简单易于分辨的两件事,但实在是一件事。从这事未成事之契机看便是因,而从它既成事之契机看便果。同是变化中的两个契机,精密地分析起来,其因的末端已是果,而果的起点还是因,相续无间,是两事而不是一事。

天下事大都不是这么简单易于辨别如墨水滴在纸上和纸被墨污那样,而大都是极其繁琐交错,有待于分析的,我们在上面讲到机会形成时,曾引用过恩格斯的指示:"为了了解个别的现象,我们就必须把个别现象从普遍的相互联系中抽出来,孤立地考察它们,而且在这里变化着的运动就要现出来,一个为原因,另一个为结果。"[1]

这是很重要的指示,对于我们当前因果关系的问题的了解和解答是有很大的意义的。所谓原因,所谓结果,两者是存在于客观现实交错着的复杂现象之中,存在于普遍联系着的一大堆复杂的不断变化着的事情当中,必须把它们从普遍的相互联系中抽出来,孤立考察他们作为孤立结果的两个现象。这就是抽象思维的任务。在我们追求现象发生的过程中把一个抽象而相对孤立的现象作为我们要了解的对象,进而在普遍联系中找出这现象发生的必需情况,就把所分析出来的情况看为是这现象的原因,因为在事实分析的观察中有这情况才有这现象的发生的,其实现象与其发生的情况都是在复杂的普遍联系着的许多现象中抽出来的,而这现象与其发生的情况又每每不是简单的,再可进行更细微的分

———————
[1] 引自恩格斯:《辩证法与自然科学》,人民出版社,1953年,第81页。

析的。

原因与结果既是复杂的现象,可以进行分析的。于是就有上面所列出的一因数果,一果数因的情况,所谓数果与所谓数因,其实只是还未经过分析的复杂果与复杂因,原因结果就是从交错复杂的普遍联系中抽出,而客观世界中的事物复引起另一果,则事事为果者随而又成为他果之因,故所谓因果之相互推移,自可不言而喻。客观世界诸事物形形色色,普遍相互联系,相互制约,其联系与制约只有密切与疏远之分,故所谓远因与近因无非是相对的说法。而且事物既是普遍联系,相互制约,则所谓内因与外因,原因与条件的分别,都是相对之词而非绝对的,这些分别都不可作为抽象的东西看,必须在某一事件的具体分析,具体了解中才能说什么是远因,什么是近因,什么是内因,什么是外因,什么是原因,什么是条件,如果原因的定义乃是在一连串相互联系的现象中引起,决定或制约着另一现象的现象,则原因与条件一起才能称为现象的原因,因为缺乏条件,原因还是不能引起那作为结果的现象之发生的,而所谓外因必须与内因配合着,所谓远因必须与近因联系着,才能起其作为原因的作用,无内因则无所谓外因,无近因亦即无所谓远因。

一果多因的问题更是归纳推理与演绎推理所常碰见的问题。我们在上面第六章讲到假言推理时曾提到过它,在本章后面讲到怎样确定因果关系时,还要着重地提到它。这问题早在亚里斯多德的《分析论后篇》里已有论列。当时科学尚在其萌芽时期,亚里斯多德就已认识到一果多因只是由于科学的分析未臻完善。科学的彻底分析当发现原因与其结果是对称的,是一与一的关系,用亚里斯多德的逻辑术语来讲,是可互换的命题,其详见《分析论后篇》第二卷第十六章。亚氏探讨的结果乃是:所谓多因者都含有共相为其真因。分析各个所谓多因得其共同的因素,这共同因素实是所研究的结果之唯一原因,由于这原因和种种不同的而实在与结果无关的因素结合,才呈现出多种原因的现象,其实不是多因,而只一因。一因多果又何尝不是一样。同一原因在同一条件下只能引起同一的结果,但这同一的结果可能在不同的场合中和其他因素相结合,于是好像是不同的多果,其实亦只一果。我们诚以人死为一果多因的一个例子。死可由于年老体衰而死,可由于受毒而暴死,可由于枪杀而惨死,老、毒、枪杀都是死的因,而老、毒、枪杀不同,是为多因。但是死是一个笼统的名称,是一个抽象的现象,而老、毒、枪杀也是复杂的未加分析的三种现象,如果加以分析,死是心的停止跳动,全身血液因而停止流动,于是身死。年老体衰可以引起心停止作用的现象而为身死之因,受毒也可以引起同样的现象,被枪杀亦然。故表面上身死虽然有三种不同的原因,其实只有一个共同的原因。当然也可以说,年老体衰是一种现象,身体受毒是另一种不同的现象,被枪杀又是第三种现象,它们都引起心的停止作用,是一果多因。可是心之停止其作用是三种不同原因所引起的三种不同现象在其分析中发现的共同因素。三各不同的原因所引起的三种现象本来是不同的,即从表面上看,年老而身死的死是不同于受毒而暴死的死,或枪杀而惨死的死。有三种不同死的现象为三种原因所引起,不得称为一果多因。真正致死之因只是同一之因,而非不同之因。真正的原因只能引起同一真正的结果。有因必有果是和有果必有因对称的,意思是说,同一原因在其起作用时必引起同一的结果,同一的结果必然是由于同一的原因,这是因果律的意义,反乎此,则不能按因果律而由因求果,由果索因,科学也就失去其功用了。

3.怎样探究现象的原因:原因结果既是复杂有待于分析,而又是在普遍联系着的客观现实中和许多其他现象交错纠缠着,有待于把它们抽出来的,于是一个现象的原因如何探出,当然是科学研究的重要关键,也就是科学归纳法的主要问题。

解决这问题的方法,根据科学研究工作的经验积累与分析,总结出下列几个步骤:

第一,搜集材料,主要是观察,实验;

第二,探求原因,主要是拟出假说,检查假说;

第三,确定原因,通过归纳推理,建立因果关系。

第三个主要的步骤是概括上一大段阐明科学归纳法时所讲到的几个更详细分析的步骤,例如在分析医生诊断时所指出的几个步骤。在这里必须注意的乃是这三个主要步骤的性质和意义以及其相互的关系。

究竟在科学研究的实践工作中,首先是从搜集材料入手,还是应该先有其他的步骤?当然,归纳推理是从个别或特殊到一般的一种认识过程,那就是意味着必须从有关问题的材料入手,材料就应该搜集。但是搜集的是什么材料?盲目搜集对于问题的研究与解决是无补的,故在研究的开始就须首先明确问题,有了问题才有材料搜集的方向,知道什么材料是和问题有关而应予注意,什么材料与问题无涉可以置之不理的。这种选择是十分重要的,问题的性质越明确,则材料的选择越有把握。预先估计到问题将要如何解决,则材料的取舍越是精慎。估计到问题的解决将要怎样就是假说的拟定。由此可见,估计问题将要如何解决,即预先按问题的性质和已经掌握的科学理论,结合当前的实际情况,假定合情合理的假说作为研究的指导,是有必要的。那么上面的第二个步骤又好像应该在第一个步骤之先。

但是我们的科学研究不是从我们自己的研究开始的。在我们的研究之先,已经有了若干经验的积累,材料的搜集,我们自己的研究问题是以前人的研究为基础,从现有堆积的材料发现出来的。在我们自己的研究中继续搜集材料,无论是用狭义的观察方法,或者用实验的方法,或者借助别人的观察或实验。只是针对我们自己研究问题的特别性质,加以补充。可见上面的第一个步骤是不应脱离第二个步骤而单独地进行的。所以下面分节讨论各个步骤的进行方法,其次序不应机械地来看。

第四节　搜集材料的方法

归纳推理与观察:从个别的或特殊的到一般的归纳认识过程是以客观具体事物为其出发点,是首先要和客观事物直接的接触以获得感性认识,所以归纳推理必须注重实践。归纳推理是在实践中观察而直接认识客观事物。观察是对客观事物经验的来源。"一切知识都是从直接经验发源的。"①

换言之,科学研究工作的材料(又称"所典")②是从观察而来,是存在于客观现实,不以人们的意识为转移的,研究所需的材料的多少,观察应

---

① 毛泽东:《实践论》,人民出版社,1951年,单行本,第7页。
② "所典"是拉丁文 datum 之直译。

重复多少次,完全是以问题的性质而决定的,有时需要大量的材料①,而有时所需要的材料并不在于多,但都是通过观察而获得的。观察既是科学研究的基础,是则观察是否正确是非常重要的。

观察有研究者直接的观察,亦有是他人的观察而其结果被研究者所采用的。自己的观察和他人的观察一样,有顺着自然和社会自发地发生的现象而进行的,例如观察日蚀、彗星等,又有所观察的现象乃是在人控制的条件下发生的,例如理化实验室、实验农场上进行的实验,顺着自然或社会中发生的自发现象而进行的观察,我们称为狭义的观察。在人工控制其条件之下而出现的现象观察,称为实验。他人观察和实验的结果为我所来用的称为旁证。

兹分观察、实验、旁证陈述如下:

一、观察

(一)观察就是人们通过感觉主动地、有目的、有计划地和正在发生着而为人所能感知到的事物接触的方法。

日常生活中,我们感知到许多事物,但多是被动的,没有预定的目的的感知,例如我们感觉到气候的寒暖;无意地往窗户外一看便看见许多东西;在街上走过,碰见许多事物。这一些都是感觉和感知,但不是我们这里所说的观察。观察是主动的、有意识的、有预定的目的的、有一定的计划指导着它进行的。

例如,我们在街上走过,自然而然地看见和听见许多东西,但那只是感知,谈不上什么观察。如果我们有意走到街上去看,除"五害",讲卫生之后,本市的面貌如何改变一新,人们的卫生习惯如何重新建立起来,这才是观察。

---

① 在归纳推理过程中,强调材料大量搜集而不问所研究问题的性质,是培根《新工具》的看法。当知培根写他的《新工具》时,是在欧洲自然科学萌芽时期,科学方法尚在探索阶段,故不问问题是什么性质,均以大量搜集材料为首要。科学发展,随之研究的方法日臻正确,研究问题的得到解答,在许多部门如物理化学中,关键已不在于材料的大量堆积,而在于其正确运用。常有一次重要的实验便可解决问题的,因这每每是在前人的研究基础上的,而又确实知道需要解决问题的材料是什么。

我们当注意，观察不限于视觉和听觉，各种感觉器官都可用来去观察。

(二)观察的心理活动通过感觉和知觉，而感觉和知觉这些心理活动是有它们的一定的规律的。在形式逻辑中我们可不必详细地来讲这些，但是关于观察，有几点是必须提到的。

1. 一般说来，亲自看见、亲自听见、亲手摸到和一切亲自经验到的东西方是靠得住的。但是我们必须注意心理学所讲的错觉。人们常常把一个完全陌生的人错认熟悉的朋友。这便是错觉的一例。谁都曾看见过一个圆球，但是谁曾果真看见过整个圆球呢？所看见的岂不是实际上另一形状在几何上不称为圆球的吗？谁都曾看见过一个方桌，但所看见的实在形状果真是几何上称为正方形的吗？这些和还有其他许多可以举出的例子都是尽人皆知的，但常常是人未注意到它们之所以然的。客观存在着确是一个圆球，确是一个方桌。其圆，其方是客观存在的事实，可是我们眼睛所看见的必须和我们从别的方面知道的真理结合起来，才认识到这是一个圆球，那是一个方桌。在感知之中，我们实在感知到的成分少，而由感知推断的成分多，其错觉每每是在那推断的部分，由感性认识到理性认识，这真理就是在感性认识阶段也表现出来的。必须依靠我们的理性认识来纠正感性认识中某些错误，正确的观察必须抓住这一点。

2. 观察的过程从心理学来讲，总是一种选择的过程。那就是说，我们观察的东西总是我们注意的东西，而注意的一种特征就是它的集中性。所谓注意的集中性就是把注意集中于所要知道更多的东西上面，结果每每就忽略了所不要知道的，就可能忽略了一些很重要的而是我们应该知道的东西，这就形成一种主观的片面的观察，是不好的观察。

3. 观察需要知识：如果观察要全面，要深入我们必须预先知道所应观察的是什么。一个没有工业和机械学知识的人，在一个工厂里所能观察到的机器，一定不如一个机械工程师或者一个老练的工人所观察的那样全面和深入，因为一个人是有专业的知识为指导，而另一个人是缺乏这种知识为其指导的。所以，在参观一个工厂之先，如果想要有良好的收获，应该有对于工厂的介绍，有专业知识的人替我们作好报告，让我们知道应该注意的是什么，将要看见的是什么，有什么意义和作用。

4.观察必须避免成见与偏见:成见是主观的不顾实际的意见,而偏见是一种主观的意见,纵然客观事实与之相违而仍旧不肯纠正的。这都是妨碍正确的观察的。语云:"先入为主。"先入的不正确的、未经实践考验的主观意见,是容易使人不能并且不愿意接收新鲜事物的,是思想和知识进步的严重障碍,例如培根所指出的四种"偶像"。这四种偶像是:第一,"种族偶像",由于人类的本性而歪曲地反映了所观察的客观事物;第二,"洞穴偶像",由于一个个人所受的教育、所有的嗜好、习惯等而形成偏见,妨碍正确的观察;第三,"市场偶像",由于不正确的语言和不适当的使用的观念而引起的种种错误而造成的偏见;第四,"剧场偶像",由于盲目信仰权威和传统哲学体系的渲染而造成的偏见,这些偶像都是在必须廓清之列的①。

5.观察依靠感官,而每一个感官都有其一定的限度。例如太低和太高的声音都是人所听不见的,太远太小的物体都是人所看不见的,于是有扩大器以助听觉,有望远镜和显微镜以助视觉。太快就过去,瞬见即逝的东西,用照相机就可记录下来,固定下来,这是用仪器的观察。

仪器不只扩大人们感觉与知觉的限度,而且大大地增加其准确性。例如度量衡是比随手估量长短轻重正确得多,寒暑表比我们的感觉精细得多。

但是仪器的正确使用需要训练。现代许多科学仪器有些是很复杂的,其使用之需要训练不比乐器之如钢琴,小胡琴的使用所需要的训练更少。

然而使用仪器的观察依然是观察,而不是实验,但已是过渡到实验。实验是人工控制条件下发现的现象之观察,如果仪器的使用只限于帮助人的感官来进行观察,则其观察还是狭义的观察;如果仪器改变现象发生的条件,那就是实验了。

二、实验是在人为的条件下观察所发生的现象的观察

有的科学主要是使用实验来进行观察所研究的现象的,如物理、化

---

① 培根的四偶像说是其科学研究方法论中一种重要的贡献。可参看其《学术推进》(Advancement of Learning),第五卷第四章,概述四种偶像,和《新工具》,第一卷箴言四十至六十八,详论四种偶像。

学;有的科学基本上是不能使用实验来观察其所研究的对象的,如历史、天文、地质、气象等。在不能使用实验的科学中,我们只能听候自然的指示,而在使用实验的科学中,我们经常地从各个方面向自然提出问题,迫使其作出答复。在狭义的观察中,我们不能控制或没有控制现象发生的条件,而在实验中我们为着要观察某一定的现象,有计划地控制现象发生的条件,使现象按我们的计划而发生,所以实验中的观察每每比较更能解决我们的问题。但是在不能使用实验的科学中,是不能控制现象发生的条件而使现象按我们预定的条件发生,然而我们在许多情况下还是可以控制我们观察的条件,使之更有利于我们的观察,使我们能看见在寻常情况下不能看见的现象,或者使我们更清楚地,更准确地,观察研究的对象,例如到高山或乘气球去观察气象,苏联科学家利用人造卫星观察一向不能观察到的许多东西,解决多少问题,又如天文学家预计天象之发生,如全日食,择定一定的最有利于观察的时间与地点来进行观察,等等。

  实验既是在人工控制的条件下发生的现象的观察,其不同于狭义的观察只在于现象发生的条件,而其观察是和狭义的观察没有分别的,所以凡是观察所应注意的事项,在实验中进行观察时也必须注意的,必须防止不全面的,主观片面的,或有成见、偏见的观察。实验大都使用仪器,观察出来的结果用数字记录不一,作精密的计算,而这种计算每每也借助仪器,所以实验中使用的仪器与器材的准确性和纯洁性、使用方法的正确性、数字计算的准确性等,都是和所得出的结果有关,为研究所必须注意的,应该随时加以检查的。

  上述的是实验中的观察和狭义的观察有共同之点,但在实验中,现象发生的过程是并不违反其发生的条件与规律,仍然依照自然现象发生发展的法则,可是其发生的条件是人工控制的,其发生又是研究者所预计的,在实验中的观察很容易发生主观片面的错误,然而其较之狭义观察的优点又应该指出如下:

  1. 实验能用多种多样的方式尽量变换现象发生的条件,在各场合中分辨其有关现象发生的条件和无关现象发生的条件,从而更容易地找出其必要的条件,以确定其因果关系,进而控制现象的发生,改造自然,利用自然,使之为增进人类的福利而服务。

2.实验既能使现象按照人定的条件、时间与地点而发生,所以它是大大有利于观察,并有利于在各种场合中的观察,而且使我们能随着我们预定的计划重复多次观察,便于纠正观察的错误与遗漏,因而更详细、更深入地来了解自然,掌握自然现象发生发展的规律。

3.实验能够发现自然在其自发的程序中所不发生的现象,因为自然在其自发的程序常常有某些障碍,使现象不能发生,实验可以设法使之消除,使之和人工加入的因素抵消或减少,又可加入或增强有利于现象发生的因素,而使现象发生出来。

形式逻辑只能如上所述谈到实验的一般情况,至于各门科学的实验如何进行,最容易发生的错误是什么,必须在各门科学的实践中才能了解的。

三、旁证是吸取旁人直接经历过的事实以他获得有关我研究的对象的知识来补充或代替我自己直接所认识到的东西

旁证是间接的经验,正如毛主席在《实践论》中所教导我们的,"人不能事事直接经验,事实上多数的知识都是间接经验的东西,这就是一切古代的和外域的知识"[①]。人们的经验和知识是交流的。有横的交流,即这里的人和别处的人的交流,通过报纸、期刊等,都可做到人与人之间横的经验与知识的交流,获得外域知识,又有后人的传留,即我们取用前人的记载、遗物、传说等以获得古代的知识。像这样靠间接的经验扩大我们知识的范围。全靠个人的直接经验,不相信别人的经验,甚至不相信大家承认的权威的知识,便是孤陋寡闻,知识必定是浅薄的。时间、地域和能力的限制都使我们每一个人不得不依赖间接经验,以旁证来补充我们自己的经验,甚至有许多地方来代替我们自己的经验。

旁证有人证和物证之分。

1.兹先讲人证:人证亦即像法院所称的证人。证人的见证必须对于我们研究的事亲自耳目所及才是比较可靠的直接见证。否则必须检查其材料的根源,如果是道听途说不负责任的话,是不足为凭的。

---

① 毛泽东:《实践论》,人民出版社,1951年,单行本,第7页。

即使证人所供给的材料确是他自己所亲自经验的,我们还是要加以判断其可靠性的程度:(1)证人是否忠实无妄;(2)证人作证的动机,有无成见、偏见,有无个人的好恶、个人的私利存乎其作证之中;(3)证人当时观察该事的机会是怎样,例如是否在事情发生的场所,和这事发生有无直接关系,当时他的观察是否注意,和他的一般观察能力如何;(4)证人作证的时候离事情发生的时候有多久,证人的作证是靠当时的记录或凭记忆,如果凭记忆,他的一般记忆能力是否可靠,其可靠性如何;(5)一个证人的见证和其他证人的见证关于同一事件或事件的某些重要情节有无出入,出入多少,在什么地方为何有这种出入;(6)证人的见证是证人观察的复述,那么,观察所能有的错误都是见证所能有的。

2.物证:物证的形式是多种多样的。

(1)记载:记载包括档案、专刊、纪录、报章、笔记、日记、文稿,等等。这些各种材料分为第一手的材料,即原始材料,和第二手的材料,即转载或转抄的材料,可称为次要的材料。尤其是靠记为主要材料的研究工作,材料的锁定为原始材料和再生材料是十分重要的。对于文字记载的材料,如书刊,首先要锁定它的来源。不是所有一切白纸写黑字、印黑字的记载都是同样可靠的,有的是完全可靠的,当确知其可靠的根据;有的是虚构的,亦应知道其构造是从何看出;有的固然是流传很久的书,但经过删改,已非原来的真面目,应该予以究诘,这是鉴别的工作。鉴别古书需要历史的知识和文字学的研究,然后才能作考证的功夫。如果研究例如中国古代书籍而不知中国古代史和古汉语,只凭常识臆测,是常常发生错误的,尤其关于古书,我们要判定书属于什么时代,何人所作,作者的生平和学术派别,作书的主导思想;又须判明一书的真假,如是伪书,作伪是在何时代,何人所作,作伪的企图等,"伪书"中有失真的部分,能否分辨出来;这都是属于考证的工作。清代朴学大家的事业和近人梁启超的著作如《大乘起信论考证》(1924年上海商务印书馆出版)是我国典型的考证实例。再则对于书籍的校勘,确定一书是否完整或残缺,残缺在什么地方,转辗抄写、翻印有无遗漏、错简(错字,字句颠倒),有无后人附加、误入、涂改、改编,这是校订的功夫,目的是还一书的本来面目。我国自前汉迄今,校订的经验是极为丰富的。

(2)物证还有物质的品物,其尤为可珍贵的是古物,如碑志、钟鼎、钱币、古器、出土的古墓、殉葬物品,古代的雕刻、绘画、建筑,等等,都可用为旁证。这些物品真实的鉴定也是历史研究非常重要的工作。这种鉴定已成我国多种的专门学问。搜集历史研究的物证,未经专家的鉴定是成问题的。

3. 旁证还应包括民间的传说、歌曲、戏剧、童谣、神话、风俗、故事,等等,都可在经过研究整理之后作为第一手的历史社会研究材料。

上面所说的都是关于所搜集的材料的性质和它获得的方式方法,但正如上述,能搜集的材料浩如烟海,所应搜集的是哪些材料,主要是要看我们需要解决的是什么问题,问题的解答要看我们需要解决的是什么问题,问题的解决都是在什么地方,可见估计问题解答,即提出假说,是科学研究工作中的一重要关键。

第五节　假说

1. 何谓假说？假说的定义:假说是对于已有的科学知识尚未能说明其原因或法则的现象,根据事实而作出合理的预先说明①。

上面所讲的观察、实验、旁证所供给的事实,其中当然有许多是已有的科学知识所能说明,但也可能有某一现象不是原有的科学知识所能说明,因之久不为我们所理解,而就成为一个科学问题的,这种问题便有待于解释,必须得到其解答的。科学研究者根据当前的事实和所掌握的知识,预先报出一种可能而是合情合理的答案,以之作为进一步继续深入研究的指导,期于找出现象的原因与其发生的法则。这就称为假说。

2. 假说构成的过程:如上所说,假说不是凭空的臆测。首先,它是由于在所观察的现象中某一现象不是现有的科学知识所能说明,研究者根据当前事实和原有的知识才作出一种合情合理的讲的通的预先说明。可见,假说和任意的揣度,所谓"大胆怀疑",毫无共同之处。假说是合情合理的小心推测,是有其根据的。所说合情合理,是合乎事实的情节而又符

---

① 这定义是采用苏联 Н. И. 康达科夫的说法,参看康达科夫:《逻辑》,苏联科学院哲学研究所,1954年,俄文版,第267页。

合原有的科学知识的。

假说提出之后只是继续研究的起点而不是研究的终结。假说不能代替科学的解释,而只是将得到的科学解释之一种预测,一种提议,有待于证实的。任何一种假说都必须加以推演,这就是说,必须从所得出的假说引申出合乎科学的原理和逻辑推理的结论,例如假说如果以符号写成为 A 是 B 这命题,则假说的逻辑推演便是:如果 A 是 B,则 C 是 D。这 C 是 D 是从假说引申出来的。

既从假说有了引申出来的结果,就须在事实中寻找这结果的印证,寻找假说的检验。

如果拟出的假说确是为事实所印证,这假说就成立为现象的解释,问题便得到解答了。

3. 假说的种类:假说分为(1)暂行假说;(2)科学假说①。

(1)暂行假说:暂行假说是暂且提出来作为把研究推进一步的假说,并无充足的理由来坚持它使之最后成为研究现象的解释的。

譬如在某种行动中还没有决定怎样有计划地去做,而暂且准备怎样进一步做下去看看情况何如,再行决定,这准备暂且如何进一步做下去的想法就是暂行假说,故又称为工作假说。例如在行路中,一时迷失方向,我们能否停顿不前呢? 不能,只有朝着有人烟的方向走,到了那里,再问清楚,然后决定前进的方向。朝着有人烟的方向走便是行动的假说,暂时假说。一切行动都应该有正确思想作为理论的指导,例如行路应该照着什么一定的程途,但一时迷失方向,失去思想的指导,而又不能完全没有思想的指导,胡乱行动,只得朝着当前情况下最有利的方向走,但不坚持这方向是完全正确的,可是舍此又无他途,所以暂且这样走是一种尝试,这种尝试虽然不是根据充分的理由,然而并非胡乱的行动。

---

① "暂行假说"是英文 working hypothesis 之译,又译"作业假说"。按英文的 working hypothesis 这词,是赫胥黎建议使用的,其原意是,不能根据充足的知识作出解决当前的一个科学问题的预先推测是否就让研究工作裹足不前,停顿下来呢? 虽然不能作出一种有相当根据的假说,而为着研究工作的推进,还是有一种暂时的假说,聊胜于无,所以就认为应有把研究推进一步的假说,故称为"作业假说",又译"工作假说"。从其性质言,我们译为"暂行假说"。当然我们知道所有假说都有待于证实,按研究的实际情况随时须加以修改,所以都是"暂行的"。

(2)科学假说:是对于一个个别事物或一类事物,假定其发生的原因或法则,作为研究的指导以解答科学对于它的一种疑难。科学假说明显比诸上述的暂行假说有其相当充分的理由,但它依然是假说,是一种假定,尚未成为定论,按研究进程中对事物的更多、更深入的分析,了解,新情况的发现,可能要加以修改或放弃的,所以在其未经证实之先,还是暂时的,和暂行假说可能只是程度上的差异。

4.假说的起源:究竟一种假说是怎样产生并不能有一定的公式,其起源是多种多样的。一般说来,首先必须有生产实践的需要,这是科学家假说的经济上物质基础,科学史中许多实例可以证明,例如蒸气可以作为动力的假说,原子可以分裂的假说是生产需要产生假说的明证。再则,假说的产生必须以原有的科学知识为其基础,不是凭空的臆测,这点在上面已经不只一次说明。最后,除生产的需要和原有的科学知识之外,在这些基础上,还须加上创造性的科学想象,而这种想象不是一种幻想,乃是丰富的知识和迫切的生产需要相结合而引起的。我国现阶段的生产大跃进引起许许多多的新的生产方法就是这一点的很好实例。

虽然假说的起源不能用什么公式来概括它,但是它还是有某几种常常碰到的方式的,上面讲过的简单枚举法,便是这些方式最常遇见的。谈到简单枚举法时,我们曾说过,这种归纳推理所得出的结论乃是"所有考察过的S都是P"。这是一个特殊性的判断,因它是限于"考察过的那些S"。问题是:是否"凡S都是P"呢?这就是需把一个特殊性的判断扩充为一个普遍性的判断。例如在数学中很简单的一个例子是:$1+3=2^2$,$1+3+5=3^2$,$1+3+5+7=4^2$,$1+3+5+7+9=5^2$……根据这简单枚举法的结论,"所考察过的奇数,从1起,算某数目奇数之和等于某数的平方"。我们能否从奇数的性质之考察而得出一个普遍的结论说无论多少从1起其一系列的奇数的和都是等于那个多少的数之平方呢?是一个由简单枚举法的结论引起的假说,而这假说可以在数学证明而成为数学上的一个公式的。又如上面曾举过的例,凡观察到的北极熊都是白毛的。能否证明凡北极熊都是白毛的呢?这还是一个从简单枚举法所得的结论引起的一个假说,根据生物学家研究北极熊的性质和它的生活环境与习惯便得出结论说,北极熊必然都是白毛的这普遍性的结论。可见简单枚举法的结论是能引起假说的产生的。

其次,在上面谈到判断的一章里,我们曾讲过命题的换位。A 型命题只能有限制的换位,即由 SaP 换位为 PaS。这是命题的形式所限定的。可是我们从这可以提出问题,从 SaP 能否找出 S 和 P 两者的性质而得出 PaS 呢?从"凡人皆有死"我们当然不能换位为"凡有死的都是人",因一切动植物都有死。然而这就产生出一个假说,凡有生的必有死。这是生物学所已经证明的,而这条真理始初出现时,是从有些有生命的东西是有死的而形成的一个假说。理由是简单的。有些 S 是 P,其中的有些不是确定的,很有可能扩充到全数,因 A 型判断并不是和 I 型判断不兼容的,所以一个 I 型判断很可以引起一个 A 型判断的。同样地,一个假言判断也能引起一个假说,一般说来,假言判断的前件与后件是不以能简单地互换的,例如如果 A 是 B,则 C 是 D,不能变成如果 C 是 D,则 A 是 B,但是前件与后件既然有一种联系,使我们能说如果 A 是 B,则 C 是 D,这联系的性质也许能叫我们能从 C 是 D 而推到 A 是 B。这是一种假定,尚未确定的,不是假说而加以研究的,因为我们已经肯定了 A 是 B 和 C 是 D 的联系而形成,如果 A 是 B,则 C 是 D,这一个假言判断,只要进一步更确切地了解这联系而构成"如果 C 是 D,则 A 是 B"这判断。

最后,一个假说也可能从类比引起来的。类比这种推理形式我们在本章后面还要讨论。在这里只简单地说,类比推理是由两事物在某一方面的类似而推到它们在其他方面的类似。在本质上,这种推理的结论是盖然性的。可是如果事物的方面的类似和它们另一方面的类似是有必然性的联系,则类比便成为演绎推理。例如这地方有烟而发现它起火,类比推理便得出结论说那地方既发现有类似的烟,可能是因其起了类似的火。如果这一种类型的烟必是由于起了火,则我们的推理便成为:"凡发现这一类型的烟必是起了火,而那地方发现这一类型的烟;所以,那地方必是起了火。"这就也是由于事物间联系的进一步的了解而从类比演变为演绎推理,由一种盖然性的结论发展为必然性的结论。其原则是凡盖然性的东西都可作为必然性的东西的研究基础的,所以类比是产生假说的一种根源。例如原来人们知道呈现出某种地质形状的地区大概是有煤藏的。今某地区呈现出与之相类似的地质形状,从类比就得出一个盖然性的结论说,这地区大概是有煤藏,这便是一种假说,由类比而引起的。

上面所述是假说的几种可能的起源。但是不能说所有为人们拟出的假说都有考虑的价值的,值得我们考虑的假说必须具备某一定的条件,下面我们就讨论这个问题。

5.假说所应具备的必要条件。

(1)所拟出的假说必须合乎情理:所谓假说之合乎情理,就是说所拟出的假说是和已知的客观事实没有不兼容之处,而且假说的本身又不是自相矛盾而是言之成理的。

例如,我们假定火星上有生物,如果各方面的观察和探究发现火星上有某些情况和生物的生存不兼容,譬如说,温度太高或太低,氧不足够一定的分量,等等,火星上有生物的假说就不值得我们去考虑,又如果假说本身自相矛盾,不待反证已不能自圆其说,当然也没有考虑的价值,假说起码就应该是逻辑思维的表现,如果一个假说不是前后一致,言之成理的,便不是逻辑思维,无法证明其真实性的。

(2)所拟出的假说不应与已成科学定律定理相违反。这并不是说,凡与已成科学定律定理相违反的假说都没有考虑的价值的,科学是一天天进步着发展着的。如果有新的事实发现,用新的假说来解释比用原有的科学定律定理来解释圆满一些,这种新的假说纵然是和当时的科学定律定理相违反,是应该予以考虑的,用事实来予以检查的。在科学史中,定律和定理的修改,旧定律定理之为新定律定理所代替,都是由于创造性的科学家根据新发现的事实而提出新的假说来加以说明。当知定律定理本身也不过是事实的解释而不是事实。

(3)所提出的假说,必须是可以从中引申出来某些可以观察到的结果的,否则就无从证明这假说的真伪,也就是说这种假说没有实践意义的,例如我们在现在情况下作出假说是关于背着地球的月亮那一边,是完全没有实践意义的,因为我们无法观察到月亮的那一边,所以就无法证明这假说的真假。

所作出的假说如果根据其引申出来的结果能预测新事实的发现,假说的真实性就可判定了。例如门捷列夫的元素周期律始开远是一种假说,到了它所预测的新元素按周期律发现了,而且不只一次周期律就确定为一种科学理论了①。假说之成为科学理论或科学定律定理是在于它在实践中能预见事实的进程,能说明广大的事实。

6.恩格斯论假说在科学实践中的意义:在《自然辩证法》一书里面,恩格斯有一段是讲到假说的。我们略述其大意:自然科学,同样地可以说一切科学,它的发展形态就是假说,科学的发展中,到了发现一个新的事实不是原有的科学原理所能说明的,就须搬出一个新说明的方式,那就是假说。这假说在开头只有少数的事实为其基础,继续观察事实,有时所提出的假说就为新发现的更多事实所推翻,有时根据这些新事实就须将假说修正,但有时一切事实确定假说所能说明,那么假说就成立,被大家认为在科学中的一条新定律或新定理。科学的发展是这样由新事实的发现,旧定律定理不能解释,就有假说的提出,经过事实上的检查、修正、成立为新定律定理,代替了旧的定律定理,成为科学的定论。

这样一来,缺乏逻辑与辩证法修养的人就以为在科学发展的进程中,总有一个新假说来代替一个旧假说,新陈代谢,日变月更,我们到底能否掌握真理,认识事物的本质呢? 理论是一个代替一个,层出不穷,到底有无终极呢? 任何科学,包括形式逻辑在内,有无意义呢? 因此这些人就对于科学怀疑起来,由怀疑而甚至陷入不可知论的谬论,而不知一切事物都是在发展变化着,凡东西都莫不有其时代的条件,任何科学真理在人们认识的逐渐深化过程中都是要发展的,一步一步更接近绝对真理,但不能因为这样就对于相对真理的真实性可靠性引起怀疑,必须打破形而上学的错误观点,一切都从发展来看,才能了解科学的真理,掌握科学的真理②。

我们讲科学归纳法,讲假说的提出、检查、修改、成立与放弃,或者讲因果关系的确定都应该根据恩格斯这段文字里的指示。我们认为科学归纳推理如果是以正确的观察所获得的事实为基础,对于所观察的事物有正确的分析,推理又确是按照正确的逻辑方法而进行的,其结果是可靠的、必然的。科学的发展和应用完全证明了这是正确的看法。可是我们不会忘记,我们所获得的一切知识,是必然要受到我们在其中获得它们的

---

① 参看本书附录三。
② 参看恩格斯:《辩证法与自然科学》,人民出版社,1953年,第94—96页。

那些情况所局限所制约的[①]。

第六节　确定因果关系的方法

这问题的提出是这样的:上节所讲的假说的提出和检查之中曾谈到一个假说须要有什么条件到了满足什么条件的时候,才算是证明,才算是成立。我们谈到假说的性质时,也曾谈到假说是要解释所研究的现象的,但是假说如何才算是令人满意地解释了所研究的现象呢?

如果现象是 A,假说是说 A 是属于 B 这一类事物的,则假说的形式便是 A 是 B。从这假说引申出的结果便是,如果 A 是 B,则 C 是 D。我们能否从证明 C 是 D 而就说 A 是 B 呢? 从形式逻辑上讲,这是不妥当的,因为有多因现象之可能。A 是 B 不一定是 C 是 D 的唯一理由。可是,如果可能想到而提出的假说不但是 A 是 B,而且也可能提出 A 是 E,A 是 F,A 是 G 等,那么我们面对的情况便是一种可以表达为一个选言命题的情况即 A 或是 B,或是 E,或是 F,或是 G。研究者在这种情况下的任务就是要设法找出具体客观事实,或者直接证明这些选项之一是真的,从而根据毋矛盾律推论出其他的选项都是不能同时成立的,那就是说,如果找出事实来证明 A 是 B,则 A 是 E,A 是 F,A 是 G 这些选项被 A 是 B 所排除,而 A 是 B 便是唯一被证明的可能性,而它便为成立了的假说。不然的话,另一种方法就是用由舍而取的选言推理方法,就是从事实证明 A 不是 E,也不是 F,也不是 G,那么剩下来未被否定的如果只是 A 是 B,则 A 是 B 也可以作为是证明了的一个假说。但是这种证明的方法不是完全可靠的,因为究竟我们还是没有直接证明 A 是 B,而只证明没有其他选项之可能,剩下来仅仅是 A 是 B 这一选项,所以说它可能是真的。

证明 A 是 E 不能成立,也是用引申的方法。如果 A 是 E,则 C 是 H,今事实与此相违,而 C 不是 H,所以 A 不能是 E;证明 A 是 F 和 A 是 G 这两选项之不能成立,其推理过程亦复如是。如果从引申而知道 A 是 B,则 C 是 D,而没有事实与 C 是 D 相违,尚且不能确知 A 不能是 B,但是如

[①] 见《费尔巴哈与德国古典哲学的终结》,《马克思恩格斯文选》两卷集,莫斯科版,1955 年,第 386 页。

果事实证明 C 是 D,这又是选言推理所不容许我们从而得出结论说 A 是 B,那么在这点上归纳的推理就要加以说明了。

在这种形势之下,除 A 是 B 这一可能性之外,其他的可能性都已被证明为不能存在的了,剩下的只有 A 是 B,而 A 是 B 不能证明其假,因没有发现事实和它引申出来的结果相违的,然而,相反地,是有事实和它引申出来的结果一致的,虽然不能从肯定后件而肯定前件,可是,第一,既没有其他的选项能成立,就是说没其他的方法能说明研究的现象,而唯一能说明这现象的假说虽不能直接予以证明,但从它引申出来的结果来看,是和事实一致的,因之,经过尽其可能排除了其他可能性之后,我们就认定这未能排除掉的唯一可能性是真的,就是说 A 是 B 和 C 是 D 是可能有因果性的必然联系的。归纳推理主要是确定事物间这种联系。

在确定因果关系的过程中,我们首先是注意到原因绝不能在其结果的后面出现,但是可以在结果出现之后而继续存在,结果绝不会在其原因之前而存在,必定在它之后,但是结果出现之后可以和其原因同时存在着。因果的这种时间性的因素是在我们确定因果关系时所不能忽略的①。

一般说来,我们有前因后果,就是说在时间的顺序上原因总是在其结果之前,在结果总是在其原因之后,因为这样,常常就有人误时序的前后为因果的关系,把两件事时间的连续关系误认为因果关系。因果固然是有时间次序中的连系性。但是并非凡有时间连系性的东西都有因果关系。果必随因,但夜之继日而不是日之果,这种错误拉丁文称为 post hoc,ergo propter hoc 即误时序为因果,直译便是,在此之后,故是由于此者。这种误解,初看起来好像不易错犯,但是在日常生活中是很常见的。例如我国古代史常常载有"某年某月某日日食",或"某年某月某日彗星见",好像认为这种天体的现象和地上的政治社会事情有因果关系似的,可能日食之后一年之中,或彗星出现之后某一定时期内,政治或社会发生什么重大事件,但这些事件是和日食或彗星出现,除时序先后的关系外,

---

① 参看穆勒约翰:《逻辑系统》第三卷第五章第七节。

毫无其他联系的。旧社会中许多迷信大都是由于误时序为因果而来的，是科学的知识很容易破除的。而因果关系虽然应该在时间次序中去寻找，但是时间次序只是因果关系的一种因素。

因果关系有两种方法可以决定：(1)直接法；(2)间接法。直接法是直接在观察中或结合着实验看出有某一定原因便发生某一定的结果；间接法是通过假说所引申出来的结果，而因果关系的观察不是假说的本身，如上述的 A 是 B，而是所引申出来的结果，如上述的 C 是 D。

例如，摩擦必生热是可以直接观察到的，试一试以手相互摩擦，结果便觉得热，这是直接由观察可以证明的。钻木取火和许多其他的物理常识都是属于这一类。但是我们在地质调查中看见某一地方有一种大块石头是和当地的地质完全不相同的，不是由当地的石层而来的。那么，这些大石是从何处而来，怎样来到此处。我们根据科学理论和观察提出一个假说，说这些大石是过去久远的年代，石头随着冰川的移动来到这里，后来冰川北缩，石头便留下来。这种假说既是关于过去久远的事，当然不能直接由观察或实验而证明，只得说如果这些石头是由冰川在过去久远的年代输送而来，那就应该有某些其他痕迹，如最后一段路程应该会和所经过的石相互摩擦而留下划痕，而且这些石头必定属于北方某些地区，所以是和那些地区的石层一致的。这都是从假说引申出来的结果，于是我们就寻找这些痕迹，如果属实的话，假说是可以认为是真的，除非有其他事实证明它是假的。这就是证明假说的间接法之一例。

上面只是在原则上讲确定因果关系的方法。现在我们谈谈形式逻辑教本上常常引用其所的穆勒的五种方法，即求同法、别异法、同异并用法、共变法、剩余法①。

1. 求同法：求同法是异中以见其同的方法。

(1)什么是求同法？这方法是说，如果所研究的现象两个或更多的实例只有一种共同的情况，即所有实例都一致地有那种唯一情况，则这情况

---

① 穆勒约翰著《五法》见其《逻辑系统》(A System of Logic)，严复译为《穆勒名学》，第三卷第八章，章名为"实验研究的四种方法"，但其内容所列举五种方法。按严复未曾全译该书，只译某一大半，至第三卷第十三章为止，严氏晚年曾有续完这书翻译的愿望，但终未如愿以偿。

便是说现象的原因(或其结果)①。

(2)这方法的使用,首先要求观察到现象发生的两种以上的事例,分析所研究的事例之情况,发现其中只有一种情况是诸事例所共有,而其他情况都是诸事例所各不同的,就可认为这种情况是所研究的现象发生的原因,或者是它的结果,就是说,和这现象有因果关系的。

例如,拿几个碗,盛上水、茶、米汤、豆浆、牛奶。有些流质是热的,有些是温暖的,有些是凉的;而碗之大小不同,质料也不同;但每碗的流质内都加入了一点糖,这是它们唯一共同的情况,而所有这些流质都出现尝来是甜味的这种现象,则糖之加入流质里,在这里便是甜味的原因。甜味是糖加入流质的结果。

(3)以符号表达之如下：

事例中的各种情况　　　　　　　事例中的各种现象

(a) a,b,c,d……　　　　　　　w,x,y,z……

(b) b,d,f,g……　　　　　　　x,z,s,t……

(c) d,f,r,l……　　　　　　　z,s,h,n……

这里只列出三个事例作为一个例子,但事实上并不限于三个事例,其实愈多愈好。诸事例中都呈现出了这一现象,而分析诸事例的情况时,我们发现它们是各不相同的,只有一种情况 d 是诸事例所共有的,于是按求同法的原则,则 d 这种情况是 z 现象发生的原因,或其结果,至少 d 和 z 是有因果关系的。

z 这现象是在三个事例子中出现的。问题是 z 的发生是由于那一种情况?

解答这问题的方法是排除法,其所根据的原则有二:

甲:凡有某一情况之存在而没有所研究的现象的必不是这现象的原因。

乙:凡没有某情况之存在而有所研究的现象的必不是这现象的原因②。

---

① 求同法的说法是直译自穆勒的英文原文,见其《逻辑系统》第三卷第八章第一节,穆勒是根据培根的《新工具》第二卷箴言十二的。

② 这是根据培根的《新工具》第二卷箴言十二而为穆勒在其《逻辑系统》所采用的。

这两条原则是完全根据因果真假的性质而来的；有其因，则必有其果，如果有某一情况而无所研究的现象，则这情况必不为该现象之原因，其理且显；有其果，则必有其因，如果有所研究的现象，而无某一种情况，则这情况亦必不为该现象的原因，其理亦易明。

兹按这两条原则来看求同法怎样得出其结论。

我们假定上面三个事例都是有 z 的现象的。三个是不同的事例，因为其中结合着有不同的现象，如上列符号所表出；其共同的现象只是 z。z 这现象是以这三个事例中哪一情况为其原因呢？不能是(a)事例的 a,b,c 三者之一，因 a 和 c 都不出现于(b)和(c)事例，而两事例中都有 z 这现象；亦不能是(a)的 b 情况，因(c)事例有 z 现象而无 b 情况；亦不能是(b)事例的 f 或 g 情况，因(a)事例没有 f，亦没有 g，而有 z 现象，(c)事例没有 g 而亦有 z 现象；亦不能是(c)事例的 r 或 l 情况，因它们都是(a)和(b)事例所没有的。像这样，根据上两原则把事例中各个情况除 d 之外都一一排除了，而剩下未被排除的唯一情况，而且是现象出现的三个事例所共有的，而 d 情况，便可作为 z 现象发生的原因。这就是求同法得出其结论的方法。

(4)使用求同法时所应注意的几点：

(a)搜集事例，上面的例子只有三个是现象出现的事例。我们曾指出，事例的数目不限于三个，愈多愈好，因事例愈多，则情况之同例更易显出。

(b)凡事例都是复杂性的，其情况须按实际情形和研究的具体要求加以分析才能看出。事实上，一个事例的情况总是交错在一起，并非像 a,b,c……那些字母那样清楚地相互分开的，所以在进行分析时，应当尽量地要详细、深入、明确，否则现象的真正原因可能隐藏在表面不同的情况之中，如 a,b,c,f,k 等，而不能发现其共同的因素，可是现象的原因可能恰恰就是这个因素。

(c)搜集作为研究所根据的事例须有代表性，须是典型的；同一类型的事例虽多亦于研究无大补助。

(5)求同法的用途：求同法主要是观察的方法，用于自然或社会自发的现象，通常是用于实验的，所以这个方法多用于天文、地质、社会等科学,在不同的情况之下发现同一或类似的现象就进行情况的更细致的分析以求得其现象发生的共同原因,所以我们说求同法是异中见同的方法。

(6)求同法的弱点：

(a)求同法必须在异中以求其唯一的同,所以分析事例的情况时,必须要求详尽精确。如果情况不是这样分析,就难以保证所谓异者其中没有同,而所谓同者是否唯一的同。

(b)作为求同法所根据的事例必须是有代表性的,能尽量没有遗漏地代表所能想到的一切典型的。这个要求是十分重要,但事实上不容易满足。事例的选择可能未够正确,又难免有所遗漏。如果事例的选择不是正确,不是代表各个典型,而只是一个或几个典型的重复,则分析出来的情况之同异性不清楚;如果事例的选择有所遗漏,则所谓唯一相同的情况在被遗漏的典型中可能发现例外。

(c)由于求同法是求得不同事例中唯一共同的情况,而以这唯一共同情况为所研究的现象之原因,是根据一果一因的原则。如果所研究的现象可能发生于多种的原因,则求同法就不适用,因以上面的符号来看,现象的原因可能是(a)事例的 l 情况,(b)事例的 b 情况,(c)事例的 r 情况,等等,而不一定是 d 情况,当然严格地讲,一果多因是由于因与果两现象都不深入分析,如上所述,但是一般说来,求同法类皆在现象表面上看问题,只宜于科学分析的初步,故有一果多因的困难。

(d)在因果相互作用的情况下,求同法也是难以生效的。因果相互作用是在孰因孰果上未加详细分析,故成问题,使人们不易决定现象的因果关系。如果在这种情况下要弄清楚孰因孰果,必须有定量的分析,例如储蓄积累资金,积累资金则提高生产,提高生产则更有利于储蓄,因果交互作用,但是加以定量分析可以作出各个因素的准确计算,深入明确某一情况改变的程度对于某一现象发生多大的影响,然而这已超出求同法的范围了。原因与结果每每是复杂的现象而且不断地在改变着的,有待于明确分析,分析未清,求同法亦无从奏效,所以求同法必以现象与情况的分析为首要条件。

(e)最后,求同法所能决定的是现象的因果关系,常常是不能决定同时并存的两事物之中哪个是因,哪个是果,它们可能是同因之两果。同因的两果也可以说有因果的联系,但其共因尚未得出,故有继续研究的必要。

总而言之,求同法的漏洞很多,单独靠它不易确定一个事物的原因,但是它至少能够提供寻求因果的一定线索,借以深入追求。

2. 别异法:

(1)什么是别异法? 如果所研究的现象发生于一个事例而不发生于另一个事例,但这两个事例的情况除某一种外完全相同,而且这唯一不同的情况是现象发生的事例所有,而为现象不发生的事例所无,则这情况是所研究的现象之原因或其结果,或其原因不可少的一部分[①]。

例如在物理实验中,把电铃安放在抽气机的玻璃罩里面,把罩内的空气尽可能地完全抽出,在空气未抽出之先,电铃发声是可以清楚听见的,但是在罩里的空气尽量完全抽出之后,声音便听不见了,然而我们看见罩里的电铃依旧在振动着。如果从玻璃罩下向里面送进空气,电铃的声音又逐渐增强,一直到它如从前那样清楚。可是,罩里的情况和电铃的情况完全一样,但是罩里有空气,则有声音可听,无空气则声音听不见,足证空气为传声的原因。

别异法可用符号表达之如下:

事例中的情况分析 　　　　　事例中现象析

(a) a,b,c,d······　　　　　w,x,y,z······

(b) a,b,c······　　　　　　w,x,y······

在事例(a)有 z 的现象,而在事例(b)则没有 z 的现象,其他错综着的现象,分析出来是相同的。分析两事例的情况时,(a)事例有 d 情况,而(b)事例则没有这情况,其余的情况是完全相同的,即 a,b,c······所代表的情况是完全相同,唯一不同的情况是(a)事例有 d 而(b)事例没有 d。

根据排除法,按上述甲原则,a,b,c······等情况都不是 d 现象的原因,因为在(b)事例中这些情况是有的,而没有 d 现象;结论是在(a)事例中所有情况除 d 存在外都和(b)事例的情况完全相同,故可断言有 d 则有 z 现

[①] 这是穆勒原文的直译,原文见穆勒:《逻辑系统》第三卷第八章第二节,这条也是穆勒根据培根的《新工具》第二卷箴言十二的。

象,无 d 则无 z 现象,是见 d 是 z 的原因或其结果,或其原因之不可少的一部分。

(2)别异法的使用:别异法使用的条件是两个事例,其情况除一种之外完全相同,其唯一不同的情况是现象发生的事例中有某一情况,而在现象不发生的事例中则没有这情况。

我们当注意,上面所讲的唯一不同的情况,可能是某一因素之存在于现象发生的事例而不存在于现象不发生的事例,例如茶里有糖(情况),则甜(现象),没有糖(情况不存在),则不甜(现象不发生),但是这唯一不同的情况也可能是某一因素之不存在,例如我们想要知道何以在某一团体中时而大家都很团结,时而闹不团结。经过调查、研究、分析之后,发现没有某一坏分子在这团体里活动,则大家都很团结,一有这坏分子在当中活动,大家便不能团结,所以唯一不同的情况是在现象(团结)发生的场合里没有某一破坏因素,而在现象不发生的场合里则有这破坏因素之存在[①]。

在自然或社会自发场合中是不常找着这样的两个事例的,唯有在人工控制现象发生的情况下才容易得到这样的两个事例,所以别异法是适用在实验的。

情况之不同在实验中可用增减两种方法。取得之增加现象不发生的事例的情况,如上面在抽气机玻璃罩里振动的电铃那一个实例里,空气抽出之后,铃声听不见,我们就把空气输送进去,便是增加原有的情况,而声音可听见这现象就发生了。减去原有的情况,如原是听见铃响,但是抽掉空气的一个情况,其余仍旧不变,则声音便听不见了。

无论是用增加一种情况,或减去一种情况,都是在研究中提出了一个假说,说某一情况可能是现象发生的原因,于是在现象发生的事例中减去

---

① 穆勒在谈到这点时是用符号来说明的。他写的是:"如果我们的目的是寻找一种作因 A 的效果,我们就必须在某一些确定情况中得到 A,如在 ABC 之中得到 A,看出其效果,再和 A 不存在的 BC 中又看出其效果。两相比较,如果 ABC 的效果是 abc,AB 的效果是 bc,则 A 的效果是 a 是明显的。"(见《逻辑系统》第三卷第八章第二节)首先我们要指出,穆勒的这种写法是易使人误解的。他用大写的拉丁字母 ABC 代表作因,而用小写的同样拉丁字母 abc 代表其效果,好像先知道 A 的效果是 a,B 的效果是 b,等等,其实在分析研究之先,我们是无从这样认定的。其次,他有意无意地认为有 A 这因素存在,则有 a 这结果,而无 A 这因素存在,则没有 a,并未指出,A 可能是某一因素之不存在。当然,某因素之不存在也可说是一种因素,但应该加以说明。

这一情况而看它的后果是否这现象之消灭在现象不发生的事例中增加这一情况,看看现象是否出现。有这情况,则有这现象;无这情况,则无这现象,就证明这情况和这现象是有因果关系的。

增减两法的比较,常以增加法为易,因为增加法是由因以致果的,原有的情况不予以改变,而只加上一种情况,故较易;减去法比较困难,因为具体的情况常常是交错着的,如果想要把一种情况孤立地抽出来,是不容易的。例如把糖加入豆浆里比较易于做到,但要把糖从豆浆里取出是比较困难的。可是有些场合中增减是一样容易的。

(3)别异法使用的困难:

(a)使用别异法时,增加或减去一种情况,每次只应增加或减去一种,其余不变动。如果同时增加或减去不止一种,就无法决定是哪一种和研究的现象有关。

(b)纵然我们能够在某一程度上以人工增加或减去现象发生或不发生的事例之一种情况,但所增加或减去的情况可能是复杂的,不是现象的真正原因,其真正原因隐藏在它的后面而尚未发觉。例如某一医院发现住第一层楼的病人的死亡率高于住第二、第三楼的病人的死亡率。是否第一层楼的环境卫生条件比较差,维护病人的工作做得比较差,管理的方法比较做得不好,等等。经过研究之后,与上面各情况都无关系,实则医院的工作干部因为把病人搬运到第二或第三层楼比较困难,所以重病的病人多半是安置在第一层楼,可见病人死亡率的高低不在第一层和第二、第三层楼其他情况之不同,而在于医院工作干部把重病的病人多半放在第一层楼里。

而且原有的情况可能是正负因素平衡,故现象不发生,增或减一种情况,打破原有的平衡状态,现象就发生了,而其发生的真正原因,实非所增加或减去的那一种情况,而是原有情况中的一种或某几种的结合,还须深入分析才能确定。

3.同异并用法:同异并用法是在现象发生的若干事例中察得其一般有关的情况大致不同,而其相同者仅一种情况为各事例所共有;在现象不发生的若干事例中察得其一般有关情况和前一批现象发生的事例大致相似,而这第二批的事例诸情况又各不一致,其唯一共同之点只是没有第一批事例所共有的那一个情况，那么这一个情况可能是和所研究的现象有因果关系①。

兹先以符号列为公式，然后举例说明之：

现象发生的事例

(a) a, l, c, d……　　　　　w, x, y, z……

(b) l, d, f, g……　　　　　x, z, s, t……

(c) d, f, r, l……　　　　　z, s, h, n……

现象不发生的事例

(d) l, c, f, m……　　　　　x, y, s, h……

(e) l, g, r, f……　　　　　x, t, h, s……

(f) a, f, l, n……　　　　　y, h, s, w……

---

① 我们关于同异并用法这说法不同于穆勒在其《逻辑系统》的说法。我们认为穆勒的说法不够明确，但常为形式逻辑教本所引用或根据，所以提出我们的说法之外，并在这里比较详细地批评穆勒的说法。(1)穆勒同异并用法在其《逻辑系统》一书中是"五法"谈得最简略而又不清楚。他在该书第三卷第八章第四节里编写道："如果在某一现象发生的两个或更多的事例中，只有一个共同的情况，而在这现象不发生的两个或更多的事例中唯一共同的情况就是上述情况之不存在，是则这两批事例所不同的那情况便是现象的原因或其结果或其原因之不可少的一部分。"这种语法是很不清楚的。于是就有人错误地把穆勒的说法机械地用符号列为：

现象发生的事例和情况　　现象不发生的事例和情况

$a_1 b_1$ C　　d_1 Ef_1　　　$a_1 b_1$　　d_1 f_1

$a_2 b_2$ C　　d_2 Ef_2　　　$a_2 b_2$　　d_2 f_2

$a_3 b_3$ C　　d_3 Ef_3　　　$a_3 b_3$　　d_3 f_3

这样用符号来表达是根据穆勒的说法，因为确是 E 现象发生的两个以上的事例中，只有 C 这情况是共同的而在现象不发生的事例中唯一共同的情况，就是上述情况 C 之不存在，当然用 a_1、a_2，a_3……来代表不同的情况是不妥当的，因我们从字母的同一类型而联想到情况之同一类型，但事实上我们是不应假定这些情况是同一类型的。(2)穆勒的说法不够明确而引起上面这一类符号表达的错误是严重的，符号的错误在于把同异并用法表达为仅仅别异法的重复使用。符号公式的第一直行

　　$a_1 b_1$ C　　d_1 Ef_1　　　$a_1 b_1$　　d_1 f_1

所代表的是两个事例，其一个事例有现象 E 的发现，而另一事例没有这现象的发现，两事例的情况比较，除现象发现的事例中有 C 情况而现象不发现的事例中没有这情况之外，其余的情况完全相同，那就是别异法，而这符号公式中的其他直行所表达的无非是第一直行同样场合的重复。如果能直接使用别异法，又何必提出同异并用法？足见这种符号公式是因穆勒对于此法的说法不够明确而为后人所误解，因之他的说法是必须纠正的。我们的说法是和苏联高尔斯基与塔瓦涅茨主编的《逻辑》关于同异并用法的说法是一致的。参看该书中译本，生活·读书·新知三联书店，1957年，第232—236页。

我们看第一批的事例，其情形大致不同，而其相同之处乃是 z 这现象的发生，分析其情况亦各不一致，但都有 d 这一情况是其共同的。第二批的事例都是没有 z 这现象发生的，但其一般的情形与第一批的事例相似，而其情况却彼此相异但都没有第一批事例所共有的 d 这一情况。

从第一批事例根据求同法来看，d 情况和 z 现象可能有因果的关系，但这结论是盖然性的，而从第二批事例看来，凡没有 d 的都没有 z 则 d 与 z 的因果关系的可能性便加强了。

例如，达尔文观察到某些地区的土壤性质和其他一般的情况都不相同，其唯一相同之处就是都有许多蚯蚓，而又都有越来越多的植物土层；另一些地区，其土壤性质与情况大致和第一批地区大同小异但是都没有蚯蚓，又没有植物土层，于是达尔文就从而得出结论说，植物土层是蚯蚓所致的。达尔文在这里便是使用同异并用法。

同异并用法不是求同法与别异法的机械地联合使用，而是先用求同法得出某一种结论，为要增强这结论的力量，本想使用别异法，而别异法主要是实验的方法，必须能够用人工控制其所研究的现象发生的条件的。实际情况不容许这样做，退而求其次，就用别导法的精神来补充求同法的不足。

在上面达尔文的植物土层与蚯蚓的观察和符号列出的公式都看出这同异并用法的用法。首先，从现象发生的一批事例，按求同法得出结论说 d 这情况是这一批事例唯一共同的情况，所以它是和 z 这现象有因果关系的，至少是可能有因果关系的。第二步，实际情形既不容许别异法的使用，于是就找出第二批事例是该现象不发生的事例，其情形和第一批事例，即现象发生的事例大概相似，但都是没有这现象发生，而又没有 d 这情况，这就加强了 d 是和 z 有因果关系的可能性。第一步是求同法不折不扣的使用，而第二步并不是别异法的使用。但是把第一批事例整个地和第二批事例来对比，在第一批事例中有 d 即有 z，在第二批事例中，无 d 即无 z，这是别异法的原则，但不是别异法的本身，因别异法要求有两个事例，其情况除一种之外完全相同，这个条件不是同异并用法的事例所能满足的，故不能使用别异法，如果有条件来使用别异法这种比同异并用法更有力量的方法，我们就不会使用同异并用法的。因之我们说同异并用法本质上不是求同法和别异法机械地联合使用,而是以别异法的精神补充求同法的不足。它是观察的方法,不是实验的方法,因它没有在什么地方是用人工控制现象发生的条件以便于观察的①。

4. 共变法:

(1)根据穆勒的规准,共变法规定说,"如果一个现象在某种方式变化时,另一现象亦同时以一定方式变化着,则第一个现象是第二个现象的原因或结果,或通过某一因果事实与之联系"②。

另一说法是:"在可任意增减之事例中,凡一现象逾量之增减有他现象逾量之增减正应之或反应之时,此两现象当具有因果之谊。"③

---

① 在培根的《新工具》一书中有三表的方法。其第一表称为存在表,根据他的"性质存在的""模必然存在"这原则(见《新工具》第二卷箴言十二),其第二表称为差异表,是把缺乏这种性质(即第一表各物体共有的性质)的各种例证,呈列于理解之前;把否定的例子和肯定的例子对立起来(见同上箴言)。有人认为穆勒的求同法是根据培根的第一表,这是正确的看法,但又有人同时认为穆勒的别异法是根据培根的差异表,这便是错误的,培根在谈到其差异表时,这样写道:"所举的那些缺乏此种性质(而我们所说的现象——引用者)的例子,应当只限于同具有此种性质的例子相近的一些例子。这个表我叫做接近中的差异表,或接近中的缺在表。"(见同上箴言。着重点是我们加的——引用者)根据培根的说法来看,与其说穆勒的别异法适应于培根的接近中的差异表,毋宁说穆勒的同异并用法适应于培根的这个表。但是培根在第二表中例证,有些是和穆勒的别异法相适应的。例如第二表的例证(四)之"同凸镜形式相反的镜子"和第一表的例证(二)之凸镜相对照,两例证一切情况皆同,唯有一镜的凸镜与另一镜的形式完全相反,这是适合别异法的条件。然而穆勒的求同法、别异法、同异并用法这三种方法都是根源于培根的存在和缺在两表是极其明显的。穆勒在其"逻辑系统"中也写道:"在所论二术(指求同法和别异法——引用者)……自培根以来常以此为试验之要术……"(见严复译《穆勒名学》丙部第 102 页,原文见穆勒《逻辑系统》第三卷第八章第三节)

② 这是穆勒原文的直译,见《逻辑系统》第三卷第八章第六节。穆勒的共变法也是根据培根的"模是随着性质的增减而增减的这原则的"(见培根的《新工具》第二卷箴言十三)。培根的三表中的第三表称为差度表,又称比较表,是要"看我们所考察的那种性质(如热)有何差异的程度……比较一事物中那种性质的增减,或数事物中那种性质的差异程度……只有在模跟着性质的增减时,我们才可以把那种性质认为是真正的模"(见同上箴言)。按培根这里的"性质"相当于我们所称研究的现象,而其"模"(即 forma 之译,又译"形式",但前译为宜)是相当于我们所称的原因,但不完全等于原因。

③ 据章士钊:《逻辑指要》,1943 年,第 333 页,"此律侯失勒(英人 Sir John Herschel)手订"。参看侯氏:《论自然哲学的研究》(A Preliminary Discourse on the Study of Natural Philosophy, Loudon, 1830)侯氏在其书中已谈到四法的大略,但没有穆勒言之之详。

穆氏书草拟是在 1830 年,而初版是 1843 年,可能受到侯氏的影响,但侯氏之说根据培根则无疑义。侯氏的"正应"与"反应"这一点是比穆勒的说法为更具体,故一并列人。

科学中共变法的实例很多,如上面所举的电铃安置在抽气机的玻璃罩里面,罩中的空气逐渐抽出,空气愈少,则铃声愈弱,当空气再逐渐输进玻璃罩时,空气愈多,则铃声愈加强,这便是共变法之一例。又如曾有人在 1849 年和 1854 年两年英国伦敦市虎列拉流行时,实际调查过伦敦市各区地面之高低与每千居民死于虎列拉的数目,其结果如下表:

地面高度以英尺计	每千居民死亡数
20 英尺以下	102 人
20 至 40 英尺	65 人
40 至 60 英尺	34 人
60 至 80 英尺	27 人
80 至 100 英尺	22 人
100 至 120 英尺	17 人
340 至 360 英尺	7 人

据此,则市区地面的高低和居民患虎列拉而死的数目是有关系的,而且好像是反比例的模样[①]。

(2)共变法的符号公式:

事例的情况	现象的分析
a b c d_1	w x y z_1
a b c d_2	w x y z_2
a b c d_3	w x y z_3

公式所要表达的是事例的情况除一种外都不变动,而变动的是 d_1 变为 d_2,再变为 d_3……而分析事例的现象亦大都不变,唯有 z 这现象随着情况 d 的变动而变动,而且当 d_1 变为 d_2,再变为 d_3 时,这 z 现象则随之而从 z_1 变为 z_2,再变为 z_3。由此可见,z 是等于 d 的函数,即 $z=f(d)$,故 z 和 d 有因果关系,这就是说,d 变则 z 随之在一定方式上而变。

侯失勒共变法的公式是:

第一式

  aC …… dE

[①] 引自 A. Wolf 著 Essentials of Scientific Method, 1925, p. 66。

aC ± mC …… dE ± mE

第二式

aC …… dE

aC ± mC …… dE ± mE

所以,C …… E

第一式是因果成正比例,第二式是因果成反比例。

(3)共变法的意义:共变法不同于前三种方法,前三种方法只由情况之有无而求得其是否与所研究的现象有因果关系,而共变法的基础是情况和现象的量的准确计算。共变法是把数学应用于因果关系研究的一种方法。科学研究尤其是自然科学的研究,首先是发现事实,决定事实与事实之间的相互联系,但是如果要知道事实是怎样联系,数量的确定和数量之间的联系与其准确的计算是必需的,而且计算得愈准确,则科学对于自然的认识就愈深入,愈可靠,所以在原则上,共变法虽然只是别异法的一种特殊形式,因的增减,果随之而增减这形式,但其原则的应用是以数学计算出的量为基础的,无数字的计算,就不容易使用共变法,因不能确定共变的方式。

(4)共变法使用时应注意的几点:

(a)情况和现象都是同时在某一定方式上变动着固然可以假定它们两者之间有因果的联系,但还不可便因之而确定其相互间是因果的关系,可能两者同是第三者的结果。

(b)如果两者的变化不成正比例或反比例而是一种复杂的数量关系,例如一个是与另一个的方成比例,如 A∶x;2A∶4x;3A∶9x;则 A 不是 x 的全因,必定还有别的一种原因合杂在一起而使这结果这样变化,是则这别的一种原因还要寻找出来,确定下来,才能完成研究的任务。

5.剩余法:

(1)什么是剩余法? 从任何复杂的现象中减去由从前归纳研究所确定的各部的某些果是由于某些因,剩余下来所不知的叫做余果,就须按这余果以索余因。

这方法也是以数学的准确计算为其基础的。剩余法须准确地计算出原因与结果的量之后才能知道什么是余果,而按这余果以追寻其余因。

譬如用其他确定因果的方法已经得出 P 是 x 现象的原因,而 P 和 x 是复杂的,有其质与量的。P 或 x 的质是使它之所以成为 P 或 x 而有别于其他的现象的;量是质之多少,可以计算的;凡量都是同质的东西,可以分割为若干单位或部分的。比方 P 可以分为 L,M,N,而 x 可以分为 y,z,r,s。如果在研究中确定了 L 是 y 的原因,M 是 z 的原因,N 是 r 的原因,那么,现象 x 还有一部分,即 s,其原因尚未确定,就须进一步来研究以求得 s 这余果的原因。这是剩余法的问题。以公式列出如下:

现象的分析　　　　　　情况的分析

x 分为 y,z,r,s　　　　　P 分为 L,M,N

今已确定 y 为 L 的果,

又确定 z 为 M 的果,

又确定 r 为 N 的果,

s 是什么因的果,这问题必须解决。

这问题不解决,即 s 的因未确定,则 x 现象之全因还未弄清楚,是科学所必须探索的。这是剩余法在研究中提出问题,确定问题方向的作用。

但有时候,研究的情形是这样的:

现象 x 分为 y,z,r,s 四个部分。

现象发生的场合有 L,M,N,O 这些情况。

据研究所得的结果确知:

y 是 L 的结果,

z 是 M 的结果,

r 是 N 的结果,

剩下来情况中还有 O,而现象的 s 部分还不能确定它的原因,则 O 很有可能是 s 的原因,至少可以说,s 的原因应该在 O 里面去寻找。这就是剩余法提供问题怎样解决的作用。

O 既然可能是 s 的原因或包含着 s 的原因,研究就首先从 O 入手来确定 s 的原因以解决 x 的全部问题。我们须研究 O 是一个简单的情况抑或是一个复杂的情况。如果它是简单的情况,就作为一个单一的情况看待;如果是复杂的情况,就先要把它分析为其各个部分,再把每一部分分别研究,但其研究的方法除分析复杂为简单之外是一样的。兹拿 O 为简单的情况作为例子。

如果 O 是 s 的原因,可以设法把 O 抽掉,如果 O 抽掉后 s 便消灭,则 O 确是 s 的原因,至少包含着 s 的原因;我们又可在 O 不能抽掉的情况下把它的量变更;这是使用共变法"如果 O 变化,则 s 随之而在一定方式上变化,则 O 是 s 的原因"。至少包含着 s 的原意我们又可寻找一些事例和 P 相似的,只是没有 O 的部分。如果在并用法认定 O 是 S 的原因。总而言之,剩余法只能提出问题,指出问题解决的方向,但是这问题的最后解决,还须依靠其他方法。剩余法也是确定因果关系的一个重要方法,因为它能指出研究中未了的任务。

(2)剩余法使用时应注意的几点:

(a)各因各有其果,如果各果的质不同,自当各别有因,则剩余法不能适用,而所用的方法只是把各个果分辨开来而寻找其各个个别的因。剩余法之使用乃是各因之果是同质的,而混合在一起,某些部分的果已计算出其原因,就只需按剩下的部分的果以探索其原因。

(b)虽然据上面公式的现象和情况的分析,L 为 y 的因,M 为 z 的因,N 为 r 的因,而 s 之因尚未得出而须在 L,M,N 之外寻找其因,如 O,但是可能 s 的因不是 O,而是 L,M,N 之和,或 L,M,N 之中某二者之和。因固然是各有其果,但是两种原因的结合或其相互的影响,也可能引起另外一种结果。一般说来,余果必有余因,然而 L,M,N 或 L,M 或 N,或 M,N 都可以作为这余因。这些情况都是使用剩们法时所当考虑的。

剩余法的使用在科学史上曾有过许多辉煌的实例。天文学史中海王星的发现是其一例。

按侯失勒①于 1781 年发现一颗新行星,称之为天王星②。但是当他计算天王星的轨道时,发觉有些偏斜,不与引力理论所预期的相符合。当时所知能影响天王星的运动而形成其绕日运行的轨道之吸力有太阳和其他已知的行星,可是根据这些力量的计算不能得出实际行星,可是根据这些力量的计算不能得出实际上天王星运行的轨道,发现这在某些地方总

---

① 这是 Sir William Herschel 而不是 Sir John Herschel。

② 其实当英人侯失勒发现这行星时,他称之为 Georgium Sidus 以尊崇当代英王乔治三世 (George III)。

是向外偏斜,许多天文学家称这种现象为"天王星发脾气"。这种理论和实际不一致的现象一定有它的原因的。当时天文学家认为要么就是天文观察不够准确,要么就是除当时所知的吸引力如太阳和其他行星对天王星的吸引力之外,另有一种未知的吸引力影响着天王星的轨道。这就是剩余法的作用。1843年剑桥大学圣约翰学院学生王丹士从事研究"天王星发脾气"这一问题,于1845年曾将他研究的结果认为有新行星发现。写信给英国星家学会的一个天文学家,说明其计算的方法并所得的结果,可是那个英国天文学家,不能在天文学上证实王丹士的发现,而法国天文学家勒维里亚(Looeies)作出和王丹士同样的计算,于1846年把这结果寄给德国柏林大学格拉(Gall)教授,格拉根据这计算便于9月23日晚发现离日最远而在天王星之外的海王星。

穆勒在其《逻辑系统》一书中是很重视剩余法,称它为别异法的特殊应用,关于这点他写道:"如果ABC,abc,这实例能和AB,ab这一单个实例相比较,我们便可用别异法的一般过程来证明C是c的原因。可是在当时的场合中,不能有AB这一单个实例,我们就须分别研究A和B的个别原因,而从它们分别产生的结果推论出在ABC一起发生作用的场合中它们须产生的结果,所以别异法所需要的两个实例之一个是正面的,另一个是反面的,其反面的一个实例,即现象不发生的那个实例,不是观察和实验的真实结果,而是根据演绎法推理而获得的。作为别异法的一种形式来看剩余法,如果前所使用的归纳的方法,即得出A和B的结果的方法,确是依据如别异法一样的没有错误的方法,而且我们又确知C乃是所剩余的c可以算为其唯一的前件,则这剩余法的严格可靠性是和别异法一样的;C就是我们尚没有计算出而减去其结果的唯一原因。但是我们总不能认为事情完全是这样,所以剩余法所得的证明不是完全的,除非我们能够以人工获得C而孤立地检查它,或者一经它的作用提出时便可以从已知的定律说明它而且演绎地证明它。"

穆勒接着写道:"纵然有这些限制,剩余法乃是我们发明的工具之中最重要的一种。以其出乎意料的结果来看,剩余法是所有研究自然律所用的方法之中最有效果的:它能在某种原因或结果不是足够显著单独使人注意的场合中叫我们认识到因果的联系。C之作为一种原因可能是一个隐晦的情况,除非有意去寻找,它是不容易发觉的,除非由于研究的结果,其全部未能为明显的原因所足够说明,因之引起人们注意来寻找另外的原因,也不会有人故意地去寻找它的。而且 c 这结果可能是和 a 与 b 这样结合在一起而被掩蔽着,很难得到它自然而然地呈现出来作为人们特别研究的对象。这个方法的用途下面当举出一些惊人的例子。"①穆勒是这样写到剩余法的,足见他注重这方法。

上面只简单地讲到科学研究中确定因果关系的五种方法。这些方法各有其优缺点,应尽可能地灵活地联合应用使之相互补充。

科学研究方法应在不同的研究范围内按其问题与对象不同的性质决定哪种方法为最合宜,正如毛主席指示我们,"不同质的矛盾,只有用不同质的方法才能解决"②。而且使用任何方法都有赖于具体科学知识的掌握,还有赖于方法的熟练。"熟能生巧"有待于多次实践的重复,在陆地上是学不会游泳的。

6. 现在还要简单地谈谈确定因果的间接方法:

上面五大段所讲的确定因果关系的方法只能用之于直接观察得到的现象与对象。如果我们研究的对象是不能直接观察得到的,例如原子、电子等和历史上的东西,就必须用间接的方法。

如上所述,直接方法的使用时,有了某些条件,就能观察到作为原因与结果的事物,例如摩擦会生热,摩擦与热都是可以直接观察的,而且也可以计算它们的数量的。但是某些大块石头是怎样在过去久远的时代由什么自然力从远处运送到这地方来,这种现象与其原因既属于过去久远的时代,是无从直接观察到的。原子、电子等对象随时都存在着,其活动的现象也随时都发生着,可是不能由我们现在掌握的方法来直接观察,我们只能观察从这些对象的存在,这些现象发生所推论出来的结果,而不能观察它们的本身。关于它们的存在和它们的活动,我们作出科学的假说,由假说而引申出某些结果,而去验证这些结果,这就是间接的方法。我们的地质学家假定这些大块石头是由冰川在过去久远的时代从北方运送到

---

① 译自《逻辑系统》第三卷第八章第六节最后两段。

② 见《矛盾论》,人民出版社,单行本,第 15 页。当然毛主席在这里的指示主要是针对政治斗争而言。但也可以应用在我们的其他一切科学问题上的。

这里来的,如果这假说是真的,则在那些有这种大块石头的地方和假定冰川所经过的路程必现出某些痕迹,如冰川移动所留下的痕迹。这些痕迹,而不是冰川负荷着大块石头的移动,是我们可以观察的。因为要知道,确定的是冰川的移动而不是这些痕迹,但我们能观察的是这些痕迹而不是冰川负荷着大块石头的移动,所以这种方法称为间接的观察方法。

间接方法使用于许多历史上的研究,但也用于微观物理学的许多问题上,例如原子在分子中的排列这些问题,而这些问题都是用间接观察的方法得到解决的。

所有这些直接和间接的方法常常是要结合着数学来使用,尤其是要和数学中的计量法和概率学结合着来使用,但这些都是属于数学的范围,我们在形式逻辑上就不涉及了。

确定事物的因果关系是为着解决事物间必然性联系的问题,而事物间必然性联系的问题就是科学归纳法所要解决的问题。我们在上面各节曾讲过这种问题在科学归纳法里是如何由客观事物的观察而发生,如何现有的科学知识和科学原理不能解答所发生的问题,然后科学研究者根据原有的科学理论,结合当前的具体事实,作出预期解答这种问题的假说,从假说引申出合理的结果,再回到事实中来进行检查这结果是否与事实相一致,以证明假说的是否正确。可见假说之作出是在科学研究中,在科学归纳法的进程中占关键的地位的。关于假说的起源,我们在本章第五节第四大段里曾有所论列,我们并且谈到假说也可能从类比引起来的,我们现在在结束归纳推理这一章之前,必须把类推这种推理形式来谈一谈,而且要指出它是怎样和其他推理形式有关系的。

第七节　类推

1. 类推又译类比,是从特殊到特殊的推理形式。它不同于从一般到特殊的演绎推理,也不同于从个别或特殊到一般的归纳推理。

类推是在日常生活中和在科学研究中常常用到的一种推理形式。例如一个农业合作社种下一种新种子,收获很好,另一个农业合作社想要向它学习,也种同样的种子,认为长成也会一样好的,这就是类推的推理,由种子种在一块土地上,用某种一般农业所用的耕耘,施肥等方法而得到很好的收成,推论到另一个合作社的土地,用同样的种子,同样的耕耘施肥等方法,就会得到同样满意的收成。这种类推的用途在日常生活中是很常见的。

在科学研究中也时常运用类推这种推理形式,例如在天文学中,人们观察到火星和地球一样有大气、有云雾、南北极都有积雪、同是绕日运行,而且都是自己旋转着的行星,有了这些和其他许多相类似之处,于是因为地球上有生物,就由类推而得到至少一个假定的结论说火星上会有生物。这也是类推的推理形式。

上面两个例子都是从一个特殊的事物推论到另一个特殊的事物,其根据的理论就是"两事物在一方面或更多方面相类似,所以有某一命题对于两者之一是真的对于其他一个亦是真的"①。

2.类推的公式可列为:

A 是 a, b, c, d;

B 也是 a, b, c;

所以,B 大概也是 d。

A 和 B 是代表两事物,其相类似的属性有 a,b,c,而 A 更有 d 这属性,就因之而推论到大概 B 亦有 d 这属性。

3.类推推理的性质的分析:

从上面的公式和所举的例子可以看出类推的思维过程是这样的:

如果我们把 a,b,c 三种属性看为一类的标志,而把 x 来代表这一类,那么 x 便是代表一个概念,我们就得下列的一个三段论式:

A 是 x 而是 d;

B 是 x;

所以,B 亦是 d。

这个实际上是一个假言推理,其形式是:

如果"A 是 x,它就是 d",是表达着一种必然性的联系,则凡是 x 的都是 d;

今 B 是 x;

所以,B 是 d。

---

① 这是译自穆勒的《逻辑系统》第三卷第二十章,这一章已超过严译《穆勒名学》的范围。

很明显,这个结论的真实性是以其大前提"A 是 x 而是 d"是表达着 x 与 d 一种必然性的联系为根据的,以"凡是 x 的都是 d"这个命题的真实性为根据的。如果这大前提是真而小前提 B 是 x 又恰恰是和 A 是 x 同一类的事物,那么结论"B 是 d"是真的。但是这结论的真实性是假定其大前提和小前提那是表达着确实有根据的两个判断,那就是说,a,b,c 确能标志着一类事物,而且为这一类事物的本质属性,所以 A 和 B 既然具有这些本质属性,因之就同属于一类。如果这两个判断没有确实的根据,则所得出的结论只是盖然性的。

类推性推理的错误是由于把盖然性的结论认为是必然性的结论。

今以上面地球和火星的例子来讲:大气、云雾、两极积雪、绕日自转的行星等属性是否形成一类必有生物在其上生活着的东西。换言之,大气等的存在是否决定在行星上有生物?如果答案是科学能肯定的,则这类推是一个演绎推理的例子即:

凡有大气等的行星必有生物生活在其上;

火星是有大气等的一个行星;

所以,火星必有生物生活在其上。

如果有大气等属性和有生物生过在其上还不能确定为一种必然的联系,不能形成一类事物的本质,那么就应该把这类推所得出的盖然性结论作为一个假说,用归纳推理的种种方法来试图确定有大气等属性和有物生活在其上这现象是有因果关系的。在这个因果关系还未确定之先,这类推的结论只能指出归纳推理的一种方向。类推只能暗示一项假说,即有大气等属性的行星可能有生活在其上,如果把这假说作为定论,便是严重的错误,是违反充足理由律的谬论。

4.类推的规则:根据上面的分析,类推的规则是容易理解的,可是有待于说明的。这些规则是要确定因果关系的。

(1)在类推中,类比的两个特殊对象应有多种重要的性质是类似的。

说明:这条规则的重点不是"多种",而是"重要",地球和火星类似这点尽管是很多,例如都是物质的、椭圆形的、绕日运行的、在绕自己的轴心旋转着的、有大气的、有云雾的、两极有积雪的,等等,不胜枚举,但是这一些属性是否对于有生物生活在其上是重要的呢?如果不能肯定它们是的,虽多也是于问题的解决无大补益。

而且在考虑两类比的对象时,不但要考虑它们相类似之点,远得要同时考虑它们主要不同之点,把这些主要不同之点和其相类似之点来比较孰多孰少,孰轻孰重。

(2)相类比之点必须与类比的对象在性质上相合。

说明:这条规则是要保证类比的对象是可以拿来类比的,就是说,它们必须属于一个大类,否则其类比之点就没有由比较而推出结论的意义。例如在社会主义生产中,新机器的发明和使用能节省劳动力,提高生产量,是生产工人所欢迎的,但是在资本主义生产的剥削制度之下,新的生产机器的使用只会叫更多的工人失业,不为生产工人所欢迎。因此,类比的点,新机器之使用,是和类比对象的性质不相合的,一个是社会主义生产制度,而另一个是资本主义生产的剥削制度。

(3)相类比之点须是本质属性。

说明:类推是初步确定因果关系,如果类比的点不是本质属性,则无补于因果关系的确定;如果类比的点是本质属性,还可希望通过类推而得出类比两对象在其他本质属性上的类似。

5.类推的意义:

(1)日常生活中常有自发的类推思维形式。上面所举的农业合作社试用新种子是其一例,教师在教学中举例说明一条科学原理时,每每说,余可类推,余皆仿此,都是使用类推的例子。

(2)类推在科学研究中所起的作用,上面也曾指出。类推自身虽不能证明什么,所得的结论大都是盖然性的,但是类推能暗示假说,而假说是科学归纳法的重要环节,对于科学研究起指导作用。

(3)类推常为科学新发现的先导,例如美国加省有金矿的地区是有某种形势的山脉,探研工程师观察澳洲有同样或相类似形成的山脉就由类推而断定澳洲这些山区亦当有金矿。勘探后,果然发现金矿。又如达尔文的物种起源学说是由于观察畜牧家的择种留良而引起的,这也是类推的思维活动形式,由特殊到特殊的。

总结归纳推理:上面所讲的类推,其得出的结论是盖然性的;如果想要把类推的盖然性结论提高到必然性的结论,就要通过演绎推理,或者通过科学归纳法的推理。同时,讲到科学归纳法推理时,我们又曾指出归纳推理如果要保证结论的可靠性,又须在假说证明阶段上使用演绎推理。由此各方面可以见到推理的各种形式是相互依存,紧密地相互结合着,不可孤立的。

讲完归纳推理之后,我们就更明显地看出,人们认识客观事物是由感性认识逐渐提高,然后到理性认识,由事实到理论,由个别和特殊而到一般。在认识客观事物时,处处都交错地使用各种推理形式,而只在逻辑研究中,为便于理解和学习才把它们分开,但等到实践又把它们联合。演绎推理在科学归纳法的实践中成为其不可少的一个环节,到了归纳法得出结论之后,又须把它付诸实践再用演绎推理来检查它、丰富它、扩充它。理论是由实践而来,又回到实践以检查其实用。这就是毛主席的宝贵教训:"实践,认识,再实践,再认识,循环往复,以至无穷。"[①]这就是归纳推理的精神,是科学研究的真谛。

---

① 见《实践论》最后一段。

第九章　证明

第一节　证明的本质

1. 什么是证明？证明是用真理性明显的判断显出某另一判断的真理性①。

科学是有确凿根据的知识，并无丝毫是无稽之谈，所以一切科学的知识都是通过证明的。但是尽管我们掌握了科学的知识，而有些是别人不理解的，因之就不能接受的，我们就须说服他，就须根据他所已经理解，能够接受而且真理性是明显一个或几个判断作为论证的出发点，依照逻辑推理的过程进行说明他不理解的判断，显示出根据他所已经理解而能接受并确知为真理的判断必然要得到他所不能接受的判断作为一种结论，像这样就说服他，从而提高他对真理的认识。

2. 证明的意义：从上面所说，证明是科学研究所必经的道路，而且想要通过思想交流，传播科学的真理，证明是必需的工具。其次，在政治斗争中，对方可能顽强地坚持异议，淆惑群众，甚至有意歪曲真理，玩弄诡辩的种种手法，我们就根据最明显的真理，一步一步地证明对方的错误以至是非大白。可见证明是获得真理、传播真理、坚持真理的工具，是阶级斗争的武器。

3. 哪些判断需要证明：凡是真实的判断是和客观事实的真正联系相符合的，所以就可以证明的；凡是虚伪的判断都是不符合于客观事实的联系的，所以就不能证明的。可是有些真实的判断，其真实性是明显的，而又有些真实的判断其真实性不是一望而知，有待于证明的。证明则必须

---

① 亚里斯多德分三段论式为两大类，即辩论的三段论式和证明的三段论式；前者是根据可信的前提，所以只求辩论两方同意提出的前提就可进行辩论而得出结论；但是后者是指在得到真理的，"如果要找得真理的话，那就必须依靠主体和其属性的真正联系"（参看《分析论后篇》标准页第81b第17至23行）。确定研究对象和某种属性的真正联系是科学的主要任务，故证明是科学所必须用的方法。

有根据,但常常作为证明的根据的又须证明,一直往后推到无须证明的真理,这就是明显的真理。

在科学研究中,首先必须有其最可靠的原始前提为其最初的根据。一般称为公理。这些最可靠的原始前提不是与生俱来的,因为如果它们是与生俱来,何以在知识开始时不为人所知觉?它们又不是由其他知识推论出来的,因为如果它们是推论出来的,就不是原始的,最初的前提。它们是从感性认识提高而发展到不可置疑的公理的。所以"证明的开始,神学知识亦不是科学知识的开始"①。感性的活动虽然是关于某一特殊的事实,而其内容是一般性的,例如其内容是一般的人而不是某一个人,在这些初步的一般性认识站稳了时,认识的进程就继续推进直至不可分割的概念建立起来,直至真正的一般建立起来了事②。

在说服他人时,证明就须从他承认为明显的真理开始。明显的真理的明显性当然是因人而异的。甲之明显真理可能对于乙是不明显的,此时甲之不明显真理,在另一个时候当他的认识提高了之后,可能是明显的。所以,用证明的方法来说服他人,首先就要了解对方的思想实际情况,不应无的放矢。这是教学中和作一般报告时所应注意的。

4. **证明的客观基础**:任何证明之能成立是因它确有无可置疑的充足理由,是根据充足理由律而推进的。充足理由律,正如上面第二章曾讲过,是反映客观事物的密切联系的。客观事物之间有其密切的联系,事物又有其发展的一定规律,所以根据这种种的事物的联系就可以由一事物而知道另一事物,由一事件就可证明与之密切联系的另一事件。

证明是根据明显的真理,而最后的证明是根据不待证明的公理。但是公理也不是绝对自然而然就是明白的真理,它是从实践中总结而固定下来的知识,其基础乃是事物之间最简单的联系,经过多少年的实践经验才总结出来,经过多少年的实践考验才确定下来,固定下来的。

第二节 证明的组成

证明是一种思维活动的过程,须考虑到它的三个部分,也可以说是它

---

① 亚里斯多德:《分析论后篇》,标准页第100b第13行。
② 见亚里斯多德:《分析论后篇》,标准页第100a第15行至100b第3行。

的三个组成部分,即论题、论据、论证。

(1)论题:这就是由立论的人首先提出,有待证明的一个判断,表达为一个可以成立或可以推翻的一个命题,例如,"人民教师是光荣的"。

(2)论据:这就是辩论的对方认为其真实性是明显不容置疑的判断,可以作为充足的理由以证明所提出的论题的,例如,"祖国的社会主义建设需要干部,而干部的培养须有教师"。如果对方承认这是不可置疑的,我们就可拿来作为论据。如果对方不承认的话,这两个判断本身又有待证明,便不能作为论据,因它们本身既需要证明,也就是论题。可见,论题和论据是相对的。有待于证明的是论题,无须证明而用来证明另一判断的就是论据。故论题被证明后,又可用作另一论题的论据的。

(3)论证:即如何从论据引出论题的方法和过程,例如"祖国的社会主义建设需要干部,而干部的培养须有教师,故教师是祖国的伟大社会主义建设所需要的,其任务是光荣的"。这是一段三段论式推理,只是论证的一种例子,论证并不限于某一种的思维形式。后面还要比较详细地来讲。而在这里必须指出的乃是,论证与论题、论据不同,论题总是一个判断,其真实性是有待于证明的,是证明的对象,论据是可多可少的,可能是一件事实,或多种事实,可能是一个其真实性已经证明的判断,或几个这样的判断,又可能是或多或少的事实和判断结合在一起,作为根据,从各个方面证明当前的论题,但分别开来,它们都是判断,因为事实也须用判断表达出来的。论证则不同:所谓论证者,不是什么一种事实,也不是什么一个判断,乃是一种思维活动的过程,从事实或判断或两者的结合通过其一定的思维过程,得出某一判断的真实性作为其结果,即根据论据,进行推理,而得出所提出的论题作为其结论,这个过程称为论证。

第三节　证明的种类

1.首先必须指出,证明有感性认识的而又有理性认识的。当知证明是否在弄清楚某一判断的根据。如果我们说这房间里摆着一些椅子,而有人怀疑,把房间打开一瞧,看见椅子便证明了我们所说的是真实无妄的。这是感性认识证明的一例。

所谓理性认识证明乃是通过推理的,例如上面所举的"人民教师是光荣的"这例子,如果有人怀疑这判断的真实性,而我们不能在客观现实指出某一定的对象或现象是和这判断相符合而直接证明它的真实性,我们就举出业已证明的某一些判断,而以这些判断为前提,按照前提的性质通过某一种推理的形式而得出的结论恰恰就是我们要证明的论题。这就是理性认识证明的一种过程。

这样看来,理性认识证明是通过推理的过程,从形式上讲,其论题相当于推理的结论,而其论据则相当于推理的前提,论证相当于从前提到结论的整个过程。

可是必须指出,理性认识证明是推理的形式,但不限于某一种推理的形式,而且在一个证明中可结合着几种不同的推理形式的,从各个方面进行其证明的。

这只是从形式上看的。从本质上来讲,推理是先成立了前提,经过一定的方式从前提推出未知的结论,其目的是这结论的得出。但证明的目的则不同,它是先提出论题,其目的是确定这论题的真实性,所用的方式是按照能使用的论据和所提出的论题的性质,而论据是有待于寻找的。其实证明的关键是在于善于寻找论据,而所要寻得的论据又必须按照论题的性质,例如,论题如果是某一具体事实,则其所需要用来证明这一个单称判断的论据必不同于用来证明一个原理性质的全称判断。论题的性质不明,则论据的寻找是无从着手;论题的性质确定,然后才可按图索骥,这是证明中最重要之一点。

2.根据上段所说,证明使用推理的形式时,可按其推理的形式划分为(1)演绎式的证明和(2)归纳式的证明。

所谓演绎式的证明不限于三段论式这一种演绎推理形式,例如在几何学中,每每是使用其他的演绎推理形式的,如证明等腰三角形的底线两角相等就是一个实例,所用的方法是从上面已经证明的命题而推出当前需要证明的论题,但不是使用三段论式。

一般说来,演绎式的证明是用已知的确实而普遍的真理为根据而证明当前论题的真实的。那就是说,这种证明是以一般性原理为论据,从而推出论题作为其结论的,是把论题从属于一种一般性的原理作为它的一种特殊事例的。

例如论题是：右派分子宽大处理是党的政策。我们要证明这论题，就把它归之于一条一般性的原理作为它的一种特殊事例，而我们知道党是要把一切可以改造的消极因素，为着六亿人民的利益改变为积极因素的，这是一条一般性的原理，尽人皆知，不容置疑的。我们把右派分子的宽大处理政策理解为为着六亿人民的利益，把消极因素改造成为积极因素这一般性原理的一种特殊事例，论题就证明了。这是演绎式的证明，从一般到特殊的证明方式。

演绎式证明所依据的原则，从一般到特殊，正合演绎推理的原则，所以演绎式证明不管是三段论式的形式或其他演绎推理的形式，必须按照其适合这样推理形式的各种规律和规则。

归纳式的证明是根据某一些个别或特殊的事例找出其中的必然性联系以证明当前的论题的。

例如论题是：社会主义的工业化必须在党的领导之下依靠群众，发动群众，提高群众才能胜利完成的。

我们的论据是：中国的新民主主义革命是在党的领导下，依靠群众，发动群众，提高群众才胜利完成的；解放后经济的恢复是在党的领导之下，依靠群众，发动群众，提高群众而胜利完成的；土地改革运动亦如是，其他的改革运动，亦莫不如是，依照归纳推理的原则，我们在这一系列的胜利中分析出来他们之所以胜利的原因是党的领导。结合着发动起来，觉悟起来的群众力量，这是战无不胜、攻无不克的力量，因之就得出结论说，无论什么大小社会主义事件，必须有党的领导，路线才能保证是正确的，必须有发动起来的群众，其力量才是伟大的。可见，我们社会主义工业化这重大事件必须有党的领导和群众的力量。

上面的例子是以特殊事物，如新民主主义革命、土地改革，等等，通过归纳推理而得出所有社会主义事业的一个结论，再把这结论作为前提而用演绎推理证明当前的论题。其主要的是前一段。这一段是归纳式的证明，由特殊到一般的。

正如归纳推理一样，归纳式的证明，其论据不在于所提出作为根据的特殊事件的数目多少，而是在于他们的典型性，在于从他所分析出来的必然性联系。

我们按证明所用的推理形式而划分证明为演绎式的和归纳式的,而未把类比这一种推理形式列入作为一种其原因及是类比的结论是盖然性的,而证明必须是必然性的。

3.证明又可依其方式再划分为(1)直接证明和(2)间接证明。

(1)直接证明:凡论据能够直接证明论题的真实的,不管是用什么方法,都叫做直接证明。上面所举证明的例子都属于这一类。

(2)间接证明:凡是不能用所掌握的论据直接证明其论题的真实的叫做间接证明。一般说来,间接证明是拿论题的矛盾判断,证明其错误,因而证明本论题是真实的。很明显,这是应用排中律的一种证明方式。两个矛盾的判断,其中之一必是假而其另一必是真的,如果能够证明论题的矛盾判断是假,则本论题必定是真的。使用这办法时,最要紧的是我们证明为错误的必须是论题的矛盾判断,否则无从因之而证明论题必是真的。

论题的矛盾判断又称为反论题。

例如如果论题的形式是 SaP,其这论题便是 SoP,而不是 SeP。因为按逻辑正方形上面的判断间关系,SoP 才是和 SaP 矛盾的,而 SeP 只是和 SaP 相对立。SoP 是假,则 SaP 必须真,但是如果证明 SeP 是假,并不能因而知道 SaP 是真,因为上对立之一是假,其他一个判断是未定,可真亦不假的,SeP 虽已证明是假,但实际上只是 SiP 是真的而不是 SaP 是真的。两个对立的判断之间有第三者之可能的,从不能由其一个之假而知道其另一个之真,唯有两个矛盾判断,才可由一个之假而确知其另一个之真的,所以在使用这种间接证明的方法时,必须是证明其矛盾判断之假。

这种证明通常称为反证。反证之一种方式是归谬法①但不应称任何反证为归谬法,归谬法常用于几何学的,例如,欧几里几何原理第一卷第六题便是用归谬法来证明的。第六题为:如三角形两个角相等,则其对边亦相等。假设:三角形 ABC 的 ABC 角等于 ACB 角,则 AB 边必等于 AC 边。

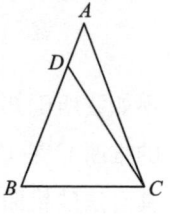

证明:如果 AB 不等于 AC,则其中之一必大于其他之一。兹假定 AB

---

① "归谬法"是拉丁文逻辑术语 reductio ad absurdum 之译。原意是"使之归结为荒谬的"。

大于 AC,而从 AB 割出一线段 BD 等于 AC。连结 DC,结果便有 DBC、ACB 两个三角形,而 DB 等于 AC,BC 是两个三角形共同的一边,而 DBC 角又等于 ACB 角,则三角形 DBC 的面积等于三角形 ACB 的面积(根据第一卷第四题所证),那么,一部分的面积等于全部的面积按公理 9 是荒谬的。所以,AB 不是不等于 AC,那就说,AB 等于 AC。

又以三段论式来说明归谬法的使用:

假设两前提是 MoP,MaS,则其结论必是 SoP。

如果对方不肯接受这结论,我则假定结论是 SaP,即原来得出的结论之矛盾命题,而拿原来对方已经同意为正确的一个前提 MaS,与这假定的结论相结合,构成一个三段论式,则其结论是 MaP。这里新的三段论式是以 S 为其中词,M 为小词,P 为大词的。但是这里得出的结论 MaP 是和原来的大前提 MoP 相矛盾的,而原来的大前提是两方同意为正确的,所以 MaP 必是错误的。三段论式的结论错误,而推理过程和其前提之一,即 MaS,既是被认为正确的,其错误必定在于假定的另一前提,即 SaP,所以不能承认 SaP 是对的,而必须承认其矛盾命题,即原得出的结论是正确的。其荒谬是归之于不接受原来得出的结论,即 SoP。

上面的论证过程可用符号表达如下:

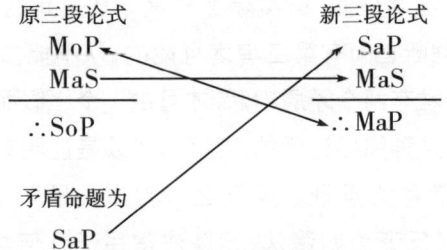

不如我所确知 A 是 B,而有人同意这判断。但不承认从这判断必然推出的推断 C 是 D。如果这推断确是从 A 是 B 而推出,则承认理由而不承认其合法的推断,便是不承认原来已经承认的判断,这也是荒谬的。这是归谬法之用于假言推理。归谬法是可以使用在任何推理的形式的。

第四节　证明的规则

第一条:论题必须明确。

这就是说,在证明开始时,必须确切地弄清楚所需证明的是什么,不得有所含糊。

这条规则只是对论题而言的,是证明的重要关键。论题弄不清楚,其不清晰,势必会引起不必要的纠纷,"论"敌两方各说各的话,表面上可能是意见分歧,其实对于论题本身并无需要争辩,所以引起一切无谓的纠纷。

如果需要弄清楚论题,则凡与之无关的枝节都不应该涉及以免纠缠不清。

第二条:论题必须始终一致。

这就是说,在证明的全部过程中所证明的都是原来提出的同一个命题,不得潜行变换,否则,违反同一律,犯偷换概念的谬误。潜换论题有的是出于无意,尤其在此较冗长复杂的证明场合下,不知不觉地离题万里,谈到别的题目去了,而结果虽是得出结论,但不是原来所要得出的结论,这是形式逻辑家称为遁词的谬误①。例如有人要证明物理学之对于祖国的社会主义建设的重要性,但不知不觉地谈了一篇物理学史的话,其内容极为丰富,饶有兴趣,只是离题万里,不是原来所要证明的论题,犯了遁词的谬误。这可能完全是无意的,但依然是潜换了论题。

潜换论题出于有意便是诡辩,例如有意诬蔑马克思主义学说的人用了许多话语来证明吃饭并不决定意识,但是马克思和其他马克思主义的经典著作家何曾写过或说过吃饭决定意识的呢?他们并且明白指出这种说法是错误的,只有故意歪曲企图诬蔑的人才这样偷换论题的,而我们对于这种卑鄙的阴谋,则不但指出它是犯了逻辑错误的遁词,而且必定要与之作阶级斗争的。

"对人辩论"②是属于这种潜换论题的谬误。所谓对人辩论,乃是不

---

① "遁词"是拉丁文 igoratio elenchi 之译。原意是"不知所要驳倒的是什么"。不知要驳倒的是什么,亦即不知要证明的是什么。这就是亚里斯多德的意思。他写道:"这谬论的原因是由于'证明'与'反驳'的定义未弄清楚,致使其真义不够完整。"(见亚里斯多德:《辩谬篇》,标准页第 167a 第 21、22 行)

② "对人辩论"是拉丁文逻辑术语 argument ad hominem 之译,有时译为"对人不对事的谬论"。

就论题所指的事而进行论证,一味攻击别人,伤及其人身,或者一味称扬个人,与题无涉,都是转移视线的手法,使人对人不对事,所以是潜换论题。当然,如果论题本来是关于一个人的,则论证中涉及个人是应该的,又当别论。这里所说的"对人辩论"是以某事为论题,而在辩论中不针对事而涉及人身,是不容许的。譬如有人证明我们国家的兵役法的优越性,说明它如何有利于祖国与人民,而反对它的人质问他何以他自己的子弟不从军,这种质问在另一场合之下可能完全是合理的,但是对于当前讨论的问题是无关的,是企图转移视线,潜换论题的。

"诉之公众"①是利用成见以煽动群众不合理的情绪,使之在情绪激昂之下不顾事实,任凭说话的人在群众被欺骗的情况下达到其所要达到的目的,这也是潜换论题的一种手法,不是合法的论证,实是论主的歪曲。

第三条:论据必须是真实的,无可怀疑的。

违反这条规则而发生的错误包括有:

(1)论据不真确的基本错误。论据是为要作证明论题的根据的,如果所提出的论据本身有问题,便不能为所要证明的论题作为根据,所以是论据的基本错误。

(2)窃取论点②:凡论点都必须证明,论点未经证明而认为已经证明,并据以论证论题,是为论点的窃取③。经过证明的论点方得视为已有,未经证明的论点拿来证明论题乃是非所有而取之,故说是窃取。其形式是多种多样,不易防范的。例如问人"你戒了烟没有"?这是窃取论点,你怎样知道这人有吸烟习惯的呢?不先确定他是有吸烟的习惯就问他戒了烟没有,便是以未证明的作为已经证明的了,是犯窃取论点的错误的。

如果在一个三段论式中:其结论实际上已经是包含在一个前提里面,这里是论点的窃取。例如 C 是 A,因为 B 是 A,而 C 是 B,表面上的形式是正确的,但是如果这里的词 B 是同一于大词或小词,那便是用其要证明的命题来证明这命题,便是窃取论点了,因为如果 B 等于 A,那么,在小前提 A 来代替 B,就有 C 是 A,这就是所要证明的结论;或者 B 等于 C,那

---

① "诉之公众"是拉丁文逻辑术语 argumentum ad populum 之译。
② "窃取论点"是拉丁文逻辑术语 petitio principii 之译,又译为"丐辞"。
③ 这是引是亚里斯多德的《辩谬篇》,标准页第 167a 第 37、38 行。

么,在大前提以 C 来代替 B,也就有 C 是 A,即所要证明的结论作了证明的前提,是论点的窃取①,以符号来表达判断及概念,这种论点窃取的错误远易于发觉,但如果用文字或话语来表达,窃取论点的错误很容易为一些同义词所隐蔽,不得不注意防范的。

(3)诉之权威②:这种谬论也是属于论据不正确之类的。引用经典著作、法令、政策来证明论题是可以的并且常见的,并非什么错误,但是所引用的是否和当前的论题有关,如果只是企图以权威作为大帽子来压人,使人听见不敢反驳,就视同没有提出能证明论题的论据,不能叫人心悦诚服的。

第四条:论据必须是证明论题的充足理由。

这是论据所必具的条件,这条和第三条不同,第三条是排斥不能成立的论据,而本条所指的论据,纵然是能成立,但力量不足,未成为证明论题的充足理由的。其出现的错误形式可能有下列几种:

(1)论据不足:论据是真实的,但尚不足以证明当前的论题。例如发烧固然是疟疾的一种症状,但是只凭发烧不能足够证明病人是患疟疾。可是,另一方面,我们不应以论据的力量不足而轻视它,一件事情不能找出完全足够证明力量的论据,而是集合许多论据而证明它的,这种证据称为累积的证据,其累积愈多而无相反的论据,则其证明力量愈大。

(2)以偏概全:是以特殊情况看为一般的情况。经验主义者就是犯这种错误的,经验固然是有助于我们对事物的认识的,但是经验总是特殊的,不能以限于一时一地某种情况下的经验来看一切的事物必须在经验中总结出其一般的原则才能指导一般的行动。

(3)以全论偏:这正和上一种的错误相反的。这种错误是由于不问具体的实际情况,盲目地使用一般性的原则,是教条主义的错误③。

---

① 这里我是借用约瑟的《逻辑导论》所用的一个例子,见该书(An Introduction to Logic, by H. W. B. Joseph)英文第二版,第 592 页。

② "诉之权威"是拉丁文逻辑术语 argumentum ad verecundiam 之译,又有译为"诉之偶像"的。

③ "以偏概全"即拉丁文 a dicto secundum quid ad dictum simpliciter,两种谬论又译为"通局混"的,所谓"通"即"全","局"即"偏",全偏混淆,故误。

第五条:论据的真实性必须是独立而不倚论题而来的。

违反这条规则必定陷入循环论证,即恶性循环。论题是 A,论据是 B,如果 B 之真是由于 A 之真,而又以 B 之真来证 A 之真,显然是循环的论证,真论据是不足以证其论题的,议论冗长而复杂的情况下尤当防止这种错误。

第六条:论题必须是依照逻辑思维的规定从论据得出的断案。

这是关于论证的一条规则,凡违反任何逻辑规律与各种思维形式的规则的论证都是错误的论证。

总上证明规则六条,其第一、第二两条是关于论题的,第三、第四、第五条是关于论据的,其最后第六条是关于论证的。

第五节　辩护与反驳

1. 证明与辩护的关系:证明是要从论据显示出论题的真实性。在论证过程中证明遭遇到反对的意见,或者在证明之先,证明者预料到反对的意见,就须加以辩护以回击这种反对的意见;但是持反对意见的人在这种情况下也可以提出理由来证明对方辩护的不能维护其论题,或者指出其论据之不足,这就叫做反驳。可是辩护之中可寓反驳,反驳之中也能含有辩护,辩护是针对对方的不同意见而证明我论点的正确,反驳是针对对方的进攻而予以回击。其为论证则一,只是从防守方面说是辩护,从反攻方面说是反驳。证明中可含有辩护,也含有反驳。有以攻为守的,又有守中寓有反攻的。辩护主要是要证明我论点的正确,而反驳主要是证明对方的错误。

2. 辩护与反驳的方式:辩护和反驳都是证明,都是要使人认识我方意见的正确,对方意见的错误。从正面看说是辩护,而从反面看说是反驳。其为证明,则两者的方式是一样的,所以说辩护的方式亦即说反驳的方式。正如上述,两者都是证明。

3. 辩护与反驳的方式有:

(1)直接的,即上述的直接证明方式。

(2)间接的,即上述的间接证明方式。

4. 反驳的对象:反驳可以以对方的论题、论据、论证三者任何一方面为其进攻的对象,亦可从各方面同时进攻,视当前的具体情况而定出计划与策略。

(1)对于论题,可举出与之矛盾的事实来证明它不能成立。例如,美国帝国主义诬蔑我侵略南朝鲜,我予以反驳,只需提出不容置疑的事实,说明在我领土未受到武力威胁之前,我人民志愿军并未曾出动来抵抗美国帝国主义的侵略。事实昭彰,是有力反敌其论题的方式。

(2)对于论据,我们

①可正面证明论据本身的虚伪性,正如证明论题的为虚伪一样,例如帝国主义的反宣传说我们没有学术的自由,我们只需举出各高等学校的研究康德、黑格尔等唯心主义哲学家的哲学便足以证明学术不自由这种论据以证我国之不民主是完全无稽之谈,不能据之以证明什么论题的。

②可用归谬法的反证,即假定其论据是正确的,但说明如果它是正确的,就可以之而推出和众所周知的真理相矛盾的结论,所以这论据不能是正确的。

(3)对于论证:论证是由论据推出论题的过程。我们姑且承认对方的论据之正确性,但指出按逻辑的规则,并不能从这些论据推出其论题来,那么,对方的论证是不正确的。

反驳时应该使用哪一种方式,必须看具体情况。实践中常常是几种方式同时灵活地使用的,但主要的不是打击对方的意见,而是证明我方的正确意见,证明自己的正确真正是反驳对方的言论。

5.反驳所应注意的几点:

(1)反驳的主要对象是对方的论题,如果我只能推翻对方的论据,或指出某论证的不合逻辑,远未驳到其论题。一定要证明对方的论题是错误的,才是达到反驳的目的,完成反驳的任务,但是在某种情况之下不容易做到这点,我们至少也要尽力攻击其论据或论证,而把证明论题的负担加重。

(2)反驳最易犯的毛病是对人不对事,辩护与反驳都应平心静气,实事求是,不闹意气,故在正常辩论的场合中不应打击提出论题或替论题辩护的人。也不应玩弄手法,煽动群众不合理的情绪,以威胁对方,应该以理服人,可是事关引起的公愤是正义的,又不在煽动之列。

(3)反驳应布置在论证的中间部分,因为论证中一开头便反驳,虽然可借以扫除议论进行的某些障碍,但亦可能引出对方的顽强抵抗;如果把反驳布置在论证的末尾,会使听众过分注意议论的反面意见,而忽略其正面的意见,故反驳是以放在中间部分为宜。

第六节 证明在逻辑中的地位

证明是在科学思维中极其重要的。科学都是有根有据,能予以证明的知识,一切科学的论断必定有其证明,唯有非科学的东西才是不能证明的无稽之谈。

现代资产阶级的哲学家竭力论证证明之不需要,力图以直观为一切判断的基础,公开否认思想的逻辑性,否认证明的必要,而最滑稽的就是他们如果想要证明证明之不必要还得要使用证明!

逻辑是一门科学,它所讲的都是有其根据的能够证明的真理。在逻辑中,证明是对于正确的论题加以辩护,对于错误的谬论予以反驳,对于诡辩予以揭露,对于欺骗进行打击。在这一切上,证明都是一种有力的武器。

但是我们还须知道,证明只是一种方法,方法是重要的,而且是不可或缺的,然而不能只靠方法,还须掌握问题范围内和与问题有关的具体科学知识。获得这一切知识便超出形式逻辑的范围,有待于马克思主义的辩证法。唯物辩证法才真正是能指导科学研究的方法。

附录一:范畴和旌

形式逻辑自亚里斯多德以来一向以范畴论为其组成部分。亚里斯多德的范畴说见于他的两部著作,一则他逻辑六篇的《范畴篇》,一则他的《形而上学》。两书之言范畴虽大致相同,但其旨趣则有别。《范畴篇》的范畴乃是名称的类别,而《形而上学》的范畴是指事物的区分为十大类。

亚氏的《范畴篇》在其著作中比较早出,乃是属于他研究逻辑的早期。在这时期中,他的逻辑研究是从语言的研究出发。所谓范畴者,首先是用为句子主词的名称,其所表达的是单独的个别事物。句子中用为谓词的有各种各样的名称,概括起来为其他的不同范畴,与主词的范畴共而为十种,称为"实体"、"量"、"质"、"关系"、"位置"、"时间"、"姿势"、"情形"、"主动"和"被动"。例如某一个人(实体),其皮肤是白的(质),体重约 140 斤(量),是某乙之子(关系),正在(时间)公园里(位置)坐着(姿势),很快乐(情形)而说话(主动),而为别人所听见(被动)。其白、其体重、其为某人的儿子、在某时间、某地方、处在坐着的姿势、说话、为人所听见,都是范畴。这些范畴都是实际存在的东西,但是不能脱离某人这实体而独立存在;只有个别的人和个别的马、牛、驴、房子、板凳、桌子等实体才有其独立的存在。唯有个体是独立存在的。个体能具有一般的性质,包括个体所属的种与类在内,而这些一般的东西都只能依存于个体,以个体作为判断的主体,而这些一般性的东西只能用来陈述主体,在句子中主体的词可作主词,而表达其他范畴的词只能用作谓词。按照亚里斯多德的学说,不但皮肤之为白的白等质不能独立存在,必依个别存在的实体而存在,即这一匹马之为马和它之为白马,其马和白马都不能有独立的存在,必须依存于这一匹个别的白马而存在,因为马和白马都是一般性的东西,只能作为思维对象的一种抽象东西而存在。(参看《形而上学》,标准页第 1003a 第 7 行,第 1053b 第 16 行,第 1060b 第 21 行,第 1087a 第 2 行;又《范畴篇》,标准页第 2b 第 5、第 6 行,第 1a 第 15、第 16 行,第 31、第 32 行;拙著《亚里斯多德逻辑》也有一段论范畴,见该书第 36—41 页。)

亚氏有《辩论常识篇》(拉丁文为 Topica)，主要讨论概念的定义，概念的固有非本质属性，概念的类和概念的偶性。此外并未谈到后人称为概念的种。种是 3 世纪薄斐略(Porphyry)，生于 233 年，著有《五旌篇》。按"五旌"是严复《穆勒名学》中所用的译名，明李之藻在《名理探》称为"五公"，在四者之外另加所谓"种"而成"五旌"。根据亚氏的范畴说，除作为判断对象，即为其主体的实体之外，其余诸范畴都是主体所具有的属性。以主体属性二分之一得主体的本质属性(即定义所包含的属性)和主体的固有非本质属性，这两种属性是和其主体相对称的，还有不和主体相对应的两种属性，即主体所属之类和主体的偶性，可列表如下：

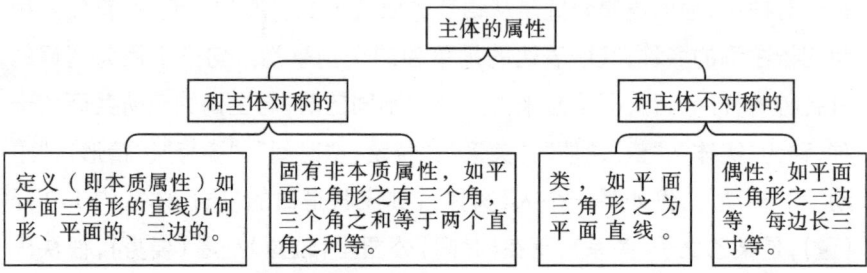

概念的种之定义即该种所属的类(指最近类而言)的本质属性加上所属之种的种差，故由本质属性和类便可得种，必须在"四旌"之外加种以成"五旌"。

亚氏的"四旌"中有本质属性，固有非本质属性，偶性。它们都是主体(即实体)的属性，而"十范畴"中又有"质"这一范畴，"四旌"中有"类"，而类是一种关系，那么"四旌"中的属性既为主体的性质，和"十范畴"中的"质"有什么区别，有什么关系？"十范畴"中有"关系"，而"四旌"中有类这一种关系，两者有什么联系？这就是提出范畴和"四旌"(或者薄斐略的"五旌")的问题。其解答是在于范畴和旌乃是两个不同的概念。亚里斯多德把所有能作为判断的主体或用以来陈述判断的主体的东西分为十大类称之为范畴，如前面所述。凡百可以作为一个判断的主体或其陈述的都可划归这"十范畴"之一，而这样的归类是完全看这些东西本身是应属于哪一个范畴，如"这一个人"当然是属于"实体"这范畴，"勇敢的"当然是属于"质"这一范畴，等等。但是一个概念是哪一个旌，则不能只看它本身是什么，而要看它在一个判断中对于作为主体的实体是有什么的关系。

旌之意义完全是在于判断中的陈述对于其所陈述的主体是陈述什么,在于宾词在一个命题中对于主词是说明什么。例如"三边的"在范畴而言,总是"质",即实体的质,但是在"三边的"在"三角形是三边的几何形"这判断中乃是三角形的本质属性,在这判断里,它是"本质属性"的这一个旌,可是在"这块板是三角的"这一判断里,它却是这块板的偶性,在这判断里,它是"偶性"的这一个旌。参看拙著《亚里斯多德逻辑》第49、50页。"五旌"的各旌说明详见本文。

附录二:植物分类的历史

第一个尝试提出植物分类法的是希腊学者提奥夫剌斯塔(Theophrastus,公元前370—公元前285)。他记述了3500种植物,把他们分为乔木、灌木和草本植物三类。在每一类中,他又分为落叶植物和常绿植物,栽培植物和野生植物,有花植物和无花植物。

在大普林尼①(Plinius Secundus,古罗马,23—79)的著作中,已经记述1000种植物,其中他特别注意于药用植物和果树植物,特别是葡萄。

罗马作家郭鲁梅拉(Columella, Lucius Junius Moderatus)曾著有De Re Rustica 一书共十二册,现存)在公元1世纪所写的第一本农学论文集中,记录了各种不同葡萄品种和嫁接方法。

………………

在16世纪的文艺复兴时代,植物学中出现了广泛分类的萌芽。出现了按照某种综合性状而划分植物的各种植物分类系统,甚至出现了植物自然分类系统的初胚。在这一方面,凯萨尔比诺(Caesalpino, 1519—1603)做了很多工作,他制定了以果实构造为基础的分类系统。虽然他的分类系统在基本上是人为的,但是他划分出几类自然地植物类别,例如豆科、伞行科、菊科。

在16、17世纪中,派往探访新发现地方(美洲、印度、澳洲等)的各个采集队,从新地方带来了很多植物标本,植物学的眼光无可计算地扩大了。

新发现的植物记述工作逐渐完善了,植物学家们为了便于观察,把植物划分为各类,制定了各种人为地分类系统,由于每个植物学家以不同的性状作为分类系统的基础,这些分类系统非常不同。

林奈的分类系统及其功能:瑞典自然科学家林奈(Linnaeus)的分类

---

① 大普林尼又称老普林尼(拉丁文:Plinius Maior),古罗马作家、科学家,以《博物志》(Naturalis Historia)一书留名后世,被他收养的外甥小普林尼是罗马帝国元老和作家。——编者注

系统,在分类学以及在整个植物学的进一步发展,起了很大作用。林奈以花部的构造作为基本分类系统的基础,他非常注意于花部各部分(主要是雄蕊)的数目。林奈把植物界分为 2 类:有花植物和无花植物(无雄蕊和雌蕊)。林奈认为雄蕊和雌蕊是花的性器官,把有花植物叫做显花植物;他把其他没有雄蕊和雌蕊的植物叫做隐花植物,因为这些植物的受精过程在林奈的时代还没有被发现。林奈把显花植物分为 23 纲,隐花植物为 24 纲。

…… ……

林奈的分类系统澄清了分类学中的紊乱状态,使每一个有知识的人都很容易熟悉植物学。这一点引起了人们对于研究和记述植物的极大兴趣。

林奈的分类系统是人为的:只要举出两个例子,就足以说明他的人为性质。像禾本科植物这样的自然的植物类别,根据林奈的分类系统,应当归属于各个不同的纲。大多数的禾本科植物,具有三个雄蕊,被林奈列为第三纲;但是有一些禾本科植物具有两个雄蕊,例如苏联的大陆草地上到处可以发现的黄花草,这种植物就应当列入第二纲。另一方面来说,有一些与禾本科植物亲缘很远的植物科,例如杨柳科,却与禾本科植物同属一纲,柳属中的很多种,具有三个雄蕊。

林奈的巨大功劳,在于他第一个整理出一套生物命名的制度(包括植物和动物),他奠定了所谓双名命名法的基础……

林奈是那个时代的典型代表人物,这一点影响到他的哲学观点。他是物永恒性(不变性)的拥护者。林奈说道:"自然界不能创造新的种。"……根据林奈的意见,种可以分为若干变种,若干种可以归为一属……可是林奈清楚地意识到人为分类系统的毫无根据,到了晚年,他又制定了包括 65 个目的自然分类系统,这些目大多数都与现在公认的植物自然类别符合。现代的人们并没有重视林奈的这一重要的尝试,他的自然分类系统寂寂无闻,相反的,他的人为的植物分类系统却很著名。

自然分类系统的时期是从法国植物学家裕苏(1748—1836)在 1789 年(法国资产阶级革命那一年)发表了自然分类系统时开始的。

这个分类系统把植物界分为三类:(1)无子叶植物,包括全部的下等植物以及到蕨类植物为止的高等植物;(2)单子叶植物;(3)双子叶植物。

拉马克(1744—1829)在自然分类系统的制定过程中起了很大的作用。早在他的《动物哲学》一书中(1809 年发表),他就坚决地强调指出仅仅把有机类型划分为纲、目等是不够的。

拉马克同意裕苏的自然分类系统,这个分类系统对于拉马克的进化思想可能是有影响的。

……　……

1834 年俄国进化论者,植物学家郭里亚尼诺夫发表了第一个自然分类系统,后来又加以修正。

……　……

物种永恒性的武断,早在 19 世纪的上半期,就被赫弗拉、圣提雷尔和拉马克动摇了。由于材料的积累,由于胚胎学和古生物学的发展,系统发生的分类系统,就是说,表现植物界发展顺序性的分类系统开始出现了。

达尔文在生物学中进行了变革的意义:1859 年达尔文的著作《物种起源》出版(该书的全名是《自然选择中物种的发生,或生存竞争中适者的生存》)。

……　……

早在革命前的俄国,米丘林还掌握了影响有机体本性使它朝着人类所希望的方向改变的方法。

米丘林生物学是摆脱了唯心主义部分的达尔文主义之更高的发展的阶段。达尔文以前的生物学主要是论述的生物学。达尔文主义是解释生物界历史的科学。米丘林生物学是达尔文主义的创造性发展,这种科学指出朝着人类所希望的方向去改变生物界的道路和方法。

基本的分类学单位:在一切先进科学家所承认的达尔文学说出现以后,各种新制定的植物界分类系统应当是系统发生的分类系统,就是说,这种分类系统必须反映各种植物之间的亲属关系,以及反映各个不同分类学类别之发展的顺序性。

种是分类学中的基本单位。达尔文认为种是历史的现象,种发生,发展,改变,并且最后在生存竞争的过程中,由于比较强的竞争者的出现而消灭。同时,在自然界中,种是真实存在着的。根据达尔文的意见,在自然界中,各个种之间以及种与变种之间,没有不可逾越的鸿沟。

郭马罗夫院士在其《种的学说》一书中(1940年),用下列的话为种作了定义:"种是起源于一个共同祖先的,在生存竞争的影响下由于选择而与其余的生物界隔离的各个世代的总称;此外,种是进化过程中的一个阶段。"

根据李森科院士所发表的观点,"新种的形成乃是历史过程中各种量变过渡到质变的过程"。

(节录自金杰里、库德里亚绍夫合著《植物学》第三分册,傅子祯译、中文本第442—449页。)

附录三：元素周期表

周期	列	I	II	III	IV	V	VI	VII	VIII	O
1	I	H 1 氢 1.0080								He 2 氦 4.003
2	II	Li 3 锂 6.940	Be 4 铍 9.02	B 5 硼 10.82	C 6 碳 12.010	N 7 氮 14.008	O 8 氧 16.000	F 9 氟 19.00		Ne 10 氖 20.183
3	III	Na 11 钠 22.997	Mg 12 镁 24.52	Al 13 铝 26.97	Si 14 硅 28.06	P 15 磷 30.96	S 16 硫 32.066	Cl 17 氯 35.457		A 18 氩 39.944
4	IV	K 19 钾 39.096	Ca 20 钙 40.08	Sc 21 钪 45.10	Ti 22 钛 47.90	V 23 钒 50.95	Cr 24 铬 52.01	Mn 25 锰 54.93	Fe 26 铁 55.85 Co 27 钴 58.94 Ni 28 镍 58.69	
4	V	Cu 29 铜 63.54	Zn 30 锌 65.38	Ga 31 镓 69.72	Ge 32 锗 72.60	As 33 砷 74.91	Se 34 硒 78.96	Br 35 溴 79.916		Kr 36 氪 83.7
5	VI	Rb 37 铷 85.48	Sr 38 锶 87.63	Y 39 钇 88.92	Zr 40 锆 91.22	Cb 41 铌 92.91	Mo 42 钼 95.95	Tc 43 锝 (99)	Ru 44 钌 101.7 Rh 45 铑 102.91 Pd 46 钯 106.7	
5	VII	Ag 47 银 107.88	Cd 48 镉 112.41	In 49 铟 114.76	Sn 50 锡 118.70	Sb 51 锑 121.76	Te 52 碲 127.61	I 53 碘 126.92		Xe 54 氙 131.3

元素的类

续表

周期	列	I	II	III	IV	V	VI	VII	VIII	O
6	VIII	Cs 55 132.91 铯	Ba 56 137.36 钡	La 57 138.92 镧	Hf 72 178.6 铪	Ta 73 180.88 钽	W 74 183.92 钨	Re 75 186.31 铼	Os 76 190.2 锇　Ir 77 193.7 铱　Rt 78 195.23 铂	
6	IX	Au 79 197.2 金	Hg 80 200.61 汞	Tl 81 204.39 铊	Pb 82 207.21 铅	Bi 83 209.00 铋	Po 84 210 钋	At 85 (211) 砹		Rn 86 222 氡
7	X	Fr 87 223 钫	Ra 88 226.05 镭	Ac 89 227.05 锕	Th 90 232.12 钍	Pa 91 231 镤	U 92 238.07 铀	Np 93 (237) 镎	超铀元素　Pu 94 (239) 钚　Am 95 (241) 镅　Cm 96 (242) 锔	
能生成盐的高价氧化物		R_2O	RO	R_2O_3	RO_2	R_2O_5	RO_3	R_2O_7	RO_4	
58—71 稀土金属		Ce 58 140.13 铈　Pr 59 140.92 镨　Nd 60 144.27 钕　Pm 61 (147) 钷　Sm 62 150.43 钐　Eu 63 152.0 铕　Gd 64 156.9 钆　Tb 65 159.2 铽　Dy 66 162.46 镝　Ho 67 164.94 钬　Er 68 167.2 铒　Tm 69 169.4 铥　Yb 70 173.04 镱　Lu 71 174.99 镥								

如果把元素根据原子量增加的顺序而排列,则可以看出元素性质的变化,是有一定的循环性即周期性的。

这个规律就叫做元素周期律(即门捷列夫定律)。周期律表明了:元素性质的周期性变化,是从属于原子量的。所谓周期性:不仅表明相似的性质每隔一定数目的元素要重复一次(即循环出现,如:碱金属、卤素);并且也表示元素性质的变化,从碱金属元素到卤族元素,是按照一定的顺序而递变的。随着原子量的增加,引起了元素的周期性的质变。

元素周期表(门捷列夫周期表)就是以这个定律为基础创立的。

根据周期原子量增加的顺序把元素依次排列后……可以把它们分成几个部分。在每一个部分里,可以看到元素的性质是有次序的变化着。门捷列夫把每一个这样的部分叫做一个周期。在我们已观察过的两个周期中,由碱金属锂到卤素氟(即表上的Ⅱ列和惰性气体氖,或由碱金属钠到卤素氯和惰性气体氩(即表上的Ⅲ列),各有 8 种元素,这是小周期。在其次的两个大周期里,由碱金属到惰性气体之间排列着 18 种元素。再次的大周期有 32 种元素。最后的不完全的周期中有 6 种元素(新发现的超铀元素未计算在内)。

…… ……

门捷列夫周期表

现在我们已经了解了什么是大周期和小周期,那么我们就可以进行研究门捷列夫周期表。表内小周期中的元素是一个接一个的依次排列着。大周期中的元素也是一个接一个的依次排列着,但把它分成两部分,以使原子价相同的元素,都能分别放在小周期的同价元素这一行内。因此使表更加简明。

在表内共有 10 个横列,其中的第一列仅由两个最轻的元素——氢和氦组成,这就是第一个周期。

在每个元素符号前面(或后面)的数目字,是元素排列顺序的编号即原子序数。在元素名称下面的数字,是它们的原子量。

表内的元素排成 9 个纵行,同行的元素组成一个类,我们用罗马数字来标出不同的类,最后的一类是不起化学反应、原子价为零的惰性气体,就叫做零类。

表中的元素符号不置于各栏的正中,而稍微靠左或靠右,这为的是不仅依据原子值把相似的元素归于一类,而且还根据元素的性质进而把同类元素中更相似的元素加以区别。这样,在每类中,又都分成了由更相似的元素所组成的两个族。

在各类元素中,凡是包含了小周期元素的族,就叫做主族;凡是不包含小周期元素的族,就叫做副族。

由于这样排列,在第七类中所有的卤素和 At,都是靠右上下排列着(主族);而金属 Mn、Tc 和 Re 则靠左(副族)。同样在第五类中的 N、P、As、Sb 和 Bi 的性质极相似,所以是一族(主族),而金属 V、Cb、Ta 和 Pa 则是另一族(副族)等。

可以看出,大周期的偶数列(即大周期的前半部)仅包括金属元素,在各类中都靠左;但是奇数列(即大周期的后半部),尽在后部才出现非金属元素,在各类中都靠右。

在表的下面,有相当于各类元素氧化物的通式,它们表示能生成盐的高价氧化物。表中以字母 R 来代替各个元素的符号,R 并不是某个元素的实际符号。再下面是元素的氧体状态的高价氢化物的通式,但这个通式仅适用于第四类到第七类的元素;同时在这些通式中可以看出元素的原子价,如果从氢化物来看,则随原子量的增加,其原子价降减低,例如:与氧化合的氯是 7 价,而与氢生成的化合物 PH(即氯化氢 ClH)中,氯却是 1 价。所以我们知道,一个元素和氧化合的原子价是和氢化合的原子价的总和,等于一个常数 8。

已经讲过,在横列中由左到右能观察到金属性质逐渐减弱,而非金属性质逐渐增强。若再观察一下在同类中金属和非金属性质的变化,则我们会看到非金属性质从上到下逐渐减弱,而金属性质则逐渐增强。例如:第五类的主族中,我们首先看到两个典型的非金属——氮 N 和磷 P。它们的下面是砷 As,根据砷的化合物,知道砷是非金属,然而游离状态的砷是金属性质。硫化砷中的砷也是金属性质。再下面的锑 Sb,它在某些化合物中呈金属性质,游离状态的锑具有金属光泽,只是在脆性上和普通的金属有些差别。在这族中的最后一个元素是金属铋 Bi,它在化合物中能够表现出金属性质,有如 3 价的金属而置换酸中的氢;但是它又能生成不

安定的铋酸 $HBiO_3$，在铋酸中的铋和在硝酸中的氮一样，都是 5 价。

预言的元素

在门捷列夫根据周期律制作元素周期表时，他仅知道 64 种元素，所以最初在门捷列夫周期表中有很多空白的位置，现在这些空白的位置已陆续被钪 Sc(第四列第三类)，镓 Ga(第五列第三类)，和锗 Ge(第五列第四类)等元素所填满。

在那时的周期表中，所以出现空白位置，是因为和某一元素原子量相近的次一元素，根据其性质和化合物的类型，实在不能把它放入该位置而空出来的。1871 年门捷列夫根据周期律肯定地指出，这些空白的位置是表示尚未发现的元素之存在。

根据空白位置纵横方面的邻近元素的性质，门捷列夫当时已经确定了这些元素的大约原子量，并且指出了这些元素在单质状态时某些性质，以及它们所能生成的一些化合物和这些化合物的特征。

门捷列夫的预言被十分正确地证实了。有些预言的元素在门捷列夫活着的时代即已被发现，例如镓被法国科学家白布德兰在 1875 年发现，钪在 1879 年为瑞典的科学家尼曾孙和克烈菲所发现，在 1884 年德国科学家文克烈尔又发现了锗。

其后又发现了许多门捷列夫所预言的元素。

最初创立周期表的时候，门捷列夫曾经发现某些元素根据它们的性质所应当占据的位置，与原子量的递增发生矛盾，因而认为它们的原子量是不正确的，重新测定它们原子量的结果，证实了门捷列夫是正确的，于是改正了不正确的原子量。

由此可见，周期律在科学史上有很大的贡献，就是在现代，它仍然有很重要的意义，帮助人们进行很多的研究工作。

发现定律，然后进而预言现象，是人类思想的极其光辉的成就之一。定律并不是用人类的意志强加于自然之上的东西，而仅是正确地表现出在人类头脑中所反映的自然现象的内在联系。

门捷列夫定律指出：元素并不是互不相关的，而是有着紧密联系的内在联系的，虽然各元素间在性质上有着明显的区别，但是它们之间有着若干的通性，并且处于如此密切的联系中。这一切，刺激着人们作进一步的研究，人类必须探究出其中的根源。最近几十年的科学研究，尤其是原子构造的发现，使我们在这方面得到了巨大的成就。

应当注意在元素周期表中还有某些矛盾和例外，例如：氩 A 的原子量 39.944，比钾 K 的原子量 39.096 大；碲 Te——127.61 比碘 I——126.92 大；钴 Co——58.94 比镍 Ni——58.69 大，然而又不可以把碱金属钾放在惰性气体一类中，而把惰性气体氩放在碱金属一类中，或从卤族中把碘除去而放入碲等。当时认为很可能是它们的原子量有错误，由此关于正确确定它们的原子量问题研究了很久，但是最准确的研究也没得到正确的结果。这一个矛盾也是在进一步揭露了原子构造的秘密以后才得到了解决。

（节录自高级中学课本《化学》第二册，人民教育出版社，1953年，第2—11页。）

附录四：植物分类学说明分类在实际上某些问题
——分类所根据的属性

被子植物是现在地球上最占优势的一类植物,大约包括 200000 种以上,在种的数目方面超过整个植物界一切其他门的总和。

被子植物分为两纲——单子叶植物纲及双子叶植物纲。这两纲之间的差异特征列于下表:

单子叶植物与双子叶植物的特征:

特 征	单子叶植物	双子叶植物
1.子叶数目	一个子叶	两个子叶
2.各花轮中部分的数目	$P_{3+3} A_{3+3} G(3)$	$K_5 C_5 A_{5+5} G(5)$
3.脉序	平行	羽状(纲状)
4.叶的构造	无托叶	有托叶
5.维束管的排列	散布在茎的横剖面上	在茎的横剖面上排列成轮状
6.维束管	有限(封闭)	无限(开放)

根据这些特征,可以很容易区别出绝大多数的单子叶植物及双子叶植物。但是个别的代表则兼有单子叶植物及双子叶植物的特征。

单子叶植物及双子植物的典型特征的分析:我们将讨论上述的各种差异。

1.子叶数目:很多典型的双子叶植物,仅具有一个子叶,例如毛茛科、治痔草属就一切的特性来说都是双子叶植物,但它仅有一个子叶。

…… ……

这样看来,我们不可以仅仅根据一个性状——子叶的数目来判断植物是属于单子叶植物或双子叶植物。

2.各花轮中的部分的数目:单子叶植物的花是三基数的,而双子叶植物的花是五基数的(有时候是四基数的)。

很多双子叶植物的花的部分数目很大,而且数目不定……

这样看来,这个性状如果孤立起来看,也不能解决植物是属于单子叶植物或双子叶植物的问题。

3.脉序:纲状脉序是双子叶植物的典型的脉序,但是很多单子叶植物,例如百合科中的轮王孙,也具有这种脉序。

4.维管束的排列,在茎的横剖面上,单子叶植物的维管束杂乱分散,但双子叶植物的维管束则排列成轮状。

可是治痔草属,很多毛茛科植物,睡莲科,石竹科以及双子叶的其他科的维管束,也是杂乱分散的。

因此,这个性一状的植物鉴定上也没有绝对的意义。

5.维管束的构造:植物学家们的研究工作证明:很多单子叶植物在成年状态具有限维管束(没有形成层),但在幼龄的养育阶段上,它们的维管束中都有初生形成层。这种现象使我们不能不认为单子叶植物在其系统发育过程中逐渐丧失了形成层。

这样看来,上述的每一个性状,如果孤立起来看,在很多情形下不足使我们判断植物属于单子叶植物或双子叶植物。

为了解决这个问题,我们应当把注意力放在性状总体上,因此,不可认为单子叶植物与双子叶植物之间的联系,是孤立的,在起源上是毫不相干的。它们之间在发生上有一定的联系。

究竟我们可以认为哪一类植物(单子叶植物或双子叶植物)是较原始的植物呢?

首先可以期待古生物学来争解决这个问题,可是对于有花植物化石的研究工作,并不能答复这个问题。单子叶植物的化石在地球上是同时出现的。植物个体发育的研究表明,大多数单子叶植物在其最初各个发育阶段上都生了两个子叶,但是其中一个子叶或者萎缩,或者变成第一片的上叶。另一方面来说,很多毛茛科植物的一个子叶,乃是最初那两个子叶连合的结果。

上面我们已经指出,单子叶植物在最初各个发育阶段上的维管束具有初生的形成层。

以上所说的一切使我们不得不认为双子叶植物是较原始的类型。后来才发展成单子叶植物。实际上,单子叶植物就是丧失了些新性状,如果孤立起来看,双子叶植物也是有的。因此,从系统发生的观点看来,(1)把被子植物分为两纲——单子叶植物纲和双子叶植物纲——是人为的分类,双子叶植物是产生单子叶植物的一类较原始的植物。

(录自中央人民政府高等教育推荐高等学校教材试用本《植物学》第三分册,金杰里、库德里亚绍夫合著,傅子祯译,中华书局,1954年,第717—720页。)

附录五:判断间的关系

判断间的关系表

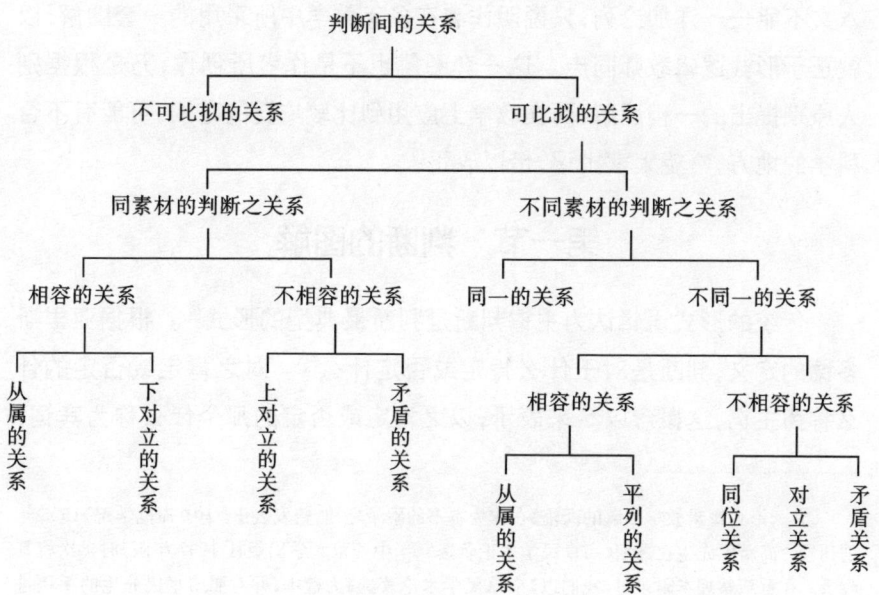

附录六：形式逻辑教学图解的商榷①

图解是形式逻辑教学的一种直观方法，形式逻辑沿用瑞士欧拉的图解百余年，形式逻辑家与教师常常感到这一套图解的缺点，虽多方加以修改，但是这不能免除其根本上的局限性，曾提出过各种其他图解的方式，本文不能一一详加论列，只说明作者在多年教学中所采用的一套图解，以就正于形式逻辑教师同志。这一套图解也不是作者所创作，乃是根据别人原来提出的一种图解，而在教学上应用到比较广泛的范围，可能有不合科学的地方，希望大家批评，借以改正②。

第一节　判断的图解

传统的形式逻辑认为主谓判断是判断最典型的形式③。根据亚里斯多德的定义，判断是对于什么肯定或否定什么④。对之肯定或否定的什么称为主词，这概念以 S 来表示，以之肯定或否定的那个什么称为宾词，

---

① 《形式逻辑教学图解的商榷》在作为本书的附录之前，曾发表于《华中师范学院》1955 年创刊号。高新民先生在选编《韦卓民学术论著选》（华中师范大学出版社 1997 年版）时再次将其收录。在重新整理本附录时，我们以《韦卓民学术论著选》为蓝本，并对照韦卓民先生的手稿进行整理。——整理者注

② 首先试用几何形图解的是 Christien Weise（卒于 1708），但通行最早的图解是 18 世纪瑞士逻辑家欧拉（Ieonhard Euler 1707—1783）所用的实线圆图解，其后有余柏费（Ueberweg）的实线图兼虚线图的图解，又有兰柏特（Lambert）的直线与点的图解，此外同有其他各种各样的图解，皆因不满意于欧拉的图解而思有所改善者。本文采用的图解是创于英国逻辑家范约翰（John Venn），见其《符号逻辑》（Symbolic Logic）一书，该书出版于 1881 年，其后这种图解多为数理逻辑家所采用。——参看路易士著《符号逻辑》（Symbolic Logic, 1932, pp. 40-177），但本文所述是将范氏图解 30 余年来广泛地用于形式逻辑的教学并以之解决某些疑难问题，本文作者当负完全责任。

③ 最近苏联出版的康达可夫著《逻辑》（苏联科学院 1954 年 3 月版（Н. И. Кондаков，Логика）仍主张主谓判断为最典型的形式。П. С. 波波夫在其《判断与其结构》一文中并否认其他判断的形式（参看 Философские Записки. VI. п. С. Попов，Сущение и Его Строение Стр，92.）

④ 亚里斯多德著 Analytica Priora 24A 16-17（参看苏联科学院《哲学志》1953 年第 6 卷，波波夫著《判断与其结构》一文第 86 页）。

这概念以 P 来表示(S、P 都是符号,源于拉丁语,不是亚里斯多德所原用的)。

我们在形式逻辑考察一个判断的两个概念的联系,可从两个不同的方面来看:(1)把概念的外延作为代表概念的东西;(2)把概念的内涵作为代表概念的东西。用图解时,逻辑家大都着重外延方面,欧拉的图解是其一例。

"所有人都是呼吸空气的",这是一个全称肯定判断,即 A 型判断。欧拉的图是(见图一):

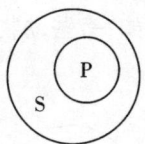

图一

图一很能表示 S 与 P 的关系,S 即"人",这主词是完全包括在 P"呼吸空气的"之内而为其一部分。

但图一不能概括所有 A 型判断。例如"人是能制造劳动工具的哺乳动物"这一判断中,主词和宾词的外延是相等的。严格地讲,这种判断有别于上面的第一个例子,因为第一个例子的判断是涵蕴关系,而第二个例子的判断是相等关系。但传统形式逻辑将这两种判断都看为是 A 型的判断,那么,A 型判断就不能只用上面的图一来表示。"人是能制造劳动工具的哺乳动物"的主词和宾词既相等,就必须用两个完全重合的圆如:

这里表示 S 的圆和表示 P 的圆无异无别,故是重合,看来是同一个圆,因之,有图二。

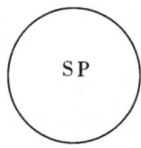

图二

I 型判断,即有些 S 是 P、通常按欧拉的图解可用图三。

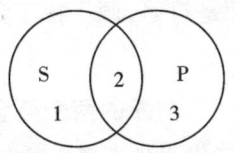

图三

这样两个交叉的圆以其部分 2 表示。如果 I 型判断只是像"有些学生是青年团团员"那种形式,这 I 就能够用了。却 I 型判断的"有些"尚未确定是多少,可能是主词外延的一部分,但又可能是全部,而意义未定,故云"有些"与"只有些"大异。就"有此"指概念外延一部分而言,上面图三亦不能完全表示 I 型判断。例如"有些动物是人"这判断须用下面图四来表示:

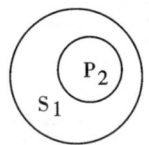

图四

这里宾词则完全包含在主词外延之内为其一部分,因为"人"只是动物的一部分,即图四之部分 2。如果"有些"含有全部的可能,则 I 型判断须用图一、图二、图三、图四这四种图才能穷尽其义。

同样地,O 型判断,即有些 S 不是 P,也不能只用一个图来表示,因"有些"尚未确定为概念外延的一部分或其全部,而"不是"这否定系词是指判断对象 S 不具有宾词 P 所指的属性,即 S 和 P 完全隔开,通常是用欧拉下面的图即图五来表示:

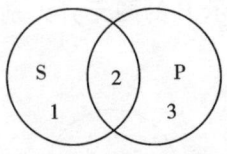

图五

这里图五中是指交叉两图的部分 1 和 P 圆隔离,即部分 1 在 P 圆之外,但也可能有一种情况,P 完全包含在 S 圆之内而为其一部分,则有些 S 仍在 P 图之外,如图六:

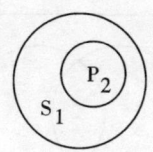

图六

这实质上就是上面的图四,却所指的不是部分2而是部分1,即有一部分的S是和P隔离的。

如果"有些"是未定之词而可能是全部的话,则需用下图七才能表示:

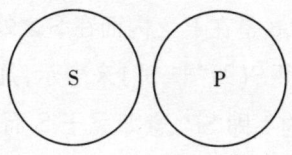

图七

图七表示S和P彼此完全隔离,这正是欧拉E型判断的图,故O型判断须用图五、图六、图七这三图,唯有E型判断只需图七就可表示其义。

由此可见,欧拉的图解,意义模糊,失掉图解的作用,而且这百年来沿用的图解只能勉强用之于判断,在判断之外,它是不能超任何作用的,所以是不正确而又限于很狭隘的范围的。(欧拉的整套图解可参看 Paul Janét, Histoire de la philosophie, 1927. pp. 427-432。繁复不适用,兹不论列。)

图解的正确性有下列三个条件:

(1)作图的原则一经说明,则每图的意义当一目了然。

(2)每一个图只能有一个意义。

(3)每一类型的判断只需一图来表示。

思维各种形式是相互联系的,所以表示判断的图解应该可按其原来的原则用于各种思维形式,如直接演绎推理与三段论式等。

我们的图解是按上面的三个条件和原则拟定的。

兹先说明直言主谓判断的图解:

为表示判断中主词与宾词的关系,我们在一正方内作两个交叉的圆如下:(见图八)

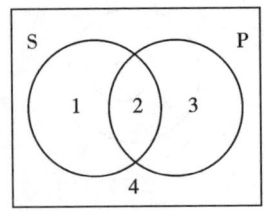

图八

S圆与P圆交叉,正方表示S与P所隶属的极限,即范畴。正方为两交叉圆分成四部分,即1、2、3、4,其中的1显然是在S之内而在P之外,2是在S之内,同时也在P之内,3是在P之内而在S之外,4是同在S与P之外。

如果凡在S之外的用$\bar{S}$(即"非S")来表示,凡在P之外的用$\bar{P}$(即"非P")来表示,那么,上图的1即$S\bar{P}$,意即属于S而非P,同样地,2是SP,3是$\bar{S}P$,而4是$\bar{S}\bar{P}$①。

拿"所有人都是呼吸空气的"这一判断来作例子,则其中两个概念是"人"与"呼吸空气的",S表示"人",而P表示"呼吸空气的",$\bar{S}$表示"非人",$\bar{P}$则表示"不呼吸空气的",故图八中的四部分所指的是:

1即$S\bar{P}$,指"人而不呼吸空气的"。

2即SP,指"人而呼吸空气的"。

3即$\bar{S}P$指"呼吸空气的而非人"。

4即$\bar{S}\bar{P}$指"即非人而又不呼吸空气的"。

现在我们看看"所有人都是呼吸空气的"这一A型的判断该怎样用图来表示(见图九)。

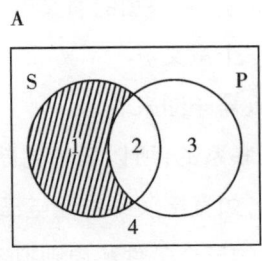

图九

---

① 参看上引波波夫的《判断与其结构》一文,见苏联科学院《哲学志》1953年第6卷,俄文版,第88—90页,路易士:《符号逻辑》原文,第51—54页,牟宗三:《逻辑典范》第3卷,商务印书馆,第2页。以上原稿未注明版本、版次,现又无从考查。——编者注

"所有人都是呼吸空气的"这一判断是指"没有人而不呼吸空气的",也就是说,"人而不呼吸空气"的东西是不存在的,也就是说,根据我们的认识,这种东西在客观现实中是没有的。如果我们用 H 来表示不存在,我们就可以说图八中 1 部分,即 $S\bar{P}$,"人而不呼吸空气的"等于 H。凡不存在的在图中用的斜线划掉,(见图九)故 A 型判断既是"所有 S 都是 P",乃是说"S 而不是 P"是不存在的,其公式便是 $S\bar{P}=H$[①]。

故"所有 S 是 P"应意为 SaP,公式是:$S\bar{P}=H$。

E 型判断的图如下(图十):

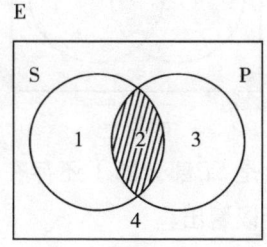

图十

E 型判断是"没有 S 和 P",(即任何 S 都不是 P,)简写为 SeP,其公式是:SP=H,意即 S 而又 P 是不存在的。

I 型判断是"有些 S 是 P",简写为 SiP,其公式是:SP≠H,那就是说 S 而又 P 不是不存在,因为"有些 S 是 P"显然是说,有些存在的东西是 S 而有 P 的属性的。

"不是不存在"即"存在"我们在图十一中用一星来表示,即"有些 S 是 P",即 SP 在图十一中是部分 2。我们把 ＊ 放在 2 那一部分,如图十一。

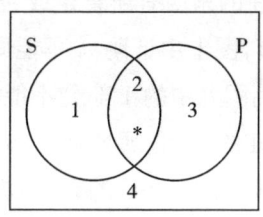

图十一

[①] н 是俄文字母代表 Нуль,本书拉丁文的 Nihil 字,意即"乌有"。

这∗不论放在2任何位置都可,既有∗在这部分则绝不能再把这部分用斜线划掉表示它的不存在,否则自相矛盾。

O型判断是"有些S不是P",简写为SoP,其公式是:$\overline{SP}\neq H$,意即S而不是P这类东西不是不存在,即是存在的,因为"有些S不是P",显然是说"S而不是P"是有的。这类型的判断可以用图十二来表示。

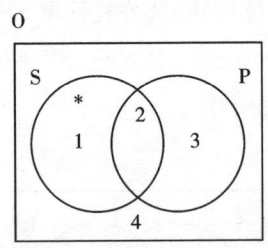

图十二

图十二中所表示的只是$\overline{SP}$部分即1还存在的,故有∗在其内。

由上图九至图十二可以看出:

(1)A与O,即图九与图十二,是矛盾的,这就是说,如A真则O假,O真则A假;如A假则O真,O假则A真。

(2)同样地,E与I,即图十与图十一,是矛盾的,二者不能同时真,亦不能同时假,其一必真,果尔,则其另一必假。

由上面图九与图十又可看出:

(1)A真则E必假,因为图九中1部分既经划掉(即A是真),那么,再不容把2部分又划掉(以表示E的真),如果1部分既已划掉而又划掉2部分,则S全部都被划掉,就是S不存在,但S是主词,表示判断的对象;我们绝不会对于不存在的东西有所肯定或否定。

(2)同样地,如果E真,图十中证明A不能同时亦真,即A必假。

(3)但是如果A假,则图九中的1部分不能划掉,就是说这部分所表示的不是不存在,而是存在的,故必须划上∗,却1部分有∗并不能因之而划掉S的一部分即2部分以表示E的真,但亦不能因之而确定2部分是代表什么存在的东西,所以由A的假,图九中没有什么可证E之真或假,A假则E是不定的。

(4)同样地,如E假,即图十中2部分不能划掉而须放上∗,亦不能在图十中看出A的真或假。

传统形式逻辑从判断的关系对于 A 和 E 所得的结论正如上述。A 与 E 既有对立关系,两者不能同时真,但可能同时假。

由图九至图十二又可看出:

(1)如果 A 真则 1 部分划掉,这部分既划掉以表示其所指的是不存在的,故 2 部分必存在,否则 S 全部不存在,故 A 真则 I 亦必真,却从 A 之假,即从未划掉而有＊的 1 部分不能知 2 部分划掉与否,故从 A 之假不能由图九中看出 I 之真或假,这也是传统形式逻辑的结论。

(2)同样地,从图十中,可见由 E 之真而知 O 之必真,却不能由 E 之假而得出对于 O 的任何确定结论。

(3)反之,如 I 真,图十一中 2 部分有＊以表示 SP 的存在,但不能由此而看出 1 部分是怎样,所以 A 的真假是未定的,但如果 I 是假,即 2 部分不能有＊,则需划掉,故 E 必真,而 E 假,则 1 部分是划掉或不划掉莫由决定,故 O 真假未定。

(4)同样的,图十二中亦可看出,如 O 真,E 的真假未定,I 的真假亦未定,如 O(或 I)假,则 A(或 E)真,故 I(或 O)亦真。

总之,传统形式逻辑正方形的从 A、E、I、O 四判断中任何一种的真或假所得关于其他三种判断的推断,都可由图中直接看出。

以上是直言主谓判断的图解。以下再简单地说一下选言判断和复合判断的图解。

S 是 P_1 或 P_2 这一选言判断用图十三表示如下:

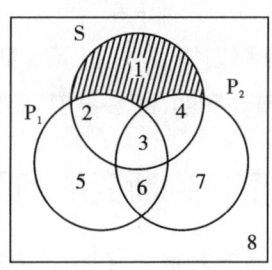

图十三

图十三中 1 部分划掉,则 S 所余的是 2、3、4 之和。这三部分之和是存在的,但＊可能在 2、3、4 三部分中之任何之一部分,而不失圆的意义。如＊在 2,则"S 是 P_1"而又"S 是 P_2";如＊在 4,则"S 是 P_2"而又"S 不是

P_1";如 * 在 3,则"S 是 P_1"而不是"S 是 P_2";所以图十三是表示一个相容的"或"。

如"或"是不相容义,则需用图十四:

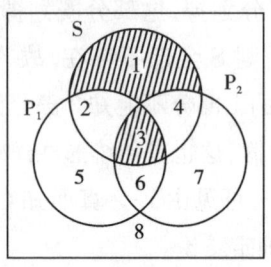

图十四

在图十四中所划掉的是 1 与 3 两部分,所余的是 2 与 4,其中应有 * 以表示其存在,如 * 在 2 则"S 是 P_1"而不是"S 是 P_2";如 * 在 4 则"S 是 P_2"而不是"S 是 P_1"。

S 同时是 P_1,而又是 P_2,这是复合判断,用图表示如下:(见图十五)

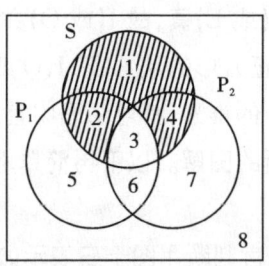

图十五

图十五中 1、2、4 部分都划掉,S 只剩下 3 部分,故当以 * 表示其存在,而 3 部分是 P_1 与 P_2 所共同的,故 S 是 P_1 同时 S 又是 P_2。

第二节 判断变形的图解

判断变形有换质与换位两种形式,但由这两种形式亦可得其他形式,故这两种形式是主要的形式。

我们考察 S—P 这判断,这是判断的一般公式,其主词是 S,宾词是 P。S 的相反词是 $\overline{S}$,P 的相反词是 $\overline{P}$。S、P、$\overline{S}$、$\overline{P}$ 两个两个地配合得下列八种判断:

(1)S—P

(2)S—$\bar{P}$

(3)P—S

(4)P—$\bar{S}$

(5)$\bar{P}$—S

(6)$\bar{P}$—$\bar{S}$

(7)$\bar{S}$—P

(8)$\bar{S}$—$\bar{P}$

形式逻辑称(1)为原判断,(2)为换质,(3)为换位,(4)为换位的换质(又称全换位),(5)为换质位(又称对置),(6)为换质位的换质(又称全换质位或全对置),(7)为戾换,(8)为戾换的换质(又称全戾换)。

如果原判断是 A,则有上列各直接演绎推理形式或与其推出过程:

(1)SaP,原判断,换质便得。

(2)Se$\bar{P}$;由原判断(1)的限制换位便得。

(3)PiS;(3)的换质便得。

(4)Po$\bar{S}$,(2)的换位便得。

(5)$\bar{P}$eS;(5)的换质便得。

(6)$\bar{P}$a$\bar{S}$;(6)的限制换位便得(8)。

(7)$\bar{S}$o$\bar{P}$;因$\bar{\bar{P}}$的相反词是 P。

(8)$\bar{S}$i$\bar{P}$;再由(8)的换质才得(7)。

如果把这 8 个判断用 SP 的形式运用,就有下列各式;

(1)SaP：S$\bar{P}$=H.

(2)Se$\bar{P}$：S$\bar{\bar{P}}$=H.

(3)PiS：PS≠H.

(4)Po$\bar{S}$：P$\bar{\bar{S}}$≠H. [即 PS≠H;(3)与(4)相同。]

(5)$\bar{P}$eS：$\bar{P}\bar{S}$=H. [$\bar{P}\bar{S}$ 即 S$\bar{P}$;故(2)与(5)相同。]

(6)$\bar{P}$a$\bar{S}$：$\bar{P}\bar{\bar{S}}$=H. [$\bar{P}\bar{\bar{S}}$即$\bar{P}$S;故(5)与(6)相同。]

(7)$\bar{S}$o$\bar{P}$：SP≠H.

(8)$\bar{S}$i$\bar{P}$：$\bar{S}\,\bar{P}$≠H.

由上面概括起来 8 个式只是三个式,即:

(1) $S\overline{P} = H$

(2) $SP \neq H$

(3) $\overline{S}\ \overline{P} \neq H$

从上面 A 型判断的图,即图九,我们可以直接看出 $S\overline{P}$ 是不存在,故 $S\overline{P}$ 等于零(H)。S 圆的 $S\overline{P}$ 部分即 1 部分既等于零,则 SP 部分,即 2 部分,不能等于零,即它所代表的必是存在的东西,故 SP 不等于零,否则 S 全部不存在,判断便无对象,是则违反亚里斯多德对于判断唯物的看法。

由此可见图九说明了上三式的(1)与(2)。

至于上三式之(3),即 $\overline{S}\ \overline{P}$ 不等于零这结论,是怎样可由图九中看出呢?这问题便比较复杂了。这也是传统形式逻辑一向未能解决的一个问题,甚至许多形式逻辑家好像并未注意的问题,我们不可不加以解答。

问题是:A 型判断的形式是 SaP。在这全称肯定判断里,宾词 P 是未周延的,而根据换质换位的变形,我们得出上面(7)的 $\overline{S}$oP,即原判断 SaP 的戾换,却这 $\overline{S}$oP 的宾词 P 是周延的,怎样可以由原判断未周延的 P 即得出 $\overline{S}$oP 的周延的 P 呢?

要弄清楚问题以求其解答,我们就回到原判断 SaP 来考察一下。SaP 即 $S\overline{P}$ 等于零,就是说,"凡 S 而不是 P"是不存在的,即是不可设想的。那么,在正方形所表示的范畴里面,"不是 P 的东西"划分成两部分,其一部分是"S 而不是 P",另一部分是"$\overline{S}$ 而不是 P",即 $\overline{S}\ \overline{P}$。今 $S\overline{P}$ 既不存在,则 $\overline{S}\ \overline{P}$ 必定是存在的,那就是说 $\overline{S}\ \overline{P} \neq H$,否则整个 $\overline{P}$ 不存在,故有些 $\overline{S}$ 不是 P,即 $\overline{S}$oP[上面八式之(7)]是正确的。

从另一个角度看,P 存在于一个范畴之中,不可想象 P 之外无它物,所以 $\overline{P}$ 必存在,而原判断既是 $S\overline{P} = H$,则 $\overline{S}\ \overline{P}$ 必不等于零(H),故 $\overline{S}\ \overline{P}$ 必存在,故"有些 $\overline{S}$ 不是 P"即 $\overline{S}$oP 是正确的。

上面所提出 P 在 SaP 未周延而在 $\overline{S}$oP 周延的问题之所以不易解答,是因为只考虑到 P 而未考虑到 $\overline{P}$,尤其是 $\overline{S}\ \overline{P}$ 部分,我们的图解在解答这问题时是能起作用的。

传统形式逻辑从 E 型判断的变形得出下列 8 个判断:

(1) SeP 原判断

(2) Sa$\overline{P}$ 换质

(3)PeS 换位

(4)Pa$\bar{S}$全换位

(5)$\bar{P}$iS 换质位

(6)$\bar{P}$oS全换质位

(7)$\bar{S}$IP 戾换

(8)$\bar{S}o\bar{P}$全戾换

其变形过程,初级的形式逻辑教本皆言之甚详,且参考 A 型判断变形自易明了,兹不赘述。

这 8 个判断可写为:

(1)SP=H

(2)S$\bar{P}$=H 即 SP=H。[与(1)相同。]

(3)PS=H 即 SP=H。[与(1)相同,因 PS=SP。]

(4)P$\bar{S}$=H 即 PS=H,亦即 SP=H。[与(1)相同,因 PS=SP。]

(5)$\bar{P}$S≠H

(6)$\bar{P}$ $\bar{S}$≠H,即$\bar{P}$S≠H。[与(5)相同。]

(7)$\bar{S}$P≠H

(8)$\bar{S}$ $\bar{P}$≠H,即 P≠H。[与(7)相同。]

由上面概括起来八个式只是三个式,即:

(1)SP=H

(2)$\bar{P}$S≠H

(3)$\bar{S}$P≠H

从上面图十,即 E 型判断的图,我们可以直接看出,SP 部分为斜线划掉,表示它的不存在,故 SP 等于零(H)。$\bar{P}$S 即圆之 1 部分,因 S 划分为两部分,即 SP 和$\bar{P}$S,今 SP 部分既不存在,即 2 部分不存在,则 1 部分不能不存在,故$\bar{P}$S 不等于零(H),同样地,P 圆划分为 2 与 3,即 SP 与$\bar{S}$P。今 SP 既不存在,则$\bar{S}$P 部分不能不存在,故$\bar{S}$P 不等于零(H)。

由此可见图十直接说明了上三个式。

传统形式逻辑说明由 I 型判断即 SiP 之变形只能得出另外三个判断,连同原判断如下:

(1)SiP 原判断

(2)So$\overline{P}$换质

(3)PIS换位

(4)Po$\overline{S}$全换位

其他四种变形在 I 型判断而言是不可能的。原因详见一般形式逻辑教本,兹不赘述。

上面4种判断可写为:

(1)SP≠H

(2)S$\overline{P}$≠H,即 SP≠H,[与(1)相同。]

(3)PS(=SP)≠H,亦与(1)相同。

(4)P$\overline{S}$≠H,而P$\overline{S}$=PS=SP,故(4)与(1)亦相同。

上面四式皆相同,即 SP 不等于零(H)。

我们看图十一,就可直接知道这正是该图所指出的。

传统形式逻辑同时也证明由 O 型判断,即 SoP,之变形,只能得出另外三个判断,连用原判断如下:

(1)SoP 原判断

(2)SI$\overline{P}$换质

(3)$\overline{P}$IS 换质位

(4)$\overline{P}$oS全换质位

其他四种变形不能得出,理由详见形式逻辑教本,兹不赘述。

上面四种可写为:

(1)S$\overline{P}$≠H

(2)S$\overline{P}$≠H,与(1)相同。

(3)$\overline{P}$S$\overline{P}$≠H,亦即 S$\overline{P}$≠H,[与(1)相同。]

(4)$\overline{P}$$\overline{S}$≠H,亦即 S$\overline{P}$≠H,[与(1)相同。]

所以四式皆同,即 S$\overline{P}$不等于零(H),即图十二所指出的。

由此可见,判断的各式变形,皆可由图直接解释。

第三节 直言三段论式的图解

直言三段论式由两个前提在一定形式的结合上推出其结论。两前提中有三个不同的概念,故表示三段论式的图必须用三个圆,其每一圆代表

一个概念,三段论式的图解就是根据前提以决定圆的互相关系从而看出其应得的结论。

我们用几个例子来说明图解的用法。先拿第一格的 AAA 作例子。这式的形式如下:

$$\frac{\begin{array}{c}MaP\\SaM\end{array}}{\therefore SaP}$$

能否由两前提的圆而直接看出结论呢?MaP 可写为 $M\overline{P}$=H;SaM 可写为 $S\overline{M}$=H。

作三个相交的圆在方形内如右图(见图十六):

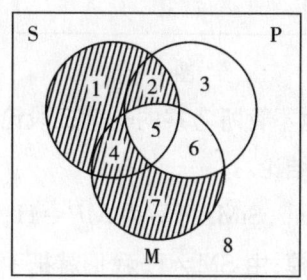

图十六

相交的三个圆将方形面分成八个部分:1、2、3、4、5、6、7、8。在图十六中可以看出 $M\overline{P}$ 是 4 和 7 两部分之和,而 $S\overline{M}$ 是 1 和 2 部分之和。$M\overline{P}$ 等于零(H),$S\overline{M}$ 亦等于零(H),所以我们首先在图十六中将 4、7、1、2 各部分用斜线划掉以表示 $M\overline{P}$ 与 $S\overline{M}$ 之不存在。

再看图十六中关于 S 与 P 部分。这部分共三小部分,即 1 与 4,代表 $S\overline{P}$,2 与 5 代表 SP;3 与 6,代表 $\overline{P}S$;只有 1 与 4 部分是划掉了的,其他两部分,即 SP 与 $\overline{P}S$(即 2 与 5 和 3 与 6)都无明确的表示,所以结果是 $S\overline{P}$=H,即 SaP 是结论,亦即是传统形式逻辑用直言三段论式的规则所证明的结论。

我们再拿另一个三段论式为例子:

"所有青年团团员都是拥护将革命进行到底的政策的;这一班同学有些是青年团团员;所以,这一班同学有些是拥护将革命进行到底的政策的。"

我们试用圆来检查这结论的正确性。

在这三段论式里面,大名词 P 是"拥护将革命进行到底的政策的",小名词是"这一班有些同学",中名词是"青年团团员"。

这三段论式的两前提可写为:MaP,SiM。

在这里需指出,我们所采用的图十七是不必区分大小前提的顺序的,但需在一个三段论式的三个判断中决定哪两个判断是前提,再由图十七而得出结论。

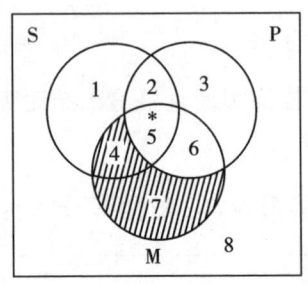

图十七

同时,我们这图解也不管所考察的一个三段论式的格与式是什么,而只按图十七而直接看出结论。

上面的两前提是 MaP,SiM. 可写为 $M\bar{P}=H, SM \neq H$。由 $M\bar{P}=H$,我们便将 4 与 7 部分划掉;由 $SM \neq H$ 我们就把 ∗ 放在 4 与 5 部分(详见前述),却 4 已被划掉,故 ∗ 必须放在 5 部分里面。

再检查图十七中有关 S 与 P 联系部分。这部分分为三小部分,即 $S\bar{P}$(1 与 4),SP(2 与 5),$\bar{P}S$(3 与 6)。

注意,在图解这阶段,可不理会 M 圆的曲线而只看 S 和 P 相交的圆。

图十七中可以看出,结论是 2 与 5,即 SP,不等于零,所以 SP≠H,即 SiP,就是说"这班有些同学是拥护将革命进行到底的政策的"。这结论正是传统形式逻辑用常用的方法得出的。

下面的第三个例子是要说明在某种情况下,图十八中是表示某一个直言三段论式不能有正确结论的。

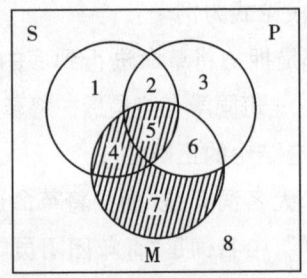

图十八

例如这样的两个前提:"所有苏联人都是热爱祖国的;中国人不是苏联人。"

我们假定都一个前提是大前提,它的形式是 MaP,那么,第二个前提便是小前提,它的形式是 SeM,另一方式写出便是:$M\overline{P}=H,SM=H$。

$M\overline{P}$ 是 4 与 7 部分,既等于 H,则划掉,SM 是 4 与 5 部分,既等于 H,亦划掉。再看图中 S 与 H 关系部分,即三小部分 $S\overline{P}$、SM 与 $\overline{P}S$(1 与 4,2 与 5,3 与 6),这三部分都无确定的表示,因 4 虽划掉,而 1 无表示,故 1+4 部分不能确定;5 虽划掉而 2 无表示,故 2+5 部分不能确定;3+6 部分更是毫无表示。

从图十八上来看,上面两前提不能有什么正确的结论。传统形式逻辑按直言三段论式的规则,也是说这两前提不能有正确的结论。

我们要指出,我们不能因之就说"中国人不热爱祖国",这是另一问题,但由上面两前提不能得出这一结论,亦不能得出结论说,"中国人热爱祖国"。

我们用第四个例子来说明看图十九时,有一种特别情况是不可不指出的。例如这样的两前提:大前提是"所有共产党员都是反对帝国主义的人";小前提是"所有反对帝国主义的人都是前进的"。

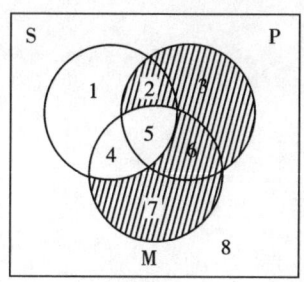

图十九

这两前提可写为 $P\overline{M}=H,M\overline{S}=H$。

图十九中的 $P\overline{M}$ 是 2+3 部分,划掉了;$M\overline{S}$ 是 6+7 部分,也划掉了(详见前述)。图十九中好像看不出关于 S 的两部分,即 $S\overline{P}$ 和 SP 有什么明确的表示,但结论可用直接和间接两方法得出。(1)直接方法:P 圆在图十九中分成四小部分,即 2、5、3、6。其中 2、3、6 都划掉了,而 5 无表示,但 P 不可是完全不存在的,故 2、3、6 既不存在(因等于零),则 5 必存在,故

SM,即 2+5,不等于 H,故 SiP,即"有些前进的人是共产党员"。(2)间接方法:图十九中可看出的结论是 $P\overline{S}$ 即 3+6 部分等于零,故 $P\overline{S}=H$,即 PaS,这是以 P 为主词的一个判断。如果我们要知道从这判断能得出什么样以 S 为主词的判断,我们只需将 PaS 换位(限制换位,因判断是 A 型),便得 SiP,同直接方法所得结论是一样。

  上面在几个例子大体上说明了我们所采用的图是怎样应用到直言三段论式的演绎推理上的,这也说明我们的图解之作为形式逻辑直观教学方法不像有些其他图解只限于应用在判断的解释,而是一贯地应用到直言三段论式的解释。假言推理和选言推理形式上都可改变为直言三段论式,而简略式的推理和复杂式的推理更是以简单直言三段论式为其基础,故我们的图解对之都可应用。但归纳推理不易列为公式,我们的图解就不适用了。

附录七:检查三段论式的式之一种方法

A、E、I、O 四种类型的命题结合为三段论式的两个前提有下列的十六种可能性:

AA	AE	AI	AO
EA	EE	EI	EO
IA	IE	II	IO
OA	OE	OI	OO

按三段论式一般规则来检查这 16 种可能的结合,显然有些,如 EE、EO、OE 和 OO 是两个否定的前提,按规定是不能得出结论的,可以首先除去。再则 II、IO 和 OI 是两个特称的前提,也是按规定不能得出结论的也在排除之列。剩下来只有 9 个可能的结合如下:

AA	AE	AI	AO
EA		EI	
IA	IE		
OA			

上面是检查第一步的结果。其第二步的检查是根据各格的特别规则,即本书正文所称为各格的特征的。

第一格的特别规则

(1)大前提必须全称。

(2)小前提必须肯定。

根据这两条特别规则,则只有 AA、EA、AI 和 EI 这四种前提的结合规则是合乎第一格的规定的,而按一般规则的规定,它们的结论是 A、E、I、O,而成下面的四个式 AAA、EAE、AII、EIO。

第二格的特别规则

(1)大前提必须全称。

(2)前提之一必须为否定。

根据这两条特别规则,则只有 EA、AE、EI 和 AO 这四种前提的结合才是合乎第二格的规定的,而按一般规则的规定,其结论是 E、E、O、O,而成下面的四个式:

EAE、AEE、EIO、AOO。

第三格的特别规则

(1)小前提必须肯定。

(2)结论必须特称。

根据这第一条的特别规则,则只有 AA、IA、AI、EA、OA 和 EI 这六种前提的格各是合乎第三格的规定的,而按一般规则的规定,其结论应为 I、I、I、O、O、O,这也是本格的第二条的规定,则构成的六个式为:

AAI、IAI、AII、EAO、OAO、EIO。

第四格关于前提的规则

(1)如果前提有一个是否定,则大前提必须全称。

(2)如果大前提是肯定,则小前提必须全称。

根据这两条特别规则,则第四格应有五个合乎规定的前提结合,即 AA、AE、IA、EA 和 EI,而按一般规则,其结论应是 I、E、I、O、O,而构成下面的五个式:

AAI、AEE、IAI、EAO、EIO。

值得注意的是,检查第一步的结果,计有九种前提结合的可能,其中之一种乃是 IE,然而这一种前提的结合在四格中任何一格的特别规则都是不容许其导出结论的,因为在第一格中,这结合会犯大词非法周延的错误,在其他三格中亦莫不如是。这是很明显的,因大前提既是特称肯定命题,其中两名词皆不周延,故无论 P 在大前提是主词抑或是宾词都不能得到周延的,而小前提是否定,其结论必是否定,所以要求 P 在大前提周延。

附录八：三段论式各格之化为第一格

1. 三段论式推理无论是任何一格的形式都可以转变为任何其他的一格，但是不是任何这种形式的转变都有逻辑的意义的。

在实践中，推理采用三段论式的形式是根据客观实际情况的，它的格式是什么，也是根据实际的情况的，无论推理的形式是那个格，它都需要遵照推理的规律，正如上面已经证明无论任何格的特殊规则都是由同样的普通的三段论式规则引申出来。

但是，上面也说过，三段论式的公理在第一格是最明显地表现出来，因之，为显示这公理的应用，就将第二、三、四格的各式转变其与之相适应的第一格的式，使得三段论式的公理来明白地表出。

除这之外，各式之转变成真之相适应的第一格的式，还可以表明的有三段论式的格式既然都可转变为第一格，就是所有三段论式的格式都是联系的、统一的。

2. 格式的转变为第一格本可以根据换质、换位和三段论式的公理与普通规则，却是在过去逻辑的学习中为帮助记忆起见，曾用当时欧洲最通行的语文，即拉丁文编成一韵文，这韵文不必记住，可作历史的参考资料。传自中世纪的拉丁文韵一首，原文如下(不能翻译的，因翻译便失去原意)：

<u>Barbara</u>, <u>Celarent</u>, <u>Darii</u>, <u>Ferioque</u>, prioris;

<u>Cesare</u>, <u>Camestres</u>, <u>Festino</u>, <u>Baroco</u>, secundae;

Tertia, <u>Darapti</u>, <u>Disamis</u>, <u>Datisi</u>, <u>Felapton</u>, <u>Bocardo</u>, <u>Ferison</u>, habet;

Quarta insuper addit <u>Bramantip</u>, <u>Camenes</u>, <u>Dimaris</u>, <u>Fesapo</u>, <u>Fresison</u>.

韵文的解释：

(1)首先注意韵文里有线在下面的是非拉丁文原有的字，代表 19 即合规则的式，其余的字是拉丁原有的字。韵文第一行第四个字的后半 que 也是一个拉丁文原有的字，意思是"和"拉丁文法"和"字是可以与它所联系的名词连在一起的。

(2) 韵文译意是：

在第一格里有 Barbara……………………（等四格）；

在第二格里有 Cesare……………………（等四格）；

在第三格有 Darapti……………………（等六式）；

第四格加上 Bramantip……………………（等五式）。

(3) 代表十九式的字是以拉丁文字母头四个字母 B、C、D、F 起头的，凡在第二、三、四格里的式都可照一定的方法变成第一格中的它们同字头的式，如 B 或变成 B，C 或变成 C 式等：

Cesare，Camestres，Camenes 变成 Celarent；

Darapti，Datisi，Dimaris……变成 Darii；

Bocardo，Baroco，Baloeo 变成 Barbara；

Festino……等变成 Ferio；

(4) 代表各式的字如 Barbara、Festino 等，里面有意义的字母除 B、C、D、F 外只有 s、p、m、C，其余的字母 a、e、i、o 是代表判断 A、E、I、O，此外的字母如 r、d(不是 D)、b(不是 B)、c、t、r 是没有意义的。

(5) s 代表在它上面紧连着的命题要简单换位，例如 Cesare 的第一个 e 要简单换位。

p 代表在它上面紧连着的命题要限制换位，例如：Darapti 的第二个 a。

m 代表它前后的两个命题要对换地位，例如，Camestres 的第一个 a 和第一个 e 简单换位后互相换其位置，即 a 变成小前提，e 换位后变成大前提。

c(小写 c，不是 C)代表这个式的转变须用间接方法后面详细说明。

K 代表在它上面紧连着的命题要换质。

sK 代表在它上面紧连着的命题简单换位后要换质。

Ks 代表在它上面紧连着的命题换质后要再换位，就是说，这个命题要质位并换。

c 代表间接转变，例如 Baroco，这个方法是证明原得的结论如果不正确，则它的矛盾判断必正确，在 Baroco 的结论 o 如不正确，则 SaP 必正确。Baroco 是第二格。

PaM　　SoP如不正确，则SaP必正确，就把SaP和原来的大前提PaM配合起来，
SoM　　使得　　PaM　把P作为中名词，使得o结论
∴SoP　　　　　SaP　为Sam。
　　　　　　　　Sam

如果 SaM 是对，则和原小前提 SoM 矛盾，故 SaM 不能对，所以 SaP 是不对，故原结论 SoP 是对的。

上面又是几个例子说明韵文的运用。

记住韵文，是不必要的，使用韵文来改变第二、三、四格的式为第一格相适应的式，也可不必要的。但如果要改变的话，韵文确很是一项帮助，以免临时多费思考。

现在选择的学习是要锻炼思考能力，不必利用中世纪省简思考，多靠记忆的方法，我们解释中世纪传下来的拉丁文韵文，不过作为练习的资料，不要去死记它。

(6)韵文的运用

例如第二格的 Cesare

　　　　PeM　　S代表简单换位，故得　　MeP
　　　　SaM　　　　　　　　　　　　　　SaM　　第一格结论
　　　∴SeP　　　　　　　　　　　　　∴SeP

第四格的 Fresison

　　　　PeM ⟶ MeP　　S简单换位
　　　　MiS ⟶ SiM　　S简单换位
　　　∴SoP　　∴SoP　　第一格结论

第三格的 Darapti

　　　　MaP　　　MaP
　　　　MaS ⟶ SiM　　P代表限制换位
　　　∴SiP　　∴SiP　　第一格结论

第三格的 Disamis

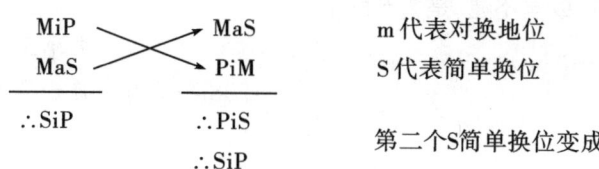

后 记

本书主要是根据作者解放后在华中师范学院教形式逻辑几年来的讲稿写成的。一直到现在教育部尚未颁发形式逻辑的大纲，所以作者的讲稿几年来都是按照本院逻辑教研组的教学提纲编写。可是教学提纲经过教研组的意见有所修改，而作者的讲稿也随之而写过三次，内容虽没有很大的变更，但主要问题的提法却屡次修正，一方面是由于本组成员在业务学习上的不断提高，而另一方面，根据答疑时同学的提问和对于教学的反映，教材和教法的缺点也必须加以改正，就是在这次最后写出这本书时，作者也觉得原来讲稿某些地方有修改的必要，而这些修改的意见，和原讲稿许多地方都是作者个人负责的。

本书希望能有两种用途：一是为高等学校形式逻辑学生的参考，一是为自学形式逻辑的人的阅读。作为在教师指导下的参考资料，书的正文约二十二万字，如果堂上讲授时间安排为二十四小时（即一年每周二小时，除去课堂讨论时数），则每讲授一小时，可有约四千字的参考资料，其注解和附录，约五万余字，可用作专题研究的参考，或讲授时数增加的材料。如果以本书为自学的参考书，则读者可按各人的需要斟酌取舍，但正文是主要部分，不宜割裂的。

书中举例原为举一反三，为的是说明理论，读者不应拘泥，必须随时结合自己的实际情况，不为书中例子所限制。

本书内容是限于传统形式逻辑的范围，但有时为着说明此逻辑原理，也借助一些初步处理逻辑的主式，如判断的变形和逻辑图解等处；形式逻辑固不应和辩证逻辑相混淆，可是有时又不得不涉及辩证逻辑未说明形式逻辑的问题，如概念的形成和科学归纳法的实际应用；这些都是科学各部门相互交错、相互依存的例子，逻辑专家对作者当能原谅，并加指正。

作者的思想水平极低，逻辑研究亦甚浅薄，书中错误在所难免，希读者多提意见，以匡不逮，是为至盼。

韦卓民

1958 年 5 月 7 日于华中师范学院

亚里斯多德逻辑[1]

内容提要

　　本书主要根据亚里斯多德的原著,逻辑六篇(后称为"工具论"的)和《形而上学》,阐明亚氏本人的逻辑学说和它在后世的发展;揭露中世纪对于亚氏逻辑的误解与歪曲;指出亚氏逻辑中尚有某些有科学价值的东西,年久湮没,应予以发扬传播的;并说明亚氏传统逻辑应如何结合数理逻辑进一步发展。

---

[1] 该书原由科学出版社1957年出版。

目　录

第一章　亚里斯多德在西洋哲学史中的地位与其逻辑学说的历史意义
……………………………………………………………… 354
第二章　亚里斯多德的生平……………………………………… 356
第三章　亚里斯多德的著述……………………………………… 359
第四章　亚里斯多德的思想体系………………………………… 370
第五章　亚里斯多德的逻辑学说………………………………… 380
第六章　亚里斯多德形式逻辑的发生、发展与其变化………… 477
第七章　亚里斯多德逻辑学说的评价…………………………… 528
主要参考书目……………………………………………………… 553

第一章　亚里斯多德在西洋哲学史中的地位与其逻辑学说的历史意义

谁都知道亚里斯多德是古代希腊哲学界三杰之一，承苏格拉底和柏拉图的统绪，而成就且有过于其前辈两个人的。《苏联大百科全书》《亚里斯多德》一文，第一句便是：亚里斯多德是伟大的古希腊哲学家、古代奴隶社会的思想家。恩格斯称他为古希腊哲学家中"最博学的人"①。"马克思在叙述关于商品、价值、货币及资本的原始形式——高利贷的及商业的形式——的学说的历史时，就是从亚里斯多德开始的。"②其实，"经济"这一名词，由两个希腊文，义即"经营"与"法则"而构成，是亚里斯多德第一次引用的；而"经济"学只是亚里斯多德的许多研究和探索的学术领域之一。亚里斯多德哲学的特点，固然是经常动摇于唯物主义与唯心主义之间，这也是不足为奇的，因为他为他当时的历史条件和社会环境所局限。但同时，他"最突出的特征是一般到处都是辩证法的话的萌芽和探索"③。恩格斯也曾在其名著《反杜林论》中说过："古代希腊的哲学家，都是天生的自发的辩证论者，他们中间最渊博的学者——亚里斯多德——已经研究了辩证法思维的最基本的形式。"④马克思列宁主义经典著作中是有这样的对于亚里斯多德的评价。在薛格洛夫主编的一部《西洋哲学史简编》里，又有下面一段话，可以作为亚里斯多德在西洋哲学史中地位的近代总评："古代希腊哲学的最高发展是亚里斯多德的学说。他总结了其先驱的科学成果，凡他所认为积极的就一概吸取，而凡他所认为错误的则无情地一概加以清算。他在知识和艺术的几个领域内添上了许多新的东西，他推动它更向前发展。他在哲学上的建树，贡献尤多，对世界哲学思潮的更向前发展发生过巨大的影响。"⑤

---

① 见该文中译单行本，人民出版社，第1页。
② 见该文中译单行本，人民出版社，第4页。
③ 见该文中译单行本，人民出版社，第8页，引列宁：《哲学笔记》，第304页。
④ 见生活·读书·新知三联书店，1953年，第9页。
⑤ 见王子野译本，新华书店，1949年，第51页。

亚里斯多德的宇宙观，在其死后2300年，影响所及，遍于欧洲，尤其在纪元13世纪后，在欧洲可称独步，无与伦比。人类历史中，直至近百年马克思主义兴起以前为止，几乎史无前例，可称思想之一大宗师而无愧。13世纪以至今日世界之奉亚里斯多德为纯理性之唯一大匠者，尚不乏人。至于形式逻辑范围内，则亚里斯多德之权威仍然处在不可动摇的地位，而为其创始人。经过中世纪1000多年唯心主义和僧侣主义多方歪曲之后，苏联逻辑学专家，从马克思主义唯物观点出发，今日才开始在形式逻辑的领域中，逐渐恢复亚氏之逻辑本来面貌而不为唯心主义者所眩惑，苏联科学院哲学研究所1954年出版的康达可夫著《逻辑》一书，虽不无可批评非议之处，而其崇尚亚里斯多德原有的逻辑观点，在马克思列宁主义光照下发扬而光大之，则固可断言也。是则今日之有志于形式逻辑进一步研究的人，其努力亦不可不从了解亚里斯多德始。其逻辑学说之遗产有待于我们发掘而运用的，也不一定是很多。因之亚里斯多德的逻辑学说不能因为形式逻辑近年发展很大而为我们今日所忽略，以致数典而忘其祖。要紧的是吸取其精华，而扬弃其唯心主义的糟粕，使前人发现的科学真理，不因年代的久远、社会文化的变迁而不为我们今日所认识、所利用。

第二章 亚里斯多德的生平

亚里斯多德生平大事表

第一时期——学生时期，公元前384年至公元前347年。

公元前384年亚里斯多德生于马其顿一小城市斯塔吉拉（今日的Stavrō斯塔夫罗）。后人称亚氏为斯塔吉拉人者以此。斯塔吉拉处于海股之东北隅，虽在希腊本土之外，实则一个富有希腊文化色彩的希腊殖民地，居民都是操希腊的伊奥尼亚语的。

公元前367年亚氏18岁时，到雅典（时为希腊的文化中心），进柏拉图学院学习哲学。在此居留计20年，其后期在学院兼任讲师。

公元前347年，学院的主持人柏拉图死，继承人是斯普士泊士(Speusippus)，其所代表的柏拉图学说，是将哲学转变为数理的一个流派，最为亚氏所不满。亚氏遂离柏拉图学院。适值其时雅典人反对马其顿的情绪甚烈，而亚氏来自马其顿，其家庭又与马其顿的统治者有些联系，所以他离开雅典到别处去了。这就结束了亚氏的学生时代。时亚氏38岁。

第二时期——播迁时期，公元前347年至公元前335（或公元前334）年。

公元前347年，亚氏与其学友禅诺克拉特士(Xenocrates)应另一学友的邀约到小亚细亚的亚丹那士和亚梭斯地方。其地的统治者即邀约亚氏等的学友，郝梅亚士(Hermeias)。亚氏留在这里3年，和郝梅亚士的侄女，亦即郝氏的义女，名泊提亚士(Pythias)者结婚，生一女，亦名泊提亚士。无何，他的妻泊提亚士死，亚氏遂和一斯塔吉拉女人郝皮里士同居，生一子，名尼可马克士(Nicomachus)。亚氏名著之一，《尼可马基伦理学》一书，就是由他这儿子编辑而得名的。留居亚丹那士和亚梭斯地方3年后，亚氏移居米提连尼。何以亚氏有此播迁，莫由而知。大概是因他的又一学友提阿弗拉特士(Theophrastus)的邀约，到这里考察生物的。

亚氏有关生物学的著述多处涉及此地区的情况。

公元前343年,亚氏应马其顿王之约,回马其顿的柏拉(Pella),做著名的统帅王子亚历山大的教师。其时亚历山大仅十三岁。亚氏之应此约,固然是因其父早为马其顿王的御医,与王室有多年的家庭联系,同时从亚氏的《政治学》一书,也可看出亚氏的思想,一贯认为教育未来的统治者具有重大的意义。

这具体地反映了亚氏的改良主义,也反映了他的思想受着家庭出身影响,柏拉图学院的多年教育和历史条件的支配。

亚氏在柏拉宫廷作亚历山大的教师4年。

公元前340年亚氏自柏拉移居其故土斯塔吉拉,从事于科学研究者5年。

第三时期——雅典掌教期,公元前335年至公元前322年。

公元前335(或公元前334)年,亚氏重游雅典,建立他自己的学校,名之曰吕克昂,继续主持这吕克昂学院十二三年,是他学术上最积极的一个时期。

吕克昂者,希腊神话中亚波罗(Apollo)神之姓。亚波罗是歌曲神,也是维护社会政治制度的神,有庙在雅典的东北郊树丛中。亚氏在这附近赁屋设校,因以之名其校。每日清晨,亚氏与其高足们散步于校外树林中,讨论哲学问题,后人称为"散步"学派(Peripatetics)者就是这缘故,从希腊文peri"围绕"义、patos"小路"义。

亚氏所设吕克昂学院存在了几百年而不衰。亚氏生时在这学校搜集哲学与科学的手抄稿几百种、地图多种、自然科学尤其是生物学的标本甚多,以供教学之用,洵为学校图书馆与展览室之嚆矢。世传亚氏的学生亚历山大曾令全国猎人、捕鸟人、渔人供给其师生物标本,并且资助他的科学研究。这种传说,无征不信,但不会全属子虚。亚氏生物学知识以其时代论,实属惊人。达尔文曾这样写过:"林那Linnaeus与居维叶Cuvier在不同意义下可称为我崇拜的偶像。但他们两人,比之于亚里斯多德不过小学生而已。"①评价可谓高矣。据说亚氏著作中曾提及过500余种动

---

① 见《达尔文生平与书信》,英文版,第3卷,第252页。

物,曾解剖过50余种。虽未解剖过人体,但曾解剖人的胚胎。他观察结果的正确性许多为后来生物学家所认可。其成就由是可见一斑。

公元前322年,亚历山大大帝逝世。雅典人反抗马其顿的情绪再次高涨,亚氏因他与马其顿王室的关系,只得又离去雅典,将学校交由其门人提阿弗拉特士主持,而退居卡尔奇士市。次年卒于其地。

第三章 亚里斯多德的著述

"亚里斯多德的著作,包括了当时各方面的知识:逻辑、心理学、自然科学、历史、政治、伦理、美学。"①而且卷帙浩繁,本文限于亚氏形式逻辑的范围,本可不必多所论列。但是亚氏的形式逻辑牵涉甚广,同时任何一门科学也不能孤立起来看,故对于亚氏的一般著述,不能不作一种简略介绍,以为后面讨论亚氏的逻辑专著的基础。

亚氏的著作原来是数目很多的。其确数几何,各种报道互有出入,大约有 400 到 1000 种。但留存至今的为数却不如是之大,仅一小部分,余皆散佚,而此一部分亦只由古代作家的著述引用中,东鳞西爪地知其名目而已②。

关于亚里斯多德著作,历史悠远,传说不一,而文献不足,多未征信。据云亚氏逝世时,将其文稿交由其徒提阿弗拉士特斯(Theophrastus)保存,而提阿弗拉士特斯又以之交由其弟子斯克普士斯(Scepsis)的尼鲁斯其人。尼鲁斯死后,亚氏的著作藏于斯克普士斯一地窖,历年甚久,至苏拉(Sulla)时乃售于亚柏里康,亚柏里康予以抄录。亚柏里康死后,苏拉乃将亚氏全部遗著运至罗马。后为提兰尼阿(Tyrannio)与安德罗尼(Andronicus)2 人合编而刊行于世。这种传说,早在第 7 世纪初叶 606 至 607 年,为士特拉布(Strabo)所记载。其可确信与否,不得而知,姑志于此。

亚氏著作的考证家,向来根据 3 种书目。其一,是第奥根·拉尔梯乌斯(Doigenes Laertius)书目,为 3 种之最早出者,属于第 3 世纪初叶。其二,是无名氏所编的亚氏书目,有认此无名氏即米勒都斯(Miletus)的赫苏契阿斯(Hesychius)其人,在季里斯·麦那塞(Gilles Menage)的第奥根·拉尔梯乌斯亚氏书目签注中曾引用而且指为"麦那塞的无名氏"。其

---

① 《苏联大百科全书》选译"亚里斯多德",人民出版社,1954 年,单行本,第 2 页。
② 参见《苏联大百科全书》,单行本,第 23 页。

三,是个亚伯拉人从普多蓝米王书目所抄来的书目。这里所说普多蓝米王 Ptolemy 即公元前第 3 世纪普多蓝米第二(Ptolemy Ⅱ Philadephus, 285—247 B.C.),为著名"亚历山大市图书馆创造人之子"①。是三书目所列书名与现存的亚氏著作名目不大相符,而彼此又不一致。书目中有些书名是与现存的书相符合,或与其一部分相符合,有现存亚氏著作为书目所无,又有书目中有书名而无现存书者,故问题颇为复杂。

据现存材料,亚氏的著作可分为 3 大类:(1)亚氏生时发表的比较通俗的作品;(2)科学研究所搜集的材料未经编纂者;(3)各门科学的专著。

亚氏现存的完整著作,只有《雅典法制》1 种为:(Athenaion Politeia),其研究的材料,属第 2 类。其余尚存各书皆属第 3 类。伪书可勿论。

关于亚氏的逸书,主要是根据古代作家的引用和古代传来的 3 种书目,其最早的第奥根·拉尔梯乌斯(Diogenes Laertius)是 3 世纪初叶的出品,而关于这书目有一疑难问题,即它既不根据罗德斯的安德罗尼(Andronicus of Rhodus,公元前 60 年—公元前 50 年。据另一报道,是公元前 70 年,兹从《苏联大百科全书》)。最初的亚里斯多德全集版(因为这书目遗漏了安德罗尼版的若干书名),而又不可能是安德罗尼版全集的补遗,因它仍列有该集中的某些书名,是则这书目究何所据,殊觉费解,是否根据公元前约 200 年郝米泊士(Hermippus)的亚氏著作书目,抑就是郝氏书目原本,文献不足,莫由考证。但第奥根·拉尔梯乌斯书目之为现存亚氏书目最早者,是为定论。

冠于这书目之首的,是 19 种比较通俗的作品,多半是亚氏仿其师柏拉图用对话体写成的。这 19 种作品,一般说来,文体皆较现存亚氏的书籍为优越。公元前 1 世纪罗马著名文学家西塞罗(Cicero)与 1 世纪罗马作家昆体里安(Quintilian)之极称亚氏文章富丽者,盖指这 19 种亚氏早年作品而言,无与于尚存的书籍。我们知道亚氏的现存书籍,并不是以文章擅胜的!

① 说见德人罗西(Rose)的《亚氏遗著碎简》第 1—23 页——按德人罗西与英人著《亚里斯多德》一书的罗斯(Ross)有别。

19 种外，亚氏佚著尚有多种科学作品与科学研究所搜集的材料，未经编入其系统著述者，即上面所列的第 2 类。据古传书目，这类作品共有 200 目，但是否一目一书，不易判定。例如第拉氏书目中名目虽多，要不过是现存各书的某些部分，未可认为专著，而且今已散佚了。但从古代作者所引用的零星片断，亦足见亚氏知识范围之广与其撰述之勤①。

亚氏著述第 3 类，其主要各书，兹根据中世纪的传统以拉丁文列之，并附以中译及说明如次：

1. 逻辑：后称"工具"（Organon）计有 6 种：Categoria《范畴篇》；De Interpretatione《解释篇》②；Analytica Priora《分析论前篇》③；Analytica Posteriora《分析论后篇》④；Topica《辩论常识篇》⑤；De Sophistica Elenchis《辩谬篇》。按逻辑六篇总称"工具论"是在第 6 世纪，盖 Organon 是拉丁语，且非从希腊文译出，时亚氏死后近 900 年矣。

2. 物理学：Physicae Auscultatione《物理学》；De Caelo《谈天》；De Geueratione et Corruptione《论产生与腐朽》；Meterologica《气象论》。

3. 生物学：Historae Animalium《动物史》；De Portibus Animalium《论动物的分解》；De Incessu Animalium《论动物的分布》；De Geneatione Animalium《论动物的产生》；De Anima《论心灵》；Parva Naturalia《自然的微点》。

4. 哲学：Metaphysica《形而上学》（原意是"后物理学"），按 Metaphysica 一词始见于公元前 1 世纪，希腊历史家名大马色的尼古拉者（Nicolaus Dimascenus），其著作仅存断片残篇，而有 metaphysica 一词。迨后则为作家所常用。词之来源今不可考，大概是由于公元前 1 世纪吕克昂学院⑥第 11 任主持人安德罗尼，在其编辑亚氏遗著时，凡编在物理学之后者，皆称《后物理学》或《物理学后篇》。盖希腊文之 meta 是一前置

---

① W. D. Ross, Aristotle, 1945, pp. 7-9.
② 有译《命题篇》，盖意译。
③ 有译《先验分析篇》非也，盖误解拉丁文 Priora 一字。
④ 有译《后验分析篇》亦非，误解拉丁文故。
⑤ 有译为《讨论术篇》，但按希腊原文当为"常处"，盖指"熟谙之处"，即辩论中之"惯技"之谓。
⑥ 见前。

词,常为名词之词首,为"在后"义。而《形而上学》是我易经十翼《系辞篇》"形而上者谓之道"的转借①。

5. 伦理学与政治学:Ethica Nicomachca《尼可马基伦理学》(为亚氏之子尼可马克士所发表);Ethica Eudemica《欧几姆伦理学》(为亚氏及门弟子欧几姆所刊行);Magna Moralia《大道德论》;Politica《政治学》;Oeconomica《经济学》。

6. 文学:Rhetorica《修辞学》;Poetica《诗学》。

以上亚里斯多德现存著作的列序,是按照剑桥大学希腊文教授翟生亨利刊行于《伦理学百科全书》《亚里斯多德》一文。至于这些著作是亚氏何时所作,是其原稿抑或其门人听讲笔记的编集,牛津大学罗斯教授在其《亚里斯多德》一书中言之甚悉。兹辞其大意如下:

"一般人认为亚氏现存各籍的全部,或几乎全部,皆为亚氏掌教吕克昂时期的产品;而果尔,这些现存的著述,与亚氏当时的讲授究有什么关联,就成为问题。这些著作,在文字上多未润色,重复屡见,而且常常逸出题外,论者遂有谓其为亚氏本人的讲授提纲,亦有谓或是门人的听讲笔记者。前后两说均只能说明其原非准备刊行的文稿而已。门人笔记一说,似与事实不符,自非定论。各书内容前后一贯,条理井然,认为是学生笔记,实难置信。如为笔记,必非出于一个学生之手,将同一学生的笔记视为现存的亚氏的整部著作,更难想象。整部著作文气划一,甚少分歧,其必出于一人手笔,而非多数人之所作,则可断言(其中仅《物理学》卷7《形而上学》a,k两篇,可能是学生听讲的笔记是其例外)。是则后一说之不可遽信明矣。至于前说,各书亦非亚氏讲授的提纲而已。除《形而上学》Ⅱ篇1至5篇甚类讲授提纲体裁,及《论心灵》卷3词句精简,读之不易理解,亦似讲授提纲外,余书文字皆不类此。观其词句之斟酌,表达之充沛,岂讲授提纲之备忘录所能比拟。乃论者有指出书中两段:一《辩谬篇》184b,3至8行;一《尼可马基伦理学》1104b,18行;以为语气皆面向听众而非以读者为对象。然细玩其文句,则知此亦非确论。虽然,亚氏现存各书,必与其在吕克昂之讲学有密切联系,则无可置疑。以个人管见,可能

---

① 参看罗斯:《亚里斯多德》,原英文版,第13页。

亚氏在其讲授之先,曾写出全篇讲稿。书之为讲稿者止此而已。特亚氏之讲授常不为其讲稿所限。现存各书又可能是在讲授之后,复参详考据以示未及听讲之门生,并以补充及门诸生笔记之所不及,亦一意中事。至于书中常有重复,前后见解略见分歧者,此无他,则亚氏讲学之精神侧重确论之探讨故尔。故对一问题反复再三,竟令意见时有出入,而后之编纂者,又认为皆是师言,不便随意删改校定,因之矛盾未获统一。

"亚氏现存各书大部成于作者第二次居留雅典时期(约公元前335年至公元前323年)可由书中提及的年代而确定。例如《物理学》202b,13;《形而上学》1015a,25;1025a,25;1023b,10;《修辞学》1404b,22;《政治学》1336b,28;《诗学》1448a,31等处,都涉及当时雅典人熟知之事件与名物。《气象论》362b,9,是言Corona古星座地位置,当是在雅典比在柏拉(按亚氏公元前343至公元前340在柏拉,而公元前335至公元前323年在雅典)观察较易,因经纬关系不同故也。而提及雅典时又必是指亚氏第二次居留雅典而非其第一次(学生时代)。涉及吕克昂学院之处,是其明证。(例如《范畴篇》2a,1;《物理学》219b,21;《修辞学》1385a,28。)余如史事的提及,皆公元前341年以后事,故知各书为亚氏第二次居留雅典掌教吕克昂时代所撰述。但《气象论》371a,31言及公元前356年以弗所庙之被焚,《政治学》1312b,10提到蒂安尼斯亚第二为蒂安自叙利加逐出,是公元前357至公元前356年事,而用希腊文nun(以拉丁字母拼出,便于排版。希腊文此字亦即拉丁文nunc字),义即'现在',亦可知亚氏现存各书,虽成于第二次雅典的侨居,却在其第一次居留雅典为学生时,或已尝作初稿矣。"①

罗斯教授此说,殆其遍阅亚著作原文的总结,本文作者手边关于亚氏原著之书籍无多,至其原文译本亦寥寥无几,莫从复核,姑从其说,以待异日。然由此亦可见亚氏研究之广泛,著述之浩繁,即以其一个时代所作传流至今者而论,其思想之崖略亦可概见。本书限于亚氏的形式逻辑,谨进而略论其逻辑著述,余不暇及焉。

亚里斯多德形式逻辑,原著6种:曰《范畴篇》,曰《解释篇》,曰《分析

---

① 罗斯:《亚里斯多德》,原英文版,第16—18页,最后一段略加删去,不必详译史实故。

论前篇》,曰《分析论后篇》,曰《辩论常识篇》,曰《辩谬篇》。初无总称,迨亚氏死后近900年始有以"工具论"统称逻辑六篇者。工具者,思维工具之谓①。

逻辑六篇原文我处不可得,谨就英译1928年牛津大学版,计其页数,以见其篇幅。

篇名	原希腊文标准版页数	英译牛津版页数(每页37行每行平均12字)
范畴篇	15	40
解释篇	7	30
分析论前篇	46	131
分析论后篇	30	112
辩论常识篇	52	181
辩谬篇	31	63

形式逻辑六篇,共计原文标准版181页,英译牛津大学版557页。每页平均444英文字,共约24万英文字。虽非巨帙,亦有可观矣。亚氏出生于公元前4世纪,思想迥异于今日,兼之文字重释,语多晦涩,不易生解,中外译文,在所不免。玩索而有得之,是在读者。

兹分论六篇如次:

《范畴篇》以为六篇之冠,历年论列,评其真赝,颇不一致。有否认其为亚氏之作者,盖因确定为亚氏著作中丝毫未有涉及《范畴篇》之名。持此论者,德国柏林版《亚里斯多德全集》第4卷无名氏之意见是其一例。罗斯反驳其议,指出自3世纪薄斐略Porphry(撰《五公篇》)以来,亚氏注释家从未怀疑《范畴篇》之为亚氏之作者,即公元前1世纪安德罗尼亦未持异议。5世纪阿摩尼乌斯(Ammonius,希腊语亚氏注释家)认为《范畴篇》是亚氏门人提阿弗拉士特斯(Theophrastus)与欧丹姆(Eudemus)模仿其师之所作,但据欧根(Euken)之研究该篇的风格与语法,皆证其为亚氏手笔②。近人都皮里耶尔(E. Dupréel)又斥《范畴篇》文体的干燥无味,不类亚氏论著的旷达流畅,而罗斯则认为此实非所以证其伪,因《解释篇》

---

① 有译为"机关"者,例如日人速水滉,见其《论理学》,日本东京25版,第10页,误解拉丁文 Organon 一字,亟宜纠正。

② 见欧根:《亚里斯多德常用语》一书(Ueber den Sprachgebrauch des Aristoteles)。

与《分析论前篇》文气亦皆类比,盖逻辑为学,乃科学与哲学的初阶,亚氏当时以之教其高足生者,语气严正,未足为奇。罗氏说极是也。《范畴篇》出于亚氏手笔,自无疑义。其后五篇与该篇原旨迥异,是否真品,曾为安德罗尼所怀疑,然反复研究,当仍是亚氏所作也①。

首言《范畴篇》。篇举范畴凡八,按《形而上学》一书,范围凡十。侯官严几道先生译为"十伦",盖从明末李之藻《名理探》之译。"十伦"者:曰物、曰量、曰德、曰相属、曰施、曰变、曰位、曰时、曰形、曰习②。严先生述穆勒之言曰:"十伦于希腊文名'加特可理'(Categoria)于拉体诺(即拉丁)文称'布理的加门'(Predicament),将以尽宇内可名之物者也。意亦曰,凡天下之可言,无间大小精粗,为牟为察,为正为负,有对无对,已名未名,但使其物为人心所可思,言语所可议,莫能外此十伦者。"③牟宗三在其《逻辑典范》中论体、量二范畴甚悉,其余则皮嫌太简④。盖牟宗三引亚里斯多德之论十范畴,意在有以证其所谓思想涉及存在,须用言语或命题表示。命题表示存在之"体"与"用",在这种体与用上,可以引出种种状存在的概念,而又皆可归于"体与用"⑤,如是而已。其实亚氏逻辑的研究,是从语言出发。语言之表达思维之判断为命题,而命题之形式必是"此属于彼"或"此之对于彼为真"而所谓"属于"或"对于某为真"的意义,恒以事物之相互关系而异,关系之划分,最后归结为总类,此范畴之谓也。是则严氏引穆勒之言,庶乎近之,细玩亚氏《分析论前篇》49a,7自明。虽然,亚氏在其《形而上学》一书,言及范畴时,间有涉及所谓"体"与"用"者,然明指体用之处亦罕见。计该书涉及及范畴共16处,有关存在(即所谓体者)

---

① 拉法人鲁班在其《希腊思想史》Leon Robin, Greek Thought, Eng. Trans., London, 1928年版中,则认为《范畴篇》最后五章称"后旌"者,非亚氏之作,但早年经已窜入,后乃真伪不分,两说孰是,仓卒莫由遽定矣。

② 按严氏十伦,译名重出至再至三,兹但举其一,余从略,亚氏希腊原文鲜为逻辑教本所引用,"类皆举其拉丁译名 Substantia. Quantitas, Qualitas, Relatio, Actio. Passio. Ubi. Quando, Situo, Habitus;此拉丁译名亦严氏《穆勒名学》音译所指,实则穆勒原著并举其希腊原文,详见原版《名学系统》第1卷第3章第1节,"十伦"今译"十范畴":(1)本体、(2)量、(3)质、(4)关系、(5)主动、(6)被动、(7)位置、(8)时间、(9)姿势、(10)情况。

③ 见严复译:《穆勒名学》,《严译名著丛刊》第1卷,商务印书馆,第33页。

④ 见《逻辑典范》,第39—46页。

⑤ 见《逻辑典范》,第39页。

仅6处,而明指"体"言者不过3处,故形式逻辑之言范畴,实指命题谓词之总类,与形而上学之体用无涉,牟宗三之说太过牵强。

《范畴篇》都15章,前9章论范畴,后6章为范畴余论。

《解释篇》拉丁语为 de interpretatione,即解释义。原希腊文为 ermeneias①。原意是以词达意义,中释应为《辞意篇》。其取名大概由于该篇第2段有:"言者心所感之表达,而文字又语言之符号也。文字各有不同,而语声则因人而异。人所尽同者,心之所感耳。"②但此篇内容,大都是有关命题,释篇为"命题篇"盖取此意,然竟以之夺其原名,未见其当,故仍采"解释篇"之释,但应以《辞意篇》为更正确。

安德罗尼对于《解释篇》是否为亚氏所作,认为颇可怀疑,其原因是篇中有16a,8,"这事(语言文字与心之所感)在我《论心灵》一书中曾已论及",而查现存亚氏《论心灵》一书,并无言及语言文字与心之所感,故《解释篇》不应是亚氏手笔。然而亚氏著作中,决为亚氏手笔者,提及他书而无从复核之处,亦不止此一点,以之而判《解释篇》为伪书,未见其可。亚氏门人提阿弗拉特斯与欧丹姆之撰述,皆默认《解释篇》之为其师所作。亚摩尼乌斯亦谓安德罗尼之外,评论家无一不承认《解释篇》之为真品者。且篇中风格语气,皆证其为亚氏作品,惟其内容较他书粗浅,而亚氏之门生造诣各异,或以《解释篇》训其初学门生,是则《解释篇》之较易于他书,未是其为赝品之证③。

《解释篇》凡14章:其第1章概论辞意;第2章论名词;第3章论动词;第4章论句;第5章论简单句与复杂句;第6章论对立命题;第7章分3段,第1段论全称,不定与特称,肯定与否定,第2段论对立与矛盾之别,第3段论全称对立命题与不定对立命题真假之对当;第8章论单一命题;第9章论命题之三时,即现在、过去、未来;第10章论命题对当;第11章论复杂命题;第12章论可能性、不可能性,盖然性与必然性的命题与其各种命题之矛盾形式;第13章论各种命题相互之关系;第14章论肯定命题之对立,是一否定命题,抑是一肯定命题。可见是篇内容皆有关命题,

---

① 按希腊文 e 上有开口音符,故以拉丁字母拼写,当加 h 成 hermeneias。
② 见《解释篇》16a 第4至6行。
③ 参看上引罗斯:《亚里斯多德》,第10页。

名之曰命题篇者以此。

分析论前后两篇之为亚氏作品,论者从无异议。前篇2卷论三段论式,共分6段:其第1段总论及论三段论式的构成、格与式(第1卷前26章);第2段论议论中中词之寻求(第1卷第27至31章);第3段论三段论式之组成部分,命题(判断)与名词(概念)(第1卷第32至46章);第4段论三段论式推理之性质(第2卷第1至第15章);第5段论三段论式的谬误(第2卷第16至21章);第6段论类似三段论式之思维形式(第2卷第22至27章)。三段论式为亚氏之创作,其名称syllogismos(希腊字以拉丁字母拼出)虽曾见于柏拉图的著作,而用为推理之形式,2000余年传至今日而具有确定之科学意义者,则自亚里斯多德始。

三段论式之推理,有真实的三段论式与争辩的三段论式之分。亚氏有两希腊字用以区别之,即apodeiktikos与dialektikos。前者即不可争辩、无疑义之意。后都在希腊思想史中含义不一,以问答的讨论式一义为最古,今之"辩证"是从此义,而无与于亚氏之争辩之义,而词则一也。又有争辩义。亚氏《形而上学》1004b,25有云:"哲学之责为真知,而争辩则批评耳。"此亦非亚氏正义,惟有以之与无可置辩之科学知识相对立,而只在原则上的辩论,乃亚氏之用dialektikos之本义,不可不确定也①。

亚氏在《分析论前篇》之论三段论式即采此义,意谓三段论式之为推理者,必有其故,非似当时诡辩家之流拒言辩论之理也。由肯定之前提而按推理之理以求结论,则其结论固有其必然之故,非强词可夺,此可断言也。此为《分析论前篇》之旨。至于如何确定推理之前提,使之立于无可撼摇之地,因而推出正确而真实之结论,乃证明(demonstration)之事,三段论式有所未逮。即此之故,亚氏在《分析论前篇》之后,于《分析论后篇》三注意焉。

《分析论后篇》为科学推理的逻辑,不同于一般的或称辩论的推理。该篇第2卷共分5段:第1段(第1卷第1至6章)论科学推理前提必具的条件;第2段(第1卷第7至34章)论证明,详言事物何以具有某属性;第3段(第2卷第1至10章)论定义;第4段(第2卷第11至18章)前数

---

① 参看Carl Prantl, Gesichte der Logik, Leipzig, 1927年,第1卷,第95—99页。

段所论各题的补述;第5段(第2卷末章)论基本原理的认识。基本原理既明,研究对象的定义已定,前提具有其一定之条件,则事物之理可知,证明可得而建立矣。《分析论后篇》之内容略备于此。

亚氏逻辑6种之篇幅最长者为第5篇,即《辩论常识篇》①。篇都8卷。论者谓6种之第6篇,即《辩谬篇》,原系第5篇之第9卷,后人分出,立为第6篇,殆非亚氏之本意。细玩第6篇之结语②有云:"研究计划于此告终……读者审核之余,回忆研究开始的情况当知吾人之筚路褴缕,创始维艰,不若其他的研究,日积月累,已具规模,为之甚易,是则读者诸君与修此业者,必不以吾人之疏失,深加谴责,抑且以吾人之发现,略致感谢。"是必指第5、第6两篇而言,不惟第6篇之结束语已也。故以《辩谬篇》是从《辩论常识篇》分出之说甚是。

今之第5篇,主要是论证明的各种方法,而第6篇则论反驳之技术。两篇共占6种篇幅总数45%。亚氏之重视证明与反驳,由此可见。亦可知其著论此两篇之对象为批判当时之诡辩家与雄辩家,用意在于破斥,而非如分析论前后两篇之断断兮以研求推理之故为事。后人之断此两篇为亚氏逻辑作品之尝试,亦以此故。亚氏逻辑6种原非以范畴篇始而以辩谬篇终,布兰特尔百年前在其《西方逻辑史》中早已断言曰:"naturlich ist keine Rede davon, dass diese Reihenfolge von Aristoteles selbst herrühre, sondern sie ist Product späterer Schul-Thätigkeit."③"上所云云者并非说六篇之秩序是亚氏本人所订定,盖为其后学之拟义也。"

叟山氏(F. Solmsen)在其《亚里斯多德的逻辑与修辞学发展》(Entwicklung der Aristotelischen Logik und Rhetorik)一书中,认为亚氏先在《辩论常识篇》研究辩论的逻辑,其后仍在《分析论后篇》确立科学逻辑之说,最后在《分析论前篇》乃有科学与辩论通用的形式逻辑。其说虽似近情,然而未经详审精核,未可视为定论。如《分析论前篇》之撰述果在"后篇"之后,则两篇写成后,必曾有多处修正,使其前后之迹象无可追寻。

---

① 章士钊氏译为《论题篇》,盖望文生义,不解原文,牟宗三译为《讨论术篇》尚近原义,但仍嫌未妥,故拟今译,说已见前。

② 183b16至184b末行。

③ C. Prautl,上引书,第1卷,第90页。

两篇之作孰后孰先,姑存疑以待后之研究者。罗斯之意见盖如此,本文不加复核①。

又梅耶氏(H. Maier)在《法国哲学史论丛》第13集中②以为《解释篇》是亚氏最后而未完成之作,而英人客斯氏(Thomas Case)在《英国百科全书》第11版《亚里斯多德》一文中③指出《解释篇》之分析判断比《分析论前篇》之分析较为简浅,可证其最后出,实有类于《辩谬篇》之文,其为亚氏早期出品,是为一证。

概观《辩论常识篇》,据罗斯氏研究其原文,其选述之先后,有如下述:首为该篇第2卷至第7卷第2章为第1段,其思想尚不脱柏拉图学院之范围;次为第7卷第3章至第5章;再次则第1、第8两卷。欲明此篇大意,按此顺序寻求,庶乎近焉。

"常识"与"谬误"每每是毫厘之差,不可不慎。常识者,辩论所必由之道,循此以行,则辩论不离规矩,立敌之是非自明。舍规矩而争辩是为诡辩,智者不取。故亚氏之徒,编纂其宗师之逻辑遗著,以《范畴篇》始,继之以《解释篇》《分析前后篇》,以确立思维推理之轨迹,详言其所以然之故。复论言者辩论之术,反复于制敌制胜之伎俩,而以辩谬终焉,此六篇之崖略也,其详见下各章。

逻辑六篇秩序并非亚里斯多德所手定,可以断言。亚氏死后,其逻辑遗著为其门弟子汇为一书,按后人讲述形式逻辑之程序,分6篇之先后,有如上述,大概是根据亚氏学院第11代主持人安德罗尼(Andronicus)所拟定④。

---

① 参看罗斯:《亚里斯多德》,原英文版,第19页注。
② Arch. t. Gesch. d. Phil. XIII 23-72.
③ 参看《英国百科全书》,第11版,第2卷,第511页起。
④ 参看《英国百科全书》,第11版,客斯著《亚里斯多德》一文。

第四章　亚里斯多德的思想体系

　　亚里斯多德的思想体系，概言之其根源有三。第一，他生长于古代希腊奴隶社会之中，其家庭又和马其顿的统治者联系很深，他作为一个思想家，就意图在其国家学说和其经济学说中掩盖奴隶主国家的阶级剥削本质，认为政治斗争和社会动荡只由于财产的不平等，而看不见当时的阶级斗争日益尖锐化，于是他才有这种说法，认为奴隶不过是躯体，不过是"会说话的器械"，只有和植物共同的消化养料与生长的两种机能，和动物共同的感知，而无人类特有的理智，惟有统治者才有理智而能运用思维以控制一切情欲，使之纳入正轨以至中和而得安谧。这种说法，无非是要替执行镇压劳动者阶级职能的奴隶主国家的统治阶级加以辩护。所谓"劳心者治人、劳力者治于人"的荒谬理论，竟出自古代希腊大思想家亚里斯多德的手笔，为阶级决定思想之又一明证。执此以看亚氏的政治学和伦理学，其本质所在，就洞若观火。第二，亚里斯多德是柏拉图的入室弟子、亲炙柏拉图者凡19年，其在柏拉图学院之后期，虽然与其师的学说，不无出入，在某些地方并曾与之分庭抗议，但大体上许多还不能逃脱柏拉图的樊篱，即举上面治人治于人之说，拿来同柏拉图"理想国"之分公民为三个阶级，统治者、武士、劳动者，其劳动者只应竭力于生产、不问政治，完全受其他两个阶级所指挥所控制，惟有统治者之职能才是运筹帷幄，发号施令，那种说法相比较，又何以异？师弟之同为一丘之貉，可以断言。此仅言亚氏之政治学说。至于亚氏的哲学、形式上似青出于蓝，但其本质仍不过柏拉图思想的变态。例如，最显著之一点，是柏拉图把理念和现象的两个世界完全割裂，理念世界才是真实，现象世界无非镜中之花水中之月，色即是空，无有是处，两世界之间，横着一条鸿沟，不可逾越，而亚里斯多德则认为物体最后的基体是质料，由之而产生一切物体。质料是永恒不灭的，却我们不能把质料看为唯物主义的物质。亚里斯多德的质料不具有任何固定性。质料还不是现实性而是可能性，只有它和形式结合起来的时候，才变成现实性。根据亚里斯多德而言，形式才是积极的、能动的原则。形式才使质料得到确定性。形式在亚里斯多德的希腊语是 proteron ti phusei 而质料是 proteron pros imäs。前者是普遍原则义、德文的 sckӧpperische Begriff"创造的理念"义;而后者是感性认识的个体。故据亚氏之说,质料只是可能,只是潜在,形式才是能动,才是实在。物体的运动和发展是形式的作用。质料只是体现形式,而且为形式实现的阻碍。亚氏之这样把形式与质料结合起来,把柏拉图的理想与现象结合起来,以发展这一观念来说明两者之联系,实胜其师一筹,但是以究形式与质料之极,则在亚氏发展的程序中,其最低下者虽不能是无形的质,而其最高最善者是无质的形,即其所称为神者,仍是与物分离。岂非亚里斯多德对于其师柏拉图之唯心学说,欲加以批判而未能,结果仍然把心灵看为身体的形式,把神看为一切形式的最后形式,所以列宁在其《哲学笔记》中有这一句话:"亚里斯多德如此可怜的抬出神来反对唯物主义者吕基伯(Leucippus)和唯心主义者柏拉图。"①由此可见,亚里斯多德对于柏拉图思想影响之挣扎,终之不免陷入神秘的概念中,是皆亚里斯多德留居柏拉图学院近 20 年所致。教育与社会环境的潜移默化其为力有如此。第三,亚里斯多德生于当时希腊最著名的世传医生家庭,属于亚士克拉克也族。亚士克拉克也,希腊语为 Asclepiad、从医药之神 Aesculapius 或 Asclepius 而得名。其族屡代产生名医,为王者御医。亚里斯多德的父亲尼可马克斯(Nicomachus)即马其顿王室的医生,因之亚里斯多德和马其顿的统治者发生密切的家庭关系。他的父亲虽早死,亚氏为其母扶养成人;却当他幼年,曾受过医生的生物解剖训练,遂养成他对于生物研究的兴趣,终其身而不衰。据亚氏的遗著、他所研究过的动物近 520 种,比之今日生物学所知道的动物 50 万种,当然是有天壤之分,但以当时计,则亚氏的生物学研究已无出其右者。他的研究方法,主要是比较解剖学和比较形态学的方法,所观察的不只是动物的外形,而且是其内部的结构,不只是长成的动物,而且是由胚胎以至于死亡。他曾研究雀鸟繁殖的移动,鱼族在水中的浪迹,并且追求其移动与浪游之故。其兴趣所及,是从动物的生出、生长以至其种类的进化。亚氏的生物学学说,实在可说是开生物进化论的先

---

① 《哲学笔记》,俄文版,第 264 页,据《苏联大百科全书》所引。

河。其观察的结果,如"四足兽之胎生者皆有毛、其卵生者皆鳞类"等等,都成了生物学的定论。早在2400年前亚氏已将鲸鱼区别于鱼类,其对于鱼类鳃的观察,尤其是进入精微,对于墨鱼的研究极其详尽,其对于动物的生育研究,特别是多,且著有专论。像这样具体事物的观察,动物发生发展的研究,自然要使亚里斯多德在自然界中认识了多少存在于事物转化与发展中的辩证唯物主义因素,使他不能不在其思想上有要求脱离其师柏拉图唯心主义的倾向。但是在其进行解释动物怎样由一形态过渡到另一形态的转化时,亚里斯多德又提出所谓"隐得来希"这一理念。entelekeia[①]"隐得来希"者,即"实在性"义,如上引后句有云:"行动是终极,而实在性即行动。"即"实在性"一词亦是由"行动"一词而来,意味着完全的实在。亦即《苏联大百科全书》所说:"他所谓'隐得来希'就是运动所达到的结果、运动所达到的目的。""而这种目的、结果在运动开始时只能呈现于观念中。这样提问题的结果、使他得出唯心主义的结论、认为每一存在都含有自己的内在目的。"[②]因之,亚氏在自然科学研究中所体会到的辩证法的因素,又沉没在其师柏拉图的唯心主义的形而上学之中,使唯物主义和唯心主义成分在他的思想中总是纠缠在一起。表现出来,时而唯物、时而唯心,摇摆不定。我们是这样看亚里斯多德的思想根源的。

亚里斯多德的学说与其著作包括当时各方面的知识,前章已略有论列。本文研究其形式逻辑一个部门,自无逐一讨论的必要,但他的一般思想体系,当然要影响他的逻辑学说,故有简单地来叙述的必要。

谈到亚里斯多德的思想体系的时候,我们不得不首先体会到他受之于其业师柏拉图的宇宙观。柏拉图的宇宙观为一个宝塔式的体系,塔巅是最完全的存在,其下各层,离巅愈远,则其完全性与发达性就愈差。处于塔巅之存在,是最完全、最发达的,故为宇宙中之最真实、最合理、最完善的。惟其已是最真实、最合理、最完善,故不须再有所改变,因其真实性、合理性、完善性,已是无可复加的了。塔之巅是如此的,而塔之底则反是。存在于塔底的,是人们耳目所接触之物,变动不常,与最高存在的真

---

① 见亚氏:《论心灵》412a,27 与《形而上学》1050a,23。
② 《苏联大百科全书》《亚里斯多德》,人民出版社,1954年,单行本,第10—11页。

实、合理,与完全无关。巅与底两极之间为各级中层的存在。

由此可见,柏拉图与其徒亚里斯多德之所谓"真实",实乃名副其实之义。凡物之诚为是物者则真,不诚为是物者则伪。真与伪是相反的。

由是而言,则变动不常的物,以其仍在变动之中,故其真实性与合理性当然尚未完全。完全真实合理之物必不变动。物之变者以其不是完全真实之故。但变的本身是完全的合理的,因之亦是完全真实的。

变之为变,是由未完全以臻完全,所以变动实是发展,实是由不完全到比较完全,由此较完全到更完全,以臻于真实完全,有如卵之变为孵、孵之变为鸟,此之谓变。然鸟之生而长,长而老,老而至于死,是亦变动。

其变必有变之故,有故是为常。万物之变,可究之而得其理。理者常也。故其归趣就是变无不合乎理。而所谓变就是质料之与形式结合。故亚氏之质料与形式两概念又不可不加以解释。

一般地说,质料是形成物体之材料,形式就是使这样材料结成一个整体的模型。刻铜为像,铜就是像的质料,像之所以为像,即因有其形式。像之型成,像之有其各部分的模型,像之如法布置,大小、方圆、高低、曲直各得其所,各部分量之如法分配、都是使质料具有形式,使铜成为像。一切跂行喙息,蠕飞蠕动、兽胎不殰,鸟卵不殈,万有不同,皆因形成之各异,使其质料之表现不同。故质料有待于形式,却形式又不离质料。质料与形式本为整体,不可分割。思维抽象分而别之、乃成其二。变之为变、是质料与形式之消长,形式之入于质料愈加多,则物体愈表现其为该物体之形式。是则该物体之为该物体亦愈真实,愈完全,因之而为愈合理,正如铜之愈为像,则其铜也愈减,其为像也愈加。铜加消而像加长,像于以形成,遂见像而忘其为铜,然铜未得而全灭。此亚氏之所谓质料与形式。

可见变者非质料之变,亦非形式之变,乃质料表达其形式之变。变动仅仅是质料与形式互相消长之变。故以亚氏之思想体系而言,质料者潜在之谓,形式者实在之谓。潜在逐步成为实在,是之谓变。物之未臻完全,就不得不由潜在愈趋实在,由潜在趋于实在的过程,亦即变之过程。物在变动过程中,实未完全成其为是物。称之为是物、实则此物之潜在逐渐变为是物的实在。故亚氏之变,变发展的意思。不变则不能发展为是物。

这样说来,亚里斯多德的思想是继承柏拉图的学说,认为物变之中,形式主动地使质料渐趋于实在。其主导作用是形式而不是质料。这就是柏拉图认为理念世界是真实世界,变动的现象世界是虚幻的世界的学说。其唯心主义之成分甚为显著。亚氏质料之性质意义模糊。故质料与形式虽然并存于物体,而二者不可离,但质料本身是完全被动的,必须服从形式的主导作用的。无形式则质料失其真实性,只成一无何有的东西。所以质料只是潜在。潜在之成为实在,虽可说是质料之发展,其实是由于形式的逐渐增长以致质料的逐渐消失,臻于极点,惟有纯形式之独自存在,成为宇宙间最真实、最完全、最合理的存在,而质料便完全消失。质言之,柏拉图肯定是最初只有的理念而无物质,亚里斯多德似乎认为先有最初无形式的质料,而质料逐渐与形式结合,质料则以渐减,形式则以渐增,以至其极,质料全亡而形式独存,实与柏拉图之唯心主义无异,所谓殊途而同归。

  不惟这样而已。从亚里斯多德的演变说来谈,其唯心论且益明显。亚氏之演变说是以原因为变动之理。原因有4:质料原因、形式原因、动力原因、最后原因(又称目的原因)。此4原因之说,散见于亚氏各书,例如在其《形而上学》标准页第983a第24至32行,就是这样讲的:"我们只有认识事物的基本原因时,才是真正认识该事物,所以不得不求事物的固有原因。而原因有4种意义。第1是本质,即物之何以是如此、须于其定义求之。事物最后的'如何'就是它的原因与原理;第2是事物的质料,第3是变动的根源,第4正与之相反,即事物的目的又称事物之目标,就是事物发生与变化之终点。"所言第1本质者,即形式原因,第2质料者,即质料原因,第3变动根源者,即动力原因第4目的或所求者即目的原因。既有质料原因为事物的基础,复有动力原因为变动的根源,而亚氏复加上一个形式原因以说明某一事物之所以变化而成为该事物。因有形式为其动力,按其发展的程度更向着形式推进以求其更能表现此形式。孩提之童,已是人之具体而微者,但尚非成人。及其成人,目的已达,才为其终极。故终极虽最后出现,而其为变化之原动力则在变化开始之先。足见亚氏之4种原因之说,实是1种"折衷主义的理论和他关于形式与质料的两面性学说密切联系……并给唯心主义和目的论保留余地……"①

---

  ① 《苏联百科全书》,单行本,第11页。

4 种原因的作用,在事物变化过程中,有时不易看出,因为有些原因,尤其是形式原因、动力原因与目的原因是交错的。例如,据亚氏的原因学说,在人们自觉的行为之中,其行为必有所求,而所求看就是行为的目的,就是行为最后所要表达的,即其形式。所以行为过程之中,目的原因就是行为的形式。目的必要达到,行为就必须努力以求达到此目的,而使行为努力之动力,也就是此目的,故目的原是目的(最后)原因,同时亦是动力原因。在此种情况下,目的原因与动力原因是二而一、一而二,无异无别,只有思想中予以区分。而且行为努力于目的之表现,真实无妄的行为终必接近于此目的之表现,是则目的原因又是形式原因,故目的原因、动力原因、形式原因、三者是同一的原因,至少在人的自觉行为中,以行为来改变当前的情况,三者是交错着而起作用的。人的自觉行为是如此,艺术创作亦复如是。艺术工作者的图案,是其艺术创作所力求表现的目的,亦即使创作推动的动力,同时亦是艺术创作的形式。形式、目的、动力不易区分,三者相互交错而对艺术创作起其作用。此理亦甚明。

即在自然现象中、目的原因、动力原因、与形式原因、亦不能分开。今甲静体,被乙动体所推动。以亚里斯多德的陈旧动力学说而言,凡物必有自然之位置。物之下坠是寻求其应有的位置。但亦有被迫而动者。甲体原是静的,而被乙动体所推动,其动亦有两方面。乙动体之推动甲,是表现其潜在的动之作用,而甲体之被推动,亦表现其能被推动的潜在性能。故一物之推动另一物,也是潜在变为实在之表现,实是质料发展而为形式。故其动力原因,亦即形式原因。动体之推动静体,其原动是由于始因,始因辗转而有次因的形态以至原动之终极,故凡动皆以达其终极,以完成其始因,是则动体之推动静体,在其推动过程中,又有目的原因之作用。动力原因、形式原因、又有目的原因相交错,结合而为一。故云在人的自觉行为中三因之交错如此,在自然现象之机械运动中,亦复如此。自然界之运动,以亚里斯多德而言,是被动,是不自然的运动,而人的行为而下自然界的运动,其自觉成分逐渐变为机械的被动,然其自发的成分并未完全消失以至于无的。

4 种原因的第 4 种是质料原因。物之质料原因是物之成为是物所必需的条件,却其本身在物之演变过程中,不是主动而是被动的。质料有待于来自外面的动力原因,然后按其形式原因而变动以达到其目的。变动之中,质料常住为变动的潜在性,及其逐渐演变,潜在逐步变为实在,则质料递减而形成递增,减之又减,惟不能尽减以至于无。即此之故,在变动境界中不能有绝无质料纯形式的存在,亦即潜在不能完全成为实在,是以据亚氏的说法,变动境界中之物体,绝无完全真实的。完全真实,则无潜在,无潜在,则无演变。由是而言,则资料固是物之所以为物所必需,而又是物之不能完全成为是物之因素。质料之为变化的质料原因,是这样的意思。故质料者,是物之能演变的必需条件,而又是物之不能完全达到其演变的最后目的之原因。据亚里斯多德的学说,质料在其本质上与形式是对立的,要从这点来理解它。如果说形式是真实的、理性的、则质料就是不真实、非理性的。因此,亚氏的现象世界以其变动而言,是相对不真实,相对不合乎理性的,并非绝对不真实,绝对不合乎理性。

变动的现象世界中有四元素,曰地、水、火、风。四元素合而为万有、为山川河海、花草林木、鸟兽虫鱼,然此外尚有未合之纯地、水、火、风。万有之差别,以其所含之四大成分不同而各各不同。万有同此地水火风,形式所不同者是所含之成分不同。不同成分的地水火风合为不同的纤维,不同的纤维再合而为组成生物机构的比较更高级的混合体。生物机构分而为器官。器官之为器与官者,以其各有职守以达到生物所要达到的更高的目的。不同器官各按其不同的职守,以共同达到生物之共同目的。分守有责,各尽所能,在植物阶段,是不自觉的,但它们是同赴一个共同目的,据亚里斯多德看来,是很明显的。植物的质料是其纤维组成的各种器官,其形式就是植物的三种生命机能:吸收营养、成长、生殖。总而言之,植物的形式是植物的生存与繁殖。生存繁殖之为形式渗透了吸收营养、成长、与生殖之中。植物这形式一旦消失,则其组成部分必分而为化学的化合物,各自存在而不成为有组织的统一整体。故亚氏认为形式是物体之为是物体的原因,无之则不能成为是物体。

由植物演变而为动物,则植物所赖以生存之吸收营养与生殖的机能又变为动物阶段的质料以表现动物更高的形式。动物阶段上营养与生殖更服从于动物的有感觉有情欲的机能的。因之,动物的植物机能、不同于草木的植物机能。植物机能之在动物中的作用,不是经常的而是间断的。

发展到人类阶段,生活的主要特征,根据亚里斯多德的学说,是其理性活动。在理性活动下,植物与动物的机能皆成了人类生活形式的质料,服从于人类形式的表现。感觉与情欲之在禽兽是紧密地相互结合着,而人喜怒爱好欲的感觉常常引起内心的冲突。于是为着其内部的协调,就不能不加以节制。理性者即所以保证情欲之平衡。意志之功用是坚持理智对于情欲的影响与指导的。这就是亚里斯多德4种原因的说明,亦即亚氏自无生而到有生,自植物而到动物,而到人类发展的理论。其演变的动因不是生存基础的质料,而是使质料变化的形式。形式原因既与目的原因合,则一切演变皆有预定的目的为之指导。由斯而言,则其学说不只如上面所指出的,给唯心主义与目的论保留余地,而且可断言的是露骨的唯心主义目的论。其摇摆于唯心主义与唯物主义之间者,是在于他既认定形式决定一切演变之后,又不断地提出质料为演变的必需因素。孰先孰后,亚氏常常摇摆于二者之间,未能解决。

但生物学是亚里斯多德所特别注意研究,毕生从事,未尝或断,且有显著成绩的一门科学。在其现存的著作中,生物学的论述占很大的比重。为着我们要了解他的形式逻辑学说起见,我们只需指出两点:第一,是他的生物分类法。亚氏的分类法在欧洲的生物学占统治地位,垂2000余年。一直到林奈的比较更科学的、根据比较解剖学和比较胚胎学的生物分类法提出之后,一般的生物学者才把亚氏的分类法放弃了。亚氏的分类法是继承柏拉图的二分法为其主要的方法的。在他的生物分类中,只有类与种。因他所搜集的标本,以当时而论,不为不多,但以实际来讲,还是有限。尤其是植物的形态,他所知道的比较少。而且留存到现在的,关于植物的亚氏论著,几乎尽数遗失,故类与种就足够为其生物分类的基础。他的动物分类,首先分为陆地动物与水中动物,再将陆地动物与水中动物以二分法进行划分。这种以二分法为划分的主要方法,影响了他的逻辑思想和逻辑方法。第二,是他之认为整个宇宙是定形的。一个无限量发展的宇宙,是亚里斯多德所不能想像的。自然不过是"机械作用",后世以拉丁文来表述的 deus ex machina。变动中只有量变而无质变,草木虫鱼,飞禽走兽,生息繁殖,各从其类,屡代相传,所谓桃生桃,李生李,"自然是忠于类型",不会有新种的发生。因之,凡类皆有人所能尽数知道的种,正如三角形之类只能分为三种,而不能更有其他。这原本是柏拉图从永恒理念出发的一套思想。亚里斯多德治学的方法固然和他的业师所用的方法形式上不同,但师徒两人的宇宙观,本质上是没有差别的。

在亚里斯多德的思想体系中,和逻辑比较密切联系的还有一个问题就是感性认识与理性思维的问题。这是一个心理学的问题,而在亚氏的思想体系中,心理学和生物学是未曾分开的。据亚里斯多德的说法,感知或知觉都是潜在的变为实在。客观事物有其可见性,故在其刺激人们的感觉器官时,它之能刺激,就是潜在的可见性变为实在,而人们受外物刺激而有感觉,由感觉而成知觉,亦是其潜在的能见性变为实在。两潜在性凑合而有感觉、感知的实现。感觉、知觉的内容留存在人心中而为印象,为事物在人心中①的形象。却这留存在人的心中的事物之形象,不论是从心理学上讲,抑是从生理学上讲,是一个进行着的过程,而非一个僵死的东西。这印象在想象的发生时,原是知觉留在心中的痕迹、却人心的能动性使其内容变化而为想象。故想象不是与外物接触的心理活动、但其内容的来源未离外界事物。想象如此,思想亦复如是。据亚氏的心理学说,思想是想象的发展,故思想亦非由直接与外物接触而来。其根源是由于想象,故研究未离外物。然而初而感觉、知觉、继而印象、想象,以至于思想,始终未离人心潜在的能动性。人心的能动性即心理活动的形式。其外界刺激不过是感觉、知觉活动的质料。这质料存留在人心中与更高的形式,即印象、想象等形式,结合而为印象、想象,这都是人心的能动性的表现。但是根据亚氏的学说,人是理智的动物。人的特征为理智。故惟有在思维之中,人的能力性才完全表现,而且感觉、知觉、印象、想象等低级心理活动的成果都是思维的质料,为思维的形式(亚氏学说所指的形式)所实在化而发挥其潜在性。故思维虽不离外物,而其本质则是理智的能动性之表现。亚里斯多德曾说过:"思想的机能是它能在形象中想到形式。"②当人心在两个以上的形象中发觉某一共同点时,便是思维的开始③。然而思维的对象虽是一般性的东西,但总是不离形象以为之助,正

---

① 亚里斯多德认为心是心理活动的器官。
② 见《物理学》标准页第 427b 第 14 至 16 行,431a 第 16 行,432a 第 7 至 14 行。
③ 参看《分析论后篇》标准页第 100a 第 4 至 16 行。

如几何学讲到三角时,本不问三角之大小,但不能在绘图来说明三角时,而可绘出无大小的三角。亚氏的这种说法,是合于一般存在于特殊,特殊表现一般的原理。他的这样一点是与柏拉图之把一般与特殊之间划上一条不可逾越的界线的说法,大相径庭的①。

由上面亚里斯多德心理活动的概要,可见其心理学说是与其事物发展的学说首尾一贯的,是演变的观点,是质料与形式相结合却以形式为其主动的看法。

这显然是唯心主义。亚里斯多德的思想系统中,有时是唯心主义表现得突出一点,有时是唯物主义表现得突出一点,有时是唯心主义和唯物主义纠缠在一起,是柏拉图思想影响结合他自己的社会历史条件、他自己的家庭出身,对他的自然科学研究所接触的唯物因素进行斗争的结果。从亚里斯多德思想发展来看,唯心主义成分与唯物主义成分的比重,并不以他的思想成熟到什么程度而有分别。亚里斯多德年龄愈高,他的老师柏拉图死去已久,似乎在某些方面,他的思想表现柏拉图的影响则愈淡薄、却这影响并未完全消失。他的唯心主义和唯物主义思想成分实是和他所研讨的问题关系更大。在他的政治学、经济学、伦理学中,因为这些问题都是和柏拉图的宇宙观人生观直接联系着的问题,亚里士斯多德的思想所表现的唯心主义的成分就比较重。而在他的生物学、逻辑学中,因为在这些问题上,他受柏拉图的思想影响甚为薄弱而且是间接的,他的唯物主义成分就占优势。研究他的逻辑问题时,就看得更清楚了。

---

① 参看柏拉图:《理想图》标准页第510b至511d。

第五章　亚里斯多德的逻辑学说

1. 论范畴

范畴之说,详于亚氏的《范畴篇》与《形而上学》两书,而两书关于范畴之说,颇有出入,兹根据客斯氏的研究、略论于下①。

亚里斯多德本其从客观出发的立场,认为无个体事物,则一切都不存在。故个体的存在为其哲学思想的基础。此范畴说之所以必须注重的缘故。所谓范畴者,首先是用为句子主词之名称,而所表达的是单独的个别事物。而句子中用为谓词的还有各种各样的名称,概括起来,就有各种不同的范畴,与主词的范畴共而为 10,在《范畴篇》第 4 章有云:"名称所指是实体、量、质、关系、位置、时间、姿势、情形、主动、被动等。"名称的联合便成判断的肯定或否定。故范畴者,实即可在判断中用为主词与谓词的名称。范畴中有所谓实体者,实体分第一性实体与第二性实体。在《范畴篇》第 5 章,亚里斯多德指出:"所谓第一性的实体,即严格地称为实体者,不能作为另一主体的谓词,亦不能依存于另一主体。"例如,某一个体的人,或某一个体的马,是严格地称为实体的东西,是为第一性的实体。第二性实体,即物之种与物种所属之类。第一性实体的个体人属于其人的种,而人的种又属于动物之类。人之种与动物之类都是第二性实体。这样一说,则亚氏不得不把第二性实体,如类与种,以及其他诸范畴列为个体所有物、即第一性实体之所有物。故云:"其他一切诸物都是第一性实体的主体之谓词,否则必依存于第一性实体的主体。"类与种只能作为第一性个别实体的谓词,而其于各范畴,如量、质、时、位、等皆只能依存于第一性实体。因之,无第一性实体,则其他一切皆不能存在②。

这结论是和柏拉图的思想完全对立的,亦即亚里斯多德逻辑学说的

---

① 参看《英国百科全书》第 11 版客斯著《亚里斯多德》一文,第 4 大段"论亚氏的早期与晚期著作"。

② 见《范畴篇》标准页第 2b 第 5、6 行。

基本论点。柏拉图认为首先存在的真体是具有一般性的理念,具有普遍性的形式。个体的东西,只有在其表现这些理念,这些形式的时候,按其表现的不同程度而有其真实性。表现不可能是完全的,故其真实性亦不可能是完全。这是彻头彻尾的唯心主义思想。亚里斯多德则不然。他认为世界中真实的东西是个别的物体,如某一个人、某一匹马、某一个动物、某一树、这大地、这大气、这火焰、天体中的日、月、星,等等。具有一般性的类与种以及它的范畴,只能是这些个体物体作为主体的谓词,而无独立的存在。总而言之,惟有个体是独立存在的,个体能具有普遍,而普遍不离个体。个体人某甲具有人(种)之性,且具有动物(类)之性。人性与动物性是普遍性,不能离个体人而独立存在。某甲这人,其皮色是白(质),其身体是重(量),是某乙之子(关系),正在(时间)公园里(地方)坐着(姿势)说话(主动),而为别人所听见(被动)。其白、其重、其为人之子、在某时间、在某地方、处在坐着的姿势、说话、为人所听见等,皆属范畴,而这些范畴皆指某甲这一个人的所具有之属性,不能离个体的存在而存在,其理甚显,是与柏拉图的唯心主义思想大相径庭。由于亚里斯多德不只认为质与量等范畴是个体的属性,可为判断中作为主体的个体之谓词,而"为人之子"、"在某处"、"被人听见"等范畴,亦如质与量一样,为个体的属性,同样地能为判断中作为主体的个体之谓词,无怪乎亚氏的形式逻辑只知有所主谓判断,而不知其他。其范畴学说决定其逻辑体系,并非偶然的。

除在《范畴篇》外,亚里斯多德的范畴说又见于其《形而上学》一书。《形而上学》一书在亚氏著作中比较晚出,其范畴说大致虽与《范畴篇》相同,然其旨趣则有与《范畴篇》差别者,是又不可不辨。《范畴篇》之言范畴,是名称之类别,而《形而上学》之言范畴,是事物的区分。却两者皆有别于后世康德在其"纯理智批评"之范畴说,盖康德的范畴是认识的主观模型,其说必流为唯心主义的认识论,而亚氏之范畴是事物的区分,从客观出发,与康德之说大异。两者风马牛不相及,不应以名称相同而混为一事。

亚里斯多德的第一性实体、如某一个人的或某一个物,在判断中只能作主词用而不能作宾词用,其为宾词者皆普遍性的类与种,如人、如动物,或其他范畴,如颜色大小等。然而亚氏之所谓主词宾词者,又不尽同于唯心主义形式逻辑的主词宾词。唯心主义形式逻辑将一命题分析而成两端词,即主词与宾词;故中世纪的逻辑家每每称命题中的主宾词为端词。端词者是拉丁文 terminus 之译。即今之言判断中之名词。以词之结合为判断。我们今日谈形式逻辑,偶一不慎,便离去亚氏之逻辑客观立场,走入唯心主义逻辑之歧途而不自知。毫厘千里之分、实在于此。盖亚氏之言判断,必先有个体事物为其判断之对象,谓之主词,而判断对于此对象所陈述,必用普遍性之类与种或其他范畴。类与种,其他范畴之如色与形也,皆个体事物之所具有、必有其客观的存在,而非主观的臆想,是有其存在的。但类与种以及其他的范畴皆存在于个体的实体。所以存在于个体的实体的东西可以分为两种,其一为类与种,其他为个体的实体的各种属性。此则为《范畴篇》与《形而上学》在范畴说上所同,而共异于柏拉图的学说的。

然而亚里斯多德在实体论上与柏拉图的差别,虽在《范畴篇》已见其端倪,其彻底对立,在《形而上学》一书中才甚显著。此又不可不分别为之说明之一点。

亚里斯多德在柏拉图学院受其师之熏陶者近 20 年,故在其早年著论中,未公开与其师柏拉图的思想标新立异。对于一般性的理念,柏拉图之称为形式者,虽早认为不能独立有其存在,然在《范畴篇》一书中,柏拉图的影响尚未彻底予以清除。一直到晚出的《形而上学》一书中才否认形式之能脱离个体而存在。所以说亚氏之范畴说应以《形而上学》为定论。

《范畴篇》第 2 章(标准页第 1a 第 16 行到 1b 第 9 行)有"能为主体的谓词"与"依存于主体"两种观念之分别。所谓能为主体之谓词者,即如"人"、"动物"等。可说"某甲是人",却不能说"人依存于某甲"。所谓依存于主体而不为主体之谓词者,即如"语法的某项规则"。可说"语法之某项规则依存于某一人的心",而不可说"某人的心是语法之某项规则"[①]。类与种可为主体之谓词。属于其他者第二性范畴,如颜色、则依存于个体的实体。所谓依存者,即不能存在于个体而为其一部分,如手之存在于身,亦不能离个体而存在,如"马"或"白马"之不能离某一匹马而独立存在。

---

① 参看《范畴篇》第 2 章标准页第 1a 第 15、16 行。

"能为主体之谓词"与"依存于主体"之分别如此。然而亚氏又说:"白色固依存于白体,而白体又可谓之为白。"① 这句话可解释为"白"之为"白色",依存于白体,而"白色"之"白"则可为白体之谓词。是则"白色"依存于白体而不属于白体,又可谓"白色"之虽说"依存"于个体,而实在有其独立的存在。故亚氏依存之说尚隐约地保留着第二性范畴(如质、量等)之独立存在,未完全脱离柏拉图的影响。可见亚氏之在《范畴篇》,对于柏拉图的唯心主义的思想,尚未予以廓清。

《形而上学》书中之见解则与此不同。《形而上学》标准页1024b第30、31行有这一句话:"事物本身与事物附加一种属性是同一事物、例如苏格拉底与爱好音乐的苏格拉底是同一个人。"是则一切属性范畴与一切类种范畴皆只能为个体实体所具有而不能有其独立的存在。类与种不能离个体而有其独立的存在,则柏拉图之所谓形式者不能有其独立的存在,可见亚里斯多德在《形而上学》之范畴说,因其只承认个体事物之为实体,已公开与其师之实体论决裂矣。柏拉图认为美之为美有其独立的存在,而且比诸美玉之为美更为完全,而亚里斯多德在其《形而上学》中则认为美玉、美色为美,无所谓离开美玉,美色而独立存在的美。正如后世拉丁文所谓"存在于事物"(in re)的美、而无"先于一切事物"(ante rem)的美。在亚里斯多德思想发展到《形而上学》阶段已将《范畴篇》所留存的柏拉图唯心主义思想的影响残余完全廓清了。《范畴篇》的"能为主体的谓词"与"依存于主体"的差异不再出现于《形而上学》的范畴说。"依存"亦即"为谓词",依存于主体,亦即为主体的属性。属性无独立的存在。独立存在的性有个体。《范畴篇》所讲的第一性实体与第二性实体之差异亦不存在。惟有所谓第一性的个体实体,如某一个人、某一匹马,有其独立的存在,而所谓第二性的实体,如人、马、无独立的存在。既无独立的存在,故不能称之实体,仅思维中抽象的产物,其存在必依附于个体的实体。马与白马只能依附于某一匹马而存在②。

---

① 《范畴篇》第五章标准页第2a第31、32行。
② 参看《形而上学》标准页第1003a第7行、第1053b第16行、第1060第21行、第1087a第2行。

2. 论概念

亚里斯多德之论概念,有其独到之处,总结了古希腊思想家对于这问题研求的成果,而且成为了欧洲中世纪1000多年来哲理的出发点。在其演变中有了多少系统的工作,却也掺杂了不少误解与歪曲亚氏的成分,我们在本文后面两章当另论列。兹先述亚氏之论概念。

亚氏逻辑六篇以《范畴篇》列为第1篇。这种排列原非出于亚氏之手,上面已经一再指出,而今之言形式逻辑者,每每先谈概念,而后讲到判断与推理,故总想在《范畴篇》找到亚氏概念之说。这是不可能的。亚氏概念之说不多见于《范畴篇》而多见于逻辑六篇中之其他各篇,尤其是在第5篇。

概念是以词为其表达的,而词属于语言,却概念属于思维。语言因地与时而各异,而思维反映客观现实则应尽人皆同。在《辞意篇》(俗称《解释篇》)有这一句话:"口头用的词是心理经验的符号,而文字上的词又是口头的词之符号。文字词与口头词不是人类所共同的,但它们所表达的心理经验是人类所共同,尤其是经验为其表象的事物不是因人而异的。"①

据此,则认识的对象必是客观存在的事物。不是客观存在的事物不能成为知识的对象。亚里斯多德说:"'意见的对象'是属于不存在的东西。许多不存在的东西都可作为'意见的对象',而'存在'或者说'知识的对象'不可能属于不存在的东西。"②

概念在判断中有主词与宾词之分。宾词在语法中又称谓词。一个判断中的宾词可与其主词互换者,又有不可与其主词互换者,如果宾词可与其主词互换,则它或是表达主词的本质,那就是主词的定义,或不是表达主词的本质,那就是主词的固有非本质属性。如果宾词不可与其主词互换,则它或者是其定义的因素之一,那它就是主词的类概念③,否则它就

---

① 《辞意篇》标准页第16a第4至7行。
② 《辩论常识篇》标准页第121a第23,24行。
③ 按我们用"类"这词作为由之而分出种的大类,而"种"是所由之而分出的小类。我们认为在这里亚氏应说"类"或"种差",却揣亚氏之意,是以种差包括在类之内。——作者

不是其定义的因素之一而为主词的一种偶性①。

亚氏的《辩论常识篇》主要是讨论概念的偶性，概念的类、概念的固有非本质属性，与概念的定义，即其本质属性。概念的偶性见第5卷，概念的定义，即本质属性，见第6卷至第7卷第2章。本篇共8卷。自第7卷第3章之后，都是余论。亚里斯多德并未在概念的定义，即本质属性，概念的类、概念的固有非本质属性、与概念的偶性，4者之外另提出后人所称的概念的种②，而3世纪薄斐略③在4者之外另加所谓"种"而成"五公"，非亚里斯多德之原意。盖根据亚氏的范畴说，除作为认识对象，亦即判断对象的主词为实体外，其余诸范畴皆为主体所具有而为其属性。以属性二分之，得主体的本质属性，即定义，与主体的固有非本质属性及主体的类，与其偶性，并无后人之所谓种。种的定义只是类的定义加上该种与同类之下其他并列种在本质上的差异（种差），故无须另有种的概念，与定义，固有非本质属性、类，偶性四者同列。定义包括一切本质属性。

"所谓本质属性，是一事物之所以区分于其他一切事物的一种属性。例如人类之能获得真知是一种本质属性。"④"定义是指出事物的本质。"⑤

所谓固有非本质属性，乃用以称谓一事物者，虽非其本质属性，但只为该事物所具有而能与之换位者。例如："能够学习语法是人类的固有非本质属性：因为某甲如果是一个人，他必能学习语法，如果他能学习语法，他就是一个人。如果一种性质既属此类事物，又可属于另一类事物，则不能称为该类事物的固有非本质属性。"⑥由此可见，固有非本质属性是依于本质而发生，却不是依于任何一种本质属性而发生，乃是依于该事物的定义而发生，即依其所有一切本质属性有机联系之总和而发生。例如三个角皆相等是等边三角形的固有非本质属性，却三个角之和等于二个直角之和则不是等边三角形的固有非本质属性，因它不只属于等边三角形

---

① 参看《辩论常识篇》第1卷第4、第8章。
② 参看《辩论常识篇》标准页第101b第38行。
③ Porphry原名Porphyrisu，生于233年，在形式逻辑著有《五公篇》。
④ 《辩论常识篇》标准页第128b第34、35行。
⑤ 《辩论常识篇》标准页第101b第39行。
⑥ 《辩论常识篇》标准页第102a第18至22行。

而且属于其他种的三角形,实为三角形的固有非本质属性。以等边三角形而言,这属性应包括在其类概念之内,而为此类概念,即三角形,之固有非本质属性。因此,固有非本质属性决定于定义。必须先确定事物的定义,然后可知其固有非本质属性①。亚里斯多德在其《形而上学》一书中明白地指出,"定义中的一切属性必须是一体的;因为定义是一个单一的公式而且是实体的一个公式,因之它必为某一个东西的单一公式;因为实体的意思就是'一体'而且是'这',正如我们所主张的"②。他又说:"一个定义是一连串的字,它之为一体不是因为这些字连串在一起像'依利亚特'③那样之为一体、而是因为它是关于一个对象。"④

事物的定义为其所有一切本质属性有机联系之总和,是很明白的。但定义是怎样得出,又不可不论。却想要知道定义如何得出,首先必须知道亚里斯多德关于类与种的学说。

《辩论常识篇》标准页第121b第13行有云:"类的外延宽于种与其种差的外延。"根据这一句话,类与种的关系似尚模糊,而亚氏在逻辑六篇中更无比此较明确的说明。其在《范畴篇》标准页第15a第4行虽有"同属于一类的诸种"之语,却在另外几处地方又似将"类"与"种"视为同义词⑤。总观六篇之旨,只能认为类的外延宽于种,而类中有诸种之并列。"事物种别不同,然以其本质这一范畴而言,则有其共同属性,是称为其类。""动物是人类的类,亦是牛的类……"⑥

根据种是包含在类的说法,亚里斯多德在其《辩论常识篇》有两段,在表面上看起来是矛盾的,至少是不易理解的。在该篇标准页第111a第21行,有云:"凡种的属性亦必是类的属性。"这显然与我们对类与种的理解大有出入。人类是动物的一种。人类的属性怎样可能都是动物属性?亚里斯多德却接着这一句话又说:"类的属性不必皆为其种所具有;因为

---

① 参看《米勒名学》第1卷第7章第7、8节。
② 译《形而上学》标准页第1037b第25、26行。
③ 按指荷马诗Iliad。——译者
④ 译《形而上学》标准页第1045a第12、13行。
⑤ 参看《辩论常识篇》标准页123a第28、29行,127b第6行,154a第18行。
⑥ 《辩论常识篇》标准页第102a第31、40行。

动物有飞有走,而人类则不然。却另一方面,则凡种所具有的属性必皆为其类所具有;因为人类如果是好的,则'动物'亦是好的……而类所不具有的属性亦不为其种所具有,但种所缺乏的属性不一定是其类所缺乏。"①同篇标准页第 121a 第 14 行很清楚地说:"种从类接受其定义,而类不是从种接受其定义。"这两段话之不易为我们今日所理解,是因亚里斯多德之看类与种和我们的看法不同。我们不把从一类划分出来各个种的各个种差看为是该类的本质属性,所以这些种差不在该类的定义之内。例如三角形的本质属性只是几何形与三边的两种属性,而三边等、两边等、与三边不等这三种属性皆只分别属于三角形之三种而不属于三角形之类,但亚氏则以之皆包括在类的本质属性之内。他的这样看法是因他认为先有类与其属性,然后由之而划分出其各种,而且各种均由其类带出来划归于各种的本质属性。亦只是因为这缘故,直至今日还有认为一个概念的内涵是概念所指的一类事物的共同本质属性之总和。从我们今日看,本质属性必是该类事物所共有的,岂非既说"本质的",则可不加上"共同的"?"共同的"这形容词显然是多余的。但亚里斯多德当日的看法则不同。他在类中只看见其各种。各种所共有的本质属性才真正的类的定义,亦即其概念的内涵。只言"本质的属性"而不以"共同的"来限制它,则各种之在同一类之下所以相互区别的种差都会包括在类的定义之内。从诸种以得类的定义,"共同的"这形容词是不可少的。我们从类中的各个个体事物来求得其定义,则既有"本质的属性",就不须再加上"共同的"这形容词。墨守亚里斯多德过时的陈规是不必的,而且是不正确的。亚里斯多德看种为从类所分出,我们看种是从类所发展出来,故其种差并非类所固有属性,而是发展为种的过程中所发生的。

何况《辩论常识篇》是亚里斯多德逻辑六篇中比较早出的作品,其得出概念的定义之方法,如上所述,并非他的成熟见解。比之较为成熟的方法,见于他的《分析论后篇》。该篇第 2 卷第 13 章论定义之形成。兹摘译如下:"一类中的每一事物皆有常具的属性,其中有些属性的范围是比这事物的范围较广,但仍属于其类的范围。所谓比该事物的范围较广的意

---

① 《辩论常识篇》标准页第 102a 第 25 至 32 行。

思,是说一些事物普遍所共有的,而不限于这些事物中某一个的。构成事物的定义时,是要选择这一类的属性。所选出的属性,其中每一个单独来讲,都是比该事物的范围更广,却总合来讲,它们的范围就和该事物的范围相同。这样属性的综合就必然是该事物的实质……这样一来,先决定了该类所属范畴之后……就应通过共同的种差考查其种的特有性质。……这种方法是按种差来划分以求种。这划分是方法中有效的一个必需部分……按划分以求种是避免遗漏本质因素的唯一可用的方法。"①根据这种说法,在定义中,作为定义的判断之主词宾词是有相等的外延的。所以《形而上学》说:"定义的公式所表达的是事物的本质。"②

关于下定义的规则,亚里斯多德在《辩论常识篇》第6卷言之甚详。该卷计14章,英译本有34页,共11000多字。谨节录其大意如下:(1)凡定义段先举出被下定义的概念所属的类。我们认为这里的"类"就是薄斐略的"最近类"。举出最近类之后、再说明种差③。(2)定义段力求明确,不得用意义含糊的词句。(3)定义不得用比喻或比拟的语气。(4)定义应力求简洁,避免多余的词句。"凡删除而不减低定义的明确性的词句皆是多余的。"④(5)定义须与被下定义的概念完全相称,即定义必须适用于概念所指的每一对象⑤。(6)定义应以已知来说明未知,以易知来解释难知。如果以对方的知识水平决定何为已知,何为易知⑥,则有时不能严守定义必须包含本质属性的规定⑦,其结果则一个概念可能有几个不同的定义。要免除这毛病,就须求绝对的已知与易知,即客观的已知与易知,而不是某一个人的已知与易知⑧。然而什么才是客观的已知与易知,亚里斯多德未加说明。在这点上,亚氏似将科学的定义与辩论中所用的定义混为一谈,故

---

① 参看《分析论后篇》第2卷,标准页第96a第14行至标准页第96b第35行。
② 亚里斯多德:《形而上学》标准页第1030a第6行。
③ 按亚里斯多德在《辩论常识篇》标准页第143a第15至28行曾补充说明在定义中应用最近类。——作者
④ 《辩论常识篇》标准页第140b第1行。
⑤ 《辩论常识篇》标准页第140b第16至26行。
⑥ 《辩论常识篇》标准页第141b第17、18行。
⑦ 《辩论常识篇》标准页第141b第22至24行。
⑧ 《辩论常识篇》标准页第142a第6至12行。

这条规则未为后人所采用。(7)定义不得重复被下定义的概念。这条规定禁止循环性的定义。(8)相对概念的定义不能不用其相对联系着的概念①。

亚里斯多德在《辩论常识篇》谈到定义这一问题，主要是提出检查定义的正确性之各种方法。其研究极为详审尽致，但所举的实例多不合现时情况，例如他常用"人类是两脚动物"等定义，足见两千年前古希腊的自然科学的发达尚在幼稚阶段，自不能与今日的科学相比较。而且亚氏研究定义的目的是在于批评及抨击别人所下的定义和别人下定义的错误方法、只间接说明下定义的正确方法以免受其辩论对方的攻击。但也曾谈到许多关于定义的问题，却有些形近烦琐，例如他有 X 是 A 和 B 的定义形式，X 是 A 与 B 相结合的形式，又有 X 等于 A+B 的形式，似不切于实用，而书中言之甚详。但他又曾谈到复杂性概念和复和性概念的定义，确有其实践意义的②，皆非后之言形式逻辑者所重视，是我们所要指出的。

定义与本质属性，固有非本质属性，与类之外，亚里斯多德还讲到偶性。对这问题亚氏并未多说，以其易于理解故也。"所谓偶性，是事物的一种属性，既非其定义(即本质属性)，又非其固有非本质属性，亦非其类，而是事物之可有可无的，例如'坐着'等。"③偶性可能是暂时的，相对的，如"坐着"。"坐着"是一时的姿势，故是暂时的，且是相对的，因是对不在坐着的人而言的。偶性不可能是绝对的，如是绝对则不成其为偶性④。最后一句的意思亦甚明显。如是绝对的一种属性，则这属性为事物所恒有，且不对于同类事物而言有此属性，就不成其为偶性，当为该事物所固有的属性。

以上述亚氏之论本质属性、固有非本质属性、类、与偶性。亚氏称此四者为四旌⑤，薄斐略⑥谬加"种"而成五旌，上面已根据亚氏学说予以驳斥，却 1000 多年来，欧洲形式逻辑家沿袭已久，几成定论，要非亚氏之原旨。言亚氏形式逻辑学者不可不辨。

---

① 《辩论常识篇》标准页第 142a 第 26 至 33 行。
② 参看《辩论常识篇》第 6 卷第 11 章。
③ 《辩论常识篇》标准页第 102b 第 4 至 8 行。
④ 《辩论常识篇》标准页第 14 至 26 行。
⑤ "旌"从严复译。
⑥ 严氏音译为彼和利。

四旌之中有本质属性,固有非本质属性、偶性。是三者皆事物的属性,而十范畴①中又有"质"与"德"(据严译,今译为"实体"与"质")。"实体"拉丁文为 substantia,亚氏原希腊文为 ousia。"质"拉丁文为 qualitas,亚氏原文为 poiòn,而四旌之中无此二范畴之同义词。虽然十范畴之所谓质是和属性之又称为性质者有别。亚氏解释范畴之"质"为"因之而为某某事物者"②。这又甚近于四旌的本质属性,应如何区分,必须从十范畴与四旌之关系来说明。《辩论常识篇》标准页第 103b 第 20 至 33 行曾讨论这问题,大意谓凡可言说的事物分为十范畴。四旌之偶性、类、固有非本质属性与定义(即本属性)皆应属于某范畴。凡命题之成立无非由四旌而组成,而旌者必指事物的实体,或其质,或量,或其他一种范畴。例如有事物如此。执一人而问之,"这是何事物?"答曰:"是人",或曰"是动物"。他所指的是属于实体的范畴。如果答曰"是白的"则所指的是属于质的范畴……四旌与十范畴之关系大概如此。米勒在其"名学"对十范畴与五旌的解释,可帮助我们更为明确这关系。其言范畴则曰:"范畴(严译为'伦')将以尽宇内可名之物者也。"③言五旌则曰:"凡是五旌,皆对待之义。故同一名也,视与何者相持而并论。有时而为类、有时乃降居而为他类之别④焉。"⑤由是言之,则范畴是指事物的类别,有关于"类族辨物"⑥,属原客观存在,而"旌"者则判断中所指的范畴,因主词之与宾词的相互关系而得名⑦。例如"三边的"在范畴而言则属于"质",却在"三角形是三边

---

① 严译为"十伦",见《穆勒名学》(1)部甲篇第 3 第 1 节。
② 见《范畴篇》标准页第 8b 第 25 行。
③ 严译语,其原英文为 The Categories or Predicaments were believed to be an enumeration of all things capable of being named。
④ 今译种。——作者
⑤ ... they epress, not what the predicate is in its own meaning, but what relation it bears to the subject of which it happens on the particular occasion to be predicated. There are not some names which are exclusively species or differentive; but the same name is referred to one or another predicable, according to the subject of which it is predicated on the particular occasion. (严译语)
⑥ 米勒原文 enumeration of Existence。
⑦ 米勒原英文为 they are names applied to certain predicates, to express the relation between them and some given subject。

的"这判断中,"三边的"是三角形的本质属性,故称为定义之"旌"的一因素。其为本质属性之旌不因它之在范畴而为质、是因它对其主词所指的实体而为本质属性。同一"三边的"质在另一判断中因与另一主词相联系可能不是本质之旌,而为偶性之旌,或为它旌。故范畴与旌有别。

后世之言形式逻辑者,大都以定义与划分并列,而亚里斯多德则言定义甚悉,却对于划分无多论述。亚氏逻辑看划分只是寻找三段论式的前提之一种方法,而不是像后世形式逻辑之看划分为揭示概念外延的一种方法。其不重视划分的原因,是由于他不同意柏拉图之用二分法来决定某一事物的定义。在《分析论前篇》标准页第46a亚氏说:"划分是一种缺乏根据的三段论式,因为它窃取未证明的论点。"①所谓划分者无非是这样:例如A代表动物,B代表有死的,C代表不死的。今须求得人类的定义,姑以D代表人类。用划分以求定义者认为凡动物不是有死的,即是不死的。那就是说,A可二分为B与C,今人类既是动物,故用划分以求定义者必认为A是属于D的。所以人类必是有死或不死,却不一定要得出结论说,人类是有死的动物,这样说是窃取论点,是应该以三段论式来证明的。故划分法②是缺乏根据的一种三段论式。

亚里斯多德概念之学说,略备于上。其关于概念的相互关系,则作为名词之间的关系,在《辩论常识篇》第2卷第7至10章研究判断间的关系时联系着来讨论。其涉及的范围甚广,多为近代形式逻辑所省去,例如在第8章后段,亚氏研究表达某种性质有无之名词,如能见,称为明,不能见,称为瞽。这些名词都可以用不同的各种方式使之结合,其结合后之关系皆为正确思维所应审查,加以分辨。在第9章论平列的名词,如"正直的人"、"勇敢的人"、"勇敢的事"等。在第10章论具有种属性之主词与宾词,其宾词之属性增减是否随主词属性之增减,例如"愉快是好的",是否"更多愉快是更好"。宾词像这样随着主词而增减在若何条件下是相对的,又在若何条件下是绝对的。亚里斯多德的《辩论常识篇》是他的逻辑研究中较早的作品,讨论这一类问题多是探讨性质,并未作出最后的结

---

① 盖针对柏拉图的以二分法来下定义。
② 亚氏指用二分法以求定义的方法。

论。后人未能继续钻研,以致他的探讨不能终结成为形式逻辑科学的一个组成部分,实为逻辑科学之一憾事。我们现在虽略知概念间某些关系,但其范围远不及亚里斯多德的研讨范围,是可断言的。

即以我们现在所谈的概念间的关系而论,亦不若亚里斯多德之精详。亚氏在《分析论前篇》说明名词是从判断部分而获得,即判断的对象与用之以称谓此对象者①。判断的对象与用之以称谓此对象者皆是范畴,即客观存在之物。判断表达于语文而为命题,命题中表达判断的对象与用以称谓此对象者为名词。名词只是用以表达客观事物的符号,名词所表达的客观事物是名词之意义。名词用之不慎,则同一个名词可能有不同的意义。例如勇敢是好,治病之药亦称为好,而"好"的意义不同。故"好"为同一个词而有不同的意义。词同义异,为逻辑所必须辨别,否则不能尽逻辑正名之事。词义之是否相同,其辨别的方法是看它的相反词是否相同。例如刀快之快,其相反词为钝,行路之快,其相反词为慢。钝与慢不同,因知刀快之快非行快之快②。其又一法,是看用什么感觉器官以知词的意义。所用的感觉器官不同,则词之意必不同。例如水之清是视觉所感知,而音之清是听觉所感知,故知水之清与音之清不同其意义③。

对于名词间的关系,亚氏研究之详且尽,可以同一关系一例说明之。亚氏谓"同一"有三义:数量的同一、种别的同一、类别的同一。所谓数量同一,即同一实而异其名;所谓种别同一,即同一名而异物,但皆属于同一之种,如此人、彼人、皆是人,此马、彼马、皆是马,人义马义无别无异;所谓类别同一,即种异而同属于一类,如马之种异于人之种,却同属于动物之类,故为类别同一,又如此杯水与彼杯水,同是一泉之水,则非类别同一而种别同一④。这同一的三义,我们可译为"同一"、"同类"。汉语与希腊语的语法与结构不同,故这种成为亚里斯多德的问题的不成为我们的问题,然不可因其不成我们汉语的问题而认为亚氏咬文嚼字,只证明其探讨之细致。

---

① 《分析论前篇》标准页第24b第16、17行。
② 参看《辩论常识篇》标准页第106a第2至22行,亚氏举例甚多。
③ 《辩论常识篇》标准页第106a第23至35行。
④ 《辩论常识篇》标准页第103a第7至18行。

一般地说,亚里斯多德之看一个概念是从它的内涵来看。如在《分析论前篇》标准页第 40b 第 30 至 32 行,亚氏说:"如果要以 A 来述说 B,说 B 具有 A 所指的属性或不具有这属性,那就必须对一事物有所称谓。"可见亚氏之所谓称谓者,即谓某一事物有无某一属性、并非谓这事物属于某范围、或与某另一事物有什么的一定关系。这又是亚里斯多德的形式逻辑局限于主谓判断的表现。

亚里斯多德认为概念本身,如单独地来看,无所谓真伪。他说:"所谓真伪,必先有结合与分离……'人'与'白'作为独立的名词,还不能说是真或是伪……要说得上是真伪,必须加上一个'是'或'不是'……"①亚氏之如此说,并非认为概念无正确性与不正确性,乃是说,只有一个独立的概念,在一个人将它说出来的时候,不能说这说出是真的或不是真。如只是说"马",尚未成其为判断,则无真伪之可言,别人不得与此各说出予以同意的肯定或不同意的否定。亚氏说独立的一个概念无所谓真伪,与概念是否正确反映客观现实的问题无涉。

3. 论判断

读书最忌主观成见。读书带有成见,必定处处要求书之内容与己见强合,绝非潜心读书的方法。虽然,读书亦不可无主见以为读书之指导思想,否则支离破碎,不能真正看到书的整个面貌以判明其内容的价值。尤其读古代的著作不可不如此读。我们本着这样的精神来研究亚里斯多德的逻辑学说。上面我们研究他的范畴论、概念论是这样,现在研究他的判断论以及其他的逻辑问题亦当然是这样。

亚里斯多德的逻辑著作不易理解,上面已经讲过。逻辑六篇后人称为"工具论"者,其次序之先后本非亚氏所亲自厘定。现存刊本,悉以《范畴篇》始,继之以《解释篇》。《解释篇》有意译为"命题篇"者,这不特是主观意译,违背原文,抑且以今人的见解,杜撰古人之著作。盖其意以为形式逻辑言概念,名词之后,随则必讨论判断与命题。范畴义近概念,故于《范畴篇》之后,必有《命题篇》。此种谬论,歪曲古人,非治学的方法,本无

---

① 参看《辞意篇》标准页第 16a 第 11 至 18 行。

须置辩,适足以见其浅学而已。

　　亚里斯多德的判断论或命题论,虽在《解释篇》①已见其端倪,然其深意须在亚氏的其他各篇来找寻,尤其要在《分析论前篇》才可见其定论。原因有二:其一,《辞意篇》早出,柏拉图的思想影响尚多,未能表现亚氏的创见;其二,亚里斯多德在发现三段论式的推理形式之后,才察见判断的本质,故其判断论的深意在《分析论前篇》始见。这一点系根据英人客斯的研究,详见《英国百科全书》1910年第11版客斯著的《亚里斯多德》一文第Ⅳ段。

　　《辞意篇》论语言之如何表达思想,主要是根据柏拉图之分析句为名词与动词两种因素。亚里斯多德首先指出:"不是任何句子都是一个命题。只是含有真或伪的性质的句子才是命题。呼吁不是一种命题,因呼吁无所谓真伪。"②亚里斯多德接着又说:"命题是我们在这里所须研究的。其他类型的句子,乃修辞学或诗学所研究的问题,可不置论。"③

　　命题为判断在语文中表达的形式,判断有肯定与否定。"所谓肯定乃是对于一事物的现实陈述……肯定中的主体与其用以称谓这主体的(即命题的主词与宾词),必须是指一个单一个的事物。"④"肯定是对于某事物有积极的陈述、而否定即其消极的陈述。"⑤这是亚里斯多德较早的说法,故不是十分清楚的说法。在其《分析论后篇》他所下的肯定与否定判断的定义较为确切。他说:"对立之性质不能有中间存在的,称为矛盾。矛盾之一面,将宾词与主词联系的就是肯定;将宾词与主词分开的一面,就是否定。"⑥

　　把命题作为判断的表达加以逻辑的分析、研究、确是欧洲思想史上的一个重要成就。亚里斯多德就此一点,已可不愧称为"逻辑之父"。可是亚氏在《辞意篇》之论命题,尚未脱离其业师柏拉图思想的影响,他还是把

---

① 即今刊之第2篇,应译为《辞意篇》,说见前章。
② 《辞意篇》标准页第17a第3、4行。
③ 《辞意篇》标准页第17a第5至6行。
④ 《辞意篇》标准页第19b第5、6行。
⑤ 《辞意篇》标准页第17a第25行。
⑥ 《分析论后篇》标准页72a第12至14行。

1个命题作为1个句子,分析为其主体的名辞与其用以称谓此主体的动词。句子或命题这种分析只有第2个因素,就是后人所称为 secundi adjacentis 的。在这形式中,只有1个名词与1个动词,如是"人是"。其相反的命题就是"人不是"。故在两因素形式的命题中,其对立的形式是很容易摆出的。如果我们拿另一个命题为例,如"人是公道的",则作为命题的句子须分析为3个因素,即"人"、"是"、"公道的"。这是后人所称为三因素句(tertii adjacentis),这种命题的对立形式便复杂了,须有下列的对立:

"人是公道的"——"人不是公道的"

"人是非公道的"——"人不是非公道的"

"非人是公道的"——"非人不是公道的"

"非人是非公道的"——"非人不是非公道的"

显而易见,在这种命题中有第3因素,亚里斯多德在其《辞意篇》已经感觉到这第3因素的存在,他说:"当动词'是'在句中用为第3因素时,结果就有两种不同的积极与消极的命题。例如在'人是公道的'这一句子中,动词'是'不管我们以之归于句中的名词或归于句中的动词,总是一个第3因素。因之就由这些素材而组成不只两个命题,而是有了4个命题。4命题之中,以其肯定与否定的形式来说,有两个是与一种情况的缺乏相适应的,而其余两个则不与此相适应。"① 所谓一种情况的缺乏,是指如上例中"公道"这情况之在"非公道"中的缺乏。我们由上举一例可见有两命题是以"非公道"为其宾词的,而另有两命题,不是以"非公道"为其宾语的。我们又在这里所引的亚氏的一段话,可以看出亚氏确已用过"第3因素"这一名词。是则"是"之一词,已从句中的两因素,名词与动词,分出。虽然不能认为亚氏早在《辞意篇》中已经明显地提出了后来所称的判断之系词,其察觉判断中之有系词作为判断的第3因素,于此已见其端倪。这种初步的察觉在其较晚的作品,《分析论前篇》中,才显著的表现。

系词之为判断中一个独立的因素,本在判断的对立中已经表现,但尚不知其在三段论式中表现那样明显。亚里斯多德在其《分析论前篇》

---

① 《辞意篇》标准页第19b第19至24行。

首先说："我们必须判明什么是一个前提、什么是一个名词、什么是一个三段论式。"①他说："一个前提是以一对象肯定或否定另一对象的一个句子。"(同篇同页第15行)他又说，"前提分解为谓词(又称宾词)与它称谓的东西(又称主词)"，这两者就是判断中的名词②。在一个三段论式里，其两个前提是："凡人皆有死"，"苏格拉底是人"。如果动词"是"在小前提中不和"人"分别开来，则两前提不能是"人"为其共同的中词，所以系词"是"在一般的句子中可以不从句子中的主词与宾词分开，但在三段论式的两前提中不将系词提出，就不能清楚地分辨其中的三个名词。亚里斯多德必须等到研究三段论式的时候才明显的看出句中系词的作用与其重要性，是因为这缘故。这一点在《辞意篇》表现得不够清楚，而在《分析论前篇》中则表现得很显著，因为《分析论前篇》是在《辞意篇》之后的晚出作品，从《分析论前篇》来看，一个判断是以系词联系着主词与宾词而成的。

根据亚里斯多德来说，判断是有其客观基础的。亚氏的逻辑思维方法，是由个别具体事物的观察求得事物的共同本质属性。却观察是以接触具体个别事物所得的感觉为其基础。亚氏说："感性的东西之中含有理性的东西。"③在《分析论后篇》第2卷第19章，亚氏又详细指出，虽然动物都有感觉，却不是所有动物都能保持其感觉。惟有能保持其感觉的动物才有感知。由感知的多次重复才能将许多次的感知联系起来而成记忆，由多次重复记忆而形成经验，经验固定下来，才能在特殊中形成一般，形成了一般才可能有科学，才可能有技工的技能与科学家的知识。科学的知识就是事物发生的程序之掌握和事物存在的本质之理解。……这一切都是从感知开始……感知是直观……直观是科学知识的根源。

但在《辩论常识篇》，亚里斯多德这样说："感知是判断。判断可能有正确的和不正确的，同样地，感知亦有正确与不正确之分。判断是类，感知是其类中之1种，因为一个人在感知中亦是作出某种的判断。"④这样

---

① 《分析论前篇》标准页第24a第12行。
② 《分析论前篇》标准页第24b第16行。
③ 据禅尼引亚里斯多德：《论心灵》III8，参看禅尼：《哲学史》法文原本第485页，又《分析论后篇》标准页第71a第8行。
④ 见《辩论常识篇》标准页第111a第16至20行。

说来,感知既是1种判断,而感知是直观的认识,岂非判断也是直观的?揣摩亚氏的意思,他之言感知是判断的1种,并非说感知是被包含在判断之内而单纯地为其1种,乃是说在感知之中有判断的成分。他正是要说明感觉加上分辨所感觉的是什么而不是其他,才有感知。因此,凡动物都有感觉,而只有动物之发展到能分辨其感觉的是什么才有感知。分辨是判断的萌芽,却不是抽象思维的判断,不是恩格斯所说"以概念本性的研究为前提"①的判断。要知如上面我们所指出,亚里斯多德类种关系的观念和我们现在类种关系的观念不同。应该在这差异上,才能理解何以亚氏说感知是1种判断。他并非认为判断是对事物的直接认识。判断有其客观基础,但它是抽象思维的成果,是对事物的间接认识。

亚里斯多德固然明白地指出判断有其客观的基础,但是由于他在逻辑六篇中,观点不是彻底唯物主义的,尤其在六篇之较早出者,如《范畴篇》、《辞意篇》、《辩论常识篇》,还留存着唯心主义思想的残余,所以他在逻辑六篇中并未确定判断正确性的标准。他对于这问题的重要性就因之在六篇中忽略了。例如在《辩论常识篇》第3卷中,他曾提出过什么东西是好处的、什么是有害的、什么东西是更有好处的、什么是更有害的这问题。当然,这种问题不是形式逻辑所能解答的。不先确定了有好处或有害的东西之标准,然后通过演绎推理而得出结论说某一个别的东西是有好处或有害,或是由于实践直接认识到某些个别东西是有好处或有害,通过归纳推理而知道某一类的东西是有好处或有害,至少也要在实践中,从认识到某一东西是有好处或有害处,由类推而认为某另一类似的东西可能也是有好处或有害。如果单独只有一个判断说:"某一东西是有好处或有害",则形式逻辑无从而判定这一单独判断是否正确。以之作为推理的前提而言,逻辑固然要知道这判断是否真实,却它的真实性不是形式逻辑所能判定,它是认识论的问题,超出形式逻辑范围之外,必须在实践中由唯物辩证法来决定其真实性。亚里斯多德企图以舆论来解决这一类的问题,结果是碰壁的。例如他说:"在药品中,凡是大多数或全数的医生所使用的就是更有好处的。一般地说,大多数或全部的人所选择的东西就是

---

① 参看恩格斯:《自然辩证法》,人民出版社,1955年,第184、185页。

好的。"①虽然他说:"好些或更有好处的绝对标准,是比较正确的科学所作出的定论,但对于某一个别的人来讲,这标准又可能是他自己的特殊科学知识。"②可见亚氏在逻辑六篇中对于判断的标准是摇摆于正确科学的客观与个人主观的意见之间,摇摆于唯物主义与唯心主义之间。亚里斯多德在《辩论常识篇》第3卷中,多方探求好坏的标准,而毕竟不能获得一个完满的解决。有时他是用逻辑的三段论式来推出某一事物是好是坏,例如"痛苦的免除,在老年是比少年时期好些,因为痛苦在老年时期会有更严重的后果"③,有时他是试用确定因果的各种方法,以定事物的好坏。例如"如果甲东西和乙东西接触而使后者变好、又有丙东西与乙东西接触而不能使之变好,则甲是比丙更有好处"④,又如"以加法为标准,如果加A于B使其和比加B于B之和更好,则A比B更好"⑤,等等。究竟什么是好坏的标准,亚氏并未说出。他都是先认定了有一好的事物为之标准,而后使另一事物与之比较,这是亚氏于无法之中窃取论点,证明他的唯心主义陷入穷途。在同篇第3卷标准页第119a第39、40行,他只得说:"舆论承认一切愉快都是好的,也就承认一切痛苦是坏的。"这是遁辞。一切愉快是否都是好的,舆论是否承认一切愉快都是好的,舆论之承认一切愉快都是好的是以什么为其客观标准,亚里斯多德并未证明。当然,由一切愉快都是好,纵使这判断是正确的,亦不能因之而推出一切痛苦都是坏的,因为假使以愉快与痛苦为相反概念,又以好与坏为相反概念,由判断的变形不能由"所有S都是P"这判断而推出"所有非S都是非P"的结论。"所有S是P"和"所有非S都是非P"是两个须独立地证明的判断。不能根据证明,而委诸舆论,是谓之遁辞。在《辩论常识篇》中亚里斯多德不是志在科学真理之追求,而只寻找驳倒辩论对方和巩固自己辩论的立场,故有如上各种不合严格逻辑规定的说法。

关于判断正确性的客观标准,亚里斯多德一直到他的晚年也没有作

---

① 《辩论常识篇》第3卷标准页第116a第18、19行。
② 同上标准页第116a第21至22行。
③ 《辩论常识篇》第三卷标准页第117a第26至27行。
④ 同上标准页第118a第29、30行。
⑤ 同上标准页第118b第10、11行。

出令人满意的定论。有人引用,比方,他的《形而上学》来说明亚氏的判断正确性的客观标准。《形而上学》的确是两三处好像谈到这问题的。最常为人所引用的是:"事物之分者认为是分,合者认为是合,就是真的;反之就是错误的。既然如此,所谓真与妄什么时候才出现,什么时候不出现呢? 真妄的两个名词的意义是什么,我们就不得不考虑。你面上呈淡白色,不是因为我们对于你的面色想对了,而是你的面原是淡白色。"①这好像很满意地把问题解决了。事物之分或合是客观的,我们之认为是分或合是主观的,主观符合于客观便是对的,否则是错的。可是我们上面所引《形而上学》一段话是从该书的第 1 卷第 10 章摘录的。这一章书是谈"全在之为真实"这问题。这章的第 1 句是:"'存在'(亦可译'有')与'不存在'(亦可译'无')这两个名词有 3 种意义,第一,是关于范畴的(意即有无诸范畴所指的各项——译者),第二,指这些各项的潜在或现实或它们的非潜在或非现实,第三,有与无作为真与伪的意思,这就是在于对象方面之合或分,事物之分者认为分,事物之合者认为合,就是真的;反之就是错误的。"②这里,亚里斯多德并不是谈到判断的正确性而是谈"存在"与"不存在"这两词的意义。以客观事物之分与合来检查判断("认为"——译者)分合之是否正确未尝不可,却非亚氏之原意,因亚氏接着便说:"如果有些东西总是合而不可能是分的,又有些总是分而不可能是合的,却又有些能合又能分,'存在'是合而为一,'不存在'是不合而不是一。关于可能性的事实,同一意见或同一陈述就能有伪与真之分,并且可能在一个时候是对的而在另一时候是错的;但是关于不可能不如此的东西,意见就不能时而是真的,时而是伪的,同一意见要就总是真,要就总是伪。"③很明显,亚氏的这里所谈,其原意是事物之存在与否,事物之有无,并不依存于人们主观的想象而独立于人们的意想。《形而上学》标准页第 1051b 第 30 至 31 行,即上面引文的下一段亚里斯多德并说:"关于是本质和现实的东西,不可能有错误,只是认识或不认识而已。"以判断的正确与否认为只是认识或不认识客观的实在情况,判断正确性标准就等同于主观认识

---

① 《形而上学》标准页第 1051b 第 3 至 8 行。
② 译《形而上学》标准页第 1051a 第 34 至 1051b 第 5 行。
③ 译《形而上学》标准页第 1051b 第 9 至 17 行。

的标准。怎样确定认识的标准呢？问题仍未解决。

《形而上学》标准页第1011b第26至27行也好像是谈到判断正确性的标准的："是的说成是不是的，或不是的说成是是的，就是伪的；而把是的说为是的，不是的说为不是的，才是对的。"换句话说，是就说是，非就说非。却这只是说真话而不说谎话，和判断正确性的检查标准完全无涉。当知亚里斯多德的"是的说成是不是的……"这两句话是联系着矛盾之间不能有中间这问题而写的。"矛盾之间不能有中间物，故对于主词只能拿一个宾词作肯定或否定的判断。首先，我们判定什么是真，什么是假的意思，这一点就清楚了。是的说成是不是的，或不是的说成是是的，就是假的；而把是的说为是的，不是的说为不是的，才是真的；所以凡说什么是是的或说它是不是的，所说的不是真的就是假的；却不能说既不是是又不是不是乃真或伪。"① 关于两个矛盾的东西必须肯定其一而否定其他。这是所引的一段文字的意思，又与判断正确性的标准无涉。任意取其一二句作望文生义的解释，未见其可。

《形而上学》第5卷完全是名义的解释。解释的重要名词一共在这章里有48个，其第47个是"伪"②。亚里斯多德写道："'伪者'是指(1)作为一个东西是伪的讲，其理由是(a)因为它不是放在一起或不能放在一起的，例如说'正方形对角线能和其边相较量'，或'你是坐着'；这两判断之一总是伪的，而其他一个有时是伪的；所谓不存在有这两种不同的意思。(b)有些东西是存在的，可是它们的性质是不按其实在而表现或表现为不存在的东西，例如素描或梦；这些东西是有的，但不是我们意识里面所表现的东西。所以我们叫做伪的东西，其理由是它们本来不存在，或者因为它们所表现的是不存在的东西。(2)伪的说法之为伪是因说的是不存在的东西。因之，凡是对于什么东西所说的不是真实对它说都是伪的说法；例如，把说一个圆的话来说一个三角形便是伪的。可以说大凡一物都有一个说法，即按其本质来说；但也可说有许多说法，因为物之本身与这物连上一个属性还是同此一物，例如苏格拉底与爱好音乐的苏格拉底（一种

---

① 译《形而上学》标准页第1011b第24至28行。
② 见《形而上学》第5卷第29章。

伪的说法并非任何东西的说法,除非是特殊的意思)。……所谓伪的东西是上面所讲的意思,但(3)一个伪人是惯于而且喜欢说伪话的人,说伪话并无别的缘故,就是要说谎,一个伪人也是一个善于叫人听信他的伪话的人,正如我们说伪东西是不按其实在而表现的东西。"①

从这一段文字也看不出亚里斯多德的判断正确性的客观标准。它所谈的是客观的真伪,不是检查判断的真伪的客观标准。

所以我们上面说,虽然根据亚里斯多德的逻辑学说,判断是有其客观基础,可是怎样检查判断的正确与否,其客观标准是没有明确地提出。当然这不是演绎推理所能解决的一个问题,乃是通过实践直接和客观事物接触才能认识的。关于这点,我们在后面谈到亚里斯多德的归纳推理时,再行讨论②。

至于亚里斯多德在其逻辑六篇中所谈的判断皆为主谓式的命题表达出来,作为唯一的命题形式,以致2000年来欧洲的传统逻辑之完全局限于此,不能开拓,是为着这缘故。这是研究逻辑的人们所共知的。牟宗三在其《逻辑典范》一书中,对于所言的主谓命题有很清楚的说明,兹接录如下:

"普通叫亚氏逻辑为主谓逻辑。因为他把逻辑中所用的命题表现为言语中的一个直陈句法,又把这个句法分析为两部分:一为主词。主词是'体',是被形容,被论谓;谓词是'义',是能形容,能论谓。被论谓的'体'是殊相,能论谓的'义'是共相。体是局限自体,不通于他;义是如缕贯华,义通于他。依此而立'周延原则'。譬如'花是红的',花为主词为'体类';红为谓词为'义类'。体类对义类而言为殊,义类望体类而言为共;因不只花为红,红亦可通他也。亚氏逻辑中的命题都是这样分解法的命题,其中的推理也都是根据这种分解法的命题而作成。故后人遂名曰主谓逻辑。"③

牟宗三又谓:"在言语上,有所主的直陈句子,最顺而最简单的莫如主谓句法,如'花是红的'。于'花'之立于彼而被形容,假名为'主';于'红'

---

① 节译《形而上学》标准页第1024b第16行至1025a第5行。
② 参看《形而上学》第5章,5、6节。
③ 牟宗三:《逻辑典范》第1卷,第55页。

之备于此而能形容,假名为'谓'。主谓相合,成一最顺的句法,由此句法表达肯定或否定之主观态度。亚氏逻辑即假此句法为工具而表示肯定与否定之间的推演关系。着重点在肯定否定之二分,并不在主词谓词之讨究。"①

牟宗三说亚里斯多德只着重于用主谓句法来表示判断的肯定或否定,而未深入研究判断的主词谓词。盖亚氏以主词的肯定与否定认为是判断的质,而判断的量则完全由其主词而定,并未顾及宾词。宾词量化问题,后面当要谈及,在这里先只谈怎样由判断的主词而决定其量。

以量言,判断分普遍判断,特殊判断,个体判断。

亚里斯多德在《辞意篇》只将判断分为两种,即普遍判断(又称"全称判断")与个体判断(又称"单称判断"),未提到特殊判断(又称"特称判断")。在该篇标准页第17a第37至40行上,他说:"我所谓普遍词,是指这样性质的1个词,它所谓的是多数的体,我所用的个体词,是指1种词,它所称谓的不是多数的(意即单一的体——作者)。例如'人'是一个普遍词,而加里亚斯(人名——作者)是一个个体词。"但在《分析论前篇》亚氏区分判断为普遍的、特殊的与不定的。他在这篇里说:"我所谓普遍判断者,乃是指一句话,其中陈述的是某一东西属于另一东西的全部,或完全不属于那东西;我所谓特殊判断者,乃是指一句话,其中陈述的是某一东西属于有些另一东西,或者不属于某些另一东西,或者不属于所有这些东西;我所谓不定判断者,乃是一句话,其中陈述的还是某一东西属于另一东西或者不属于这东西,但没有什么标志来说明这判断是一个普遍判断,抑是一个特殊判断,例如……愉快不是好的。"②

"在《辞意篇》中,亚里斯多德先说明普遍词与个体词,然后说普遍判断和个体判断。以普遍词为主词的判断是一个普遍判断,以个体词为主词的判断是一个个体判断。"③然则何以亚氏在《辞意篇》分判断为普遍与个体,而在《分析论前篇》则分判断为普遍、特殊与不定?不定判断之称为不定者,是因其意义未定而尚含糊,可不置论。却普遍(又称"全称"),特

---

① 牟宗三:《逻辑典范》第1卷,第56页。
② 《分析论前篇》标准页第24a第18至21行。
③ 《辞意篇》标准页第17a第37行至标准页第17b第2行。

殊(又称"特称"),个体(又称"单称")3 中判断是怎样相互联系的,还是一个问题。有些形式逻辑家以它们平列地作为 1 类分为 3 种,是不正确的,亦非亚氏之原意。我们现在在形式逻辑中,从量方面划分判断为全称(即普遍)、单称(即个体)和特称(即特殊)3 种。全称判断和单称判断的主词都是指其概念的全部外延,而特殊判断的主词只指其概念的一部分外延。所以以主词所指的是否概念的全部外延而言,只有两种判断,不能有 3 种判断。所以说,把全称、单称、特称认为是判断之 1 类,分为平列的 3 种,是不正确的。亚里斯多德不是这样划分判断的。他在《辞意篇》中,只把判断分为普遍的,即其主词是可应用到多数同类对象的 1 个词,和个体的,即其主词只能应用到 1 个对象的词,然后在《分析论前篇》中,才再把普遍判断划分为全称的,即其主词所指的是概念的全部外延的,和特称的,即其主词所指的是概念外延的一部分的。他的全称、单称、特称 3 种判断是经过两种二分法的划分才得出的。这两种划分的根据是不同的。所以我们说,把判断一口气划分为全称、单称、特称 3 种,不是亚里斯多德的原意。

判断之划分为肯定与否定,后世形式逻辑为方便起见,一般称为判断按其质的划分,同时也把亚里斯多德在《分析论前篇》之分判断为全称与特称的那种判断的划分称为判断按其量的划分。后人把这两种划分结合起来分判断为 4 种类型,即全称肯定(称之为 A 类型),全称否定(称之为 E 类型),特称肯定(称之为 I 类型),与特称否定(称之为 O 类型)。A、E、I、O 这 4 个符号沿用近 1800 年,一般形式逻辑的学人习而不察,未知其非出于亚氏。A、E、I、O 是拉丁语 affirmo 与 nego(即"我肯定"与"我否定"的意思)两字各取其第 1、第 2 两母音字母而得出,当然不会渊源于用希腊语的亚里斯多德。根据法人禅尼的"哲学史",首先用 A、E、I、O 来代表 4 种类型判断的是第 2 世纪的亚布里耶 Apulée,114—190,见于其 Dogmate Platonis 一书的第 3 卷①。

但判断的能分为这 4 种类型,其见解确是根据亚里斯多德的判断学说。结合判断的所谓质与量,应将判断分为若干类型,形式逻辑家的意见

---

① Paul Janét,Histoire de la philosophie,1928, p.573.

殊不一致，各有其主张，全视其对于判断中的主词、宾词是怎样解释。判断中主词、宾词的解释就决定其整个逻辑学的系统，所以我们为要理解亚里斯多德的形式逻辑，从而深入去理解其一般地根据亚里斯多德的学说发展到现在的传统形式逻辑，就不得不谈一谈表示判断的命题，以宾词来称谓主词的句法，究竟是什么意思。

一个直言判断中有两个名词，即主词与宾词。这主词与宾词之间是怎样一种关系，从逻辑学来讲，不是很简单浅显的一个问题，有待于分析。概言之，归结为两种的见解。

第1种见解是认为一个命题中宾词是用以称谓主词的。这就是上面所引过牟宗三的解释。牟宗三很正确地称"亚氏逻辑为主"谓逻辑……主词是"体"、是被形容，被论谓；谓词是"义"，是能形容，能论谓。被论谓的"体"是殊相，能论谓的"义"是共相。体是局限自体，不通于他；义是如缕贯华义通于他。这样说来，判断中的主词既是"体局限于自体，不通于他"，是指其外延而言的；宾词是"义……是共相……能形容、能论谓……通于他"，是指其内涵方面而言的。当然，主词是殊相，是一定事物的名，既为一定的事物，亦必有其一定的性质，才属于一定的类，而因之为其一定的事物，却它在判断中的作用，是为宾词所论谓的主体，不是为具有某些性质的一个事物，故是以外延方面出现的。宾词则异于是。宾词是以义显的，是作为是什么以形容其主词的，故是以内涵方面，即性质方面在判断中出现而起作用的。根据这见解，在判断中我们并非拿主词与宾词作为两种或两个事物从而比较以辨其异同，乃是拿主词所指的一个或一群事物作为思维的对象，而对之用宾词有所论谓。例如"美国帝国主义是侵略的"这一判断中，"美国帝国主义"是主词，是指体，是殊相，是指某一东西，是以其外延显的，而宾词"侵略的"是指某一属性，以之形容，论谓其主词所指的"美国帝国主义"这一东西，故是以义显。此义"通于他"，因为其他的帝国主义国家亦是侵略的，故义为共相。此理甚显。但是如果我们拿"美国是一个帝国主义的国家"这一例子来讲，其宾词不是一个像"侵略的"那样一个形容词，而是语法所称为"名词"的用以表示事物的一个名称。那么，怎样可说它也是能形容、能论谓、以性质显的呢？当知"帝国主义的国家"在这判断中作为宾词，也是用以论谓其主词"美国"，形容"美国",故也是以内涵方面,以什么是"帝国主义的国家"在判断中起作用的。

主词指事物是有量,宾词的作用是论谓,是形容,故无量之可言。如有量,则其量是宾词的一部分,而非宾词之量。"有些花是红的。"此中"花"有量,故云"有些"而未言"一切"、而"红"无量、如言"红"之量,如红之深浅,则"深红"或"浅红"是宾词,其"深"、"浅"已成"红"的一部分,非以之而言宾词。主词有量而宾词无量,主词宾词之间有肯定或否定的关系形式,故成 A、E、I、O 4 种判断类型,更无其他判断类型。此为根据亚里斯多德的判断学说,认为判断中的宾词是用以论谓主词的一种见解。

第二种判断见解,是认为主词宾词同是代表类的一种见解。这种见解把主词与宾词都从其外延方面来看,都认为是代表一类之词,认为在肯定判断中主词的类包含在宾词的类里面,而在否定判断中,主词的类则和宾词的类完全分离。例如"松树是植物"。在这判断中,"松树"是在"植物"之中,却"松树不是动物",则"松树"与"动物"完全分开。由此可见,宾词是以所指的类整体的意义出现的。在"松树不是动物"这一判断中,"松树"的类是和"动物"的类整个分开。而在"松树是植物"这判断中,"松树"虽是在"植物"的整个类里面,却我们亦断不能把这判断理解为"松树是任何的植物",意即"松树是包括在整类的植物之内",却不是"松树是包括在植物之类的任何一部分"。后者的说法显然是不正确的,不是"松树是植物"的意义。

根据这第 2 种的见解,判断就不能只分为 A、E、I、O 4 种类型,因为主词与宾词既都代表类,而且是从两个类的外延来理解这两个词,则主词与宾词之间的关系当有下列 5 种:

(1) 所有 S 是所有 P,即 S 与 P 的外延是相等的。

(2) 所有 S 是有些 P,即 S 包含在 P 之内,而未穷尽 P 的外延。

(3) 有些 S 是所有 P,即 S 的部分外延等于 P 的全部外延,故 S 的外延未为 P 的全部外延所穷尽。

(4) 有些 S 是有些 P,即 S 部分外延与 P 部分外延重合,却 S 还有部分外延与 P 另一部分外延分离。

(5) 没有 S 是 P,即 S 全部外延与 P 全部外延完全分开。

这种判断的见解就引起近代形式逻辑家,尤其是英国 19 世纪的形式逻辑家如罕米尔顿与汤姆生等，关于宾词量化的问题。既是从外延看判断的主词宾词，而外延是有其量的，则在判断中不只考虑主词的量而有全称判断与特称判断，而且必须考虑宾词的量，如上 5 种判断形式所表示。宾词因之而量化了。其结果则不只有 5 种判断，而实有 8 种[①]。罕米尔顿的宾词量化说，后又为汤姆生在其《思维规律》一书中所详加阐述[②]。兹将两氏的判断形式列后以明所谓宾词量化的结果，其详姑不置论。

传统亚氏逻辑的判断类型		罕米尔顿的 8 种判断与公式		汤姆生的公式	
A 类型	SaP	所有 S 是所有 P	afa	U	SuP
		所有 S 是有些 P	afi	A	SaP
E 类型	SeP	没有 S 是任何 P	ana	E	SeP
		没有 S 是有些 P	ani	η	SnP
I 类型	SiP	有些 S 是所有 P	ifa	Y	SyP
		有些 S 是有些 P	ifi	I	SiP
O 类型	SoP	有些 S 不是任何 P	ina	O	SoP
		有些 S 不是有些 P	ini	ω	SωP

上面罕米尔顿的公式都是用拉丁字母为符号。其 f 代表肯定，从拉丁字母的 affirmo（我肯定）而来，因拉丁文动词不举其不定式而举其第一位单数，a、i 是"我肯定"这拉丁字的第一、第二个母音字母；n 代表否定，从拉丁字的 nego（我否定）而来；e、o 是"我否定"这拉丁字的两个母音字母。a 代表周延的名词，而 i 则代表不周延的名词。汤姆生的公式混用希腊字母 η 与 ω 和拉丁字母 U、A、Y、I、E、O。希腊字母 η 与拉丁字母 E 音相近，而希腊字母 ω 又与拉丁字母 O 音相近。拉丁字母 U、A 两音相近，Y、I 两音亦相近，故有上列各公式。

宾词量化是以主词宾词皆代表类这一见解为其基础。罕米尔顿等逻辑家试图以宾词量化来简化亚氏的主谓逻辑。他们认为判断皆可归结为方程式。是则判断的换位只有简单换位之 1 种，而无限制换位，三段论式可以不问其是属于那一格，三段论式的式亦可由 19 个增加至 36 个，三段

[①] 参看罕米尔顿：《逻辑讲述》第 8 讲："Hamilton's Lectures on Logic"原英文版。
[②] 参看汤姆生：Laws of Thought，第 48 至 52 节，原英文版。

论式的规则可大大地加以简化。这些问题,皆超出本文范围之外,姑且不详细研讨。亚氏的形式逻辑局限于主谓判断1种形式,是因其形式逻辑为尝试之创作,以语法为其研究的出发点,以辩论为其目的,其不能穷尽形式逻辑的广大领域,当然是意中事。故强调宾词量化的逻辑家早在19世纪上半叶,就试图就亚氏的形式逻辑加以改善,尤其是试图扩大演绎推理的范围而使之不为三段论式所局限。近代数理逻辑就是滥觞于这种形式逻辑改进和扩大的试图,故宾词量化虽于亚氏主谓逻辑之改善无大补助而为一般传统逻辑家所摒弃,但是他要求形式逻辑的发展,是无可厚非的[1]。

从判断第2种见解看宾词量化的问题,自然是把它看为是形式逻辑发展的1种试图,1个方向。但是从判断第1种见解看这问题,就必然认为宾词量化的不可能,例如牟宗三在其《逻辑典范》一书中,谓"谓词若当作义类看,则是不可量化的。因为'义'无所谓量。体可以量化,'义'不能量化。譬如仁义礼智信等概念,都不能以量来限制。我们不能说有多少仁、多少义。……'凡人有死'我们不能说有多少死;'声是无常',我们不能问有多少无常。我们只能说有多少死的'人',只能问有多少是无常的东西。可见多少之量所形容的是'人','东西'所表示的'体',而不是'死','无常'所表示的'义'。故量化的只是体,不是义。故谓词不能量化。"[2]

牟宗三这种论调是沿袭英国逻辑家卫尔顿的论调,且不如卫尔顿之批评宾词量化说得详审[3]。以卫尔顿之完全忠实于亚氏传统形式的立场,来这样抨击宾词的量化说,固无足怪,但牟宗三在其《逻辑典范》看来、是服膺于数理逻辑的一个人,而坚持"谓词是义、义不能量化"之说,实不可解。持宾词量化说者,不看谓词是义,而看谓词和主词同样的是所谓"体"、是类,故可量化。以宾词量化来改善亚氏的主谓逻辑,本是风马牛之不相及,柄凿之格不相入,"故于逻辑上,并无大贡献"[4]。宾词量化推

---

[1] 参看禅尼:《哲学史》,法文版,第641—642页,牟宗三:《逻辑典范》,第335—337页。
[2] 牟宗三:《逻辑典范》,第336页。
[3] J. Welton, A Manual of Logic, London, 1912, Vol. I. pp. 200-207.
[4] 牟宗三:《逻辑典范》,第337页。

演传统逻辑判断之四类型为八类型,虽是"麻烦",但它之力求判断的逻辑意义之准确,也不能以其"麻烦"(牟宗三袭卫尔顿语)而一笔勾销。亚里斯多德早曾在其《分析论前篇》,中,判定宾词量化之不可能。其言曰:"我们必须认定属性随其主体。随主体的属性必是以整个来随其主体的,例如'人是动物',或'音乐是科学','动物'之随'人','科学'之随'音乐',都是毫无保留的跟随着①其主词。故在命题中我们这样使用其宾词的。因为要把宾词用成为'每一个人是每一个动物',或'公道是所有良善'那样、是无用的而且是不可能的。"②他又在另一处说:"如果宾词主词都是周延的,所构成的命题是反乎真理的,其肯定是不正确的,例如'每一个人是每一个动物。'"③亚氏从其主谓判断立场出发,把宾词认定是形容主词的"体"的,自是不可能量化。故量化宾词是无意义的。兼之宾词只是义,把"人是动物"说成"凡人是任何一个动物",即罕米尔顿的 afa 式,是错误的,不是"凡人是动物"之义。但把这判断解释为罕米尔顿的第 2 式,即 afi,亦即汤姆生的 SaP,所有 S 是有些 P,其"有些"是指 P 外延的一部分,不是任何一部分,又何尝不通? 即牟宗三一派逻辑家,也得要承认它是可通,只嫌"说一句话常不如此麻烦"④。但问题不是说话,是否常采此形式,而是在分析一句话的逻辑意义时,怎样才是正确。总之,宾词的量化是否可能,是在于从第 1 种判断的见解出发,抑是从第 2 种的见解出发。这不是关于存在的问题,而是解释命题中主词宾词的关系问题。以亚氏的解释而言,宾词是不能量化的。他认为宾词不能量化是符合他所主张的主谓逻辑的。

关于对立(又称相反)与矛盾判断,亚里斯多德在《辞意篇》第 6、第 7 两章里说得很详尽、但有些词句还须解释的。他说明了什么是肯定判断、什么是否定判断之后⑤,他就说:"任何肯定或否定判断都可有其矛盾的

---

① 亚氏原文在这里用译为"随"之一字是不常用的一种意义,是见 A. J. Jenkinson《分析论前篇》译文注。
② 见标准页第 43b 第 3 至 20 行,上译文是摘译。
③ 标准页第 17b 第 13、14 行。
④ 见《逻辑典范》第 337 页。
⑤ 见《逻辑典范》第 337 页。

判断。每一个肯定判断有其相反的否定判断、而每一个否定判断有其相反的肯定判断。……两判断的主词宾词皆相同、其一判断为肯定,而另一为否定,则这两判断是互相矛盾的。"①上面引的第 2 句,从字面上看来不甚清楚。翻译是正确的。两个判断主宾两词皆同、而一为肯定、另一为否定,照我们一般的说法,当然可能是全称肯定与全称否定,即 SaP 与 SeP、又可能是特称肯定与特称否定,即 SiP 与 SoP。那么,如前说,即我们现在所称得上对立、如后说,即下对立,而非矛盾。但亚里斯多德这里所指的两个单称概念为主词的两个判断、那么,不同质的两个判断,如"这一朵玫瑰花是红的"与"这一朵玫瑰花不是红的"当然是矛盾的②。

所以他在同篇标准页第 17b 第 3 行至 5 行上说:"如果有人说出两个命题,其主词都是普遍词而两命题都是全称,却一个是肯定,另一是否定,这两命题就是'对立'的。"他举的例是:"每一个人都是白色的"和"没有人是白色的",他并接着便说:"另一方面、如果一个命题是肯定,另一个是否定,其主词都是普遍词,但命题不是全称的性质,这两命题不是对立的。"③这里他说"命题不是全称的性质",可能是指两个特称命题,那么、当然是 SiP 与 SoP。这两命题我们称为下对立,而当亚里斯多德写他的《辞意篇》时,他并未用"下对立"这名称。其实在六篇中无这名称。他用的名称是对立命题的矛盾命题。下对立是后人补加的一个名词。但亚里斯多德在这里所说的乃是"两命题不是全称的性质",又当何解? 他举的例是:"人是白色的"与"人不是白色的"。接着他就说:"人是一个普遍词,但命题不是普遍的性质的。"跟着的两句话又不是补充说明何以这两个命题不是对立,所以以意揣测之、他又可能是说,因为"人是白色的"和"人不是白色的"这两命题的量尚未确定,是所谓不定量(adioristos)命题,故不可称为对立。

如果两个命题的主词是一样,而其中之一个是肯定的全称的,另一个是否定却不是全称的,这样的肯定与否定相反,我就称为矛盾。"所有人都是白色的"这一肯定命题是"不是所有人都是白色的"这否定命题的矛

---

① 《辞意篇》标准页第 17a 第 30 至 34 行。
② 参看《辞意篇》标准页第 17b 第 8 行。
③ 《辞意篇》标准页第 17b 第 7 至 8 行。

盾(按欧洲语文常常用"不是所有"作为"有些不是"的同意语——作者)。再则"没有人是白色的"是"有些人是白色的"的矛盾命题。但是,如果肯定命题与否定命题都是全称,例如"所有人都是白色的"和"没有人是白色的",又如"所有人都是公道的"和"没有人是公道的",这样相反就称为对立。

可见两个对立命题不能同时都是真的,但两个对立命题的矛盾命题有时候是同时真。例如"有些人不是白色的"和"有些人是白色的"是同时真的。如果一对肯定与否定的命题,其主词都是普遍词而两命题又都是全称①,则其中一个必是真,另一个必是伪。如果两命题的主题都是个体词,情况也是一样,例如"苏格拉底是白色的"和"苏格拉底不是白色的"②。

在《辞意篇》这一段文字里,亚里斯多德已经把后来所称为逻辑正方形上的同素材之判断间的关系大概指出来了。但他的思想还有某些不够正确之点,例如,(1)他在这里矛盾命题的关系只和对立命题的关系对比表现出来,而在其较晚的《分析论后篇》中,他才清楚地说出"矛盾关系是本质上排斥中间的一种相反关系"③。后者的说法是更为明确而简洁,乃是他的晚年定论。(2)在他谈到两个矛盾命题的时候,他所说的是"一对肯定与否定的命题、其主词都是普遍词,而两命题又都是全称"。这显然是一对对立命题而不是矛盾命题,所以我们指出,他应该"其中一个是全称",以符合矛盾命题的定义,他却接着说"如果两命题的主词都是个体词,而有所说的条件,它们便是矛盾的"。最后一句是正确的,但何以有上面一句?足见亚氏的逻辑思想在写《辞意篇》这一段的时候,还是有多少模糊成分的。(3)逻辑正方形的下对立、亚里斯多德只有以"对立命题的矛盾命题"说出,命题的从属关系尚未提到,故逻辑正方形的观念尚未形成,有待于后来的发展。至于正方形命题(或判断)的四种关系的特征,亚里斯多德更未曾作出详尽的推演。例如对立命题当然不能同时并真,却可能同时并假。这是对立与矛盾关系差异之一,而亚氏并未指出。

---

① 按这里亚氏应说"其中一个是全称"。——作者
② 《辞意篇》标准页第17b第16至29行。
③ 《分析论后篇》标准页第72a第12行。

但亚里斯多德在其六篇中,对于判断对立与矛盾两种关系,曾反复的研讨。例如他说:"如果因为两个判断的对象是互相对立的,就认为这两个判断是对立的,那就是错误的。因为一个好的东西说它是好的,对于一个坏的东西说它是坏的……它们都是表达真理,却不能因为它们的主词是对立的东西,就说它们是对立的判断。判断之为对立是因为他们所表达的后果是对立的。"[1]又如他说,"人是"这命题的矛盾是"人不是"而不是"非人是";"人是白色的"的矛盾命题是"人不是白色的"而不是"人是非白色的"。其理由是两个矛盾的命题,其一必是真而另一必假。亚里斯多德就根据这点而推论说:"如果'人是白色的'是假的,不能就说'人是非白色'是真的,因为'非白色的'可能是木头。"[2]这里的亚氏似乎是从上面所讲的第2种判断的见解出发。他把"非白色的"作为1类看,而不是作为形容词看。如以"非白色的"看为是类,而且不是类的整体,而是类的任何部分,当然"非白色的"类中有木头。今"人是白色的"不真,则"人是非白色的"应该是真。以"非白色的"作为整体看,"人是非白色的"则真,如以"非白色的"作为类的任何部分,当然"人是非白色的"则不真。上引一段中,亚氏是从后一解释发出,岂非违反他原来主谓判断的原则?"非白色的"是不定形词。如果"非白色的"只指人而言,"非白色的"义始定,然后"人是白色的"不真,当然"人是非白色的"必真,因这样,"人不是白色的"和"人是非白色的"乃同义的两判断,是由 SeP 换质而成 $Sa\overline{P}$。亚里斯多德如何能否认这点? 此又证明亚氏的《辞意篇》是他早年之作,对于某些逻辑问题还在探索中而不尽免看法模糊之处。

在《分析论前篇》亚氏的对于判断之分析就进一步明朗化了。该篇的第1卷第46章里,有许多细致分析的例子。他证明"不是此"和"是非此"有别。"是非白"不是"是白"的否定;"不是白"才是"是白"的否定。他说:"他能不走路"和"他能走路"可同时真。"走路"与"不走路"皆是他这一人之能为。亚氏对这问题写过约640字(英译)。证明甚至在晚出的《分析论前篇》,他对于判断的逻辑分析是十分严谨的。例如他指出:"这是非白

---

[1] 《辞意篇》标准页第 23b 第 2 至 7 行。
[2] 《辞意篇》标准页第 21a 第 40 行至标准页第 21b 第 4 行。

的木头"和"这不是白木头"意义不同,因为"是非白木还是木",但"不是白木"可能不是木①。亚氏所分析的主要是不相容关系与矛盾关系之分。

对立关系是辩论所常用的。因此,亚里斯多德在他的《辩论常识篇》中很详细地从各方面讨论这问题。例如他把"朋友"与"仇敌"作为对立概念,又把"有益"与"有损"作为另一对对立概念。于是他就作出下面6种形式:

(1) 对于朋友有益与对于仇敌有损。

(2) 对于朋友有损与对于仇敌有益。

(3) 对于朋友有益与对于朋友有损。

(4) 对于仇敌有益与对于仇敌有损。

(5) 对于朋友有益与对于仇敌有益。

(6) 对于朋友有损与对于仇敌有损。

上6种形式,其(1)是两部分不是对立,因两件事都是有好处的,其(2)的两部分也不是对立,因两件事都是没有好处的。其他四种情况,每种形式都是对立,因一部分的事都是有好处的,而其他一部分是没有好处的。对于朋友有益,其对立有两种,即对于仇敌有益和对于朋友有损。对于朋友有损等亦是一样,皆有两种的对立②。亚氏之研讨一个问题,其仔细类都是像这样。研究逻辑的人应当以此为训,勿谓其烦琐而忽之,盖严格的思想锻炼实为学习逻辑的任务之一。

亚里斯多德指出某一属性之为某一事物的属性,可能是事实上如此,可能是必然如此,又可能是可能如此③。这就是说,判断有三种类型:实然性的、必然性的、盖然(又称或然)性的。所谓实然性者,即客观情况确实是这样的,在客观现实中某事物实在具有某一属性。所谓必然性者,即根据所知的客观情况与所掌握的客观情况发展之规律,某一事物必定是这样而不可能是别样,其发展的未来也必须要到这样而不可能不到别样。所谓盖然性者,即所知的目前客观情况虽已足够掌握,而其发展规律尚未十分明确,或规律虽已掌握,但目前客观情况尚未全部彻底了解,故事情

---

① 《分析论前篇》标准页第51b第28至32行。

② 参看《辩论常识篇》第2卷第7章。

③ 《分析论前篇》标准页第25a第1行。

可能是这样,而尚不能确定其必须这样,而不可能是别样。盖然性者,不是无边际的可能性。它是在目前情况下为必然性的反面,即"可以不然"的意思。故亚氏指出:"事情之可能不是",其矛盾不是"事情之不可能是",而是"事情之不可能不是";"事情之可能是",其矛盾不是"事情之可能不是",而是"事情之不可能是"。亚氏并接着说:所以,"事情之可能是"与"事情之可能不是",这两判断是相互含蕴的,其一真,则其另一亦必因之而真。这两命题既不是矛盾的,故同一事物可能是而同时又可能不是。但"事情之可能是"与"事情之不可能是"这两命题绝对不能同时都是真,因为它们是矛盾的。"事情之可能不是"与"事情之不可能不是"两命题的关系亦如此[①]。

亚里斯多德对于"可能是"、"不可能是"、"必然是"与"不必然是"相互的关系。言之甚详。

(1) 事情之可能是。

(2) 事情之可能不是。

(3) 事情之不可能是。

(4) 事情之不可能不是。

(1)与(3)矛盾,而(2)与(4)矛盾。(1)与(2)不矛盾;(2)之矛盾不是(3)而是(4)。(1)之矛盾不是(2)而是(3)。

亚氏说:"让我们列表说明之如下:

一、事情之可能是,意即:

事情是可能的。

事情不是不可能会是的。

事情不是必然会是的。

二、事情之不可能是,意即:

事情不是可能的。

事情是不可能会是的。

事情是必然会不是的。

三、事情之可能不是,意即:

[①] 《辞意篇》标准页第21b第33行至标准页第22a第2行。

事情是可能会不是。

事情是不可能会不是的。

事情不必然会不是的。

四、事情不可能不是,意即:

事情不是可能会不是的。

事情是不可能会不是的。

事情是必然会是的。"①

由是可见"盖然"与"必然"在意义上的关系。

现在我们的传统逻辑谈判断的变形,如"所有人都是动物"可变形为"没有人不是非动物",谓之换质,又可变形为"有些动物是人",谓之换位。适当地运用换质、换位的方法,更可得出所谓换质位,即变出一个以原判断主词之矛盾词为其主词的新判断,与所谓戾换,即变出一个以原判断主词之矛盾词为其主词的新判断。故由一全称判断以变形可得7种新判断,由一特称判断可得3种新判断。亚里斯多德在其逻辑六篇中只有换位,而未明言其他,而且现在一般在形式逻辑关于判断变形的名词,除换拉一词是由亚氏曾用过的一名词所翻译的之外,其余各词,如换质等,都是后来增补的。

兹先讲亚氏关于判断换质一段:当动词"是"在句中用为第3因素时,结果就有两种不同的积极与消极的命题。例如在"人是公道的"这一句子中,动词"是"不管我们以之归于句中的名词或归于句中的动词,总是一个第3因素。因之就由这些素材而组成不只两个命题,而是有了4个命题。……

我的意思是动词"是"加在"公道"之上,也可以加在"非公道"之上。同样地也可构成两个否定命题。这样,我们就有所说的4个命题。看下面图解就清楚了:

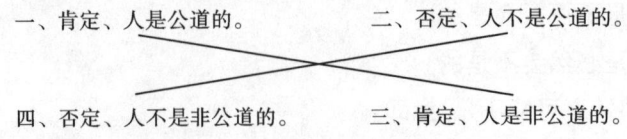

一、肯定、人是公道的。　　二、否定、人不是公道的。

四、否定、人不是非公道的。　　三、肯定、人是非公道的。

---

① 参看《辞意篇》标准页第22a、22b页。

上面的"是"与"不是"是加在"公道的"或"非公道的"之上。这就有了《分析论》①所讲的命题正当图式。如果命题的主词是周延的,其规则也和上面一样。我们就有了下面的图解:

一之一、肯定、第一个人都是公道的。　　二之一、否定、不是每一个人都是公道的。

四之一、否定、不是每一个人都是非公道的。　三之一、肯定、每一个人都是非公道的。

在这个命题中,就不能像前面那4个一样,把线所联系的命题看为是同时真的;只有在某些情况下它们可同时真②。

上面这4个命题两种情况是如此。还有第3种情况:命题的主词又可能是"非人"那就有下图:

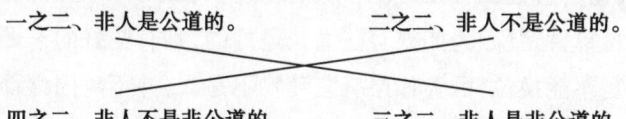

一之二、非人是公道的。　　　二之二、非人不是公道的。

四之二、非人不是非公道的。　三之二、非人是非公道的。

这就穷尽了命题的对立关系。最后的4个命题是和前面两组的4个命题不同,因为主词是"非人"③。

上面第1、第2组的4命题中,亚里斯多德是运用今日我们在形式逻辑之所谓换质,故"人不是公道的"与"人是非公道的"和"人不是非公道的"与"人不是公道的"完全适应,而且是同义。第3组的命题是以"非人"为主词,现在称为原命题的戾换。但亚氏尚未提出以原命题宾词之矛盾词为主词的命题形式,即现在之称为质位并换,或称对置者。然而他对于各组命题的对立与矛盾则详加研讨。这些问题不为今日形式逻辑所重视。

亚里斯多德并指名说到命题的换位。他说:"句子中主词与谓词位置

---

① 按即《分析论前篇》标准页第51b第36行至标准页第52a第17行。据一般考证,《辞意篇》是在《分析论前篇》之前,而这里反引用《分析论前篇》。究竟这句话是亚氏在《辞意篇》修改时亲自加上,抑是后人加入,今不可考。

② 按亚氏这句话又不甚清楚。他的"不是每一个"是欧洲语文的"有些"同义语,故 SoP 与 So$\overline{P}$,$\overline{P}$(即非 P),可同时真,而前面的一与三和这里的一之一与三之一不同,因"人"是不定量词,而"每一个人"是周延词。——作者

③ 《辞意篇》标准页第19b第24行至标准页第20a第2行。

的互换并不变换其意义。例如'人是白色的'与'白色的是人'。"①在表面上,这种说法显然是不正确的。绝对不能由"人是白色的"换位而得"白色的是人",应该换位为"有些白色的是人"。但亚氏在这里还未真正谈到逻辑的判断(命题)的换位,而只谈句子的构造。在这里他只谈句法而不是涉及逻辑。按希腊语,"人是白色的"的形容词"白色的"可在语法上句子的主词前面,并省去动词而全以小词表示句中各词的意义,不能翻译,故亚氏说句子的意义未改变,实本此。真正谈到逻辑判断换位是在《分析论前篇》里面,当他谈到三段论式的前提的时候。在那里他说:"全称否定前提中的两名词是可互换的,例如,如果'没有愉快是好的',那就必是'没有好的东西是愉快的'。但是肯定前提②必须部分换位,而不能全称换位,例如,如果每一种愉快都是好的,那就是有些好的东西是愉快,特称肯定可换位为特称肯定(因为如果有些愉快是好的,则有些好的东西是愉快);但特称否定不能换位,因为如果有些动物不是人,并不能因之而说有些人不是动物。"③

各类型的命题(判断)的换位在上面所引亚氏一段言之颇详。接着一段是种种换位的原因,他说:"先拿一个全称否定命题,其两词是 A 与 B。如果没有 B 是 A,自然没有 A 是 B。因为如果有些 A(让我们假定这是 C)是 B 的话,那就不能说没有 B 是 A,因 C 是 B 之一。但是如果每一个 B 都是 A,那么有些 A 就是 B。因为如果没有 A 是 B 的话,那就没有 B 能是 A。但我们已承认每一个 B 都是 A。如果前提是特称,情形是相仿的。因如果有些 B 是 A,那就有些 A 必是 B。如果没有一个 A 是 B,那就没有 B 能是 A。但如果有些 B 不是 A,就不一定有些 A 会不是 B;例如,以 B 代表动物,以 A 代表人。有些动物不是人;但每一个人都是动物。"④

接着就有一段很有兴趣的讨论,关于必然判断与盖然判断的换位。必然判断的换位也是和上面一样。全称否定换位为全称否定;全称与特

---

① 《辞意篇》标准页第 20b 第 1、2 行。
② 按亚氏指全称肯定,因上句话全称否定。——作者
③ 《分析论前篇》标准页第 25a 第 5 至 13 行。
④ 《分析论前篇》第 14 至 26 行。

称肯定都换位为特称肯定。如果没有 B 是 A 是必然的,那就没有 A 是 B 也是必然的。因为如可能有些 A 是 B 的话,那就可能也有些 B 是 A,如果所有或有些 B 必然是 A,那就有些 A 必然是 B;否则也不能有些 B 必然是 A。但特称否定不能换位,其理由已在上面①述说过了。

其次谈到盖然判断的换位。盖然判断之为盖然,有数义。必然的,不必然的,可能都是盖然的。其肯定判断之换位方式可照上述②。……但盖然否定判断换位则当别论。如果说是盖然的,是因为 B 必然是 A,或者因为 B 不是必然是 A,那么,就可和其他否定判断一样来将这盖然判断换位,例如,如果有人说:人可能不是马,或可能没有衣服是白的。在前一例,一个词必然不属于其他一词,而在后一例,那就不是必然的。像这样命题之换位就和其他否定命题一样。因为既可能没有人是马,那就可能没有马是人;既可能没有衣服是白,就可能没有白的东西是衣服。因为如果有任何白的东西必然是衣服,那么,有些衣服就必然是白的。这一点已经证明了③。特称否定也须和上面的特称否定一样处理④。但是如果说什么是可能的,乃是因为它是常例或是自然的(我们之称为可能是这样意思),那么,盖然否定命题就不可像简单否定命题那样换位;那么,全称否定则不能换位,而特称否定则可换位。关于这点,等到我们讲可能的时候⑤就清楚了。现在除已讲过的之外,可以为这是明了的:没有 B 是 A 是可能的,或有些 B 不是 A 是可能的,其形式是肯定的:因为"是可能的"这一语和前面的"是"同列,而"是"之一字,不管他是用在称谓的什么两个词之间,总是肯定的,例如,"这是非好的",或是"这是非白的",总之"这是非如此"。却随后才证明这点(本篇第 46 章)。在换位时,这种种命题都和其他肯定命题有同样性质⑥。

亚里斯多德之研究必然与盖然判断及其换位各种情况,确是精审详

---

① 《分析论前篇》标准页第 11、22 至 26 行。
② 《分析论前篇》标准页第 7 至 13 行。
③ 《分析论前篇》标准页第 25a 第 14 至 17 行。
④ 《分析论前篇》标准页第 25a 第 12 行。
⑤ 《分析论前篇》第 13、第 17 章。
⑥ 《分析论前篇》标准页第 25a 第 27 行至标准页第 25b 第 25 行。

明。上引一段只是大概。如细阅文中所提到的各章,更能知道他对这题的研讨反复尽致,而这些问题概为今日之言形式逻辑者所省略,实属可惜。

却有一点,我们不得不连带指出,就是亚里斯多德在其逻辑研究是以主谓判断为其主场,而主谓判断则以其主词为体,宾词为义,为形容主体的,故不是一个类。因其非类,故不涉及其外延。但亚氏之谈到换位时,就不能不把宾词亦看为类,例如上面说到,"既没有衣服是白的,就可能没有白的东西是衣服"等。"白的"作为形容词是义,而"白的东西"就是类了。足见将逻辑的研究局限于主词为体宾词为义的主谓判断,是讲不通的。

拘于主谓说的逻辑家,每每到讲不通时,就从而为之辞,却毕竟还是不通,徒见浅学而已。牟宗三是其一例。兹引牟宗三《逻辑典范》一段来说明这一点。牟宗三说:"凡 S 是 P",S 为体类,P 为义类。于换位推理,当为"有 P 是 S"。在此,为义者又为体,为体者又为义。此种推理,在常识上,本已成立;然于说明,尚未圆足。吾人固知,体义无固宜。在前陈者即名为体,在后陈者即名为义。然单讲一宗,固宜如此;而宗宗连讲则嫌未妥。为免此疵,可采用约翰生之法,使 S 与 P 俱为谓词,另置变项 X 以实之以为体。如是,"凡 S 是 P"实等于"凡是 S 者是 P"。在此,S 与 P 俱为常项,而"者"(X)字则为变项。此种解法,本极通顺,无勉强处。盖吾人言语,常有简略;实则"者"字不可省。如是,由"凡是 S 者是 P",到"有是 P 者是 S",S 与 P 无论怎样换法,俱不失为义类;而与"者"字相连者即为"体"之所在,不与"者"字相连者,则仍纯为义类。与"者"字相连者虽为"体"之所在,而"体"仍只是"者"字,而非与之相连者。吾人于此注重"者"字,不注重与"者"相连之"义",然而"义"固亦仍未变也。"即不受影响。"①

此话议论正足以说明拘泥于主谓逻辑者之到了讲不通时,则强为之辞,而毕竟不通。凡 S 是 P 固然是凡是 S 者是 P。于此,体寄于"者"字,而 S 为义。到了"有是 P 者是 S",S 即为义。但怎样可由 P 之为义者而

---

① 牟宗三:《逻辑典范》,第 320—321 页。

变成为"体"之"是 P 者"?"者"之一字不能弄这把戏。实则在"凡 S 是 P"之 P 原来含有"体"义,故到了"有是 P 者是 S"时,P 之体义更显,否则莫由换拉。亚里斯多德虽从主谓判断出发,而到了换位的实际问题,则并不强辞夺理,硬要说"凡 S 是 P"之 P 是"义类",不可为"体类"。在换位时,亚氏毅然放弃其主谓立场,而把 P 所代表的宾词看为类(体)。

牟宗三学识浅薄,囿于主谓之说,从他所举的实例更可见其辞之穷。牟宗三说:"此可举例以明之。譬如由'孔子是人'到'有人是孔子'。此步不生问题。换位后,孔子为义类,义实通他。即此人不是孔子,他人许是孔子。诸多异解,起于此处。当末定时,人人皆可为孔子,当已定时,只有一人是孔子。当其为主词,为已定;当其为谓词,为未定。为已定时,为特体;为未定时,为义类。义类即共相。故此步推理不生问题。但由'有人是孔子'再换位而为'有孔子是人',则实不成辞。世无多孔子故。若如此而以'者'实之,则通矣。"①

牟宗三之说不通,在于"主谓为已定,为特体,为谓词,为未定,为义类"这几句话。当知"孔子"是一个单称词,所指的是特定个体。由"孔子是人"换位而为"有人是孔子",牟宗三认为"不生问题",却再换位而为"有孔子是人""则实不成辞"。牟宗三把"有人是孔子"换位为"有孔子是人",何其拘泥于公式如斯之甚?"有人是孔子"形式上是 SiP(特称肯定判断),换位应按公式得 PiS,即"有些 P 是 S"。原因是因为在 SiP 的 P 不周延,故换位后不能周延。今"有人是孔子"之"孔子"是单称概念,而单称概念必周延,故由"有人是孔子"换位应为"孔子是人"。此而不知,只知套公式,何以谈逻辑?

我说牟宗三之不通而强为之辞,实则不知公式的意义,岂特辞穷而已?主谓判断是很常用的判断形式。亚里斯多德研究形式逻辑本是从语法入手,其注重主谓式,固不足怪,但到了实际问题发生,为主谓之说所讲不通的,他并不拘泥于主谓说而从实际上求其问题之解决。亚氏这种科学精神,远非后世某些形式逻辑家之坚持主谓说者所可望而及。

亚里斯多德在《辞意篇》分表达判断的命题为简单命题与复合命题,

---

① 牟宗三:《逻辑典范》,第 321 页。

而未谈到复杂问题。他说:"第一类简单命题是简单肯定,第二类是简单否定;其余都是简单命题的连缀。"①"陈述一件单一事实的命题概称为单一命题,陈述一件事实的几个部分却构成一个整体的,也称为单一命题。至于陈述许多事实,或陈述事实的几个部分却不能连结为一体的,就是各别的命题。"②"复合命题是简单命题的结合。"③何以亚氏不提到复杂命题,实不可解。亚氏研究形式逻辑起初是从语法出发,而希腊文的复杂句甚或多,却未引起亚氏在逻辑中的注意。因此之故,他在三段论式的研究中也不注意假言和选言三段论式,而只讨论直言三段论式。但是他是曾反复研讨过必然与盖然命题的,却他所原用的必然与盖然命题,其形式多半是"可能 A 是 B"与"A 是 B 是必然的"。这不是复合句的形式而是复杂句的形式。故我们认为亚氏之未研究复杂命题,如"如果 A 是 B,则 C 是 D"这种命题是不可解的。

复合命题可以简单形式出现,亦可以复合形式出现。"人是动物,人是两足的,可分而为两个各别的命题,亦可合而为人是有两足的动物。……但某人是一个鞋匠,而这人又是好的,这两命题不可合为一个复合命题,成为这人是一个好鞋匠。"④"各谓词所指的诸义,如对于同一主体都是偶然的,或彼此是偶然碰在一起的,则不能合而为一个谓词。"⑤"再者,如果两谓词,其一词的意义已包含在其他词的意义之中,亦不应连缀而为一词,例如一个谓词是'白色'而另一谓词又有'白色'的意思,则不应重叠'白色'的义。"⑥

在《辩论常识篇》中亚氏以命题的内容分为道德的命题,自然科学的命题,与逻辑的命题⑦。但这种划分与形式逻辑无关,可置之不论。

亚里斯多德之论判断,大概如上述。其中某些论点为今日形式逻辑所保留,有些为后世逻辑家所误解所忽略,有些为唯心主义形而上学者所

---

① 《辞意篇》标准页第 17a 第 8、9 行。
② 《辞意篇》标准页第 15 至 17 行。
③ 《辞意篇》标准页第 22 行。
④ 《辞意篇》标准页第 20b 第 32 至 36 行。
⑤ 《辞意篇》标准页第 21a 第 8、9 行。
⑥ 《辞意篇》标准页第 21a 第 16 至 18 行。
⑦ 《辩论常识篇》标准页第 105b。

歪曲,却另有些为后世逻辑家所发展。这些问题当在本文下章加以讨论。

4. 论思维规律

述说了亚里斯多德关于范畴、概念与判断各论之后,我们就可大体上体会到他是怎样严格地要求文字的词句必须是口头话语的正确符号,而口头的话语又须正确地表达心意中所想说出的。这正是我国孟轲在《孟子》一书中所说的:"不以文害辞,不以辞害意"的意思。而语言要正确,必须按照思维的规律,思维的规律又是和客观事物的规律一致的。

亚里斯多德在研究言词中,首先发现许多的词都是字同义异的,所以用词必须明确所用的词是指着什么,否则意义模糊,无法了解。每个词必须明确其定义①。字同义异的词有许多的方法可以察觉,正如上文曾经引用过的,水清的"清"有异于声音清楚的"清"等,因水清之"清",其相反是"浊",而音清之"清"其相反是"模糊"。亚氏对于这问题极为重视,故《辩论常识篇》第1卷第15至18章,第2卷第3、4两章,都是反复讨论这问题,其旨趣就是现在逻辑所讲的同一律。概念违反同一律,必使意义模糊、判断违反同一律必使思想混乱。

关于同一律亚里斯多德在他的《形而上学》一书里说得比较详细。

同一律的客观基础是事物本身在相对静止的状态下的确定性,亚里斯多德说:"判定某一定事物是这样或者不是这样,作这断定的人是错了吗,抑或说事物之是这样同时又不是这样才是对的呢?如果后一种说法是对的,那么人们说存在着的诸事物是属于这一类,究竟是何所指呢?如果这样说法是不对而比前者的说法更正确,那么就已经是说存在是有一定的性质的,而且这是真的,不能同时又不是真的。假使任何东西都是错的而又是对的,处在这种情况下的人就不能说什么话,要说也不能叫别人理解;因为他说'是'而同时又说'不是'。如果说他并不作什么判断而只'思想'但又'不思想',横直两者是一样的意思,那么,思想等于不思想的人与植物又何以异?"②

---

① 参看《辩论常识篇》标准页第106a第2至4行。
② 译《形而上学》标准页第1008b第2至12行。

根据客观事物在相对稳定状态下的确定性，凡百事物必有其一定的性质，表达事物的词亦必须有其确定的意义，必须确定其所指。"最低限度，这明显的是真的，'是'或'不是'的意义不同，因之不能说所有的东西都是'这样而又不是这样'。——再者，如果'人'这一词是有其意义的，假设这意义是'两足动物'；我所谓有其意义是说：如果'人'的意义是'X'，那么如果 A 是一个人，他既是一个人，他既是人就是'X'。"①亚里斯多德正确地指出："进行辩论的人们必须在相当程度上互相理解；否则彼此如何辩驳？所以任何一个字都必须有其意义，指着什么，而且所指的不是指许多东西而是指一个东西；如果一个字能指不只一个东西的话，就应该弄清楚这个字用时是指哪一东西的。凡是说'这是而又不是'的人实则否定他所肯定的，那就是说他认为这字所指的不是这字所指的；这是万万不可的，所以，如果'这是'有其意义的话，就不能说了这之后又说与之矛盾的话而不犯错误。"②

亚里斯多德在其肯定同一律时，当然不能不考虑到赫拉克利特的学说，尤其是如果不深入分析问题的话，同一律和毋矛盾律都是和赫拉克利特动的学说相矛盾的。关于这点，亚里斯多德在其《形而上学》一书里，曾屡次提到赫拉克利特，始终认为赫氏以事物既是而又不是这种说法是不对的。例如：亚里斯多德说："柏拉图在其青年时和克勒提鲁士(Cratylus)和赫拉克利特的学说很有接触(就是说感性的事物总是在流动的状态之中，人们对之是不能有什么认识的)……"③这里亚里斯多德对于赫氏的批判不是赫氏动的学说，而是赫氏之认为由于事物之流动而不能为人所认识。亚里斯多德强调"同一属性在同一情况之下不能既属于某一事物而同时又不属于这事物。……无论如何也不能相信同一事物之是而又不是，正如有些人认为赫拉克利特所说的那样。其实一个人不一定相信他自己所说的；……明显地，同一个人不可能同时相信同一东西之存在又信其不存在；……"④亚里斯多德认为这问题的发生乃是由于现

---

① 译《形而上学》标准页第 1006b 第 29 至 33 行。
② 译《形而上学》标准页第 1062a 第 12 至 18 行。
③ 译《形而上学》标准页第 987a 第 33 行。
④ 节译《形而上学》标准页第 1005b 第 19 至 29 行。

象界事物之观察。"他们以为对立的东西既是从同一的东西而产生出来的,则矛盾或对立的东西是同时真的。如果不存在的东西不能变为存在的,那么对立的东西既是同源而出,则这相对立的在其未产生之先亦必同样的存在着,正如阿那克萨哥拉斯(Anaxagaras)和德谟克里特(Demokritos)所说一切都是混淆在一起那样;因为阿拉克萨哥拉斯说空与实到处都一样地存在着,然而实是存在,而空是非存在。因之,其信仰以这些为根据的,我们也可以说他们说得对,同时也可说他说得不对。况且'凡是的'有两种意思,既可说一种东西从无到有,也可说它不能从无到有,同一东西是存在着,同时也不是存在着——可是不在同一关系之下。因为以潜在而言,同一东西可能同一时间为两对立物,但以实在而言,则不可这样说。我们又可质诸这些人,能否相信在存在的东西之中还有另一种实质,完全是无动无生无灭。"①

可见亚里斯多德否认同一东西从实在而言不能同时是而又不是。他的毋矛盾律是以实在,即事物的相对稳定为基础,认为不把握这一点,就会因为事物的变动不居以致关于变动的事物,什么也不能说。"这样的相信就会推而到它的极端,正如赫拉克利特的流派所声称,又像克勒提鲁士那样主张,到了最后,他根据这主张认为说什么都是不对的,只能动一动指头。他并且批评赫拉克利特说了不能两次插足进去同一河流;因为他自己认为一次插足还是不能的。"②亚里斯多德总结说:"如果有人以这来质问赫拉克利特的话,必会强迫他来承认关于同一对象相反的陈述绝不可能都是真的。……无论如何,如果他说了这样的话,那么他所说的也不是真的,就是说,同一件事在同一时间之内是这样而又不是这样。因为把这话分开来说,说是的肯定并不比说不是的否定更为真,同样地,把这话作为复合和复杂句来看,其结果也是一样,所肯定的并不比所否定的更真。"③一切理论和一切证明是根据事物的确定性而进行的,"不能肯定什么就会毁灭讨论和一切理论"④。由上所说,已足以看到亚里斯多德在谈

---

① 译《形而上学》标准页第1009a第22至39行。
② 译《形而上学》标准页第1010a第10至14行,并参看这标准页全页。
③ 译《形而上学》标准页第1062a第37至标准页第1062b第6行。
④ 译《形而上学》标准页第1063b第10至12行。

同一律时已经谈到毋矛盾律了。

《辩论常识篇》第2卷第2章是研究我们现在所称为矛盾律(又译为不矛盾律或毋矛盾律)的，以不相属的属性归于一事物是自语相违，犯了这规律，最为逻辑思维所不应有的。认为是事物的偶性而本不是偶然的，就是一例。譬如有人说：白色适值是颜色。这话是违反毋矛盾律的，因为颜色是白的类。白必定是颜色，而不能说适值是颜色。以事物的类说为偶性，而类是必然，偶性是偶然，类与偶性不相属，故"矛盾"①。又如"检查可否说一个好人妒嫉他人，就要问，谁妒嫉，妒嫉是什么？如果妒嫉乃是看见一个正派的人作事有成绩而自己心中难受，那就是一个坏人，怎样说一个好人而妒嫉？"②这是亚里斯多德在其《辩论常识篇》里所谈有毋矛盾律。对于这条思维规律，他也是在其晚年的一部著作——《形而上学》里讨论得更加详细。

"一切事物不能同时是而又不是"③，这是毋矛盾律最简单的陈述。这条是亚里斯多德在其《形而上学》一书中认为是思维规律最基本的一条。他说："明显地，哲学家的任务，也就是研究所有实质是什么的人的任务，是要弄清楚三段论式④的原理。然而要能够说出其所研究的对象之最可靠的原理，必须认识清楚其研究范围内的每一类事物，因之其研究对象是存在事物的本身，就必须能够说出一切事物最可靠的原理。有哲学家于此，其最可靠的原理就是绝对不能有错误的一条原理；这样的一条原理必是尽人皆知的(因为人对于其不知的事物是会弄错的)，同时也是非假设的。凡是理解存在事物的人所必须把握的一条原理必不是一种假说；凡知道事情的人所皆知是的，也就是一个人进行特种研究的时候所必定已经知道了的。明显地，这样的一条原理一定是最可靠的；这样的一条原理是什么，让我们进行来讲。那就是，同一属性不能在同一情况下属于同一对象而同时又不属于这对象；为要防止辩论中反对意见，我们必须无条件地这样肯定。这就是原理之最可靠的，因为它是符合上面

---

① 参看《形而上学》标准页第109b第35至40行。
② 译《形而上学》标准页第109b第36至38行。
③ 《形而上学》标准页第996b第29行。
④ 意即推理。——译者

所下的定义的。"①"……这条原理自然是一切其他公理的起点,因为对这原理有什么错误的人必定是自语相违的。"②

亚里斯多德在他的《形而上学》第3卷讨论哲学的一般问题。开头一句话是:"谈到我们所追求的这一门科学,我们首先要述说一开头就要讨论的题目。"③这首先就要在哲学中讨论的题目包含有"能否对于同一事物同时肯定而又否定"④。可见亚里斯多德之重视这条思维规律,以之列入哲学基础研究的题目之内。这条规律是原理中所最可靠,"不容置辩的"⑤。它的可靠性,亚氏在他的《形而上学》一书中标准页第1005a第22至32行予以说明。A既不能同时是B而又是非B,那么任何人也不可能认为A同时是B而又是非B,否则只是自相矛盾,对于同一事物的述说自语相违。A不能同时是B而又非B,是指相对稳定状态中的事物而言,指事物的确定性而言,与事物在发展中的矛盾不同其意趣,此又不可不予以辨别。在《形而上学》即第4卷,亚里斯多德曾写道:"几乎所有思想家都同意于存在与实质是对立物所组成的;至少所有思想家指明对立是他们的最基本的原理——有的称这些对立物为奇与偶⑥,有的称之为热与冷⑦,有的称之为有限与无限⑧,又有的称之为爱与斗争⑨,其他所称的对立物显然都可归结为一与多(这样的归结是可默认的),其余一切思想家所采用的原理完全可以这一与多为其划分事物的总类。"⑩"而且对立既同产生于一源,则矛盾或对立的东西是同时皆真的。"⑪可是亚里斯多德指出:"同一事物在同一时间之内可能是存在而又不存在——但不是在同

---

① 译《形而上学》标准页第1005b第5至23行。
② 译《形而上学》标准页第30至34行。
③ 译《形而上学》标准页第995a第23至24行。
④ 译《形而上学》标准页第9行,参看同书标准页第996b第26行至997a第14行。
⑤ 《形而上学》标准页第1006a第4行。
⑥ 指毕达哥拉斯学派而言。
⑦ 指巴门尼德Parmenides而言。
⑧ 指柏拉图学派而言。
⑨ 指恩培多克勒而言——上三注均为牛津大学亚里斯多德原著学生用英文译本注。——译者
⑩ 译《形而上学》标准页第1004b第30至1005a第1行。
⑪ 《形而上学》标准页第1009第23至24行。

一关系之下。因为同一事物以潜在而言是在同一时间内为两对立物,但以实在而言则不能是这样。"①可见亚里斯多德不否认事物本身有对立的存在,却在思维中不能不强调事物的相对稳定,不能不强调其确定性,故A不能同时是B而又不是B,毋矛盾律就是指这而言的。毋矛盾律是最明显而又最可靠的一条规律。

"不错,有人要求甚至这不可置辩的原理也得要证明",但是亚里斯多德说,"这只是由于他们之欠缺教育而已,因为不知是什么东西可以要求证明,什么东西不可要求证明,正是说明其教育有所缺欠。任何什么东西都要加以证明是不可能的(这是无穷的后退,毕竟还是没有证明);但是如果有的东西原来就不应该要求加以证明的,这些人就不能说还有什么其他原理比这原理是更加自然明显的了"②。这就说明亚里斯多德认为毋矛盾律是思维最基本的规律而又不是最明显的。

亚里斯多德又指出,所谓A不能同时是B而又非B,并非说某甲是人而不能同时又是白色的,虽然"人"不是"白",因为,"人"是指某甲之类,而"白"是指某甲皮肤之色,类不同于皮色,但二者并非不相容,正如吾先哲公孙龙子之说"白马为非马",因"言白所以名色,言马所以名形也"(公孙龙子《迹府篇》),但未尝说一物之为马而不能同时是白的而为白马。亚里斯多德说:"同是一物,并无妨此物是人而同时是白并且是无量数其他的东西:可是,如果有人问,这是一个人,所说是合属实,对方应该只据实回答,不可模棱两可而在答话上加上'这又是白而大的'。"其原因不一而足,其中之一就是,不能把该物之偶性一一枚举,因偶性之数目是无穷的;所以既不能尽举,则可完全不举。同样地,虽然同一物尽管是人而同时又是千百个非"人"所指的东西,当其回答这是否一个的问题时,无须在答语中加上这又同时是许多非"人"所指的东西,除非不得已必须加上所有一切其他的人之偶性,把该对象是什么和不是什么完全都说出来;如果这样一来,又是违反了辩论的规则。

根据亚里斯多德的毋矛盾律,思维中所禁止的是把不相容的属性归

---

① 译《形而上学》标准页第1009a第34至35行。
② 译《形而上学》标准页第1006a第5至12行。

之于同一的对象。在《形而上学》一书第△,即第 5 卷,亚里斯多德解释"相反"这一名词时写道:"所谓'相反'是指矛盾的东西,对立的东西,相对的东西,又指残缺与具有的关系,指生灭中和从生灭而有的两极端的关系;并且可能指某两种属性可能为一物所具有,却不能为同一物所同时具有的……"①准此,则亚氏之"相反"亦即"不相容"。"相反是不能共存的;当我们问到两者孰是,就认定其不相容性……"②可见亚氏之把"相反"和"不相容"作为同义词。

矛盾和对立这两种相反关系,亦即不相容关系,其是矛盾的则不容有其中间之存在,而对立则可有其中间之存在,可见矛盾和对立是不相同的。但残缺也是一种矛盾关系③。

亚里斯多德在其逻辑学说中讲到矛盾与对立的区别比较还容易理解,可不多述。所必须把握的是矛盾无中间的存在,而在两对立的东西之间则必有其中间之存在。可是在实际区分时,常感不易。例如"相等"与"不相等"亚氏认为是矛盾的,因凡相等的东西必非是不相等,不相等的东西必非是相等,但"相等"和"非相等"则不是矛盾关系,因为"相等"之外不只有一个"非相等",既有"更大的"是"非相等",而"更小的"亦"非相等",何况"更大"和"更小"都有无数之多,故不可不指出以之和"相等"相对立④。对立者即不同之中最极端的。物之不同,其不同的程度有大小,其不同之最大者我称为对立,亚里斯多德写道⑤。不同一类的东西彼此莫由沟通,其关系太疏远,是不可比较的;同类而不同种⑥的东西,在其产生中之处于极端者就是对立物,两极端之间——亦即对立物之间——的距离是最大的⑦。因此,明显地一物不能有多于一个对立物,因为极端之外不能更有极端,对于一个距离亦不能有多过两个极端……⑧

---

① 译《形而上学》标准页第 1018a 第 20 至 23 行。
② 译《形而上学》标准页第 1005b 第 37 至 38 行。
③ 译《形而上学》标准页第 1005a 第 39 行至 1005b 第 3 行。
④ 参看《形而上学》标准页第 1057a 第 34 至 40 行。
⑤ 《形而上学》标准页第 1055a 第 4 行。
⑥ 通称并列的。——译者
⑦ 译《形而上学》标准页第 1055a 第 6 至 9 行。
⑧ 译《形而上学》标准页第 1055a 第 19 至 21 行。

这只是同类而不同种的对立,但亚氏之言对立,其范围不限于此。在《形而上学》第 5 卷亚里斯多德还指出:"对立一词用之于(1)不同类的属性而不可能同时属于同一对象的,(2)同类事物中之最不相同的,(3)对象所能具有的属性中之最不相同的,(4)同一机能所能接触的东西之中最不相同的,(5)绝对不同或不同类或不同种的东西之中其分别最大的。其余尚有称为对立的东西,其所称为对立,有的是因为它们具有上述的对立性质,有的是因为它们能接受这种对立性质,有的是因为它们能产生或感受这种性质,或者是正在产生着,或接受着这种性质,或者是这种性质的损失、获得、具有或残缺。"①

毋矛盾律所禁止的范围不只包括矛盾关系的东西和对立关系的东西,同时也包括同一种类之下划分出来并列的东西。亚里斯多德说:"同样地、对立物之间任何两种也不能以之称谓对立物之一已经称谓了的对象,例如对象是白的,谓之非黑又非白都是错误的,因这种说法就等于说这对象是白又不是白;因为不是白对于对象是真的话,那就是白的矛盾词了。"②由划分一类分为若干种③,按划分的性质,由类分出来的诸种是互相排斥的。如 B 与 C 是同位种,既互相排斥,则 B 当然不能是 C,故为毋矛盾律所禁止。

亚里斯多德在《形而上学》第 5 卷解释"相反"为"不相容",而把相对的东西也列入不相容之内,是则亦在毋矛盾律所禁止的范围之内。《形而上学》第 5 卷第 15 章解释"相对"之义甚详:"'相对'的东西有(1)倍之于其半,三倍之于其三分之一,一般说来,凡一物之包含另一物数倍者之于所被包含数信者,与凡一物超过另一物之于被其超过者;(2)凡能使热之

---

① 译《形而上学》标准页第 1018a 第 25 至 35 行。
② 译《形而上学》标准页第 1063b 第 18 至 23 行。按英译本上段最后一句甚为模糊,直译应为"我们联结起来的这两名词的第二个是对的,而这是白的矛盾词"。英文本原译者注谓是指"不白"和"不黑"。果尔,则两名词之第 2 个便是"不黑",何以"不黑"是白之矛盾? 说似不通,鄙意以为"不白"既与"白"矛盾,即"不黑"亦不定是白,可能是黑与白之外任何其他颜色,却都是和白不相容而是对立之白与黑之间的中间颜色。本人手上无希腊原本不能校对,姑以意测之如此。——作者
③ 这里我们的类是 genus 之译,"种"是 species 之译。——作者

于受其热者,凡能割之于被其割者,一般说来,主动之于被动;(3)可量之于能量,可知这于知,可感知于感知。"①亚里斯多德所列举的关系,如倍之于其半,可量之于能量等,都是我们今日在关系逻辑中通称为非对称的。"所谓非对称关系,必定是'a'对于'b'而言某一种关系,而'b'对于'a'则绝不能是这种关系……例如'大于'(a 大于 b),'小于'(a 小于 b)。'大小'是非对称关系,因为如果 a 大于 b,则 b 大于 a 必是不正确的。"②在某一关系下,可量必非能量,如 a 大于 b,则 b 必不大于 a,可割必不是能割,但一物之为可割如玻璃之可为金刚钻所割,又何碍于其之为能割,如玻璃之能割纸?但这已是关系之转移,故在一关系下,可割而在另一关系下则为能割,正如土地改革时中农之为被剥削者亦为剥削者,由于关系不同之故。在同一关系下,可割不能是能割,如玻璃之于金刚钻,中农之于地主。不同关系,则不在毋矛盾律禁止范围之内了。

亚里斯多德在《形而上学》第 5 卷所谈的"相反"关系,还包括着某一属性之残缺与其具有的关系。"残缺"一词的解释如下:"我们所谓'残缺',(1)一物本应有某一属性而没有这属性,纵然此物本身本不会有这属性,如植物之'不使有'眼,谓之残缺,(2)虽物之本身或物所属之类本应有某一属性而此物没有这属性,如瞽者与田鼠之没有视觉,谓之残缺;其无视觉的意义固然不同,因田鼠之无视觉是对其所属之大类(即动物)而言,但瞽者之无视觉是和他自身的本性对比的,(3)一物本应有某一属性,而且已是应有这属性的时候,却没有这属性,谓之残缺。盲固是残缺,但不问年龄而只问是否能见,不能见则谓之盲,不可;某年龄上应能见而不能见,谓之盲,则可。不能见有不能见之媒介物,不能见之感官,不能见之对象和不能见之情况,一切皆合而不能见,始得谓之残缺,(4)以暴力使物失其所有,亦谓之残缺。"③残缺既是某一属性的无,无与有为矛盾,所以"盲人能见"是毋矛盾律所禁止,因是自语相违。

亚里斯多德在逻辑六篇中之论排中律是和他讨论矛盾判断与事物的

---

① 译《形而上学》标准页第 1020b 第 26 至 31 行。
② 参看 1954 年《莫斯科大学学报》第 169 期,Л. П. 高尔斯基:《关系的逻辑常属性与其在逻辑中的意义》一文。——作者
③ 译《形而上学》标准页第 1022b 第 22 至 33 行。

必然性紧密地结合着的。"关于现在或已经实现的事,命题不管是肯定或是否定,不是真的就一定是假的。其次,两个主词是普遍概念而命题是全称的或单称的矛盾命题,其中一个必是真的,而其他一个就是假的。但是两个命题的主词虽是普遍概念而命题是特称的,就不一定是如此。"①

"如果一样东西现在是白的,那么,在过去说它将会是一白的东西是对的,所以任何已经实现的事情,在过去如说'它是如此'或'将会如此',那种说法都是真的,但是现在一事或将来一事,在过去可说它会如此,却不可说它不可能是如此,而且一事如果不可能不发生,它就不能不是,如它不可能不会如此,它就必须如此。那么,凡将要到来的就必然实现。结果,无一事是不一定的,因为不一定的事就不是必然的。"②

亚氏是否持宿命论呢?并不是的。虽然他在这段话里,他好像是说什么事情都早已决定了必然是这样而不可能是那样,他甚至于说:"任何一事都要必然的发现,都是固定了的"③,可是在后一章他说:"这见解引致一个不可能的结论;我们固然知道我们关于未来事的怎样考虑和怎样作为都是有因果关系而是必然的,但一般说来,凡不是一贯存在下去的事,都有是这样或不是这样的可能性。这些事可能这样,又可能不这样;事情可能发生,亦可能不发生。这种的实例很多。这件大衣可能被割裂为两半,也可能穿到破旧而并不被割裂为两半……同样地,所有其他具有可能性的事都是这样。所以明显的,不是每一件事情都必然是这样,都必然要发生,而有一些事是真会变样子的,对于这些事的肯定是和对于它们的否定不会更真些,也不会更假些,却有些事表现着在某一方面的趋势,而又能成为例外的另一方面发展。"④他又说:"每一件事都必定是或不是,现在如此,将来也如此,但不可能总是分得出来而决定地说它必然会这样发生或那样发生。……对于这种事情两矛盾命题之中,是与不是,其一个必是真而另一个必是假的。但我们不能决定这个或那个是假的,只得不作什么决定。事情这样的发生其可能性是比较大些,但它不是实际

---

① 译《辞意篇》标准页第 18a 第 28 至 32 行。
② 译《辞意篇》标准页第 18b 第 15 至 16 行。
③ 译《辞意篇》标准页第 6 行。
④ 《辞意篇》标准页第 19a 第 7 至 21 行。

上真,也不是实际上假。"①

所以,据亚里斯多德的解释,排中律是有关事情的必然性,在是与不是之间,其一必然是真而另一必然是假,但孰真孰假,每每不能事前决定,有待于事情的发展。其发展的趋势大概可以看出,却又常有例外的事。

在《形而上学》一书中,亚里斯多德认定排中律是不可置辩的。"矛盾的说法不能同时是真的这一信念是最不可置辩的……"②他认为对这排中律发生疑问的人都是以为矛盾之间可能有中间的第三者存在的,因为他在《形而上学》第4卷第7章③驳斥这种谬论。他在这卷书里述说了毋矛盾律并对于一切都是相对的,并无什么具有确定性的东西那样说法无性的摧毁之后④,他便接着说:"可是另外一方面,矛盾中间不可能有什么中间的存在的,一个宾词之对于一个主词我们只得肯定或否定。如果我们首先判明什么是真什么是假,这就清楚了。凡把是的说成不是的,或者把不是的说成是的,就是假的;而说的是是的,不是的是不是的,才是真的;所以说什么是是的,或说他是不是的,所说的必须是真或是假的;却不能说既不是是又不是不是是真的或假的。——其次,所谓矛盾间的中间东西,要就是像灰色之在黑与白之间,要就是像不是人亦不是马而是在人与马之间,(a)如果与后者一类,那就不能变为其两极(因为改变是从非善到善,或从善到非善),但实际上如果有矛盾间的中间东西的话,它总是要改变为其两极的。凡有改变必是改变为其对立的相反和对立的中间。(b)如果所说的中间东西真正是中间东西⑤,那么,其改变也变为白,而变为白者并非非白,却从非非白者变为白,从无此事。"⑥这整章书都是这样反复的分析所谓矛盾的中间,说明它之不能存在,故对于两个矛盾的东西,一个必是存在而可以予以肯定,其他一个必是不存在而可以予以否定的。排中律的意义是这样。

---

① 《辞意篇》标准页第19a第27至40行。
② 译《形而上学》标准页第1011b第13至14行一句。
③ 《形而上学》标准页第1011b第24行至1011a第28行。
④ 见《形而上学》第5卷第4至6章。
⑤ 如灰之在黑与白之间。——英译本注
⑥ 译《形而上学》标准页第1011b第24至37行。

关于同一律,毋矛盾律,排中律,亚氏都曾如上地论述。至于充足理由律的应用,推理的前提纵然是真,却还不足由之而推出正确的结论等,散见在逻辑六篇各处,但亚氏以后的形式逻辑家没有注意这条规律而把它从亚氏著作中搜罗出来以之归诸亚氏,像同一等三规律那样。这只是历史上一件偶然的事。绝不可说详言四原因而且强调充足原因的亚里斯多德在其推理学说中不谈充足理由律,须等于二千年后18世纪莱布尼兹才把它列为思维规律以补亚氏学说之不足。这样说法是缺乏其充足理由的。

5. 论三段论式与证明

我们现在在形式逻辑中把三段论式看为是间接演绎推理最典型的一种形式。推理是从一个或几个已知为真的判断推出另一个判断的思维形式。推理形式有直接与间接之分:直接推理是由一个判断直接推出结论的推理,如由 SaP 的真可推知 SeP 之必伪等。间接推理是由两个以上的前提的相互联系而推出结论的推理,例如"所有帝国主义的国家都是侵略的,美国是一个帝国主义的国家,故美国是侵略的"。又如"甲大于乙,乙大于丙,丙大于丁,丁大于戊,故甲大于戊"。这都是间接演绎推理,根据一般的原则而知道这原则范围内的某一特殊事实。间接推理还有归纳推理,它是从若干特殊事例中发现其一般原则的,例如美国是帝国主义国家而是侵略的,英、法、意等帝国主义国家亦复一一如是。寻出帝国主义国家与侵略性的规律性必然的联系,于是就得出结论说,凡帝国主义国家都是侵略的。而三段论式这种推理是演绎推理,因它是从一般原则而推知某一特殊事物;它是间接演绎推理,因它是从两个前提而得出结论。但它又是一种特殊的间接演绎推理形式,因它只有两个在某一定情况下联系着的前提,因之而得出其结论的。

三段论式最近而比较正确的定义是苏联康达可夫在其 1954 年出版的一本《逻辑》所下的定义,这定义说:"三段论式是从两个由一共同媒介词联系着的前提得出结论的推理形式。"而亚里斯多德在其《分析论前篇》所下三段论式的定义是:"三段论式就是一段话,陈说了某一定的事物

---

① 见康达可夫 Н. И. Кондаков:《逻辑》,1954 年,俄文原版,第 214 页。

之后，不须另加什么一个词，就由之必然地而推出另一事实。"①

我们把现在康达可夫的定义和亚里斯多德原来的定义比较一下，就可见到，"三段论式"这一词之用于今日，其意义是比亚里斯多德用这词的意义狭隘一些。而且我们之所谓三段论式，只是由之而得出可靠的结论的一种间接演绎推理，而亚里斯多德把得出盖然性结论的演绎推理，也称为三段论式。我们由上面引用他的三段论式的定义，就可容易的看出，三段论式推理这概念很容易把称为传递推理也归属于它②。由此可见亚氏三段论式推理的意义比诸我们用这词的意义较为广阔③。

首先，我们要知道什么是亚里斯多德所谓推理。"推理者，是一种论理的形式，判定了某一些事实之后，另一事实就必然由之而得出。"④

比较亚氏推理的定义和三段论式的定义，我们就不难看出亚氏是把三段论式等于推理，两者几乎是同义词，故三段论式的意义当然是和推理的意义一样的广泛，把所有推理的形式，甚至归纳推理形式，都包括在内。

可是，亚氏的三段论式分为两大类，即辩论的三段论式和真实的三段论式，又称证明的三段论式。他说："如果我们的推理是在于取得他人的信服而用辩论的形式，那就明显的，只需要我们的推理尽可能是根据可信的前提，使A和B两端项间的中项作为媒介，虽然这中项不是真实的，却是可信的，那就可通过这中项来推论而完成一个辩论的三段论式。但是，如果要找得真理的话，那就必须依靠主词和其属性的真正联系。"⑤

"辩论"是亚里斯多德在逻辑中所用的一个特别名词，是希腊语

---

① 见《分析论前篇》标准页第24b第18至22行。

② 按有些逻辑家分推理为4种类型：Deductio，"演绎推理"，即由前提而推出的意思，从拉丁文的词冠de"从出"与词干ducere"引"而构成；Inductio"归纳推理"，即由前提而纳入的意思，从拉丁文词冠in"入"与词干ducere而构成；eductio"扩张推理"，即把前提的意义扩大的意思，从拉丁文的词冠e"申出"与ducere而构成；和traductio，即传达的意思，从拉丁文的冠词tra"越过"与ducere而构成。传递推理的结论不是由前提敷衍而出，如由茧之缫丝之三段论式，亦不是由前提申出，如舌之申出于口之直接推理，乃是由一个前提传递到另一前提，以至结论，如甲大于乙，乙大于丙，丙大于丁，故甲大于丁。——作者

③ 译自苏联《哲学问题》1954年第3期"亚里斯多德的古典遗著，分析论前后两篇之俄译自希腊原文"一文，该刊第3期，第188—189页。

④ 译《辩论常识篇》标准页第100a第25至26行。

⑤ 参看《分析论后篇》标准页第81b第17至23行。

dialektikos 之译，其意义在希腊哲学中，原有数种：(1)问答式的讨论，是爱勒亚(Elia)的芝诺(Zeno)的用法；(2)盖然性的逻辑①；(3)论证的意思②；(4)一般的，而不是科学的论证；(5)讨论，辩论的意思。

所谓辩论的推理，是"根据关于向我们解释过的每一个问题一般人所承认的意见进行推理，而在辩论中，我们不致说什么不利于自己的话"③。所以"辩论时从一般人承认的意见出发而推论，谓之辩论推理"④。"所谓一般承认的意见，就是人都承认，或大多数人承认，或者最特出的人所承认的意见。如果作为推论出发点的意见，表面上是一般人所承认却实际上不是如此，或者并不是真正从一般人承认的意见出发，甚至不是从表面上为一般人承认的意见出发，那种推理就是为争论而作的推理。当知表面上是一般人所承认的意见，不一定真正是一般人所承认的意见。"⑤

证明的三段论式是和辩论的三段论式不同的。亚里斯多德说："如果作为推理出发点的前提是真实的而且是第一性的，或者这些前提之为我们所认识原来是由于第一性真实的前提的，推理就是证明。"⑥可见证明三段论式的前提必然是真实可靠的，而辩论三段论式的前提只是被承认的意见。如果作为前提的意见还不是被大家承认的，那就是为争辩而作的推理。但三种三段论式如要从前提推出结论，都须遵照三段论式的一定形式与规则，当于后面详述。

首先，亚氏之"所谓'真实'而且是'第一性'者，就是那些东西，其为人所相信是由于它们的本身而不是依靠别的东西……凡是原始的原则必须是由于它的本身，而且单靠它本身而为人所不得不相信"⑦。可是不能说所有的东西都绝对是要有证明的，因证明之上又须证明是无止境的过程，必到不可证明为止⑧。

---

① 根据亚里斯多德的《形而上学》标准页第 1004b 第 25 行的用法。
② 《辩论常识篇》标准页第 105b 第 31 行的用法。
③ 参看《辩论常识篇》标准页第 100a 第 19 至 21 行。
④ 《辩论常识篇》标准页第 100a 第 30 行。
⑤ 《辩论常识篇》标准页第 100b 第 21 至 27 行。
⑥ 《辩论常识篇》标准页第 100a 第 27 至 29 行。
⑦ 《辩论常识篇》标准页第 100b 第 17 至 20 行。
⑧ 参看《形而上学》标准页第 1006a 第 9、10 行。

亚里斯多德又说:"我所谓证明,是能产生科学知识的三段论式。即掌握住它就自然而然是科学知识的一种三段论式。"①他又说:"虽然你可以从真实的前提推论而不是进行着证明,可是如果你的前提是必然性的话,你已经是在作证明了,因为在推理的必然性之中,你的推理已经有了证明的性质。当我们对于一个证明提出反对的意见时,说它有一个前提不是必然性的真理,那也就说明证明必须从必然性的前提出发的。"②

亚里斯多德在其《形而上学》一书中,关于证明是这样写道:"如果有了真正的证明,它就是必然性的,因为它的结论只是这样而不可能是别样的;其必然性的原因就是它的前提是第一性的,那就是说,这三段论式所从而出发的命题是这样而不可能是别样的。"③

由此更清楚地可以看出,根据亚里斯多德的学说,证明的三段论式和辩论的三段论式,其区别是在于前提的性质。"证明推理的前提不同于辩论推理的前提,因为证明推理的前提是说出两个矛盾命题之一(证明的人并不问前提应该是什么,让别人来选择,而是自己把前提列出),而辩论推理的前提是要对方在矛盾命题之中选择其一的。"④亚氏关于证明推理与辩论推理前提的性质,讨论甚悉。证明推理的前提主要是在《分析论后篇》里讨论,而辩论推理的前提主要是在《辩论常识篇》标准页第100a第29行至标准页第104a第8行里讨论。

至于证明与三段论式的关系,据亚氏的说法就是:"证明是一种三段论式,而不是所有的三段论式都是证明。"⑤亚氏之这样的说法,是不同于我们今日之说证明,其原因就是上面讲过的,他的三段论式的意义极为广泛、几乎包括一切推理的形式。他的这种说法也是现在形式逻辑把证明说为是推理的一种特殊形式的根据,其实,证明与推理在本质上是有分别的。证明的论题可运用推理的方式来论证,亦可用直接感性认识来建立,所以把证明说为是推理的一种特殊形式,是不正确的。亚氏是三段论式

---

① 见《分析论后篇》标准页第71b第18行。
② 参看《分析论后篇》标准页第74b第16至18行。
③ 亚里斯多德:《形而上学》标准页第1015b第7至9行。
④ 《分析论前篇》标准页第24a第21至25行。
⑤ 见《分析论前篇》标准页第25b第30行。

推理的创作者。他醉心于他的创作,于是就把三段论式看为等于推理,故把可能运用推理以建立其论题的证明也说成是一种推理的形式。说成是一种三段论式,这是可以理解的,然而今日因袭他的这种说法,是大可不必的。把证明说成是一种推理的特殊形式,其结果便是不重视证明,以为既说推理之后,证明无非是三段论式之把结论置于前面而为论题,前提放在后面而称论据,因之只把名词加以解释,就更无须多说。当知此种看法不特是歪曲证明,而且是不懂亚里斯多德关于证明的正确理解。至于资产阶级唯心主义的逻辑,在一般教本中竟把证明置之不论,那是别有用心,我们应该大力予以批判的。

兹先说证明的重要性与其在逻辑中的地位。

证明是任何科学之所自出,因为,"证明是证实事物所必有的本质属性"①。那就是说,我们科学地所知道的东西都是经过证明而知其必然如此而不是别样的,是有关事物的必然联系的。因之,在证明中,证据必须是必然的真理。那就是说,证明所依的证据是普遍的原则,以命题表达之则必为全称的,即全类都是这样的。同时,证明所依的证据是陈述事物间的必然联系,以命题表达之,则命题的主词与宾词的联系是必然性的,反映其代表的事物之间原有的联系。

证明既是科学之所自出,其证据又是如此之重要,则证明的证据自当为我们所最须审慎的选定。首先,证明所用的证据必须和该科学的性质相适应。各科学有共同的原则,例如,从等量减等量,余量必等,为数学几何所共。亦有其特殊的原则,例如关于直线的原则是为几何所特有。共同者自可为各门科学所共用,特殊者则不能以宜于此者转用于彼,例如,不能以算术的特殊原则转用几何,力学的原则转用于逻辑②。

科学有待于证明,而证明是依其证据。证据之不明者,又必有证据以证明之。但证明之依证据,证据有待于证明,不能无其止境。证明之一步一步推进,必有其最后的不可证明又不待证明的原始证据,是之谓公理。有各科学所共同的公理,又有特殊的公理。证明时须审慎使用③。

---

① 《分析论后篇》标准页第 84a 第 11 行。
② 参看《分析论后篇》第 1 卷,第 7、第 13 章。
③ 参看《分析论后篇》第 1 卷,第 9、第 11 章。

科学的对象有事物之然,又有事物之所以然。同一科学可以事物之然和事物之所以然为其对象。例如,后世牛顿在其科学研究中固然寻求事物之所以然之理,却对于万有引力则只知其然而不知其所以然,然而万有引力之为然,亦不失其为牛顿科学研究的对象。又有一种科学以事物之然为其对象,例如光学等是。又有以事物之所以然为其对象者,如数学之研究光学所发现的事实之所以然①。

但严格说来,事物之然尚不得称为科学的本身,科学之为科学,是因其对于事物知其所以然之理。理是可证明的,证明有其证据,相互联结,成一系统。但最初的证据是其原始前提,不可证明而又不待证明的。自原始前提而下都是推理,理之不能明显地推出的,就要寻找其能因之而明显推出的前提,例如不能明显地推出 C 之为 A,就须寻找中项 B 为之媒介,以之而知 C 之所以为 A。故亚里斯多德说:"所有科学研究都是寻找中词,或确定这中词是什么;此之谓'中词'者就是原因,而科学研究的目的,就是寻找事物所以然之因。"②这是亚氏在谈科学证明中所说,后之言形式逻辑者,有以凡三段论式之中词都可作原因解者,是断章取义的说法,未曾读亚氏著作之故。

必要时,证据推至原始前提。原始前提之求得是为科学基础的奠定,其工作至为重要。原始前提是真正客观的知识而不是个人主观的意见,这就是科学与非科学的分水岭,亚里斯多德在其《分析论后篇》第 1 卷第 33 章言之甚详。真正客观的知识是必然如此,而不能不如此的,有其一定的规律性的,而个人的主观意见,可能是正确,合乎客观规律的,亦可能不是如此的。前者是深入到事物的本质与其规律性,而后者则未必然,未必是如此的,例如两者都说"人是动物",而对于主观意见这判断未根据人的本质,故虽正确,却未通过科学的证明,故以之为推理的前提,其结论不能有可靠的依据。对于客观知识,这判断是由可靠的前提而证明,必要时,上而推至原始前提以之为证明的根据,故是可靠的,科学的,因它是从人的本质而知其必属于动物这一类的。

---

① 参看《分析论后篇》第 1 卷,第 13 章。
② 《分析论后篇》标准页第 90a 第 5 至 7 行。参看该篇第 2 卷第 2 章全章更明。

因此之故，亚里斯多德在其《分析论后篇》第一卷说科学证明之后，就在同篇第二卷说定义，说明怎样有时是以证明而得到定义，却有时定义是不可证明的①。以证明而得到定义是用归纳法②。有时定义是不可证明的，因为定义是关于一事物的存在与其本质，而证明必须首先认定事物的存在与其本质，例如数学之证明必先认定数的单位与其单位之为单一等③。证明与定义的关系是如此的。

如果以证明而得到定义，我们在证明的开始时，亦不得不对于被下定义的事情预先有其性质的部分认识，虽然这认识是不完全的认识。例如我们知道月蚀是月之失去其明。月之失明是为月之蚀，这是对于月蚀部分的而不是完全的认识。由此进而求其失明之原因，亚氏谓之求其中词。如果寻得其中词是光与物体之间有另一物体阻隔着，则月蚀是因地球处于月与光之间，其故是可以知之的。这就是月蚀之证明。由此就得到月蚀之定义为"月蚀是因地在日月之间而月因之失明"。这是由主词"月"与类"失明"之初步定义进而至月（主词）之由于"地在日与月之间"，（原因）而失明（类）这定义。拉丁文之由 per genus et subjectum 的事实到 per genus et subjectum et causam 的定义。此非证明定义，而是以证明而得定义。两者不同意义，不可不辨。

亚里斯多德在其《分析论后篇》中，论科学的证明有很重要之一点，常为后之言逻辑者所忽略。那就是他对科学归纳推理提出一个因果关系的问题。兹论列于后。

《分析论后篇》首先提出，科学是在于建立普遍（全称）的命题，即主宾词外延相等的命题。要建立这种命题，就必须有主宾词外延相等的前提。这是一果只有一因的问题。"由是因可证是果，由是果亦可证是因。"④这也就是一果多因的问题。"同一的果能否有多数不同的原因"，这问题在《分析论后篇》第2卷第17章亚里斯多德是讨论得甚详细的。他的结论是，科学的终极是一果一因，其有一果多因者，皆因多因之中未得其共因。

---

① 参看《分析论后篇》第2卷第3章。
② 《分析论后篇》第2卷第3章，标准页第90b第4至6行。
③ 《分析论后篇》第2卷第3章，标准页第90b第30至32行。
④ 《分析论后篇》第2卷第16章，标准页第98a第4行。参看该全章更明。

共因得,则无所谓多因,而只有共因而为其果之因。一果多因正是科学研究所须解决的问题,其目的是求共因①。

总上而言,可见证明不可不首先有原始前提为其最初的根据。所以怎样获得原始前提是必须说明的。原始前提既是最可靠的,必不是与生俱来的。如是与生俱来,何以在知识开始时不为人所觉知?它又不是其他知识所推出的,因它是最原始,最根本的,故不能有其他知识为之依据。亚里斯多德认为它是从感性认识提升,发展而来的。感知是动物与人所共有,只是其感知之程度有不同。由感知发展而为知识,第一步是记忆,即感知后留存的痕迹。积记忆而为经验。经验已是特殊初步到一般。亚里斯多德于是就说:"许多逻辑上不易看清楚的特殊事实站住了,我们的心灵中就有了最初的一般了,因为感性的活动虽然是关于某一特殊的事实,而其内容是一般性的,例如,其内容是一般的人而不是某一个人。在这些初步的一般性认识站稳了时,认识的进程就继续推进,直至不可分割的概念建立起来,直至真正的一般建立起来才了事。"②亚里斯多德认为原始的,最根本的前提,不能由推理而证明,它是由直观在经验积累中所获得。故说,"证明不是证明的开始,科学知识亦不是科学知识的开始"③。亚里斯多德是以这结束其证明的讨论,结束其《分析论后篇》的。

以上所述是亚里斯多德之论科学证明。其论辩论的证明,与辩论证明之辩护与反驳,当于讨论推理之后才谈及,盖科学证明的论证过程中运用着推理,而证明的最初根据不是由推理而得出。必须说明证明与推理,然后才可谈推理之应用于辩论。先后有序,不容混乱。

亚里斯多德把三段论式看为等于推理,上面已经讲过。亚氏三段论式的定义,亦已译在上面。兹不赘述。

"三段论式"是希腊语 sullogismos(以拉丁字母写出)的日文翻译,原意为"结合"、"联系"、"核算"的意思,从希腊语的词冠 sun,即"一起"义,与动词 logizesthai,即"推出结论"义,合而为 sullogizesthai,再由这动词变为 sullogismos 这名词。由字义说,则三段论式之为思维的一种形式,

---

① 参看《分析论后篇》标准页第 98b 第 25 至 40 行。
② 《分析论后篇》第 2 卷第 19 章,标准页第 100a 第 15 行至第 100b 第 3 行。
③ 《分析论后篇》末章,标准页第 100b 第 13 行。

乃是核算前提的含义而总结出其结论的意思。核算者是结合的前提,由之而得出其总结,称为结论。

亚里斯多德对于"前提"的解释原甚广泛:"一个前提是对于某一事物有所肯定或否定的一句话。"① 希腊原文是 protasis,译为拉丁语 praemissus,从拉丁语动词 praemittere 即"放在前面"而来,因而有"前提"之日,今采之②。

亚里斯多德谓"从关于一事物谈到什么,不能由之而推出什么结论。必须另外有一前提"③。他又说:"一般说来,我们曾说过④、必须有一个中词与两端词以主谓关系而联系,才能用三段论式来建立两端词的主谓关系。"⑤ 由这两段引文可见亚氏的三段论式是以主谓判断为基础,离主谓判断则无三段论式。又可见,三段论式必须由3个判断组成,而且依赖中词以判定结论之两端,即大、小词的联系⑥。

"三段论式"之中词必见于两前提。在各格中皆如是⑦。其原因是如上所说:中词必与大、小词有主谓关系之联系而成两前提。

三段论式结论之得出,是由前两提之结合。"如果确实地 A 是属于 B 的全类,而 B 又属于 C 的全类,则 A 必然属于 C 的全类。这不能是伪的;因为如此是伪,则同一东西同时属于某东西,而又不属于这东西。所以 A 之属于 C 是由两前提结合而得出的。"⑧

结论之能否由两前提而得出是在于两前提是什么判断。故形成一个

---

① 《分析论前篇》标准页第 24a 第 16 行。

② 按严复用"词"以译 praemissus,而称三段论式之 3 个判断,即大、小前提,结论,为"例词"、"案词"、"判词",以"文选"的"连珠"译 sullogismos——见严复译《名学浅说》10。

③ 《分析论前篇》标准页第 40b 第 35 至 37 行。

④ 《分析论前篇》标准页第 25b 第 32 行。

⑤ 《分析论前篇》标准页第 41a 第 2、3 行。

⑥ 按此之三段论式中之中词,当与亚氏谈客观事物间的联系而为事物之为该事物之原因,称为广义的"中词"者(希腊文 meson)有别。细读其《分析论后篇》第 2 卷第 2 章便知。此章所言事物原因之"中词"是事物具有某一属性的原因,说明这属性之为该事物所具有之理由(logos)。其属性为事物所具有之理由是以类与种差而说明,故即该事物之本身不是以证明而确定的,故无与于三段论式,其不为三段论式之中词自明。

⑦ 见《分析论前篇》标准页第 47a 第 38、39 行。

⑧ 《分析论前篇》标准页第 53b 第 20 至 24 行。

三段论式时,前提之选择至关重要。这也就决定正确三段论式的规则。亚里斯多德主要在其《分析论前篇》第 1 卷第 27 章讨论之。首先须确定前提的主词,然后审定其所代表事物的本质与非本质属性、偶性等,进而确定其属性之为主词对象全类或其一部分所具有,然后前提之质与量就由之而确定,三段论式的格与式也就确定了。其关键是在于中词在前提中与两端词(即大、小词)的关系。

三段论式的意义完全是在于中词作用的正确理解。中词必须在前提中与大、小词有一定的联系,结论方能得出,故结论是两前提某种结合的结果。不明乎此,则必认为一般说来,大前提既表达了一个一般性的原则,而小前提不过是这原则的一种特殊情况,结论早已包含在大前提之中,并无新知识的表现,于是就认为三段论式之本质为论点的窃取。这当然是三段论式的误解。当知大前提只敷陈一般性的原则,必有中词把小前提所说的和大前提结合,然后结论始得而推出。可见结论并非早在大前提之中,而是通过中词在两前提中之合离作用才有大、小词关系的建立①。

关于三段式的格,亚里斯多德是这样说的:"如果中词在两肯定前提中,一为主词,一为宾词,或者他是一个前提的宾词,而又为一否定前提的主词,那就是第一格;如果中词是一肯定前提的宾词而同时又是否定前提的宾词,那就是中间格;如果中词是两肯定前提的主词,或是一肯定前提的主词,另一否定前提的主词,那就是最后一格。中词是在各格中有这样的位置的……由中词的位置而知其格。"②

亚里斯多德是这样述说第一格的:"如果三段论式的三个词是这样的关系,其最后一词(意指小词)完全被包含在中词之中,而中词又被包含在第一个词(意指大词)之中,或被排斥于其外,则两端词就联系而成一个完全三段论式。"③

所谓中词者,是被包含在一个词之中,而又包含着另一个词,以地位

---

① 参看《分析论前篇》标准页第 67a 第 33 至 38 行,又 Carl Prautl, Geschichte der Logik, 1926 年德文原本,第 1 卷,第 264—265 页。
② 《分析论前篇》标准页第 47b 第 1 至 14 行。
③ 《分析论前篇》标准页第 25b 第 32 至 35 行。

而言,中词就处在中间。所谓端词者,是指上面被包含的和包含的那两个词①。

亚里斯多德在这里显然是用包含这一关系,而把判断的主谓关系放弃了。他是在比较着结论的主宾两词之外延。在第 1 格第 1 式的 AAA 中(中世纪称为 Barbara 者)宾词的外延至少是和主词的外延相等,一般说来是更大的。在该格的其他的式中,亚里斯多德没有认为结论的宾词,在外延来讲,是大于其主词。但他认为这些式中,如果结论是否定,只是因为宾词未能包含主词,如结论是特称,则宾词只部分包含着主词,故结论的宾词总是称为大词,而称其主词为小词。

从这点看来,亚里斯多德很明显的是考虑到结论主宾两词的量,完全放弃他原来的主谓立场。我们从他第 1 格的原理来看,这一点更为明显。第 1 格的原理,正如上所述,是说:"如果三段论式的 3 个词是这样的关系,其最后 1 词(即小词)完全被包含在中词之中,而中词是被包含在第 1 个词(即大词)之中,或被排斥于其外,则两端词就联系而成一个完全三段论式。"3 个词都是从外延来看的。可见亚氏在论判断时尽管坚持其自语法而来的主谓原则,却一谈到推理,就再不能坚持下去,证明他在客观面前是愿意修正其主观的看法的。

亚里斯多德只承认三段论式 3 个格,即现在称为第 1、第 2、第 3 格。现在的第 4 格是后人所增补,其详见下章。以我们现在讲格的方法来看,亚里斯多德之不把第 4 格列入,似乎是不合理,至少是不很自然的。他在说明格的时候,既谈中词是一前提的主词,另一前提的宾词,何以不分辨哪个前提的主词,哪个前提的宾词呢? 把这点分辨清楚,岂非就很自然地把他的所谓第 1 格分为两格,即现在第 1 与第 4 格吗? 当知亚里斯多德三段论式的划分所根据的标准和我们现在用的标准是不同的。我们是根据中词在大前提与小前提中的位置而划分格,故有 4 格,而亚里斯多德是根据中词和大小词的宽度比较而划分格的,故只有 3 格。如果将 3 格列为公式如下:

---

① 《分析论前篇》标准页第 25b 第 36 至 38 行。

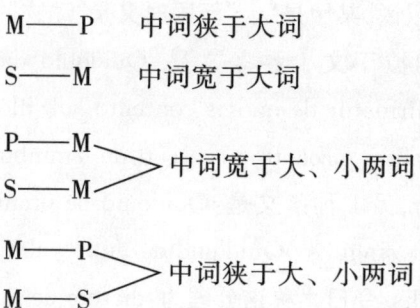

是则中词狭于大、小词,或宽于大、小词,或宽于其一而狭于另一,那么,只有3格,而不能为其4。何况,亚里斯多德认为我们今日的第4格原可由第1格得出,无须另列1格,以打破他计划的原则。他的在这点上一贯坚持其原则而又满足客观的需要,也是科学的。现在所根据的原则变换而得4格,是另一问题,与亚氏原来格之划分无涉。

同时,亚里斯多德认为第1格是完全格,其理何在,须比较他3格的说法才能知道。

第1格的构成已如上述。此格的正确性是以所谓"曲全公理"证明之①。严复举这公理时,说:"例曰,凡于一类之全而有所谓者,于其曲靡所不谓也。其理之简浅如是,而名家以谓举凡推证之事,莫不本此以为之。"②根据普兰特尔的《西方逻辑史》一书,这公理是为波亚提奥斯(Boethius)在公元第5、第6世纪之际,才确定是从亚里斯多德而来的③。但在亚氏的现存著作中没有这公理的条文,只是有两段是和其内容有关的,兹引译如下:(1)一个词全部包含在另一个词之内。就是等于以第2个词来称谓第1个词之全部。所谓以一个词来称谓另一个词的全部,就是说,没有主词所指的任何事例是谓词所不能称谓的。不能以一个词来称谓另一个词的任何部分,其结果也可以由此类推④。(2)如果以某一东西来称谓另一东西,则凡可以之称谓其谓词者,亦可以之称谓其主词。例如,以"人"来称谓某甲,而又可以"动物"来称谓"人",因之亦可以"动物"

---

① "曲全公理"是 dictum de omni et nullo 的严译。
② 见《穆勒名学》(2)第18、19页,参看牟宗三:《逻辑典范》,第440页。
③ 参看 Carl Prautl, Geschichte der Logik 德文原本,第1卷,第652、659页。
④ 译自《分析论前篇》标准页第24b第26至30行。

来称谓某甲,即可以说,某甲是"人"而同时又是"动物"①。

曲全公理②的拉丁文1种条文是:Quidquid dictur universum de aliquo subiecto,affirmatur de quovis contento sub illo,quidquid negatur de aliquo universaliter accepto negateer de omnibus de quibus illud alterum affermatur,另1种条文是:Quidquid de omni valet,valet etiam de quibusdam et de singulis. Quidquid de nullo valet,nec de quibusdam valet,nec de singulis. 今日之称这公理为:dictum de omni et nulls 是根据这第2种条文的,中文直译就是:"凡可以之肯定或否定一全类的亦可以之而肯定或否定其类之任何一事物。"

比较上引亚里斯多德关于遍有遍无公理的两段和中世纪这公理的条文,足见亚氏是强调"称谓"这概念,这可以说是他未离主谓的立场,但中世纪的条文是用"类"的概念的。一开始以"类"的关系来解释判断,主谓立场就动摇了。

再来看亚里斯多德怎样讲三段论式的第2、第3格。

第2格:"如遇有一东西是属于一前提主词的全类,而完全不属于另一前提的主词③,或属于两前提主词的全类④,或完全不属于两前提的主词,我就称这种三段论式为第2格。这格的中词是以之称谓两前提主词的那一词两端词即这中词所称谓的,其大词是较近于中词的,而其小词是较远于中词的。"⑤

亚氏这里的"较近"与"较远"两词,初看时,殊费解。当知他之把三段论式分为3格,是以大、小词外延的广狭和中词外延之广狭比较而决定,已见前文。今在第2格中,中词广于大、小词。却大词比中词的外延较近,而小词比中词的外延较远,以其比大词较小之故⑥。

亚氏之论第2格又说道:"如果M不能以之称谓任何N,但可以之称

---

① 译自《范畴篇》标准页第1b第10至16行。
② 按严译不甚妥。据其内容应译为"遍有遍无公理"。——作者
③ 注意:亚氏并不分辨大、小前提,故这说法包括两种不同的形式,即PaM,SeM与PeM,SaM。——作者
④ 即PaM,SaM。——作者
⑤ 译自《分析论前篇》标准页第26b第34—39页。
⑥ 参看《分析论前篇》标准页第28a第13、14页。

谓所有 O，而否定的关系是可以简单换位的，故 N 不属于任何 M①，却已认定 M 是属于所有 O；所以结论是 N 不属于任何 O。"②这就是中世纪称为第 2 格的 Cesare 式。亚氏对于第 2 格的结论是："明显地，名词这样联系起来，可以构成一种三段论式，却不是一个完全的三段论式，因为不能用原来的前提完全地来证明结论的必然性，必须另有其他前提才能证明。"③亚氏之所谓"其他"前提是指换位等方式，这就说明三段论式的第 2 格的不完全性。他又在同篇标准页第 28a 第 7 至 9 行证明在第 2 格中不能有全称肯定的结论，所以这格是一个不完全的格。

第 3 格是这样的："如果一个词属于另一词所指的全类，而又有一词完全不属于这另一个词，或者两词都属于这另一个词的全类，或完全不属于它，那就是第 3 格。这格的中词就是两上谓所称谓的，而这两谓词就是端词。其大词是较近于中词的而其小词是较远于中词的。"④

在同篇标准页第 29a 第 16 至 18 行，亚氏讨论过这格所有可能的各式之后，就得出结论说，"在这第 3 格中，不能得出任何全称的结论"，因之这格也是不完全的。

亚氏并详细地研究过什么问题是最难证明，又什么问题是最易证明的。他认为在许多格中能用许多式证明的是易得的结论，而只在少数格中用少数式证明的是比较难得的结论。

他指出："A 只能在第 1 格中一个式来证明；E 可能用第 1 格的一个式和第 2 格的两个式来证明；i 可能用第 1 格的一个式和第 3 格的三个式来证明；O 可能用第 1 格的一个式、第 2 格的两个式，和第 3 格的一个式来证明。可见 A 是最难证明而最易推翻的。一般说来，推翻全称的结论易而推翻特称的结论较难，因为要推翻一个全称肯定的结论，可以用 E 或 O。特称否定在第 1、第 2、第 3 格都可证明，全称否定只在两格可以证明。要推翻一个全称否定的结论可用 A 或 I，而 I 可用两个格中共 4 个式来证明。要推翻一个特称结论只有一个方法，那就是证明一个全称判断。但

---

① 即以 NeM 换位为 MeN。——作者注
② 译自《分析论前篇》标准页第 27a 第 5 至 7 行。
③ 《分析论前篇》标准页第 27a 第 16 至 18 行。
④ 《分析论前篇》标准页第 28a 第 10 至 14 行。

特称结论是在许多格的许多式中都可以证明的。"①

由此可见,最难证明的全称肯定结论只能在第1格得出,而且4种类型的结论都可在第1格得出,而在其他两格,只能得出两种,至多3种的结论,故第1格是完全格,而其他两格是不完全格。但亚氏明文区别完全与不完全格的只是在《分析论前篇》标准页第24b上面。他说:"一个三段论式在其陈说之外,不须另外什么来明白地得出其结论的,称为完全格;不完全格必须在其前提所说之外至少有一个命题,纵然这命题是原有前提必然的后果,然后才能得出结论。"②所以亚氏之区分完全与不完全的格,不像后人之谈到什么在第1格中思路是自然的,因为前提的小词是结论的主词,前提的大词是结论的宾词,而在其他的格中就不如此,乃是因为完全格只有依靠其前提就可得出结论,故称完全,即无欠缺的意思,而不完全的格则有待于其前提之外另有换位的方法才能得出结论。现在讲形式逻辑的三段论式各格,结论都是直接由其前提而得出,并无待于前提之外,是则按亚氏的原则,本无完全与不完全格之分,既无这分别,那就无须将所谓不完全的格变化而为完全的第1格以验其结论的正确与否。今日之孜孜谈格之变化者,亦可休矣!

即要将一个格变为另一个格,只要掌握格的形式和判断的变形,也不是难事。但中世纪的形式逻辑教学,注重教条的背诵而忽略推论,故有种种歌诀帮助学生的记忆,因之形式逻辑 Barbara……之声不绝,其风气之养成,流为逻辑的陋俗,将于下章论及。实则亚里斯多德分析各格的构成,不但说明第2、第3格之变成第1格,而且各格可以相互变换,于《分析论前篇》第1卷第45章言之甚详。这才真是亚氏研究讨论的科学精神,此而不谈,却区区于所谓不完全格之变化为完全格,已失亚氏的原意。这是不可不指出的。

亚里斯多德在其《分析论前篇》反复研究3格的各式,计占篇幅自第1卷第14至23章,共标准页计6页,其结果大体是今日形式逻辑的各个能得出正确结论的式。他所用的研究方法,比现在我们按三段论式的规

---

① 参看《分析论前篇》标准页第42b第30行至标准页第43a第10行。
② 《分析论前篇》标准页第43a第23至26行。

则来检查各式正确与否的方法,较为复杂,但是足以表示亚氏当日探讨尝试的精神。

一个三段论式的成立,首先是要建立适当的前提,而每一个前提必是一个判断。谈到判断,亚里斯多德又重提他的范畴说,还是回到他原来的主谓判断立场。他说:"存在的东西,有些是不能作为谓词以真正地、全称地来称谓另一东西的,例如克里安和卡里亚斯等个别的人,即有情意的个别人,只可用别的东西来称谓他们,可说他们每一个是人而又是动物;有些东西只能用之以称谓其他东西,却没有什么更原始的东西可用之以称谓它们,例如以人来称谓卡里亚斯,以动物来称谓人那样……这些更无以它物称谓之者就是最原始的谓词。最原始的谓词只可以称谓它物,而除了无根据的主观意见外,不能提出任何其他谓词以称谓它们。个体事物亦不能用作谓词,而只有用其他东西作为谓词以称谓这些个体事物。在个体事物与原始谓词之间,一切东西都可作为谓词而又可作为称谓的主体,即能称谓而又可称谓。论证与研讨,一般说来,即有关这些东西。"①

判断已成前提,而前提决定结论,故成立一个三段论式的推理,前提的选择是甚重要的。"前提是真实的,决不能得出不真实的结论,但真实的结论也可能从不真实的前提而得出,但这真实的结论只是事实上是真实的,而不是在推理上是真实的。从不真实的前提不能有真正的推理。何以是这样,后文当说明。"②

从不真实的前提可能得出真实的结论,亚氏言后文当加以说明,简言之,就是:"两件事的关系是这样,如果一事是真,则其他一事亦必真,如后一事不真,则前一事不可能是真,但后一事是真,前一事不一定必真。"③亚里斯多德曾举过这一实例:"凡石头都是动物,凡人都是石头;所以凡人都是动物。"在这例中,两前提皆不真,而按三段论式所推出的结论是真的,即事实上,人都是动物,但这真的判断并不是根据前提而得出,并非正

---

① 节译《分析论前篇》标准页第 43a 第 25 至 44 行。
② 《分析论前篇》标准页第 53b 第 4 至 10 行。
③ 《分析论前篇》标准页第 57b 第 1 至 2 行。

确推理的结果,以这三段论式而言,其真实性不是必然的,而是偶然的。

前提的真实性是三段论式推理必要的条件之一。其次,就是要按照一定的规则才能有三段论式推理正确的结论。

首先,"三段论式的结论只能从两个前提得出,其前提亦不能多于两个"①。第二,"三段论式的证明是通过3个词而进行,亦不能通过多于3个词"②。第三,"每一个三段论式,其前提之一必须是肯定的"③。第四,"在每一个三段论式中,必须有一个全称的前提。必段两前提皆全称才能得出全称结论,如结论是特称,其前提可能皆全称,亦可能只一个是全称。所以,如果结论是全称,则前提须亦皆全称,但是前提皆全称,结论可能不是全称"④。

据亚里斯多德的三段论式学说,三段论式的推理形式是要通过两个前提以建立主宾两词的关系。今有主词S与宾词P于此,而须确立两者的关系。既不能直接确立什么关系,则必有另一词为之媒介,一方面与P建立关系,另一方面又与S建立关系,两关系既明,然后得出S与P的关系。为媒介之一词为中词。中词是三段论式中起着最大作用的一词。亚里斯多德在《分析论前篇》第1卷第23章,先述三段论式何以必须有两前提⑤。他接着便说明中词的作用:"没有中词对主词与宾词都有了主谓的联系,则无法以宾词来称谓主词。原因是,三段论式是由前提而构成,而三段论式的前提都必须和中词有关,然后由中词的关系而谈到其他。前提有谈到B(指小词,即结论的主词)的,那就须对它有所肯定或否定;今又须把A(大词,即结论的宾词)来论及B,也得要有两者的共性,不能只谈每一个对于一种性质的有无。因之,就要拿两者之间一种东西,使之通过称谓关系而联系起来,然后两者才能有其三段论式的联系。其方法有3,以A称谓中词C,以C称谓B(即C—A,B—C)或以C分别称谓A与B,或以A与B分别称谓C,是则有上面所说的3格。故三段论式必取此

---

① 参看《分析论前篇》标准页第42a第32,33行。
② 《分析论前篇》标准页第41b第36行。
③ 《分析论前篇》标准页第41b第6行。
④ 《分析论前篇》标准页第41b第22至26行。
⑤ 参看该章标准页第40b第30行至标准页第41a第1行。

3格之1的形式,皆是由于中词在其中的作用。"①

中词在三段论式中,最易因其意义模糊而发生4词的错误。亚里斯多德曾举过一例,加以分析如下:"设使A代表'永恒'这一词,B代表'亚里士多明尼斯之作为一个思想的对象',而C代表'亚里士多明尼斯'。A属于B是真的,因为'亚里士多明尼斯之作为一个思想的对象'是'永恒'的。但是B也属于C,因为'亚里士多明尼斯'是'亚里士多明尼斯之作为一个思想的对象'。可是A不属于C,因为亚里士多明尼斯是会朽坏的。……如果说,亚里士多明尼斯这人作为思想的对象是永恒的,那就是假的。"②"这错误是由于忽略了一个小的差别。我们认为说'这属于那',或说'这属于那的全部',是没有分别的,于是就接受了上面的结论。"③亚氏上引文最后一句话是不十分清楚的。亚里士多明尼斯作为一个思想的对象,和作为思想对象的亚里士多明尼斯显然是两个不同的对象。前者是思想的对象,而后者是思想中的一个具体人,何得认为是"那"和"那的全部"的分别。盖其意是指"抽象的亚里士多明尼斯"和"亚里士多明尼斯这一个具体人"。希腊语不同于汉语,故直译未能显其意。但他所举的是一个甚好的"4词错误"的例。

上面所讲的是关于今日称为直言三段论式的亚里斯多德逻辑学说的梗概。亚氏在其逻辑六篇中,没有论及假言推理,或假言三段论式。当然在议论中他曾用过假充,但是假设不等于后人在逻辑上所讲的假言三段论式。他更未谈到假言三段论式的形式与其规则。

假言三段论式在亚氏死后才得到其门人与斯多噶学派逻辑家所注意,当于下章讨论之。却也不能说亚里斯多德在其逻辑六篇中没有用过假言三段论式这名词。他在《分析论前篇》曾有这一句话:"我们须要考虑假言三段论式,并决定它有多少方式。"④但是他在这句话中所讲的"假言三段论式"不是今日逻辑中"假言三段论式"或"假言推理"的意义。看他在《分析论前篇》第1卷第29章所讲的便知。他之所谓假言三段论式是

---

① 《分析论前篇》标准页41a第2至18行。
② 《分析论前篇》标准页第47b第20至29行。
③ 《分析论前篇》标准页第47b第37至40行。
④ 《分析论前篇》标准页第45b第20行。

在前提之外加上一个假设而得出结论。归谬法就是一个例子。譬如有一个三段论式的前提是 MoP 与 MaP。推出的结论是 SoP,而辩论的对方不肯接受这结论。我们就可用归谬法以证明其不接受这结论的谬误。论敌是已经承认原来两前提 MoP 与 MaS 之为正确的,而不接受 SoP 这结论。今姑且假定 SoP 是错的,那么其相反的矛盾判断 SaP 必须是对的。拿这作为另一个三段论式的大前提,而使之与原已被对方承认的小前提相结合,便得 SaP,MaS 这两前提,而其中词便是 S,结论便是 MaP。但这结论是和原已被承认的前提 MoP 相矛盾,故论敌是自相矛盾,完全谬误的。这就在原有前提之外加上一个假设以证明结论之正确。亚里斯多德称这种推理为假言三段论式,故说不同于今日形式逻辑的假言三段论式。

亚里斯多德对于假言三段论式虽未论列,而对于具有实然、盖然、必然、判断为前提的三段论式则言之甚详。亚氏之探讨推理是要把推理应用于客观实际的研究,故他必须分清作为推理的前提之判断,究竟认识实际的程度是高低,从而确定所得的结论是必然性的,抑是实然性的,或是盖然性的。

在其《分析论前篇》中,关于三段论式两前提都是实然性的,计占该篇第 1 卷第 4 至 7 章,共约原文 284 行。前提是必然性的,计占该篇第 1 卷第 8 至 12 章,共约原文 186 行。前提是盖然性的,计占该篇第 1 卷第 13 至 22 章,共约原文 672 行。从行数的估计,可见亚里斯多德之讨论盖然性前提的三段论式所占篇幅多于讨论实然性前提的三段论式两倍以上,讨论必然性前提的三段论式也占讨论实然性前提的三段论式的篇幅约 2/3。其所用篇幅有这样的差异是有理由的。亚里斯多德说:"三段论式前提之为必然性和前提之为实然性的,两者之间几乎无什么分别……其分别不过是在前者的前提中有'必须'这字样。"但盖然性的前提是更为复杂的,"例如,'可能属于'这语气可以改为'不属于是可能的',又如'可能 A 属于 B'可改为'可能 A 不属于任何的 B',也可改为'可能 A 不属于所有的 B',又如'可能 A 属于有些 B'可改为'可能 A 不属于有些 B'……'可能'有 2 义:其 1,'不一定是必然',其 2,'可能是如此,又可能不是如此',这是较为广泛,不定的语气"①。

---

① 参看《分析论前篇》第 1 卷第 13 章。禅尼:《哲学史》,法文原本,第 568、569 页。

我们再从《分析论前篇》第 1 卷第 13 章至 22 章来体会亚里斯多德在研讨三段论式的科学态度和从多方面探讨的精神,就感觉到亚氏逻辑之传到今日,完全把盖然性前提三段论式的问题省略掉是一憾事。兹摘译一段如下作为一个例子以说明之:

"在第 2 格中,如果两前提皆是盖然性的,不管前提是肯定或是否定,是全称或是特称,都不可能成立一个三段论式。但是如果有一个前提是实然性的,另一个是盖然性的,而肯定的前提是实然性的,那就不能有三段论式,但全称否定的前提如果是实然性的,总是可能得出结论。在一个前提是必然性的,而另一个是盖然性的之情况下,其结果也是一样。在这里'可能'的意思是和上面一样①。首先我们要指出,否定的盖然性命题是不能以之换位的,例如,如果'A 不能属于任何 B'是真,不能因之而认为'B 不可能属于任何 A'。因为如认为否定盖然性命题可以换位,不管换位是换成对立或换成矛盾的形式,那就可将'B 可能不属于任何 A'理解为'B 可能属于所有 A'。而这是不正确的。因为如果'所有这可能是那',并不可认为'所有那都是这'。因之,上面的否定命题是不能换位的。况且'A 可能不属于任何 B'和'B 必然不属于有些的 A'这两命题不是互不相容的;譬如,可能没有人是白色的(因也可能每个人是白色的),却要说'可能没有白色的东西是一个人'就不对了,因为许多白色的东西必然不是人,而必然的正如我们所知道②是不同于可能的。"③

我们在本章第 4 段研究亚里斯多德三段论式与证明的学说,首先是分辨推理的两大类,即证明的推理与辩论的推理。辨别其本质上的不同之后,我们就比较详细地来理解证明与辩论所共用的三段论式。这种研究的程序本非按照亚里斯多德原来的安排。亚氏原在《分析论前篇》研究三段论式,在《分析论后篇》研究科学的证明,却归纳推理以我们今日的理解来说,应该属于科学证明部分,而亚氏之谈归纳推理则散见于分析论前后两篇,所以我们把他关于证明的性质这问题放在三段论式问题之前,初步取得了解,然后在理解了三段论式之后,再来研究其应用的方法。这程

---

① 指《分析论前篇》标准页第 33b 第 29 行,标准页第 34b 第 27 行。
② 指《分析论前篇》标准页第 32a 第 28 行。
③ 《分析论前篇》第 1 卷标准页第 36b 第 26 行至标准页第 37a 第 8 行。

序不是完全无理由的。

亚氏逻辑六篇之第3、第4两篇为分析篇。"分析"原义是"证明的科学",而以亚氏的学说来讲,所有证明都有推理,而推理完全取三段论式的形式,故在《分析论前篇》首先研究三段论式。这篇研究三段论式,计分6部分:第一,三段论式的意义与其组成,和三段论式的格与式;第二,中词与其决定;第三,三段论式之分解为命题,命题之分解为词;第四,三段论式的性质与其真实性问题;第五,三段论式可能有的错误;第六,各种不同的推理形式之变换为三段论式的形式①。其主要内容有关今日形式逻辑者,已在上面简单地论述,余如第1卷B、C两部分及第2卷进皆从略。

下面我们就要讨论亚里斯多德的科学研究与归纳推理。

6. 论科学研究与归纳法

科学就是知识。科学的研究就是真正知识的追求。亚里斯多德本其师柏拉图的学说,首先把知识和意见区分开来。他说:"所谓真理,就是如果一个人掌握道理之不得不这样,正如在证明中他之掌握定义那样,那么,他所有的,不是意见而是知识。否则他只觉到一些东西有着某些属性,而不知其具有这些属性是否由于本质,那么,他所有的是意见而不是真知。"②从这一段就可知道,所谓真知,必是认识到事物的必然联系。"偶然碰在一起的东西不是必然的,也不是它们的一般联系,不过是所发生的和相联系的原来因素不同的一事物而已。"③

"如果我们认为我们所知道的是某一事物的原因,而且只这原因是这事物的原因而不是其他事物的原因,又知道该事物必须是这样,那么,我们就可算是对于该事物有了绝对科学的知识,不同于哲士所知的那种偶然知道某事物那样。"④

然则真知是有关事物的本质的。本质是什么?亚里斯多德说:"认识

---

① 参看禅尼:《哲学史》,法文原本,第612—613页。
② 《分析论后篇》标准页第89a第17至20行。
③ 《分析论后篇》标准页第87b第19至21行。
④ 《分析论后篇》标准页第71b第9至11行。

事物的本质……就是认识该事物的存在的原因。"①他认为三段论式就是认识事物存在的原因的最好工具,因为它是推理的最好形式,以之可以发现真理,就是发现事物存在的条件,发现自然的过程,由类至种的发展过程,由简单至复杂发展的过程②。亚里斯多德之持这说,是因为他认为"科学的知识不能从感性认识直接获得。虽然感知的功能是要达到'事情都是如此'而不只是'某一事是怎样',但是在感知中所知道的是在一定的地方和一定的时候,'这一事是怎样',那就不可与认识在所有情况之下普遍真理是这样的同日而语。普遍真理不是'这',也不是'现在',因为'这'和'现在'不是普遍的。普遍的是一切时一切地的意思。证明是有关于普遍,而普遍的不是由感知所能得,故不能以感知而获得科学的知识……例如,即使我们能在月球上亲眼看见,地球遮拦着太阳的光,我们仍然不知月蚀的真因:我们所感知的是月蚀的那一事,而不知其事之理,因为感知和普遍的东西是不相属的。当然我并不否认,如果眼见这一事实的多次重复,追踪其中共有的普遍性,可以获得证明,因为普遍的是从好几堆的个别事物抽拔出来的"③。这一段的意思是,科学的知识不是感性直接认识的知识,因感性直接认识限于具体事物,必须有感性直接认识重复多少次,从而抽象地抓住其中存在着的一般的本质,才能提高到理性的认识。科学的知识是这样获得的。其根源固是具体事物的感性直接认识,却有待于发展到理性认识(毛主席《实践论》语)。怎样从具体事物的感性直接认识发展到科学的理性认识,就是归纳法的科学证明过程。

科学知识是专门的知识。一个科学工作者不能企图解决所有的科学问题。一个成熟的科学家也不能解答所有的科学问题。"我们向一个科学工作者所能提出的问题是有其限度的,而且不是每一个科学家都有责任来回答一门科学中所有的问题。他在所研究的那门科学里,有一定的领域才是他所必须知道的。"④

一门科学之成为一门科学是因"它的领域是一单个的类。……一门

---

① 《分析论后篇》标准页第93a第4行。
② 参看《分析论后篇》第2卷第2章,又禅尼:《哲学史》,法文原本,第612页。
③ 译自《分析论后篇》标准页第87b第27行至标准页第88a第4行。
④ 《分析论后篇》标准页第77b第6至8行。

科学的不同于另一门科学,是因为它们的基本原理不是出于同一的来源,一门科学的基本原理也不是由另一门科学的基本原理而得出,所以决定一门科学的独立性,首先就要分析到这门科学的不可加以证明之前提。这些不可证的前提一定是和它们的结论一起同属于一类。要证明这点,就须证明用不可证的前提推出的结论都是在一同类的范围之内"①。

"一门科学有其特殊的事物为其研究的对象。它认定这些事物的存在与其意义,并认定这些事物具有这门科学所要研究的某些本质属性。例如,在算术里有单位,而在几何里有点与线,单位、点、线是算术与几何所认为存在的东西而且是有意义的东西。但是关于所要研究的本质属性,只认定它们的意义。例如,算术认定单位之有奇与偶,几何之认定形之有平方立方,形之可比较与否,线之离与合,而这些属性之果否存在须用公理和前提所已经得出的结论来证明。"②

所以亚里斯多德总结其关于科学问题的研讨时,就说:"科学的问题可分4大类:(1)某一属性和某一东西的联系是否属实?(2)这联系的原因是什么?(3)某一东西是否存在?(4)存在的这东西有什么性质?"③那就是说,科学须要研究的问题是:某一东西是这样的,何以它是这样?如果它果真是存在,它怎样存在着?事物是否存在、是怎样存在着的问题乃是事实观察的问题,而事物何以存在,何以是这样存在着,乃是事物联系的问题,必须通过证明才能决定的。

据亚里斯多德的证明学说、证明是寻求"中词"。此之谓中词者,比三段论式的"中词"意义更广,是事物发生与存在的原因的意思,上面已经指出,兹再引亚氏的一段话来证明。他说:"我们研究的结论就是:在所有研究中所寻求的是有无一个'中项',如果有的话,这'中项'是什么:因这里所说的'中项'正是指着原因而言,而我们所寻求的就是原因。"④观察的事实,必有待于说明,即说明它何以是这样。由怎样才是这样,其"这样"是感性认识的事实,而"怎样"是通过称为"中项"的原因始得而明。"这

---

① 参看《分析论后篇》第1卷第28章。
② 《分析论后篇》标准页第76b第2至10行。
③ 《分析论后篇》标准页第89b第22至24行。
④ 参看《分析论后篇》标准页第90a第5至7行。

样"之是否这样,可能有正确与不正确,精与粗,深与浅之分,是观察的事实。"怎样"是事物间的联系,有待于说明,有待于系统知识的正确运用于事实,是证明的事。

关于这点,亚里斯多德在其《辩论常识篇》中曾扼要地谈到,这虽然是有关于辩论,然于科学的证明,也有重要的意义的。他说:"有某些假说(按亚氏之所谓假说是区别于定义。定义是什么就是什么,由立论者所确定;假说是什么是这样或是那样,对方可以选定)①,是很难加以辩护,却很易予以反驳的,例如,证明中最初和最后的东西就是这样。最初的东西需要的是定义,而最后的,如果要从最基本的原理循序推演出来,必须经过许多的步骤才能建立,否则所谈的就好像是诡辩,因为要证明必须从适合的原理出发,由一个推理到另一个推理,直到推到最后的结论……所有的结论归根到底是从最基本的最初原理来证明;而这些最基本的原理就不是用其他原理得以证明的。"②"前提是结论的原因,因前提比结论为易明,先于结论,为结论之所由生。科学知识之为科学的,是因我们知其所以然之故……所谓先于结论者,是指接近感性认识的对象,先为人所认识而又比较易于认识的……一个最基本的命题就是没有另一命题先于它的。"③这些最基本而又最原始的命题是证明的起点,它们的本身当然不能由证明而获得。证明向上推不是无止境的过程,正如上面所曾讲过④。

每一门证明的科学都有3种要素为其推进而发展的基础:第一,科学所研究的范围,亚里斯多德称之为"类";第二,公理,各门科学共同的公理和本门科学特有的公理;第三,研究对象的性质⑤,换言之,就是研究的对象,为该门科学所认定具有某些本质属性,须要通过研究以确定的。再则进行研究的最基本的原则,称为公理,以为证明的基础,由之而推出关于所研究的对象种种判断,一步一步更复杂,更深入地说明对象具有什么性质。

科学研究进展过程中,所证明的原则,即所建立的判断,其范围总是

---

① 参看《分析论后篇》标准页第76b第35至39行。——作者
② 《分析论后篇》标准页第158a第31行至标准页第158b第3行。
③ 《分析论后篇》标准页第71b第29行至标准页第72a第8行。
④ 参看《分析论后篇》标准页第72b第18至22行。
⑤ 参看《分析论后篇》标准页第76a第16至标准页第76b第22行,尤其是最后一段。

由较狭到较广的。"例如,我们首先是认识到等腰三角形的外角之和等于四个直角之和。问题是何以这样?其答案乃是,因为等腰三角形是一个三角形,而一个三角形是一个直线形,直到我们认识到一个直线形之具有这性质,除它本性外没有其他理由,那么,我们关于等腰三角形外角之和等于四个直角之和的知识就完备了。这样我们关于这点的知识也就是关于这种知识的一般性知识,因之可见知识的更一般,即其范围愈广,就是更好的知识。"①这也是列宁所指示:"一切科学的(正确的、郑重的、非瞎说的)抽象,都更深刻、更正确、更完全地反映了自然。"亚里斯多德的意思是:"知道了一般的也就知道了特殊,但知道特殊还不知道一般。"②其原因是:"一般的证明是理性的,而特殊的证明是感性的。"③

亚里斯多德把理性认识估价得很高。但他是当时一个伟大的生物学家。他的科学研究当然是从客观事物的观察入手,当然认为感性认识是知识的根源。他在谈到研究蜜蜂产生问题的时候,他说:"关于蜜蜂产生所观察的事实还未能充分的掌握;如果我们到了能充分掌握的时候,必须归功于观察,而不能归功于理论。理论之有助于知识者,必须和观察的事实相符合。"④但是他反复强调理性认识的必要。例如,他说:"事实的知识而同时又是通过理性的事实知识所形成的科学,而不是没有通过理性而纯粹是事实知识所组成的科学,是正确得多,是更基本的。例如算术是更正确更基于谐音学,因为算术不只是某实体具有某性质的科学,像谐音学那样。"⑤按《范畴篇》标准页第14a而言,"更基本"有5种意义。在上引文"最基本"是有此而后能有彼的意思,似仍受着柏拉图学说认为形式,即"模",更真实于具体事物的影响。但亚氏"更基本"还有一理解,就是"一般的价值是因它能显明事物的原因"⑥。那就是说事物规律性的认识比事物存在的认识更为重要。应该不但知事物之然,更须要知其所以然。

---

① 参看《分析论后篇》标准页第85b第38行至标准页第86a第4行。
② 《分析论后篇》标准页第86a第11至12行。
③ 《分析论后篇》标准页第29、30行。
④ 亚里斯多德:《论动物的产生》,标准页第760b第30至33行。
⑤ 《分析论后篇》标准页第87a第31至33行。
⑥ 参看《分析论后篇》标准页第88a第5行。

科学的知识开始于个别事物的认识,由个别事物的认识概括而成一般原则性的认识。许多原则性的认识组织成相互联系,相互说明的系统,成为息息相关,一发动全身之势,那么,由这系统一部分可推知其他另一部分,进而推知其整体。这样,科学就到了登峰造极的发展,从特殊到一般的归纳法也和一般到特殊的演绎法成为一而二,二而一,无别无异了。19世纪逻辑家如英人米勒所阐明的寻求因果关系、即说明事物的5种方法,如求同、别异等,只属于科学研究的初步,限于现象间的联系,而尚未能深入到事物的本质与其规律性。

亚里斯多德由于其历史的条件,也只能追求现象的表面联系。虽然他认识到在特殊中须要发现其一般,但是他所提出的方法还是很朴素的。我们进而研究亚里斯多德的归纳法。

"归纳法"是日本翻译。严复译为"内籀"①。希腊原文是 epagogē,始初由公元前1世纪罗马人西塞罗(Cicero)译为拉丁文 inductio(从 in"入内"与 ducere"引"),严氏之"内籀"即本此意之直译,而日文"归纳"盖意译也。

亚里斯多德的谈归纳法,散见逻辑六篇中,而以《分析论前篇》第23章所举的归纳法最为后世逻辑家所常引用。这段的文字是这样的:

"归纳法,即归纳法形成的三段论式,是以三段论式的方法用两端项之一来建立其他一端项和中项(意即中词——本文作者)之间的关系,例如B是A和C之间的中项,就用C来证A属于B。这就是构成归纳法的方式。兹以A表示长寿,B表示无胆汁,C表示长寿的特殊动物,如人、马、驴。那么,A属于所有的C:因为凡无胆汁的都是长寿的。但B('没有胆汁的')也是属于所有的C。如果C是可以和B互换,而这样中项的外延不是更大,那么,A必然是属于B。上面②已经证明,如果两个东西(谓词)都属于同一东西,(主词)而一端项③可与其中之一(谓词)互换,那

---

① 参看严译耶方斯《名学浅说》与《穆勒名学》二书。
② 指标准页第 68a 第 21 至 25 行。
③ 按这里亚氏用词须解释。此之所谓"端项"实是两前提的主词,而这主词指特殊事物,故应是三段论式第1格的小词,但在当前的三段论式中的作为第3格的中词。按这第3格的三段论式,本应得一个特称的结论,但因为亚氏认定C和B可以互换,故可以之变为第1格而得一个全称的结论;原来 CaA、CaB,故 BiA,但 C 与 B 互换,则 CaA、BaC,故 BaA。——英文译为原注

么,其他一谓词就属于换过来了的谓词。但是我们必须理解 C 是所有的特殊所构成的,因为归纳法是通过尽数枚举而进行的。"①

这段中所应该注意的一点是原来第 3 格的小前提必须是可以简单换位的,即中词 B 的外延不大于 C 端词的外延,就是说"无胆汁的动物"为"人、马、驴"所穷尽,即人、马、驴之外,更无其他无胆汁的动物,否则这归纳法就不是"通过尽数枚举而进行"。这是亚氏这里所讲的归纳法的原意,他实在是用"完全归纳法",因为他是穷尽其所考察的整个类的。完全归纳法虽然有其很大的局限性,但用这方法所得出的结论应该是必然性,可靠的。但黑格尔认为亚氏这种归纳推理本质上是一种尚成疑问的推理。那是误解了亚氏这段文字。

黑格尔在他的《逻辑科学》俗称《大逻辑》一书,第 2 册第 1 部分,第 3 章 B 段 b 节有这一句话:"归纳法的结论还是尚成问题的。"②他这样评定归纳法是在讨论"反映推论"这一问题的时候,相当于他后出的《小逻辑》第 190 节。虽然在《小逻辑》这节中黑格尔没有重复对于上引的亚氏归纳法这评语,但是他之误解亚氏,从他的词句中可以看出的。《大逻辑》尚无中文译本,所以我们引《小逻辑》第 190 节的"附释"一段如下:

"全称的推论会指引到归纳的推论。在归纳推论里,个体构成联结的中项。当我们说:'凡金皆传电',这是一经验的命题,系从所有各种个别的金属加以实验所得的结论。于是我们便得到下列形式的归纳推论:

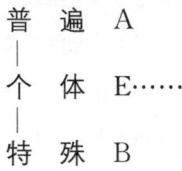

金是金属,银是金属,同样是铜、铅等等皆是金属。这是大前提。于是小前提随着产生:所有这些物体是传电。由此得出一条结论:所有金属皆传电。在这里有联结功用的乃是作为全体性的个体性。这种推理又立即指引到另一种推论。这种推论的中项乃全部个体所构成。这先假定在

---

① 译自标准页第 68b 第 15 至 29 行。
② 见 W. H. Johnston 与 L. G. Struthers 的英文译本,1929 年,第 2 册,第 329 页,手边无德文原本,未能校对。——作者

某种范围内,观察和经验是完全无遗的。但这里所处理的对象乃是个体事物,于是我们又陷于无穷的进展(E、E、E……),因为在归纳法里我们是无法穷尽所有的个体事物的。……因此每一种归纳总是不完备的。"①

黑格尔在这里所认为不完备的归纳法乃是指无穷尽个体所构成的中项,个体既非能穷尽,则上面引的亚氏归纳三段论式的B当然是外延大于C,故C与B不能互换而由第三格三段论式变为第一格,所以结论当然是尚成问题的,因为不能竟由"有些B是A"而得"所有B是A"。I判断和A判断固是相容,且I可发展成A,但由I而推出A,无疑地是成问题。但黑格尔的这评定只可对归纳法的今日称为简单枚举法而言,而不能对于上面引的亚氏在《分析论前篇》第2卷第23章的完全归纳法而言。认为亚氏这方法是简单枚举法是黑格尔之误解亚里斯多德,忘记了亚里斯多德在用这种归纳法时,反复申明必须有C和B可以互换的条件,"归纳法(指这里所讲的完全归纳法)必须通过穷尽枚举而进行"。令人最足稀奇的是黑格尔百年后法人禅尼(Paul Janét)在他的《哲学史》②一书中,也同样的误解亚氏这种归纳法,把他的完全归纳法认成是简单枚举法。简单枚举法的归纳结论本质上是盖然性的,尚成疑问的,而完全归纳法的结论是必然性的。但完全归纳法穷尽其类而后以全类的概括作为结论,其为认识的推进,思想的深入与提高,是很微小的。故归纳推理必须还有其他方法。

在《分析论后篇》,亚里斯多德提到另一种的归纳法。他说:"归纳法是以某类别的特殊事物,毫无例外地,具有某一属性,于是就建立一种一般性命题,但归纳法不是证明事物的本质而只证明它的有无某一属性。"③

这是在亚里斯多德讨论怎样寻找事物的本质属性的时候,怎样决定一个概念的定义的时候。他首先在《分析论后篇》第2卷前3章概论了事物的本质之后,在同卷第4至第6章说明这问题的解决不是由推理的证明,不是由划分,也不由事物本质的反面,又在第7章,即上面所引的话出

---

① 见黑格尔:《小逻辑》,贺麟译,生活·读书·新知三联书店,1954年,第371—372页。
② Traité élémentaire de la philosophie,巴黎,1927年,第4版,逻辑之部,第1段第7章。
③ 《分析论后篇》标准页第92a第36行至标准页第92b第1行。

现的那章,说明事物本质的认识不但是由于认识该事物的实际上存在,然后在第8章详述事物的本质之认识是在于不但知其然而在于知其所以然。"我们以C表示月球、A表示月蚀、B表示月之虽圆而无光足以使物有影,而这又不是因有物在我与月光之间。那么,如果B,即月之不投影,不是由于月球的本身,而A,即月蚀,是由于月之不投影,显明的是月之蚀,但何又月之有蚀,其理由还不大明显。我们只知有月蚀之一事实,而尚不知其本质。当我们明白知道A(月蚀)是由于月球,进而求其事实之故,我们就是追求月不投影之本质;那就问是地球遮住了,或因月之旋转,抑或因月之消逝? 在这些实例中,B是大词A的定义;因为月蚀是以地球之遮盖住月而构成。"①

这就是说明根据亚氏的归纳法学说,简单枚举法只能证事物之然,只是经验上的感性认识,不是理性认识,不是知事物之所以然,不是知其必然之理,决定其原因。简单枚举法只是在某事物上证其有无一种属性而不能深入到事物具有这种属性的本质。

完全归纳法的结论是必然性的,而简单枚举法所得的结论是盖然性的。亚氏这一定论已为2000多年形式逻辑所一致主张。而发明三段论式的亚里斯多德本来是把演绎推理和归纳推理相提并论,看为是两种不同的思维过程的。例如他说:"三段论式有中词,则以中词而推出结论,如无中词则以归纳法而求得结论。"②这种说法从字面上是不易明了的。须知亚氏所谓中词就是事物的原因,一般性的原理。既有一般性的原理,当然可由演绎推理而通过三段论式得出结论。如无一般性的原理,则用归纳法由特殊事物而求得一般原则性的结论。亚氏接着上引的几句话就说:"从一方面讲,归纳法是和三段论式相反的,因为三段论式是以中词证大词之属于第3个词(即小词),而归纳法是以第3个词(即小词)证大词之属于中词。以其性质而言,用中词证的三段论式是在先而易明,但归纳推理对于我们则更清楚而有直观性。"③

三段论式推理与归纳推理既然是相反的,何以亚氏在谈完全归纳推

---

① 译自《分析论后篇》标准页第93a第37行至标准页第93b第8行。
② 《分析论前篇》第2卷第3章,标准页第68b第33行。
③ 《分析论前篇》第2卷第3章,标准页第68b第34至37行。

理时用三段论式的形式呢？我们以亚氏所举的实例来分析完全归纳法，就不难见到用这方法来进行的思想过程并不易以一般的原理证特殊事物，是先穷尽一类的特殊事物，然后作出全类的概括，与三段论式推理本质上本是不同，而亚氏很牵强地将它套上一个三段论式第3格的形式，由小前提的简单换位改成第1格而得出三段论式保证的必然性的结论，本是大可不必的。却发明三段论式的亚里斯多德不肯放过机会以证其新方法之无所往而不服，就把归纳推理也作为三段论式的一种特殊形式。但是对于我们现在来讲，这是一个很有意义的暗示，那就是19世纪恩格斯在其《自然辩证法》中所指示的逻辑真理，"归纳和演绎正如分析和综合一样是必然相互联系的"①。归纳推理必须通过演绎推理才能保证它的结论的必然性，但这不是亚里斯多德在他当时的历史条件之下所能作出一套正确的实践方法的。自然科学还没有发展到这阶段，有待于16、17世纪的开普勒、伽利略和17、18世纪的牛顿。但亚里斯多德早已认识到归纳法的本质与精神。我们且看他怎样认识到归纳法是要在发现客观具体特殊事物中所存在的一般性。

在《辩论常识篇》中，亚里斯多德说："一方面，有归纳法，而另一方面，有推理。现在，推理是什么已经说明了：归纳法是从个别到普遍的过渡，例如这种的论证；假使有技能的航海员是最有成绩的航海员，而同样地，有技能的驾车员是最有成绩的驾车员，那么，一般地说，有技能的人在其本业上是最好的。归纳法的说服力大而清楚，运用感性就容易认识，对于一般的人便于使用，然而推理的力强，对于顽强反抗的人是有效的。"②其所以然的缘故，就是"归纳法从个别事例推到一般的原理，从已知到未知；因感知的对象对于绝大多数的人，虽然不总是易于认识，却大概是比较易于认识的"③。这说明归纳推理是要从感性认识提高到理性认识的。

在客观具体特殊事物中发现其存在的一般性原理，所需要考察的事例数目多寡，须以问题的性质而决定，并无一定的规则。有些情况下，可能用一个事例来发现其存在着的一般。问题是在于能否深入到事物的本

---

① 见《自然辩证法》，人民出版社，1955年，第189页。
② 《辩论常识篇》标准页第105a第12至19行。
③ 《辩论常识篇》标准页第156a第4至7行。

质而发现其规律性的关系。例如,在《分析论后篇》,亚里斯多德有这一例:"你可以行星的不闪光证明它们之近于地球。我们以 C 表示行星,B 表示不闪光,A 表示近于地球。那么,可以以 B 来称谓 C,因行星是不闪光的。但 A 又可以之称谓 B,因为凡不闪光的是近的——我们所以可说是用归纳法或感性认识求得这真理的。"①

  总而言之,一般之易于在特殊被察觉,如在数学中许多实例那样,则一个特殊事例就由其分析而解决归纳的问题。一般之不易在事例中察觉的,就须考察更多的事例,从而比较、分析、抽象;以达到概括。主要的是在特殊事例中看出特殊是一般的表现。特殊的认识,以其形式来讲,是感性对于具体个别事物的认识,却以其内容来讲,其关键是理智在特殊中抽象地分辨出其表现的一般。亚里斯多德关于归纳推理的基本学说就是:认识必须从感性阶段提高到理性阶段,必须从特殊的认识能动地飞跃到一般的认识,才有真正的归纳推理,才真正有由特殊到一般的理性认识过程。其实在其《分析论后篇》的第一段,亚里斯多德就已经说过:"归纳是在清楚认识到的特殊中表示出其蕴藏着的一般。"②按亚里斯多德的"归纳法"这一名词是希腊文 epagogē 之译,而 epagogé 又是从 Epagu"我引导"这动词而派生。他在上面所引一句中,希腊原文的 epagogē 含有 epagein 的意思,而这词是说"将学生从特殊引导至一般",使他在特殊中认识出一般的意思。所以,他在其《分析论后篇》结束语中说道:"现在让我们重述上面不十分清楚地讲过的话。许多逻辑不易看清楚特殊事实站住了③,我们的心灵中,就有了最初的一般了;因为感性的活动虽然是关于某一特殊的事实,而其内容是一般性的。例如,其内容是一般的人而不是某一个人。在这些初步的一般性认识站稳了时,认识的进程就继续推进,直至不可分划的概念建立起来,直至真正的一般建立起来才了事。"④这才是亚里斯多德对于归纳法的真正意义。

---

  ① 译自《辩论常识篇》标准页第 78a 第 29 至 35 行。
  ② 《辩论常识篇》标准页第 71a 第 8 行。
  ③ 按亚氏在这里是含有战场上军队退却时,队伍紊乱,只有某些员兵站住了,全军都可站稳的意思。——作者注
  ④ 译自《分析论后篇》第 2 卷最后第 19 章,标准页第 100a 第 14 行至标准页第 100b 第 3 行。

7. 论类比

亚里斯多德除了三段论式的演绎推理和科学研究的归纳推理之外，还在《分析论前篇》第 2 卷第 24 章简短地谈到今日形式逻辑所称为类比，又称为类推这个问题。亚里斯多德称之为"例证"，是以一例来证明的意思。他说："如果证明大词之属于中词所用的方法是类似小词的一个词，那就是'例证'。当知中词属于小词，而同时大词又属于类似小词的一个词，例如以 A 表示坏事，B 表示和邻国战争，C 表示雅典人与提比人战，D 表示提比人与凤尼人战。如果要证和提比人战是一件坏事，我们就认定和邻国战争是坏事。其论据是得之于类似的事，例如，和凤尼人战对于提比人是一件坏事。和邻国战争既是坏事，而和提比人战乃是和邻国战争，于是和提比人战是一件坏事就是明显的了。那么，明显地 B 属于 C 而又属于 D(因两者都是和邻国战争)而且 A 属于 D(因和凤尼人战结果对于提比人不利)；但 A 属于 B 是通过 D 而证明的。如果中词对于端词的关系是由几个类似的情况来证明，也是一样的。所以以例来证明，既不同于由部分推论到全体，也不是由全体推论到部分，而是由部分推到部分，其形势是两个特殊都从属于同一个词，而其一是已知的。这是不同于归纳法，因为归纳法是从所有的特殊出发而证明(正如上面第 23 章所讲)其大词属于中词，而又不是将三段论式的结论用于小词，但以例来证明，是以其结论用于小词，而且它的证明不是从所有全类的特殊来的。"①

8. 论辩论的证明——辩护与反驳

亚里斯多德在三段论式学说可分为 4 部分：第一，三段论式的推理形式；第二，科学的三段论式；第三，辩论的三段论式；第四，辩谬的三段论式。大体而论，《分析论前篇》是其第 1 部分，《分析论后篇》是其第 2 部分，《辩论常识篇》是其第 3 部分，而《辩谬篇》是其第 4 部分。以证明而言，科学的证明见于《分析论后篇》，而辩论的证明则见于《辩论常识篇》。辩论证明的反驳并多见于《辩谬篇》。本文在上面已略言三段论式的推理

---

① 译《分析论后篇》标准页第 68b 第 37 行至标准页第 69a 第 19 行。

与科学证明,后面就当谈辩论的三段论式与其用之于辩论的证明。辩论的三段论式是体,而辩论的证明是用,体用自不可分割。反驳与辩谬的三段论式更是紧密联系。兹分别论之。

首先略论《辩论常识篇》。《辩论常识篇》虽然现在列为逻辑六篇的第5篇,但它之为亚氏作品是早出于《分析论》前后两篇,时亚氏尚未形成三段论式的学说,这是一般亚氏著作的考证家的定论,本文作者据各篇的内容来看,也赞同这意见。

《辩论常识篇》的宗旨,亚里斯多德在篇首已明白地这样说:"本篇是要认识到,怎样根据一般人接受的意见,对于向我们提出的问题加以辩论,并且在遇到反驳时,我们也不致自相矛盾。"①辩论之根据一般人所接受的意见,而不是从科学的真知作为前提出发,是辩论推理和科学推理的主要区别。但所根据的前提虽尚非定论的意见,但推论的过程必须正确,不是诡辩,这是亚氏辩论常识之不同于当时"哲士"者流之一味以雄辩制胜于一时为能事。他说:"我们首先要弄清楚推理是什么,推理有哪几种不同的方式,然后才能掌握辩论推理的技术,这就是本篇的目的。"②

根据亚里斯多德写《辩论常识篇》时的思想,(这当然是他比较早期的思想)研究辩论常识有3种好处:第一,是理智的锻炼。这是明显的,因这是当时一般知识分子所必经过的锻炼;第二,是和别人辩论。在辩论时,首先要抓住大多数人所持的意见,从辩论对方的主张发出,揭发他的矛盾、暴露他的谬误。当然对方立论不正确时就不能从之而出发,必须转变观点,予以反驳;第三,辩论能发现问题的多方面,从而明辨是非。这就是辩论最主要的目的,因为辩论(按这里亚氏是用 dialektikē 这一词)经过反正两方面的批评,就可能找出真理,故于哲学的研究甚为重要③。可见亚氏在谈辩论能有助于发现真理的时候,已经体会到科学的辩论法,但未能发挥这思想。这正是列宁关于亚氏所写道:"这里是辩证法唯物论的观点,但这是偶然的,不是一贯的,不是展开的,而是转瞬即逝的。"④但亚里

---

① 译《辩论常识篇》标准页第100a第18至22行。
② 译《辩论常识篇》标准页第100a第23、24行。
③ 参看《辩论常识篇》标准页第101a第26行至标准页第101b第4行。
④ 《哲学笔记》俄文版第334页。

斯多德有一句话是值得我们注意的。他在《辩论常识篇》里这样写道:"如果一个人对于可能用的方法完全使用,毫不遗漏,我们就要说他是足够掌握了科学。"①科学是必须多方面看问题,尽量要了解全面的。

一般来讲,《辩论常识篇》是有关辩论的常识,例如,"最好把所用的名词改为更熟悉的名词……辩护时要这样,反驳时也是要这样"②。又如,"如果对方说了什么,你尚没有辩驳的议论,你就当找出当前对象的定义,不管这定义是真实的与否,如果一个定义不够,就多提几个,因为先要对方承认了一个定义之后,才比较容易地向他进攻,而进攻定义又总是比较容易"③。这就很像柏拉图在其初期限的"对话"中描述苏格拉底所惯用的辩论方法,迫使对方承认一定定义,然后根据这定义加以攻击,使论敌陷入自语相违的错误。又如,"如果你要建立一种见解,寻求有什么东西,可从它的真实性得出你的见解的真实性;……相反地,如果你要推翻一种见解,你就要问,如果这见解是正确的,就可推出另有什么必是正确的,因为如果你能证明从这见解的推出的结论是不正确的,你就摧毁了这见解"④。这正是现在形式逻辑假言三段论式的破斥式,由破斥后件而证前件之不确。如 A,则 B;今非 B,故非 A。又如,"辩论中要注意事物的时间性,看看有无时间的出入:譬如,有人说,受着营养的都是成长的,但动物必然不断地受到营养,而不是总在成长着"⑤。这些是《辩论常识篇》所讨论的典型例子。

《辩论常识篇》有些地方是讨论怎样辩论制胜,与逻辑无大关系的东西,例如第 8 卷第 11 章大都如是。其 12 章的内容,严格地来讲,也是与逻辑无大关系,但是对于逻辑推理在实践中的应用是谈得很好的。例如,关于什么是谬误这问题,亚氏在这章里认为谬误有 4 种不同的形式:(1)议论的结论是似是而非的,似是正确而实在不是正确的,是最易蒙蔽别人;(2)所得的结论并非原来提出所要得的结论;即结论虽然是正确无

---

① 《辩论常识篇》标准页第 101b 第 9 至 10 行。
② 《辩论常识篇》标准页第 111a 第 8 至 13 行。
③ 《辩论常识篇》标准页第 12 至 15 行。
④ 《辩论常识篇》标准页第 16 至 24 行。
⑤ 《辩论常识篇》标准页第 111a 第 24 至 26 行。

讹,但不解决问题的;(3)所得的结论确是所要得出的结论,但其得出结论的推理过程是不正确的;(4)所得的结论是真实的,但其所依据的前提不是正确的,因为从不正确的前提也可偶然得出正确的结论①。

同卷第14章完全讨论辩论技能的锻炼与养成,虽与逻辑科学无关,但可见亚氏之重视逻辑实践的修养。例如他说:"不要随便和任何一个人辩论,恐怕你的辩才受到损失。"②

辩论是以论题为对象的。亚里斯多德说:"辩论从命题出发,但是辩论的题目是问题。"③"论题也是一个问题,然而不是每一个问题总是一个论题,因为我们对于有些问题是没有什么正面或反面的意见的,而论题是和一般的意见冲突的一个设想。……不是每一个问题,也不是每一个论题,都须加以考查,所要考查的是有些人不能接受的一种论题,而对于那些人既不能惩罚来处理,又不能使之由感性而认识,只有予以说服。例如,有人怀疑应否尊敬神或应否敬爱父母,就应加以惩罚,却怀疑雪是否白色的人只需要直观。"④

论题提出之后,有两种证明的方法:可以运用演绎的推理方法,也可运用归纳推理的方法⑤。证明用哪一种的推理方法,就必须遵照那一种方法的形式与规则,自可不言而喻。

任何推理都有其一定的形式,所以"我们必须研究怎样构成推理而且要有构成推理的能力"⑥。尤其是在辩论中,选择推理的前提是最关重要的。亚氏在其《辩论常识篇》第8卷第1章详细地讨论这问题。选择前提是提出问题,证明论题的一个关键,因为亚氏在《辩论常识篇》第8章开始时就写道:"我们必须要研讨布置问题和提出问题的方法。凡是准备问题的人首先就要选择其由之而进攻的据点。"⑦其由之而进攻的据点就是所运用以推论的前提。有必要的前提,即用来构成一段推理的前提,又有非

---

① 参看《辩论常识篇》标准页第162b第3至15行。
② 参看《辩论常识篇》标准页第164b第13行。
③ 《辩论常识篇》标准页第101b第15、16行。
④ 译《辩论常识篇》标准页第104b第29行至标准页第105a第9行。
⑤ 《辩论常识篇》标准页第105a第10至12行。
⑥ 《辩论常识篇》标准页第43a第22至24行。
⑦ 《辩论常识篇》标准页第155b第2至5行。

必要的,而是用以巩固或建立,或说明,或掩蔽自己的议论的前提①。前提在论证中的主要作用是迫使对方在承认了前提之后,不得不接受由这些前提所推出的必然结论。因之,有时不得不在前提的提出时,巧为掩蔽,使对方不防备时而得出他所不愿接受的结论。

但是又应知道:"前提愈多,则愈难得出结论。"②这又是选择前提时不可不掌握的一条原则。

论证中常常有赖于定义。建立一条定义难,而推翻一条定义则较易。大凡一条定义都包含事物的某些本质属性。要建立定义,就须证明这些属性之每一个都是本质的而又是属于该对象的,故其事较难。反之,如要证明这些属性某一种不属于该对象,或虽属于该对象,却不是本质的,其事则较易。而且定义之为正确,必须适用于全类事物。如果证明有一例外,则定义亦被推翻。定义都以全称判断的形式出现。成立一个全称判断难,而破斥一个全称判断比较容易。这是明显的③。

所须用的定义既定,所必用的前提既经选择,还要拟定向对方提出问题,逐步进攻的计划,然后才能操必胜之权④。否则论敌侦知你前提提出的企图,虽然你的前提正确,而对方顽强抗拒,不肯承认你所提出的前提,一时还不能予以攻破⑤。

辩论中,肯定的证明优于否定的证明。其理由是:(1)由两个否定的前提不能用三段论式而得结论,其中必须有一前提是肯定的。在复杂推理中,证明展开的时候,肯定的前提亦应随之而增加,而否定的前提,总不能超过一个。(2)先有肯定然后才能有否定,正如有存在然后能有不存在,故肯定易于为人所了解,无须什么否定来说明⑥。

但否定的证明优于间接的证明。所谓间接证明(reductio ad impossibile)是由证明原论题的矛盾命题之不可能,然后因之而证明原论

---

① 参看《辩论常识篇》标准页第 155a 第 17 至 28 行。
② 《辩论常识篇》标准页第 176b 第 11 行。
③ 参看《辩论常识篇》第 7 卷第 5 章。
④ 参看《辩论常识篇》标准页第 155b 第 1 至 7 行。
⑤ 《辩论常识篇》标准页第 155a 第 11、12 行。
⑥ 参看《分析论后篇》标准页第 86b 第 10 至 38 行。

题的正确①。今否定的证明既优于间接证明,而肯定证明又优于否定证明,故直接证明必优于间接证明②。

亚里斯多德辩论的证明,是以舌战的胜利为其目的的,因之在他的《辩论常识篇》中指出许多辩论实践的方法,例如,"自己有时并提出对论题反对的意见,使对方认为你对问题是极为公允,不存什么偏见的,因之就不提防到你的突击。有时要用这类话,如'一般人都以为如何如何是正确的',这样,就能使对方不敢轻易反对大家的公论。同时,在辩论中,不可过分坚持一种意见,因这样做,会引起对方的顽强反抗。其次,你提出一种论据的时候,最好只作一种解释来提出,因为对方接受解释比较容易,而每每不愿接受你的论据。再次,你最需要对方承认这点,应最后才提出,因为一般的人都认为首先提出的问题是最重要的,就不肯承认其正确性,因他要规避你的论证。但是使用这些方法时,也须看准对方的性情。脾气急躁的人,在辩论中,大都起头的时候比较容易同意你的论据,除非他一听就看出你的企图,那么,他必顽强反抗。这种人在辩论将要结束时,是格外顽强的"③。

辩论中有辩护,也有反驳。辩护是证明我所提论题的正确性,其方法略如上述。"反驳是证明论题的反而,因之在任何辩护中都寓有反驳。"④

亚氏所举的反驳形式也很多。反驳主要是证明对方意见的错误,"例如有人说:'坐着的人都在写字,某甲坐着,所以某甲是在写字。'你如果只证明某甲不是坐着,并不解决问题。某甲可能不是坐着,但问题不是在此。问题是:凡坐着的人都在写字。是否坐着的人必定在写字呢?抓住问题的关键,予以解决,才是证明对方立论的谬误。徒然反对他人的意见而不能证明其错误是什么,是不够的。所以反驳时,提出反对的意见,不可随便瞎说"⑤。

---

① 参看《分析论前篇》标准页第41a第23至26行。
② 参看《分析论后篇》第1卷第26章,即标准页第87a第1至30行。
③ 译《辩论常识篇》标准页第156b第18至36行。
④ 译《辩谬篇》标准页第168a第37行。
⑤ 译《辩论常识篇》第8卷第10章第1段大意。

亚氏之论反驳,反复谈到确定词句意义的重要性,足见同一律在反驳中的作用①。例如,在《辩谬篇》第 25 章亚氏详言用词正确的必要。他关于意义含糊的词,举例很多,都是按同一律予以反驳的。例如有人问:同一人在同一时间内能否遵守其誓言而又违反其誓言呢?如果他发誓要违反其誓言,那么,当他违反其誓言时,他是否同时也遵守誓言而又违反誓言呢?反驳的方法是指出遵守某一誓言仅仅是这一誓言之遵守,而不是绝对任何誓言之遵守。他发誓要违反誓言,是指违反一般的誓言,所以他遵守其违反誓言的誓言,是遵守他的这一誓言而违反一般的誓言②。

反驳之又一方法是向对方提出相反的意见。亚氏对于这点,在《分析论前篇》第 26 章里讨论很多。在这章里,他指出在提反对意见时,是用三段论式的那一格最适宜。"相反的意见可用二个格的两个方法来提出……用两个格,因为相反意见是反对前提的,是用第一与第三格的。"

亚里斯多德又指出,在证明过程中,应预料到对方可能要提出什么问题,事前予以反驳,这是先发制人,使之感到困难的有效方法③。

反驳首先要分析对方的论题,论据与论证,然后按其谬误,分别予以批驳。"论证有合乎推理的。又有不合乎推理的。合乎推理过程的论证也有结论不真实的。对于后者反驳有两种方法,一是推翻其前提,一是指出其结论的不真实。如果论证的不正确是由于一个前提的谬误,那就推翻这前提,因为结论如果是真实的,当然不能予以推翻,只能从前提入手。所以应付对方论证的方法,首先是审查其论证过程是否合乎推理的原则,然后检查其结论是否真实,分别加以反驳,指出对方词义的含糊或推翻其不正确的前提。"④

查亚里斯多德的《辩论常识篇》主要是讲辩论中证明的各种方式与方法,而《辩谬篇》则主要谈反驳与谬误的分析。但是在《辩论常识篇》中,也常涉及反驳的问题。前篇之称"辩论常识",是因篇中多言辩论通用的法

---

① 参看《辩谬篇》第 19 至 22 章。
② 意译《辩谬篇》标准页第 180a 第 32 行至标准页第 180b 第 1 行。
③ 参看《辩谬篇》标准页第 176b 第 26 至 28 行。
④ 《辩谬篇》标准页第 176b 第 37 行至标准页第 177a 第 5 行。

则,按篇名原文是"寻常所见"的意思。后篇之名"辩谬",是因这篇多言反驳对方谬误,辩论的证明中,辩护有反驳,反驳亦有辩护,两者原不可分割。《辩论常识篇》与《辩谬篇》原是一书。现将原书前8卷合称为《辩论常识篇》,最后1卷,即第9卷,单称为《辩谬篇》。两篇皆论辩论的证明,以原文标准页数计,占亚氏逻辑六篇的83/181,等于45%,足见亚氏之重视辩护与反驳,也证明亚氏的逻辑很重要一部分是为着辩论而研究的。

亚氏的《辩谬篇》几于平分为两部分,前一部分概论谬误之后,自第3章至第15章论谬误与其根源;后一部分自第16章至第33章论应付谬误的方法,其第34章为结束语。

谬误分为3大类:1. 原于语言的(后世以拉丁文称为 Fallaciae in dictione);2. 外于语言的(Extra dictionem);3. 似是而非的反驳,盖指驳倒对方而未能暴露其错误的谬误。其第1大类,原于语言的谬误,细分为6种:(1)歧词,(2)双关语,(3)合诤,(4)分诤,(5)重音,(6)妄喻。第2大类又细分为7种:(7)偶性,(8)通局混,(9)遁辞,(10)丐词,(11)身诤,(12)僭因,(13)多问①。这两类的谬误见《辩谬篇》第4、第5两章。兹根据亚氏原意分别略加解释如下,且尽量用今例②:

(1)歧词:歧词是字同而义异的词,用为同义词,违反同一律、致生谬误。例如,"杀人者死,刽子手杀人,故刽子手当死"。大前提的"杀人者"与小前提的刽子手为"杀人者",显然不是同一意义,结论因前提用字同义异的词为其中词,故为歧词的谬误。

(2)双关语:"双关语与歧词大体相同,惟所歧不在词而在语。"例如"逻辑六篇是亚氏的书,凡亚氏的书都是亚氏的财产,故逻辑六篇是亚氏的财产"。其谬误是因"亚氏的书"在大前提指亚氏私人的藏书,而在小前提指亚氏的著作。词义两可,故为双关语。

(3)合诤:不应合而合者谓之合诤。例如,坐着的一个人可以行走,却不能就因之而说坐着的一个人同时是在行走着。不同时间可作的事,不应认为是在同一时间能作的事。

---

① 各种谬误的名称在一般形式逻辑教本中都是从中世纪的拉丁文译出,中文译词莫衷一是,兹从章士钊氏《逻辑指要》之译。

② 如例有采自章氏之书者,并译其文言为语体。

(4) 分诤：分字是合诤之反。不应合而合者谓之合诤、应分而合者谓之分诤。例如 3 与 2 为 5，而 3 是奇，2 是偶，故 5 为奇又为偶。

(5) 重音：重音的谬误有两种。1 种是句中的重音放在不应以重音读的字上。例如"论语"的"父母唯其疾之忧"一句，可解为"父母唯其子之疾之忧"，则重音当在"其"字，如解为"子唯父母之疾之忧"，则重单当在"父母"2 字。重音之字不同，句义亦随之而异。又 1 种之重音谬误是语言中词有数音节者，其重音在那一音节，词义随之而变。尤其是在亚氏所用的希腊语中，重音有 3 种，稍为不慎，错用重音，词义全异，不通希腊文者不易体会，有似汉语的声。字声不同，字义迥异，如"当"之上平不同于"当"之去声。读上平之"当"为去声之"当"，误会滋多，便是重音谬误，故正音不可不讲。

(6) 妄喻：章氏在《逻辑指要》谓"凡字若句之结构足使读者联想及于体貌相类之字若句而无当于曰妄喻之诤"，并批评严几道（严复号）氏取汉代"连珠"翻译三段论式是妄喻之诤，甚是。但亚氏《辩谬篇》的讲妄喻，不限于此。希腊语法最为复杂，一名词有 3 性 5 格，一动词合位与时有 78 个式，比之俄语更为繁难，偶一不慎，句义全变。故亚氏举妄喻的例，有以阴性字尾写阳性之物等等，又有以被动式表示主动行为的，等等。如果以为"繁荣着"和"建筑着"同是形动词，故都是指动作，而不知"繁荣着"是指情况，"建筑着"是指行动，就是妄喻①。思维和语言不可分割。不适当的语言不能为正确思维的外壳，不正确的思维亦常是语言混乱的原因。亚氏之言逻辑不得不常及语法，亦本此意。

(7) 偶性：偶性谬误亚氏以之列为外于语言的谬误之首，因这是由于把事物的本质和其偶性混淆起来的原故。亚氏举例是："葛利斯不同于苏格拉底，而苏格拉底是人，那么，葛利斯不同于人。当知葛利斯在其偶性上是不同于苏格拉底，但是在人的本质属性上是相同的。本质不应与偶性混。"②这只是偶性谬误之浅显一例。但其言虽小，是可以喻大的。

(8) 通局混："通"是"全"的意思，"局"是"偏"的意思。"通"与"全"都

---

① 参看《辩谬篇》标准页第 166b 第 10 至 19 行。
② 《辩谬篇》标准页第 166b 第 30 至 37 行。

是拉丁语 simpliciter 之译,"局"与"偏"是 secunduim quid 之译。以偏概全(a dicto secundum quid ad dictum simpliciter)或以全论偏(a dicto simpliciter ad dictum secundum quid)皆谬。一般情况是所谓全与通,而特殊情况是所谓偏与局,不容混为一谈。亚氏别为绝对说法与有条件的说法。"绝对的'是'和'是 X',不可同日语。……假如一个印度人是全身黑色的而牙齿是白的,不能就说他是黑的而又是白的。……黑白是不相容的色,怎能同属于一身。"①

(9)遁辞:"遁辞"是拉丁语 igoratio elenchi 之译。章氏释为"于应证之点不证,而滥取他点以相劫持者举曰遁辞",是也。原意是不解所驳为何。亚氏谓"这谬误的原因是由于'证明'与'反驳'的定义未弄清楚,致使其真义不够完整"②。结果就是反驳未能和论敌的论点针锋相对,其所反驳与其应反驳者竟然两事。对人不对事,不顾事实而只求煽动群众的不合理情绪以打击对方,都是属于这一类的谬误。

(10)丐辞:丐辞是拉丁语 petitio principii 之译,又译"窃取论点"。其形式甚多,"凡未经证明的论点认为是已经证明,而据以论证论题,是为论点的窃取"③。

(11)身诤:章氏此译似嫌牵强。《辩谬篇》原称"误果",亚氏谓"误果之谬,由于误认因果可以相互换位"④。"凡有 A 则必有 B,于是就认为凡有 B 亦必有 A,此为误果。"⑤

(12)僵因:是章氏之译拉丁语 non causa pro causa。直译当为"非因而误为因",拉丁语又称 post hoc, ergo propter hoc,但这不是与"非因而误为因"同一意义,实为其一种特殊形式。post boc 即"在此之后"义,propter boc 即"因此之故"义,而 ergo 是联系词,"故"的意思。"在此之后是为因此之故"自然只是"误非因为因"之一种。亚氏谓"这种谬误常出现

---

① 参看《辩谬篇》标准页第 166b 第 37 行至标准页第 167a 第 20 行。
② 参看《辩谬篇》标准页第 167a 第 21 至 22 行。
③ 《辩谬篇》标准页第 167a 第 37 至 38 行。
④ 《辩谬篇》标准页第 167b 第 1 至 2 行。
⑤ 《辩谬篇》标准页第 167b 第 3 至 4 行。

于辩论过程中,以非因误为正因,而持之以反驳论敌"①。

(13)多问:章译"多问",原文是"复杂问"。问之不当,其因不在于多,而在于一问中含有数问,故不能以一答应数问。应者不能答,遂认其为无辞以对,实非公允,知者不取。亚氏举例:"一事物之部分为善,部分为恶,不能说这事物之为善或为恶,应分而论之,否则为复杂问之谬误。"②

第1、第2两大类共举13种谬误,略如上述。亚氏认为本质上都是不知反驳是什么之所致。"反驳的定义未臻完备,反驳则徒有其表而无其实。""如果我们能像上面那样,将谬误逐一分析,当认为其致谬误的共同原因是不完备的定义。"③

第三类谬误之为谬误,"是因论证或反驳虽以形式而言尚属正确,但对于所谈的问题实质上并非适当"④。反驳要真正暴露对方的错误,必须就他所谈的知识部门加以分析。但知识的部门繁多,绝非形式逻辑所能尽举,实则科学的类别无穷,所以自然地证明与反驳的方法与方式也是不能穷尽。例如几何学范围内的谬误当以几何的真正知识来揭露,医学范围内的谬误应以医学的真正知识来揭露。逻辑不能逐一按照各门科学的性质进行分析谬误与其反驳的研究,故只能根据辩论的一般原理求得共同的规则,而这些共同的规则必是所有科学所须遵守的⑤。

亚里斯多德在其《辩谬篇》前半篇检查了各种的谬误,分辨其根源之后,在后半篇详言应付各谬误的方法。但是"分析论证,发觉错误是一事,敏捷地应付论敌的巧辩又是一事。掌握理论是一事,用之于实际又是一事。辩术和其他技术是一样地需要敏捷,而敏捷须在实践中锻炼出来。缺少锻炼的人们明知某一困难是应怎样应付,却面临论敌,就手足无措"⑥。"一般说来,应付由语言而来的谬误,最好是按其谬误的类别,从它的反面予以打击,例如,犯合诤的,我就予以分解,犯分诤的,我予以正

---

① 《辩谬篇》标准页第167b第21至35行。
② 《辩谬篇》标准页第168a第7至8行。
③ 《辩谬篇》标准页第168b第19至21行。
④ 参看《辩谬篇》第8章,上引句见标准页第169b第22行。
⑤ 参看《辩谬篇》标准页第170a第22至35行。
⑥ 《辩谬篇》标准页第175a第20至26行。

合,病在重音的,提示正音,犯歧词的,确定正义。余可类推。"①应付非由语言而来的谬误,"须针对其巧辩之所在,最好以子之矛攻子之盾。彼谓我自语相违,我察其用词,适足见其前后之不一致。时而攻对方的论证,时而迷乱其思想,时而质问其问题的提法。亦可不用这些方法,而集中我方的论据针对论敌的论题,同时进攻论敌的本身,甚或拖延时间,以便我可以从容应付"②。

  亚里斯多德的《辩论常识》和《辩谬》这两篇,共占他的逻辑六篇篇幅的45%,当然是表示亚氏对于辩论的重视。但我们也要记住,这两篇文稿是他比较早年的著作,同时也是他关于思维科学的尝试作品,虽然后来曾加过多少的润色,但其初稿必在创作三段论式推理方法写成《分析论后篇》以前,因之文字较嫌烦琐冗长,不如晚年作品的行文简洁。《辩论常识篇》以辩论为对象,故论辩论的证明,论辩护与反驳,不免以雄辩为归依,以克敌制胜为目的。但这种旨趣,亚氏在其逻辑六篇中是始终一贯的。例如,他在晚出的《分析论前篇》是这样写道:"人们在辩论的进攻时,必须多方隐蔽其攻势。这是我们力劝人们在承认什么时所必须留意的。要多方隐蔽其攻势,就要在先行三段论式预备阶段,提出必要的前提而不马上作出结论,使人不知你的结论之所在。其次,你不要叫人承认紧密关联着的命题,而是尽量提出没有中词连系着的命题。譬如要推出 F 是 A、而 B、C、D 与 E 是一系列的中词。那么,就先问 A 是否属于 B,再则问 D 是否属于 E,却不要马上就提出 B 属于 C 的问题,以后才问 B 是否属于 C,等等。当然,如果三段论式是由一个中词而得出结论,那就要从这中词着手推论。像这样才能使论敌摸捉不清。"③在早出的《辩论常识篇》中,亚里斯多德也是同样地说:"推论所必需的前提,在其提出时,不可直接用某些话语提出,应该以高谈阔论的语调声东击西。"④他又写道:"避免对方察觉我辩论的计划,其方法是运用先行三段论式以证明我要建立论题的前提。先行三段论式不只是要证明论题所必需的前提,而且也要替这些

---

① 参看《辩谬篇》第23章,上引句译自该章标准页第179a 第11至16行。
② 《辩谬篇》第33章,引句译自标准页第183a 第21至26行。
③ 译自《分析论前篇》第2卷第19章,标准页第66a 第33行至标准页第66b 第3行。
④ 《辩论常识篇》译标准页第155b 第29、30行。

前提创造某种条件。其次,不要过早作出前提应得的结论。结论应逐渐地作出,使对方无从摸索,头昏眼花,不能招架。一般说来,辩论的目的是要用隐蔽的方法。问题的提出必须按照预定的进攻计划与步骤,到论证结束的时候,结论已经作出,而对方还在手忙脚乱地问:"好吧,但怎样是这样的呢?"①他又继续地写道:"一个很有效的规则就是,成立各种三段论式所需要的根据(按即论据),不可按着它们自然的秩序来建立起来,应该把它们综错的分别来建立,以迷惑对方,使之手足无措。"②

亚氏这些方法是否是诡辩呢?他所教人的辩论方法和当时哲士的所谓雄辩术又何以异?

查《辩谬篇》原文的篇名本是针对哲士的辩术而予以批驳的。据说当亚里斯多德早年还在柏拉图学院肄业时期,已任修辞学讲座,和当时雅典城以著名雄辩家伊索克拉提斯 Isocrates 为首的雄辩派论战。亚氏之研究雄辩术应早在这时候发端,而希腊公元前第 5、第 4 世纪正是哲士周游讲学,以售其雄辩术的时期,到处扬言可不顾真理,只求驳倒敌人,更有甚至否认真理之存在的,将真理的追求放在一边而只讲雄辩,淆惑观听,使当代青年,莫知适从。希腊哲士老一代的代表人物如普洛塔哥拉斯(Protagoras,公元前 481 至公元前 411 年)和高尔吉亚(Gorgias,公元前 483 至公元前 375 年),虽活动远在亚氏之前,但当亚氏讲学雅典时,这些人的流风还是存在。著名雄辩派哲士如安迪芬(Antiphon 生于公元前 480 年)等,在当代皆风靡一时,其传统保存于雅典伊索克拉提斯的学院,亚氏乃著《辩谬篇》辞而辟之。雄辩派之否认真理,淆乱黑白,可以一例来说明。雄辩术士本不问是非,不分善恶,但假设善恶有别,就叫学生以雄辩手法驳倒论敌。问者曰:你是否善待父母?应曰:是。反驳之曰:你既不分善恶,是则你善待父母,等于恶待父母,故善恶当有别……等等。这种锻炼完全是以巧妙的问答方式驳倒他人,并不求善恶的实质,故亚里斯多德以真理的追求结合雄辩,以《分析论》为求知的方法,而以《辩论常识》和《辩谬》两篇为揭露论敌错误的武器③。亚里斯多德虽然也研求怎样在

---

① 译自《辩论常识篇》标准页第 156a 第 7 至 22 行。
② 译自《辩论常识篇》标准页第 156a 第 23 至 26 行。
③ 参看《辩谬篇》结束的第 34 章,尤其是标准页第 183b 第 1 至 15 行。

辩论中克敌制胜，但他的辩术是不同于不辨是非的辩术。他的辩术是实事求是，明辨真伪的辩术。例如他在《辩论常识篇》里曾这样写道："我们在论证中所要善于掌握的方法有四：(1)建立命题，(2)善于明辨某一词句有几多种不同的意义，(3)分别事物的不同性质，(4)异中求同。"①可见亚氏的辩术是语言和事物同时并重，不是刚在词句中钻空子，找窍门，教人怎样运用手法，像哲士的雄辩者流那样。又如他指示他的学生在辩论中应该怎样答复对方的问题："如果你不了解对方所提出的问题，你并不须答应'是'或'不是'，只需说，'我不明白'，因为问题的意义模糊，你随便答复，就会引起困难。你真正了解了所提问的问题，而问题所指的意思不只一样，你就应该按其不同的意思作答：譬如问题是全对或不对的，你就按实际情况表示同意或不同意，如果问题是部分对，部分不对，你就应说明哪部分是对，哪部分是不对，不要含糊，以免后论。假如你事先不发觉问题的双关性，按你所了解的答复了，而提问的对方把问题看成和你的理解不同，你就应指出，'那不是我承认时所理解的意思，我是这样理解的'。词句含义不只一样，意见当然就会分歧。如果问题是清楚而又是简单的，你就应该答应'是'或'不是'。"②由此更可见亚里斯多德实事求是，一字不苟的精神，无愧其为逻辑的创始者。

本章按亚里斯多德所著逻辑六篇，后之称为"工具论"者，夷考先后，别为纲目，先言亚氏主谓逻辑所根据的范畴论，次论自三段论式分解出来的判断与概念，沿形式逻辑教本的习惯，分为2大段，曰概念论，曰判断论。但这先后之分，固非亚氏的本意，为今人参考方便，才有这分法的。概念论兼及所谓十伦与五公，说本中世纪亚氏逻辑，非其宗师之本旨。继判断论之后，有三段论式与证明一大段，实为亚氏逻辑的精华，复继之以科学研究与归纳法一大段，阐明常为后人所忽略的亚氏学说。类比一段为归纳的余论，但为亚氏学说的完整计，谨作略述，而本章实以论证明为其结束。亚氏的逻辑学说，略尽于是。六篇中许多其他问题与今日形式逻辑没有直接关系的，皆从略。

---

① 译《辩论常识篇》标准页第105a第21至24行。
② 译《辩论常识篇》第8卷第7章。

第六章　亚里斯多德形式逻辑的发生、发展与其变化

1. 大家承认亚里斯多德是欧洲逻辑的创始人

但我们也不能不简单地谈一谈两个问题。第 1 个问题是：亚里斯多德除了受过他以前的希腊思想影响之外，在他的逻辑思想中有无外来的影响？第 2 个问题就是：他以前的希腊思想，对于他的逻辑是什么关系？现在分别来谈这两个问题。

亚里斯多德生长于希腊本部北方的马其顿那一带地方，自少年时代起，便和当时的文化中心，雅典，有着几乎不断的长期关系，而马其顿与雅典都是交通方便，思想交流的中枢，兼之后来他的学生亚力山大在其长征的程途中势力所及，远至北非洲的埃及和远东的印度，难道亚里斯多德的思想不会受到东方文化的影响而启发了，甚至于直接形成了他的逻辑思想吗？对于这饶有兴趣，却有关各地人类思想交流的问题，我们不可全凭臆说，任意肯定，必须根据历史的线索加以考虑。文献不足，则无征不信，未可作为定论的。

古代有文字记载的文化中心，都是几条大河的流域。亚洲最古的文化产生于底格里斯河流域的亚述国，北非尼罗河流域的埃及国、亚洲恒河流域的印度国，和我们黄河流域的儒、墨，长江流域的道家。这些古代文化，以年代讲，都是在亚里斯多德的时代之先，都可能对于亚氏的逻辑思想发生影响的。

但是这只是我们主观的臆说，不可不求证于历史的事实。首先，我们必须肯定，存在决定意识。同一类型的生产方式和生产关系每每产生本质上相类似的哲学思想，但其思想表现的形式又每每不同。例如佛家《大乘起信论》一书的思想和黑格尔的思想，以其本质而言，都是绝对唯心主义，而黑格尔是在《大乘起信论》1000 多年之后，而且其时东方文化早已输入欧洲，为 18 世纪欧洲思想家所重视。便是研究欧洲哲学思想史的人

们只认为和黑格尔同时代的叔本华曾受过印度思想的熏陶,而不认为黑格尔的绝对唯心主义曾受过佛家哲学的影响,原因是在黑格尔的著作中找不着很深刻的佛家思想的痕迹,而在叔本华的著作中,随意的举他最著名的《宇宙是意志与思想》(Die Welt als Wille und Vorstellung,1819)罢。在这书中,到处都有"生命只是摇摆于痛苦和欲望两者之间"①,"认识宇宙的整体,存在的本质……人生便达到自由否定,漠不关心,完全无意志的境界"②这一类的话。其受印度的思想影响是明显的。在他的书中,又常常看见"那就是你呢!"这种口语。那并不是偶合的③。思想本质尽管相同,却没有历史上实际的接触,思想的交流,就不会有形式上这样的类似。故可断言叔本华的思想与印度思想有着历史的关联,而黑格尔的思想则不是从佛家的"大乘起信论"而来。我们是要这样在人类思想中求其相互关系的蛛丝马迹。我们也是根据这方法来看亚里斯多德的逻辑思想中有无东方思想,尤其是东方逻辑思想的影响。

  据我们现在所知道的,古亚述人和古埃及人没有逻辑科学。这并不等于说他们的思想中没有运用逻辑的形式与方法。有思维则必有语言。说话而不按照一定的语法,当然不能叫别人了解,就失去其语言的作用。思维而不按照思维的规律与形式,就是乱杂无章,思想也无从交流。却正确思维的人都是有其根据事物逻辑的自发逻辑,而尚谈不到自觉的逻辑。自觉的逻辑因素为人们认识之后,又须由这些因素的认识,形成了系统的知识,才成为逻辑科学。我们说古亚述人和古埃及人没有逻辑科学是这样意思。

  我国春秋战国时代,诸子百家共鸣,儒墨为最,当然在儒墨二家的典籍中能够发现不少的逻辑因素。尤其在《墨经上下》等 6 篇④我们能够找到许多逻辑的原理,并且是有意地提出的原理,但谈《墨辩》者,每每是按其从他方面所知道的逻辑系统而把墨书的逻辑组织起来,使成系统。在

---

① 见《宇宙意志与思想》第 57 节。
② 见《宇宙意志与思想》第 68 节。
③ 叔本华曾读过印度教经典,参看 Harald Höffding, History of Modern Philosophy. Eng. trans., London, 1900, vol. II. p. 218。
④ 指《经上》、《经下》、《经说上》、《经说下》、《大取》、《小取》。

《墨辩》中,本来的系统是没有很明白地表明出来的。认墨辩为形式逻辑,未免强解。东方古文化中真正有逻辑系统科学的,本文作者认为只是印度的因明。

因明有古因明与新因明之分。古因明有 5 支式、曰宗、因、喻、合、结。新因明只有 3 支,即宗、因、喻:

```
5 支                                      3 支
声是无常 …………………… 宗    声是无常
所作性故 …………………… 因    所作性故
犹如瓶等,于瓶见 ⎫  ⎧ 同    若是所作,见彼无常
是所作与无常    ⎭  ⎩ 喻    犹如瓶等
声亦如是,是所作性 ……… 合
故声无常 …………………… 结
 …………
犹如空等,于空见 ⎫  ⎧ 异    若是其常,见非所作
是常住与非所作  ⎭  ⎩ 喻    犹如空等
声不如是,是所作性 ……… 合
故声无常 …………………… 结
```

由此可见,3 支因明是从 5 支因明的改进而得。以我们的话语来说,上面 3 支因明的例子就是:

声无常	结论	SaP
声是所作	小前提	SaM
凡所作皆无常	大前提	MaP

这是以同喻证声无常。论题亦可以异喻证:

若是其常,皆非所作	大前提	PeM
声是所作	小前提	SaM
故声无常	结论	SeP

5 支因明改为 3 支,而 3 支之形式显然是和亚里斯多德的三段论式无异。难怪有人说:"何相似之甚耶?"① 却只能臆说,亚氏逻辑和印度因

---

① 见虞愚编:《因明学》,中华书局,1936 年,第 3 页。

明"谅有多少关系",但还须认为"惜无确实考证,犹属悬案"①。我国研究因明的人们,一般都是得出同样的结论,而印度的学者亦复如是。

印度研究因明的人们,精通古印度语文,掌握的材料较多,故其对于这问题的见解是值得我们注意的。兹引印度加尔各答大学Radhakrishnan教授所著的《印度哲学》一段如左:

"因明的推理过程,其分析很像亚里斯多德的三段论式。即以5支因明论,其中也只有3个名词,而3支因明则只有3个命题,和亚里斯多德的结论,小前提,大前提相适应。两种逻辑系统,其相类似是这么惊人,于是就有人寻求它们之间的相互影响。Vidyābhūsan博士说:'亚里斯多德的逻辑,因着亚力山大,通过叙利亚和其他国家,转辗输入了印度的Taxile,是人们所已经注意到的。我个人认为因明实非印度的由推理学说演变而成,乃是由于亚里斯多德的影响,印度逻辑家才获得因明的思想的。'"②这位渊博的教授认为推理的学说虽是印度所原有,但其因明的方法是从外面"借来"的。Keith教授③写道:"没有什么理由来想到印度的逻辑发展初期有任何希腊的来源。足目和吠世史迦派④的因明是一种很自然的发展,只是它的发展是缓慢的。到了陈那⑤的时候,推理才由以类推为根据转变而以必有的共变为根据。在这里就可能有希腊思想的影响。"⑥Keith并引证陈那之前200年,印度Āryadeva已经知道希腊的星象学这一事。而且在Bharata sastra论中,可以见到有人认为是亚里斯多德对于印度戏曲理论的影响,可证印希间文化的交流。却又有人认为亚力山大在印度曾与印度的逻辑家晤谈过,遂将其所得的消息转达与亚里斯多德,因而亚里斯多德就深深地受到了印度理论的影响。但是这些说法,大都很难证实。当知早在亚里斯多德之前,印度与佛学书籍中已有因

---

① 见虞愚编:《因明学》,中华书局,1936年,第3页。
② 引文见Vidyābhusan:《印度逻辑史》英文原本序第15页。
③ 按Keith是英人,专研印度哲学,著有《印度哲学》、《古典梵文学》、《印度逻辑与单元论》等书。——作者
④ 按即印度6大哲学派之一,其创始人是Kanāda。——作者
⑤ 按陈那是梵名Dignaga之译,时在4世纪。——作者
⑥ 见《印度逻辑与单元论》,原英文本,第18页。

明形式的推理①,故印度因明从希腊假借之说颇难置信。我们可在这里引用 MaX Müeler 的话:"两个思想系统常有不期而合的地方,其无意相合之处,远非我们前辈所意想到的。我们不要忘记,在一个地区可能有的,在另一个地区也可能有。"②"我们还认识到,希腊逻辑和印度因明比较,根本上是不同的。表出思想的一般关系时,印度因明必须用喻这一支,而在希腊逻辑中,则推理的分析不多见这一因素。推理当然是以一般为根据,却喻只是表现一般的特殊,这也是显而易明的。"③印度和欧洲哲学史和逻辑史的专家意见如此。

以时代论,也只能希腊逻辑影响了印度因明,而不能有印度因明对于亚里斯多德发生过什么影响。印度思想史的时代,原来是不易划分与决定的。我国从前根据佛典的推算,即释迦牟尼的年代亦不一其说,甚至有四五百年的出入。近来以印度历史学从各方面的考证,可比较正确地决定佛生于公元前 560 年,卒于公元前 480 年。因明的沿革亦可以之而约略地定其年代。虞愚氏《因明学》一书,谓"因明一学,本印度教人以辨真伪之学也,肇自古时足目氏,为印度第六尼耶也派哲学之祖,其时代在《大疏》中曰初劫。据史学家考证,至少有 5000 余年历史"④。查印度六大哲学派兴起于印度教的《奥义书》(Upanishads)的研究。《奥义书》是印度吠陀教最后起的典籍,而吠陀教所根据的《吠陀典》共有 4 种,其最早的称 Rig Veda,亦不能早过 10 世纪,是则"足目"之早在 5000 年前,是完全无稽的。即虞愚氏在其《因明学》一书中,叙古今因明沿革,根据吕秋逸氏分为 5 期,其最早 1 期"自佛说至马鸣",亦以释迦牟尼开始,而且说明佛说的因明"散见'四阿含'诸小乘论"⑤所在同 5000 年前足目古因明之说是矛盾。足目是 Gautama 之译,据德人 R. Garbe 的研究,足目时代大约在公元前 130 年左右,后于释迦且 300 多年,在亚里斯多德死后亦近

---

① 见 Vidyābhusan:《印度逻辑史》,原英文本,第 500 页与附录 B。
② Max Müller:《印度 6 大哲学派》,原英文本,第 385—386 页。
③ 译自 S. Radhakrishnan, Indian Philosophy, London, 1927, Vol. II. pp. 84-86.
④ 见虞愚编:《因明学》,中华书局,1936 年,第 3 页。
⑤ 见虞愚编:《因明学》,中华书局,1936 年,第 5 页。

200年,当无影响亚氏逻辑思想之可能。即持因明①是"佛说","散见四阿含"的人们,也得要承认释迦牟尼并未有说到什么系统的因明,因之才有"散见四阿含"这种话,正如印度学者Radhakrishnan教授所写道,"在早期的经藏中不见有任何因明理论的系统说法"②。陈那改5支因明为3支的新因明,更是远在公元后,与本题无涉。释迦灭后,足目以前,350年中,散见各籍的因明鳞爪,是否可为亚力山大远征至印度军事旁午时所注意到而转达于雅典为亚里斯多德所采用,则甚成问题,因亚力山大征印是在公元前327年,回师至巴比伦在公元前324年,而死于公元前323年,时亚里斯多德亦已离雅典,其著述早告结束。故因明影响亚氏逻辑思想的那种说法,丝毫无历史根据,完全是不问史实的臆说。

2. 亚里斯多德前的希腊逻辑思想

亚氏的逻辑学说,既无外来影响,然则希腊境内的哲学思想曾对他的逻辑创作发生过什么作用呢? 这是我们在研究亚氏逻辑的历史时所要弄清楚的第二个问题。

欧洲的形式逻辑为亚里斯多德所创作这一事实,可以他的《辩谬篇》结束语为证。《辩谬篇》最后一段中,他曾详细地说,"一切学科都是有前人的创作,后人的发展,循次渐进,日积月累,但在推理(意指形式逻辑)这一问题上,我们并无若何前人的基础,是另起炉灶,长期作了一些试验性的探讨的"③。由这种话,我们可以知道亚里斯多德是认为他在创作着形式逻辑这一门科学。鲍尔温谓:"Lutoslawski指出,在柏拉图最早的一种对话 Charmides 中,标准页第161A上曾用过三段论式 Cesare 式,其第1个字是希腊文 sullogisamenos④,并且说,在 Philebus 对话里曾用过 meson 这一名词,正是亚氏的一个逻辑术语,因之推断说'我们如果记得,按柏拉图的文章风格,绝对不会在一种对话中尽行举出三段论式的所有的格像亚里斯多德的书那样,所以很是可能,甚至于可说是盖然的,亚里

---

① 按因明是梵文 Nyaya 之译。
② Radhakrishuan:《印度哲学》,原英文本,1927年,第35页。
③ 《辩谬篇》标准页第184b第1至2行。
④ 《辩谬篇》标准页第160E。

斯多德的三段论式学说是以柏拉图为滥觞的。这种看法虽是推测,然不无根据,因柏拉图的数学头脑自然是会用形式的眼光亚看理论。'如果认为前无古人,而亚里斯多德能在其《分析论》中构成其推理的完整学说,总是令人难以置信的。况且亚里斯多德所表现的到处都是不近于数学分析的头脑,吾人假定他的三段论式一般轮廓的暗示来自他处是有其原因的。可是亚里斯多德《辩谬篇》末章的结束语,其为诚实亦不可置辩的。"①

　　却在创作形式逻辑时,亚里斯多德是有他的社会历史条件的。亚里斯多德的科学活动是正当古希腊奴隶占有社会最繁盛的时期。其时有大规模的手工场,奴隶都按其专门技术划分工作,劳动工具比较发展,有斧、辘轳、轴、车轮、滑车、滑车轮、舵、钢或铁制的小齿轮等。海上运输亦很发达,有较大的船舶,一船工有桨以百数十计,海上航行已成专门技术。和这些工商业同时发展的有各种自然科学与社会科学。科学知识虽为少数统治阶级和服务于统治阶级的人(亚里斯多德是其一例)所占有,却水平已发达到高度,思维本身已成为科学研究的对象。同时,统治阶级内部时常发生矛盾,为要使这内部矛盾的暂时统一,就有当时雅典的政治机构,柏拉图以鄙视的口气称为"群中头目"政治的那种机构(按柏拉图从贵族寡头政治立场对当时雅典的多头贵族统治极为不满,而他对这种政治所用名词,竟通过亚里斯多德的改良用法,成为欧洲各语文的"民主政治",即俄、法、英、德的 democracy)。这种政治常用演说说服反抗,以暂时统一其内部矛盾,并以欺骗群众,故雄辩术与修辞学为青年进身的阶梯,甚为当时所重视。

　　应运而生的就有公元前5世纪希腊的"哲士"。"哲士"是智者的意思,从原希腊语 Sophos,"有智慧的"转而为 Sophostes"有智慧的人"。希腊公元前5世纪的哲士成了一种风气,周游教学,以售其知识,征收学费,保证卒业。所传授的,多半是雄辩术与修辞学。所用的教学方法,各有不同,其中之一就是向学生作演说的示范,并订为若干教条,使学生熟记,目的在于运用各种技巧以驳倒论敌,至于孰真孰伪,在所不问。柏拉图在

---

① 译鲍尔温编:《哲学与心理学辞典》(Dictionary of Philosophy and Psychology. ed. by James Mark Baldwin),美国纽约1940年英文原版,第2册,第629页。

其初期的短篇《对话》中描述苏格拉底恨恶哲士，因为他们教人以雄辩致胜，颠倒是非，故苏格拉底常常揭破他们的虚伪无能，而其揭露哲士的方法是以问答而追求一个概念的真正本质，因之确定某一名词的意义。这就是后人称为苏格拉底的质问方式，实即逻辑的初步归纳方法，由特殊事例的属性分析，求得其一类的共同本质属性而确定该类事物的定义。由此可见，苏格拉底也是以培养青年为其终身任务，与当时的所谓哲士者工作相同，其不同者，却有数点：(1)哲士教学，征收学费，而苏格拉底不收学费，却生平不务家人生产，完全依赖学生的供给，与哲士实无大异。(2)苏格拉底以启发学生的思想，鼓动青年思维的主动性，积极性，为其教学方法，不同于哲士的教条主义，使学生强记背诵为能事，故哲士的教学效果，每每一个就经不起实践的考验。苏格拉底诱导青年，发动其积极性，常以"青年思想的助产士"自称，成效卓著，为"海内人师"。(3)哲士的教学以辩论的制敌制胜为其目的，不问真伪，而苏格拉底则以寻求真理，明辨是非为其教学的主要任务。故其徒柏拉图继承其分析思维过程的方法，务必于特殊的多数之中求得其共相之所在，再由种之归于类，循序上进以同于一，却从主观思维出发，脱离客观实际，以致陷入唯心主义的泥潭。但他的方法论对于亚里斯多德的逻辑，曾有过某些的启发，尤其以划分类之为种那个确定一类事情的定义方法，对于亚里斯多德的逻辑有着重要的影响。苏格拉底以形成概念为认识的目的，而柏拉图则以寻求概念间的相互联系与相互含蕴为思维的主要任务。是皆逻辑的重要因素，经过亚里斯多德的发展而构成逻辑推理与证明的学说。由片断的因素与原理组织而为系统的科学，亚里斯多德之称为逻辑科学的创始人，就是因为这个缘故。但是亚里斯多德之有这个成就，首先是因他有了当时的社会历史条件，通过哲士的运动，给了他强大的刺激。再则他的前辈苏格拉底和柏拉图已经把思维本身作为思考的对象，获得初步的成果，亚里斯多德在这基础上作进一步的研讨，遂创作了他的形式逻辑一套比较完整的学说。这原是事所必至，理所固然，合乎发展规律的。

3. 亚里斯多德以后的形式逻辑

关于这问题，我们首先要决定亚里斯多德死后形式逻辑在欧洲发展

与变化的几个时期,然后略述这几个时期中形式逻辑的发展与变化究竟是在哪些方面,其结果是什么。

亚里斯多德死后,一直到 19 世纪中叶,亚氏的形式逻辑在欧洲几乎可称独步。却 2000 多年的漫长岁月中,亚氏逻辑,称为传统逻辑的,曾有过不少的发展与变化。可分为下列 6 个时期:

(1) 前期亚氏学派时期 自亚里斯多德卒后,到公元前 1 世纪中叶安德罗尼(Andronicus)编集亚氏著作时为止。同期有斯多噶学派的形式逻辑的发展,影响着亚氏逻辑。

(2) 亚氏逻辑希腊注释家时期 从安德罗尼至格伦(Galen)即公元前 1 世纪中叶至公元 1 世纪中叶,为时约 200 年。

(3) 亚氏逻辑拉丁注释家时期 从西塞罗(Cicero)至罗马城陷,即公元前 1 世纪末叶至公元 5 世纪后半叶,为时近 600 年。

(4) 中世纪亚氏逻辑的隐晦时期 从罗马城陷至公元 12 世纪亚氏希腊文原著复现于西欧时期,为时约 700 余年。

(5) 亚氏逻辑希腊文原著复现于西欧至欧洲文艺复兴时期 从公元 12 世纪至 16 世纪,为时约 400 年。

(6) 欧洲文艺复兴至公元 19 世纪 欧洲逻辑家渐形对于传统逻辑的不满意,为时约 300 年。

19 世纪中叶以后,传统形式逻辑已成定形,逻辑学的发展已超出亚里斯多德的逻辑范围。上面所分 6 个时期,其前 5 期大致是根据 100 年前德人普兰特尔著《西方逻辑史》(Geschichte der Logik im Abendlande, von Carl Prantl, Leipzig, 1855),第 6 期是在普兰特尔一书范围之外,取材多从法人禅尼所著《哲学史》(Paul Janét, Histoire de la philosophie, Paris, 1928)与其他参考材料。然各期所述,参入本文作者从他书研究所得之意见甚多,并未限于一家之说。

4. 前期亚氏学派

亚里斯多德在雅典设立学院一所名吕克昂。亚氏死后其徒赓续维持不替,垂数百年。所传学说,称亚里斯多德学派,其徒称"散步讲学者",从希腊语 peripatetikos 而来。这希腊字的词冠 peri 是"周围"的意思,其词干 patein 是步行的意思。亚氏学派之称为"散步讲学者",有两种传说,其一是当时亚氏讲课,惯于在其学院周围,慢步讲述,弟子随行听讲,请业请益。另一传说,是亚氏学院原有一走道名 Peripatos,为师生散步之处,因以得名。两说孰是,姑置勿论①。

前期亚氏学派以提阿弗拉士特斯(Theophrastus)与欧丹姆(Eudemus)两氏为最早,而且对于亚氏逻辑的发展贡献较大,故略述两氏逻辑研究的成熟,代表这一时期逻辑的精神。详细敷陈,不是本文篇幅所容许,可参考逻辑史专著如普兰特尔的《西方逻辑史》。以后各节亦复如是。

提阿弗拉士特斯是亚氏死后主持亚氏学院的第 1 任山长,欧丹姆与之同时,且共同从事于各种哲理问题的研究,故合并讨论,而只提提阿弗拉士特斯的名字。其学说中,也只提及有关现代亚氏逻辑的几点,余皆从略。

首先,提氏等根据亚氏演绎推理的三段论式,认为结论总是按照两前提较弱者的形式。例如特称前提弱于全称前提。如有一前提是全称,另一是特称,则其结论必为特称;又如实然判断弱于必然判断,故前提之一是实然判断,另一是必然判断,其结论必为实然判断,而不可能是必然判断,盖然弱于实然,结果亦复如是等②。这就是后来中世纪逻辑称为(Conclusio sequitur partem debitorem)结论从其弱前提的原则。

关于三段论式的格与式,亚里斯多德原来在其第 1 格中只有 4 个正确的式,就是今日传统形式逻辑所讲的。提氏提出了另外 5 个式,共成第 1 格 9 个式。其增加的 5 个式作为第 1 格的第 5 至第 9 式者列下:

第 5 式
所有 B 都是 A,
所有 C 都是 B,
故有些 A 是 C。

---

① G. M. Baldwin, Dictionary of Psychology, 1925, Art on "Peripatetics".
② 参看 Prantl, Geschichte der Logik 上引德文原版,第 1 卷,第 370—376 页。

第 6 式

没有 B 是 A,

所有 C 都是 B,

故没有 A 是 C。

第 7 式

所以 B 都是 A,

有些 C 是 B,

故有些 A 是 C。

第 8 式

所有 B 都是 A,由上面的小前提换位而成没有 B 是 C。

没有 C 是 B,由上面的大前提换位而成有些 A 是 B,于是结论是:有些 A 不是 C。

第 9 式

有些 B 是 A,由上面的小前提换位而成没有 B 是 C。

没有 C 是 B,由上面的大前提换位而成有些 A 是 B,于是结论是:有些 A 不是 C。

亚氏三段论式在其原文中,尚未如后人那样把 S 作为小词的符号,P 作为大词的符号,M 作为中词的符号。其符号都是希腊字母,却后人翻译为现代欧洲语,为避免与后人用 S、P、M 相混淆,都一律用拉丁语居首的 3 个字母,以 A 代表大词,B 代表中词,C 代表小词。因之,有上面各公式。

看提氏所增加的 5 个第 1 格的式,其结论都是以大词为结论的主词,而以小词为结论的宾词。第 5 式的前提本与亚氏原来第 1 式 Barbara 的前提完全相同,其结论本是"所以 C 都是 A"这一全称肯定判断,而提氏所列的结论是"有些 A 是 C"这一特称肯定判断,故意与亚氏原来所列的结论不同,纯是为着标新立异,无补于科学,因从亚氏第 1 式的结论便可由换位而得提氏第 5 式的结论,无须另立一式。提氏第 7 式的前提与亚氏第1格的第3式Darii的前提亦无异,从亚氏原来的结论"有些C是A"由换位就可以得提氏"有些A是C"的结论,亦不必另立一式而为第7式。同时,提氏之另立第5、第7两式只有把亚氏原有的第1与第3式的区别使之含糊,并无好处。提氏的第6式亦即亚氏原有的第1格第2式Celarent,只有结论换位,故不须另立一式而为第6。其第8与第9两式都可归之于亚氏原来的第1格第4式Ferio,故所增的第8第9式是纯属多余的。但是提氏之提出此5式,后来引起格伦(Galen)之在亚氏三段论式第1、第2、第3格之上,增加第4格,不无其逻辑史的意义,故于此论列之①。

亚氏三段论式的第3格原有6个式,提氏补增第7式。其公式是:

所有B都是A,

所有B都是C,

故有些A是C。

显然,这第7式不过是把亚氏第3格的第1式Darapti所得"有些C是A"的结论换位而为"有些A是C"的结论,于理论与实践皆无补,不必有此所谓第3格的第7式②。

第1、第3格这几个增补的式,皆称为间接三段论式。3世纪初叶,有Alexander者,仿照提阿弗拉士特斯的方法又作了第2格与第3格式的增补。其意义皆不甚大,故未为后世形式逻辑所采用,却其原理都是根据亚氏《分析论前篇》第1卷第7章所论列的各点,唯嫌其烦琐,不问实际而只在形式上反复推演,故认为是画蛇添足。两千年来,讲亚氏传统逻辑的人们,大都只讲直言三段论式4格的19个式。原三段论式的基本原理,格之于亚氏分为3,或如格伦以后之分为4,式之列为19,式多于19,本于逻辑科学大体上无关,掌握了三段论式的基本形式与其规律后,对于任何式的正确与否,都可按三段论式的法则加以判别,不像欧洲中世纪把亚氏逻辑形式化之后,初学逻辑的人处处都要强记教条与公式,食古而不化。这一点是我们所要指出的。

亚里斯多德在他的逻辑六篇中,只言直言三段论式,而未详演假言与

---

① 参看Prantl:《西方逻辑史》,德文原本,第1卷,第365—367页。
② 参看Prantl:《西方逻辑史》,德文原本,第1卷,第368—369页。

选言三段论式。假言与选言三段论式确是后人所增加,虽其增加这两种三段论式时,不自觉地超出亚氏原来的主谓判断基本立场,于理论上未能前后一贯,然假言,选言三段论式之为思维推理所必需,则这两种三段论式的增加又是形式逻辑向前发展所应有的现象。

假言与选言三段论式究竟是何人所增加的呢?根据英国19世纪逻辑家孟塞尔(Mansel),假言与选言三段论式起初是提阿弗拉士特斯大约在公元前323年所草拟,后来经欧丹姆与斯多噶学派所推演,然有关这问题的现存典籍,还是大约公元500年波亚提奥斯(Boethius)的著作①。据此,则假言与选言三段论式的阐述,当归功于斯多噶学派。在亚氏死后,逻辑之渐趋形式化,斯多噶学派的影响居多。该派的学人把逻辑与存在论分开,使之带上后来中世纪的烦琐形式,完全在形式上来推敲亚里斯多德的理论,即在其素以著名的假言与选言三段论式上,亦不过详演亚氏的推理形式,节外生枝,每每失去其科学的意义②。

斯多噶学派以芝诺(Zeno)为其创始人。生于公元前336年。卒于公元前264年。其门人克里安特斯(Cleanthes),生于公元前约300年,其再传弟子是著名逻辑家克里士普斯(Chrysippus),生于公元前280年。据第奥根·拉尔梯乌斯的书目,克里士普斯著作甚多,共311处③。这几个人是斯多噶学派在逻辑史上著名的。兹略引斯多噶学派所谈的假言三段论式的形式,以见其逻辑研究的一般精神。

第1式

如果第1命题是真,则第2命题亦必真,

今第1命题是真,

故第2命题必真。

斯多噶学派在假言三段论式中的第1命题即现在形式逻辑的前件,第2命题即后件。据这第1式,如肯定前件,则可肯定后件,与今日形式逻辑一般所讲的无异。

---

① 参看孟塞尔编订 Aldrich 的《逻辑》,1862年,牛津版,第102页。
② 参看 Prantl:《西方逻辑史》,德文原本,第1卷,第6章,禅尼 Janét《哲学史》,法文原本,第487—489页。
③ 参看 Prantl:《西方逻辑史》,德文原本,第1卷,第404页。

第 2 式

如第 1 命题是真,则第 2 命题亦必真,

却第 2 命题不是真,

故第 1 命题不能是真。

此式与今日形式逻辑之规定,否定后件则可因之而否定前件,无异。

第 3 式

第 1 命题与第 2 命题不能同时都真,

而第 1 命题是真,

则第 2 命题不能是真。

第 4 式

或者第 1 命题是真,或者第 2 命题是真;

今第 1 命题是真,

故第 2 命题不能是真。

我们可以看出,上面的第 3 式与第 4 式,在本质上,是相同的。但第 3 式是以直言判断来作为大前提,而第 4 式则以选言判断表达同一的内容,故在第 4 式上,已是一个选言三段论式。

第 5 式

或者第 1 命题是真,或者第 2 命题是真,

今第 2 命题不是真,

故第 1 命题必是真。

这是在两选项中,由弃其一而取其他的一种选言三段论式的方式。普兰特尔的批评是,把第 4 式和第 5 式分列是极无意义的[①],可是普氏这一点批评是不正确的,因为第 4 式和第 5 式有别。第 4 式是从两选项中,取一而弃其他,而第 5 式是由弃其一以取其他,不能说是完全无意义。所应批评的是第 3 式与第 4 式只词句的不同,不应列为两个不同的式。其为烦琐的地方,类多是这样。

斯多噶学派逻辑的烦琐,于此只见其一斑。但它还是有贡献的,例如他们有假言选言三段论式的联合式如下:

---

① 参看普氏:《西方逻辑史》,德文原本,第 1 卷,第 470、474 页。

如果第 1 命题与第 2 命题同时是真,则第 3 命题亦真,

今第 3 命题不是真,而第 1 命题却是真,

故第 2 命题不能是真。

又例如:

如果第 1 命题与第 2 命题同时是真,则第 3 命题亦真,

今第 3 命题不真,

故第 1 命题与第 2 命题不是同时都真。

上面两种形式虽然只是第 2 式的推演,却它们表示斯多噶学派尽力在钻研假言三段论式与选言三段论式的多样性,可惜后人对于这些问题多所忽略。如果能够本科学的精神,弃掉斯多噶逻辑枝节繁琐的糟粕,而吸取其精华,并加以发扬光大,于形式逻辑的研究,应该不无小补。

在亚里斯多德死后古希腊之与斯多噶学派同时的,还有伊壁鸠鲁学派,以生于公元前 342 年的伊壁鸠鲁(Epicurus)为其创始人。这学派多所致力于人生实际的问题,如避苦、求乐等,不大注重理论,而且局限于感性认识,不能提高到理论。故对于逻辑的研究,极少贡献①。

5. 希腊注释家

自从公元前 1 世纪中叶安德罗尼编辑了亚里斯多德全集之后,以希腊文注释亚氏逻辑六篇的注释家辈出,不胜枚举。其工作多半限于注释。对于逻辑科学的发展,贡献不为显著,故不必在此详加论列。唯有格伦一人必须谈一谈。

格伦(Claudius Galenus,欧洲各国语文音译不同,通常以 Galen 称之,故中译为格伦)生于 130 年,原是一个医生,著述甚富,其中关于哲学者亦多。以当时的哲学派而论,他是一个折中派者,在其早年并明显地属于斯多噶学派。著有克里士普斯三段论式的注解,但后又从事于提阿弗拉士特斯与欧丹姆逻辑著作的阐述。以其逻辑立场论,他偏重于亚氏学派为多②。格伦之在逻辑史上,以提出直言三段论式的第 4 格著名。

---

① 参看禅尼:《哲学史》,法文原本,第 491 页,普兰特尔:《西方逻辑史》,德文原本,第 1 卷,第 402—403 页。

② 参看普兰特尔:《西方逻辑史》,德文原本,第 1 卷,第 561 页。

亚里斯多德对于直言三段论式,只阐明3个格,即今日所称为第1、第2、第3格,我们在前章已经讲过。现在形式逻辑的第4格是格伦提出的,故又名格伦格。第4格的公式是:

P—M
M—S
S—P

这是用现在 S、P、M 的符号,而格伦沿袭旧日的符号而写为:

A—B
B—C
C—A

格伦之提出第4格原是从提阿弗拉士特斯的第1格增补式而来的。提氏所增补5个式,上段曾以列出,并加以分析批判。其所谓第1格第5、第6、第7式是从亚里斯多德第1格原有的第1、第2、第3式变形而得。兹再次列后:

第5式	第6式	第7式
所以 B 都是 A,	没有 B 是 A,	所以 B 都是 A,
所以 C 都是 B,	没有 C 都是 B,	有些 C 是 B,
故有些 A 是 C。	故没有 A 是 C。	故有些 A 是 C。

格伦把提氏这3个第1格增补的式以大、小前提互换,就得下列第4格前3式,今日之称为 Bramantip,Camenes 和 Dimaris 者如下:

所以 C 都是 B,	所有 C 都是 B,	有些 C 是 B,
所有 B 都是 A,	没有 B 是 A,	所有 B 都是 A,
故有些 A 是 C,	故没有 A 是 C,	故有些 A 是 C,
结论换位而得,	结论换位而得,	结论换位而得,
有些 C 是 A。	没有 C 是 A。	有些 C 是 A。

提氏的第1格增补的第8、第9式是:

所有 B 都是 A,	有些 B 是 A,
没有 C 是 B,	没有 C 是 B,
故有些 A 不是 C。	故有些 A 不是 C。

格伦把这两式的前提互换而成:

没有 C 是 B, 　　　　　　没有 C 是 B,
所有 B 都是 A, 　　　　　有些 B 是 A,
故有些 A 不是 C, 　　　　故有些 A 是 C,
结论换位而得, 　　　　　结论换位而得,
有些 C 不是 A。 　　　　　有些 C 是 A。

这就是第 4 格的后两式,今日之称为 Fesapo 与 Fression 者,于是第 4 格就有现在的 5 个式。

据英国逻辑家客晏斯的考证,以第 4 格为格伦所提出,是 12 世纪西班牙系的亚拉伯人,亚里斯多德的权威注释家阿弗罗厄斯(Averroës)的意见。第 4 格之称为格伦格的从此开始。18 世纪初叶之前,形式逻辑各典籍没有第 4 格的出现,即近代逻辑家亦多不主张列入第 4 格的,原因是所谓第 4 格者不过是将第 1 格某些式的结论换位而成,而且在推理过程中并不运用所谓第 4 格的形式。有了第 1 格,于必要时,将其结论换位就够了。但这种见解未为定论。所谓格者如果以大、小前提中的中词所占的位置而定,没有第 4 格,则格之系统性不完全,三段论式的理论不能自圆其说,故第 4 格是三段论式的学说所必需的。纵然在思维活动中不常用第 4 格,而这 1 格亦不时在思维中出现①。但对于第 4 格之作为三段论式的格与亚氏原有的 3 格并列,逻辑家在长期中还不能取得一致的意见。正如英国近代逻辑家庄逊所说:"对于第 4 格之列为逻辑三段论式的 1 格,成见很深,而且这成见由来很久,主张不以之列入的意见,大都是这样论证的:'凡值得列为逻辑推理形式的都是平常议论中所运用的,今察得,没有什么在平常议论中所运用的是第 4 格,所以,第 4 格不是值得列为逻辑推理形式的。'"

于是庄逊就反驳说:"这论证就已是第 4 格的形式,其谬可不置辩。"②

上面所引的两种意见是正确的。现在形式逻辑一般都肯定直言三段论式有 4 个格,是格伦的一种贡献。第 4 格确是不常运用,但有时也要用,而且是三段论式的格之通常理论不可缺少。亚里斯多德之只有 3 格,

---

① 参看 J. N. Keynes, Formal Logic 第 328—329 页,上文是据 P. M. Eaton 在其《逻辑概要》(General Logic)1931 年英文原版第 112 页所引。

② 见庄逊:《逻辑》,英国剑桥大学出版社,1921 年,第 2 篇,第 89 页。

是另有所根据,已非今日所采取,上章已有论列,可不重述。

6. 拉丁注释家

逻辑思想与逻辑作为一门科学,从古希腊时期过渡到拉丁时期是一个长期而又艰巨的过程。希腊文化的思想注重抽象的思维方面,而罗马人拉丁文化则侧重于生活实践方面,所以在历史过程中古希腊思想之为罗马人所吸收采用,每每是有枘凿不相入之势。这转变正当罗马拉丁文学的黄金时期,正是罗马人文学大家最以其本国文化为自豪的一个时期。希腊文化与思想之输入,包含亚里斯多德的逻辑在内,难免有些地方在某种程度上的变质。以思想的分析为其出发点的亚氏逻辑落到罗马学人的手中,就变为为文学服务的一种工具。为要把逻辑作为学校的一种课程,又难免把它形式化、公式化,因之而在某些地方庸俗化,于是传入中世纪的形式逻辑已不是亚氏逻辑之真面目。履霜坚冰至,其由来是逐渐的。

将希腊逻辑输入拉丁文化的主角以西塞罗(Cicero,生于公元前106年)、弗罗(Varro,生于公元前116年)、昆提里延(Quintélian,生于40年)与格里奥斯(Gellius,生于117年、卒于180年)4人为最。其他如亚普里奥斯(Appulejus,生于114年,卒于190年)等,于亚氏逻辑之输入拉丁文化,都起过相当的作用,尤非指所胜屈。西塞罗是罗马文化最盛期的一位哲学家、修辞家学、演说家,尤以修辞学的造诣与演说的富丽著名,著作亦甚多。费罗被称为当时"最有学问的罗马人"。他是将希腊逻辑译成拉丁文的第1个人,并著有百科全书式的 De novem Disciplinis 一部作品。这些人都从事于逻辑与修辞学的研讨,形成了逻辑与修辞学结合起来的一个时期,大大地影响了中世纪的逻辑。亚普里奥斯最重要的著作是《柏拉图教理》(De dogmate Platonis)其第3卷是广泛在学校采用的一部《逻辑大意》(Compendium)。在这《逻辑大意》中我们第1次发现 A、E、I、O 用为判断4种类型的符号。格伦也就是亚普里奥斯同时代的人,把换位和质位并换(又称对置)区分开来,即指出 S—P 之换位为 P—S 和 S—P 之质位并换而为非 P—S 是格伦的贡献①。

---

① 参看 Paul Janét, Histoire de la philosophie, Paris, 1928, pp. 573-574,禅尼:《哲学史》,法文原本,第573—574页。

"逻辑"这一词是从希腊文的 λογική，以拉丁字母写为 loyikè 这一字而来的。首先是见于公元前 1 世纪西塞罗的著作，而在 2 世纪格伦和亚弗罗底西亚的亚力山大(Alexander of Aphrodisia 自 190 至 210 年在雅典教师)的著述中才真正的通行。亚氏学派原来是用 dialektikè 这一词来表达我们今日之称为逻辑科学，却当时斯多噶学派也是用这名称，为着与之区别才采用 logikè①。

现在各国形式逻辑所用的专门名词几乎全是从拉丁名词转译过来的，故公元前后拉丁语的亚氏注释家与翻译家之影响后世形式逻辑者甚大。当其译述伊始，困难滋多，正如今日从事翻译工作的人们所深刻地体会到。例如亚里斯多德逻辑六篇中有 Topica 1 篇。(Topica 从希腊语 Topos 一字而来)这词直译应为"地方"或"处所"。西塞罗之译此词，时而译为拉丁语的 locus，时而译为 sedes，又时而译为 nota。同一译人作同一词的翻译，就有 3 译，如果不追溯其原文，每多误会。而古今译，类多有此一早期阶段。拉丁文翻译 topica 这一词，一直到 1 世纪昆提里延才确定为 sedes argumentorum 与 loci argumentorum，即"辩证所常遇见之处"，本文上面在第 2 章中提议译亚氏 Topica 篇名为《辩论常识篇》，亦本此意。和昆氏大约同时代的罗马著名历史家 Tacitus 亦曾用过亚氏学派的 aptieoci 一语。Aptiloci 就是"常见之处"的意思②。

又如逻辑中常用"本质"这一词。古希腊语是 ousia。公元前 1 世纪罗马著名修辞学家塞内卡(Seneca)据西塞罗译为 eseentia，而 1 世纪昆提里延则译为 substantia。又如逻辑所用的"质"西塞罗拉丁语的 qualitas，"量"是昆氏的 quantitas。"词同义异"即 Homonym，"同义词"即 Synonym 都是在翻译亚氏的《范畴篇》时所采用的翻译名词。亚氏 Topica 的翻译中，斯多噶学派首先用过 definitio "定义"，因之而又用 proprium 或 proprietas。这两词在拉丁语中都是亚氏学派的 idion 之译，即"性质"义。今法文逻辑以 proprium 与 propréte 为两个不同义的词，纯是为方便计，语文上是毫无根据的。又拉丁语逻辑中 species 与 pars 原是同义词，即"部分"义，而迨后 spcies 演变为"种"，pars 仍是"部分"。词

---

① 参看普兰特尔：《西方逻辑史》，德文原本，第 1 卷，第 535 页。
② 参看普兰特尔：《西方逻辑史》，德文原本，第 1 卷，第 514 页。

义之逐渐变迁,又渐趋固定,此为一例。逻辑名词之 divisio 亦于此时期初见。其 genus,species,differentia,forma,nota(即"类"、"种"、"种差"、"形式"、"属性"),皆西塞罗的翻译名词。Contrarium(对立、相反义)原是亚氏的"相反"disparatum 即 A 与非 A 的关系,而拉丁文逻辑中把 disparatum,noxium,contrarium 与 privatio 都用为同义词,大都采自斯多噶学派。"命题"一词是拉丁语 propositio 之译,据普兰特尔是亚普里奥斯在 2 世纪第 1 次用的一个译名,以后因波亚提奥斯(Boethius)在 5 世纪才流通。"肯定"的拉丁语原是 aio,"否定"原来就是 nego,是公元前 3 世纪普洛陀斯(Plautaus)所曾用过,但其作为逻辑的名词是从 5 世纪后半叶卡柏拉(Capella)始,却同世纪的波亚提奥斯则采用 affirmatio 为"肯定"negatio 为"否定",而波氏的词沿用至今日。

今日形式逻辑有以"假言"与"选言"列为同类的,其原因是西塞罗的 disiunctis 是和希腊语的"假定"这一词同义。后世形式逻辑则以希腊语的 hupothesis(假定)译为"假言",拉丁语的 disiunctio① 译为"选言"。知其语文的来源,可免许多误解。

拉丁语修辞学所用 argumentum 一词是与西塞罗所用的 ratiocinatio 同义,皆"说理"的意思,亦即论证义,而说理必有其结论,故逻辑须用 Conclusio 为"结论"的名词,而其动词"作出结论"便是 concludere。这动词 Concludere 和另一动词 Collegere("集合"义)是同一意义,因之希腊语的 sullogismos②,故又与希腊语的 apodeixis 在拉丁语译成同一个词,却亚氏的 sullogismos 只是判断的结合,今采日人的译名为三段论式(严复式译为"连珠"),在其本质是不同于应译为"证明"(拉丁语的 demonstratio)的 apoderxis。今之言形式逻辑者,每每忽略证明的重要,实失亚氏的本意。盖沿中世纪的积弊,妄改亚氏逻辑,西欧各国几于谈三段论式后,绝不谈证明,苏联逻辑教材,本亚氏的见解,恢复证明为形式逻辑的重要部分,是完全正确的。

拉丁语的逻辑翻译名词,略举以上各例,以证拉丁逻辑在当时筚路褴

---

① 注意拉丁文字母 i 与英法文的 j 同值,故 disiunctio 可写为 disjunctio。——作者
② 原是"结合"义。——作者

褛的艰巨长期工作。一种科学词汇的形式与确定,实非易易,而其对于后世逻辑的影响是很大的。

7. 后期亚氏学派

公元前后几百年中,希腊的哲学思想输入拉丁文化,古希腊的经典著作纷纷翻译成拉丁文,形成一个长期的伟大运动,亚里斯多德与其徒的逻辑文献也同时被译成拉丁文,正如上段所略述。但在这几百年中,希腊本土,仍然继续研究亚氏的逻辑,注释家称为这后期亚氏学派者,人才辈出。本文为篇幅所限,仅举其荦荦大者数人,略以表示这时期中亚氏逻辑在另一方面的演变。

2世纪中,比较有名的一位后期亚氏学派者是亚弗罗底的亚力山大。当他于190至210年在雅典教学时,曾写过亚氏的《范畴篇》、《辞意篇》、《辩论常识篇》与《分析论前篇》第1、第2卷的注释①。他的著作影响后来薄斐略的逻辑思想甚多②。

薄斐略(Porphyry)生于233年,卒于304年③。薄氏在雅典受业于当代哲学与修辞学名师名Longinus者。其师将其叙利亚语的原名Porphyry改为拉丁语名Porphyrius故文献中薄氏常以2名见称。

薄氏博学多闻,原属新柏拉图学派、习斯多噶学派与亚氏学派的学说,而冶3派于一炉。他的最著名一部著作,名Isagoge,即亚氏"范畴论"的导论,阐明亚氏范畴学说的一部有历史意义的作品,影响了波亚提奥斯,而且通过波亚提奥斯影响了中世纪的形式逻辑。即罗马时代后期的形式逻辑,也几乎全部是和薄斐略的逻辑思想有密切的联系,垂千余年以至今日,其流风所及,传播仍甚广。所谓"五公"者④,即薄氏影响之一。上章曾论及"五公"之说。亚里斯多德原只有其4,而薄氏以"种"合而

---

① 参看普兰特尔:《西方逻辑史》,德文原本,第1卷,第620页。
② 参看普兰特尔:《西方逻辑史》,德文原本,第1卷,第626页。
③ 禅尼在其法文"哲学史"载薄斐略约在330年卒,不确。兹据普兰特尔:《西方逻辑史》,德文原本,第1卷,第626页与E. H. Blakeney的"简明古典文学辞典"Smaller Classical Dictionary, Everyman's Library Series改。
④ 从明末李之藻:《名理探》译。——作者

为5,理论上本是不通,而欧洲逻辑家沿袭千余年,积重难返,故今日皆言"五公"。薄氏"五公"后人以拉丁称为 quinque voces,即"五言"义。其5者,以希腊文举之为 genos, eidos, diaphora, idion, sumbébekos①,而拉丁文则为 genus"类", species"种", differentia"种差", proprium"固有非本质属性",与 accidens"偶然性"。后期亚氏学派与拉丁注释家解释薄氏的《范畴篇导论》即 Isagoge,代有其人,足证该书的影响所及。直到近代各国的逻辑教本,讲概念时,亦常用所谓"薄斐略树"以明类,种,最高类,最近类,并列种,种差等名词,亦不能不承认薄斐略在逻辑教学上的贡献。

薄斐略后,有 Jimblichus,是薄氏的门人,卒于约公元330年,曾著亚氏《范畴》、《辞意》两篇的注释,与《辞意篇》的讲解。Dexippus 是 Jimblichus 的门人,曾注薄斐略与 Jimblichus。又有 Themistius(330至390年)以《分析论后篇述意》闻于当时。5世纪有 Syranus 者(390至450年),著有《范畴篇》的注释。他推演判断的种类至为烦琐。计实然性判断有48种,可能性判断与不可能性判断演为144种,5世纪又有 Proclus,卒于485年,根据薄斐略的学说著有《辞意篇》的解释。其门人 Hermias 著有 Isagoge 的导论一书,并《范畴篇》与《辞意篇》的注释。Hermias 之子名 Ammonius 者,阐述判断的学说。Ammonius 的门人有 Simplicius 者,又著有《范畴篇》的新注。类此的亚氏逻辑注释,不断出现,直到14世纪,可谓盛矣!然其于形式逻辑之发展,足为后世述者,极为有限。其于5世纪中,有卡柏拉(Marcianus Capella)者,于470年著《自由艺术篇》(Artes liberales)。这书的第4卷述逻辑大意,为这类书籍传至今日的唯一完本。它将逻辑以最庸俗的形式编为学校教本,实为逻辑科学的一大损失。

后期亚氏学派逻辑家,亦文艺复兴以前精通希腊文的最后一位逻辑家,却为 Boethius,兹音译为波亚提奥斯,生于约476年,卒于526年。波氏生年亦即罗马城陷、西罗马帝国灭亡的那一年,结束了历史所称欧洲古代时期。是则以波氏来结束亚氏逻辑在中世纪以前的时期是合理的。

波亚提奥斯是当代罗马的著名政治家与作家,以精通希腊文闻于其

---

① 按皆以拉丁字母拼出以便读者。——作者

时,以受累入狱。狱中著有拉丁文《哲学的安慰》一书,为中世纪人手一册的名著。其逻辑的著作亦都是拉丁文,计有《辞意篇》、《分析论前篇》、《分析论后篇》、《辩论常识篇》与《辩谬篇》的翻译和注释。他并翻译了薄斐略的《范畴篇导论》,又著有拉丁文的 Introductio ad categoricos syllogismos, De syllogismo categorico, De syllogismo hypothetieo, De divisione, De definitione,即《直言三段论式导论》、《论真言三段论式》、《论假言三段论式》、《论划分》、《论定义》等书。"其主要思想是求得一个逻辑表解"①。波氏对于逻辑名词如"本质"、"偶性"等详加解释,厥功甚伟。关于概念间关系的研究至为详晰②。关于定义问题,划分(divisio)与分解(partitio)的分别,种(species)与部分(pars)之不同,皆论列甚悉。判断的关系、对立、矛盾、从属、下对立之构成正方形是波亚提奥斯的创作③。至少他把 Syrianus 的解释简化了。其各种表解不一而足。譬如除逻辑正方形等之外,尚有如下等例:

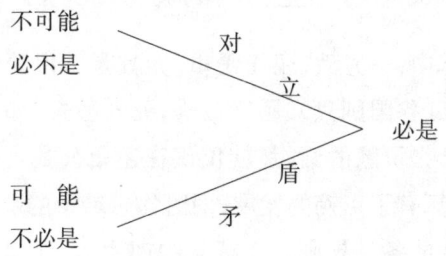

这种研究是按着亚里斯多德的方向发展,可惜被后世的逻辑家忽略了。

根据普兰特尔的研究,"质量并换"之一词④之作为逻辑名词与质量并换的规则,是在波氏书中第 1 次见到的。全称肯定判断与特称否定判断可以有质量并换,且与换位是相反的关系⑤。按普氏在这里说波氏认为只全称肯定判断与特称否定判断才有质量并换,而不提全称否定判断

---

① 译普兰特尔:《西方逻辑史》第 1 卷,第 684 页上的一语。——作者译自德文原著
② 参看普兰特尔:《西方逻辑史》第 1 卷,第 686 页。
③ 参看普兰特尔:《西方逻辑史》第 1 卷,第 692 页。
④ 拉丁文为 conversio per contrapositionem。——作者
⑤ 译自普兰特尔:《西方逻辑史》第 1 卷,第 698 页一句。

亦可有质量并换,其原因是前两类型的质量同换时,其量不变,而全称否定判断之质量同换则由全称而变为特称。

波氏对于亚里斯多德逻辑的发展,关于假言三段论式亦有推进,前面曾经提及。但波氏比前人确是在这问题上推进了一步。他把假言三段论式分为 10 种形式,未免太过烦琐,只问形式而不问内容,然其反复申论假言三段论式,其周详是有过人之处①。

波氏讨论选言三段论式,极为简略,因他认为选言判断只是假言判断的一种形式。"或是 A,或是 B",可写为"如果是 A、则不是 B"。

总上各点,可略见波亚提奥斯对于亚氏形式逻辑演变上的关系与其贡献。在逻辑史上尤关重要的一点,乃是 5 世纪后,欧洲进入中世纪时期,一直至 12 世纪,悠久的 700 年中,亚里斯多德的逻辑著作,原文姑无论矣,即翻译材料除波亚提奥斯部分的拉丁译述外,完全缺如。故在此长期中维系亚氏逻辑学说于不坠者,波氏的贡献是重大的②。

8. 中世纪亚氏逻辑的隐晦时期

中世纪数百年中,一方面,亚氏逻辑,尤其是三段论式为阿拉伯学者普遍地研究,而西欧各国则只知墨守成规,死背教条,如果说他们在这时期对亚氏逻辑有什么贡献的话,那就仅仅在逻辑公式上使用拉丁字母作为符号,比较上还算有了点滴的发展,同时作了若干的歌诀以便初学的人易于记住三段论式的各种规则。在符号的使用上,亚里斯多德是把希腊字母的 A、B、Y 用于三段论式的第 1 格,M、N、E 用于第 2 格,η、ρ、Σ 用于第 3 格(亚氏只有 3 格),而现在形式逻辑一般所有的拉丁字母,比较简便,如 S、P、M 和 A、E、I、O 等,是在 13 世纪之初才广泛地通行。至于歌诀的使用,据普兰特尔是从世纪 Psellus 开始。Psellus 是拜赞庭人,以阿拉伯文著有《逻辑简要》一书。书中使用逻辑哥诀以便记诵,而该书曾为 Guillaume Shyreswood(氏卒于 1249 年)所使用,却 Petrus Hispanus(生于 1226 年)才把这书译成拉丁文。

---

① 参看普兰特尔:《西方逻辑史》第 1 卷,第 702—719 页。
② 参看 Baldwin, Dictionary of Philosophy and Psychology, 1940, Vol. I. p. 631, Atricle on Latin Scholastic Terminology.

中世纪学校的学科,原有3艺(trivium),即文法、修辞学和辩证法(哲学),在10至11世纪中,更添授算术、几何、天文学和音乐理论,所谓4艺(quadrivium)。结合3艺和4艺,便构成中世纪末叶的"7种自由艺术"(septem artes liberales)①。当时所谓辩证法即亚氏的形式逻辑,其内容根据5世纪卡柏拉(Capella)的《自由艺术篇》②和波亚提奥斯的逻辑著作③,而主要还是以波亚提奥斯为权威,一直到12世纪,都是历代相承,不容更替的,但波亚提奥斯又是按照薄斐略的《范畴篇导论》(Isagoge)来写他的《逻辑简要》(Compendium),虽然波氏亦曾翻译过亚里斯多德的《分析论前篇》、《分析论后篇》、《辩论常识篇》与《辩谬篇》,但未加注释,遂为中世纪所遗忘,故一直至12世纪,人所知的亚氏逻辑仅限于薄氏"导论"所及的《范畴篇》和《辞意篇》的第1、第2两卷,此仅亚氏之一斑而已。在中世纪几百年中,最流行的逻辑教本也就是波亚提奥斯拉丁文翻译的薄斐略的"导论"。薄氏"导论"昌言"五公"(quinque voces),即"类"、"种"、"种差"、"固有属性"、"偶然属性"。五公之说变为中世纪基督教教会神学家唯名、唯实论争端的根据。这唯名唯实之争,是教会当权派的伴侣和信徒间之争,教会中枢和地方教会之争。当权派僧侣,坚持教会的观念,即思想中普遍的教会却尚未实现的教会是唯一真实的教会,故对于逻辑所讲的概念,认为是离开表现概念的个体而存在的,是为当日所谓唯实论;而地方教会则认为只有具体的地方教会是实在的,而普遍教会既尚未实现,还在人的思想中,故不是实在的,在逻辑中亦认为只有个别事物是存在的,而普遍性的概念是不存在的,是为当日的唯名论。中世纪唯名论与唯实论之争本无与于逻辑,而成为逻辑研究的中心问题,把亚氏原来在六篇中所探讨的各问题反置诸脑后,形式逻辑在中世纪之不但毫无进展,且陷入一个漫漫长夜之中,唯名唯实之争是其原因之一。

16世纪初,唯名唯实之争已趋极点。时有奥肯(William Occam应是Ockham,生于13世纪末,年不可考,卒于1349年)者,是英国人,肄业于牛津大学,主张极端的唯名论,认为普遍性的概念只是按个体的相似性在

---

① 参看麦丁斯基:《世界教育史》上册,叶文雄译,五十年代出版社,1953年,第57页。
② 见本章第7段。
③ 同上。

人的思想中形成,并无客观的存在,即一般是在个体之后而发生之说(universalia postres)①。他是"新唯物论的创立者。依他的学说,只有个体的实在的,普遍不过是抽象的产物而已……只是有条件的标式罢了。他对于想把哲学附属于宗教的企图,攻击不遗余力"②。

奥肯的极端唯名论兴起后,逻辑名词研究就成为了最重要的一个问题,但也没有什么真有价值的贡献。当时经院哲学家,还只注重文法的讨论,而逻辑的教学,一直到15世纪中叶为止,都是用Petrus Hispanus的教本为主要教材。由此,中世纪逻辑的情况可知矣。故称中世纪这700年为亚氏逻辑的隐晦时期。

9. 亚里斯多德逻辑希腊文原著复见于西欧以后

8世纪至12世纪西欧的经济和文化发展处于极端低下的水平时,东方阿拉伯已并吞了阿拉维亚、伊朗、阿美尼亚、中亚细亚、印度西北部、叙利亚、巴勒斯坦、埃及、亚非利加北海岸上全部,最后且并吞了比利牛斯半岛。阿拉伯就成了欧洲古代文化的继承者,保存和发展了欧洲古代文化的许多成果。原5、6世纪时,希腊哲学家受着基督教教会的迫害逃居伊朗和美索不达米亚,受到该地的宽容待遇,迨至9世纪,阿拉伯的科学和哲学发展到登峰造极。阿拉伯人们翻译过欧洲不少有价值的古代著作。伟大的阿拉伯哲学家,有鞑靼人阿威塞那(Avicenna,980年至1037年),生于布哈尔(现在苏联领土)。他的哲学著作多以亚里斯多德为依据。阿拉伯另一伟大哲学家,亦即中世纪的一位大思想家是西班牙的阿拉伯人阿威罗伊(Averoes,1126年至1198年)。他的学说是基于亚里斯多德的学说。他把亚里斯多德看为高于一切的哲学家。他曾写道:"亚里斯多德的学说是最高的真理,因为他的智力是人类智力的终极限度。"其推崇亚氏有如此之甚,足见亚里斯多德的思想,大大地在阿拉伯文化思想中起了极大的作用。亚氏的著作也自然为阿拉伯学者所珍视③。

---

① A. C. Mcgiffert, A History of Christian Thought, 1933, Vol. II. pp. 305-307.

② 参看米定·易希金柯编著:《辩证法唯物论辞典》,平生等合译,新中国书局,1949年,"奥肯"条。

③ 参看薛格洛夫主编:《西洋哲学史简编》,王子野译,新华书店,1949年,第84—86页。

"和阿拉伯走着同样的道路,犹太的中世纪哲学和科学也前进了一步。……犹太哲学在促进阿拉伯与西欧的联系上起了很大的作用。"①

"罗马帝国解体后产生的拜赞庭(Byzantine)是后来几世纪古典文化遗迹的保存所。在中世纪②,希腊文成了欧洲完全陌生的文字,而在拜赞庭帝国,恰恰相反,人们还在读荷马……等诗人的原著,还保存和研究柏拉图及亚里斯多德的著作。……西欧在古代和中世纪之际,在各种政治大震动的影响下,尤其是在文化不发达的北下民族的侵略影响下,高等教育的踪迹消失了几世纪。帝政时期的罗马高等学校到5世纪已不复存在,而在拜赞庭帝国高等学校在整个的中世纪上半期仍继续存在。9至10世纪,一些从西欧各国来的青年在拜赞庭受高等教育。"③

西欧方面,10世纪末叶至11世纪中叶,封建剥削,日益残酷,频年饥馑,民不聊生。自970年至1040年之间,计有大饥荒48个年头,正是哀鸿遍野,死亡枕藉。统治者企图和缓当时尖锐的阶级斗争,利用人民在困苦中的宗教狂热,发起了十字军运动。大军屡次东征,其名义是要将基督教的圣地犹太的耶路撒冷从回教徒手中夺回。十字军东征的结果之一,就是促进了东西人民的接触,东西文化的交流。东西民族有了接触,民族间的隔阂冲破了之后,东方阿拉伯人拜赞庭,和被阿拉伯人占领的西班牙所保持下来的古希腊经典著作就逐渐回到了西欧,亚里斯多德的逻辑原著也就复见于西欧了。因之就有亚里斯多德逻辑希腊文原著重新地翻译为当时西欧通行文字,拉丁文,引起西欧逻辑史上一个新现象。

12世纪中叶,亚里斯多德的著作译成拉丁文,其资料来源计有3处:(1)为拜赞庭的首都君士坦丁堡;(2)为西希里岛西北隅的泊亮摩(Palermo);(3)为西班牙的一重要城市名多里都者(Toledo又写为Tolètum,是西班牙犹太人聚居的地方)。而3者以多里都为最,但其翻译大都是从阿拉伯文重译,而不是从希腊原文而来。12世纪30、40年代,多里都成立了翻译馆,译品宏富。1128年意大利威尼斯(Venizia)的雅各(Jacobus)已将亚里斯多德的《分析论前篇》、《分析论后篇》、《辩论常识

---

① 参看薛格洛夫主编:《西洋哲学史简编》,王子野译,新华书店,1949年,第86页。
② 指5至12世纪。——作者
③ 引自麦丁斯:《世界教育史》上册,叶文雄译,五十年代出版社,1953年,第61—62页。

篇》与《辩谬篇》译成,而于英人沙里士堡的约翰时(John of Salisbury 卒于 1180 年),亚氏六篇又复全为西欧人士所知道了。从这些拉丁文亚氏逻辑的新译,逻辑的拉丁名词更为增加,其最流行的有如普遍概念的说法分为所谓"事物之先的"(ante rem),"在事物中的"(in re),与"事物之后的"(post rem),"事物之先的"说法为唯实论者所依据,"事物之后者"为唯名论者论点,而"在事物中的"则是当时折衷派观念论者(Conceptualist)的说法①。

但在 12 世纪亚氏逻辑重译时期,当时学者对于亚氏的逻辑,各种看法还有分歧。例如沙里士堡的约翰认为逻辑只可作为学术的入门,而其本身是内容贫乏的。他更认为亚氏的逻辑还有待于改进,尊重古人,而不可墨守古人陈规,妨碍个人理智的发展。文艺复兴的思想,在此已见端倪,个人理智已和传统权威开始对立起来了。"从 Sextus Empiricus 时起②,不同的作家就已经认为三段论式没有什么大的用处,不能对于思想有所推进,因为从之而得出的结论是已经包含在其前提中的。"③

强调理智而反抗古代流传下来的权威这种倾向,在当时英国的学者中表现最烈。"在 13 至 14 世纪这个时期,英国在社会经济发展向前推进了一大步。为了解放的过程强烈地进行着,都市很快的发展起来,商业和手工业也发展了。为了大宪章和国会的组成与巩固的斗争,以及后来的农民和城市的起义,这些都不能不与罗马王位发生冲突。……牛津大学中的反抗空气因而日益浓厚。同时又因受了阿拉伯科学的影响,对于数学与自然科学的兴趣也逐渐增强起来。从牛津大学中出现了汤姆士·阿桂那斯(Thomas Aquinas)的敌人,即唯名论者,如顿·斯各特(Duns Scott)、威廉·奥肯(William of Ockam)和自然科学倾向之最早代表者罗吉尔·培根(Roger Bacon)。"④

"顿·斯各特(约 1270 年至 1308 年)断言宗教的'奥秘'不能从理性

---

① 参看普兰特尔:《西方逻辑史》,原德文本,第 2 卷,第 354 页—358 页。
② 按 Sextus Empiricus 是 3 世纪上半叶人。——作者
③ 见鲍包尔温编:《哲学与心理学辞典》第 2 册,1940 年美国纽约修订版,第 631 页,又禅尼:《哲学史》,原法文本,1928 年巴黎版,第 643 页。
④ 引自薛格洛夫主编:《西洋哲学史简编》,王子野译,新华书店,1949 年,第 90—91 页。

去认识,只能由信仰去接近。……在斯各特的学说中明显地可以看出一些经验的和唯物论的倾向。……特别地他承认了思维是物质的属性。正如马克思写道:'唯物论乃是大不列颠的产儿,不列颠的经院学派顿·斯各特已经自问:物性能否思维?'"①

罗吉尔·培根(约1210年至1294年)是和斯各特同时。他自己虽是一个修道士,却对僧侣的罪恶压迫与掠夺大胆抨击。他批判了脱离生活的经院哲学方法,认为这方法是无效的。"只有那达到现象原因之认识的经验方法才给问题以真正的和最终的解决。"②

罗吉尔·培根对于亚里斯多德的学说虽极推崇,但认为当时盛行的亚氏逻辑是无用的。知识的来源是实验而不是辩论。他是三百年后提倡归纳法逻辑的法朗士·培根之先驱者,是英国经验派的倡导人。

但是罗吉尔·培根所认识的亚里斯多德还是拉丁注释家,尤其是波亚提奥斯以后形式化了的亚氏逻辑。其实12世纪后半叶,东西文化接触,因之而大量带回来了古希腊的经典著作之后,阿拉伯文化在西欧起了强烈的刺激作用。首先有所谓近东的犹太人,从阿拉伯文翻译成拉丁文的亚氏著作,包含亚氏的《形而上学》、《物理学》与所有关于动物学的论著。迄13世纪亚氏的著作纷纷从希腊原文译出,当时学者才逐渐地认识到原来的亚里斯多德和拉丁注释家传统中的亚里斯多德是有着重要的本质上的分别,尤其是体会到亚氏某些问题上唯物论的倾向。于是天主教教会除已流行的亚氏形式逻辑外,对于亚氏著作的研究,一律严加禁止。而当时的"乞食"僧团,多米尼康派(Dominicans)和弗兰雪斯派(Franciscans)予以力争,才于1253年在巴黎大学设立亚里斯多德学说的2个讲座③。

迨多米尼康派的汤姆士·阿桂那斯(Thomas Aquinas,1225年至1274年)乃又将亚里斯多德利用为天主教的工具,而亚氏的真面目又被掩盖住了,按汤姆士·阿桂那斯是13世纪天主教④神学的完成者和正统

---

① 引自薛格洛夫主编:《西洋哲学史简编》,王子野译,新华书店,1949年,第91—92页。
② 引自薛格洛夫主编:《西洋哲学史简编》,王子野译,新华书店,1949年,第92—93页。
③ 《英国百科全书》第11版"经院哲学"条第244页。
④ 即加特力教,加特力是Catholica之译,即今日之称为天主教者。——作者

派经院哲学的体系化者。他所著的《神学典范》①是一部特殊的，官许的，中世纪的意识形态的百科全书，一直流传至今为天主教承认为"唯一真正的哲学"②。汤姆士想使亚里斯多德服务于天主教。亚里斯多德的学说之广泛的利用这件事实，虽然无疑地表现着一大进步，但不要忘记"僧侣阶级在亚里斯多德学说中绞杀了活的东西而宣扬其死的东西"③。

到了13世纪中叶之后，亚里斯多德在西欧便有了"唯一哲学家"的称号，却这是天主教御用的一个招牌，以抗拒当时日益发展的自然科学！亚氏的形式逻辑在13世纪后的天主教学校教学中，还是运用着当时所谓"旧逻辑"，而亚氏的"新逻辑"，即12世纪以来新翻译的逻辑，多遭摈弃④。逻辑歌诀普遍在学校中使用，为学生所死记背诵，于是学生只知Barbara Celarent, Darii, Ferioque prioris……而活的亚氏逻辑已被绞杀了！这是教皇约翰第二十一，即Petrus Hispanus（卒于1277年）之所赐，今日之以歌诀授生徒者，曾莫之知也。

助长强记逻辑教条主义教学法的风气的，在当时13世纪中叶，还有名Lambert vou Auxere其人者，与Shyrewoad同时，而稍长于Petrus Hispanus。他著有《逻辑典范》(Summa logicae)，实则Psellus《逻辑简要》的摘要，全以问答式编写为拉丁文歌诀，以便学生背诵⑤。难怪罗吉尔·培根的认为亚氏逻辑完全无用。

形式化了的亚里斯多德形式逻辑，尤其是在天主教教会势力下的大学中占有统治的地位。例如14世纪的牛津大学规则中就载有这一条："文学学士和文学硕士（按即大学新近毕业的学生与毕业至少两年，而为其学院保荐为工作有成绩的毕业生，因而晋升学位者——本文作者）不严守亚里斯多德遗教者，每次得予以五先令罚款的处分。凡违反亚氏'工具

---

① 按王子野译为"神学综论"不妥。盖原拉丁文是Summa Theologica直译是"神学的最高体系"。——作者
② 参看薛格洛夫主编：《西洋哲学史简编》，上引中文译本，第88—89页。
③ 引列宁《哲学笔记》语。参看薛格洛夫主编：《西洋哲学史简编》，上引中文译本，第89页。
④ 参看普兰特尔：《西方逻辑史》，原德文本，第3卷，第4页。
⑤ 参看普兰特尔：《西方逻辑史》，原德文本，第3卷，第25—27页。

论'之规则者,亦如之。"①

于是墨守形式化的亚氏逻辑形成了西欧各大学的一种风尚,历数百年而不衰,人们几于不敢越其雷池一步,逻辑科学之不能发展,自不待言。亚里斯多德在天主教思想中竟与教会的圣经分野而治,其桎梏人们的思想,不言而喻。像 16 世纪德国马尔堡大学教授哥克林尼奥斯(Rudolf Goclenius)提出今日形式逻辑之所谓逆联锁推理形式,与亚氏的所谓顺联锁推理并列,是极其罕见的事。亚氏逻辑原只有顺联锁形式,即 S 是 M_1,M_1 是 M_2,M_2 是 M_3……M_{n-1} 是 M_n,而 M_n 是 P,故 S 是 P。哥克林尼奥斯所列出的逆联锁形式,与之相反,即 M_1 是 P,M_2 是 M_1,M_3 是 M_2……M_n 是 M_{n-1},而 S 是 M_n,故 S 是 P。联锁两式,顺与逆,原则上本无大别,而都是根据亚氏三段论式的第 1 格,故哥氏之逆联锁式不能算是很重要的发现。以三段论式第 1 格以外的各格构成联锁式,一直要等到 20 世纪初才有人尝试②。可见这时期亚氏逻辑的贫乏。

除墨守形式化了的亚氏逻辑外,这时期继罗吉尔·培根等之后而表示对亚氏逻辑不满意者,大有人在。例如 14 世纪中有皮特拉(Petrarque,生于 1304 年,卒于 1374 年)者,抨击三段论式的滥用。他认为科学研究的任务不只是学习形式逻辑以避免思想的错误,而且要知道怎样获得真理③。其友波卡西(Boccace,1313 年至 1375 年)亦与之同调。西欧接近文艺复兴成熟期,亚里斯多德,由于他的学说之被形式化为时人所不满意,遂与经院哲学同等看待。新兴的哲学家就捧出柏拉图来和他对立④。这些以柏拉图来对抗亚里斯多德的人们,在 15 世纪中,企图在当时亚氏逻辑的三段论式之外寻得求知更有效的方法。还有如法拉(Laurent Volla,卒于 1457 年)之流,认为应当恢复柏拉图、西塞罗、昆提里延等之把逻辑与修辞学合并,而且清除经院哲学中许多烦琐成分。这都是人文主义力求解决生活中实际问题的倾向,实为 16 世纪以后自然科学发展的先声。

---

① 见 R. M. Easton, General Logic, 1931, p. 83 脚注引文。
② J. N. Keynes, Formal Logic, 4th ed., 1906, p. 374ff.
③ 参看禅尼:《哲学史》,Paul Janét, Histoire de la philosophie, Paris, 1928, p. 630。
④ 参看薛格洛夫主编:《西洋哲学史简编》,上引中文译本,第 104 页。

另一方面,我们要指出这时期中,社会经济状况,已突飞猛进,西欧已进入文艺复兴运动中了。

10. 文艺复兴与逻辑科学的发展

马克思在《资本论》第1卷内已经指出,"资本主义生产的第1次萌芽已开始于14、15世纪的意大利"。从15世纪起,就可以说西欧历史上的文艺复兴已有端倪了。却文艺复兴的哲学应该分为两个基本的时期。15世纪的资产阶级还不知创立自己独特的哲学,而只复兴了古代的哲学,使之适合自己的需要。在文艺复兴的第2个时期,16世纪里,在伟大的科学发现和技术进步的基础上,才形成一种新的特殊的哲学[1]。文艺复兴是标志着封建制度崩溃的开始和资产阶级的增强,资产阶级起而反对在经济、政治领域内的意识形态范围内的封建主义,反对封建主义的斗争就引起了人类活动的一切领域内的巨大的变动,正如恩格斯所说,"这是世界所经历的最伟大的一次革命"[2]。这时期科学的发明,艺术的发展,文化领域的扩大,教育的开始普及,旧世界的眼界之彻底被打破,新宇宙观的开始萌芽,恩格斯在其《自然辩证法》中描写得淋漓尽致[3]。足见文艺复兴不能以其法文Renaissance(再生义)之一词理解它仅为古代文化的复兴,实是当时资产阶级返归于古代社会的遗产,以之与封建教会的意识形态相对立,加强古代思想和艺术原著的研究以创造一种新的、适合于当时经济基础的文化[4]。

诚然地,"在此时期中的基本思潮是意大利的自然哲学(自然界的哲学),它正就是新时代之自然科学和唯物论的直接先驱者"[5]。帖烈肖(Bernadino Telesio,1509年至1588年)是此时意大利自然哲学杰出的代表人物。他是一个唯物论者,认为世界的基础上存在着统一的物质[6]。

---

[1] 参看薛格洛夫主编:《西洋哲学史简编》,上引中文译本,第97—106页。
[2] 《自然辩证法》,人民出版社,1955年,第158页。
[3] 《自然辩证法》,人民出版社,1955年,第155—160页。
[4] 参看薛格洛夫主编:《西洋哲学史简编》,上引中文译本,第98页。
[5] 引自薛格洛夫主编:《西洋哲学史简编》,中文译本,第106页。
[6] 参看薛格洛夫主编:《西洋哲学史简编》,中文译本,第107页。

帖烈肖是属于当时意大利南派思想的。16世纪意大利的思想分南北两派。北派比较保守,一切以亚里斯多德为准绳,而南派则在自然科学中谋一个思想的新出路。因此,帖烈肖的思想甚为北派的僧侣所仇视,妄事抨击,而帖烈肖始终为前之企图用推理来窥探大自然的秘密是徒劳无功的。他依赖事物的观察。只有靠感性认识才能获得知识,所以他的口号是"不靠推理,而靠感觉"(non ratione, sed sensu!)他并认为心灵和物质是同一类的东西。可是他虽然想改换亚里斯多德自然哲学一切的基本观念,却并未提出什么方法论来建立他的新的观念①。然而帖烈肖已在西欧16世纪哲学界中别开生面,为新哲学的嚆矢。

意大利的卓越思想家康伯内拉(Tomasso Companella,生于1568年,卒于1639年)在自然哲学上追随帖烈肖,可说是帖烈肖的私淑弟子。他也是不满意于旧思想的方法而思有所以突破其樊篱。和帖烈肖一样,他想在经验上建立他的新哲学,因之,他对于丹麦天文学家布拉耶(Tycho Brahe)与意大利的天文学家伽利略(Galileo Galilei)的天体观察所得的结果非常注意,认为这些天文家的事实既从观察得来,则任何人亦惟有根据更精确的观察才能推翻这些事实。主观的好恶,在客观事实面前是无能为力的。康伯内拉为当时权贵所厌恶,被诬入狱,后仅以身免。狱中曾著《伽利略洗冤录》(Apologia pro Galileo)一文,足见其爱好真理的诚意,亦可见新哲学之不可遏止。追求一种正确而有效的研究科学的方法是西欧16、17世纪思想所期望最迫切的②。

其实,这正是两千年前亚里斯多德的追求。亚里斯多德在其逻辑六篇与其他著作中,不断在寻求事物所以然的道理。他之所谓寻找"中词",就是寻找事物发生的原因。经过中世纪唯心主义逻辑家的歪曲和宗教的利用,亚氏逻辑竟然变为一种无生气的三段论式,而其富有科学精神的证

---

① Harald Höffding, A History of Modern Philosophy, Eng. trans. by B. E. Meyer, London. 1900, Vol. I. pp. 93-97.

② Harald Höffding, A History of Modern Philosophy, Eng. trans. by B. E. Meyer, London. 1900, Vol. I. pp. 150-152.

明方法全被遗忘,以致亚氏逻辑在 16 世纪中为有志科学研究者所唾弃,实在是冤枉了亚里斯多德①。

16、17 世纪之交,批评亚氏逻辑,而思有以代之者,一是英人法朗士·培根,一是法人笛卡尔。

法朗士·培根(Francis Bacon,1561 年至 1626 年)号称归纳法之创始者,其归纳推理的方法载于他在 1620 年出版的《新工具》一书②。其书名为"新工具",正是针对亚里斯多德之后人称为"工具"的逻辑六篇。《新工具》内容大要,培根早于 1607 年,在其 Cigizta et visa 一书略述,13 年后再有《新工具》问世。

书中研求科学之何以不能突飞猛进,其故是人们成见太多,而社会环境又使之加甚。培根举出 4 种成见(idola mentis),即人心的"偶像"必予以扫除,才能还人心的清白(tabula abraza),然后大自然才可以在其上面写上记载。"偶像"有些是与生俱来的(idola tribus),为人类所共有,有些是每一个人所特有的(idola specus),有些是环境与习俗造成的(idola fori),又有些是教育所培养的(idola theatri)。但一般人不知其为知识的障碍,反而予以崇拜。故培根首先详加说明,为求知者的当头一棒。

培根又指出,科学的不能迅速发展,是由于人们不明科学的能为社会增进福利。这还是培根当时的思想模糊,由于他的阶级立场,看不见科学亦只能为当代的资产阶级服务。虽然他自己曾写道:"科学的发展虽由智者之力,但对于它的报酬与奖励,除极少的时候而外,大抵都在于甚至连普通学问也没有的俗人和大人先生(王侯)的手中。"③他心目中认为科学能提高人们的生活水平,还是一种幻想,但这也是反映了新兴的资本主义社会中科学的日益进步。

其次,培根强调说,科学研究的方法尚未完全正确。人们不重视科学实验,高谈空理。他指出,我们要解释自然,而不是预测自然(interpretatio,non anticipatio)。我们不应学蜘蛛那样,想把真理从自己

---

① Paul Janét, Histoire de la philosophie, p. 631.
② Novum Organum,有沈因明中文译本,1934 年上海辛垦书店出版。又关琪桐中文译文,1936 年商务印书馆出版。
③ 《新工具》,第一部箴言九十二,沈因明译本,辛垦书店,1934 年,第 104 页。

吐将出来。这当然是他针对唯理论者说的。他说,我们不应满足于前人的成就,墨守成规。应当相信自己之能参透自然的秘密,面对当前的问题,力求困难的克服,而关键是在于求得研究自然的正确方法。科学研究的正确方法最重要的第一步,是大量材料的搜集,然后加以解释。但解释是求得事物的"模"①,或事物的形式。这里我们不可认培根的"模"是"规律"。虽然他在《新工具》,有时也把"模"说成是事物的规律,但一般地,他还是想着柏拉图哲学的"形式",即事物固定的"模"。这是培根归纳法的主要之一点。

培根求事物之模,有 3 种的表,即"显在"、"缺如"、"比较"3 表②。大要是不能只依靠事例的简单枚举,必须用排除与事无关的情况,以求得事物发生或存在的原因。这 3 表就是 200 年后英人米勒(John Stuart Mill)在其《名学系统》一书中③所演为求同,别异,同异并用,剩余,与共变五种寻求现象因果关系的方法。据培根的说法,所谓模者,乃事物的本性,有之则现象出现,无之则现象不出现,而且现象随这模之增减而增减。

培根在《新工具》中曾强调过假设在科学研究的作用(参看第 2 卷箴言 20,沈译本,第 189 至 197 页),他称之为"最初收获",据之以作进一步的探讨。但他未曾足够强调量之决定在科学研究中的重要性,而且又未把演绎推理通过假设在科学归纳法中应有的地位与作用,是其方法的严重缺点④。

培根的逻辑科学的发展中,无疑地是有其伟大贡献,确能纠正文艺复兴后还存留着的中世纪思想残余,初步提出科学归纳的方法,以补亚氏逻辑这方面内容上的贫乏。由于他生活在西欧,尤其是英国封建社会崩溃、资本主义生产上升的时候,他能正确地指出"知识就是力量",因为掌握科学的知识,才能提高社会生产,增进人们的福利。所以他强调认识自然,控制自然。他有一句名言,就是:"控制自然,必须首先服从自然。"⑤

---

① forma,"模"是用明末李之藻译,见《名理探》。
② 详见《新工具》,沈因明译本,第 145—189 页。
③ System of Logic,1842 年出版,有上海商务印书馆严复译述的《穆勒名学》本。
④ 参看《新工具》第二部箴言十三,沈译本,第 171—182 页。
⑤ 《新工具》第一部箴言一百二十九,沈译本,第 139 页。

但是培根思想中唯心主义的成分还是存在的。他对于数学的造诣不深,未能真正体会当时天文学的发展,多在书斋中过着幽闲而脱离科学实际的时日。根据他的著作,好像他曾注意到当时某些科学实验,并可断定他自己也曾作过某些物理和化学的实验①,但是一般说来,他的思想深处仍然把冥思事物的生活(Contemplatio rerum),看为是高于科学的发明(inventio fructus)。同时,他认为他的研究方法是不会错误的,有如划线的尺、画圆的两脚规一样,可以叫任何人都能借之以窥测自然的奥秘②,未免把自然的研究,科学的工作,看为太简单了。但培根以前科学的发明不是用他所说的方法,他以后 300 多年来,世界多少的科学工作者也不尽靠他的《新工具》!但培根在其当时对于自然科学的研究已尽其鼓吹的能事了。

科学研究的归纳法毕竟不是一个哲学家,像法朗士·培根那样,凭空想象出来,而必须在工作的实践中,和自然不断进行的斗争中,才能发现,逐渐提高的。作为逻辑一个重要组成部分的现代科学归纳法,是科学家哥白尼、布拉耶、开普勒、伽利略、牛顿、达尔文、罗蒙诺索夫、蒙捷雷也夫、米丘林等在实际工作中所发现而逐步确定下来的。这许多伟大科学家,有些是生于培根之后,而有些是生于其前,却有些是和培根同时,而培根构成其新工具时,甚少吸取他们工作中宝贵的经验③。以这点而论,培根对于他同时代的意大利思想家康柏内拉是有逊色的。我们略举 16、17 世纪几位天文学家为例,看他们怎样形成了现代的科学归纳法而丰富了逻辑科学。

首先是哥白尼(Nicolaus Copernicus,原名 Koppernigk,生于 1473 年,卒于 1543 年)。哥白尼的伟大著作(De Revolutionibus Orbium《天体运行论》)标志了自然科学从宗教下面真正解放出来了……从此以后,自然科学的发展便大踏步地迈进④。从哥白尼的太阳中心说打破了

---

① 参看《新工具》第二部箴言十至十九。
② 参看《新工具》,沈译本,第 1 部箴言第 122、第 131—132 页。
③ 参看培根的《新工具》箴言第四十五。好像培根写此时尚不知,至少不理解,刻卜勒已证明其行星轨道 3 条公理。——作者
④ 恩格斯语,见《自然辩证法》,人民出版社,1955 年,第 159 页。

天文学16世纪以前居统治地位的亚里斯多德－托勒密(Ptolemy,2世纪)地球中心说,就"把宇宙的立法转译为数学机械学的语言"①。这位伟大的天文学家之有这惊人的成就"是完全由于他的数学与动力学的造诣,也是根据客观观察所总结出来的,大自然现象是以最简洁的方式来表示这一原则,故认为天下之事莫不有理,而其理可即物以穷,无不可为人所窥透者。经过布拉耶等的天体观察,哥白尼的理论遂为天文学家所接受。这就是恩格斯所说,假说是自然科学发展的形态之一良好实例,却哥白尼的太阳中心的假说,首先是以客观事实为其基础,而又是科学理论所必需的,而不是主观的随意假说"②。

科学假说的作用最为开普勒(Johannes Kepler,1571年至1630年)所证实。在他的著作中,尤其在他的 Apologia Tychonis contra Ursum 和 Epitome astronomiae Copernicanae 两书中,他反复说明假说在科学研究过程中的重要性。他肯定说,科学的出发点就是客观现象的观察,根据观察而拟定解释所观察的现象之假说,再由更进一步的观察而检查假说所引申出来的结论。却任何假说必须随着客观事实的发现而修正,而变为更精确,不容有丝毫主观成见存乎其中。开普勒在他的早期作品中,认为行星是有灵魂为其动力的,但事实证明这种说法之不能成立,在其1609年的著作中就改换行星之动力为物理的原因了。所以他不断提出寻求真因(verae causae)在科学研究中的重要性。

伽利略(Galileo Galilei,1564年至1642年)是开普勒同时代的伟大科学家、天文学家。他的研究方法和开普勒的方法一样,是把逻辑的演绎法归纳法紧密地结合在一起,互相补充,把数学和观察联系着,互相诱导的。可是伽利略批评亚里斯多德的逻辑,认为它只能检查思维过程的正确与否,而不能以之而发现新的真理。他认为真理的发现,首先必须有感性的认识,感性认识于已知的理有所未通,乃从而构成假说,假说既立,然后以演绎推理检查它是否与经验相符。分析(metodo revolutivo)与综合(metodo compositivo)法互为表里,演绎与归纳相互为用。归纳不是枚举

---

① 薛格洛夫语,见其主编的《西洋哲学史简编》,上引中文译本,第103页。
② 参看《自然辩证法》,人民出版社,1955年,第201页。

全类。一类有时不能尽举无遗,尽举无遗于科学亦无大补。故只有举其典型事例,加以分析,而推于全类。其法必须有赖于通过假说,由假说而引申出必然的结果,以证于具体事物。却假说之论证必须计算精确,然后知推理之是否毫厘不爽,真因乃得而见。今日之科学归纳法就是按伽利略的原则进行的。其法的精审不唯二千年前亚里斯多德所未逮,抑且非法朗士·培根的方法所可比拟。以培根、笛卡尔为欧洲现代哲学史的开始,毋宁以伽利略为其开始①。以法朗士·培根为近代归纳法的倡导者,毋宁以开普勒与伽利略为其创始人。培根的逻辑史的地位,多半是由于英国人过高的估值和过分的宣传,与历史事实有许多是不相符的。

开普勒和伽利略的科学归纳方法集大成于牛顿(Issac Newton, 1642年至1727年)。牛顿是杰出的数学家与物理学家。在其《光学》(Optik 出版于1704年)一书中,他详述科学的研究方法,大致是和开普勒与伽利略所说的一样。他说:"数学与自然哲学(即自然科学)研究复杂的问题,总是分析在综合之先。分析是依赖实验与观察,然后用归纳法从之而得出一般性的结论。除非另有实验与观察和这一般性的结论相违,一切反对这结论的意见,都可不加以考虑。……实验与观察把因素交错着的复杂现象分析为其构成的因素,把运动分析为产生这运动的力;一般说来,我们的方法是按果以求其因,由特殊的情况到一般的情况,一直到以最后一般的情况为研究的终极。"可见牛顿的科学方法是由特殊到一般的归纳法。方法中一个重要步骤,他称之为综合的,就是根据实验与观察的分析所构成的假说,而由假说引申的结果,又必与观察的客观现象相符合才能成立。故假说是科学归纳方法中介乎分析与综合之间的一个环节,是根据原有的科学知识作出对于现象的一种合情(事实)合理(已知的科学原理)的解释。却这假说又必须付诸实践,从事实得到验证。而牛顿在他的最著名一部著作 Principia(出版于1687年)中有这几句话:"凡是不能从现象推论的说法称之为假说;而假说,不管是哲学的或是物理学的,关于眼所能看见的性质或者是关于力学的,在实验理论中是没有它的地位的。在实验的理论中,我们从观察的现象而推论出某些特殊的命题,

---

① Harald Höffding, A History of Modern Philosophy, Eng. trans. by B. E. Meyer, London, 1900, Vol. I. pp. 176-178, also note 35, on p. 509.

然后由归纳而变为一般的命题。"①这是否就证明牛顿认为假说在归纳推理中没有地位呢？不是的，牛顿在他的科学推理中一直就是用着假说，却在我们所引的一段文字中，他的"假说"一词并非我们现在在归纳法所用的假说。他所说的："hypothesesnon fingo"（我不作什么假定），是在他谈到万有引力的原因之时。在上面引用的几句话的上文他曾说过："我们是用引力来说明天上和海中的现象，却并未找出引力的原因。……一直到如今，我不能发现现象中的引力有其所说的性质是为什么缘故，而我不作什么假定。"那就是说，没有事实的根据，牛顿不随意地作出假说。可见所谓"大胆假说"，是胡说，为科学家所不肯作，更是科学所不容许的。科学的假说必有其事实的条件和理论的基础，并且能从它引申出来可以观察到的结果，由实践来验证。故牛顿是现代逻辑中科学归纳法之集前人之大成者。

总上几段所说，可见从文艺复兴期 16 世纪意大利帖烈肖至 18 世纪英国的牛顿，归纳推理方法的逐渐确定，成为逻辑的一重要组成部分，是亚里斯多德后两千年逻辑大踏步的发展，把亚里斯多德关于归纳法的朴素原理和很不完备的方法加以充实、丰富、提高，为亚氏当时由于生产方式所限制，绝对不能梦想得到的。

逻辑在文艺复兴后又一方面的发展，是从法人笛卡尔才真正开始的。笛卡尔(René Descartes,1596 年至 1650 年)世称为西欧近代哲学的第 1 个系统哲学家。他对于亚氏逻辑的发展，无大贡献，其对于亚氏逻辑之非议亦不如英国两培根(罗吉尔·培根与法朗士·培根)之甚，据法人禅尼的看法，"培根派的经验论者们和笛卡尔派的唯理论者们都并未曾否定三段论式的逻辑之价值而只对于其用途有所争论。即罕米尔顿与其在英国的继起人们企图将亚里斯多德的全部《分析论》加以修正甚至予以革新，都是认为可以从一般推出特殊的结论的。惟有古代的怀疑派者才攻击过从前提之真实性能得出结论的真实性这一原理之正确，因为他们认为前提的真已经就含蕴了结论之真"②。但在笛卡尔的一部名著《方法论》③

---

① 见 Harlow Shapley et al, A Treasury of science, 1943，p. 150 所引牛顿的 Principia 1726 版一段。

② 译禅尼：《历学史》法文原本 1928 年巴黎版第 643 页一段。按禅尼之说是也。英人米勒在其《逻辑系统》(即《穆勒名学》)一书中是根据这一论点以批评三段论式的。——作者

③ Discours de la méthode,1637 年在荷兰出版。

中,曾有这一段的话:"细查所谓逻辑者,其三段论式与其他所规定的法则,大都只能用于已知的知识之传达,而且有像'推理图'(Art of Lull)那样,所谈的都是我们不大清楚的东西,而不能有助于未知的探讨。这门科学之中,以其所规定的法则来讲,瑜瑕互见,且不少有害的,至少是多余而无益的东西,所以很难在其中沙里淘金。"①这所谈的还是中世纪的传统逻辑。

  笛卡尔的方法论本与形式逻辑无关,但它也是分析问题,解决问题的一种方法,与逻辑还有一定的关系。他曾这样写道:"逻辑有许多的规则,而我相信,只要四条就很够了,但须经常地遵守着这 4 条:(1)凡我不清楚地知道是真实的东西,我就绝不承认它是真实的……必须对于我是清楚明白,毫无可疑的,才是我能承认的。(2)每一难题,必须分解为若干部分,务求有利于问题的解决。(3)从最简单而又最易了解的对象入手,循序渐进达到更复杂的对象……(4)列举事实必须穷尽,检查又须全面,保证没有遗漏。"②

  很清楚的,这 4 条规则是关于我们怎样对待当前一个问题,而无关于正确思维的形式与规律。由此可见,笛卡尔对于亚里斯多德的逻辑并未作出过深刻的批评,更无值得我们特别提出来的贡献,但他想要在亚氏逻辑之外另辟出一个新的领域,是无可置疑的。

  朝着笛卡尔这种意图的方向走,而雄心比笛卡尔更大的,是在他 100 多年之后的德人康德(Immanuel Kant,1724 年至 1804 年),康德在其《纯粹理性批判》(Kritik der reinen Vernunft,1783)一书中,根本就是想要"调和唯物论与唯心论,使两者妥协起来,把各种对立的哲学派结合于一个体系之内"(列宁《唯物论与经验批判论》语)。他对于形式逻辑,也是持同样的调协态度。在他的《纯粹理性批判》出版之前 20 年,他曾刊行过一部论文集,题为《试论哲学中的负数》(Versuch den Begriff der negativen Grössen in die Weltweisheit einzuführen),在这论文集中,他对于形式逻辑是抱着一种批判的态度。迨二十年后,在《纯粹理性批判》一书中,他是企图把他自己所谓先验逻辑与形式逻辑结合在同一个体系之内。例如把这书第 1 版第 52 页(即第 2 版第 77 页)把他各种逻辑划分如下:

---

  ① 译自笛卡尔:《方法论》John Veitch 的英文译本,1945 年 The Open Court Publishing Co. 版,第 18 页。

  ② 重译自《方法论》,英文译本,第 18—19 页。

```
         ┌ 普通逻辑 ┌ 纯粹普通逻辑
         │        └ 应用普通逻辑
逻辑  ────┤ 特殊逻辑
         │
         └ 先验逻辑
```

各种逻辑内容之不同，兹不具论①。与我们当前的问题有关之一点就是，康德认为大体上有两种逻辑，即分析性推理的逻辑与综合性解释的逻辑。前者是形式逻辑，而后者是先验逻辑。形式逻辑早已为亚里斯多德所完成，而康德自己所要完成的是先验逻辑，二者可并行不悖②。在其论及分析性的逻辑时，他并完全采用传统逻辑中的主谓判断说法，即概念在其内涵方面是抽象的属性，而在外延方面则表示一类。至于关系的观念与关系推理完成未为康德所考虑，是则康德在他的《纯粹理性批判》一书中，竟反乎他20年前那样对形式逻辑采批判的态度，而对之采取一种妥协的态度了。至于他的先验逻辑方面，他的立场就完全不同。先验逻辑的出发点是所谓先天的综合的判断的建立③。判断分两类型：分析判断只把原有的概念加以分析使之更为明了，故不能扩大知识，而在综合判断中，主词概念之外，还有一个谓词，它含有某些东西(x)原来不在主词概念之中，即属于该项概念，而为悟性，为着要了解所须把握住的。因分析判断只分析原有的主词概念，故是必然性的，却综合判断联结原主词概念与它以外的某一东西(x)，其判断不是必然性，然而惟有综合判断才能扩大知识，问题就是如何建立一个必然性的，既先天的，不依赖经验的，综合判断。这就是《纯粹理性批判》全书的旨趣，也是康德唯心主义的表现④。

康德的先验逻辑把判断看为是两种因素所构成：1为感知因素，1为理解因素。感知因素有待于理解，然后所感才成为所知。所感的是特殊，而所知的是普遍。似是分开的抽象之特殊与普遍，为判断所综合起来，就归到知识系统而成为这系统的一组成部分，因而不断地丰富着这知识系

---

① 可参看康德原文及注释如 Norman Kemp Smith, A Commentary to Kant's Critique of Pure Reason, 1918, p.169。

② 参看《纯粹理性批判》，第2版序第23、24页。

③ 参看《纯粹理性批判》，第1版导论第1段。

④ 参看《纯粹理性批判》，第1版导论第1段。

统。所以,知识都是从综合判断而来,而知识的可靠性是在乎它的先验因素。康德的先验因素是脱离客观现实,与之相对立的,故他的所谓必然的知识是唯心主义的。这唯心主义的认识论完全把判断抬高其重要性以压低推理,为后来资产阶级唯心主义认识论的前驱。19世纪德国逻辑家陆宰(Rudolf Hermann Lotze,1817年至1881年)、西格华尔德(Heinrich Christoph Wilhelm Sigwart,1789年至1844年),19世纪与20世纪初叶的英国逻辑家勃拉特烈(F. H. Bradley,生于1846年)与鲍森可德(Bernard Bosanquet,生于1848年)等都是承认康德的判断学说而构成他们称为认识论逻辑派的。一般认为他们是黑格尔的逻辑流派。我们并不否认这些逻辑学者们确是受了黑格尔逻辑体系的影响,并且在不同程度上继承了黑格尔的逻辑学说,但这只是一方面。另一方面,他们沿袭了康德的逻辑学说,所以说他们在逻辑上是介乎康德与黑格尔之间,并不是无其根据的①。这些人的逻辑都是和康德晚年出版的《逻辑》一书②中所谈的逻辑对象与意义一样。康德说:"逻辑的问题不是思维在实际上是怎样,而是思维的必需有的规律,不是人们怎样思维,而是人们应该怎样进行思维。所以逻辑的法则,不是从实际取得,而人们不问心理的活动是怎样,在其本身从悟性的当然运用而得出的。在逻辑中,我们并不要知道悟性实际上是什么,它在思维中一向是怎样活动,而要知道悟性在思维中应该怎样进行。逻辑的任务是教导我们理智的正当使用怎样才能前后一致。"③康德派逻辑在西欧资本主义国家中"蔚成大国",统治了西欧19、20世纪的思想近一百年,而其彻头彻尾的唯心主义离亚里斯多德从客观实际出发的形式逻辑何啻千里!康德是以妥协手段把亚氏逻辑纳入他的逻辑体系中,而实则把它撇开以漫言他自己的所谓先验逻辑,方法至为巧妙,而为害是极深的。

公开地并彻底地撇开亚里斯多德的形式逻辑而另创作出一套新的逻辑系统的是德国的黑格尔(Georg Wilhelm Friedrich Hegel,1770年至

---

① G. R. G. Mure, An Introduction to Hegel, 1940, Chap. XII, XIII.
② Logik,1800,出版于康德死之前4年,在《纯粹理性批判》后19年。
③ 译自康德:《逻辑》,导论第1页 Logik,Enleituug, i.

1831年)。"黑格尔的体系是德意志古典唯心论的集大成。他同时又是马克思以前的资产阶级哲学思想的最高阶段。"①虽然他把亚氏逻辑如敝屣一般丢掉了,但他对于亚里斯多德在创作形式逻辑的工作上,推崇备至,而在这种推崇上反映了亚里斯多德对他的深刻影响。他是要媲美一千余年控制了欧洲思想的亚里斯多德,他的逻辑要比亚里斯多德的逻辑更加真确,更加完备,所以当然是要取而代之的。

黑格尔在他的《小逻辑》第183节中写道:"亚里斯多德是观察并描述三段论式的各种形式(所谓推理的诸式)的主观意义的第1人。他作得那样严密和正确,以至从来没有人在本质上对他的研究成果有何增加。我们对亚氏的工作虽不禁敬佩,但不要忘记了亚氏于他自己的哲学研究里所应用的思想方式却并不是理智推论的诸形式②……"③黑格尔在这里对于亚氏逻辑的批评还不算厉害。再看他《小逻辑》的第115节:"照普遍经验看来,没有意识依照同一律思想或想象,没有人依照同一律说话……倡导这种抽象的逻辑和这种抽象定律唯一有效的范围,即经院哲学世界④久已在人类的健康常识和理性哲学里失掉信用了。"⑤在草拟他的《小逻辑》许久以前,黑格尔已经深深地感觉到亚氏逻辑的不适于实用。复友人的信中,他写道:"坊间传统逻辑的教本已经有了许多种,但这门科学决不能长此下去;没有人知道它究竟是谈什么东西;人们把它拖着像嫁时衣一样,只是没有新衣裳,但新衣是需要的。传统逻辑的所有现行法则可在两页纸上写完,其余都是经院哲学毫不起作用的花样……"⑥而他认为他自己的任务是创造一种新型的逻辑。在他另一书信中,他这样写着:"我是一个教师,要教哲学的,因之而相信哲学和几何一样,是可以教的,但必须也和几何一样有它的系统。但是知道几何和哲学的事实是一件事,创作与发现事实的教学与哲学的才干是另一件事:我的任务就是发现那科学

---

① 引自薛格洛夫主编的《西洋哲学史简编》,中文译本,第219页。
② 按即三段论式的诸形式。——本文作者
③ 黑格尔:《小逻辑》,贺麟译,生活·读书·新知三联书店,1954年,第364页。
④ 这句依英文译本改。——本文作者
⑤ 黑格尔:《小逻辑》,贺麟译,生活·读书·新知三联书店,1954年,第157页。
⑥ 黑格尔书信第1集第138号。

的形式,或者帮助它的形成。"①

黑格尔的《大逻辑》第 1 卷分两部分在 1812 年和 1813 年出版,第 2 卷在 1816 年出版。于 1817 年黑格尔作为他在大学的教学大纲编刊他的《百科全书》,逻辑是其第 1 部分。序言中第 4 页说他的逻辑"是以崭新的方法来处理哲学,希望人们承认这是和其内容完全一致的方法"②。从此黑格尔的唯心主义辩证逻辑就出现了。

"在欧洲资产阶级革命时代,黑格尔、资产阶级底思想代表者(当时就一般和整个讲来还是革命的),曾经的辩证法最大的代表者,'提供了它的一般运动形式之包括无意的和有意识的图画'(马克思)。新的革命阶级即无产阶级底最初的领袖和理论家,马克思与恩格斯,接受了这个理论的成就,'把辩证法从唯心论底废墟里拯救出来',使之与唯物论相结合,富有成果地把它应用于科学的研究。"③由列宁的《黑格尔〈逻辑学〉一书摘要》,也可以看到列宁之怎样重视,同时怎样批判地接受黑格尔的逻辑,但这问题已超出本文范围,留待另一专论,兹不备述。

文艺复兴后,一方面有自然科学的蓬勃发展,自 16 世纪意大利人帖烈肖起一直到 18 世纪英国牛顿,在科学实践中,形成了科学归纳的方法,补充了亚氏逻辑的弱点,然而还没有超出亚氏逻辑的范围。迨自法人笛卡尔,德人康德,德人黑格尔,都认为亚氏逻辑不适于实用,另辟新的领域,取亚氏逻辑而代之,至少是和传统的亚氏逻辑有不可共存之势。

可是亚氏逻辑的余绪,在 17、18 世纪,还未全坠。例如传至我国最早的西洋逻辑是纯粹中世纪波亚提奥斯所翻译薄斐略的《范畴篇导论》而继续在天文教人中所传演的。原明末崇祯四年,即 1631 年已有"远西"傅泛际义译,西湖李之藻达词的《名理探》杭州刻本,书 10 卷,计五公 5 卷,十伦 5 卷。据章士钊氏的考据,《名理探》一书,是译自 16 世纪西班牙科英布拉(Coimbra)耶稣会士学院逻辑讲义。科英布拉在比利牛斯

---

① 黑格尔书信第 1 集第 273 号——上两引文见瓦拉士:《黑格尔〈小逻辑〉》,英文译本序,第 12—14 页。
② 见瓦拉士:《小逻辑》,英文译本序,第 15 页。
③ B.亚多拉特斯基:《关于列宁的哲学著作》,见列宁:《黑格尔〈逻辑学〉一书摘要》,人民出版社,1953 年,第 17 页。

(Pyrenees)山脉附近。学院中有当代逻辑名师 Fouseca,而傅泛际就是这学院的毕业生①。章氏对于《名理探》的版本考据较详,可供参考。其书虽不能说是亚里斯多德逻辑的真传,且只限于五公,十伦。以五公配合十伦,是中世纪逻辑的特征,去亚氏已远,即中世纪的腐朽形式逻辑亦只言其一二。然于此可见当时形式逻辑之一斑,且为亚氏逻辑传至我国最早者,应为从事逻辑史研究者所珍视。余无可取。

17世纪亚氏传统逻辑,以《包尔芬耶尔逻辑》一书为最流行。原名为 La logique,ou l'art de penser 即"逻辑"又称"思维术",于1662年在巴黎出版。以其内容言,无疑是笛卡尔流派之作。起初并不知作者为谁,但据一般的考证,当是包尔耶尔会士(Potr-Royalist)名安那德者(Antoine Arnauld)所编著,而有尼可尔(Pierre Nicole)为之助手的。书之内容亦不过当时亚氏的传统逻辑,并无新的贡献。但文字浅显,极为通俗,一改其时逻辑教本的晦涩作风,所以就风靡一时,洛阳为之纸贵,除将传统逻辑通俗化以广传播外,还宣传了笛卡尔学派的思想。因为这书是笛卡尔学派的作品,当然是其谈逻辑时,重演绎而轻归纳,未能反映自然科学在逻辑中已有的成果,而深刻地影响了西欧,尤其是意法两国的形式逻辑,且以其流行而成为形式逻辑发展的一种障碍②。迨后亚氏形式逻辑只有如18世纪德人兰柏特(J. H. Lambert)于1764年刊行其《新工具论》(Noeues organon)一书,认为把三段论式的第1格作为完全格,余3格均是不完全,是毫无理由的。他的看法乃是每一个格有其特殊的用途,亦有其特殊的原则,故第1格的公理是"遍有遍无公理"③原文称为(dictum de omni et nullo)。第2格的公理是"歧异公理"(dictum de diversa),意谓"如有某一属性是一类事物所遍有(或遍无)者,则不具有这属性(或具有这属性)的事物必不属于其类"。第3格的公理是"例证公理"(dictum de exemplo),意谓"如有一事物属于某类而具有某些属性,或不具有这些属性,则这些属性可照样以之称谓其类之有些事物"。第4格的公理是"反应公理"(dictum de reciproco)。逻辑家之主张这公理的,对其条文殊不

---

① 参看章士钊:《逻辑指要》,第6—8页。
② 参看禅尼:《哲学史》,原法文本,第635页。
③ 严复译为"曲全公理",不妥,详上章。

一致。强为之辞,可这样说:"凡可以某一谓词称某一事物,或以之否定该事物者,则凡可对该谓词肯定的东西,亦可如其质以肯定该事物;凡可以之普遍否定一谓词的东西,皆可以之否定与该项谓词联系的事物。"兰柏特这些第2、3、4格的公理,都是辞繁而不明晰。较诸亚氏的"遍有遍无公理"颇有逊色,但兰柏特的意图,受着后来许多形式逻辑家所拥护,而主要的不是各格的公理能否像第1格的公理那样有其简单的条文,乃是应否认第1格为唯一的完全格来衡量它各格的正确性。却这种对于亚氏逻辑希望有以改进的企图,仍是中世纪烦琐的方式,不足以推进形式逻辑的向前发展①。

19世纪前半叶,英国逻辑家罕米尔顿(Sir William Hamilton,1788年至1856年)于1836年开始其苏格兰艾登堡大学的逻辑讲座。著有《逻辑讲义》(Lectures on Logic),其中最为逻辑家争辩的一个问题是他所提出的谓词的量化,前章曾有论列。罕米尔顿只承认三段论式的3格,而谓词加以量化,则判断的类型就有8种,3格共有108个合乎规定的式。推理形式更为复杂,故其说未为后人所采用②。

但是罕米尔顿所提出的谓词量化问题,有关亚氏逻辑主谓判断这一问题。由主谓判断问题的研究就使形式逻辑不能不冲破其传统的,极为狭隘的樊篱而进入领域更广泛的数理逻辑了。但是在谈数理逻辑的发生与发展之先,我们还须提到米勒的逻辑,以结束亚氏形式逻辑的演变。

米勒(John Stuart Mill,英国19世纪逻辑家,1806年至1893年)著有《逻辑体系》一书(System of Logic),其第1版刊行于1842年,我国清末严复氏译为《穆勒名学》,其时有认为是传统形式逻辑最完善之本的。米勒从其父亲受到亚里斯多德的学说影响很深,却大不满意当时罕米尔顿等19世纪初期的逻辑教本,而结合法朗士·培根的归纳法写成其《逻辑体系》。现在各国形式逻辑教本谈归纳法时,多半采用其寻求现象因果关系的5种方法,称为求同、别异、同异并用、共变、剩余等法③。

---

① Paul Janét, Histoire de la philosophie, p. 640.
② 参看禅尼氏上引书原文,第642—643页。
③ 见米勒原著第3卷第8章,标题为"实验研究求四法",同异并用法,米勒原不重视,故言之甚略。可参看严氏译本。

米勒5法本采培根《新工具》的3表,略加补充,只在现象上求因果的关系,并非可靠的科学方法,然可据之以求事物联系的蛛丝马迹,故用为科学研究的初步方法则可,以之为科学归纳的无上法宝,未见其当。但是整个来讲,米勒逻辑一书对亚氏逻辑来讲,可以说是远远超过中世纪传流下来的亚氏形式逻辑,维系亚氏逻辑于不坠者,厥功甚伟。其唯心主义经验论的立场是米勒的时代与阶级所决定,非米勒所能自已。

苏联十月革命胜利之后,多年来,哲学界对于亚氏形式逻辑的评价,为慎重起见,意见不能一致。1951年冬,经过杂志上反复讨论,根据列宁所早经指出的原则和斯大林的指示,作为总结,肯定了形式逻辑这门科学原来是没有阶级性的。它较诸唯物主义辩证法,只是关于正确思维初步规律与形式的科学,而却有其独立地位,而且是必需的。它不是唯一的逻辑,因还有辩证逻辑,但两者不容混淆,却又不相互排斥。总结并指出形式逻辑研究的任务,首先是清除过去形式逻辑中唯心主义、经院哲学和形而上学的成分,在马克思主义唯物论存在第一性而意识第二性这原理的基础上,在列宁反映论的基础上,在斯大林《马克思主义与语言学问题》一书中的指示下,"解决逻辑各种问题,特别是关于概念的定义和划分,关于判断及其与命题的相互关系,关于推论,证明等的问题"①。

我们能见到苏联形式逻辑教本原来只有两种,一是文诺哥拉道夫、库兹敏合著的中等学校逻辑教本,一是斯特罗果维契的高等学校逻辑教本,原版都是在1951年前,未能根据"总结"的指示来编订的,故尚有中世纪经院哲学的残余。但基本上,比诸资产阶级唯心主义的逻辑,已有本质上的不同。1954年在苏联出版了Н. И. 康达可夫(Кондаков)的《逻辑》,其内容极为新颖,章节的编排一反西欧自中世纪传下来的积习,多能遵照"总结"的指示,其取材都是欧洲中世纪以前亚氏学派的学说,而根据马克思列宁主义的科学原理加以纠正,虽间有中世纪以后对于亚氏逻辑改进和发展之处,尤其是关于归纳法部分,未予采用,但这书确是力图恢复亚里斯多德逻辑从实际出发的观点,为亚氏逻辑革新的曙光。可惜康达可

---

① 参看《逻辑问题讨论集》中《逻辑问题讨论总结》一文,生活·读书·新知三联书店,1954年。《总结》原文载苏联《哲学问题》杂志,1951年第6期。

夫编写这书时，苏联逻辑问题讨论作出总结后，为时未久，关于形式逻辑专题论著，除 1953 年苏联科学院《哲学志》第 6 辑所载几篇文章尤其是：П. В. Таванец 的《逻辑史中的判断分类问题》，Л. С. Попов 的《判断与其构成》和 В. М. Кедров 的《关于变动的概念之内涵与外延》等篇之外，尚未多见，故康达可夫书中未能反映逻辑问题真正深刻的研究。然已有其端倪了。

  我们还要回到欧洲的 17 世纪，谈谈德人莱布尼兹（Gottfried Wilhelm Leibniz，1646 年至 1716 年）和其同时代的斯宾诺沙（Benedict 又名 Boruch de Spinoza，1632 年至 1677 年）。一般讲西洋哲学史，都是以笛卡尔、斯宾诺沙、莱布尼兹作为近代欧洲大陆派唯理论的三个系统哲学家来叙述。但我们谈到亚氏逻辑的发展演变时，就不得不把他们分开来讲。原因是他们 3 人对于逻辑的关系，尤其是对于亚氏逻辑的态度，是很不相同的。上面已经讲到笛卡尔。至于斯宾诺沙对于亚氏逻辑的关系，可不多述。他最著名的一部著作是《伦理学》①。书中所用的是欧氏几何的演绎方法，却只默认这方法的正确而未加以解释与论证，故从认识论，尤其是从形式逻辑来讲，斯宾诺沙的贡献是不大的。

  但莱布尼兹在形式逻辑史上的地位就不同了。莱布尼兹的哲学立场是唯理论，而其思想方法是逻辑演绎的方法。他是意图把亚里斯多德学说和笛卡尔学说熔之于一炉的。他反对英人洛克和欧洲笛卡尔学派之一点是他认为亚氏的三段论式有其用途，但不否认方法之为一般人所错用②。根据他的《单子论》，他肯定一个主词包含有一切可能的谓词在于其中，故和后来康德的所谓综合判断的说法是对立的③。因之，定义就是分析主词，一直分析到原始思想，那就是不能下定义的思想，即现在称之为公理不能再加以证明的思想。原始的思想，公理，是彼此独立，不能以一条公理来证明另一条公理的。凡不是独立的命题都可以证明，而凡证明的与所证明的既是主词与谓词的关系，而所有谓词都是原来包含在主词之内，故它们是同一的。莱布尼兹以同一律为其思想首要的规律，次则

---

① Ethica 出版于其死后的 1677 年。
② Paul Janét, Histoire de la philosophie, p. 636.
③ 其说见莱布尼兹致安那尔德（Arnauld）一信中。

为充足理由律。同一律是用于抽象思维,而充足理由律则用之于生活的经验。充足理由这一观念当然早经有人用过,但表达为一思维规律的条文,是从莱布尼兹1714年出版的《单子论》(Monadologie)起的。他写道:"一件事,或一个命题,如果没有其充足理由说明为什么这事或这命题必然是这样而不是别样,那么,这事就不是真实的,这命题就不是正确。"①然而莱氏在说明这充足理由律时,未曾认识到一事之为这样而不是别样,是它的一种应有的性质,而根据其同一律的理解,凡谓词皆已包含在主词之中,岂非充足理由亦即事物本身所固有,充足理由律亦即同一律吗?

但是虽然莱布尼兹在形式逻辑史上是以充足理由律著名,其在逻辑发展史上的重要地位却是因他为数理逻辑的先驱者。

莱布尼兹在其当时的科学活动是多方面的。他不只写了《单子论》等书,形成了他的一个哲学系统,在欧洲大陆唯理论哲学中与笛卡尔、斯宾诺沙齐名,也不只在数学中与牛顿几乎同时独立地创作了他的微积分,他并意图创作一种科学上全世界应用的语言,以排除各国科学思想交流的障碍。对于逻辑的贡献是他提倡以符号代替常用的文字,使思想的表达更为利便,更为正确,正如算术之用阿拉伯数目字,1、2、3……代数之用字母以代数,化学之用 H、O 等。有了阿拉伯的数目字,代数的字母,化学的元素符号等,科学的公式才能便利而正确地写出,不管公式怎样复杂,皆能为人所正确理解,遂成近代科学发展的一个有利条件②。

一百年后,继莱布尼兹而起的有英国布理(George Boole),其《思维规律的探讨》(An Investigation of the Laws of Thought)出版于1854年,和德·摩根(Augustus De Morgan),其《形式逻辑:推理的演算》(Formal Logic; the Calculus of Inference Necessary and Probable)出版于1847年,德国法拉格(G. Frege),其《纯思想仿算术的形式语言》(Begriffschaft, eine der arithmetischen nachgebildete Formelsprache der reinen Denkens)出版于1879年,和殊瑞德尔(E. Schröder),其《逻辑代数刍议》计3卷(Vorlesungen über die Algebra der Logik)出版于1890年至

---

① 参看"单子论"第31至39段。
② 说见莱布尼兹著作零简第20、21,在德国柏林1887年出版的 Philosophische Schriften 中。

1905 年，法国培安诺(G. Peano)，其《数理公式论》计 5 卷(Formulaire de mathématique)出版于 1895 年至 1908 年，稍后，又有英国怀特赫德与罗素合著的《数学原理》计 3 卷(Principia Mathematica)出版于 1910 年至 1913 年。数理逻辑在过去的俄国和十月革命后的苏联，都为学者们所重视。"罗巴切夫斯基 Н. И. (Лобацевский, 1793 年至 1856 年)在喀山大学的一个同事，那位俄国逻辑学者天文学者兼数学家普拉顿·塞尔吉叶维支·波列茨基(Л. С. Лорецкий)，夺得了数理逻辑史上那个时期的桂冠。"①

根据雅诺夫斯卡娅所列的参考文献，1924 年至 1947 年苏联书刊中研究数理逻辑的不下几十种。

数理逻辑已为研究逻辑的人们不得不注意。数理逻辑之源起，是有鉴于亚氏逻辑之限于主谓一种类型的判断，推理又只限于含蕴之一种关系，早已为亚里斯多德所察觉，然因其只在语法中研究逻辑，故未深入钻研这些问题。继亚氏而从事逻辑研究者又未能发扬光大其师的事业，墨守成规，不敢越雷池一步，屡经逻辑图解，如 18 世纪欧拉图解，与罕米尔顿谓词量化等的刺激与暗示，复经 18 世纪莱布尼兹的提议，自布理以至 20 世纪初叶，数理逻辑已成为不可忽视的一种研究，数理逻辑的关系判断，把主谓判断列为判断无数类型之一，把形式逻辑之所谓公理规则等，皆包括在其原则系统之中。它广泛地利用符号，例如要表示"或 p 或真，或 q 是真，是等于 p 不真而 q 亦不真，这是不真的"，就以符号写为 $pvq.\equiv\sim(\sim p\sim q)$；又例如说，"如果 p 真，则 q 真"，就可写成 $p\supset q$。这是含蕴关系，三段论式推理之所依据者，而含蕴关系是一直可以透下去的。那么，p 真，则 q 真，q 真即 r 真，所以 p 真，则 r 必真。这就可用符号写成 $p\supset q：q\supset r.\supset.p\supset r$。这不过是以最简单的例来表示数理逻辑，何以又称符号逻辑，而且表示符号逻辑并无什么神秘，只是采取符号以更方便而更正确的方式来表达寻常文字语言所不易明确表达的。它和算术用的 1、2、3……0。代数用的 $X+X^2$ 等，化学用的 H_2O 等，物理的用 $\overline{V}=\dfrac{s-s_0}{t-t_0}$

---

① 见雅诺夫斯卡娅：《数学基础与数理逻辑》，缪朗山译，中国科学院出版社，1953 年，第 14 页。

等,在意义上是没有差别的。即亚里斯多德二千多年前也采用字母来代表概念,表达判断的形式和三段论式的公式,其后用 A、E、I、O 作为判断 4 种类型的符号,就更向符号逻辑接近一步了。

至于数理逻辑在唯心主义逻辑家手中演变为反动的一套欺骗戏法,如卡尔那普(Rudolf Carnap)的 Abriss der Logistik,已经脱离了实际,成为反科学的东西,因为它只是"数理逻辑在现代资产阶级哲学中的唯心主义和形而上学的歪曲"①,是研究逻辑的人们所应与之进行无情斗争的②。而数理逻辑本身原是在亚里斯多德形式逻辑的基础上,根据实际的需要发展起来,突破了传统逻辑的狭隘范围,开辟了逻辑科学的辽阔领域,是有其前途的。它是亚氏逻辑继续发展正确而应有的一种方向。所以必须掌握数理逻辑,才能高瞻远瞩地来理解亚里斯多德传下来的形式逻辑。这也是在亚氏形式逻辑发展上所不得不提到的一点。

---

① 《苏联简明哲学辞典》语。
② 参看《苏联简明哲学辞典》,1954 年,Лочистика 条。

第七章　亚里斯多德逻辑学说的评价

本书在上面,对于二千三百年前产生于古希腊的亚里斯多德逻辑学说,作了初步却比较全面的研究。这种研究有什么价值呢？不从历史观点出发的资产阶级唯心主义思想家是要否认这种研究的价值的。英国唯心主义哲学家罗素,在他于 1945 年出版的《西方哲学史》一书中说:"现在研究逻辑的任何一个人,还去读亚里斯多德或者亚氏门徒的著作,那就简直是浪费时间。"①又一资产阶级唯心主义者,美国哈佛大学科学史教授沙敦,在 1953 年出版的一部《科学史——古希腊之部》里面,也是说:"现在没有人会用亚里斯多德的《工具论》来研究逻辑的……"②但是资产阶级唯心主义者,例如英国聃皮耶在其 1943 年出版的《科学史》一书中,也不得不承认"亚里斯多德的著作是古代的百科全书,除物理学和天文学之外,凡是亚里斯多德所研究过的科学部门,都为他所真正推进,而且他又是归纳法创造者之一,第一个人想到要有组织地进行科学研究的"③。

正和唯心主义者相反,辩证唯物主义者是从历史观点看问题的。从唯物辩证法来看,古希腊文化与思想在人类的文化思想史中是占有重要地位的。恩格斯在其《自然辩证法》中是这样写道:"在希腊哲学的多种多样的形式中,差不多可以找到以后各种世界观的胚胎和发生过程。因此,如果理论的自然科学想要追溯自己今天的一般命题发生和发展的历史,它也不得不回到希腊人那里去。"④恩格斯并对于亚里斯多德和他的著述评价很高。他在其 19 世纪下半叶的当时认为"辩证法直到现在还只被亚

---

① 译自罗素:《西方哲学史》,1945 年,英文原版,第 202 页。

② 译自沙敦 George Sarton, A History of Science, Ancient Science through the Golden Age of Greece, London, 1953, p. 500。

③ 译自 Sir William Cecil Dampior, A History of Science, Combridge University Press 3 rd. ed, 1942, p. 33。

④ 恩格斯:《自然辩证法》,人民出版社,1955 年,第 26 页。

里斯多德和黑格尔两个思想家比较精密地研究过"①。他把亚里斯多德列入带有流动范畴的辩证法派,不同于带有固定范畴的形而上学派②。在研究古代的自然观时,恩格斯曾很信任地引用过亚里斯多德的《形而上学》、《论天》等著作,同意过亚里斯多德的见解③。所以薛格洛夫正确地说:"古代希腊哲学的最高发展是亚里斯多德的学说。他总结了其先驱的科学成果,凡他所认为积极的就一概吸取,而凡他所认为错误的则无情的一概加以清算。他在知识和艺术的几个领域内添上了许多新的东西,他推动它更向前发展。他在哲学上的建树,贡献尤多,对世界哲学思潮的更向前发展发生过巨大的影响。"④

在哲学的基本问题上,亚里斯多德无疑地是徘徊于唯物主义与唯心主义之间。在许多时候他正如列宁所说:他是"迷途的人"⑤。但是根据我们上面关于亚里斯多德逻辑学说的研究,在逻辑上他的思想中虽然有着唯心主义的成分,但唯物主义成分比较多,因为在他谈到范畴,谈到概念,谈到判断,推理和证明,甚至谈到辩术,他是从实际出发。在他谈到思维,他"对外在世界的真实性并无怀疑"⑥,他谈到理性认识时,认定必须在感性认识的基础上寻找存在于具体个别中的一般。在他的《形而上学》一书中,正如在他的逻辑六篇中,当我们分辨清楚他所写的各篇孰先孰后的时候,他的思想发展,是逐渐由其师柏拉图的理念境界转向到自然和历史的客观事实,正确地认识到形式,或者说事物的"模",不可能离质体而存在,乃是存在于质体之中的。但这并不是说他不是一个二元论者。他的二元论毕竟还是叫他落到唯心论的立场上去,然而以他的逻辑学说来讲,他的确是"密切地接近于唯物论"⑦的。

亚里斯多德在其公元前4世纪的当时,以思维本身作为科学研究的对象,发现了正确思维的初步规律与形式,奠定了逻辑科学的基础,成为

---

① 恩格斯:《自然辩证法》,人民出版社,1955年,第23页。
② 见恩格斯:《自然辩证法》,人民出版社,1955年,第167页。
③ 参看恩格斯:《自然辩证法》,人民出版社,1955年,第151—155页。
④ 薛格洛夫主编:《西洋哲学史简编》,王子野译本,新华书店,1949年,第51页。
⑤ 列宁:《哲学笔记》,俄文版,第332页。
⑥ 列宁:《哲学笔记》,俄文版,第332页。
⑦ 列宁:《哲学笔记》,俄文版,第292页。

了这门科学的创始人,是有其社会生产的要求和历史的条件的。薛格洛夫这样写道是正确的:"在亚里斯多德的时代科学正达到这样一个阶段,当时要求创造一种方法来总结积累起来的材料,要求创造一种证明,判断、推理的科学理论。"①在这同时,哲士中的雄辩派昌言判断、推理、和形成概念之不可能,以肆其玩弄语言进行诡辩的伎俩。亚里斯多德鉴于这种邪说妨害真理,阻挠科学,毅然起而攻之,发明符合客观的正确思维,不背真理的辩论方法,遂奠定了逻辑的基础,于认识论的发展,作了相当有价值的贡献,厥功甚伟②。

读亚氏《辞意篇》亦可见他在研究逻辑时,思想中是带有驳斥雄辩派的意思的。他说:"辩论时提问应该让对方任意选定矛盾命题之一,然后进行驳斥。"③

亚里斯多德之研究辩论,研究推理,是从分析语言,研究语法入手。这是无可置疑的一件历史事实。当时的风尚是语法和修辞学的研究。何况雄辩派的哲士大都在语法和修辞学中钻空子以逞其诡辩,所以亚里斯多德对他们的抨击自然地是要以其矛攻其盾。在柏拉图学院中语法和修辞学也是列在课程中。所以亚氏的《辞意篇》开章明义头一句就说:"首先我们须要知道名词和动词的定义是什么,然后进行确定肯定和否定的定义,命题与句子的定义。"④

可是,亚里斯多德不是像雄辩派的哲士和当时的庸俗修辞学家那样,在语言词句子中兜圈子,玩弄手法的。他深知词句有其客观的对象,思维有其唯物的基础。他肯定地说:"凡是知道人性是什么的人都必知人是存在的,知道其他物性的亦复如是。不能说知道不存在的东西之性。"⑤他又说:"如果我们不知道一样东西是否存在,我们就无从知道它的本质。"⑥"如果知识的对象消逝了,和它并存的知识也消逝,但是知识消逝

---

① 薛格洛夫主编:《西洋哲学史简编》,王子野译,新华书店,1949年,第58页。
② 参看禅尼:《哲学史》,法文原版,第603—605页。
③ 《辞意篇》标准页第20b第27至28行。
④ 译《辞意篇》标准页第16a第1至3行。
⑤ 译《分析论后篇》标准页第92b第4至6行。
⑥ 译《分析论后篇》标准页第93a第20行。

并不等于对象的消逝。"①"知识的对象是在知识之先而存在的。"②存在第一性,意识第二性这原理,是清楚地在亚里斯多德的逻辑著作中呈现出来的。他并在《形而上学》一书里面很清楚地说:"并且一般地说,如果感性的东西存在有生命的东西不存在,则一切都没有了;因为这样就不会有感觉的官能了。认为感知到的性质和感觉都不存在这种见解无疑是对的(因为感知到的性质和感觉是感知者的形态),但是认为致使感觉的实质离开感觉就不能存在,这种见解是不可能是对的。原因是感觉不是感觉其自身,而是感觉之外另有别的东西必是先于感觉而存在的;因能动在其性质上先于可动,二者虽是相对名词,却实际上是有先后的。"③除上面已引证的各句之外,实例还很多,例如在他的《辞意篇》里,他说:"不管什么人肯定或否定一种实际的情况,很清楚地这些情况不会因什么人之肯定或否定而受到影响。"④那就是说,存在并不因为人的意识而改变。讲到判断的时候,亚里斯多德虽然基本上主张主谓的立场,但他是承认肯定与否定判断是以某一客观属性和某一客观对象的联属而决定。例如他在《分析论后篇》里这样说:"正如我们已经讲过,一种属性 A 可以像原子式地和一对象联系,它也同样地不和这对象联系。"⑤《分析论后篇》第 1 卷第 15 章全章都是说明这问题,可供我们的玩索。这是亚里斯多德对于主与谓之间关系的看法。后来欧洲 19 至 20 世纪唯心主义阵营里唯心与唯实的两派别之争,其关键就是所谓关系内在与外在的区别。主关系内在说的称为唯心主义,主关系外在说的称唯实主义,以判断论而言,亚里斯多德当接近唯实论而反对唯心论,这是完全可以肯定的。即使是唯心主义的逻辑家也承认这一点。例如姚格森(Jørgensen)评亚氏逻辑时曾这样说过:"现代形式逻辑规定真理(逻辑上的真理)是遵守逻辑原则的那些逻辑项之间的契合关系。亚氏则相反。他看真理是思想与实体之一致

---

① 译《范畴篇》标准页第 7b 第 27 至 28 行。
② 译《范畴篇》标准页第 7b 第 23 行。
③ 译《形而上学》标准页第 1010b 第 30 行至第 1011a 第 2 行。
④ 《辞意篇》标准页第 18b 第 37 至 38 行。
⑤ 译《分析论后篇》标准页第 79a 第 33 行。

(是思想与实体间的关系)……他以在真正的界说项表示事物之元学①上的性质。他以命题是关于'有'与'非有'的陈述。他以为肯定与否定是与实在的'组合'与'分离'相应和。他以为不同种类的命题是与存在的真实样式相应……"②

但亚里斯多德在认识论上不是一个机械唯物论者。他比诸17世纪的英人洛克(John Locke,1632年至1704年)似胜一筹。他是属于"带有流动范畴的辩证法派"的③。据他说来,人们对于客观事物的认识是以感性认识为基础,却不能停滞于感性认识的水平上,有待于发展到理性认识。"很清楚的,失掉了感觉的任何一个感官就失掉了与之相应的一部分知识,而且我们认识外界不是以归纳法就是以证明,既无感知则知识无从而获得。证明是从一般原理发展出来,而归纳法是以特殊为其出发点;除了通过归纳法之外,无法以掌握一般的原理。但是对于失掉了的感性认识能力的人们,归纳法是无从进行的,因为惟有感性认识才可以之掌握特殊,而特殊又不能作为科学知识的对象,因为没有归纳推理,则一般原理也无从给我们以关于特殊的知识,而归纳推理没有感性认识也无从为力。"④这正是"密切地接近于唯物论"⑤。这也是密切地接近于毛主席的《实践论》中的指示:"理性认识依赖于感性认识,感性认识有待于发展到理性认识,这就是辩证唯物论的认识论。"⑥那就说,亚里斯多德的逻辑学说已是接近于辩证唯物论的认识论了。这也正合列宁在另一个地方对于亚里斯多德所说的话,"这里是辩证法唯物论的观点",但这并不等于说,亚里斯多德在其逻辑学说上完全是一个唯物辩证者,他只属于"带有流动范畴的辩证法派",所以列宁紧接上面所引的一句话就说:"但这是偶然的,不是一贯的,不是展开的,而是转瞬即逝的。"⑦然而亚里斯多德的思想立场在其逻辑学说上是与其在其他知识部门里有所不同。在逻辑学说

---

① 又译《形而上学》。——作者
② 牟宗三引姚氏《形式逻辑》第1卷,见牟宗三:《逻辑典范》,第31页。
③ 恩格斯语,见上引文。
④ 译《分析论后篇》标准页第81a第38行至标准页第81b第9行。
⑤ 列宁关于亚里斯多德的话,见上引文。
⑥ 见《毛泽东选集》第1卷,第290页。
⑦ 列宁《哲学笔记》,俄文版,第334页。

上，他的唯物主义成分，甚至可以说，他的辩证唯物主义成分是比较多的。他自觉地提出说，在这一点，他是和当时的哲士雄辩派诡辩者流有本质的区别的。他在《分析论前篇》中这样写道："要知道就是要通过事物的原因而知道。我们和哲士的知道不同。我们认为我们所有的是关于事物无保留条件的科学知识，而哲士所知道的不过是偶然的，因为我们是知道事物之所以然的原因，是这事物而不是其他事物的原因，而且知道这事物是这样而不能是别样的。"①由此可以又看出，亚里斯多德的辩证唯物观点，甚至在他的《分析论后篇》中还不是一贯的。他的唯物主义观点可算是很强，但辩证的观点仍然很薄弱，因之他就说"这事物是这样而不能是别样"。他尚不能认识到事物只有在其相对静止，相对稳定状态之下是这样而不能是别样，但在其矛盾发展过程中，事物是不断地由这样而变为不是这样的。亚里斯多德的逻辑学说停止在事物相对静止的阶段上，故其逻辑也只能局限于初级的形式逻辑。

  亚里斯多德的逻辑虽然是从语法与修辞学的研究出发，虽然是为着寻找思维的本质和确定正确思维的规律与形式，虽然由于三段论式的新发现而把任何推理与证明都想套上一种三段论式，致使逻辑受着更狭隘的局限，但是在亚里斯多德的手上，逻辑还是没有脱离实际，没有和他的世界观分割开来，所以他的逻辑是活生生的，生气勃勃的，不能说他只是一种工具。以他看来，逻辑的思维规律是不能和客观存在的规律分开的，而且一切科学的各部门都是相互联系着成一个统一的整体的②。无疑地，亚里斯多德把各门科学分为类别，成一系统时，并未把他的逻辑，即他所称为《分析论》的那种研究列入，于是后人就每每把逻辑看为不过是科学研究，哲学探讨的工具之学，其本身并非科学，也不是哲学。当知这种看法，把逻辑仅仅看为工具之学的看法，不是亚里斯多德原来的看法。他是在思维活动中寻求客观的真理。他并没有把他的逻辑和他的哲学分割开来。一直到历史称为后期亚氏学派的逻辑家还保持着他们的宗师亚里斯多德的逻辑唯物观点，还没有称亚里斯多德的逻辑六篇为"工具"。把

---

  ① 《分析论前篇》标准页第 71b 第 9 至 12 行，参看《形而上学》标准页第 1009b 第 13 行至第 1010a 第 14 行。

  ② 参看禅尼：《哲学史》，法文原本，第 567—568 页。

逻辑认为是一种工具的科学,一种形式的科学,是从后期的斯多噶学派起的。斯多噶学派的逻辑家认为逻辑大可不问存在,应该和宇宙观分开。其实在公元前4世纪后,即亚里斯多德逝世后第2代人,由于希腊失去其政治独立而为马其顿所统治,以雅典为文化中心的希腊已不如亚里斯多德及其以前的"黄金时代"对于科学研究那样热烈。哲学问题集中于目前生活的应付,但求一己的舒适,逻辑亦不过是语法的研究,变为一种"工具之学"而已。是则以"工具"名亚氏逻辑六篇,是亚氏死后数百年①,亚氏的正宗学说已受斯多噶流派的影响的结果。乃后人不察,亦以"工具"称亚氏的逻辑著作,数典而忘其祖,不思孰甚!本文之不用"工具"这一词而称"亚氏逻辑六篇"并非好为奇论,盖研究历史的人不得不正名辨物。

列宁说:"亚里斯多德的逻辑是质问、探索。"②例如亚里斯多德在其《辩论常识篇》第7卷研究同性的意义时,首先是提出同一是什么这问题,又提出什么才不是同一这问题,反复研讨③。接着,他就详加讨论。他认为同性应该是属于数目上同一的东西。例如,如果正义与勇敢是同一品质,则一个正义的人必是一个勇敢的人。同一的两个东西,其反面亦必定是同一的。能产生或消灭其中之一的东西亦必能产生或消灭与之同一的东西,与之处在任何关系的东西亦必与其同一的东西处在相同的关系。同一的东西之中有一个是什么,是什么到什么程度以至于其极点,则与之同一的东西亦必定是什么,是什么到同样的程度以至同样的至于极点。如果美好的生活是同一于快乐的生活,那么,最美好的生活亦必然是最快乐的生活。如果甲与乙是同一,而甲比丙好,则乙亦必然要比丙好。两个同一的东西,其一有任何一种偶性,则与之同一的东西亦必然有同样的偶性。一个的增减,与之同一的东西亦必同时而且同样地要增减。同质同量的东西加到两个同一的东西之上,其两个总和亦必同一。同质同量的东西从同一的东西减去,则其剩余亦必同。

这只是一个例子,表现亚里斯多德研究问题的方法,是从个别事例的观察和分析总结出一个概念,确定一条定义的归纳方法。又如他在《分析

---

① 参看禅尼:《哲学史》,法文原本,第567—568页。
② 见《哲学笔记》,俄文版,第332页。
③ 参看《辩论常识篇》标准页第151b第27至29行。

论后篇》第 1 卷第 16、17 两章研究在什么情况下两个错误的前提会引起错误的结论,又在什么情况下一个错误的前提就会引起错误的结论。他并不是刚只依靠一条原则说凡前提错误的,结论必错误就了事。他必须在各种实际情况下进行研究,找出其结论之所以错误的原因。他的研究方法是细致的、缜密的、深入的、有条不紊的,而这两章的篇幅是比较长的,原文共 176 行,说明亚里斯多德为要彻底弄清楚一个问题是不嫌词费的。

  是否就因之而认为亚里斯多德的方法是烦琐,是机械呢?不可能这样认定的。他并不是烦琐,他是在质问,是在探索。他研究逻辑的工作是筚路褴缕的工作,正如他在其《辩谬篇》结束语中所说,他的逻辑工作是没有前人的成绩做基础的,所以他就不得不这样详尽、细致、缜密。他的方法也并不机械。正如我们在本文第 5 章里曾指出过,他的逻辑本是以主谓判断为其出发点的,但当他谈到三段论式的时候,他要用换位法的时候,主谓判断的原则太狭隘,不能解决问题,而主谓判断又只能在某种情况下说得通,在另一种情况下就说不通,他就毅然决然地放弃其范畴论所规定的主谓立场以应付变化的场合。这证明亚里斯多德思想和方法中唯物辩证的因素,证明他的逻辑是活生生的。只有中世纪"烦琐哲学家及僧侣从亚里斯多德吸取了死的成分,而不吸取活的成分:质问、探索……亚里斯多德的逻辑是质问、探索,接近黑格尔的逻辑,——而烦琐哲学家则从他,从亚里斯多德的逻辑(这逻辑到处地在每一步上都提出恰恰就是辩证法的问题)里吸取死的成分,丢弃了全部探研、怀疑、提问题的手法"①。

  但是亚里斯多德的逻辑是有其严重的局限性的。他的逻辑最多也不过像列宁那样说,只"接近黑格尔的逻辑"②。由于历史的条件和当时社会生产的方式,亚里斯多德无法把他思想和方法中的朴素唯物辩证因素发展为唯物辩证的高级逻辑,那是 19 世纪马克思、恩格斯的事业。即以初级的形式逻辑而论,他醉心于他亲自发明的三段论式的推理形式;他虽

---

  ① 薛格洛夫主编:《西洋哲学史简编》,引用列宁:《哲学笔记》,俄文版,第 332 页,参看薛书上引版第 60 页。

  ② 薛格洛夫主编:《西洋哲学史简编》,引用列宁:《哲学笔记》,俄文版,第 332 页,参看薛书上引版第 60 页。

然没有一致坚持他研究逻辑开始时的主谓判断立场而有所改变,但这改变好像是不十分自觉的,至少他的主谓判断立场是妨碍了他的逻辑学说的发展的。关于这两点我们试作初步的检讨。

亚里斯多德之所谓三段论式是通过中项(即中词)找出两端项(即大、小词)的联系的一种推理形式。这种形式的需要,是因为不能直接看出两端词的联系,才运用一个中项为之媒介以建立其联系。这方法本是一种极为有效的方法,但它虽然是很典型的一种方法,不能认为是唯一的方法。它是由类而知其种,由全而知其偏的演绎方法。亚里斯多德在其六篇中常常把它和归纳推理,由特殊的分析而达到一般知识的方法,相提并论,视为并列的两种方法,但他如我们在本文第5章论归纳法那一段曾经讲过,把归纳法也看为是一种三段论式的特殊形式,埋没了归纳法与三段论式平列的地位。其原因是他过分地相信他自己发明的三段论式。这种夸大的相信三段论式也就使他很自然地认为推理,尤其是间接演绎推理,只能取三段论式的一种形式。当知三段论式的推理形式是有极大的局限性,绝不能把一切推理,甚至一切间接演绎推理,都概括在它的狭隘范围之内。首先,三段论式的组成是限于两个只含有三个名词的前提,否则不为三段论式。试问这样的一段推理:"甲大于乙,乙大于丙,丙大于丁,故甲大于丁",是否正确而是日常生活中尽人皆知的正确推理,而且在数学中所运用而有效的呢?但它有不只两个前提而能直接由前提得出正确的结论。把它当作形式逻辑基于三段论式的联锁推理吗?那么,"甲大于乙,乙大于丙,故甲大于丙"也不是一个三段论式,因为虽然这里只有两大前提,但这两前提中运用了四个名词,即"甲","大于乙","乙","大于丙"。忠实于亚氏三段论式逻辑的人们,当然孰识名词所指的概念之重要性,当然知道不能以"大于乙"和"乙"混为一谈。可是两前提中有4名词的推理,不犯4名词的谬误而能得出完全正确的结论,并不是三段论式的一种例外,因为我们能举出无量数的这一类的"例外",而是完全不属于三段论式的范围,而属于非三段论式的另一范围。其范围不同于三段论式,故其推理形式不为三段论式推理的规则所约束而为另一种演绎推理的规则所约束,因之三段论式的四名词谬误无关于这形式的推理。是则坐在三段论式逻辑的井里来看形式逻辑的天,而谓天之小,亦因所见的太小而已。

我们说亚氏逻辑为三段论式所局限是以此。

三段论式的局限性是由于亚里斯多德只知有思维的含蕴一种关系而不知其他。严格地说,读亚氏逻辑六篇与亚氏的其他著作的人们,都知道亚里斯多德是一个古代希腊博学深思的思想家。他未尝不知于含蕴关系之外,还有其他的思维关系。他至少对于当时的生物学是有精深研究的,但纵然他在逻辑讨论中常常举出数学的实例,他的逻辑研究和思维过程的分析是以语法为其出发点和基础的。因之他的《范畴篇》第一句话就提出字同义异的问题,《辞意篇》第一句话就是说明什么是名词,什么是动词,什么是肯定与否定,什么是一个命题,什么是一个句子。讲到判断时,他在早出的著作《辞意篇》里,是把判断看为一个句子,而分析这句子式的判断为其主体的名词与其用以称谓此主体的动词两个因素,即两个素材,即在其较晚出的《分析论前篇》里,他还是说:"前提分解为谓词与它所称谓的东西。"①而且亚里斯多德认为判断中只有一个单一的谓词形容一个单一的作为主词的主体的②。

这就是所谓主谓判断,说详本文第5章。主谓判断,例如"美国帝国主义是侵略的",不同于关系判断,如"美国帝国主义侵略我国领土台湾"。形式逻辑把每一个简单判断分析为构成表达这判断的命题之因素。这些因素显然不是判断,而是传统形式逻辑所称为名词的素材。判断素材有些是表达主体如"这个人"、"这匹马",有些是形容词,代表属性的,如"白的"、"聪明的"、"爱国的"等。又有些是表达关系的,如"爱"、"在……上面"等。很明显的,不是任何素材都可随意缀合而成一个有意义的命题来表达一种意思,叫人判定其是非的。例如我们不能以"爱"和"在……上面"两种素材随意缀合而成一个有意义的命题,判定其是非,因为客观事物中就没有这种素材的联系。即两个主体如"美国帝国主义"和"我领土台湾",没有其他适当的素材,也不能拼合为一有意义的命题,必须有关系的素材如"侵略"或"霸占"等,才能把两主体联系起来,成为"美国帝国主义侵略我领土台湾",所以称这种类型的判断为关系判断,而认为它不同

---

① 两引文均见本书第5章第3段。
② 见本书第5章论判断。

于以一个形容词称谓一个主词的主谓判断,如"美国帝国主义是侵略的"。"侵略的"是一种属性,可属于一主体,而"侵略"是一个动词,说明一种由此及彼的一种行动。由此及彼就是一种关系,有其两方面的,如"侵略者的美国帝国主义"与"被侵略者的我领土台湾"。

可否以"侵略台湾"作为一个谓词以形容"美国帝国主义"呢?这是坚持主谓逻辑者的见解,以谓词概括命题中主词以外的一切主要因素,当然不得不把"凡"、"所有"、"有些"、"不"等所谓辅助因素除外。

当知这样见解未能把关系与谓词归于一类。第一,谓词只需有其称谓的主谓,故主谓判断总是二词判断,一主词,一谓词,而关系词必有至少两词,如"侵略"之必有"侵略者"与"被侵略者","在……上面"必有"什么"在"什么"上面,否则意义未完。如"以……给……"这一词,则需有三词以完其义,即"谁"以"什么"给"谁"。余不多赘。第二,关系词有关系的两方面,"某是某兄弟"中的关系词,"是兄弟"关系,其两方面可以直接互换,如"甲是乙的兄弟",可换为"乙是甲的兄弟",但又有两方面不能互换的,如"甲看见了乙"的"看见了"的两方面,如要掉换,则只能换为"被看见了"的另一关系。但"花是香的",按主谓说而言,"花"是体,"香"是义,体不通于它,义通于它,故以"香"为义,则不能说"香是……",必须以"香的东西"为体,然后说"香的东西是什么"。但如说"有些香的东西是花",则谓词"香"之"义"已变质而为"香的东西"之"体",故已非原来所说的"香"而是另外一种东西,"香的东西",才由"义"而变换成"体"。逻辑不容其潜换。第三,坚持主谓说者谓关系亦是一种谓词,如"我是爱国的"是以"爱国的"一属性以称谓"我","我爱我的祖国"亦可写为"我是爱我的祖国的",是以"爱我的祖国的"这属性以称谓"我",又何异于"爱国的"这一表示属性之形容词?由"爱我的祖国"这一动词与其补语缀成的词组固可变为"爱我的祖国的"一个形容词,而以之称谓"我"这一主体。这就是 S 是 P,P 是谓词,而 S 是 Rb,R 是关系,b 是关系所及,所以(Rb)亦即一谓词。这是纯粹由语法中句子的结构而看逻辑,可谓忠于亚氏之传统者。但是这种强调形式而忽略内容的牵强说法就是传统逻辑束缚自己的说法,其结果是不能打开两千多年前亚里斯多德的局面。当时亚里斯多德自囿于主谓说,是其"范畴说"的影响,故只说直言三段论式而不说假言与选言三段论式,因"如 A 是 B,则 C 是 D"是一判断,是假言判断,什么是主,什么是谓?如说 A 与 C 均是主,B 与 D 均是谓,则主与谓的联系又是通过什么中词而建立? 因之,为主谓立场起见,亚里斯多德就毅然决然置假言三段论式与选言三段论式于不顾,但其第 1 代门徒,由于斯多噶学派外来的有力影响,也就背其师之道而增加了假言三段论式,主谓立场已大受摇动,但确是亚氏逻辑之发展方向。忠于亚氏传统的形式逻辑家,二千多年来,不甘于此,且多方说明假言判断本可改为直言判断,如"如果今天下雨,我就穿上雨衣"可改为"凡是下雨的天都是我穿上雨衣的天"。我们并不是说假言判断不可转变为直言判断,却"如果美国帝国主义敢于发动第三次世界大战,我们就消灭它"这一假言判断又怎样很好地改为一个直言判断呢?即使可改,其原意不免变换,因在一个假言判断中有所谓前件,后件。在肯定一个假言判断时,所肯定的不是前件,亦不是后件,而是前后件的联系。以直言判断表出之,原意就变动了。一个选言判断亦可通过改为假言而至直言,过程更复杂,更困难。何必为着坚持主谓立场而为此?

  其实,正如本文第 5 章已曾指出,亚里斯多德又何曾固执其主谓立场? 他在运用判断换位时,由"有些 A 是 B"换位成"有些 B 是 A",或由"没有 A 是 B"换位成"没有 B 是 A",等等,已经把是"义"的 B 变成是"体"的 B,主谓立场何在?"凡是中国人都是爱国的"换位而成"有些爱国的人是中国人",义耶体耶? 孰义孰体? 概念固有其内涵与外延两方面。主谓说认为作为主词的概念涉及其外延,故有量,作为谓词的概念只涉及其内涵,故为义,不可量化,而谓词(即宾词)在三段论式的公理中与规则中,皆谈到其周延性,皆作为有外延的体,虽不谈宾词的量化,其纯粹为义之说不攻已自破。

  由此可见,主谓说和亚氏的三段论式学说本不相容,亚氏在其研究逻辑问题时,始而主张主谓之说,继而毅然把它放置,不是亚氏的前后不一致,只足证明创造形式逻辑的宗师,实事求是,从实际出发,并不固执一见,遂非其徒之所能及。亚氏这种"质问,探索"的精神,可为后世法,而埋没于中世纪的刻板化教条主义,又可为长太息! 又一次证明列宁所说"烦琐哲学家从亚里斯多德吸收死的成分,丢弃了全部探究,怀疑,提问题的手法"是正确的。

当然，在我们认识亚里斯多德逻辑学说实事求是，结合实际的唯物观点，认识他的学说中某些辩证的因素，和他的探索精神、缜密的方法时，我们并未忘记他的学说中某些缺点。其徘徊于主谓立场，留恋其主谓立场，囿于三段论式，在上面已经谈到。它为什么是一个命题，命题和判断的关系，在六篇中不够明白地说明，以致后世形式逻辑家误解滋多，资产阶级唯心主义的逻辑当然是乘机来变本加厉地把逻辑说成只考虑语文中的命题，推理亦只是以命题作为前提而推出还只是命题的一个结论。形式逻辑就变为语法的一部分，推理只成了修辞学，雄辩术的一种工具。这种趋势萌芽于亚里斯多德死后未久，滋蔓于中世纪的经院哲学，流风所及，至今未衰。须知以逻辑变成语法的一部分，或者把逻辑和语法混为一谈，知有为思维外壳的语言，而不知有语言所表达的思想，知有语言中的命题而不知命题形式上虽是一个句子，而本质上是将判断提出作为真理探索的起点。所谓命题者，并非后世逻辑家所说的判断用语言之表达，而是判断之呈出让大家来接受或拒绝。命题原是拉丁文 Propositio 之译，从 pro"在面前"与 proposer"安放"这动词而变为名词，即摆在大家面前要求同意我方判断的意思。前提的成立是命题的被接受，亦即我方判断之得到大家，尤其对方的同意，同意即认为判断是和事实相符，可作为真理进一步追求的起点。故凡命题皆是判断，是非凡判断皆是命题。此而不察，亚氏唯物主义的逻辑就很容易变质而为唯心主义脱离客观现实的形式化逻辑。差之毫厘，谬以千里，其是之谓！

细读亚氏六篇，虽以其审慎周详，反复研讨的精神，逻辑中某些专门术语是未曾经亚氏所缜密研究而确定其意义的。例如，联合的连接词"和"（即北京口语中的"跟"，华中一带的"同"，文言的"与"），分别的连接词"或"、"不是……就是……"，条件的连接词"如果……则……"，限定的小品词"只有"等，我国汉语素来称之为虚字，可是这些词的意义不确定，是妨害逻辑思维的正确的。尤其是"或"这一词，如用之于"或者你或者我要完成这任务"，这或字是相容抑是不相容义，是十分重要的。"这人是一个工程师或者是一个科学家"，这"或者"是说这人如果是工程师就不能是科学家，是科学家就不能是工程师呢，抑或同时可是工程师而又是科学家，却尚未定其是否兼是呢？"如果……则……"的含义是什么？其"如果"句是前件,"则"句是后件,亚里斯多德认为是前因与后果的关系。是因果关系,抑是理由与推论关系,或是含蕴关系,弄不清楚,如弄清楚,又无明确的不同标志以表示,是亚氏逻辑的一缺点。亚氏在六篇中曾很详细地谈到"是必然的","是可能的"这两词,于逻辑思维的关系綦重,但上面那些连接词和小品词则未加解释,我们殊属不解。余如"只"、"只有"、"除非"、"除了"等词更未分析,实一憾事。

"有些"这一量词常为亚氏及亚氏传统逻辑家所运用。却"有些"是什么意思?通常是把"有些"作为"不是没有"用。然而"有些"和"所有"是相容的关系,抑是不相容的关系?如果说"有些"不是"没有",也不是"所有",则既"有些"就不能"所有",而传统逻辑只说 A 判断真,则 I 判断必真,因以 I 为从属于 A,却 I 之真虽不能因之而推到 A 之真,但可能 A 亦真,故 I 与 A 并非不相容。所以"有些"可能是"至少一个",甚至"有许多",直至可能是"所有",而只不能是"没有"。但"有些"亦可能是"没有"与"所有"之间的量,而不是"没有",亦不是"所有"。通常用语是以后者为义,而形式逻辑则多取前之一义。亚里斯多德未加判定。其《形而上学》一书的第 5 卷为释词之一卷,解释名词不下 48 种,类皆有关存在的名词,于逻辑术语并未涉及,因《形而上学》的主要问题不是逻辑之故。

我们在本文第 5 章讲到亚里斯多德之讨论排中律时,曾引用他的《辞意篇》第 9 章。亚氏在这问题上是用非此即彼这关系,其分析词就是"或"这一字。非 A 即 B,是 A 或是 B。我们上面曾讲过亚氏逻辑对于"或"未确定其意义,究竟是相容抑是不相容的"或",A 或 B 可能有 4 种义:(1)A 真,而 B 亦真,(2)A 真,而 B 假,(3)A 假而 B 真,(4)A 假,而 B 亦假。究竟逻辑的"或"是取那一义,或是那几义,抑四义全取,不可不确定。如"或"是相容,可能是四义任何之一,如不相容,则非(2)即(3)。据上引一段《辞意篇》的话,"或"是不相容的,否则不能用排中律,而亚氏未明白指出。

关于三段论式所依的含蕴关系,亚里斯多德在六篇中思想更是含糊不清。含蕴者,即如 A,则 B,B 为 A 所含蕴。凡可以称其类者,亦可以之而称其种,凡可以称其全者,亦可以称其偏。A 含蕴 B,却由这含蕴,不能由 A 而推出 B,因尚不知 A 是真否。必须知 A 真,而又知 A 含蕴 B,然后乃知 B 必真。以符号表达之,如⊃是含蕴关系,表示同时真,·⊃· 表示第二次含蕴,则 A 真,而又含蕴 B,就必含蕴 B 真之义,可以 A·A⊃B·⊃·B,意义甚明。是则亚氏逻辑有待于发展为数理逻辑,才能明确其许多常用的术语,增加其必须用以确定意义的术语和方式,打破其狭隘的范围。亚氏逻辑出发于当时希腊语法,其范围当然是狭隘。两千年后,数学和物理等科学的成就自非亚里斯多德当日是梦想所及,如果我们今日仍然局限于亚氏的形式逻辑,何异于想要用罗马的数目字以计算复杂的工程算题而置微积分于脑后？亚里斯多德在两千三百年前已筚路蓝缕奠定了形式逻辑的基础,近一百年来才有数理逻辑继而在这基础上扩大其范围,发扬而光大亚氏之业,其前途正未有艾。数理逻辑并非所以代亚氏的逻辑的,实所以补其不足而使之克竟于成。一百多年来黑格尔辟辩证逻辑的新领域,经马克思、恩格斯取其合理的核心与唯物主义相结合而成唯物辩证法,尚且不排斥亚氏的形式逻辑,而只目之为初级的思维科学,何况数理逻辑本来是亚氏形式逻辑直线形的发展,而因其曾为资产阶级唯心主义者所利用,所歪曲,遂被视为仇仇,宁非泼浴而弃其婴儿,是大可不必的。苏联逻辑家 А.И. 鲁边氏在其评 А.С. 阿哈曼诺夫新著的《亚里斯多德的逻辑学说》一书时,写道:"评判最新的逻辑,尤其是评判数理逻辑,必须分别其两方面:一方面是它的一般哲学基础,而另一方面是它的技术部分。关于一般哲学基础,新逻辑的代表著作家们还没有一致的意见。可是必须承认,许多资产阶级的逻辑家不是从唯名主义的立场出发,就是从形式主义的立场出发,是很接近于康德主义的。不言而喻,这些立场都没有科学的性质的,而是我们必须坚决摒弃的。但是新逻辑还有另一方面,那就是某些公式和运用公式的规则的技术总和。否认这些是有其意义就等于拒绝承认微积分的意义一样的妄诞。数理逻辑的技术方法有着十分现实的意义;它已被用于公算论和一整系列的其他科学部门,构成一种一般性的逻辑理论,以包括着人类思维科学这个部门里面一切有价值的成就并没有什么原则上的妨碍。"①的确,传统的亚氏形式逻辑在亚

---

① 译自苏联《哲学问题》杂志,1955 年第 2 期,第 199 页。按本文作者于本年 6 月下旬才收到这期《哲学问题》,并很愉快地读到上译苏联逻辑家的意见,而且完全与之同意。但是尚未能看到阿哈曼诺夫新著《亚里斯多德逻辑学说》一书,深以为憾。却从鲁边这篇书评中可以想到该书的观点和其大概内容,得益已非浅显。——作者

里斯多德逝世后两千多年来,虽然一方面曾被欧洲中世纪的逻辑家和经院哲学家所歪曲,但另一方面,也不能说完全没有发展,正如本书第6章里所曾述及,那么,亚氏逻辑的由数理逻辑继续发展,是当然的现象,可以因之而使亚氏的传统逻辑在某些地方更为确定,更为正确,而在另一些地方得到补充,得到扩大,这是科学的正常发展。因噎废食,学人所不取。我们完全同意鲁边氏的看法。本文初稿写成后、才读到苏联 A. Π. 高尔斯基同志 1954 年的《莫斯科大学学报》第 169 期发表的《关系的逻辑属性与其在逻辑中的意义》一文,并曾译成中文,又读到同一作者 1955 年 10 月莫斯科苏联科学院哲学研究所出版的《逻辑问题》一书中所载的《概念外延的几个问题》一文,和 1955 年 11 月莫斯科苏联科学院哲学研究所出版为中级师范学校用的《逻辑》一书,感觉到高尔斯基同志正在努力用数理逻辑来说明传统形式逻辑某些问题,并以之补充传统形式逻辑某些缺点。在许多地方,本文作者虽不能和高尔斯基同志的提法同意,但是对于他这样来处理传统形式逻辑的意图是完全支持的。

亚里斯多德逝世后,自他的第 1 代门徒起,两千多年来,形式逻辑的发展以长久的时期来讲,固然是不多,但它仍然是在发展着,这是可以肯定的。正发本文前章所略述,首先就有提阿弗拉士特斯和欧丹姆提出三段论式总是按照两前提的较弱者而决定其结论的形式,并曾尝试增补第 1 格的式,后遂为格伦所演为第 4 格。其次,亚氏逻辑六篇中原只有直言三段论式,而假言与选言三段论式皆付缺如,经过提阿弗拉士特斯及欧丹姆结合斯多噶学派的逻辑学说才推演出今日形式逻辑的假言三段论式与选言三段论式。这假言与选言三段论式及其规则的厘定实已超出亚氏原有的主谓立场,而且并不能以类与种的关系来运用三段论式的公理以检查假言与选言三段论式谓结论的正确与否,是为亚氏传统之比较重要的变革。斯多噶学派逻辑关于假言三段论式的学说与其成就未为现在形式逻辑所采用,诚然是一可惜的事。至于亚氏逻辑的拉丁化,功过各半,瑜瑕互见,但是以拉丁语确定逻辑的术语,简化亚氏所用的符号,例如,以 S、M、P 表示主词、中词、宾词等,较诸亚氏之用 A、B、C 与 M、N、O 明确得多,也不能不算是一种改革,正如算术改用阿拉伯 1、2、3 等数目字而废除罗马 Ⅰ、Ⅱ、Ⅲ 等数目字一样,其对于科学的推进,是有重大的意义的。

这种符号使用的改革已为后日数理逻辑的滥觞，不可以其小而忽略它的。公元前后几百年中，后期亚氏学派碌碌于亚氏著作的诠注，对于逻辑科学的发展贡献甚微，只有薄斐略、波亚提奥斯等所著《范畴篇导论》等作品，类皆因为过分强调逻辑的通俗化而未能予以提高。却波亚提奥斯也曾比较其宗师亚里斯多德更深入地研究过判断间的关系，正确地构成今日还使用的逻辑正方形，不能不说是一种发展。至于波亚提奥斯其他的逻辑表解，应该作为判断间关系进一步研究的基础的，而为中世纪后逻辑家所湮没，非波亚提奥斯的罪过。波亚提奥斯更分假言三段论式为 10 种类型，虽嫌过于烦琐，但假言三段论式本在思维中常用的一种推理形式，应该是比我们现在要更加注意。波氏的研究实是今日形式逻辑的当头棒喝。判断的变换说也是完成于波氏，用至今日而不替，也是形式逻辑发展之一，补亚氏之不足的。中世纪时期，自第 5、6 世纪波亚提奥斯最后一个精通希腊文的逻辑家与著作家之后，直到 12 世纪，六七百年间亚氏逻辑可以说毫无进展，逻辑成为死背的教条，几于 Barbara, Celarent, Darii……以外，不知其他。亚氏原著与其他希腊文古典著作湮没无闻。迨 12 世纪，希腊文古典著作重见于欧西，亚里斯多德的逻辑六篇重新翻译为当时流通的拉丁文，但为时未久，新译的亚里斯多德又为当日教会当权派的僧侣所利用，除所谓哥克林尼奥斯的逆联锁微不足道的贡献在 16 世纪中昙花一现之外，一直要等到天文学昌明后才有科学归纳推理方法的形成，大大地补充了亚里斯多德的形式逻辑，在逻辑科学中放一大光彩。18 世纪康德的逻辑不仅不能发展亚氏逻辑而且起着扰乱的作用。但是他的唯心主义透顶，脱离客观实际的逻辑思想在欧西逻辑中种下很深的毒根，为真正的逻辑家所痛恨。19 世纪初叶，德人黑格尔本亚里斯多德的哲学思想，创作了他的辩证逻辑①，后为马克思吸取其合理的核心使之和唯物主义相结合而成马克思主义辩证法，虽然在形式上于亚氏逻辑之外另辟领域，但黑格尔的辩证逻辑与亚氏逻辑原非水火之互不相容，最近已为苏联辩证唯物主义者所肯定。以 18 世纪的莱布尼兹为其先驱者的数理逻辑出现于 19 世纪的中叶而繁盛于 20 世纪，直到现时。它曾

---

① 亚里斯多德思想之影响黑格尔逻辑牵涉哲学问题甚多，应有黑格尔逻辑专论详述。

为唯心主义者所利用,但这并非数理逻辑的本质,又当别论。数理逻辑已经在一系列的科学部门中展开它的作用,况且它本是在亚氏逻辑的基础上发展起来的。形式逻辑一方面既有如上所述长期发展的优良传统,而另一方面又有数理逻辑这个跨灶之子,应该如何与之结合而借以阐发亚氏逻辑学说之幽微,而清除中世纪遗留至今日形式逻辑中的唯心主义成分,却有些形式逻辑家完全摒弃这种见解,不是拒绝数理逻辑,认为它全是唯心反动的东西,就是醉心于数理逻辑,不谈归纳推理,流为演绎万能论,遂使数理逻辑因为有这一派的人就被目为唯心主义的一种手法,实是亚氏逻辑发展前途的一大障碍。"我们应该构成一种一般性的逻辑理论,包括着人类思维科学这个部门里面一切有价值的成就。"①

亚里斯多德的逻辑还有保存的价值,还有发展的可能吗?不是从13世纪亚氏逻辑著作已重见于西欧而纷纷再译为当时通用的拉丁文的时候,罗吉尔·培根称它为无用(见本文第6章第9段)时起,直到19世纪黑格尔说它"纯系一种机械的研究……无意识……无意义,正应趋于无人理会"②,以至还有许多企图湮没亚里斯多德逻辑的现代资产阶级唯心主义逻辑家如美国杜威之流,都认为亚氏逻辑完全不适实用,成为了过时的东西吗?这种说法有些本来是别有用心,而另有些是因为只想到被中世纪歪曲过,残缺不全的亚氏逻辑,而非亚氏逻辑的真面目。恢复亚氏逻辑的真相,揭露中世纪有意无意对于它的歪曲,发掘其被湮没的成果,是必要的。

亚氏逻辑之为其后世逻辑家所歪曲,其主要原因当然是统治的剥削阶级和那些为统治剥削阶级服务的学者们的阶级利益之所致。亚氏逻辑兴起之后,希腊和其文化中心的雅典,即亚氏学院的所在地,为马其顿所征服,沦为被统治国,而在比较长期中掌握学术的希腊人与其统治者之间还存在着某种程序的隔阂,学术还未完全为统治阶级直接地服务。迨希腊文化与学术落在罗马人手里的时候,正当罗马文学的黄金时代,罗马的文学家如西塞罗之流都是在统治剥削阶级政治舞台上的人物,逻辑就变

---

① 鲁边语,见上译引文。
② 见黑格尔:《小逻辑》,贺麟译本,生活·读书·新知三联书店,1954年,第367页。

成政客的一种工具,其结果就是逻辑与语法,与修辞学,再次混淆起来,正如亚里斯多德之前希腊的哲士为迎合当时统治阶级的崇尚把辩术与修辞学混为雄辩术一样,而亚里斯多德研究逻辑从语言研究入手正是为着补偏救弊,对症发药,而不知逻辑到了罗马时代,历史又一次重演,于是亚里斯多德的逻辑原来和一般哲理不可分割的,就变成了语言形式分析的逻辑,而亚氏的范畴论仅仅作为极无意义的争辩资料。亚氏主要部分原是《分析论后篇》的科学证明,而科学证明是真理的探索,故《分析论后篇》的科学证明,而科学证明是真理的探索,故《分析论前篇》所讲的三段论式只是科学推理与科学证明的一般形式。因之,在比较长的期间,亚氏逻辑仍遵其创始人的本意称为《分析论》,以别于但求思维内部一致不顾实际的 logike,后之以逻辑称亚氏分析论本自罗马时代的西塞罗起,后世之言亚氏逻辑者,昧于历史的演变,大都也说,"吾师亦尝以此名其学"云尔。名称固无关大体,但历史实未可湮没。逻辑之形式化始于罗马时代而甚于中世纪,履霜坚冰至,由来是逐渐的①。逻辑家断断然但求怎样使其思想的内部一致,甚至脱离客观实际所不管,师以此教,弟以此学,只知形式,不问真理,而学生且以老师的能谈出许多玄妙不可摸捉的思维形式为高深而欣欣然自喜,认为已学得世所罕闻,是很可怜的②。统治的剥削阶级是这样欺骗人民,迷惑青年的。

尤其是逻辑被利用为迷惑青年的一种学校课程、变成当时的七艺之一的时候,教本就根据薄斐略,而不知所谓亚氏逻辑六篇,教材多半是歌诀,学生只知死背,知教条而不问真理,重记忆而不顾理解,逻辑科学就被一般教书的冬烘先生们所形式化,机械化,因之而也就腐化了③,遑问亚里斯多德的唯物观点,辩证因素,科学的探索,提问,反复研求全面了解的精神。再经18世纪康德以妥协而消灭的手法,将亚里斯多德的逻辑形式上纳入于他的唯心主义逻辑系统之中(见本文第6章第10段)而实际上将它完全撇开,亚氏逻辑已被摧残到了极点。

---

① 参看禅尼:《哲学史》,法文原本,第620页。
② 参看禅尼:《哲学史》,法文原本,第621页。
③ 参看普兰特尔:《西方逻辑史》,第1卷,德文原本,第348—349页。又禅尼:《哲学史》,法文原本,第568页。

可是靠着"包尔芬耶尔逻辑"的流通,自17世纪以来,亚氏的传统逻辑还是一直挣扎到现在。但这派逻辑偏重演绎,只保存着亚里斯多德逻辑的部分躯壳而失去其精神与实质,世人不可复见亚里斯多德逻辑的真相了。怎样发掘长期被湮没的亚里斯多德逻辑的遗产,恢复其原有的特点,真是研究形式逻辑的人们的职责。我们在本文中只能提出几个问题作为进一步努力的方向。

亚氏学派以《范畴篇》为亚氏逻辑六篇之冠,是完全正确的,因为亚氏逻辑的研究不只是要确定思维的正确途径,寻出正确思维的规律与形式以纠正其当时诡辩派的运用思维种种巧妙手法,而且主要的是要通过正确思维来追求真理,发现真理,所以在他的逻辑研究中,首先就要明确宇宙间多种多样的万有之中,如何概括为几个最大的类,其中那几类是最基本的存在实体,那几类是只可以之而称谓实体的,然后思维才有其正确的对象,语言才能有其正确的内容。由是而言,范畴论并非要在逻辑中谈哲学,乃是逻辑不能不以正确的哲学,唯物主义的哲学为基础,否则思维就无正确的对象,语言就会言之而无物。亚里斯多德的逻辑不是等于哲学,却不脱离哲学。中世纪的研究《范畴篇》为要解决当时的神学问题,断断于唯名唯实之争,是歪曲了亚里斯多德的本旨,企图不正当地来利用亚里斯多德的逻辑。现代资产阶级唯心主义冒名亚氏传统的形式逻辑完全不涉及范畴论,或语焉不详,或虽详而失掉亚里斯多德范畴论在逻辑中强调思维必须根据客观存有的原意,也都是对于范畴论的歪曲。范畴论的主要问题不是范畴究竟多少。亚里斯多德在其《范畴篇》中所举的范畴有8,而在其《形而上学》一书则举其10。是8是10,无关大体。我们现在根据最近科学的研究,对于世界日益深入认识,本着辩证唯物论的指示,所讲的范畴,其数目当与亚里斯多德所举的数目不同,但是范畴是要讲的,如果讲形式逻辑而不谈范畴,那么,这门科学究以什么为其对象?如说以正确思维为其对象,则思维对象是宇宙间的万有,万有之数无穷,不加以类别,逻辑这门抽象思维的科学从何入手?岂不是一开头就流于空泛,至少是对象模糊?范畴论是亚氏逻辑唯物主义基础的具体表现,应该是形式逻辑所重视的。

因为有了范畴论的唯物主义基础,所以亚里斯多德的各种思维形式和推理的思维过程的定义都是带有很浓厚的唯物主义意味的,是和后世一直到现在还带有若干唯心主义色彩的定义迥然不同的。例如判断的定义一般总是说判断是概念的联系,否则以命题和判断混为一谈,而说命题是,"离合二名"①,这都是逻辑中唯心主义影响的残余,应该本亚里斯多德确定"判断是以一对象肯定或否定另一对象的一个句子"②的意思而下判断的定义,即判断的对象和以之而作出判断的都是客观现实的东西,这两客观的东西在客观现实中是合是离决定主观判断的肯定与否定。这是亚里斯多德对于存在第一性意识第二性的认识,"他以为不同种类的命题是与存在的真实样式相应……"③亚里斯多德的定义有些我们可以依照其条文的,但有些须揣摩其精神与实质,不能机械地抄袭其条文的。科学发展的阶段不同。亚里斯多德是形式逻辑的创始人,其逻辑六篇又是他的遗稿为数传弟子所编订,其中科学术语还有意义未加确定的,如"三段论式"一词便是。亚氏用"三段论式"一说,意义极为广泛,说见本文第5章。假使我们现在采亚里斯多德《分析论前篇》第1卷第1章,即标准页第24b的三段论式定义,则"三段论式是一段议论,其中由某些陈述出来的东西就必然地推出另一种未经陈述的东西",那么,当然不是我们现在所理解的三段论式。我们必须体会到亚里斯多德之所谓三段论式是包括所有我们现称为间接推理的各种形式,归纳推理也是在内。要确定三段论式推理的定义,就要看《分析论前篇》第2卷第23章里他怎样把归纳推理从我们现在称为三段的推理区分开来。他写道:"有中词的三段论式时,则通过中词进行推理,否则须用归纳推理。"④可见狭义的三段论式是通过中词的推理形式。现代逻辑教本中比较正确的三段论式定义是苏联康达可夫《逻辑》一书里面的定义:"三段论式是从两个由一共同媒介词联系着的前提得出结论的一种间接演绎推理形式。"⑤这样的三段论式定义是正确的,而不是根据亚里斯多德的条文而根据他的精神与实质的。我

---

① 见章士钊:《逻辑指要》,第81页。
② 见本书第5章第3段引文。
③ 见本书本章上面引文。
④ 《分析论前篇》标准页第68b第31行。
⑤ 见康达可夫:《逻辑》,引文译自1954年,俄文版,第214页。

们应该恢复而保留的也只是亚里斯多德逻辑的合理的精神和正确的实质。条文是次要的。上面所举的只是两个典型的实例。

还要在亚里斯多德逻辑发掘出来而作为逻辑有价值的遗产的，就是他的辩证立场。在他对于主谓判断的原则，和他对于感性认识的发展到理性认识，在个别事物中发现其存在着的一般性的体会，就可以很明显地看出他的辩证立场。关于这些，我们在本文第 5 章里曾经反复的论列，在这里只简单地提及。结合他的范畴论，他讲到判断时是主张主谓的原则的。但是他谈到三段论式的公理，谈到三段论式前提的换位以改变第 2、第 3 格成为第 1 格，他就不得不把前提的宾词在一定情况下看为是类，而不坚持它必然是义，必须是一个形容词，他就自觉地或不自觉地放弃了原来的立场，因他必须从问题实际的需要出发，而不固执自己主观的意见。他体会到真正的知识必须以客观具体事物的直接感性认识为其根源，离开实践中得到的直接感性认识，则所有知识都是"无本之木，无源之水"，但他也认识到感性认识有待于发展到理性认识，他的归纳法的本质就是感性认识的这种发展和提高到理性认识，就是在具体事物中发现其存在着的一般性，在特殊现象中揭露其相互的必然联系。揭露一事物之何以必是这样而不可能是别样，他说是寻找事物中的中词，即事物的发生与发展的真正原因。亚里斯多德逻辑思想中，这一类辩证因素是存在，是我们应该珍视，更多地发掘而保存在我们的形式逻辑中，予以发扬光大的。

再次，也就是上面已经提到的亚里斯多德在逻辑研究中的探索，细致、反复、深入的方法和科学提问的精神。这种探索的方法表现他对于一个词的各种义的辨别，务求正名辨物，例如在《辞意篇》第 12、13 章，他细致地、反复地、深入地研求什么是可能性，什么是不可能性，什么是不必然性，什么又是必然性。我们很容易认为这些词是表达什么概念，因为这些词是很习惯的，就认为这些概念都是我们所完全掌握了的，但亚里斯多德在反复地说明了每一个这些概念之后，又提出每一概念的反面究竟是什么，把"可能是"，"可不是"，"不可能是"列为对待的图表来深入地了解其意义。又如他对三段论式的研究，在《分析论前篇》第 1 卷第 13 至 22 章，一共 10 章的篇幅上不厌其烦地来确定第 1 格两前提皆是盖然的应得到什么结论，第 1 格一个前提是盖然性的，另一前提是实然性的，又应得什么结论,第 1 格一个前提是盖然性的,另一前提是必然性的,又应得什么结论。第 2 格与第 3 格(亚氏只承认 3 个格)亦复如是。又如关于概念间的关系许多问题,亦曾经过亚里斯多德反复研讨。这些并不是烦琐,而是表现科学的反复、细致、深入、丝毫不苟的态度。我们现在形式逻辑中完全把这些问题置之不理,教条主义地摆摆三段论式几个最简单的形式,很简单地谈了概念间的关系等,而不知在实际中事情绝非这样简单的。教学时间短促,也许不能不精简教材,但精简教材是一回事,不让学生认识实际上问题的存在又是一回事。科学是要求简单而避免烦琐,但是脱离实际而过分简单化是违反科学的精神的。是又不可不辨。

除了亚里斯多德的逻辑学说中若干部分,若干问题,应该发掘予以发扬光大外,亚氏学派历千数百年所发展,所补充的逻辑理论和方法,也是不应该忽略使之湮没无闻的。例如我们在本文第 6 章里所提到波亚提奥斯对于判断间的关系,曾列成若干图表,对于假言三段论式的形式种别,其数目远远超过一般形式逻辑教本所谈到的,都是在应发掘之列,都应加以了解,整理,应用。认为亚氏逻辑两千年绝少演变和发展,亦惟不知历史而已。不变的科学是为僵死的东西。惟有死记的教条主义是不变的。我们切勿蹈欧洲中世纪烦琐哲学的覆辙,只吸收亚里斯多德逻辑中死的成分,而丢弃了它的活活泼泼生的东西。

无可置疑的,亚里斯多德逻辑的三段论式只是演绎推理的一种形式。亚里斯多德把所有的推理形式都包含在三段论式范围之内,是因为他把三段论式等于推理,不同于我们现在的三段论式的意义。关于这点,上面已经有所论列。所以企图把三段论式的逻辑当作形式逻辑的全部,甚至只当作演绎逻辑的全部,都是错误的看法。可是三段论式逻辑的研究是有意义的。其意义不限于三段论式的应用,而且是在于体会三段论式学说的缜密谨严。三段论式表现一种逻辑关系,即含蕴关系。此外还有日常生活中和科学实践中常常用到而且必须用到的其他许多逻辑关系。我们应该发掘而且学习亚里斯多德和亚氏学派怎样全面地、深入地研究三段论式所代表的一种逻辑关系而形成一种学说把他们所用的方法,结合最新的逻辑研究方法,用在其他尚待深入研究的许多逻辑关系。这是逻辑急不容缓的一种工作。亚里斯多德的三段论式逻辑不是逻辑的万灵丹,却是逻辑的珍贵遗产,是逻辑研究的楷模。

复次,亚里斯多德逻辑中最突出的部分确是他的《分析论前篇》的三段论式,但最重要的部分还是他的《分析论后篇》的科学证明论。在他的证明论中,他提示我们怎样追求真理,证明真理。由于历史条件所局限,他的科学方法是不完备的,还须新的逻辑方法,还须马克思主义唯物辩证方法来提高它。但是在一定范围内,亚里斯多德的方法是朝着正确的方向的。他认为科学的任务是要寻找中词,即寻找事物发生的原因,寻找事物的何以是这样而不能是别样;他在他的逻辑六篇中用了很长的篇幅来研讨什么前提才能得到什么结论,什么论据才能建立什么论题,因之,证明的关键是找论据。

他的证明论是和他的认识论紧密地结合着的。他指出,我们不能满足于事实的获得。例如在《分析论后篇》第1卷第13章,他指出事物的认识不等于通过理性的事实之认识。真正认识任何一事物,必须认识到这事物是怎样和其他一切事物的联系,怎样在存在的统一整体里有着它的意义。在《分析论后篇》第1卷第28章里,他提到什么才是一门完整的科学。"一门完整的科学是由这门科学所研究的整类中所有的第一性基本单体所构成,包含着这些第一性基本单体的本质属性……我们须要掌握这门科学的再不能证明的前提①,而这些原始前提和由它们推出的结论都属于这门科学所研究的类。这事实的证明乃是原始前提所推出的结论都是属于这一类。"②在这简短一段文字中,亚里斯多德描述了一套像欧氏几何那样的完整科学。这样的一套完整科学有其基本对象,原始前提,根据这些原始前提就推出关于这些基本对象的所有原理,而构成这门完整的科学。在这样一套完整的科学中,知因即知果,由果就可索因,一因一果,没有一果多因的事实③。这里亚里斯多德的科学的远景,也就是他科学研究的方向。

上面这些都是我们在亚里斯多德的逻辑学说中所要发掘出来,加以发扬光大的。

---

① 按指原始前提,义见本书第5章。

② 《分析论后篇》标准页第87a第38行至标准页第87b第4行。

③ 参看《分析论后篇》第2卷第16章。

亚里斯多德的逻辑学说影响所及，不只是欧洲二千三百年，而且影响了拜赞庭的文化和阿拉伯的文化，从明末时起，并部分传到我国，到了现在，已为全世界学术的一部分，影响到全人类。它的地位自从苏联1951年作了逻辑问题讨论的总结之后①已经被确定下来了。

我们这篇论文只是亚里斯多德逻辑学说的初步研究，所用的资料还是外文的为多，而本国文的材料甚少。苏联原来亦只有《分析论前篇》(彼得堡1894年出版)和《范畴篇》(莫斯科1939年出版)的俄文译本，1952年才刊出了"分析论前后两篇"的俄文译本，引起苏联学术界很大的注意②。亚里斯多德逻辑的广泛和深入的研究还有待于亚氏逻辑六篇的中文翻译。是则有望于我国有志于亚里斯多德逻辑研究的同志们。

1955年6月24日脱稿于武昌华中师范学院

---

① 参看巴克拉节等：《逻辑问题讨论集》，特别是"总结"，生活·读书·新知三联书店，1954年。

② 参看苏联《哲学问题》杂志，1954年第3期，第186—194页关于该译本的两篇文章。

主要参考书目

本书所用参考书刊近 50 种大半已各注,兹仅录其主要者如下:

亚里斯多德(Aristotélēs)著《逻辑六种》(后译《工具论》),英文译本(The Works of Aristotle translated into English. Vol. I),牛津大学 1928 年版。

亚里斯多德著《形而上学》(Metaphysics),英文译本(The Student's Oxford Aristotle, Vol. I),牛津大学 1942 年版。

《亚里斯多德选集》英文本,罗斯(W. D. Ross)选编,1927 年纽约版。

普兰特尔(Carl Prantl)著《西方逻辑史》(Geschichte der Logik im Abendlande),德文原本,1855 年 Leibzig 版。

鲁班(Leon Robin)著《希腊思想》(Greek Thought),英文译本,1928 年伦敦版。

恩格斯著《自然辩证法》,中译本,人民出版社 1955 年版。

《毛泽东选集》,人民出版社 1951 至 1953 年版。

薛格洛夫主编《西洋哲学史简编》,王子野译,新华书店 1949 年版。

禅尼(Paul Janét)著《哲学史》(Histoire de la philosophie),法文原本,1928 年巴黎版。

荷夫丁(Harald Höffding)著《近代哲学史》(History of Modern Philosophy),英文译本,1900 年伦敦版。

罗斯(W. D. Ross)著《亚里斯多德》(Aristotle),英文原本,1945 年伦敦第 4 修订版。

《苏联大百科全书》,俄文原版。

《英国百科全书》,英文版。

禅尼著《哲学概要》(Traité élémentaire de la philosophie),法文原本,1927 年巴黎版。

苏联科学院《哲学志》第 6 卷(Фипософские Записки VI.),俄文原本,1953 年莫斯科版。

苏联《哲学问题》杂志。

牟宗三著《逻辑典范》,上海商务印书馆版。

章士钊著《逻辑指要》,1939年重庆版。

米勒(J. Stuart Mill)著《名学》(A System of Logic),英文原本,1906年伦敦翻印版,又严复译述《穆勒名学》,上海商务印书馆版。

伊敦(R. M. Eaton)著《普通逻辑》(General Logic),英文原本,1931年纽约版。

衙尔顿(J. Welton)著《逻辑教本》(A Manual of Logic),英文原本,1910年伦敦版。

鲁易士与兰夫尔德(C. I. Lewis and C. H. Lanford)合著《符号逻辑》(Symbolic Logic),1932年纽约版。

雅诺夫斯卡娅著《数学基础与数理逻辑》,缪朗山译,中国科学院1953年版。

培根与其《新工具》

目　录

第一章　培根在西洋哲学史中的地位……………………… 558
第二章　培根的时代………………………………………… 562
第三章　培根的生平………………………………………… 565
第四章　培根的著述………………………………………… 573
第五章　培根时代对于亚里斯多德传统逻辑的看法……… 580
第六章　培根的《新工具》………………………………… 590
　一、《新工具》一书与其主要内容……………………… 590
　二、概述培根的科学方法………………………………… 591
　三、培根的世界观………………………………………… 594
　四、培根的科学方法之认识论的基础…………………… 597
　五、培根的科学分类……………………………………… 600
　六、培根的科学方法是从个别具体事物的观察入手的… 603
　七、培根是怎样理解观察的……………………………… 606
　八、培根的偶像学说……………………………………… 613
　九、培根论科学实验……………………………………… 625
　十、培根之所谓"模"是什么？………………………… 629
　十一、培根论公理………………………………………… 634
　十二、三表的制成与其意义……………………………… 638
　十三、关于热的模之第一次收获………………………… 648
　十四、培根的优先权利例证的研究……………………… 654
　十五、培根的《新亚兰特斯》…………………………… 693
第七章　培根哲学思想和逻辑归纳的评价与批判………… 700
主要参考书目………………………………………………… 712

第一章 培根在西洋哲学史中的地位

"休逞才华,试思培根果何如;智慧出世,聪明绝顶,卑劣亦莫论。"①

英国18世纪诗人普白对于培根的这一评语,两百年来颇脍炙人口,爱好英国诗的人更习诵不已而莫论于心。可是这种评价有其时代的背景和普白的阶级立场。"根据培根的生平和他的哲学思想对于人类的贡献来看,这种评价是不能认为公允的。"②

马克思对培根的评价就不是这样的。马克思写道:"培根是英国唯物主义的创始者,而且一般说来,又是近代实验科学的创始人。"③1662年,在培根死后36年,英国有其著名的皇家学会的成立。在这学会成立时,与会的科学家一致同意以培根做他们的典型,认为学会的成立是由于他的遗著的鼓舞。如果我们读培根的《新亚兰特斯》(New Atlantis),就会认为当时组织英国皇家学会的科学家们的这种主张是有其正当的理由的。

不但17世纪英国的科学家是这样推崇培根,就是18世纪法国的伟大启蒙运动者、唯物主义哲学家、资产阶级革命的大思想家、《百科全书》的创办人狄德罗也是这样推崇他。狄德罗创办《百科全书》的时候,在其声明书中写道:"我们的创举胜利完成时,将要归功于培根。他在还没有什么艺术,还没有什么科学的时候,就已经提出了编纂科学和艺术综合辞典的计划。这个伟大的天才家,在人们还不能写什么知识历史的时代,就写出了什么是必须追求的知识。"狄德罗编纂《百科全书》最亲近的助手达兰贝尔称培根为"哲学家之最杰出、最广博、最有辩才的"。他的唯物主义观点影响了他的秘书霍布斯的思想。虽然霍布斯在他的著作中并没有提到他在思想上和培根有这种关系,可是马克思分析唯物主义发展的历史

---

① 译英国诗人普白 Alexander Pope,1688—1744,"咏人"诗(an Essay on man, Epistle iv, l. 281: If parts allure thee, think how Bacon shin'd, The wisest, brightest, meanest of mankind)。

② 参看 Mary Sturt: Francis Bacon, London, 1939。

③ 《苏联大百科全书》"培根"条,引《马克思恩格斯全集》,俄文版,第3卷,第157页。

时，肯定霍布斯是把培根的唯物主义系统化了的①。而霍布斯是 17 世纪的英国唯物主义哲学家，他绝对否认任何非物质的实体之存在。稍后于培根和霍布斯的另一位英国杰出的哲学家就是洛克(1632—1704)。他更严格地追随着培根的唯物主义思想路线，承认事物是客观的存在，并认为观念和表象都是这些事物作用于人们感官的结果，而在培根的哲学基础上初步地建立了人类知识来自经验的这条唯物主义原理。培根通过他自己的著作和通过他的承继者霍布斯与洛克，对于后世的哲学思想的的确确有其重大的影响。他并且在唯物主义观点上较之霍布斯更胜一筹。他不像霍布斯那样机械地、片面地看物质。他承认物质的多种多样性和运动的多种多样的形态。因之马克思对他寄以极端欣赏赞誉地写道："在最初创造朴素形态的唯物主义的培根那里潜藏着唯物主义学说全面发展的萌芽。物质以其有诗意的感觉性的光辉向着全人类发笑。"②当然培根的唯物主义有着很大的局限性，因他生活在 16、17 世纪之交，正值英国资本主义积累的初期，从他的上层官吏的家庭，以及当时剑桥大学所受的教育，这一切都使他的唯物主义思想受到许多的限制，但是他对于人类唯物主义思想的发展有其可贵的贡献，是可断言的。

　　完全可以肯定的就是培根当时为提倡科学研究所大声疾呼的一种新方法。他强调科学研究必须遵循有系统的步骤。他提出一种他认为适合于研究自然、发现自然秘密的科学归纳方法，而称之为《新工具》(Novum Organum)，以别于从亚里斯多德传下来他认为不合时宜毫无实效的《工具论》。他认为传统逻辑所说的归纳法只是简单枚举，只要一个相反的事例就可推翻其结论的一种方法，是不能揭发自然的秘密供人类能控制自然改造自然以增进人类的利益的。虽然他有时候不免因噎废食，把归纳法和演绎的思维放到对立的地位，但矫枉过正亦情有可原。他提倡实验科学，他认为自然科学是科学的最重要部分，而以物理学为科学的典范，因为它是完全以感性认识为基础，依靠实验的观察而得出结论以窥破自然的。

　　这确是培根的主张。他苦心孤诣地提倡自然科学的研究，提倡实验

———————

① 见《神圣的家族》。
② 见《神圣的家族》。

科学的研究，尤其是在其所著的《新工具》和《新亚兰特斯》中提倡集体的科学研究，是值得后人追思景仰的。因之，后世称他为归纳逻辑的创始人，称他为实验科学的倡导者。其信然乎，抑不然乎？这是本文所要研究澄清的问题之一。在这里我们首先要指出的是：培根虽然大声疾呼地提倡自然科学的研究，他自己对于自然科学的研究的建树却很少，并且在大声疾呼之时，他没有看见他人的成就。"世称实验科学创始者的这个人意不如摩西亲眼看过自己所向往的地方……"①相反地培根所憧憬的地方早已为芬奇、凯卜勒和伽利略所占领，而他竟不知道。只得谦虚地说，他并不是一个冲锋陷阵的战士，而只是一个摇旗呐喊的鼓噪者，也不知道近代实验科学的急先锋们不等待他的鼓噪已奋勇前进。但话要说回来，这种事实并不剥夺培根在哲学史中的重要地位。"现代科学上所发生的令人奋发鼓舞的丰功伟绩，很多都是培根的梦想，尽管他对于现代科学的建立没有贡献，他的思想和现代科学的发展到底是不谋而合的，他并预见到现代科学对于人类生活必然会发生的重大影响。"②丹麦哲学家何菲亭这几句话是对培根的正确评价。培根有志于科学，他的一般看法也是很科学的，一读他的《学术推进》和《新工具》便知。但是他对于他的当时所有的科学成就大都是隔膜的。他不同意哥白尼的天文学说，不赞成凯卜勒1609年所发表的新天体论，他对于近代解剖学的先驱者费沙里奥斯（Vesalius）的科学成果好像一无所知，他在著作中常以蔑视的口语提到季尔伯特（Gilbert），不知季氏确是运用归纳法研究磁学获得卓异的成绩的。哈菲（William Harvey，1578—1650）是经常给他看病的一位名医，哈氏发明的血液轮回原理也为他所忽视。当然哈菲对他的意见也不太良好。哈菲曾说过："培根是以大法官的风度来写哲学的。"当培根在他的书斋里埋头草拟他的《学术推进》和《新工具》，规划他的《科学大复兴》时，前进的思想家和科学家如13世纪的罗吉尔·培根，15世纪的尼古拉斯·颜珊娜（Nicolaus Cusanus）和列奥那多·达芬奇（Leonardo da Vinci），16世纪的哥白尼，对于中世纪腐朽的学术都深表不满意，而奋志于自然科学的研究和探讨，一直到培根的同

---

① 《旧约申命记》第三十四章犹太人领袖摩西率领群众逃出埃及到迦南边境，结果在其山顶遥望了迦南一眼而抑郁以死。——译者

② 译 Harald Höffding：《近代哲学史》，1900年，B. E. Meyer英译本，第一卷，第185页。

时,新兴的科学家辈出,如伽利略、凯卜勒、季尔伯特、哈菲等,都是科学界的巨擘,对科学都有所推进,并不像培根所描写那样举世昏昏的①。

虽然是这样,虽然以当时的科学发展而论,培根可说还没有赶上世界的科学先进水平,但是他在欧洲思想史上是有其肯定的重要地位的。尽管他的科学视野比较狭隘,他的科学知识比较落后,保守着某些过时的成分,可是他的哲学立场是新颖的,对于束缚人们思想的腐朽经院哲学不只不满意,而是公开地加以反抗,与之搏斗。他在其思想探讨上,从方法来讲,不只毅然决然地冲破了当时教会的权威,冲破了数百年在学术上占统治地位的权威,并且刚毅果敢地提出了他对于历史、对于社会、对于自然的新看法,提出了人本主义的新看法。他在其新哲学上,不只正确地反映了当时的时代精神,对这精神虽然还没有全面的认识,却也能体会到先进科学的方法,而且运用他掌握娴熟的文学笔调,把这新的精神和这新的方法在他的著作中提了出来,博得思想界的赞成和拥护。《新工具》一书就是这种著作之最突出的。尽管我们认为《新工具》所提供的科学归纳法不是完全科学的,不是我们今日所知道的科学归纳法,可是培根这本杰出的著作已能言人所不敢言的东西,成为逻辑发展史上的一本划时代的著作。在这本名著中,培根大力抨击了从经验直接得出的草率结论。他认为不细微分析事实,深入了解事实,而轻率地作出结论,是科学进展的大敌人,即应予以无情的揭露和批判。他虽然反对猜测自然(anticipation of nature),主张解释自然(interpretation of nature),但是他所反对的是无事实根据的猜测,纯粹主观的猜测,不是以事实为根据合情合理的科学推测。纯粹的主观猜测和科学的推测是毫无共同之处的。培根在《新工具》一书里就是要强调以科学的正确方法来范围,指导科学探讨中的推测的。这一点的确是培根的贡献,在逻辑史中,在西洋哲学史中不可磨灭的。《新工具》之为"新工具"就在于此。至于这工具是否完全够新,能否真正取得亚里斯多德的"旧"工具而代之?则还有待于我们的研究。这些问题的答复也就是培根在哲学史中的评价。

---

① 参看《英国百科全书》第十一版"培根"条,和法人禅尼"哲学史"法文原本,第 1010—1011 页。

第二章　培根的时代

　　培根是西洋近代哲学的先驱者之一，而西洋近代哲学时期和中世纪哲学时期的分水岭是文艺复兴，所以为要了解培根的思想背景与其思想的形成，首先就要从文艺复兴说起。文艺复兴的萌芽是在15世纪呈现的。其时欧洲的封建制度逐渐崩溃，而资产阶级逐渐增强，起而反对经济和政治上的封建主义形态，群众性的人民运动已开始和贵族互相斗争，法国农民战争也是在16世纪初期"预言地指示了未来的阶级斗争"[①]，培根在英国是生于这时代的。关于这时代恩格斯曾写道，"近代自然科学，就像整个近代史一样，是从这样一个伟大的时代算起。这个时代我们德国人由于当时我们所遭遇的民族灾难而称之为宗教改革，法国人称之为文艺复兴，而意大利人则称之为'cinquecento'[②]，但这些名称没有一个能把这时代充分地表示出来。这时代是从15世纪后中期开始。国王的政权依靠市民打垮了封建贵族的权力，建立了巨大的、实质上以民族为基础的君主国，而近代的欧洲国家和近代的资产阶级社会就在这种君主国家里发展起来……拜占庭灭亡时所救出来的手抄本，罗马废墟中所掘出来的古代雕刻，在惊讶的西方面前展示了一个新世界——希腊古代；在它的光辉的形象面前，中世纪的幽灵消逝了；……在意大利、法国、德国都产生了新的最先进的近代文学；英国和西班牙跟着很快达到自己的古典文学时代。旧的"Orbis terrarum"[③]的界限被打破了；……这是一个人类前所未有的最伟大的进步的革命，是一个需要而且产生了巨人——在思想能力上，热情上和性格上，在多才多艺上和学识广博上的巨人的时代。给近代资产阶级统治打下基础的人物，什么人都有，唯没有受资产阶级局限的人[④]。这些巨人中，恩格斯曾提到意大利诗人、画家、自然科学家、哲学

---

① 恩格斯语，见《自然辩证法》，人民出版社，1955年，中译本，第4页。
② 直译出来是"第五百年代"，即16世纪。——原译注
③ 古罗马人这样称呼世界、地球，逐字译出是"地环"。——原译注
④ 恩格斯语，见《自然辩证法》，人民出版社，1955年，中译本，第4—5页。

家,正是多才多艺的利奥那多·达·芬奇(Leonardo de Vinci,1452—1519),意大利政治活动家和作家马基雅弗利(Machiauelli,1469—1527),德国艺术家杜勒(Albrecht-Dürer-Haus,1471—1528),德国宗教改革家马丁路德(Martin Luther,1483—1546),西班牙的医生,在血液循环方面有重要发现的塞尔雅(Michael Servetus,1511—1553),波兰大天文学家哥白尼(Copernicus,1473—1543),苏格兰的数学家耐普尔(L. T. Neper,1550—1617),德国天文学家凯卜勒(Johannes Kepler,1571—1630),法国的哲学家、数学家笛卡尔(René Descartes,1596—1650)。这些伟大人物都是在培根之前或与其同时充分地表现了欧洲文艺复兴的时代精神,在各种科学和艺术部门中有显著的成绩,而为其后代留下了巨大影响的。培根在这方面也是如此,可以同他们并称而无愧的。培根是生于一个伟大时代,为其伟大人物之一。他的伟大是由于他正确地、热情地反映他所处时代的时代精神,忠实地代表着当时人民的愿望和需要。他是英国16、17世纪由封建的经济落后的国家开始转变为进步的资本主义国家的产儿。

　　原始的蓄积在16世纪的英国已经为资本主义准备了力量来改变国家的经济和社会制度,贵族阶级已被牵入资本主义发展的过程,他们的利益就和资本主义的生产联系在一起,于是资产阶级和资产阶级化的贵族阶级就成为了英国的统治阶级。培根本来是代表这个统治阶级的利益的,可是当时的资产阶级虽然在利益上和封建的贵族阶级联合起来,而在资本主义上升的时期,新兴的资产阶级又势必和腐朽的封建制度相矛盾,所以资产阶级一方面为着自己的阶级利益要和封建的贵族搞联合阵线,另一方面,却又须反对国王的集中权力。

　　一般说来,这是欧洲文艺复兴时期的政治发展规律,具体地讲,英国的政治还另有其特点,为我们不可不注意的。英国的文艺复兴比意大利和法国较晚,其形式与精神和意法的形式与精神也及少有些不同,正如法国一位英国文学批评家所说的:"文艺复兴在法国文艺复兴显然是贵族式的,而在英国则总是与群众有关。"①其所以然之故,就是英王亨利第七世

---

① Annette T. Rubinstein 引用 Emile Legouis 的《英国文学史》中的一句,是 Rubinstein 著 The Great Tradition in English Literature,1953 年美国纽约英文原版第 2 页。

于1485年胜利地结束了150年的"红白玫瑰内战"①而建立起其都多尔王朝时,英国的贵族势力基本上是被摧灭了。为了要防止贵族残余的死灰复燃,亨利第七世不得不把他的主权和新兴的中等阶级紧密地结合起来,因为其时中等阶级的力量与财富是日益增长的。因之亨利第七世的政策自然是要助长其时以手工业者、商人、自由职业者为主要成分的中等阶级,一切措施都要适合于这个资产阶级最进步的一部分的思想而满足其需要②。亨利第七世死于1547年,其子以幼年登基,摄政的枢密院16人,其中没有一人是由16世纪前的旧贵族家庭出身的,可见新旧贵族的力量对比。新兴的资产阶级在政治上能取封建的势力而代之,确实是划时代的一件重大的事。诚然,"英国封建制度的崩溃不是由于他所直接剥削的那个阶级的力量,而是由于那只是干涉其发展的另一个阶级的力量"③。那时,这一个阶级人数虽较少,但它是日益生长的资产阶级。以当时的历史阶级而论,它的要求是进步的。培根生长于英国新兴资产阶级在亨利第七世之后继续上升的时期,所以他在情感上是拥护王权,亦即拥护上升的资产阶级的。培根的宗教信仰只是在家庭中培根养成的一种习惯,本来是无所谓的,却与当时的政治和教会紧密联系,英国与西班牙海权之争和新教与旧教(天主教)之争都是不可分割的,因之培根在其政治主张里和著作中对于教会常有多多少少言不由衷的论调;也正为着这点,诗人普白才说他"智慧盖世、聪明绝顶、卑劣亦莫论"吗? 其信然乎,抑不然乎? 我们研究了培根的生平和著述之后才能决定。

---

① 红白玫瑰内战是 War of Roses 之译,都多尔是 Tudor 之译。——作者
② 参看 Rubinstein 上引书,第5页。
③ 同上书引 Barrows Dunham 在其 Giant in Chains 一书的话。——作者

第三章 培根的生平

法兰西斯·培根是英国著名女王伊丽莎白掌玺大臣尼古拉斯·培根的少子,他的姨父是女王的首相,晋封伯爵。他在1561年生于伦敦他父亲所住的约克官邸。他的母亲是尼古拉斯·培根的继室,精通希腊文和拉丁文。所以法兰西斯·培根是生长于英国16世纪的高级官宦家庭,幼承母教,学有根底的。

培根13岁进剑桥大学肄业①。当时英国大学所收的学生年龄比较小,程度比较低,所教的大都是腐败的拉丁文和中世纪歪曲了的亚里斯多德学说②。培根肄业于剑桥大学的三一学院三年,于1575年年底离校,在那时还不满15岁。他在校所得对于亚里斯多德的印象是相当不好的。拿亚里斯多德来教十四五岁的青年,未免太早,何况所教的是中世纪经院哲学歪曲了的,至少也是庸俗化了的亚里斯多德。培根对之有不良的反感,不足为怪。

离开剑桥后的第二年,培根随从英国驻法大使到巴黎英国大使馆见习,作为他教育的一个重要环节,这完全是他父亲的教育计划。根据他父亲的教育计划,官宦家庭的青年必须首先学好拉丁文和法文,研究外交和内政政策,了解当代各国政府组织与其发展的历史,随从本国使节到外国去以资见习和游历③。这计划当然是为了要培养英国的高级官吏的,而培根所受的教育就是以这为其目的。

培根留法3年,以父丧返国,入伦敦的一座法律讲习所,名格雷讲习所④。

---

① 或说培根进剑桥时是12岁,据Mary Sturt 1932年出版的《培根传》改。
② 参看上引《培根传》,英文原版,第2页。
③ 参看上引《培根传》,英文原版,第2页。
④ Gray's Fun. 按这讲习所和Funer Temple, Middle Temple, Lincoln's Fun是英国四个法学会的处所,在伦敦法院附近,法学家与律师汇聚其间,数百年为英国讲习法律的最高学府,一直到现在还是有其学术地位。——作者

培根一面在讲习所学习法律，一面多方经营，企图获得一官半职。他写给他的姨父和其他显贵的信，现在读起来，使人感到培根这种绝顶天才的青年，何以会写出这样厚颜无耻的信①，但是这是当时的一般习气，培根也不例外。诗人普白所指的"卑劣"，就是这种行为吗？

1582年，培根22岁，在讲习所获得"试用律师"②的学衔，并在1586年取得律师的更高学衔。取得这一学衔，培根便可当律师了，但他的志愿并不在此，在这之先他已于1584年当选为英国国会下议院议员，代表Melcombe Regis区，而且连续几届继续当选。他在国会下议院的发言是很负有盛名的。当时著名剧曲家边·约翰生对于培根在国会下议院的发言曾说过："凡听他发言的人只是怕他说完了。"可见培根在政治活动上的初步成功。

培根的政治主张在极力拥护王权，他认为人民的觉悟不断提高，为了维持国王的威信和权力，不得不灵活地作适当的让步，并采用某些和缓的改革。这是他的苦心，一直坚持到晚年而不渝。时代使他成为一个彻头彻尾的改良主义者，而改良主义是很适合英国人的口味的。

但是政治生涯并非培根的最高理想。他是想把政治活动作为一种手段来推动他的学术计划。从表面上看，他从少到老都是忙于政途经营，宦海浮沉，一直到他当了最高法院的大法官，被人告发为国会贵族院③定罪，剥夺官职后，才退居伦敦郊外，从事著述，好像培根是热衷于仕宦而本无心于学术的。殊不知事实并不是这样，他的父亲是很有主张的一个人，全国的上层阶级都认为牛津、剑桥两所大学的教育是最好的时候，他已向国王亨利八世提出一种完全与之不同的高等教育计划，并首先按照这一计划来教育他自己的儿子。他是女王伊丽莎白的一个高级官吏，膺掌玺大臣的要职。他并非一个僧侣但这掌玺大臣的职位一向是由教会僧侣占

---

① 参看上引《培根传》，英文原版，第16—18、23页，培根致其姨母与姨父的三封信。

② 试用律师是我对Utter Barrister的试译。查英国伦敦法学会所维持的讲习所，即Funs of Court，有三种学衔：律师Benches、试用律师Utter Barrister和见习律师Funer Barrister。试用律师已有在法院辩护的权利，和讼师Solicitor只有代办法律文件和法律手续者不同。——作者

③ 英国国会贵族院，即议院，也就是上诉的最高法院和行政最高检察院和法院，而培根只是普通最高法院的大法官Lord chancellor。——作者

据的,以俗人而居这职,英国史中他还算是第二个人。他是象征着新兴资产阶级正在从封建制度手中夺得政权的一个人,也正足见,他个人的才华是怎样,个人的性格刚强又怎样。培根的母亲也是非凡的一个女人。精通古典文学、天资聪颖,脾气却非常急躁,她的两个儿子,法兰西斯和他的哥哥安东尼的一举一动都经常受到她的干涉。培根之所以进法律讲习所多半是他父母的主张。如果他的父亲能按他原定的计划给予培根更多的地产,培根很早就可能过着当时剥削阶级悠闲的生活,不务家人生产而埋头于学术研究,可是他的父亲死时,没有遗给他大量财产,他就不得不走上仕宦的路途,步他父兄的后尘,入法律讲习所,以为晋升之阶,但他终身实未曾忘记他衷心爱好的哲学和科学。他眼见当时哲学的腐朽,科学的落后,而且有所整顿提高。他早年就这样写道:讲求学问,已数百年,何曾有过什么的发明能使我们富裕一点呢?技工的勤劳还有一点儿的工作改进,盲目的实验也偶然碰着过一点新东西;可是学者们的争辩,就从来没有发现过自然界的新秘密。现在一般人所知道关于自然的哲学,不是古希腊人的哲学,就是炼金术者们的哲学。此外一无所有。古希腊人的哲学无非是空言、夸张、辩驳、宗派、流别、争论、炼金术者们的所有,不过是欺骗,不过是一些道听途说,不知所云①。他早年就是有志于学术的。终日手不释卷,发奋钻研,焚膏油以继晷、孜孜不倦。他的母亲就责备起来,向他的哥哥安东尼说:"我确信你的弟弟消化不良,大都是由于睡眠不足,以致病势日渐沉重。就寝时太晚,应该睡觉的时候还在那里不知想什么。早晨不愿起床,使随从的仆役都懒惰成性,自己就长年抱病。"②培根的母亲之所谓"不知想什么"就是人类知识的改进!培根当时曾写道:"我承认我所想的计划是非常伟大而物质力量则远远不足:因为我是把所有一切的知识作为我的领域的;现时所谓学问,一方面是无聊的争吵、辩驳、空谈,而另一方面则是盲目的试验,道听途说,欺人图利,这两者是人类知识蟊贼,两贼清除,才能进行勤劳的观察,作出可靠的结论,而获得有益的发现与发明,而使我这领域臻于完善。"③培根是抱着这种宏伟的志愿而投

---

① 译培根语,见 Mary Sturt:《培根传》,英文原版,第 10 页。
② 译 Mary Sturt:《培根传》,英文原版,第 22 页。——作者
③ 译培根语,见 Mary Sturt:《培根传》,英文原版,第 22 页。

向政治活动之中的,作为他完成学术鸿图的一种手段。

　　培根24岁当选为国会下议院议员,26岁膺律师学衔,而仕途潦倒,31岁还未得一受酬的官职,他就很埋怨地写信给他作宰相的姨父说:"我行年三十一,光阴过去不知多少了,而毫无建树,前途茫茫。"女王伊丽莎白深爱培根的才学,但只利用他的文章,叫他不时替政府的政策作辩护,却绝不授他任何厚禄的职位,至多也不过使他当一个内廷参议,备女王法律上的咨询。培根终日和显贵在朝廷上周旋,朝贺宴会,衣冠仆从,所费不赀,负债累累,徒唤奈何。尤其是1593年培根在下议院反对女王增加国库收入之议,获罪于女王,终女王之朝,他也不过一个无酬的内廷参议。女王死的那年,培根已是43岁。他已感觉到在宦海中孤立无援。尽管他的父亲曾居女王掌玺大臣的要职,他的姨父是当朝的首相,尽管女王深爱他的文才,不时利用他的文章代政府作辩护,但也无法改变培根落魄失志的际遇。大概是因为他感到这样孤立无援的苦况,在1597年出版的《论文集》里面,最为人所爱读的一篇《论友谊》里,就有这样一段话:"友谊的主要作用在使心中的积闷得到倾吐宣泄的机会。抑郁潦倒最是人生难堪的了。……除了真正的朋友之外,没有其它药方能给人排忧解闷的,惟对一个真正的朋友,你才可以把你的忧愁和苦乐,惧怕和希望,疑虑和劝解,与将一切压在你心头的东西,都像忏悔似的倾吐出来。"培根好像找不到这样的一个真正朋友,因之才将1597年的《论文集》献给他的哥哥安东尼。他死的前一年,1625年,在《论文集》最后一次修订本中对《论友谊》一篇又加上了这样几句话:"如果没有爱,人便不是真的社会集合体,许多面孔则是绘昼的陈列,话语也不过是鸣锣响钹……更进一步来说,没有真心的朋友,人生肯定是空虚而凄惨的寂寥,人间也变为沙漠了。"这是培根际遇的素描! 但是培根是怎样对待他的挚友以沙士伯爵呢? 我们认为诗人普白称培根为最卑鄙的一个人,不是因为他求职的书信,而是因为他当内廷参议时,参加了判决他的朋友以沙士伯爵(Earl of Essex)因叛逆而处死刑的审讯。但这一案,足以证明培根之不徇私而枉法,又何卑劣之有①?

---

① 按以沙士伯爵案判决于女王伊丽莎白王朝,时在1601年。

女王伊丽莎白死于1603年,詹姆士王继位,培根的官运就亨通起来了,詹姆士王登基的第一年,培根便受寿士的爵位。1606年结婚,他的妻子的妆奁颇厚,对于他的收入不无小补,但是历年堆积的债务是还不清的。1607年他晋升为检察长,1613年又升任最高法院律师长①。1616年任掌玺大臣,不久又迁为最高法院大法官②,1618年受封为维路拉木男爵,1621年培根60大寿,晋封为圣亚尔班斯子爵,爵位官阶,极一时之盛!

正在这个时候,西欧国际形势,日趋紧张,英国很有卷入战争漩涡的危险。为筹款备战,英王决定召开国会。当时英国民意比前高涨,国会召开时,民选代表的下议院,决意要改革政府的专卖政策,首先是要从清查贿赂入手,而政府最高级官吏就是下议院所要清查的主要目标,其中以培根所受的打击为最厉害。培根案件立刻给提上了贵族院的日程,培根本人因病不能出席来为自己申辩。很长一段时间,他还不知道下议院是以什么罪名控告他的。

控告的罪状是培根在大法官任内,滥用职权,收受贿赂。上议院广泛搜集培根受贿的材料,其所搜集的案件共28起,而培根必须招认的事实,只是他在大法官任内审判人民案件期中,他曾受过4次礼物,收受这种礼物是习惯所容许的,并不是什么利用职权贪赃枉法的行为。上议院判决培根在大法官任内,滥用职权,贪赃枉法,予以如下的处分:(1)罚款四万金镑;(2)在伦敦桥堡监禁,期限由英王决定;(3)革去官职,永不续用;(4)剥夺充当国会议员的权利;(5)不得在宫廷附近范围内行动;(6)所有爵位准予保留。

前两条的处分是未如实执行的。培根拘留在桥堡只有两日,英王便予以开释。培根欠债累累,一向入不敷出,何来四万金镑的罚款?英王亦不追缴。一日罚款未清,其他债务,依法都不得追还,所以这一条判决,反变为培根的有力保障。三年后,于1624年,培根免除一切处分,并得出席国会贵族院,但他埋头著述,再不愿参加任何的政治活动了。1626年4月

---

① "检察长"和"最高法院律师长"是英国官名 Solicitor-general 和 attorney-general 的试译。——作者

② Lord chancellor 之译。——作者

9日培根以肺炎寿终,享年六十有五。

培根的生平大概是如上面所讲。他自从束发受书,肄业剑桥大学,随从驻法大使到法国见习外交,一直到取得试用律师学衔,都是他的学习时期。自24岁当选为国会下议员起,开始投入政治活动,至他61岁大法官任内被控受贿枉法而革职时为止,前后近40年,浮沉宦海,饱餐风雪,则是他追求富贵的时期。至于他追求富贵是否以之为手段来达到了复兴科学的最后目标,不但三百年后在中国的我们难以判定,即历年为培根写传记对培根这一伟大历史人物特感兴趣的人们,亦言人人殊。最景仰培根之为人,感慨于培根尚未得到公允定许,而另为他作传的司徒尔特①也肯定地声称"他不是一个科学家,并未有任何新发明,终其一生只是一个业余科学工作者"②。可是谁也不能不承认,他是第一个把归纳法作为一种专注的对象来研究,作为一个展开而发展的理论来阐述,而且运用惊人的智慧涌出现代科学的能力和方法的人③。无疑的,培根热衷于政治活动。因为他出身于政治活动的家庭、成长于政治活跃的环境,所受的又是准备从事政治工作的教育。同时他真正爱好的虽是哲学与科学,他却是具有极其多方面兴趣的一个人。所以说他不以政治活动为其最高的理想则可,说他完全以政治活动为幌子以达到他研究学术的目标则不可。太过简单地看培根是不对的。"他的人格异常丰富,但同时也异常协调。他的方面的确是多,但不能因此就说他的目的是游移不定或者模糊不清的。他的每一个动向都有其一定的目标,而且是始终不渝地按着这目标进行的。"④

同时,也不能认为培根之为人是完全言行一致的。他的弱点多,最厉害的是他的铺张浪费,他的《论文集》中有一篇是讲"用度"的。他写道:"经常的用度应该以个人的财产为度,务须量入为出。"又说:"如果在某些费用上花多了,就必须在其他方面节省下来。"但培根布置他的花园是穷奢极侈的。在他遗留下来的日记里可以看到"七十株榆树,每株九便士,

---

① Mary Sturt 曾写《培根传》,1932年出版于英国伦敦。——作者
② 参看上引《培根传》,第115—116页。
③ 译禅尼:《哲学史》,1926年,法文原版,第656页。
④ 译司徒尔特:《培根传》语,见该书原英文版序,第11—12页。

八株赤杨,每株一先令半,十六株樱桃,每株一先令,忍冬和野蔷薇若干株,费八先令和三七先令,一百二十五株玫瑰,值一二先令半,紫罗兰等,七先令,剪裁葡萄树,一二先令半,花径和花园的布置,费100金镑,花园座椅,费六镑一三先令四便士。花园中小山,其上有凉亭"①。这是培根还在女王伊丽莎白朝没有获得任何受酬的官职时所花费的,结果负债累累,如此而言,量入为出宁就自欺欺人!犹有志于此者,他一次送人结婚的礼物就值三千金镑,而当时金镑的购买力是20世纪30年代初叶英国金镑未贬值时的十倍,由此可见培根的挥霍无度,而这竟是写"用度"篇作者之所为!他的文章劝人要"善于理财,平时用度只应是收入的一半,如欲致富,须节省其收入的三分之二",可是他自己则奢华浪费,借债度日。大法官就职那一天晚间招待僚属的筵席费就是700金镑,那么培根如何经得起"三反"的考验的?所以他不得不承认他在大法官任内有过受贿的行为。至于他在大法官任内修理约克官邸,收受赠礼无算,一件礼物便值400金镑,则更可列入"官场现形记",即他在大法官就职时的讲话也就令人难以置信了②。如果说这些事件都是偶然的例外,那么就请看看他四个月内购买家具的账单就是647镑7先令6便士,再看他的伙食费"七月九日交厨役四〇〇镑,七月廿三日交二〇〇镑,同月二十四日交二〇〇镑,二十六日交一〇〇镑,九月一日交二〇〇镑"③。这些记录是载在培根自己的日记里,为景仰培根的司徒尔特女士引用在她的《培根传》里的。我们并不厚责贤者,但培根的言行既不一致,我们便不得不格外审慎地衡量他的科学著作,不得不特别更仔细地考虑他著作中的重要引例了。我们不能完全同意"培根以大法官的风度来写哲学"的那种说法,可是霍布斯是他的亲信秘书,培根在其去官后退居别墅时,还经常和霍布斯在一起④,而霍布斯的著作中竟未尝推崇过培根,亦很令人难解。然而我们并不因此而过分降低我们对于培根的评价。培根确有其值得令人景仰的地方。他的本质是诚恳的,他爱好真理,虽然在权贵前面,还是不屈不挠地

---

① 参看司徒尔特:《培根传》,原英文版,第79页。
② 参看司徒尔特:《培根传》,原英文版,第172、175页。
③ 见上引《培根传》第187、192页。
④ 参看上引《培根传》第239页。

坚持他自己的原则。1608年女王伊丽莎白死去已经五年了,培根在女王时代未曾获得一官半爵,本无旧恩之可言。詹姆士王登位后,培根才禄位高升,詹姆士王对于伊丽莎白的印象又不很好,乃培根竟敢写出对女王备极崇拜的"追思词",呈诸詹姆士为模范,以致触怒詹姆士王而不惜,不是一个超凡的人物能够这样做吗?"大德不逾闲,小德出入可也。"我们且拿这两句话来作为培根品质的定评吧。

第四章 培根的著述

培根的著述可分为三大类:(1)专业类;(2)文学类;(3)哲学类。

(1)专业类的著述主要有三种:第一,读产权法笔记;第二,法律原理;第三,法律的供用(大概是伪书)。

从职业来讲,培根是研究法律的,英国原是以习惯法为主的一个国家,法律条文,繁乱无纪,不加整理编纂,是十分难读的。培根以哲学家的眼光,科学家的手腕,运用其法律家的专业知识,把散乱的法律材料加以整理、汇集,作出许多概括性的结论,洵为法理学的津梁。可惜的是这项工作不曾做完,他就去世了。这项工作也是他的哲学研究组成部分之一,看他的名著《学术的推进》便知。

(2)培根文学类的著述很多,首先是论述道德问题、历史问题、神学问题的小品文,其次为杂文,杂文以《论文集》最为著名,最为人所爱读。其1597年的初版只有文章10篇,1612年版增为38篇,1625年版再增到58篇。在这些短文中,不但能看到培根词章的藻丽,行文的严谨和议论的精辟,而且比较二十余年各版所刊文章的内容与其字句的增删,更可体会到培根思想的变化。"在这些论文中,培根的人格处处皆有自然的流露,表明他作为思想家有充沛热烈的情感,作为政治活动家更有远大的眼光。不管是以一个政治活动家或一个文学家出现,培根的思想总是从实际出发的。"①这几句话正确地描写了培根著作的精神。

《论文集》是英国人人传诵的一本书。作家引用培根的话语多半是出于这个集子。以1945年英国牛津大学刊行的《引用语辞典》②为例,辞典中所载培根著作常被引用的计183条,就有111条,几乎全数的2/3,是出自《论文集》,也就是58篇论文,常为人引用达44篇,足见这书流行之广。

文学类中还有 Meditationes Sacrae, De Sapientia Veterum, History

---

① 译 H. W. Robin and W. H. Coleman:《世界文学》,1938年,英文原版,第580页。
② Oxford Dictionary of Quotations,1945.

of NenryVII, Confession of Faith, The Paradoxes 等书。其中 De Sapientia Veterum 最为人所注意。该书大意在指出古希腊文学中许多纯粹神话故事都含有哲学意义,也显示了培根在当时的创见。

(3)哲学是培根最心爱的。他多年计划要写一部大的哲学著作,为《伟大的复兴》,他计划这书完成时当有六个部分。兹仅引用培根自己的话语,说明六部分的主要内容如下:

第一,科学的分类(Partitiouis Scientiarum)——"科学经过分类后,我们就能了解过去已经发明和已知道了的东西,以及遗漏了而需要继续寻求的东西。……凡我们认为残缺的,我们不但要列举其名目,说明所要完成的部门的纲要,而且要仔细地按照工作的重要性和工作中的困难,指出进行工作的准则,或者试作某种工作,作为全部工作的示范。……我们在这部分工作上,不仅要像思想者说,只占卜地域,而要像作战的将领,攻城夺地所向皆捷。这是工作的第一部分。"①

第二,新工具,又称解释自然的说明(Novum Organum, Sive Fdicia de Futerpretatione Nature)——"工作的第二个目标在提示学说发挥理智更完善的效用,以增进思想的能力,要按照人类的实际需要使思想克服自然界中出现的困难并揭露其秘密。我们所指的是一种逻辑,即解释自然的技术,和通行的逻辑大大不同,乃是要帮助理解和指导理解必须与之一致的。其不同于通行的逻辑之点有三,就是目的不同,证明的程序不同,研究的根据不同。……通行的逻辑尽耗其全力于三段论式。前此的逻辑好像不大注意归纳法,至多不过约略地谈一谈。可是我们认为三段论式的方法太过模糊,使我们知自然交臂相失……三段论式是命题组成的,命题是词组成的,而词只是东西的符号与标志。概念可说是词的灵魂,而概念又是任何哲学结构的基础。如果概念只是从事物里轻率地抽象出来,模糊不清,不先加以界说和限制,则整个结构是会崩溃的……可是我们还是让三段论式和根据三段论式作出的那些出色而受欢迎的论证在通俗的和只论的推理中保持它的领域,至于寻求有关事物的性质,我们的大小前提就都要用归纳法,因为我们认为归纳法之为论证是包围自然,

---

① 译《培根集》,1901年,英文版,第10—11页。

追击自然,和行动结合在一起的。……我们的命题是一步一步地建立起来的,到了最后就有了最广泛的公理,这些公理不是一般的概念而是有其定义,并根据其性质之可能,深入到事物的本质的。"①

第三,宇宙现象。又称自然的和实验的历史(Phenomena Universi Sive Historia Naturalis et Eaperimentalis)——"那就是各种经验以及自然的历史,可为哲学的基础东西……大凡决定不与任意猜测而是要寻找知识和获得知识的人们,不是空称诸天的神话与种种传奇,而是要探讨和解剖这真实世界的人们,必须以查照事物本身为其唯一的任务。……其材料首先要从新型的自然历史中得来的。理智须有适当的对象,正如它需要真正的帮助一样。可是我们的自然历史像我们的逻辑一样,许多地方是不同于流行的自然历史的:特别是它的目的或功用不同,搜集方法不同,其探讨的微妙不同,选择材料不同,所指出进一步的工作也不同。"②

第四,理解的阶梯(Scala Intellectus)——"理智获得帮助与加强之后,就准备进入哲学阶段了,但这工作是艰巨的,它指示其实用途径所必须注意的某些事项。首先按照我们的方法提示一些探讨和钻研的实例,其对象最伟大但彼此不同,而且每一个部分都有其范例。所谓实例不是清规戒律的说明,乃是指示工作第二部分的完整模型,使人一目了然,能看清思维进行的途径,正如数学的圆球与机器有利于较隐晦较微妙的论证一样,使人能从仔细选择出来的范围看清所要继续作出发明的轮廓与程序。"③

第五,前驱,又称新哲学的预测(Prodromi Sive Anticipatones Philosophae Secundae)——"第五部分只是过渡性的,等到全部工作完成时,它就变为无用了。……所包括的,大都是人们运用一般理智发明所经历所增加的东西。……而利用过路站,只在使心思暂时休息,准备向前明了更多的事实。……我们绝不主张有什么不可知的东西,只是认为认识事物,须遵照一定的程序,按照一定的方法:认识的可靠性有其个别的程度之不同,因其范围的广狭与用途有别,但要进展到我们找出原因的说明为止。"④

---

① 译《培根集》,1901年,英文版,第11—12页。
② 译《培根集》,1901年,英文版,第16—17页。
③ 译《培根集》,1901年,英文版,第18—19页。
④ 译《培根集》,1901年,英文版,第19页。

第六,新哲学又称主动的科学(Philosophia Secunda Sive Scieutia Activa)——"著作的第六部分,是其它各部分所从属的。它是由上面所提出的适当、纯净而又严谨的探求而自然流露出来的哲学,在这里予以阐述。但是要完成这工作不是我们今日能力之所逮,实超出我们期望之外。然而我们须奠定其基础,上层建筑则有待于来兹。"①

这样浩大的科学研究工程,自非培根一手所能竣事。不只新哲学的上层建筑有待于来兹,即其各个准备阶段也不是培根所能做得了的。试一清查他生前已刊行的著作和死后的遗稿,其中有的是计划作为《伟大复兴》的某些组成部分而后来被摈弃,为别的著作所代替的;有的是和《伟大复兴》有联系而不是其组成部分的;而又有的是《伟大复兴》的组成部分的。兹分别来说一说。

属于被摈弃之类的人(1)《学术的推进》(The Advancement of Learning),出版于1603年至1605年。十余年后,培根增修这书而以拉丁文写出,名为 De Dignitate et Ougmeutis Scientiarum(《科学的伟大与科学的成长》),出版于1622年,为《伟大复兴》之第一组成部分。(2)Valerius Terminus,大概是培根1603年的作品,为《伟大复兴》第一、第二两部分的大纲,内容简略,不算明晰,但从这稿件可以看出《伟大复兴》在培根的思想中是怎样逐渐发展的。(3)Temporis Partus Masculus,可译为《时间的刚性生育》。所谓时间生育,就是指哲学的成就,而书名之加上"刚性"字样,盖影射着过去的哲学柔弱无能,惟有新哲学才是刚性的,结着丰满的果实。(4)Redargutio Philosophiarum,可直译为《哲学的批判》,是演说体,大约写于1608年或1609年,其中有许多是《新工具》第一卷《剧院偶像》的材料。(5)Cogitate et Visa,可译为《所思所见的东西》,是《新工具》第一卷的材料。(6)Descriptio globi Intellectualis,可译为《理智汇编》,似是《学术推进》和《科学的伟大和科学的成长》两作的过渡作品,评论科学分类的问题。(7)De Interpretatione uaturae Senteutiae Duodecim,可译为《关于自然的解释之十二条意见》,显然是《新工具》第一部分的试作,其中的词句许多是一样的。(8)余为 Inqinsitio de Motic,

---

① 译《培根集》,1901年,英文版,第19—20页。

Coloret Frigus,Hisctoria Soni et audituo 和 Pheuorueua universi,都是短稿,大都是自然历史的小品,试用其新方法的。

至于和《伟大复兴》有联系而非其组成部分的则有:(1)《新亚兰特斯》(New Atlantis)一书。全书约一万余字,以传奇体裁,描写着一个理想的国家,一个利用政治力量体现培根新哲学的原则的乌托邦。这本小册子,还未写完。看样子培根本是要续上一半,说明理想国的法律……;后来才因故中止了的,所以 1627 年培根的秘书饶理(W. Rawley)将这书发刊时,就在末尾注上了"未完"字样。(2)《神仙故事的基础与起源》(De Priucipiis atqae Qriginibus Aecumdum Fobulas Cupidinis et Caeli)是两个神话故事,出版于 1621 年,谈到科学的尽头处,谈到一切的起源、原始物质的性质,也提到古希腊哲学家德谟克利特和近代的帖烈肖,含义深远颇饶兴趣。(3)Cogitationes de Natura Rerum(《关于事物性质的思想》),大约写于 1605 年,《潮水说》(De Fluxu et Raflexu Moris)大约写于 1616 年。

属于《伟大复兴》组成部分的著作,其第一部分已经写完,其第二部分为《新工具》,是培根驰名海外,始终能在哲学史占一席地位的杰作。这书经培根先后修改不下 12 次,虽尚未完成,但已不失为哲学上的一种名著。第三部分培根只写了简短的导论,名曰 Parascevead Historiam Valuvralem et Experimentalem,可译为《自然与实验室休息日之前夕》,原刊称为《新工具》的附录。属于这部分的还有 Historia Ventorum(《风的调查》),Historia Vital et Mortis(《生与死的调查》),Historia Densi et Rari(《密度与稀度的调查》)和 Sylva Sylvarum(《森林之森林》),出版于 1624 年。《森林之森林》是大量事实与观察结果的汇集,为科学研究的资料。关于第四部分,培根只在 1606 年写了两三页的短文,称为 Filmtabyrinthi,可译为《迷宫的线索》。属于第五部分的,培根遗著,只有简短序言。有人认为 De Principics De Fluxu et Refluxu,Cogitationes de Natura Rerum 等作可能是为这部分而写的。《新工具》第一卷箴言第一百一十六有这几句话:"在一些特殊的问题上,我所有的不完备的结果,虽然已比通行的结果真实得多,有效得多(即我在《大复兴论》第五部分所搜集的那些结果),可是我并没有完全的、普遍的系统要提出来。"①第六部分是新哲学,正如培根所言,"不是我们今日能力之所逮……有待于来兹"②的。关于这点,他很感慨地写道:"完成科学复兴工作的第六部分(那就是由自然的解释所发现的那哲学要做的工作),现在好像还非其时,我们也不能希望我们的寿命能延长到那个时候,可是只要我们在这青黄不接的当儿,能安静地有益处地推进工作,抓紧时间替后代撒下一些比较纯粹一点的真理的种子,至少像这样把伟大的事情开动起来,那么我们也就满意了。"③

  这是培根写在《新工具》上的话,至迟也是 1620 年,在他逝世前 6 年,他还未满 60 岁的时候。我们看他在死之前一年,即 1625 年,他是怎样估计自己的工作的。在写信给一个国外的朋友,谈到他的《伟大复兴》时,他说:"第一册是关于《学术的推进》,而你知道这是已经出版了,其中有科学的分类,那就是我的《伟大复兴》的第一部分。跟着就是《新工具》,还须加上后一半,而我对于这是心有成竹的,那就完成《伟大的复兴》之第二部分。其第三部分,《自然的历史》,显然是要一个大权在握的人,国君或教皇;否则必须是一所学府或一整个宗教团体,才能办得到,绝非某一私人的勤劳所能胜任。我所刊出的某些部分,关于'风',关于'生与死',并非纯粹历史,因为渗入了一些公理和比较重要的意见,成为自然历史和粗浅不完善的理智机器混在一起的写法,那应该属于《伟大的复兴》之第四部分。其次就是第四部分本身,其中应该要有这机器的许多实例,比较是更正确而且比较更加是运用归纳法的规则的,在第五部分里,有我称为《第二哲学的前驱》那本书,其中载有由实验提示而为我发现的新公理,这些公理是像树在地上的柱头一样,拾取来而建立着的。我以这为《伟大的复兴》之第五部分。最后是第二哲学本身,即《伟大的复兴》的第六部分,而我对此已绝望了。后世之有志于此的必能使之繁荣。由此你可看见,我的期望很深,而力是薄弱的。……可是我回忆自从少年从事这研究,于兹四十载,历漫长的岁月而衷心未尝一日荒怠,未敢灰心,而至今满怀信心地以《时代伟大生育》这美好名称名这著作,宁非天意使然,这才是我对前

---

① 见关琪桐译培根《新工具》,商务印书馆,1937 年,第 103 页。
② 见关琪桐译培根《新工具》,商务印书馆,1937 年,第 103 页。
③ 译自《新工具》第一卷箴言第一百一十六。查关译不太妥,故重译如上。——作者

途的展望。"①培根晚年的际遇是凄惨的,而他是一个哲学家。真正的哲学不管一时的际遇怎样,总可退居到他自己牢不可破的堡垒,就是他的哲学研究里面。百年后替他写传记的司徒尔特说:"培根面临死亡的时候,读柏拉图《费都》②这篇著名的对话。……他的最后几年真正是和死亡赛跑,而遗留给后世的许多著作就是他不朽的纪念碑。"③培根曾悲愤地写过:"人生不过是水面上的素描,尘土上的字迹。"④这是培根的伤心语,但是培根的著作已是不朽的了。

---

① 译司徒尔特:《培根传》引言,见该书第135—137页。
② 《费都》(Phaedo)这篇对话是柏拉图描写其师苏格拉底临死一日的情况,证明苏格拉底是为着真理和正义视死如归的。——作者
③ 见《培根传》上引版第237页。
④ But Limns the water, or but writes in dust,见论文《世界篇》。

第五章　培根时代对于亚里斯多德传统逻辑的看法

培根的知名于后世,主要是因为他的《论文集》和《新工具》两书。《论文集》以文学擅长,《新工具》则是有关方法论的一本创作,他对亚里斯多德传统逻辑不适合实际的科学研究和探讨,深感不满,感觉到方法论之欠缺与重复,故作这书为《伟大的复兴》的方法论以代替亚氏之逻辑。其书名《新工具》也正是针对亚里斯多德的《工具》而言的。因为《工具》是后人对亚里斯多德遗著中逻辑六篇的总称。

亚里斯多德之研究思维,以逻辑六篇教其弟子,是因当时在古希腊,尤其在古希腊的文化中心雅典,有许多风靡一时的辩士,混淆词义,颠倒是非,故不得不起而从事语言分析,求词与句之正确,显示推理的规则以破斥辩士惑众的诡诞,虽然在他的分析里面,也涉及许多科学研究的问题,但是科学尚未发达,方法论方面是语焉不详的。

亚里斯多德绝笔后,历千数百年,由所谓中世纪至欧洲的文艺复兴时代,其不满人意是势所必至理所当然的,盖亚氏逻辑在中世纪久为经院哲学所歪曲,而残缺不全将流传至培根的 16 世纪,更早已失掉它本来的庐山真面目了。

早在 3 世纪,怀疑思想家撒克特斯(Sextus Empiricus)以亚氏的三段论式,从已知的前提推出结论,而结论原在前提中,则所谓由推理而得结论只是词句的安排,无补于事物的探讨,因而据以抨击亚氏的三段论式。由此可见批评传统逻辑并不从文艺复兴时期开始,罗吉尔·培根便另是一例。

文艺复兴,标志着欧洲人们的思想大解放和中世纪的结束。这个运动的兴起,在欧洲各国迟早虽有不同,例如意大利比较早,在英国比较迟。可是在任何一个国家里,却很难在这两个时代之间划出一条很明显的界线。文艺复兴扩大了人们的视野,解除了中世纪的教会和经院哲学对人们所加的束缚,因此行动的标准已再不是什么社会制度所崇奉的权威,而是各个人认识到的真理。思想正确性的标准,再不是什么宗教的经典,而是从自然探讨出来的科学。关于这点,法兰西斯·培根有一句名言说:"书籍随从科学,不是科学随从书籍。"①众所周知,中世纪奉为神圣不可侵犯的,只有两部书籍,一部是基督教的《圣经》,一部是经院家编纂、窜改,从而歪曲了的亚里斯多德遗著;一部是信仰的圭臬,一部是知识的准绳。从13世纪以来,亚里斯多德就这样与圣经同列而被绝对化了的,都是为了维护着中世纪的社会制度。可是文艺复兴终于冲破了这双重樊篱。人类摆脱了思想的枷锁以后,当然就要投入到大自然的探讨里面去,而且要投到从理智解放后所认识的大自然里面去。文艺复兴是复兴古典文学,重新发现的古典文学,不是中世纪传下来残缺不全,牵强附会的古典文学。文艺复兴重新发现的古典文学既不为中世纪教会所牵强附会而呈现出它本来的真面目,这说明人类理智有其自身发展的规律,通过这个规律,人类给自己开拓了一段光辉的历史。一句话,从文艺复兴,欧洲人获得了理性生活的新生。

这新生当然要对于过去的、束缚人们思想的一切东西加以批判。这新的活活泼泼的生活,是不愿意再忍受任何束缚的。它是富有健康与能力的生活。它在人们的思想中,在欧洲的文化中,结束了中世纪。

因此,中世纪的逻辑也在被摈弃之列了,15、16世纪中不少思想家感到创作新逻辑的必要。中世纪的传统逻辑是三段论式逻辑。中世纪三段论式是根据权威确定其大前提的,传统逻辑是被利用而为教会的神学服务的。神学以教会的权威确定了一切理论的大前提,就等于一切理论都在教会的神学范围里兜圈子,不管理智有天大的神通,总跳不出如来的一只手掌。可是文艺复兴后的齐天大圣却千方百计总要跳出来。新逻辑和新方法论就这样应运而生,新逻辑运动最杰出的人物是被称为归纳法创始人的法兰西斯·培根。培根的新方法主要要在他的《新工具》一书中去体会。

培根与其新逻辑运动的前辈,如帖烈肖、蓝枚耶、康伯内拉,都是为时

---

① "Books must follow sciences, and not sciences books."见《关于修正法律的建议》(Bropositiorcs touching Amendment of Laws)。

代精神所激动,深感传统逻辑的不足,而略有以补充、改善,或重新创作的。我们首先看帖烈肖的思想。

文艺复兴运动开风气之先的当然是意大利。"意大利的自然哲学是新时代自然科学和唯物论的直接先驱者"①,而帖烈肖是这时意大利自然哲学的杰出代表人物(Bernardino Telesio 意大利人,1509—1588)。

当时意大利在文艺复兴潮流澎湃之下,思想分南北两派。北派比较保守,一切还是以亚里斯多德为准绳,而南派则趋于前进,企图在自然科学中找出一条新的思想道路。帖烈肖是属于南派的,因之是北派的僧侣所仇视的。僧侣派极力想办法来打击他。但是帖烈肖始终不满意于中世纪流传下来的哲学和寻求真理的方法,认为用传统逻辑的推理方式以窥探大自然,是缘木求鱼,徒劳无功的。他主张观察事物,从感性认识来获得知识。他的口号是"不靠推理而靠感觉"。他并认为心灵和物质是同一类的东西。可是他虽然改换了亚里斯多德自然哲学中的一切基本观念,但并未提出什么方法论来建立他的新观念②。然而帖烈肖已在欧洲16世纪哲学中别开生面,为新哲学的嚆矢。

在意大利继帖烈肖而起的有康柏内拉(Tommaso Campanella,1568—1639),他在思想上追随帖烈肖,可以说是帖烈肖的私授弟子,和帖烈肖一样,他想在经验上建立他的新哲学。他对于丹麦的天文学家布拉耶(Tycho Brahe)和意大利的天文学家伽利略(Galileo Galilei)的天体观察所得的结果是非常注意和欣赏的。他的看法是完全正确的。天文学家的事实既是从观察得来,任何人若要推翻这些事实,惟有根据更精确的观察,主观好恶在宏观事实面前是无能为力的。这是文艺复兴的新观点,表现新时代的精神,是康柏内拉始终坚持绝不让步的。康柏内拉为当时的权贵所忌刻,被诬入狱,以后仅以身免。他在监狱里还写了一部《伽利略洗冤录》(Apologia Pro Galileo),足见他爱好真理,威武不屈的伟大精神,可为后世法,也可见新兴的唯物主义哲学是不可扑灭的。帖烈肖和康柏内拉追求一种正确而更有效的科学研究方法,虽没有提出什么系统性的

---

① 引语见薛格洛夫主编的《西洋哲学史简编》中译本第 106 页。
② 参看 Harald Höffding, A History of Modern Philosophy, Eagtraus by B. E. Meyer, London. 1900. Vol. I pp. 93-97。

具体方法,却已指出自然科学研究的新方向,并证明新方法的期望在西欧16、17世纪中是迫切的①。

反抗传统逻辑的,在法国则有蓝枚耶(Petrus Ramus,法文为 Pierre de la Romée,1515—1572)。他是法国东北部的一个人。父亲以烧木炭为生,家贫,受雇为某富家大学生的书童,晚间自学,费心力攻读。初时他爱好经院哲学的传统逻辑,但日久就觉得这逻辑内容空洞,流于形式,不能解决问题,于是改学柏拉图,认为在柏拉图的对话中,能找到思维的真谛。当他21岁那年考硕士学位时,他提出的学位论文是要证明亚里斯多德的学说无一是处。1555年蓝枚耶用法文刊出他的《辩证法》(Dialectic),说明首先要在事物中找出自然应怎样运用思维规律,就是找出思维规律在客观事物中怎样表现,然后才确定思维的规则。这已是初步认识到思维逻辑必须要正确反映客观事物这一条真理。蓝枚耶感觉到当时人为的逻辑,即被中世纪歪曲了的形式主义的亚里斯多德逻辑,脱离现实太远,就试图回复到古希腊最早的哲学家那里去,还没有人为逻辑的时候,来寻找正确思维规则,其用心不可谓不苦。他认为在伟大的政治家、演说家、诗人和数学家的著述中,可能发现他们怎样运用思维的过程,再以之作为研究逻辑,形成思维规律的材料。这种看法是有其相当的理由的②。

蓝枚耶认为逻辑有两种任务:一方面,寻找证据,另一方面,运用所得的论据来建立论题。至于怎样运用论据以建立论题,则蓝枚耶并无独到之处,毕竟还是采用亚氏的三段论式,所以他对于传统逻辑的改革,实际的贡献不多,而且太过强调划分的二分法,随处机械地使用,其结果只是另一套经院哲学,走了回头路,殊为可叹。然而他亟力企图在自然中寻找逻辑的真谛是符合新时代的科学精神的,惜其只想在古籍中寻找自然而不在自然的实际研究中来找,所以他的方法是不足以满足时代的要求的③。新方法论的创作还有待于英国16、17世纪的培根。

但是蓝枚耶在培根之前半个世纪,大力和当时根深蒂固的中世纪传

---

① 参看上引书英译本第150—152页。
② 参看 Höffding, History of Modern Philosophy,上引英译本第185—186页。
③ 意译 Höffding 上引书英译为第186—187页。

统逻辑进行猛烈的斗争，企图把逻辑和实际相结合，致使在欧洲大学中长期占统治地位的经院哲学从根本上受到动摇，不能不算是有历史价值的贡献。其影响达到德国、苏格兰、英国、瑞士等地，最为经院哲学的人们所厌恶，称其学为蓝枚耶流派。英国剑桥大学迪比(Everard Digby)攻击蓝枚耶为最厉害，而迪比可能就是培根的导师。培根思想上是同情于蓝枚耶的。可见他之青出于蓝，少年时已能保持他的独立思考，不致为其导师所眩惑。实际上，当时在剑桥大学还有和蓝枚耶同调的，如威廉·谭普尔就是站在蓝枚耶的立场上和经院哲学的代言人辩论的。这种争辩当然会引起培根的注意而影响他的思想①。

不只是培根以前有反对传统逻辑的代表人物如上面所讲到的意大利人帖烈肖和康柏内拉，法国人蓝枚耶、培根以后还有法国人笛卡尔②，英国人洛克③和18世纪法国启蒙运动者感觉论哲学家，孔狄亚克④后于培根的《新工具》一百余年，所谈的虽然多属于心理学范围，但"他和他的门徒谈到经院哲学的逻辑都是一样地加以鄙视的"⑤。都是不满意于经院哲学的腐朽逻辑的，但具体地提出新逻辑以代替旧逻辑的，终推培根为第一人，他的《新工具》的确是划时代的一部著作。

上面已经说过，培根的《新工具》是由于不满意当时的传统逻辑而作的。传统逻辑是培根时代大学教学计划中的一个主要部分。当时大学教育的落后腐败情况，培根在其《学术推进》一书中第二卷第一章描写得很详尽。他写道："我表示我的惊讶，因为在欧洲这许多著名的大学里面，所有的基金都用之于各种职业，而完全未顾及艺术和科学的自由培养……如果一个人认为哲学和一般性的研究是于实际无补的东西，他显然是忘

---

① 参看上引书，英译本第187页。
② Réne Descartes(1596—1650)，其名著《方法论》(Dircours de le methode)出版于1637年，只后于培根的《新工具》17年。
③ John Locke(1632—1704)，其名著《人类悟性论》(An Essay Concerning Human Understanding)出版于1690年，实是深受培根的思想影响的。
④ Etieune Bounot de Condillac(1715—1780)，其主要著作《感觉论》(Traité des Sensations)出版于1754年。
⑤ (ne parlent pas avec moins de dédain de la logigne de l'Ecole)禅尼语，见禅尼著《哲学史》1928年法文版第633页。——作者

跟着这一段,培根列举当时学术机关,尤其是大学的许多缺点,其中之一就是大学的不合理法规,而且指出过早讲授逻辑这一个实例。他说:"要求学生过早来钻研逻辑和修辞学是不合理的法规之一例。当知逻辑和修辞学是其他各门学术的精华,为研究生则于宜,而为幼稚的初级生则不恰当。"②培根时代入大学的学生一般只是十三四岁,所以他才这样说。这种教育的结果就是所学只注重形式而忽略内容,只重语义而不求实学。"这样情形,变本加厉,以致人们只知研求为避免而不讲实质,孜孜于词藻与文章结构的讲究,而不衡量事实的重轻、题材的体统、论证的正确,至于发明的实践和看事的深刻,更无论头。"③醉心于词藻章句无异于和图画谈恋爱④。培根就是这样痛恨当时教育对一般读书人所形成的敝害。他在《新工具》一书中也同样地指出了重词句而忽实质的毛病。他写"市场偶像"时说:"一般的词是在通俗语言中形成的,所指的东西大都失于广泛,为一般人的说法,到了理解趋于准确、缜密的观察则要求改正其词义以适合实际的时候,语言就成为障碍。因之学者们剧烈的争论每每归结词句之争,其实应该效法数学的严议将事,从根本着手,使争辩变成定义的厘定。"⑤培根认为这种情况反映当时的传统逻辑。他是这样来看当时的传统逻辑的。根据这种看法,在他的《论文集》、《论读书》一篇里,才有下面为人传诵的几句话:"历史能使人有智慧;诗词能使人机警;数学使人精微;自然哲学使人深入;道德学使人严肃;逻辑和修辞学使人能够争辩。"逻辑的功用是限于争辩的!

培根当时所认识的传统逻辑主要就是三段论式的推理。他认为"三段论式"是命题组成的,命题是词组成的,词是概念的符号。如果作为整个系统基础的概念是模糊不清的,是草率地从事物抽象出来的,则上层建

---

① 节译培根的《学术推进》(Advancement of Learning)第二卷第一章,1901年,Bohn's Libraries 英文版,第37页。

② 译自《学术推进》第75页。

③ 译自《学术推进》第43页。

④ 译自《学术推进》第44页。

⑤ 见《新工具》第一卷箴言五十九。查沈因明和关琪桐两译皆不太妥,故改译如上。——作者

筑不会巩固。因之我们的"唯一希望就在于真正的归纳法"①。培根说"唯一希望是在于真正的归纳法",因为他认为当时传统逻辑中的归纳法是限于简单枚举法,而简单枚举法对于科学的研究不能起决定性的作用。这种看法是正确的。一切演绎推理必须有其大前提,由大前提逐步向上推进,一定要推到最高的公理,这公理怎样得出是归纳法的问题,简单枚举法是不能解决的。培根在《新工具》第一卷箴言二十五正确地指出:"现在所用的公理是从有限的经验,从常见的少数特殊事实而得出的,因之这些公理的尺码和范围大都限于其所自来的有限事实。如果有前所忽略或未知的事例出现,就运用一些不关大体的分别来维持公理,而不知要修正公理使和真理相一致。"②在培根的时代,一般推理大都是以人所认为神圣不可侵犯而实际上成问题的一些命题为其大前提,为其出发点,绝不敢把这些命题证诸事实,因而无从发现新的真理。培根对于这点的体会是深刻的,表现着他对于中世纪的思想残余极端的反抗,因而也痛恨代表中世纪思想的传统逻辑。在他的《学术推进》一书第五卷第一章里,他曾写道:"这部分人文哲学称为逻辑的,是许多人所极不喜欢尝到它的滋味的,因为它正像一个纲罗,一个烦琐令人不敢接触的陷阱。"③

可是,培根虽然痛恨其时的传统逻辑,但他并不一笔抹煞其一切的功用。他只认为传统逻辑的功用限于通俗的辩论,限于谈到日常的道德等问题,而对于自然科学如物理,则"自然的微妙远过于语文",绝非当时的逻辑所能探究的④。"现在的逻辑系统对于科学的发明是无能为力的。"⑤其所以然之故,培根指出是由于古代希腊人发展了几何学,而且这门科学进展得很快,他们就被成功而冲晕了头脑,以为几何学所用的演绎方法亦同样地适用于其他的科学,于是就急躁地抓住几条抽象的原理,而毫不顾及实验对于自然科学的重要性,企图用演绎法推演出宇宙间一切的规律和外界所有的现象,结果就成为经院空洞而烦琐的哲学系统,殊不知在一

---

① 译自《新工具》第一卷箴言十四。
② 译自《新工具》第一卷箴言二十五。
③ 见《学术推进》第五卷第一章,1901年,英文版,第182页。
④ 见《学术推进》第五卷第一章,1901年,英文版,第187页,又同书第6页。
⑤ 译自《新工具》第一卷箴言十一。

个科学的系统之中,只要有一条原理不正确,脱离实际,那就会像一个复杂的数学公式一样,偶有一个数演算错误,由此所得的结论也都会错误。错误导致错误;所关实属重大①。培根认为"当时的传统逻辑只是以巩固一般以流传意念为基础的错误,而不能有助于真理的探求,故害多益少"②。培根又指出,"人心是爱作概括的,因概括了就不必工作,所以对于任何一个问题稍稍从事实验就感到疲乏而不愿追求,而这些毛病正是由逻辑得到滋生的,以其能在争辩中施其伎俩故也"③。当时传统逻辑在用于争辩上,也有所谓证明,但是逻辑中所有的证明只能使世人成为人为思想的奴隶,使思想又成为文字的奴隶④,其结果就是"一切都掉在传统的云雾中,掉在辩论的漩涡中,不然的话,就是落到偶然东西的波涛和迷宫里面,一种方向不定,随便凑合的试验"⑤。培根就是这样描述了当时的逻辑对于学术的影响。

  当他写他的《科学伟大复兴》工作的计划时,有这一段话,论述当时的逻辑,可说是他对于传统逻辑的总评:"在流行的逻辑中,几乎全部力量都是消耗在三段论式上面。逻辑家好像向来就很少注意到归纳法,随便讲一点就算了数。可是,三段论式太模糊不清,每每会让自然滑掉,使我们把握不住,所以我们摒弃它。谁也不能置疑,凡是和中词一致的东西是彼此一致的。可是,一个三段论式是由命题组成,命题由词组成,而词只是事物的符号与标志,其错误的根源就在于此。如果我们可以说:词的灵魂是原始的概念,原始的概念又是任何哲学结构的基础,而原始概念是草率地从事物抽象出来,模糊不清,没有清楚地为之下定义并加以限定,那么整个结构就会垮台。所以我们摒弃三段论式,而且摒弃的不只是它的最高原理,逻辑家是不使用最高原理的,而且摒弃它的中间命题,三段论式总爱玩弄中间命题,搞得无法产生结果,对于科学的主动部门明明是不适合的。但是在通俗的和冥想的活动范围中,三段论式和那些一般人惯用

---

① 见《新工具》第一卷箴言十三。
② 见《新工具》第一卷箴言十二。
③ 见《新工具》第一卷箴言二十。
④ 见《新工具》第一卷箴言六十九。
⑤ 见《新工具》第一卷箴言八十二。

而受欢迎的证明方式,还有它们的园地,我们并不去干涉它;然而有关于事物的性质的问题,我们在推理过程中的大小前提就都要运用归纳法;因为我们认为归纳法这种证明形式是包围自然、追求自然,和行动结合在一起的。因这就把流行证明的次序完全倒置过来了;我们不是从感觉到的东西,特殊的东西,直接飞跃到一般的东西,好像飞跃到固定的两极去(一般的争辩总是环绕着这些最一般的东西的)。从而再用中间的东西迅速地,但又草率地得出其它一般性的东西。这样,只能滋长争辩而不宜于和自然搏斗;我们要不断地逐步建立起命题,最后才到最一般的公理,这些公理不是概括的观念而是有清楚的定义并且为自然所容许的,深入到事物的本质的。"①这就很清楚地说明培根何以不满意于当时的传统逻辑,并何以计划草拟他自己的一套新的科学研究方法,而称之为《新工具》。培根在他1620年出版的而尚未写完的《新工具》一书最后一段里,这样写道:"可是要注意,在我们这工具里面所研讨的不是哲学而是逻辑。然而我们的逻辑是要训练理性,教导理性,使之不是好像用心里的细小钩钩来捕捉擒获只是抽象的东西,而是要它真正深入自然、发现物体的属性与其结果,并且发现物体实质的一定规律(这样,我们这门学科才是从事物的性质产生出来,同时也是从人心的性质产生出来);所以我们这门科学不断有着自然的观察和自然的实验,分布在它里面以作我们方法的说明,这是不足为奇的。"②

这是培根的《新工具》与其所确定的任务。在写他的《科学伟大复兴》的计划时,他已经明白地说:"工作的第二个目的包括着更完善使用理智的学说和理智机能的真正帮助,其任务是要提高和扩大人心的能力;而且按照人类的情况,使人心有条件来克服自然的困难与澄清其蒙昧。这就是一种逻辑,我们称之为解释自然的技术,和流行的逻辑有别,虽两者都是要帮助和指导更改的运用,但是两者之间是有区别的。其区别有三,即目的不同,证明的次序不同,研讨的根据不同。"③"为了把问题弄的更为明晰,而且使我们的意义更加容易了解,我们用一定的名目来称呼这两种

---

① 译培根《科学伟大复兴》的《工作计划》,见 Bohn's Libraries 英文版,第12页。
② 译自《新工具》第二卷箴言五十二。
③ 译自 Bohn's Libraries 英文版,第11页。

不同的方法,即称一种方法为人心的预断,称另一方法为自然的解释。"①

  虽然是这样,培根在其《新工具》一书中却反复声明,他并不是要把他的新方法来排斥旧逻辑。他在《新工具》里写道:"不要任何人怀有丝毫的疑虑以为我们是企图摧残与毁灭现在流行的哲学、艺术和科学的。恰恰相反,我们衷心希望这些哲学、艺术和科学得到运用、发展和尊重;我们并非有意干涉现在通行的系统,不叫它去鼓励讨论,充实谈论,或者不让它由教授在讨论上和一般人在日常生活上去使用,正如通用的货币一样,只要大家使用就可流通了。……我们只是要经常公开地认定,现行的方法是不能使科学的理论和潜思有任何进展的,而且不能产生任何丰富的效果。"②由此可见,培根对于当时的传统逻辑是抱着什么态度,对于他自己的《新工具》又有什么样的期望和信心。

---

  ① 译自《新工具》序言。
  ② 译自《新工具》第一卷箴言一百二十七。

第六章 培根的《新工具》

一、《新工具》一书与其主要内容

按培根草拟的《伟大的复兴》(Instauratio Magna)计划,《新工具》(Novum organum scientiarum)是这计划的第二部分,出版于1620年,其拉丁名称应译为《科学的新工具》,但一向在各国文字上都只称为《新工具》。

在这书出版时,作者以之呈献给当时的英王詹姆斯。在呈献书中,他写道:"这本著作不管从哪一方面来看,都只是一本新逻辑,教人怎样用归纳法去发明去作判断(因为三段论式已发现其不适用于自然科学),而使哲学和科学更为真实,更为主动。……我从事这类工作近三十年,原以为来日方长不准备马上付印的。这书还未臻于完善,我其所以要把它现在就刊行,老实说,是因为我计算我的时日无多了,不能使之湮没,真正主动的哲学,及其主要的基础是自然和实验史。这是我计划工作的一部分,而这《新工具》之刊行,或者能够为这工作获得某些资助吧。"①《新工具》刊行时,培根自己说,他曾从事于这种工作近三十年。"在罗莱(Rawley)所著的《培根之生平》一文中可以看到作者对于此书费了多少辛苦和思想。罗莱说:'我亲见《大复兴论》至少有十二个稿本,他一年一年有所修正,有所增删,最后才成了印行出的那个样子。这正如许多动物爱舐自己的幼儿那样,一直要等它们的肢体发达到强有力的时候才止。'"②可是我们知道,《新工具》出版于1620年的时候,还是未写完的一部稿本,培根并没有把它续完。

书分上下两卷,全以箴言体裁排列。箴言的长短不同。第一卷共有箴言一百三十条,而第二卷则只有箴言五十二条,但以篇幅计,第一卷占全书三分之一强,而第二卷则占其三分之二弱。

全书以"解释自然的暗示"为其副题,而第一卷的总题为《自然的解释

---

① 节译 Mary Sturt 在她1932年出版的《培根传》,引用培根呈献书的话,见该书英文原版,第201—202页。

② 见关琪桐译培根《新工具》,商务印书馆,1937年,《新工具》序,第1页。

与人类的皇图》,第二卷的总题为《自然的解释与人类的王朝》。按《新工具》吴德(Wood)的英译本,第一卷的总题中是用 the Empire of man(兹译《皇图》),是指人类对于自然所应控制的领域,第二卷的总题是用 the Reign of man(兹译《王朝》),是指人类对于自然之实行统治①。

第一卷说明过去科学的成功少,故须有新的自然研究方法以解释自然,强调科学研究当以感性认识为基础,但感觉须有工具为之帮助并使观察的能力人人都能掌握,消除个人差异,详言实验的重要性并分析过去实验的各种偏差和所受到的障碍,指出必须大量搜集材料,列为三表,逐步求得公理,声明一切科学都是以实用为归依,期于像"新亚兰特斯"岛那样由科学的推进造成一个新型的社会。

第二卷首言模是什么,科学之如何由于模之确定而知道事物的规律和事物发生发展的原因,因而控制事物的性质而加以人工的改造,次言学术的分类,三表之怎样是真正归纳法的准备,强调排除法是科学研究的最重要环节,而终言培根之所谓优先权的 27 种例证。这最后一段占篇幅最多,约为全书 46%强,足见培根对这问题的重视。

为理解培根的新科学方法,必须把《新工具》和《学术推进》与《新亚兰特斯》两书结合着来看。

二、概述培根的科学方法

根据马克思的评定,培根是"英国唯物主义的创造者又是近代实验科学的创始者"②。自然科学在其眼中是真正的科学,而依靠从外界所得的感觉为其证据的物理这门科学乃是自然科学的最重要部分③。照培根看来,自然是现在人们面前的一堆现象是复杂的。我们认识的事物每一个都是一个统一整体,是许许多多的质所构成的。这些质有待于分析,而质之在事物中错综纠缠在一起,不加以缜密精详的分析,则花多眼乱,无从

---

① 《解释自然和解释人国》,不但是和书中内容不相符,而且是英文的误解,不可不纠正,盖 on the Futerfretation of Nature and the Empire of Man 之中"解释"这词是"自然的解释",不能达到下一词(the Empire of men)作为"人国的解释"。——作者

② 马克思语,见《苏联大百科全书》的"培根"条。

③ 马克思语,见《苏联大百科全书》的"培根"条。

看出条分缕析的结构以辨别其主从。自然的这种微妙,不有严谨精确的观察方法加以分析、综合、抽象、概括,必不为功。培根认为这方法就是归纳的方法,是前人所没有用过,必须由他自己来发明提倡的。他认为大自然正像一座复杂的迷宫(labyrinthus),盲目冲撞,无法走出,一定要有引导的线索(filum labyrinthi),才能不失方向。归纳法就是这引导的线索,它能使人揭露大自然的秘密,走出其迷宫的。归纳法是从事物的感性认识开始,首先就要进行观察,搜集材料,因之他的《新工具》开章明义就说:"人是自然的仆役和解释者;他按照事物和思维秩序的观察以决定其行动和理解,此外,他什么也不能知道,什么也不能够做。"①可是,大自然既然是这样复杂,像一座迷宫,人借感观以观察自然现象,由记忆以积累经验,而感官与记忆必须有其帮助的方法,否则所观察的就会是先后倒置,轻重不分,所记忆的也会是紊乱无纪,纲目不明。

在观察过程中,首先要求观察的准确,不为偏见和成见所蒙蔽,培根因之很详细地讨论他所称为的"偶像"(又译"幻想"Idola)这个问题,观察包括实验。但是怎样从观察和实验所得的材料来识别事物的模以明事物发生发展的原因和规律,借以控制事物改造客观,就是新方法的主要问题。这又不只是感性认识的问题,是由感官认识上升到理性调度集中的问题。培根称新方法为新逻辑就是因为这方法不只是关于观察,而且是关于思维的。这新的方法和新逻辑不但是获得知识为其目的,同时,根据培根的看法,知识是为着发明新的技术以满足人们的需求、增进人类的福利的,所以科学的知识和技术的运用是紧密结合,不可分割的。

培根认为在他以前不是没有对于自然的知识,也不是完全没有改造自然的技术,但是过去知识的获得和技术的改进大都是出于偶然而没有一定的计划的,对于自然,大都是主观的猜测和主观的断定,他称之为"自然的预测"(anticipatio naturae)。拉丁文 anticipatio 这名词是由动词 anticipo 而来的,而这动词又是从 ante, capio 两字构成,意即在"事前就提住"。按培根用这字的意思,乃设若无事实根据而对自然作主观断定。虽然获得某些效果,也不过是偶然的事,至少也就是用传统逻辑

---

① 译自《新工具》第一卷箴言一。

的简单枚举的方法,观察有限整合,而草率地作出结论,一有相反的整合发现,结论就会被推翻的。培根认为真正的归纳法不是这样,而是"自然的解释"。这个词的原意就是把自然披露出来,寻得自然的秘密,使众周知的意思。

培根的新归纳方法不是简单地由某些观察得到的个别事物概括为一般的原理,"不是让更改从特殊的事物跳到悠远的公理,最一般的公理,再从而依据其认为不可动摇的真理证实其中间的公理。这只是三段论式的证明方式,人们受其熏染,习以为常,形成理性的偏向,于是一直就这样做。可是我们向着公理上升,是循序渐进毫不蹿等的,首先是从特殊事物求到较小的公理,再进而求到中间的公理,最后才到达最一般的公理。这样,科学才是有希望的"①。主要的,还是在于运用适当的排斥法(rejectio)和排除法(exclusio),而所排斥的不相干的整合和所排除的不正常的事例,不是否定的事例。培根认为有意义的否定事例正所以显出肯定事例的本质的。必须搜集了充分数目的否定事例之后,才能根据其肯定的事例作出结论。培根并认为这是他的创见,前人并没有用过的一种方法,除非说柏拉图在其早年的对话中,描写其师苏格拉底和论敌辩论时,首先是运用否定事例,来把肯定事例相对比,从而确定一个概念的定义,就是使用这种方法的。运用这种方法,才能寻获公理,构成真正的概念②。《新工具》第二卷反复说明的三表,就是按照这原理而构成的,也是根据这原理从他们的分析而得出关于模的结论的。事物之模③必是有其存在,才有事物之某一性质存在,其不存在则此性质也不存在,而且此性质存在之量的多少,是以模之存在量的多少为转移的。三表就是为揭露事物而定的。因之,培根认为不首先搜集大量有关材料(他称为自然史),把这些大量的材料分别编纂为三种表,则事物的模无从寻获,事物发生发展的原因与规律就无从得知,则"科学研究便要失败"④。培根之被称为

---

① 译自《新工具》第一卷箴言一百零四。
② 译自《新工具》第一卷箴言一百零五。
③ 通常译为"形式",但不如译为模较妥。——作者
④ 培根语,则《英国百科全书》第十三版"培根"条引用自培根:《生平与书信》,第七卷,第 377 页。参看《伟大复兴》的"作者序言",第 16 页。

"英国唯物主义的创造者",是因他的世界观乃是以客观的物质事物为基础,而他之被称为"现代实验科学的创始者",是因他的科学方法是从事物的观察为其出发点的,而他的所谓观察是有很广泛的意义的,不限于一般人之所谓观察,而是把观察看为是通过种种不同的方法,大量搜集中外古今的事物材料,编成各种各样的自然历史,以供各门科学的分析研究,由之而得出事物怎样发生发展的规律,并根据这些科学知识以推进技术,改造世界的。

三、培根的世界观

培根是"英国唯物主义的创始人"。根据我们上面所分析的16、17世纪社会发展情况,他的意识形态趋向于唯物主义是可以理解的。他的主要科学著作是《学术推进》和《新工具》两书。但这两部书,正如美国马克思主义者康福斯所指出的"并不是研究事物本性的哲学论文,而是研究藉以求得关于事物本性的知识的方法的论文"[①],所以直接谈到世界本质的地方本不太多,但是从他的科学方法的立论和关于知识的论点上来看,他的世界观主要是唯物主义的。在《伟大复兴》序言中,他批评传统学术之陈腐时,说这种情况是由于未能认识知识的根源,缺乏唯物主义基础,是由于言学术者"不知经验与事物为何物"[②],而我们的方法不断地严肃地处在事物之间,绝不从事抽象使理性远离事物,我们的方法只是使事物的影像交会在一点[③]。在《伟大复兴》的《工作计划》[④]里,有这几句话:"人们如果不是意在料想猜度,而是在发现知识,不是意在造作模仿,创造一个自己的宇宙,而是在考察分析这个世界的属性,那么他们样样事情,必须都要亲自到事实上去。"[⑤]《工作计划》最后一段也是这样强调地说:"整个工作的最重要原则就是要把流线集中在自然的事物上,并且照他们的真

[①] 见康福斯:《科学与唯心主义的对立》,生活·读书·新知三联书店,1954年,中译本,第14页。

[②] 《伟大复兴》序言,见英文版,第5—6页。

[③] 见《伟大复兴》第8页。

[④] 关琪桐译《工作大纲》。

[⑤] 见《新工具》,关琪桐译本,《大复兴论》部分第24页。

相来接受他们的影像。"①可见培根处处强调事物是知识的根源,抽象只是事物的影像交会在一点,而不能远离事物。凡是要获得真正知识的人,必须亲自到事物中去,取得感性的认识以为其基础,不能矫揉造作,歪曲客观。所以马克思认为"在最初创造朴素形态的唯物主义的培根那里,潜藏着唯物主义学问全面发展的萌芽。物质以其诗意的感觉性的光辉向着全人类发笑"②。

培根这样为马克思所欣赏,因为早在16、17世纪之交他就已经意想到热就是运动③。他并认识到物质的运动是多样性的,至少他举出了十九种④,而且认识到物质的永恒性,在他的《新工具》一书里谈到物质的量的时候,他这样写道:"在自然中,有两条最真不过的命题,一条是说'任何东西不能由无中生起',一条是说'任何东西不能后归于无'。因为物质的绝对分量是终古不改,无增无减的。"⑤当然培根对于物质的这种认识,例如热就是运动,和物质的永恒性,不是像他死后一百多年俄罗斯的伟大科学家罗蒙诺索夫那样证明这些原理的。培根的体会比较还要直观性一些。例如在他谈到"热是某种性质的一个特殊情况,那种性质就是所谓运动。这一层明白地表现于常在运动的火焰中,和常在运动的滚水中。由运动所引起的热的激动和热的增加,只可以看出这一层来,就如风箱和吹气所生的热便是"⑥。虽然如此,在17世纪的当时,就是这种直观性的认识也是了不起的,难怪马克思说"在培根那里潜藏着唯物主义学问全面发展的萌芽。物质以其诗意的感觉性的光辉向着全人类发笑"。至于培根企图把物质的一切形态,都认为是可以从复杂化为简单,正如我们在下面要谈到他的"模"的学说那样,使他的唯物主义所含有一点的辩证因素不能发展而为他的机械论所湮没,也是从他的时代和历史条件可以理解的。

由于这些原因,培根的唯物主义也是不彻底的。在他的著作中到处

---

① 见《新工具》,关琪桐译本,《大复兴论》部分第30页。
② 见《苏联大百科全书上》"培根"条引文。
③ 参看《新工具》第二卷箴言二十。
④ 参看《新工具》第二卷箴言四十八。
⑤ 见《新工具》第二卷箴言四十,关译本,第242页。
⑥ 见《新工具》第二卷箴言二十,关译本,第190页。

都可看到"神灵"的字样。当然有时他所用的英文名词 Spirit,可以译为"元精",例如在《新工具》第二卷箴言七里面有这样一句话:"我们应当考究,各种物体中元精有多少分量,可触的本质有多少分量;……"①这里"元精"是英文 Spirit 之译,指物质的东西,因为上面所引的一句话,紧接着的就是"它的元精是丰富浮涨的还是贫乏稀少的,是精细的,还是粗疏的,是同空气一样,还是同火一样的……是同外界四围的物体相契合的,还是不相契合的"②。很明显,这里的"元精"(Spirit)就像现在"酒精"的"精"那种意思,完全是物质的东西,却是"不可触的",正如培根在其《新工具》第二卷箴言四十里所写的,"我们现在可以考察可触物中元精的运动。因为我们所知的一切可触物都含着一种不可见不可触的元精,而且可触物就如衣服似的包含着,衣被着它们的元精"③。这种说法是完全唯物主义的。但是培根所讲的英文名词 Spirit,还有非唯物主义的用法,例如在其《学术推进》一书第九卷里说到神学时,他就写道:"知道中,人类思想通过感官就为物质的东西所影响;但在信仰中,灵就为灵所影响,而灵是更可贵的动作者。"④这里的"灵"也是英文 Spirit 之译,而所指的,明显地不是物质的东西。可见培根除物质的东西之外,还肯定非物质的灵之存在,而且这灵是能动的,还要比能动的物质更可贵。这就是他的唯物主义的不彻底,向唯心主义的宗教让步的明证。

不但这样,培根不彻底的唯物主义还表现在他每在知识与信仰之间划出一条鸿沟,使之互不侵犯。他竟然这样地写道:"现代一些人们竟然到了不可收拾的地步,竟然要想在《创世纪》第一章《约伯记》同《圣经》的其它部分上建立一套自然哲学;竟然要在活人中找死人。因为这种原因,那种系统更该禁止压迫,因为要把人的事物和新的事物亵渎地混杂起来,则不但会引起一套支离的哲学,而且会引起一套邪门的宗教,因此,我们应当恬静存心,把属于信仰的东西交还信仰才是。"⑤在全书中再往后一

---

① 见《新工具》,关译本,第 160 页。
② 见《新工具》,关译本,第 161 页。
③ 见《新工具》,关译本,第 240 页。
④ 见英文版,第 369 页。
⑤ 见《新工具》第一卷箴言六十五,关译本,第 60—61 页。

点,他还写道:"不过据实而谈,按照上帝的话说,自然哲学是对治迷信的最稳当的药剂,滋养信仰的最完善的养料。因此,它正可以给宗教做为忠心的侍女。"①这就是培根对于唯心主义的宗教不只是让步,而且对于哲学竟然走了回头路,从文艺复兴之后有了进步的思想,回到中世纪落后的思想去了。他的唯物主义之不彻底是到了这样严重的地步!难怪在它谈到医药科学的时候,一方面很正确地分医药科学为三大部门,健康的保卫、疾病的医疗和寿命的延长,而且指出医药事业之不能进展是由于他的自然哲学基础太过不够;却同时在另一方面,他又把人们的病痛和死亡归之于神意和命运②,其所以然之故,是由于培根的时代,科学还未大大发展,人们的知识还不能有力地控制自然。但是虽然如此,培根的科学方法论主要还是从唯物主义的观点出发的。

四、培根的科学方法之认识论的基础

培根是英国经验派哲学的鼻祖,他认为一切知识都要以感性认识为其基础。关于这点,我们在上面已经有初步的论述。可是他又不得不承认,感官的报道带有偏差,感性认识常有错误。基础如果不健全,则知识的正确性与真实性就成问题了。所以我们必须认清其他的科学方法的认识论基础又是怎样的。

培根无疑是强调自然的观察的。"整个工作的最重要原则就是要把视线集中在自然的事物上,并且照他们的真相来接受他们的影响。"③人的心要像"一张没有写字的白纸一样"④来接受外界的印象。这就好像是和后来洛克的人心"白版"的说法同出一辙,但培根却没有忽略这种说法须要从认识论来检查。光凭感性的认识,正确的知识是无从形成的,"没有更完善地来认识理智和理智的作用与运用的方式,则自然和技术的许多秘密是仍旧不能揭示的"⑤。认识理智和理智的作用与其运用的方式

---

① 见《新工具》第一卷箴言八十九,关译本,第 86 页。
② 参看培根:《学术推进》第四卷第二章,1901 年,英文版,第 159—160 页。
③ 参看培根:《学术推进》第四卷第二章,1901 年,英文版,第 159—160 页。
④ 培根语,见《伟大复兴的工作计划》,关琪桐《新工具》中译本《大复兴论》部分第 23 页。
⑤ 《伟大复兴》的"作者序言"语,1901 年,英文版,第 7 页。按关译和英译有出入,兹按英译改。——作者

就是认识论的问题。培根认为经验派的认识论是不健全的。他在《新工具》一书中严重地批评狭隘经验派的认识论,写道:"不过经验学派所创立的教条比诡辩派(或理性派)所建立的还要残缺,还要怪诞,因为它的基础并不在于普通意念(notions)的光亮上(这种光亮虽然微弱浮泛,可是有几分是普遍的。而且是关涉于许多事物的),而只在于少数实验的狭路和黑暗中。"①感性认识是带有错误的。关于这点培根写道:"感官的失败有两条途径,有时它完全不能给人以报告,有时它只能给人以需要的报告。"②所以感官不只需要种种的帮助以弥补其缺陷,而且由感性认识而获得的经验,由经验积累总结出的自然科学,还须有自然哲学为之指导,庶几免于偏差和错误。"特殊的科学如果不复返于自然哲学,则人们便不能希望那些科学(尤其是实验的科学)有任何进步。因为要离了自然哲学,则天文学、光学、音乐学……都不能精到深刻,只能在事物的表面上、花样上,闪烁过去。"③那就是说,感性的认识必须上升到理性的认识,才能深入到事物的本质去,才能知事物所以然的道理,否则现象罗列,鲜觉有功。但要把经验和理论合理地结合起来虽是不容易的事,可是必要的事。培根写道:"历来研究科学的人,不是单重实验的人,就是只重教条的人。单重实验的,就如蚂蚁似的,他们只图采集,来供实用。爱行推论的,就如蜘蛛似的,他们只是凭着自己的材料织成网子。不过蜜蜂却采取着一种中道,不但从田园的花菜中采集物质,还要以自己的力量来变化它们,消化它们。哲学的真正职务正是这样的;因为它既不专凭人心的能力,而不只从自然历史和机械实验中收集起材料来,照样保存于记忆中;它是把材料置在理解力中,加以变化和消化的。因此,人们的实验能力和推理能力如果有了较密切较纯的结合(自然是一向没有的),则我们的希望正是无穷的。"④

培根对于科学进展的希望诚然是大的,因为他认为世界中虽还有未被人知道的东西,但按照科学的正确途径,却没有什么东西是不可被人知

---

① 见《新工具》第一卷箴言六十四,关译本,第59页。
② 《伟大复兴》的《工作计划》,见关译《新工具》的《大复兴论》部分第22页。
③ 见《新工具》第一卷箴言八十,关译本,第76页。
④ 见《新工具》第一卷箴言九十五全文,关译本,第90—91页。

道的。他是反对不可知论的。他明白地写道:"我并不是说事物是不可知的,我是说,若非经过某种途径,事物是不可知的。……主张事物绝对不可知的那些哲学学派,它并不比那些擅长学说的学派要坏些。不过只是不肯照我的样子,给感官和理解以一种帮助,相反的它们竟把感官和理解的一切权威都剥夺了。这是我们的差异之点,无外乎是相反之点。"①但是我们又须指出,培根对于真理之可知,也有程度上的限制的。在他的《学术推进》一书第三卷第四章,谈到科学知识之逐层向上推进的时候,他这样写道:"各种科学部门好像金字塔似的,都是建筑在历史和经验的基础上面,所以一部自然历史是(1)自然哲学的基础;(2)基础上面第一层建筑是物理学;(3)近于塔巅的是形而上学;可是(4)塔巅的本身,'神自始至终所作的工作',即自然规律的综合,我们就怀疑人类的探求能否达到了。然而其它三个部门是科学的三个阶段,以自己的知识为自豪的人们所采用的,也是一种傲慢的试图吧,却是巨人侵天的三座山呢。"②这又一次表现他向宗教的让步。可知之外还有神秘不可知的境界,因之科学和神学之间,知识和信仰之间,划出了一道不可逾越的鸿沟,只是在科学范围内,尤其是关于物质的东西,是没有不可知的。只要掌握新的科学方法,只要运用他自己形成的《新工具》,他是有信心来推进科学研究,深入事物的本质,寻得事物各种性质的模,按其规律以控制自然、改造自然,为人类社会增进其福利的。

培根在科学研究的范围中,对于《新工具》所能成就的信心是巨大的。在《新工具》的序言里,他写道:"事理究竟能否知道这问题,不是以争辩所可解决的,只有诉之于经验才能有望。"③他认为科学的推进,首先要把各部门的科学统一起来形成一种自然哲学以免科学的支离破碎④。果能做到这点,科学的前途是光明的。他的理由就是:"过去许多有用的发明既是由偶然凑成的,而且在发明时,人们既不是有意追求这些发明,只是在从事于别的事物时,间接找到的。因此,我就又想到,人们如果从事于发

---

① 培根《伟大复兴》的《工作计划》语;见关译《新工具》的《大复兴论》部分第 29 页。
② 培根:《学术推进》第三卷第四章,见英文版,第 140 页。
③ 关译《新工具》第 31 页。
④ 参看《新工具》第一卷箴言一百零七。

明,并且以发明为专业,而且应用严整的方法,适当的秩序,而不专凭散涣的冲动,则他们的发明一定会更多些……我们如采应用理性、勤勉从事,而且指导得法,用志不纷,则我们可以在较短时间内希望得到较好而较多的效果。"①可是新的科学方法只是科学进展的必要条件之一。除此之外,还须给科学工作者以充分的时间,合作的机会,工作的合理分配,和长期的努力。培根写道:"在指出正路以后,人们如果富有时间,并且共同劳作,屡代钻研,那么希望一定会更大的。因为,这条路并不是一个人在一个时代所能决定的(不比在推论的情形下);在这方面,人们的勤劳操作必须先行分离,随后再集合起来,才能有最好的效果(尤其关于搜集经验是如此的)。因此,人们要想知道自己的力量,不应该多教人做一件事,应该一人管一件事,才能期于详备。"②培根对于他的《新工具》之能推进科学的发展所具的巨大信心,突出地表现在《新工具》一书第一卷将要结束的那一段。他说雄心有三种类型,"其第一种是想把权力扩及于本国以内;这种雄心是鄙俗的和堕落的。第二种的野心家,是要把他们国家的领土和权力扩张于全人类。这种野心虽然仍是一样贪图,可是发明有较大的尊严③。不过人们如果把人类的权力和领土扩张及于宇宙,则他们的野心(如果可叫做野心)比前两种野心不但是较有利益的,而且是较为高贵的。但是人类在万物上所建立的帝国,又完全建立在艺术和科学上,因为我们若不服从自然则我们是不会支配它的"④。这真是培根的自豪语,表示他对《新工具》的自信心,而且表示他对于人类知识前途发展的期望。

五、培根的科学分类

培根声称以一切知识为其研究的对象。这不仅是他青年时代自负不凡的一种表示,也是他一生努力的方向。他的学问之广博从他的主要著作中可以明白地看出。在其《伟大复兴》的计划中,第一部分是《学术推

---

① 见《新工具》第一卷箴言一百零八,关译本,第 97 页。
② 见《新工具》第一卷箴言第一百一十三,关译本,第 101 页。我们应注意引文中最后一句话是反映培根的手工业时代的情况。——作者
③ 注意培根时代英国政治和经济向外发展的反映。——作者
④ 见《新工具》第一卷箴言一百二十九,关译本,第 114—115 页。

进》一书(De diguitate et augmentis scientiorum)。这书的主题,按其拉丁文的名称,虽然是知识的尊严(deguitas)和知识的增进(augmen),可是按其内容实在是知识的一种清算,从而认清科学在其当时的成就,以指出种种空白部门作为人们推进科学的指标,足见培根的学问确有根底,所以才能高瞻远瞩,大声疾呼,为人类为科学请命。不读这本书,则不能了解作为培根科学方法论的《新工具》。因为这书主要是关于科学的分类,根据培根的科学分类法,才能很容易理解他的科学方法的本质。

培根认定人类心理只有三种官能,就是记忆、想象和理智。与记忆相适应的学术乃是历史,与想象相适应的学术乃是诗词,与理智相适应的学术乃是哲学。这就是他的学术分类的三个主要部门①。兹列其分类系统中的纲目为表如下:

从表中可以看出,哲学有三目:(1)关于神的知识;(2)关于自然界的知识;(3)关于人的知识。培根研究的重点是在于第三目,即关于人的知识,而在这一目中尤其是以人的灵为主要的研究对象,而在其研究灵的时候,他并不谈灵之为何物,而只注意灵的官能之逻辑部分。逻辑分四个子目,即发明术、判断、记忆和流传。记忆与流传两子目都不是培根在其科学方法问题上所要,所以他就以判断一目为研究科学方法的对象。《新工具》就是归纳判断的方法。可是培根的科学方法是以实用为主的。因之,研究科学方法自然会结合发明术这一项,这就是《新工具》之所以既列之于判断目下作为归纳法,又列之于发明术一目下为其——名目的原因。

在分类表中并未列入,而培根在《学术推进》一书中几乎是以专章讨论的,就是他所称为"哲学总纲"(philophia prima)这一部门。他正确地指出,"科学的划分不是像许多的光线集中在一点,而是像树枝之从一树干生出似的,所以首先就要有普遍性的科学以为其它科学之主干,作为科学各部门出发的共同途径,必须经过这共同的一段路然后分道扬镳向前发展"。

按培根的说法,哲学总纲和其它科学部门的区别并不在于它研究对

---

① 见《学术推进》第二卷第一章。

象之不同,而是在于它不以某一范围内之对象为限,但所谈的这一总纲却不是科学的综合,而是要提纲挈领,从各门科学收集素材加以总结,并不以专属于某一门科学范围内的公理为限,自然更不是像后来黑格尔那样,企图形成一种骑在各科学之上的"科学之科学"。

"各门科学共同的公理是很多的。例如,等量加等量,和相等,这条数学的公理也适用于伦理学在其谈到分配的公道的时候,因为从整体看,公道是要求不同需要的人所得均等。但从分配的公道看来,不同需要的人也应得不相等的量;又如,两物与第三物均同,则彼此不同。这也是一条数学的公理,但同时对于逻辑也是适用的,而且即为三段论式的基础。自然工作的表现最精确的是在其最小的部分。这在哲学上,就导致德谟克利特的原子论,而同此公理又为亚里斯多德用之于政治学。亚氏讨论国家的时候,就从讨论家庭开始……"①诸如此类,不一而足。其所以然之故,就是因为客观事物有其共同性。人们在观察事物,研究事物的时候,不可以其万汇不齐,徒见其异而不见其同。必须在异中求同,然后才能发现事物间的联系而求得其所以然之理。培根在其《新工具》一书中,列举他所称为优先权例证之契合例证时,反复申明事物的相似关系与联系。例如镜与人眼、耳与回声物、鱼之翅与兽之足、兽之足与鸟之翼,不一而足。"无论是全体的或部分的,只有从这些相似关系上才能把自然的统一发现出来,才能建立基础来组织科学。"②各科学共同公理之发现也是以此为其目的的,为要使人们认识到自然的统一性,科学的相互联系性,在这点上,培根是完全正确的。可是哲学总纲既是一门科学,也是不同于其它科学的一门科学。那么,它也应该有它的独立体系,它从各门科学接收各种公理之后,怎样把这些公理组织成为一个系统以形成哲学总纲,培根并无一语道及,实所不解。然而在文艺复兴之后,种种科学,分门别类,应运而生的时期,以及在自古希腊时代起就几乎包罗万象的哲学,也蓬勃发展的时期,培根提出科学的相互联系,企图寻得其共同的基础,这不仅对当时学术推进工作起了棒喝作用,就在今日,我们应该承认这还是值得留意的事。

---

① 译自培根:《学术推进》第三卷第一章,英文版,第 117 页。
② 参看《新工具》第二卷箴言二十七,引语见该箴言。

六、培根的科学方法是从个别具体事物的观察入手的

这是完全可以从他的科学分类看出来的。他的科学分类,比诸后来的种种科学分类,表面上太过糅杂,本质上也有许多过时的地方。他把占卜和魔力作为心理官能研究的一种附录,把魔术作为企图控制自然的实验哲学与力学相提并论,把它作为关于自然界的应用知识,这完全是由于他生活在 17 世纪初的英国自然科学发展的水平不高所致。整个说来,科学分类以人类心理的活动划分为记忆、想象和理智三种官能,是培根沿袭古希腊时代亚里斯多德的古老心理学说。从现代心理学的观点看来是不科学的,正如他之把物质分为地水火风四大类一样①。但是,培根规划科学的复兴,首先从科学分类入手,是有其远大的眼光的。在《伟大复兴》工作计划里他写道:"在条陈科学分类时,我不止要叙述那些已经发明、已经知道的东西,还要叙述那些本来应有而尚付缺为的东西。……我们来到这里不是像巫者用占卜方法只在心中测量某些地带,而是像出征的将领那样,要征伐、要占领。"②在《学术推进》一书中,培根又写道:"我要作一个知识的巡礼,看清哪些地方是荒芜未加开垦而为人所遗弃的,把这些荒凉地带忠实地测绘出来,以使个人和公共的努力知道如何加以改善。"③由此就可以见得培根科学分类的深意。他并不是为分类而分类,实在是因为向自然大进军,不能不先作出精审的工作规划,而在规划工作之先又不能不确定原有的知识之中哪些部门是弱点,哪些部门是完全阙如必须大力弥补的。所以,虽然这个科学分类中是有某些严重的缺点,那都是由于他为当时的历史条件所限制,而从分类的精神来看,还是值得我们钦佩的。

分类的三大部门是历史、诗词和哲学。可是按培根的看法,历史是事物观察的汇集和记载,而包含的不止有人类社会史,同时也有自然历史,如诸天史、流星史、海陆史等。一人的观察,由于时与地的限制,为量不多。如果要作有大量的材料,就非有历史的记载不为功。诗词戏剧固然

---

① 参看《学术推进》第二卷第三章。

② 参看关琪桐《新工具》中译本《大复兴论》部分第 18—19 页。为避免按英译本稍有修改。——作者

③ 译自培根:《学术推进》第二卷第一章,英文版,第 77 页。

是人类想象的创作,并不是完全符合于客观事实,但是诗词戏剧的取材,还是来自耳目所实际接触,如果好好地加以增删改制,还其本来面目,仍是具体观察的素材,在乎人之如何体会而已。培根在古代神话中挖掘历史材料,是有其科学根据的。哲学部分是有关于神、自然和人类的知识。培根一再声明,关于神的知识部分从略,而科学部分却以关于人类知识部分为最多,但是在《新工具》一书中所谈的,都是研究自然的科学方法,而这方法是从观察具体事物,搜集大量的感性认识材料入手的。我们仅仅就他的科学分类中属于哲学部分的有关自然知识这一项来讲。有关自然的知识分为两目,即理论的自然知识和应用的自然知识。其第一目即理论的自然知识,又分为物理和形而上学。物理探求物的类别,物之构造。这些项目是通过感性认识的观察以取得其材料的,而物之原理是要根据前两项所得的具体材料才能决定的。可是物理这门科学既要探求物之类别、物之构造和物之原理,它和历史分出来的自然历史之谈到诸天、流星、海陆等又有什么分别呢? 根据培根在《学术推进》一书里的说法,"自然历史所考察叙述的,是呈现于感官的事实(matters of fact),如诸天、如流星、如海陆等等,而物理所探求的是这些现象的变动与其变动的物质原因和有效原因(material and efficient causes)"①。从此又可看出,培根之言物理,其科学方法还是以感性认识材料的大量搜集为其出发点。物理这门理论的科学,不能没有观察所汇集的自然历史为其基础。再进而谈他的科学分类中的形而上学。形而上学和物理同是有关理论的自然知识之两分目,而物理是关于物之类别、物之构造和物之原理,而形而上学是关于物之有这些类别,这些构造和这些原理的模和其最后原因②。培根在他的科学分类中,把亚里斯多德的原因学说中的四种原因分列于物理和形而上学。物理所探求的是事物变化的物质原因和有效原因,而形而上学所探求的是事物变化的模③和事物变化的最后原因。培根认为他的模之探求,是溯源于古希腊的柏拉图的。他写道:"我们把形式原因和最后原因的探求归之于形而上学。有一种很流行的意见,认为真正的模,即事

---

① 见《学术推进》第三卷第四章,英文版,第126页。
② 参看附表。
③ 适应于亚里斯多德的形式原因,但培根的模和亚氏的形式原因有别,详见后文。——作者

物的真正差异,绝对不是人力所能发现的;假如这是可以发现的话,它一定是知识之中最值得探求的一部分。谈到事情之可能性,有些探险家只看见秋水与长天一色而不承认水天之外还有陆地。可是高登远瞩的柏拉图,在他的理念的学说中,认识到"模才是知识的真正对象"。然而他只是潜思和物质完全脱离的模,企图抓住这个,就丧失了他原来正确意见的好处,殊不知模是定于物质的;从此柏拉图的思想就转向于神学的思索,因而完全毒害了他的自然哲学。如果我们勤奋地、严肃地、忠诚地注意实践和应用,我们就能寻出各种的模,认识到模之为何物,那么,这种知识就会惊人地丰富人类的事业,使之特别繁荣起来①。培根对于事物之模的探求,认为是具有这样的重要意义,认为他是接受了柏拉图的启发而纠正了柏拉图的唯心主义的偏差的。他以探求模的形而上学归之于关于自然的理论知识,和物理并列,而理论的自然知识是以大量搜集具体的客观材料的自然历史为基础,所以关于自然的理论知识,物理和形而上学,都是从个别具体事物的观察入手的。

可见培根所用"形而上学"这词的涵义,和这词一般的涵义是不相同的。形而上学一般的含义是哲学最高的原理,而培根的形而上学是客观事物之模与其最后原因的探求,却又与他的哲学总纲有分别。正如上面所说,哲学总纲是自然哲学的一部分,是各门科学所共同的最初部分,是汇合各门科学所总结出来的共同公理的,而形而上学是根据自然历史的大量具体材料,探求事物发生与变化的模与最后原因,把由观察所得感性认识的材料提升到理性认识阶段,期于从整体来看事物的。总而言之,按照培根的看法,自然历史固然是汇集观察所得的感性认识大量材料以为客观事物研究的基础,而哲学,正是关于自然知识之最高理论部门,即形而上学,也是要根据感性认识的材料,即观察所汇集的材料,进行其科学研究的。观察是一切知识的根源②。后来一般哲学家

---

① 译自《学术推进》第三卷第四章,见 Bohn's Libraries 英文版,第 138 页。
② "形而上学"一词起源于公元前 1 世纪。相传亚里斯多德死后 260 年,其学派的提兰尼阿(Tyrannio)和安德罗尼(Andronicus),大约于公元前 63 年,编订亚氏的遗著,把遗著中有关哲学理论最基本的一部分,安排于物理部分之后,称之为 Tà ueTà TàΦυσiká,即在"物理之后"的意思。揆其内容,是讨论"存在"本身的问题。亚里斯多德原来称这部分哲学为《最初原理》(见亚里斯多德:《形而上学》一书第二卷第二章即标准页第 994a 第一行。

称之为"本体论"(即存在物的学说)。可是,"形而上学"在欧洲语中之作为一个单词来用,是从 13 世纪经院学者们才开始的。在经院哲学中"形而上学"一词已失去其原意,而成为一种脱离具体经验的科学了。到 18 世纪康德采用此词时,就仅把它局限于"认识论"(Epistemology)的范围。近代西欧哲学家一般是把"形而上学"一词用为"存在物的学说"的意思,和"本体论"同一意义,也有把"本体论"和"认识论"同纳之于"形而上学"范围之内的。但法国哲学家禅尼(Paul Janet)在其 1879 年出版的,一直流行到现在的《哲学概论》(Traité élémentaire)一书中,则仍说"形而上学是关于最初原理与最初原因的知识"①,因为"虽然一切科学都是研究原理与原因,但所研究的是第二原因和派生的原理,只有形而上学是上升到再无更高原理的原理,上升到再无原因的原因"②。含有这种意义的"形而上学"一词和恩格斯用这词的意义是不同的。恩格斯说:"在形而上学者看来,事物及其在人脑中的反映即观念,是孤立的、不变的、永久如此的对象,它们应当各别的、彼此不相关联地研究。"③我们要注意恩格斯在这里所讲的不是作为最高原理的哲学那种形而上学,而是"把自然现象看做单独的,彼此孤立的和不变的现象的一种不科学的方法,也就是与从现象的发展、变化和相互联系来观察现象的辩证法直接相反的方法"④。形而上学之为哲学一个部门和恩格斯所批判的中世纪流传下来形而上学的观察事物的方法是两件事,不可混为一谈。

七、培根是怎样理解观察的

培根在其《新工具》一书中,详细地分析了当时科学之所以停滞不前的种种原因,并指出其原因之最重大者是在于科学研究目标的未能明确。接着,他便写道:"可是目标纵然不错,而他们所选的途径无疑是错误的,

---

① 见该书 1927 年巴黎法文版,第 777 页。
② 见该书 1927 年巴黎法文版,第 777 页。
③ 见恩格斯:《反杜林论》,生活·读书·新知三联书店,1954 年,第 11 页。
④ 罗森塔尔、尤金合编:《简明哲学辞典》,人民出版社,1955 年,中译本,第 203 页"形而上学"条。

不可通的。人们如果正确地观察一番,他们一定会看到一件可惊的事情,就是,没有一个人肯郑重地以有条不紊的实验程序,直接从感官起首,为人类的理解力开筑一条道路。"①那就是说,明确了科学研究的目标之后,首先就要按照一定的程序进行观察和实验。由观察才能得到经验。如果经验是自然出现的,就叫作偶然的,如果你是有意寻求它的,就叫作实验②。可是,观察与实验,据培根的看法,都应该有其一定的程序的。过去不是没有实验,但过去人们作实验的时候,"不过是在暗中摸索四周的一切,以此侥幸找一条出路。实则他们是应当等待天明,或灯烛的光亮,然后才可以行动的。因为真正的方法只应当先燃着灯烛,然后再借着它的光亮指示出道路来。人们一起始只应当依据有秩序而消化好的经验,不应当依据粗劣而不规则的经验,应当从一种经验抽绎出公理来,应当从确立的公理再抽绎出新的实验来……因为只有有条理的方法,才能在经验的树林中,一直前进,达到公理的敞地上"③。观察与实验的程序就是首先从原有的经验出发,以这经验作出初步的假说,培根说为"抽绎出公理来",然后再把假说验之于实践,就是他所说的从确立的公理再抽绎出新的实验,像这样由实践而认识的,由认识而初步理解,以主观的初步理解付诸实践作为它的验证,然后才能有更深入的理解,逐步深入,但一直不离实践,"通过实践而发现真理,又通过实践而证实真理和发展真理。从感性认识而能动地发展到理性认识……实践、认识、再实践、再认识,这种形式,循环往复以至于无穷"④。培根的观察就是这样地作为感性认识的泉源,又作为理解事物的基础和检验理解的标准的。

培根对于观察之作为认识客观事物过程中主要的一个环节,除了上面已经讲过,必须有一定的程序,不应局限于狭隘的范围这两条重要的原则之外,还要在他的著作中指出许多应该注意之点。

首先,观察不是盲目的。不是"在暗中摸索",而是有初步的主观定见为之指导的。我们首先"要知道所考察,所寻求的是什么;一个精细的指

---

① 见《新工具》第一卷箴言八十二,关译本,第77页。
② 见《新工具》第一卷箴言八十二,关译本,第77页。
③ 见《新工具》第一卷箴言八十二,关译本,第77—78页。
④ 毛泽东语,见《实践论》结束语。

出，研究问题的人必须对于他所追求的，具有一种约略的观念，否则在他寻得他的对象的时候，还不能认识是他所追求的；所以，我们的逆料（anticipatio）越发周详，越发确实，则我们的研究就越发直接，不走弯路。……我们如果知道什么人是精于我们所研究的问题，就应该去请教他，那是聪明的做法而有好处的；同样地，我们翻阅有关的书籍，使我们对于研求的东西获得某些教训和知识，也是有好处的"①。这就是说，不是盲目将事，莫知所从的。

其次，观察中不可忽视平凡的事例。培根在其《学术推进》一书中，引用柏拉图叙述苏格拉底和海皮亚斯（Hippias）的一段对话，以说明忽视平凡事例之违反观察的原则。苏格拉底正在辩论美的问题的时候，"苏格拉底轻描淡写地举出一个美貌的少女，一匹骏马，一座精致的瓶作为美的实例。提到一个瓶的时候，海皮亚斯就发脾气地说：'如果我不讲一点礼貌的话，我就不屑于和举这种卑鄙事例的人来辩论了。'苏格拉底因而回答说：'你是对的，正和你很相称，因为像华装秀履的一个人'。实在地说，最可靠的知识不尽是从很突出的事例中得来的；关于一位哲学家②。有一个故事说得很好，就是当他举目望天上的星宿时，他堕落水中去了。因为如果他向下看，他还可能在水中看见星，但他向天上看，他就不能在星中看见水；小中常可见大，比较易于在大中见小"③。平凡的小事之不可忽略有如此。"凡是可以供给理解以材料的事情，都不应遗漏。"④关于这一点，培根还有一句话值得我们注意的就是："明显的，任何东西在其最软弱的情况下，通常是最需要我们的格外注意和帮助的。"⑤这句话固然是联系着青年教育的问题而讲的，但是从这句话的深意来讲，培根之强调青年教育，乃是因为他认为青年是成年的萌芽，而萌芽的东西每每为人所忽略，正如平凡的小事易于为人所忽略一样。这就证明培根是从发展看问题，而不总是把事物孤立起来看的。

---

① 译自《学术推进》第五卷第三章，见 Bohn's Libraries 英文版，第 199 页。
② 指泰勒斯说的，参看柏拉图的 Theaetetus 对话。
③ 译自《学术推进》第二卷第二章，见 Bohn's Libraries 英文版，第 81 页。
④ 语见《学术推进》第二卷第二章最后一句。
⑤ 见《学术推进》第一卷，Bohn's Libraries 英文版，第 38 页。

再次，培根强调观察事物之实事求是，不得苟且。他写道："一般的俗见说，鱼类的内部是热之最少的，而鸟类之热为最多，尤其是鸽、鹰、鸵鸟为最热。是否如此，应该进一步研究各种动物的热，从而加以比较其孰多孰少。应该研究鱼、四足兽、蛇、鸟而且按其种属进行研究，如狮为一种，鸢为一种，人类亦为一种。"①培根之研究热的原因，不惮烦地从各方面观察各种物体中热之有无，与其有热之多少，搜集大量材料，列为三种的表，以决定热这种现象之模及其原因，虽然他所采用的方法比较笨重，这是由于为当时欧洲科学发展水平所限制，但以其实事求是、丝毫不苟的精神来说，是值得后人景仰的。例如在《新工具》第二卷箴言十四里面，他这样写道："从上面所说的，谁都能够很容易地看出我们的历史修养是可怜的，因为在上面的表中，常常插入一些传说和报道以代替证实的历史和有根据的事例（可是如果材料之信用或证实有问题时，我们总是有附注声明），而就每每不得不加上'我们还要实验——我们须还要进一步研究'这些话。"证据不确切，就还要实验，还要研究，就是培根实事求是的科学精神。有了事实作为根据，就可以大胆作出结论，而且并不必问这结论是否我的创见，不必问这样说法是否言前人之所未言。培根写道："信凭事实的明证，我们就拒绝种种的捏造和种种的欺诈；至于我们所研究的问题会有什么后果，我们并不考虑将要发明的是否已经是前人所知道的，是否会随着事情的变化和时代的变迁而与之浮沉的，正如发现的新大陆究竟是古人所已知道的阿兰特斯岛，还是第一次发现的大陆，对于人类是不关重要的。"②只求真理的认识，不求真理之自我发明，一切以事实为根据，而不问其他。

而且培根的观察是务求周密而细微的。这也是他的实事求是的精神之一种表现。例如在他研究热性在相似情形下不存在的时候，他在《新工具》第二卷箴言十二中举了三十二种的例证。姑随意择其第二十四种例证来证明他的研究细微的精神。他写道："这一个例证我们亦该勤为论证。因为生石灰在洒水以后所以获得热度，或则是因为把以前散开的热集中起来（如上述的被封锁的草类），或者是因为能燃的元精被水激动起

---

① 译自《新工具》第二卷箴言十三。
② 译自《新工具》第一卷箴言一百二十二，按阿兰特斯岛的半神话传说，载在柏拉图 Timaeus 对话中。——作者

来,发生了冲突和反动,我们如把油浇上去(不用水),则可以看出这两种原因哪一种是真实的,因为油它可以同水一样,把封闭中的元精集中起来,同时还可以不搅动它。我们还可用各种物体的灰和锈来做实验,或用不同的液体洒上去来做实验。"① 限于当时的科学水平,培根只能这样进行他的科学实验,然而他的细微周密的精神,在这里可见一斑了。

  再来看看他另一例子。在《新工具》第二卷箴言二十五里面,他是谈到隐密的例证。这些隐密的例证是关于性质很不明显的现象。这类性质很不明显的现象"所呈现出的性质,力量是最微弱的,仿佛在摇篮中和胚胎中似的。那种性质虽然亦各事奋斗,起初它努一点力,可是它旋即被相反的性质,所埋没,所征服。……我们可假定密度是我们所研究的性质。所谓密度就是能决定物体形相的一种性质,正同流动性相反。在这里所谓隐密的例证,便把液体中微弱的密度表示出来,就如水泡就是由水体组成的一种有定形的薄膜。屋檐的流水亦是一种相似的例证。如果有充分的水继续往下流,则流水建成一个细长条,以保存水的连续性;如果没有充分的水往下流,则流水成为圆点,以防水的连续性中断,因为水点是保存连续性最好的一种形相。不过水线一停止住,水点一开始下降,则水立刻往上回跳,以避免中断。"② 这是描述很生动的一个例子。我们姑且不去从现代物理来分析培根这些说法,只注意他是怎样观察到檐前的滴水在继续往下滴时,呈现什么一种现象,在没有充分的水往下继续地滴,又呈现什么另一种现象,在水之停止下滴时又呈现另一种现象。这都是表现他观察的周密和细微,可以为观察的楷模的。至于他观察到现象中某种微弱的性质在某种情况之下,和相反的性质进行斗争,以求继续下去而不致为敌对力量所克服,他已经看到事物中的矛盾是变化的原动力,更证明他观察的细微和周密。他还体会到,必须从事物的发展来观察现象的变化。例如他谈到研究植物的成长时,他就指出"必须由播种观察起,必须看他何时膨胀,何时仿佛充满了元精。这种观察是容易做到的,因为我们可以把地中所埋的种子日日取出来仔细观察,看它第二天是什么样子,

---

① 见关译本,第173页。
② 见关译本,第201页。

第三天,第四天,又是什么样子。其次我们还可以观察,它如何开始把皮顶破,把纤维吐出,并且在松土中,同时能略略向上举起来。再其次,我们还可以观察它如何把纤维发在下面成了根,发在上面成了叶,有时在土质松时,又发在旁边爬出去"①。培根所举这样的例子,不一而足,虽是老农老圃所熟悉的事情,却培根以之为科学研究的观察一种典型的例子,说明怎样需要观察之"微到显,从静到动,从相对稳定之到变动不居,是富有科学和哲学的意义的"。

再其次,在观察中必须考虑量之影响于事物的变化。培根写道:"一切特殊的品德是按照物体分量的多少而定的。大量的水腐化得慢,小量的水腐化得快。(注意培根化学知识的局限性。)啤酒同葡萄酒在瓶中比在桶中熟得快、亦比较容易可口……还必须进而考察,一个物体的分量同其品德的情状有什么比例关系……各种品德并没有同一的比例,它们的比例都是十分差异的。因之,这一种的度量应该求之于经验,不应该求之于大概或猜想……我们必须确知,要产生某种结果,我们应当需要多少,物体的分量……"②虽然不能说这就是培根对于辩证法量变到质变的体会,却他对于量与质的关系是有直观性的认识的。后面谈到他的三表问题时,更加能看到这点。当然微积分尚未发明之前,培根也没有条件来进一步使他的认识更为深化,然而他已经一再强调观察要从量的方面增加其准确性的。

最后,培根还指出,"知识是无止境的"③。只有随时随地抓住机会进行观察,向大自然不断地学习。在他的《学术推进》一书开始一段,他便有这几句话,值得我们作为座右铭的:"如果有人提出这种意见,说学术花时太多,尽可以把这时间更好地使用,我的答复就是,最活动、最事忙的人们,在他们等待事务再事紧张的时候,是有些空间的,问题是怎样来填满这些空间的间;娱乐呢,还是学习?"④

并且我们必须再一次指出,培根对于观察还注意到感官的局限性。

---

① 见《新工具》第二卷箴言四十一,关译本,第 247 页。
② 见《新工具》第二卷箴言四十七,关译本,第 261 页。
③ 培根语,见其《学术推进》第一卷,英文版,第 69 页。
④ 见《学术推进》第一卷,Bohn's Libraries 英文版,第 36 页。

正如上面所曾谈到,感性的认识常常是不十分正确的。在其《伟大复兴》的计划里,他写道:"感官的失败有两条途径,有时它完全不能给人以报告,有时它只能给人以需要的报告,不管感官的倾向怎样端正,但是还有许多东西会漏网的;事物的整体可能是微妙莫测,其部分也可能是过于微细;距离太远,运动太慢或太快,对象又可能是极其平凡不能引起人的注意,等等,都可能是感官所观察不到的。有时感官虽已观察到了,但又常常不能牢固地保持着;所以一般的证据,感官的消息,常是以人为转移,而不完全由于外界。因之,说感官是事物的标准,乃是大错而特错的。为着纠正感官的错误,我们就从各处搜集了对于感官适宜的帮助;其方法不只是器具的使用,而多半还靠实验的安排,因为适当的实验的作用,其微妙远胜于直至有最精巧器具为其帮助的感官。所以我们并不十分着重感官的直接的自然感知,而是要感官通过实验来作出判断,依靠实验来判明事物;我们希望在这样的基础上成为感官的护庇者而解释其忏悟。我们像这样求得有关理解自然的东西并使它在心中建立起来;如果人心是一张白纸的话,这就足够了。可是人心竟配置得很奇特,往往不能接受事物的真实影响。因之,必须寻找一种补偏救弊的方法。"①

虽然培根肯定感性认识有其严重的局限性,而且常有错误,但他只认为感官没有其他帮助便不能作为认识事物的可靠标准,并不否定通过感官所获的感性认识。培根对于感官的作用和对于感性的认识不是采取怀疑的态度,而是主张采用一定的科学方法使感官更正确地报道其关于客观事物的消息。他在《新工具》一书中明白地这样写道:"有些人主张确实性是终久不能达到的;他们的理论在出发点上虽同我的做法一样,可是结果就大大地分了家,并且完全背道而驰。因为主张那种理论的人只是说,任何东西都是不可知的;而我说,用现在通行的方法,我们在自然中,也知道不了许多。可是他们就一往直前地取消了感官的和理解的权威,而我则正要想法给它们以帮助。"②

---

① 培根:《伟大复兴计划》,英文版,第14—15页。参看关译《新工具》、《大复兴论》部分第22—23页。引文按英文版翻译。——作者
② 见《新工具》第一卷箴言三十七,关译本,第45页。

八、培根的偶像学说

培根并指出感性认识之局限性,不只是由于感官的报道常常有不可靠的成分,同时人们的心里,由于种种的原因,存在着若干的幻像和妄见。"盘踞于人类理解力中的幻像(idol)和妄见已经根深蒂固了;它们不但围攻人心,使真理不得其门而入,而且即在入门之后,人们如不认慎防闲,尽力抵御它们,攻击它们,亦会在科学刚刚复生之时,搅扰我们。"①

"幻像"这一词,在培根的拉丁文著作中,原是 Idolum 这词。这是一个假借词,原本是一个宗教用语,意即不应受人崇拜而误为人所崇拜的一个对象。这词之借用于哲学,最早见于文艺复兴时代(16世纪)意大利哲学家布鲁诺(Bruno,1548—1600)的著作中②,按照习惯仍应译为"偶像"。

培根在其《伟大复兴计划》、《学术推进》和《新工具》等著作中,谈到"偶像"的地方很多,尤其在《新工具》中这个问题所占的篇幅比重很大。根据培根的看法,偶像是正确科学过程中的一种障碍,此而不予清除,则真知识无从呈现,所以偶像与其破除的研究是科学方法的一个组成部分,后人研究培根的科学方法时,也总要提到他的偶像学说。这偶像学说和他的归纳法与科学分类同在哲学方法论的历史中占同等的重要地位,而当时的科学研究实践为时尚短,而积累的经验截至培根之时,尤其实际上为培根所能掌握的,尚属不多,故他的逻辑归纳方法和他的科学分类虽在哲学史中有其相当的地位,却都带有严重的局限性,惟有他的偶像学说论及观察的心理活动,确有许多独到的创见和伟大的价值。

偶像有四种,曰种族偶像(Idola tribus),曰洞穴偶像(Idola specus),曰市场偶像(Idola Fori),曰剧场偶像(Idola theatri)。"这些偶像或要念盘踞人心,其根源有的是后天形成,有的是先天禀受的。后天形成的,有的是由于哲学家的见解而来,有的是从哲学家的派别而来,又有的是由于论证的荒谬法则而来;其先天禀受的则紧紧地粘贴于人的理性的本质,因为理性之为物,常常比感官更为错误,不管人们怎样称赞人心,

---

① 见《新工具》第一卷箴言三十八,见关译本,第45—46页。
② 见 Baldwin's Dictionary of Philosophy and Psychology 中的 Idol(Baconian)条。

几乎崇拜人心,而诩诩然自得,可是人心实际上有如一面不平的镜子。由于它的形状之凹凸不齐,其所反映之光线常相互交错,从而歪曲了事物的真相。"①

培根在其《新工具》一书中写道:"以真正的归纳法来形成观念和公理,乃是廓清幻像(偶像)的适当方法。可是把这些幻像指示出来,功用是很大的,因为幻像的廓清对于自然的解释,正如诡辩的驳斥对于普通的逻辑是一样的。"②在其《学术推进》一书中,他是这样的写的:"关于偶像的破斥,我们认为偶像是人心中最根深蒂固的谬误;因为偶像不似其它的谬误只是眩惑判断,使之朦胧,在特种情况之下进行欺骗,而是由于恶劣的偏向,人心不良的复杂,致使理性的预测都受到歪曲与毒苦。因为人心为其身体的外壳使之幽暗之后,远远不是一面平坦清明的镜子,而是很不均匀,也受光与反射都带有杂质,好像一片幻影镜一样,充满了迷信和幻象的。偶像之附加于理性,其原因有(1)人类的一般性质;(2)每一个人的特殊性质;(3)语言,或交际的性质。其第一种称为种族偶像,第二种称为洞察偶像,第三种称为市场偶像。此外,还有第四种,称为剧场偶像的,乃是由虚伪的理论、哲理,或证论的错谬法则所附加的。现在姑且不谈这第四种,因为它是可加以拒绝,而置之不理的,但是其它三种,牢固地抓住着人心,不彻底根绝,我们便不能希望在这里能提出什么分析论的技术,然而破斥偶像的学说又是偶像学说的第一部分。偶像学说虽然不能归结为一种技术,但可用之于思想中以提高警惕而预防偶像的骚扰。"③可见培根在考虑实际使用他的科学方法时,很注意偶像的性质与其提防的。兹根据《学术推进》和《新工具》两书分论其四种偶像如次。

第一,种族偶像:种族偶像是由于人类理性的本性的。培根写道:"种族的偶像植基于人类天性中或人类种族中,因为要说人的感官是万物的准绳,那是错误的。恰好相反,感官和心理的一切知觉只是以个人为衡量而不是以宇宙为衡量的。而且人类的理解力正如一面反映不真的镜子一样,它在接受光线时,并不规则;它可以使事物的本质变形,失色,因为它

---

① 译自《伟大复兴计划》,见英文版,第15页。参看关译本,第23页。
② 见《新工具》第一卷箴言四十,关译本,第46页。
③ 译自《学术推进》第五卷第四章,见英文版,第207—208页。

在反映时已经把自己的本质混合进去了。"①这是种族偶像的概括描述。

详言之,培根描绘了种族偶像的各种表现,指出它是怎样妨碍人们对事物的认识。首先,由于人类理性的特别性质,它很容易过高估计事物中的秩序性和平等性;虽自然中许多事物是自成一类,极端不规则的,而理性还是要凭空杜撰一些平等的关系、联合的关系,相属的关系。因之就有一切天体都是依着完全的圆形而运动的虚构假设,把螺旋形和蛇行的运动形式都排斥掉了(只在解释时才用这些名词)②。

其次,理性每每是只看正面而忽略反面的。"一经命题断定之后……总是强迫一切材料来加强这样的说法,即使反而是最丰富、最有力的事例,它不是置之不理,就是加以鄙视,再不然,则用某些区别来把它们一笔勾销或予以拒绝,虽然这种偏见是强词夺理,危害滋多,可是为了以维持其最初结论的权威亦不惜加以排斥。例如有一次,人们在某庙中指着海船事故后,船沉而被救的人因还愿而献的牌匾,给某人看,并问他能否不承认神的威力的时候③,这人就反问说,'还有一些人,虽然也曾许过愿,却都死于海里,那么他们的牌匾又在哪里呢?大凡为占星、解梦、卜兆、谈果报等等迷信,所骗的人都是只看灵验的例子,而轻轻略过不应验的例子,尽管不应验的例是很多的'④。培根接着这一段的讨论,就作出结论说:'人类理性中的一种特别而持久的错误,就是由肯定的事例比由否定的整合所受的感动要多得多,所以必须适当地保持其不偏不倚的态度;不但如此,在成立任何一条真正的公理的时候,反面的例证总是最有力的。'⑤

又其次,"各种事物如果同时忽然刺激人心,进入人心,并且充满了人的想像,它们也就最能刺激人的理解力……以后其它事物和心内盘踞着的少数事物,总会有几分相似的,如果没有严厉的规章或强大的权威迫使人转

---

① 见《新工具》第一卷箴言四十一,关译本,第 46 页。
② 见《新工具》第一卷箴言四十五,按英文版第 391 页翻译。——作者
③ 在《学术推进》第五卷第四章,培根讲到种族偶像时,也引用过这同一例子,却说明是公元前 5 世纪末叶希腊哲学家德谟克利特的门人迪亚哥拉斯(Diagoras)海神(Neptune)庙中的故事。
④ 译自《新工具》第一卷箴言四十六,英文版,第 392 页。
⑤ 译自《新工具》第一卷箴言四十六,英文版,第 392 页。

向某些遥远而不同类的事例并加以考虑,人的心理就会变得很迟缓无能,实则这些遥远而不同类的事例是会像火炼金一样来考验公理的"①。

而且理智不甘安定,总爱不断地向前推进,达到一个界限,还要越过这个界限,永无停止,这样就有空间和时间无穷的观念。一线之分割为二,各半又加以分割,分割无已时,就有极微的观念,而所谓极微者又可加以部分,直到无穷小。同样一事的发生必有其原因,此因又有其原因,层出不穷,必须达到所谓最后因,亦即最初因。这一些无穷的追求,培根认为都是由于人心共同的种族偶像,"与宇宙的本质无多大关系"。"在最普遍的观念中求其原因,而不努力在较为狭隘范围里求其具体事物所以然之故,是哲学家愚劣而肤浅的表现。"②这都是种族偶像在人的理性中作祟。这种看法,充分地表现培根的科学热情压抑了他的哲学探讨,太过把人类知识局限于目前应用的范围里去了。

可是培根关于种族偶像这种在认识过程中的障碍,又指出人们的意志和感情每每影响其见解。"人们总是容易相信他们所愿相信的,因之,不肯耐心探讨,就畏难苟安;事物与所愿相违,就不能严肃地对待事物;由于执迷,就不深入了解自然;狂妄自大,就拒绝实验的光亮,以为玩物丧志;不信较难理解的事,因为惧怕一般人的意见;总而言之,情感能用无数方法来渲染理性,而且这些方法有时是不易察觉时。"③

总之,理性常以感官的暗弱、无能,欺诈而受到障翳。抽象的偏向过强,就"常以变动的东西为固定的东西"。"以抽象来理解自然,毋宁以解剖来认识自然,这里德谟克利特学派所用的方法,比其它学派之认识自然较为深入。"④

"这便是种族的偶像。这些偶像之所以发生,或则由于人类精神的构成一律是这样,或则由于它的成见,或则由于它的褊狭,或则由于它的骚动,或则由于情欲的骚扰,或则由于感官的无能,或则由于印象的情状。"⑤

---

① 译自《新工具》第一卷箴言四十七。
② 参看《新工具》第一卷箴言四十八。
③ 译自《新工具》箴言四十九,参看关译本,第50页。
④ 译自《新工具》箴言五十一。
⑤ 《新工具》箴言五十二;关译略依英文版修正。——作者

第二,洞穴偶像:培根的洞穴偶像这名词和观念,明显的是柏拉图的《理想国》一书所暗示的。在其《学术推进》一书中,他明白地这样写道:"洞穴偶像是起源于每一个人身心的物质,也是起源于各人所受的教育,所有习俗和一些偶然的际遇。洞穴偶像是柏拉图的一个美好的象征。"①这喻言的精美微妙姑且不谈,只说一个人从婴时就在一个黑洞中受教育,到了成年的时候,忽然被带到光天白日之下,眼见诸天与其万物,当然心中就会发生许多离奇古圣的幻想。人们虽然生活于诸天面前,可是我们的心是为身体这洞穴所桎梏的,如果人心忽然离开这洞穴,即在日光下接触自然为时而暂一定会得到无数错误和虚构的印象。赫拉克利特有一句名言是和柏拉图的洞穴象征相一致的。他说,"人们是在自己狭隘世界中而不是在广大世界中去寻找知识"②。

培根又写道:"洞穴偶像是多种多样的,然而我们只需提出几种,人们对之必须加以最大的警惕,因为它们都具有来污损理性的大力。"③

例如,"有些人醉心于某种特殊的科学和某种特殊的钻研,其原因是由于他们自己都是这些部门的创作人或发明人,或者由于他们在这些部门里曾经作过最大的努力,因之就习惯于这些部门。到了这些人从事研究哲学或钻研普遍性的东西时,他们就以主观既成的幻想来曲解和腐蚀哲学与普遍性的东西。亚里斯多德使他的自然哲学完全造就他的逻辑,以致不适实用而成为争辩的材料,就是最突出的一个例子"④。

其次,培根指出,人们对于哲学和科学的倾向,有的注意事物的差异,有的注重事物的相同,这两种人都容易走向极端,每每想象事物的差异和其相同而本非事物原有的同异。此外有些人极端好古,有些人又癖好新奇,"很少人能持中有度,不偏不倚……这种情形是于科学和哲学有很大的损害的"。"如果只想到自然和物体的个别形式,则会使理性不能集中,渐趋软弱;如果只考虑其一般的结构与形成,则会使理性迷离松懈。拿琉西巴斯和德谟克利特的学派与其它学派来比较,就得到一个好例子。有

---

① 见柏拉图《理想国》第七卷标准页第514a至521b。
② 译自《学术推进》英文版,第209—210页。
③ 见《新工具》第一卷箴言五十三。
④ 见《新工具》第一卷箴言五十四。

两人太多从事于特殊东西的研究,而忽略其一般的结构,其它学派则看见一般的结构,因而惊惶失措,未曾深入思考自然的单纯。"①

洞穴偶像既是由于各个人的身心特别情况,其各类自然不能一一枚举。为要防止这一类的偶像扰乱人们的思想,培根总结这问题的讨论时,提出一条原则性的规则说:"概括地说来,我们正可以为研究自然的人们立一条规则说:'人心在把握和思维任何东西时,如果特别感到满意,那我们就应怀疑那种东西,而且在处理那些问题时,还更要格外注意,以使理解力(即理性)平整而清明。'"②

第三,市场偶像:市场偶像是由于语文之影响而来的。培根写道:"文字所加于理解力上的幻像(偶像),可以分为两种。它们有时是实际不存在的事物的名称(因为人们在缺乏观察时,就不能以名称给予许多事物,而在另一方面,虚伪的假设,亦能引起与实在不相应的名称),有时虽有事物的名称,可仍是混乱的,没有确当定义的,甚至是从实在方面匆促地局部地所得出的,属于前一种的,例如幸运,原始的推动者,行星的轨道,火原(培根这些例子所反映的,当然只是其当时的流行思想与科学水平,其所谓行星轨道不是我们现在的行星轨道。行星当然有其轨道,而且不是虚构的,但培根所指的行星轨道,乃是'在旧日天动说的系统中,人们假设天空包含着一些空虚而同心的透明圆圈,那圆圈以不同的速度带着诸星绕行地球。这些动转的圈子都包含在一个确定的大圈中,这个大圈围绕着一切别的圈子,它的范围是无限的。原始的推动者,就是活动圈中的最外一层。有的系统以为它就是包含恒星的圈子,有的系统说它不是。人们以为它可以把一种运动传达到别的一切圈子,并且同它们在每日二十四小时内绕行一次'③。培根这里的'行星轨道'和'原始推动者'就是指此而言的。——作者)以及由虚妄常说而来的其它类似的虚构。这一类的幻像是容易驱除的,因为要排遣他,只需把那些常说,一一加以驳斥,认它们是不适用的就是了。至于由错误的不精巧的抽象作用而来的那一类幻像,是很复杂的,而且是牢不可拔的。就以"潮湿的"一个形容词来说,

---

① 见《新工具》第一卷箴言五十五至五十七。
② 见《新工具》第一卷箴言五十八,关译本,第54页。
③ 关译本引英文原本注。

我们可以由此看到,这个词所表示的各种事物是否互相契合。在精密观察之后,我们看到,这个词只是一个标记,人们只是散漫地、纷乱地应用它来表示许多没有恒常意义的动作。"①培根在这里指出"潮湿的"这词通常至少有八种不同的意义,而这些意义是互不相容的。他说:"你在用这个词的时候,如果指此种意义则火焰可以说是潮湿的。"②因之就断言说:"我们在此,很容易看到,这个意念只是不经证实,由水和普通液体抽象而得的。"③

培根在《新工具》和《学术推进》两书中,关于洞穴偶像这一个问题,几乎用同样的词句来肯定洞穴偶像是最难排除的。在《新工具》里他这样写道:"这种幻像是最难排遣的。人们虽然相信自己的理性可以支配文字,可是他们的文字亦是以对自己的理解力起反动;而哲学和科学所以成为诡辩的、无生气的,就是因为这个缘故。文字的形成和应用既然根据于俗人的才具,所以他们所遵从的分别界限亦只限于俗人理解力所容易见到的。因此,人的理解力,纵然有了较大的精确性同较勤恳的观察,并且企图把这些分别的界限加以改变,可是文字亦会阻止它,并且不允许那种变化。因之,我们常见学者间崇高的堂皇的议论,结果往往只是一场文字和名相的争辩。实则按照数学家的惯例和技术,我们应当以文字和名相作起点,并且应以定义把它们秩序化。不过在处理自然的和物质的事物时,虽有定义亦不能补救这层缺点;因为定义成立于文字,而文字而会生起别的文字来。因此,我们必须求助于特殊的例证,而且必须求助于有系列、有秩序的例证。这一点,我在讨论形成意念和公理的方法和计划时,立刻就要谈到。"④

培根这一段话,是他的学术研究实践中许多具体经验的结晶。学术名词之不能统一,以致以一般语文中带来了许多词同义异的名词,其结果当然是学术讨论的混乱。在其当时这种情况还是存在于自然科学之中,所以他才说,"虽然有定义也不能补救这层缺点"。在我们的今日,自然科

---

① 见《新工具》第一卷箴言六十,关译本,第55页。
② 见《新工具》第一卷箴言六十,关译本,第55页。
③ 见《新工具》第一卷箴言,关译本,第56页。
④ 见《新工具》第一卷箴言五十九,关译本,第54页。参看《学术推进》英文版,第210页。

学的许多名词和概念,都是指着实验中观察所得的某一定的现象或具体实验中某一定的动作,符合了培根"求助于特殊的例证,求助于有系统、有秩序的例证",即以科学实践为标准这一种要求。可是在社会科学和哲学的各部门里,尤其是在这些学术部门里的比较通俗性的报告和文章里,我们今日仍然是和三百多年前的培根一样碰见许多由名词而发生的思想障碍。例如,在谈哲学时,引用某一学派或某一哲学家,而所引用的学派是指这学派在什么关系上,在什么时候,谈到什么问题;引用某一哲学家时,是指他的什么具体思想,这思想表现在他的哪一部著作,著作中的哪一部分,所根据的是哪一个版本,只是囫囵吞枣地、断章取义地人云亦云,形成一种说法,使一般人莫知所云。这就是培根的市场偶像。这是一类。还有一类,我们今日比培根当时更加严重的,就是培根之在17世纪初叶,拉丁文还是欧洲各国学术界的通用文字。纵然随着情况的变化,知识的进展,原有的名词不断地改变其意义,但是这改变在当时还是逐渐的。在我们的今日,从各种文字多译的术语日益加多,翻译初期难免有不少的错误,可是某些词语没用既久,虽不正确,还是难于改正,例如"前提"、"范畴"、"矛盾"、"对立"、"一般"、"普遍"等,不胜枚举,而这只是就逻辑一个部门而言。学术名词的确定和统一是推进科学研究的一种必要条件。

第四,剧场偶像:"剧场偶像是被各派哲学的伪说和谬误的解证规则分明地印入人心灌注人心的。"①培根对于这一类的偶像,并不像对于前三类那样重视。他认为第一、第二类是与生俱来,人所共有,属于人类的本性,因而是无法被除的,只得对之严加防御。第三类是偶像根源于语言的影响,而语言之于思想有须臾不可离的关系,所以这类偶像之于人心,潜移默化,渐成第二天性,也是难以根除。至于剧场偶像这第四类,既是明显地从哲学的伪说和哲学不正确的解证方法附加在人心上面的结果,我们可得而予以拒绝,随时置之不理,所以培根在其《学术推进》一书中声明不必去讨论它②。可是在他较晚的著作《新工具》一书中,考虑剧场偶像仍十分详细。这类的偶像既是从哲学的派别而来,则哲学派别越多,这

---

① 见《新工具》第一卷箴言六十一,关译本,第56页。
② 参考《学术推进》第五卷第四章,见英文版,第207—208页。

类偶像产生机会就必越大,因之培根写道:"剧场的幻像,或学说系统,是很多的,而且将来亦会更多的。因为在许多年代以来,人心如果不是忙于宗教和神学,如果政府——尤其是专制政府——不是一向反对各种新奇学说……则一定会已经发生了许多哲学派别,有如希腊古时盛行那些各式各样的学说。……在哲学剧场中,你们所看到的现象,亦同在诗人剧场中所看到的一样,为扮演而发明的故事,比历史上真正的故事,还要紧凑,还要精美,还能如人心意。"①

培根反剧场偶像大致分为三种类型:其第一种类型培根称之为诡辩派。诡辩派之产生是由于"哲学取材时,不是在少数事故中取了太多的成分,就是在多数事物中取了太少的成分;因此,哲学都是建立在狭窄的实验基础和狭窄的自然史的基础上的,而且它的判断是依据极少数事物的权威的。理性派(诡辩派)的哲学家只从经验中抓取各种普通的例证,并不加以适当的观察和勤劳的考量,就一任空想和机智来进行其余的工作"②。

这第一派中最显著的例子,要推亚里斯多德;他曾用他的逻辑把自然哲学淆乱了③……接着,培根就对亚里斯多德的哲学从各方面作了许多的批评,引用到亚氏不只一种的著作,并把亚氏和其他好几位知名的哲学家作了比较,认为这些哲学家都有自然哲学家的一种意味——都有事物本性、经验和物体等等意味,而在亚里斯多德的物理学中,除了逻辑的字面而外,你几乎听不到别的……

他虽然屡次提到经验,可是我们并不能看重这一层,因为他的结论是预先得到的;他并不曾按照规矩先求助于经验然后再来形成判断和公理。他只是凭自己的意志先解决了问题,然后再求助于经验。他只使经验契合于自己的同意票("同意票"是拉丁文 placet 之译,按 Placet 是 Places 这一动词的单数第三人称。投票者如写 placet,即"它满我的意",就是同意

---

① 见《新工具》第一卷箴言六十二,关译本,第 57 页。
② 见《新工具》第一卷箴言六十二,关译本,第 57 页。
③ 《新工具》第一卷箴言六十三。

的意思,如写 non placet,则为不同意。培根时代大学中投票常用这些字样①)。并且把经验如囚犯似的牵着巡行。因此,他比他现代的信徒——经院学者——之完全抛弃经验更是有罪的②。

　　培根这样责难亚里斯多德,未免太过,似乎他并未深入研究亚氏的逻辑著述,只是反映其时大学所讲授的亚氏学说,但他是很肯定而坚决地把亚氏列入诡辩派。在《新工具》箴言七十一有这一段话:"希望人的学术是专尚空谈的,而且和争辩结了不解缘。因此,这种学术是和真理的探求正相反的。因此,一般称为哲学家的人们,虽然以鄙弃的态度、反唇相讥,以诡辩者一名来称呼古代的修辞学者高尔吉亚(Gorgias)、普罗塔哥拉(Protagoras)、希比亚(Hippias)、包鲁(Polus)诸人,实则那个名称也正可以应用于柏拉图、亚里斯多德、芝诺(Zeno)、伊壁鸠鲁、提阿弗拉斯特和其它诸人……他们都以争辩来解决事实,并且建立哲学的宗派和异教,而为之奋斗。因此,他们的教条大部分只是乏味的老人向青年的谈话。"③

　　第一种类型的剧场偶像,是从上述这种哲学派别产生出来,眩惑人们的。

　　第二种类型的剧场偶像是由经验学派所产生。经验学派的哲学家,"在精勤地做了少数实验以后,便勇往直前,演绎出,建立起各种系统,而且生吞活剥使别的一切事情都就范于这些系统"④。

　　以培根之主张必须从民获得的经验来深入事物的认识,其反对经验派的哲学,自然不是因为这派哲学所根据的是经验,而是因为它是局限于狭隘的经验。不能跳出这狭隘的圈子而看到更广泛的东西。所以培根批评这派的哲学家说:"他们会看到这种哲学是可然的,而且几乎是确定的。"⑤经验派的哲学是经验主义的哲学,片面的、主观的。所以培根认为它"所创立的教条比诡辩派(或理性派)所建立的还要残缺,还要怪诞,因为它的基础并不在于普通意念(notion)的光亮上(这种光亮虽然微弱浮泛,可是有几分是普遍的。而且关涉于许多事物),而是在于少数实验的

---

① 参看关译本第 126 页译原文注。——作者
② 参看关译本第 126 页译原文注。——作者
③ 见关译本第 67—68 页。译名从现时通行译音改。——作者
④ 见《新工具》第一卷箴言六十二,关译本,第 58 页。
⑤ 见《新工具》第一卷箴言六十四。

狂路和黑暗中"①。换言之,培根之反对经验派哲学,是因为它只知有感性认识的狭隘经验,而不知向理性认识来上升,因之和诡辩派一样是教条主义,而这一派的教条主义还更厉害,因为它完全抹煞掉普遍性的原理。

培根在《新工具》箴言六十四把季尔伯②(Gilbert)和炼金家并论,作为经验派哲学家的例子,实在是诬蔑了当代的一名伟大的科学家。季尔伯在 16 世纪末叶是一位杰出的医师,而且对于物理的磁学和天文学都有重要的贡献③。可是培根之批判科学研究中的仓促概括,是我们应当注意的。他写道:"如果匆促急迫,一直跳到或飞到事物的普遍原则上,则此处所述的哲学的大危险是免不了的。因此,即在现在,我们应当防御这种过失。"④其实,草率的概括也就是经验主义的教条主义。这是培根提出来叫我们应该加以提防的剧场偶像的第二种类型。

第三种类型的剧场偶像之产生,是哲学家"为信仰和崇敬的缘故,把神学和传说掺杂在他们的哲学中;他们有些人竟然狂妄十足,要在神灵鬼怪中来找寻科学的起源"⑤。

培根对于这一类型的剧场偶像大加抨击。他在《新工具》一书中写道:"把迷信和神学搅和在哲学里面,则更易于引起较大的腐化作用,而且不论对于全部体系或系统的局部,都有最大的危险。因为人的理解不独易受通俗意见的传染,而且易受想像的传染。因为那种好事的诡辩的哲学,固然足以圈套住理解力;可是这些神学的哲学,亦因为是想像的、张狂的、半诗意的,所以它亦能用谄媚来错领了理解力。"⑥

---

① 见《新工具》第一卷箴言六十四。
② 关琪桐译姬尔伯。
③ "季尔伯生活于十六世纪的末叶,而是女王伊丽莎白和詹姆斯王两朝的宫廷医师。培根在《新工具》第一卷箴言五十四提到季氏的著作,而这本著作中,季氏不断声言实验方法之比诸'先验'方法在自然探讨中是有利得多,而且当他的非难者,对他的科学工作批评失败时,他用实际的例子证明他自己的原理之适于实用。他的'磁学论'(De Magnete)涉及该门科学的所有基本部分,讨论问题极为详尽,一直到今天还不能对之有所增加。季尔伯采用哥白尼的天文学系统,认为和这系统相反的说法完全是无稽之谈。他的论证是基于这种说法认为天体运行必须有这样的迅速度是不可想象的"——译《新工具》第一卷箴言五十四英文版原注,见该版 396 页。
④ 见《新工具》第一卷箴言六十四,关译本,第 60 页。
⑤ 见《新工具》第一卷箴言六十二,关译本,第 58 页。
⑥ 见《新工具》第一卷箴言六十五。

培根以古希腊的毕塔哥拉斯和柏拉图两学派作为这种把神学掺入哲学的例子。他认为毕塔哥拉斯的作法,即企图用数来说明世界一切现象的说法,是比较粗鲁而难以置信的迷信,而柏拉图学派的哲学,大概由于它的"半诗意",形象化的说法,是"更为危险",更为"微妙",所以它能以"谄媚"来迷惑人们的理性的魔力则更大。这两派哲学,演至末流,支离烦琐的成分固然较多,但是培根在这里提出它们,加以抨击,主要是由于毕塔哥拉斯数的观念,在其运用于具体事物的解释上,失之太过抽象,无补于实际,而柏拉图学派,尤其演变到后期,对于宇宙的解释,完全是一幅"诗意"的虚无缥缈图画,充满着神秘的意味,和培根之在自然现象中探求其发生发展的规律,借以控制,改造自然的科学工作,当然是大相径庭的,所以他把这一类哲学看为是毒害理解力的"一种疫症",应该严加防御,免受传染的①。

根据这条原则,培根不主张在哲学研究上寻找什么"原素"(指当时的地、水、火、风),什么"原始的形式",什么"隐秘的性质",这些都是空洞的思想。他主张像医生那样,追求"较坚牢的事理",研究"物质的第二性质",如吸力、拒力、稀化、浓化、扩张、紧缩、分化、成熟,等等作用。培根认为当时所谓"原素"、"原始形式"、"隐秘性质"这一类思想,无非是把具体现象概括为一些观念,并不能说明事物之所以然,无非是"物体产生所依的静止原则",至多也不过描述事物是怎样,并不是"事物产生时所依的活动原则"。说明事物之何以是这样,说明其所以然。他认为至少知道在什么情况下,一物吸引另一物,又在什么情况下,一物抗拒另一物;知道在什么情况下,一物会稀化、扩张,又在什么情况下,一物会浓化、紧缩,等等。然后人们才能解释自然,了解自然,控制自然,而在自然界中建立人类的统治,否则只流于空谈,不能引起改造自然的实践作用。培根认为"生"、"灭"、"增"、"减"、"变"、"位置移动"等都是一些名称,只是"描述运动的计量和限度",并不能说明种种现象之生、灭、增、减、变、动是"藉着什么方法","由什么根源来的","并不曾暗示到物体的倾向,和物体各部分的发展",而只是述说现象发生后的差异。培根所追求的是事物之理,而不是

---

① 见《新工具》第一卷箴言六十五。

逻辑的概念。他常有情感地写到这点说:"如果有人抛弃了这些说法,而主张譬如这样说:物体中有一种互相接触的倾向,不让自然的统一被分离了或被破坏了,不让虚空现出来;或者再说,物体中有一种复返于自然体积或张度的倾向,在内受了压迫,或者向外扩张过度时,它们会立刻努力来恢复自己,而复返于原来的体积;或者说,物体中有一种同类集为一体的倾向(类如密度浓的物体倾向于地球,稀薄的物体,倾向于天空)——则这些运动以及相似的运动可以说是物理的运动。那些别的运动只是完全逻辑的而且有经验派的意味。"①在这一段引文中,我们可以见到,培根的科学思想是受着当时历史条件的限制,可是他的科学态度是极其明显而端正的。他正确地指出,在哲学思维中,急于作出决断,就形成一种专横独断的态度;如果游移不决,就终无所得,流于怀疑。两种极端都是真理寻求的障碍,属于剧场偶像的类型,应在清除之列。当知"人的感官和理解力(理性),虽然微弱,可是我们只应当供给它们以帮助,究不应当剥夺了它们的威权",使之不能发挥其应有的作用②。

培根总结其偶像论这一段文字时写道:"各种幻像(偶像)和翼从已如上述。我们必须以确定的、庄重的决心,把它们一切都弃绝了,并且供理解力得到彻底的自由和廓清。要进入在科学上所建立的人国……人人必得如婴儿似的(即丝毫不为成见所蒙蔽,一本天真)才行。"③

九、培根论科学实验

从上面几个问题的阐述,我们很明显地看出,培根在《学术推进》和《新工具》两部著作中,其主要的问题不是世界观,而是方法论,他所要确定的不是世界究竟是什么,而是怎样来认识围绕着我们的世界,主要的还是围绕着我们的大自然,怎样从我们之认识自然而改造自然,所以他的主要问题,还不是认识论本身,而是作为认识论一部分的科学方法论。为要更加明确这一点我们再来看看他的科学分类。

在培根的科学分类中,他所称为逻辑这一部门,包含的范围很广,涵

---

① 见《新工具》第一卷箴言六十六,关译本,第61—62页。着重点都是我加的。——作者
② 参看《新工具》第一卷箴言六十七。
③ 见《新工具》第一卷箴言六十八,关译本,第65页。

盖一切有关于理智的各门科学,而和伦理学之有关于人类意志者相对立,却在逻辑的广泛范围之内,发明术是其主要部分,而在发明术中,又以发明的技术为主,辩论术为副。这在上面的科学分类表中是很显然的,从他的《学术推进》和《新工具》两书的内容更可以明显地看出。虽然他的"伟大复兴计划"不限于此,是指向着人类知识更远大的发展和提高,但这计划大部分尚未为培根所完成,因之其主要的贡献只是在科学研究方法论这一比较狭小的范围里面。

发明的技术,即求得知识的方法,一方面是说明经验之如何从观察而获得,另一方面是阐述如何从所获得的材料中,求得事物所以然之理,逐步地得出事物发生发展的规律,从而掌握事物使之为人类服务。"知识是能力","控制自然,必先服从自然"的见解就是根据科学方法论的信念而来的。

关于培根之所谓观察。观察所应注意各点,和解释观察素材的过程中所常遇到的曲解和错误,与其曲解与错误的根源,略如上面两段所述,其方法论的第一步还有说明必要的,就是培根对于科学实验的看法。

实验还是获得经验的一种方法,而与简单的经验有别。自然出现的事物,人们通过其感官而与之接触,其结果就是简单的经验。这是"偶然的"。"如果你是有意寻求它的,则它叫作实验。"①根据这条定义,则培根之所谓实验,而且还包括着一切其它有意识的观察。我们今日之所谓实验,是观察的人,先行以人工控制现象发生或发展的条件,使之按照其预定的计划来发生或发展,再从而观察它。这个"实验"的定义,把实验和广义的观察区别开来,是欧洲19世纪才开始在科学界确定下来的。培根在17世纪初叶所用的"实验"一词,原是拉丁语的 experimentum 这一字,意即经验,本来和观察是无区别的。例如他在《新工具》第一卷箴言七十里写道:"最好的解证(证明)当然要靠经验,如果经验不超越了实验。因为我们如果把实验转移在我们所认为相似的情况下,则我们在转移时,非有正确的、有秩序的进程,不能免于错误。"②这里"实验"一词就是指着在某种具体情况下实际上所获得的经验,和我们现在在科学中做实验的"实

---

① 参看《新工具》第一卷箴言八十二,关译本,第77页。
② 见关译本,第66页。

验",其意义是不同的。因之,在这段引文中之后他接着写道:"不过现在人们做实验的方法①都是盲目的、愚蠢的,因此,他们只是游移散漫,没有确定的途径,只是泛观外物的偶然现象,旅程虽广,遇物虽多,却无多大进步。"可是培根用"实验"这一词,有时也含有和一般广义的观察有别的意思。例如即在上面所引的一条箴言里,也有这几句话:"人们做试验时,常常是不谨慎的,而且好像是玩弄的。他们只是略为变化已知的实验,一试之后,如果不能得到结果,便会发生疲厌,抛弃企图。纵然他们肯郑重地、诚恳地、勤苦地,从事于实验,他们又往往只用力于'一种'实验,就如季尔伯之于磁石,化学家之于黄金便是一例。"②这里"试验"即原文"实验"同一词,但含义则显然和"泛观外物的偶然现象"的实验有别。然而在《新工具》第一卷箴言九十五上面,培根又把"实验能力"和"推理能力","重实验的人"和"重教条的人"相对比,也就是把"实验"作为"经验"的同义词来用了。

虽然培根在使用"实验"这一词的时候,未能十分确定其意义,但是他对于科学的实验,其本质是什么,是认识清楚的。他在《新工具》第一卷箴言九十八里面写道:"自然史有两种,一种是为其自身独立搜集来的,一种是为启发理解力。这两种史的差异很多,不过最差异的一点乃是,前一种虽包括着各式各样的自然种属,却没有机械艺术中的各种实验。因为自然的秘密,在受了艺术的激动以后,比在其自行作用时,较为容易显现一点。这个亦正同在人事方面,人在困难时比在平时,较容易表现自己的心情趋向和隐情似的。"③自然史,如本文上面已经讲到,乃是搜集感性认识从观察所获得的材料。培根把它分为两种,一种是各式各样的自然种属,在自然自行作用时由观察而认识到的,这是一般观察的结果。另一种是运用机械、艺术,即人工创造条件下,自然受了艺术的激动以后,才把它的秘密显现出来的结果。前一种只是听取自然给予我们的消息,是简单的观察;后一种是逼供自然答复我们的提问,是实验。在这里培根把简单的观察和实验明白地区分开来了。他对于科学实验的本质是认识得很清

---

① 指在实际中进行观察,取得经验的方法。——作者
② 见关译本,第66页。按关译"化学家"应为"点金术家"。——作者
③ 见关译本,第93页。着重点是我加的。——作者

楚的。

　　培根对于当时科学实验的工作,主要是批评它不够深入。进行实验的人大都是机械工作者,其所做的实验只是为着解决面前实际上的某一个问题,不是为着探求真理,"求进一步的发现",来推进学术的发展。因之就"看不到有多少实验在启示理解力方面有很大的功用"。应该"搜集一些本身虽无用而却能帮助人们来发现原因和公理的实验,则知识的进步,才是有希望的"。培根称这一类实验为"光的实验"(experimenta lucifera),以别于所谓"果的实验"(experimenta fructifera),培根并不是一个为实验而实验,脱离实际的人。他的学术研究的精神,是和这完全相反的。可是他知道凡百学问都有其理论的基本部分,而又有其应用的部分。无理论的基础,则无应用之可言。理论是体,应用是用,体用固不应分割开来,但绝不能舍体而言用。不求进一步的发现,以追寻真理,推进学术,则实验只不过雕虫小技,对于真正知识是无很大的补助的[①]。培根强调实验必须深入到事实之所以然,就是这个意思。

　　培根认为保证实验之深入事物,防止其片面性的偏差,就"应当求得与一向所行的实验相反的一种实验"[②],这完全是根据他在任何研究中,必须充分地运用相反的例证这一条重要原则的。关于这一点,我们后面谈到他的三表时,还要更详细地加以说明。在这里只提出防止片面性之为实验的一种必要条件。其防止的方法就是要"发明一种完全不一样的方法、秩序和进程,以进行我们的实验"[③]。对于同一问题所进行的实验,尽量地变易其实验进行的情况,运用各式各样的实验方法,改变其进行的程序,都是有利于辨别事物发生的本质和非本质的因素,从而求得其所以然之理,实在是科学实验的一种重要条件。

　　然而科学的实验,常常不是一朝一夕所能完成的,并且常常不是一个人在一个地方所能了事。许多人在不同的地方,长期在不同的情况之下由观察和实验所获的感性认识材料,必须如实地记录下来、积累起来,以供科学工作者的分析和研究。培根写道:"人们准备好自然史的材料和经

[①] 参看《新工具》第一卷箴言九十九,关译本,第93页。
[②] 培根语,见《新工具》第一卷箴言一百,关译本,第94页。
[③] 见《新工具》第一卷箴言一百。

验,以供理解力(或哲学)来进行其工作,可是理解力又不能专凭记忆来料理它们,亦就像一个人不能专凭记忆来精于天文历书的计算是一样的。……我们若非把它的过程(即经验的过程)记载下来,总是不能满意的。"①

而且不只是要把材料记载下来,还要把记载下来的大量材料分别整理,使成系统,列为表格,然后才能运用自如。因为,"特殊的事物既然数目众多,而且那些数目又分散错杂,足以使理解力迷惑瞀乱,所以我们要只凭智慧的轻微袭击,散漫运动,一定没有多大希望。只有借着适当有序,富有生气的发明表(《新工具》第二卷中所谈的三表)把研究的题材、调动出来,加以指挥;此外,我们的心思还得运用在这些表所供给的各种准备好,消化好的材料上"②。可见培根清楚地认识,观察和实验只是科学研究过程的准备阶段,感悟认识的材料还有待于整理、消化、提升到理性认识阶段,然后才能深入到事物的本质,解决科学的问题。而科学的问题,根据培根的看法,主要是寻找事物之模。

十、培根之所谓"模"是什么?

我们之所谓"模"乃是培根所用拉丁文 forma 之文,还有人把它译为"形式"的。可是"形式"这译名通常是和"内容"相对比,不是培根 forma 的原意,所以我们改译为"模",以别于通常之所谓"形式"。

究竟模之为物是主观的,只存在于人们意识中的,还是存在于客观实在里面的呢? 首先要弄清楚这个问题才能正确地来理解培根。

培根在其《新工具》第一卷箴言五十一里说"形式(亦即拉丁文的 forma)亦只是人心的虚构。"③这条箴言的全文是:"人的理解力,本性就爱抽象。它往往爱给飘忽易迅的东西以一种实体同实在④。不过要以抽象原则来解释自然,远不如把自然条分缕析地加以观察。德克利特学派

---

① 见《新工具》第一卷箴言一百零一,关译本,第 94 页。
② 见《新工具》第一卷箴言一百零二。
③ 见关译本第 51 页,沈因明也是译为"形相不过是人类心灵的虚构"。
④ 按 Bohn's Libraries 英文本是用 fixed 这一形容词,未用一个名词。全句应译为把'飘忽流动的东西认为是固定的'。——作者

所以比其它学派较为深入自然，亦正是因为这个原故。我们应当多注意物质，少注意形式(forma)；我们应当更多注意物质的结构，结构的变化，纯粹的动作①，和动作的法则。至于形式，则你若非叫那些动作的法则为形式，则所谓形式亦只是人心的虚构。"②

从文字的表面上看，培根在这里显然是把形式(forma，我们译为"模")和物质的结构，动作的法则，对立起来，把它认为是虚构的，而这种见解是和培根在它处用"模"这一词的本意大相径庭的。

培根所赞同的乃是德谟克利特学派之以实际观察来解释自然，来认识物质，物质的结构，物质的变化，物质的动作，与其动作的法则。这种解释培根认为是深入的。和这个解释自然的方法相对立的，是以抽象原则来解释自然，以"形式来说明自然"，培根认为这后一种抽象的方法只是以形式来解释自然，而这形式不是由实际观察体验出来的，只是虚构的。他这里是暗示着柏拉图的说法，现象界的东西，不是完全真实，而只是部分真实的，其真实性之多少是以其参与在理念之程度高低为转移。但无论如何，现象界的东西绝对不能完全参与在理念之中，所以现象界的东西，不可能完全是真实的，而且在现象界中认识理念在某种程度上之存在就是真知识。"真知识的对象之有真实性，和认识真知识的人之能认识真知识的对象，都是由理念而来。"③一般译为"理念"的这个词亦可译为拉丁文的 forma④ 而培根认为虚构的就是这 forma 通常译为"形式"。培根认为柏拉图凭其抽象的理想，悬拟某些形式以为现象界种种对象真实性之标准与来源，这完全是虚构的。远不如德谟克利特学派之凭观察来解释自然之深入自然。他批评为人心所虚构之形式是指这种形式，而不是下面我们要谈到培根自己在观察和实验中所体验出来的事物发生发展的 forma，即我们译为"模"的 forma。

究竟培根要在事物观察和实验中所确定的是什么呢？

---

① 物质自己的动作。——作者
② 见关译本，第 51 页。
③ 译自柏拉图：《理想国》第六卷标准页第 508 页。
④ 参看柏拉图：《理想国》(Republic) Fnaucis Macdouald Coruford 英文译本，牛津大学，1945 年，第 180 页注。

培根在其《新工具》一书第二卷中反复地说明他所用"模"这一词是什么意思。他写道:"我虽然认模(又译'形式',下同)有那样重要的地位。可是我再三警告人们不要把我所说的话应用在习见的思想上和思维上。第一点,因为我现在所要说的不是寻常简单性质所组织的复杂形式。如狮子、鹰、玫瑰、黄金等。……虽然说到简单的性质,人们亦不要以为我说的是全无条理或条理不清的抽象形式和观念。"①由此可见,培根的"模"既不是指具体的感官所能直接感触的形式,如狮子、玫瑰,又不是指柏拉图的理念或模,即抽象的形式,而是指"支配绝对现实的法则和决定作用"②。他之所谓模是"能支配,能组成各种物体中的所谓简单性质,如热、光等。因此热的模,或光的模,亦就是热的法则或光的法则"③。

当然从表面上看起来,培根这里之所谓模,和他所批判的柏拉图的理念或模,和经院哲学的形式是一样地抽象,可是本质上是不同的。他反驳地写道:"如果有人想,我的模亦有几分抽象性,因为它们(指各种模)把异质的事物混合起来(因为天体之热和火之热似乎是异质的,玫瑰之固定的红色,同虹的,蛋白石的,和金刚石的表面的红色亦似乎是异质的,各种死亦似乎是异质的。如淹死、吊死、刺死、中风而死、消瘦而死等。可是这些例证仍有一致的热性、红性和死性)。如果有人持这意见,则他应该知道,他的心理已经被传统的习惯、事物的粗疏现象,和俗人的意见所禁锢。因为我们分明知道,这些事物虽然互相差异,可是它们仍有一致的热的、红的和死的模或法则;而且我们若不把这一类的模发现出来,揭示出来,则我们的权力便不能从自然的日常途径中解放出来,亦不能伸张出去,得到新的效率和新的工作方法。"④根据培根所写的这一段话,各种不同的具体物体有其一致的简单性,这简单的性质和其他不同的性质在这些不同的物体里面联系起来,就成了不同的物体,如天体和火有相同之热和不同的其他性质联系而成不同的天体和火。培根在其科学研究所要确定的,就是人们在通过思维的抽象活动在不同物质中认识到其相同的简单性

---

① 见《新工具》第二卷箴言十七,关译本,第185页,重点是我加上的。——作者
② 见《新工具》第二卷箴言十七,关译本,第185页。
③ 见《新工具》第二卷箴言十七,关译本,第185页。
④ 见《新工具》第二卷箴言十七,关译本,第186页。

质,例如热、如红,之何以为热、为红的道理,如何为热、为红的法则。培根这个追求明显是原因的追求。

我们认为培根所追求的原因,亦即从古希腊流传下来盛行于中世纪经院哲学中的形式原因。在《新工具》第二卷箴言二,他这样写道:"现在人们虽然说,真正知识就是由原因得到的知识(是指亚里斯多德'分析论后篇'所说,流传到培根时代的),他们虽然适当地把原因分为质料的、形式的、助生的(又译动力的)、目的的(又称最后的)四种①。不过目的的原因,除了在与人行动有关以外,毁坏科学者多,助进科学者少。至于形式的原因,现在人们是不能希望发现的②。至于人们所说的助生(动力 efficient)因和质料因……则不过是轻微的③虚浮的,对于真正的活动的科学,却没有什么贡献。……在自然中,真正存在的只有个体的事物,按照一个确定的法则进行其纯个体的发展④;而在哲学中⑤,这个法则同法则的考察,发现和解释,正是知识和实验(应译'实践')的共同基础。我在说到我自己所谓'形式'(兹译'模')时,就是指着这个法则同其简单的性质而言。而我所以采用形式(模)一名,乃是因为它习用已久的原故。"⑥

从这一段引言可以看出培根认为亚里斯多德的四种原因,其目的因无补于自然科学的研究,动力(助生)因和质料因对于真正的,以实践为目的的知识,又无什么贡献,惟有形式因才是人们要求在事物中发现的。据他看来,事物发生的法则和这法则所决定的简单性质。如热、红等,即一物之为热、为红,与其之何以为热、为红,就是他之所谓模。科学研究之所要在事物中确定的就是这种的模。

------

① 培根这里是指亚里斯多德《形而上学》一书标准页第 983a 第 24—33 行所分的四种原因。——作者

② 据 Bohn's Libraries 英文版,应译为"人们是拼命要发现的",因为英文 desperate 这一形容词是拉丁文 desperatus 之译,而拉丁原文这字虽有"无希望"、"绝望"的意思。但在英文上,还有"不顾一切危险"的意思,此处应从后一义以符后文,关、沈两译皆非。——作者

③ 这里英文译词是 desultory,从拉丁文之 desutorius 这一形容词译来的,而 desutorius 从拉丁文 desultor,"跳跃者"义而来,关译为"轻微的"而沈译为"杂然的"皆不妥,应译为"无定向的",如云,"不易以弹射飞鸟,因其飞腾无定向"。——作者

④ 应译为"清楚地显示其个体的作用",英文 exhiliting cleor individual effects。——作者

⑤ 英译是"在学术中的每一个部门"(in each lronch of learning)较妥。——作者

⑥ 见关译本,第 153—154 页。

培根在《新工具》第一卷箴言七十五里面,就认定"这些模(事物的形式)或真正区别(就是纯粹动作的法则)是找得到的,并非超出于人类认识能力以外的。依靠事物的模之发现,人类就'可以推演出并构造出一些自然的产品'。靠着艺术得到一些能力来产生物体,变化物体"①。而在这一箴言里面,培根又一次明白地说,事物的模就是事物的真正区别,而这区别,即一物和另一物比较之为同为异,也就是根据其动作的法则,有其道理可寻,并非超出人类认识以外的什么玄秘。

培根认为事物之模的发现和其确定,是科学的主要任务。"在所与的物体之上产生及增加一种新性质或新的多种性质,是人力的工作,亦即其目的。发现所与的性质的形相(forma),或其真正的种的差异,或生产其性质的性质,或其派生的源泉(这些,是最接近于事物之叙述的名词)②,是人知的工作,亦即其目的。"③这里培根又一次明显地指出知识就是力量。人们必须在科学研究中,发现事物性质的模,模与模之间的种差,发现产生其性质的性质。即这性质所以从生的源泉,然后人们才能根据这知识以改造物体,产生新的物体,"尽所能地使具体的物体变化",而其秘诀就是在"每一种发生和运动之中,发现它是怎样从明显的动因和明显的质料,通过潜在却不断的过程,一直达到所要求的模,并且在静止的而非运动的物体中发现其潜在的结构"④。

从这些引文里可以看出,培根是把事物的性质和事物的模明白地区分开来了。所谓性质,就是简单的属性,如热、红色、白色、浓度、稀度等,而其模,则一物之为此物之理⑤。可是经院哲学家的形式原因,即培根在前引文中所谓"人们拼命要发现的"。他之所谓原因是潜在于事物的(cousa immauaus),其结果不过是潜在原因的表现,所以事物与其潜因之不同只是事物是可见的而潜因是尚未发现的,事物是表,潜因是里,事物

---

① 见关译本,第72页。
② 按英译应是这些名词最接近于我们的意思之解释。——作者
③ 见《新工具》第二卷箴言一,沈因明译本,第145页。
④ 《新工具》第二卷箴言一。按沈、关两译均不太妥,兹据英译本改译如下。——作者
⑤ 法人禅尼在其《哲学史》一书中,法文原版,第1014页,亦得出与此同样的结论。——作者

是现象,潜因是本质,原非两物,实是一体。他在《新工具》第二卷箴言十三里写道:"一件事物的形式(模)即是事物本身,而且事物同模相异的程度只不过如外表的和真实的之互相差异,外部的笃听之互相差异,从人的角度来看和宇宙的角度来看之差异。"①。据此,则所谓模者,只是事物的本质,一事物之为此事物之理,事物发生与存在的一定法则,而这法则从整个宇宙的性质看来,不能不是这样的。这是从上面所曾引用过的《新工具》第二卷箴言二、十三、十七各条所必然得出的结论。培根的科学研究是侧重于事物的形式原因的。"可见培根认为,科学的真正任务,就是要找出几条基本的,高度抽象而最一般的物质属性,由于这些属性的配合就会得出我们周围各种单纯的性质和各种复杂的现象。所以他对于宇宙的总的观念可以说是机械的静止的;他认为每一个现象的原因是本来存在于这现象之本身,通过充分的正确过程,就可把这原因搜寻出来,使之变为明显。原因既得,人类便恢复其控制自然的权力,因为凡能掌握事物的模的人,都知道如何尽其可能使一定的性质附加在各种各样的物质之上,而不必在工作上为某种物质的基础与其原有种种动力之所限制。所以据培根的看法,理论分析的最后一步就是实践的行动的开始。"②这个结论是正确的。

十一、培根论公理

事物之模既经揭示之后,则可根据这些模来用新工具的方法,形成逐层上升的公理,而按照这些公理,就可自上而下应用于实践,以获得知识的果实③。模是存在于客观事物,其本质是客观的存在,而公理是观念的、主观形成的,却必须和客观的模相符合的,人们对于模的认识是随科学的进展,逐步深化的。所以在科学中形成的公理,由最低的,最接近具体事物的公理,到最高的、最抽象的一般公理,都并不是一成不变的,而是按人类知识发展的情况,随时要加以修正的④。

---

① 见关译本,第175页,据英译略加修改。——作者
② 译自《英国百科全书》第十一版"培根"条。
③ 参看《新工具》第一卷箴言一百零三。
④ 参看《新工具》第一卷箴言一百零三。

公理的得出，是一种逻辑过程，是抽象思维概括一系列同类经验所得的结果，必须以具体的个别事物之认识为其基础的。如果公理只凭争辩而得出，只依理论而修正，是完全无补于知识的推进的，正如培根写道："由辩论所建立的公理，并不能用以发明新工作；因为自然的微妙比辩论的微妙要大许多倍。不过公理如果是由殊事适当地、循序地所形成的，则它们便容易发现出达到新殊事的途径。因此，亦就能使科学成为活动的。"①在这里，培根不只指出公理的根源和它的客观基础，而且正确地认识到在逻辑思维中归纳法和演绎法的紧密联系，相互为用。公理是从特殊整合适当地，循着一定的秩序而形成的，是感性认识的概括。在其形成之后又须验诸同类的新的特殊事例以扩大这公理应用的范围而证明它的正确性。这才是科学的活动，使科学成为发现新的事物的能力，而不是限于事实的记录，一种僵死的知识。

但是培根跟着就指出，"现在所通用的公理，只是从有限的经验和最常见的个别事例所得出的。因此，它们所能应用的范围，亦只以这些事例为限度；因此，我们亦正不必惊异它们之不能达到新的个别事物。人们如果遇到以前不曾观察不曾知晓的相反例证，则他们便以一些琐屑的区分来弥补，来保存他们的公理，实则真正的途径是应把公理自身改正一番的"②。培根在这里所指的公理产生的方法，就是传统形式逻辑所用的简单枚举归纳方法。这方法的缺点当然是只能适用于所已经观察过的事例。超过这范围之外，它的结论是不可靠的。因为一遇到以前未曾观察，未曾知晓的相反例证，这结论便被推翻了。如果不根据新事实的发现，不断修正简单枚举法所得出的公理，而只用头痛医头，脚痛医脚的琐碎方法，使事实造就公理，则科学自然是无从推进的。培根称这种草率的概括为"自然的预测"，"用正确的精密的步骤，从事实中所抽绎出的理论"，他称为"自然的解释"。"自然的解释"就是他的《新工具》的别名③。

对于自然的预测，可能是人们的一般见解，都由于它是没有从客观事实经过正确而精密的步骤来得出这种见解，还是主观的，不可靠的，而且

---

① 见《新工具》第一卷箴言二十四，关译本，第42页。
② 《新工具》第一卷箴言二十五，关译本，第42、43页。译文依英译略有改正。——作者
③ 参看《新工具》第一卷箴言二十六。

可能是完全错误,和事实并不相符的。培根认为大家都是同一说法的东西,并不保证其说法是正确的。"如果人们都照样疯狂了,则他们也会互相契合的。"①

培根这种说法是否把人类普遍是错误的可能性过分地夸大了呢?人们都感觉到火是热的。能否像笛卡儿那样怀疑感官之不可靠,甚至人们一致地认为火是热的,还是不敢相信感官的可靠性呢?我们可以肯定地说,这并非培根的意思。他之认为如果人们都照样疯狂了,则他们对于事物的见解,可能是一致都错误的,但他指的是人们推理的一致错误,而不是感官的一致错误,正如他认为种族偶像和洞穴偶像能叫人们一致歪曲事物的认识,所指的只是在感性认识的基础上进而到理性解释事物的歪曲,而不是感官的普遍歪曲。推理是逻辑思维的事。当时流行的旧传统逻辑残缺不全,错误滋多,不能保证人们思维的正确。因之,一种根据正确而精密的步骤以进行对于自然的解释的方法,就不可不讲究了。新工具的提倡就是为着完成这重要的任务,为着给理性以适当的帮助的。由具体的经验概括出各层的公理就是要根据新工具的正确而精密的步骤以保证其结论的正确性。

可是"我们的道路并不是平衡的,它是一上一下的;起初上升到公理,随后再降落到工作上"②。这就是说,先从具体的经验与实验概括出公理,再拿公理来付诸实践以检查、证实公理,丰富公理。

而且公理之得出,"并不是让理解从特殊的事物一直飞跳在悠远的公理上和最高的普遍原则上……而是根据于适当的上升阶梯,依据于连续不断的等级,从殊事升到较小的公理,再进而升到中间的公理,最后达到最普遍的公理……因为最低的公理同赤裸裸的实验并无多大分别,而最高的最普遍的又只是现实的、抽象的、不坚实的,只有中间的公理才是真正的、坚牢的、活动的,才能为人类的事务和幸运所依据。……因此,我们不应当以翅翼给人的理解力,只应当以重物把它系住,免得它飞了,跳了"③。

---

① 《新工具》第一卷箴言二十七。
② 见《新工具》第一卷箴言一百零三。
③ 见《新工具》第一卷箴言一百零四。

怎样才能把人类的理性用重物来系住,以免它飞了,跳了,草率地得出急剧的结论,而使科学误入迷途呢?这就要分析培根的归纳方法了。

培根在《新工具》第一卷箴言一百零五、一百零六两条,概括地写出他的归纳方法的轮廓,然后在该书的第二卷中按其方法的各个步骤分别地详细说明。兹先摘录这两条箴言的译文,然后加以分析如下:

"在建立公理时,我们还必须发明一种一向不曾用过的归纳形式……单凭列举的归纳法是太幼稚了,是不稳固的,一遇相反的例证,就会发生危险,而且它的判断,普通亦只是依靠于太少数的事实和一见而知的事实,要发明、要证明科学和艺术,最适用的归纳法应当是用适当的排斥法和驱除法,来分析自然;并且在考察了数目充分的否定例证以后,再根据肯定的例证以求的结论。……在这种方法上所需要的劳力比在三段论法上所需的一定要大。这种归纳法,我们还不只用以发现公理,还要用以形成意念,而我们的主要希望亦就在这一点上。"

"在用这种归纳法建立公理时,我们还必须考察,必须试验,这样所建立的公理,只是合于它所从出的那些殊事,还是范围较大一些,较广一些。如果它的范围较大较广,则我们必须考察:它在指给我们以新的例证时,它是否能以同样的安全程度,来证实那种较大较广的范围。这样我们既不至固着于已知的事物,并不致散漫地把握住影子和抽象的观念。这种进程如果实现了,我们才能看到坚实的希望现出曙光来。"①

从这一段文字,我们可以看出,培根是明白地表示(1)旧的归纳法只是简单枚举的方法,即在一类的若干有限数目的事例观察之后,便作出关于全类的结论。这结论既是超出所观察的范围之外,虽然在所观察范围中并未遇见和结论相反的事例,可是在其范围之外,什么时候会发现和结论相反的事例,从而推翻所得出的结论,是不能预测的。因之简单枚举的归纳法是无法保证科学研究所得的结论之正确性的。(2)即此之故,科学之向大自然进攻,势必另有比较更可靠的新归纳法,而在这新的方法之中,其最重要的一个环节就是排除法。所谓排除法者,就是把观察中所分析出来的因素,辨别其真正和问题有关的东西和无关的东西,抽出其前者

---

① 摘录《新工具》关译本,第96、97页。

而摒弃其后者。在运用排除法时,不正常的事例考验过之后,从正常事例而得出的。(3)使用这新的归纳法时,必须有数目充分的大量材料,细心整理,分别列为肯定事例和否定事例的表,培根并加上现象发生,从量方面观察,按其数量多少之分所列成的一个表,与前肯定和否定两表,共为三表,以供科学工作者的分析研究。(4)大量材料有待于搜集,是自然历史的事,属于培根"伟大复兴计划"的第三部分,本文上面第四章已有论列,可是整理材料,列为三表是新归纳法的事,详于《新工具》第二卷前半。(5)三表的制成,却亦只是归纳法的准备阶段。怎样运用三表所排列的材料整理结果,以求得结论,确定事物的模,发现公理,形成对于事物的意念①,才是新归纳法的主要任务。(6)可是公理既经得出,概念既经初步形成,如果其使用是限于所研究的事例之范围,其正确性自无问题。一旦超出这范围之外,其可靠性还须证实。这问题是《新工具》一书第二卷后半卷所讨论的,是培根称为"初次收成"(初熟果)和"优先例证的问题"兹详列如次。

十二、三表的制成与其意义

"要研究,则我们可采取下列的步骤。我们如果知道了一种性质,则我们必须首先在理解面前搜集那些实质虽极差异而却具有同样性质的各种例证。要搜集这些材料,我们必须采用历史(即自然历史)的形式,不当有早熟的思辨,或任何比较深的诡思。要举一个例子说,则我们可以把熟的模研究一下。

同具有热性的各种例证

(一)太阳的光线,尤其在夏天和午时。

(二)反射的太阳光线和密集的太阳光线,就如两山间或墙上,尤其在凸镜下和明镜下。

(三)带火光的流星。

(四)发光的雷电。

(五)山口里爆发出的火焰。

---

① notion,这里译为"概念"较妥。——作者

(六)一切火焰。

(七)燃烧着的固体物。

(八)天然的温泉。

(九)滚热的水。

(十)热雾和热气,以及空气自身,因为空气在受了压迫以后,可以产生最有力最光明的热;也在反射炉中便是。

(十一)有些晴美的时期,不论在什么季节,亦都能凭空气的组织,发生热。

(十二)在地窖中所停留的空气亦是热的,在冬季尤其如此。

(十三)一切有毛的实质,类如羊毛、兽皮、鸟绒都有热。

(十四)一切物体,不论是固体的、液体的、深厚的、稀薄的(如空气),如果在火傍停了些时都能生热。

(十五)火石同钢受了强烈的冲击时,亦可以发火光。

(十六)一切物体,如石、木、棉等,如果摩擦过度,则只能发生热,类如钢制之杆和轴有时能发大光。在西印度,人们亦是借着摩擦才能生火的。

(十七)湿嫩的植物如果捣碎装起来,亦能发生热,就如把玫瑰装在篮子内便是一例。垛草堆时如果带湿气,后来亦容易着火。

(十八)把水浇在生石灰上,亦能发热。

(十九)用强水把铁在玻璃杯中熔化了,则不用靠近火边,亦能发热。锌亦一样,不过热度没有那样强。

(二十)一切禽兽都是热的,在内部尤其是如此的。昆虫中的热所以不易感觉,乃是因为它们的身体太渺小。

(二一)新鲜的马粪,以及畜类的分泌物。

(二二)强硫酸亦能发热烧着亚麻布。

(二三)牛膝草油以及相似的油,亦可以发热齿烧着齿骨。

(二四)精提过的强烈酒精亦能发热。因此,你如果把蛋白放在里边,它可以变成硬的,而且可以变白,如煮过似的。你如果把生面包放进去,它可以变干生了皮,就如烘了似的。

(二五)香草和热草,如龙蛇草(dracunculus)和菜(nasturtium vetus)等,在手触来(不论是整个的或粉碎的),虽然不热,可是稍一咀嚼之后,舌和上颚便觉烧热。

（二六）薑和一切酸类,如果接触了人身上没有外表的部分（如眼舌）以及伤了皮肤的地方,则所生出的痛苦,亦同热所生的一样。

（二七）甚至极度的冷亦能产生一种燃烧的感觉,就如诗上所说

凛冽北风今不烧——维琪儿

（二八）此外还有其它例证。

这个表我叫它做"存在的本质表"①。

培根制成三种的表,乃是要寻找一种性质,如热的模。他认定一条原则就是:"性质存在时,模必然存在,性质不在时,模亦是必然不存在的"②,而且"模是随着性质的增减而增减的"③。上面所引的是根据"性质存在时,模必然存在"这条原则而制成的。表中所列一共有近乎三十种的物体,都是使人感觉有热的这一个共同所有的性质,而其余的性质,则所举的物质彼此都不相同。具有不同性质的各种物体都有令人感觉有热的这一种共同性质,则这个共同性质之模,必不是各种物体互不相同的性质之模,因为"性质不在时,模亦必然不存在"。今不同的性质之在于一物体必不在于与之不同性质的物体,所以共同性质之模必非种种不同性质的模,而只是共同性质之模。这是存在表的意义。

这完全是约翰·穆勒几乎两百年之后,用来形成其《逻辑系统》一书中的统同法的理论。穆勒在该书中写道:"一种现象之先,或在它之后,有种种的情况。在这些许多情况中,求得其与这现象以不变的规律相联系的一些情况,有两种方式,其一种方式,就是比较一下现象所发生的不同事例。另一种方式,就是拿现象发生的诸事例和现象不发生而在其它方面与第一种事例相似的诸事例来比较,这两种方式称为统同法和别异法。"④统同法的法则是:"有一现象,见于数事。是数事者,现象而外,惟

---

① 见《新工具》第二卷箴言十一,关译本,第 163—166 页。
② 见《新工具》第一卷箴言十二。
③ 见《新工具》第二卷箴言十三。
④ 译自约翰·穆勒《逻辑系统》(A System of Logic)第三卷第八章第一节,1906 年,英文原版,第 255 页。参看严复译《穆勒名学》部丙第 97 页。

有一同,则此所同,非现象因,即现象果。"①

培根三表中的第二表,就是差异表,差异表是"把缺乏这种性质(即第一表各物体共有的性质)的各种例证,呈列于理解力之前……把否定的例子对立起来"②。但是培根正确地指出"所举的那些缺乏此种性质的例子,应当只限于同具有此种性质的例子,应当只限于同具有此种性质的例子相近的一些例子。这个表我叫做接近中的差异表,或接近中的缺在表"③。

培根随即举出三十二种热性在相似情形下不存在的各种例证;兹摘录如下:

(一)(对照前边第一例)月星和彗星的光线,在感觉上不生热,而且最冷的天气往往是月圆时候……

(二)(对照第二例)在所谓空气的中界中,太阳光线亦不能生热;……因为中界既离能发光的太阳不近,又离能反射的地球很远的原故……

(三)(对照第二例)在两极附近地带,反射来的太阳光因为太于微弱无力,亦不能产生大的热力……

(四)(对照第二例)我们还可以做以下的实验。拿一只同凸镜形式相反的镜子,置于手和日光中间,看看它是不是能减少太阳之热如凸镜之增加太阳之热,我们既然知道,在补偿地,镜下所见的物象之或大或小,是看镜的中心之或薄或厚而定的,因此,我们亦可以试验试验热是不是如此的。

(五)(对照第二例)……用最有力最精制的凸镜……把月的光线集中起来,产生最低度的热……

(六)(对照第二例)用凸镜来试试那些不发光的热,类如受了热而不烧红的铁热、石热和滚水等等,看了那些热是不是哪光线之热,亦可以增加起来。

(七)(对照第二例)还可以用凸镜来试试普通的火焰。

(八)(对照第三例)彗星(如果我们把它当做流星看)虽然常常伴有干旱,可是它并没有显著的影响,并不能把气候变热……

(九)(对照第四例)有一些闪光只能发光,并不燃烧。这类闪光往往

---

① 《逻辑系统》,依严复译,见该译本第 100 页。
② 见《新工具》第二卷箴言十二,关译本,第 166 页。
③ 见《新工具》第二卷箴言十二,关译本,第 166 页。

不附带雷声。

……

诸如此类,培根在其《新工具》一书第二卷箴言十二,一共举出三十二种的例证,逐一和第一表的例证对照起来,大概情形和具有的性质,一般说来,是和相对照的第一表事例相近,只是第一表的事例具有热这个性质,而第二表中与之对照的事例则不具有这个性质。根据"性质不在时,模亦是必然不存在"这一原则,则在第一表诸事例中能寻获的模,即热性之模,必然不能在第二表诸事例中寻得。

有人会认为穆勒后来提出寻求事物间因果关系的四种方法,其别异法(method of difference)就是根据培根这第二表而来的。可是这样的看法不是完全正确的。据严译穆勒的别异法是说:"有一现象,此存彼止。彼此之事,靡所不同,惟有一事,独见于此,是独见者,必其因缘,抑其后果。"①可见别异法使用的条件,乃是有两种事例,其一有某现象之出现,而其另一则无这现象的出现。查两事例的情况,除一种之外,完全相同(严译"靡所不同,惟有一事独见于此")。这除外的一种情况,是现象出现的事例所有,而是现象不出现的事例所无,然后才作出结论说,这除外的一种情况就是现象的原因或结果。但是培根第二表所举的例证和其与之对照的第一表之例证,虽然所观察的性质、热性,发现于第一表的例证而不发现于第二表的例证,但是两表对照的例证情况只是相近,而不是除某一情况之外,其余完全相同,所以是不适合穆勒的别异法所要求的条件。因之,我们认为穆勒的别异法和培根第二表的使用,在所要求的条件是不相同的。

认为穆勒的别异法适应于培根的接近中的差异表,毋宁说穆勒的同异合作法是适应于培根的这个表。穆勒的同异合用法依严译是说:"有现象者,同有一事,余无所同。无现象者,同无一事,余无所同。则此一事,于此现象,非其果效,即其因缘。"②但是培根在第二表中的例证,有某些是和穆勒的别异法相适应的。例如第二表的例证(四)之"同凸镜形式相

---

① 严复译《穆勒名学》部丙第 102 页,译约翰·穆勒原著 A System of Logic,第三卷第八章第二节,见英文版第 256 页。

② 穆勒原著第三卷第八章第四节,严译部丙第 106 页。

反的镜子"和第一表的例证(二)之凸镜相对照,而例证一切情况皆同,惟有一镜的凸镜与另一镜的形式完全相反。这是适合别异法的条件。然而拿培根的两表来对比,其所要求的,只是在第二表中的诸事例,和第一表中所对照的诸事例一般情况是相近的,例如第二表中例证(二)和(三)与第一表中例证(一)相对照,其一般情况除一种外,余皆不相同而只是相近似。所以我们肯定穆勒的同异合用法才是适应于培根的接近中的差异表的。

但是很明显的就是,穆勒的统同、别异、同异合用三法都是根源于培根的存在和缺在两表,是无疑的。穆勒虽然不明白地指出他的这三法的根源,然而他也写道:"右所论二术(指统同法和别异法),其体用有同异之可言。自其同者而言之,则二术皆主于汰冗(eliminalion 之译)(案汰冗术本代数方程所用。譬如天地人物四元,有四等式,乃依次递减为三等式、二等式,最后至一等式,而纯用天元)。此其功用与数术同。自培根以来,常以此为试验之要术。盖前所谓易观,即为汰冗之地。凡与一现象并见之事,其有无无关于因果之数者,得一一而淘汰之。统同之术曰,凡事之可以淘汰者,于所论现象,无公例之缀属也。别异之术曰,凡事之不可淘汰者,于所论现象,必有公例之缀属也。"①其本质岂不就是培根的"性质存时,模只必然存在,性质不在时,模只必然不存在"这原则吗?穆勒的《逻辑系统》一书写于培根的《新工具》二百二十三年之后,当然是对于科学方法之认识更为深入,而阐述更为详明的。

培根三表中的第三表称为差度表,又称比较表,是要"看我们所考察的那种性质(如热)有何差异的程度……比较一事物中那种性质的增减,或数事物中那种性质的差异程度"②,因为我们是要在性质中来寻找事物之模,而"只有在模跟着性质的增减而增减时,我们才可以把那种性质认为是真正的模的"③。

在这里我们可以看出,培根是认为模和性质是完全适应的,不承认有可能是模不变而性质由于其它的原因而有所培养,或变化的。所以他说"一件事物模就是事物的本身,其相异不过是外表的和真实的之相互差

---

① 严译部丙第 102 页,原文见穆勒 A System of Logic BK III. Chap8. sec3。
② 见《新工具》第二卷箴言十三,关译本,第 175 页。
③ 见《新工具》第二卷箴言十三,关译本,第 175 页。

异,外界的同内界的之互相差异,人们所见的事物同宇宙中客观事物之互助差异"①。差度表是根据这观点而制成的。

以热的物体为例,培根认为"热的物体有两种,一种物体我们不看有任何热度,它只是一种潜在的热,或热的趋势;另一种物体是真正热的"②。我们要注意,我们不能拿物理学热的概念来批评培根的这种说法,因为他在这里并不是谈到物理学的热,而是谈到我们感觉到的热。他在差度表中所举的例证是从他认为人们感觉到没有热的性质的而只有差度的冷的"无"生物起,如石头、金属、硫磺、化石、木料、水以及动物的尸体,等等。但他也认为"木和金属的冷度是不一样的"③。有些物体的潜在热和发热的趋向很强烈,"如硫磺等",有些物体的热是从其他热的东西得来的,却能隐伏地保留所受的热,"如受了兽温的马粪"。"植物的全部或其一部,在人类的感觉上都不是热的,可是绿色植物在关闭起来以后,亦是能发热的,至于在内面感觉上,如上颚或胃,则有的植物是热的,有的植物是冷的,这种情形正至在外面感觉亦是一样,类如涂膏抹油等"。④ 在这些例证中,培根把人们感觉到的热和存在于物体中的热的感觉之原因混为一谈。至于他谈到马粪是人们感觉有热,但是"如果不封埋起来,亦不能保留它的热度",这里的两种"热",和"一切粪似乎都有一种潜热,因为他们能使地肥了"这一种所谓"热",又和前两种"热"在观念上又不相同⑤。

从种种供人感觉到有热的东西之观察,培根作出结论说,"动物之热似乎要居第一等……不过在这方面。最高的热只比不上热带国上或热带的阳光,而且亦不至热得使人不敢用手触摸它"。这结论是纯粹直观性的。培根并未测量过动物最高的体温和他所谓热带的阳光的多少,而且"热带的阳光"是指热带什么地方在什么情况之下的阳光,培根亦未确定。所以我们认为培根的差度表固然是根据数量的观念,但培根的数量,一般说来,还是直观性的,并未运用数学的操作而确定的。这就明显地表现出

---

① 见《新工具》第二卷箴言十三,关译本,第 175 页。
② 见《新工具》第二卷箴言十三,关译本,第 175 页。
③ 见《新工具》第二卷箴言十三(一)。
④ 见《新工具》第二卷箴言十三(二)至(四)。
⑤ 见《新工具》第二卷箴言十三(五)、(六)。

培根在科学研究上是欠缺数学的观点的,这也部分地说明在他感叹其当时科学之落后,而大力提倡学术推进时,他未注意到当时天文学在欧洲大陆的发展,只注意到事物的质的同异与其同异在感觉上之大小,而未注意到客观的准确计算。例如在我们所引用的一条箴言中,他提到"动物在运动、游戏、饮酒、宴会、交媾、患热症、受痛苦时,亦要增加热度"①,可是在这些不同的情况之下,动物,并且是那种动物,热度增加多少,并无精确的测量。查温度计是伽利略于 1597 年所发明,培根在《新工具》一书中也曾提过温度计②,然而温度计是在 17 世纪中叶才为一般人所通用,培根甚少注意到欧陆的天文学,而其数学的观念又极薄弱,当其写作《新工具》一书时,未曾考虑到温度计的使用,只凭直观来定热度的高低,而无精确的计算,也是难怪的。因之,他要"进一步研究各种动物的热度差,类如鱼、兽、蛇、鸟等等的热度,按照动物的种属来研究它们的热,类如研究狮、鸢和人等等热",却只写道:"在一般人看来,看来内部是最不热的,鸟的内部是最热的,尤其是鸽、鹰和鸵鸟是如此的"③,而无实际测量的记录。至于"动物各部肢体中所含的热,如乳、血、种子和蛋,通常的热度是中和的,而且比动物运动时外部的要较冷些"。这都是直观性的感觉,而脑中、胃中和心中,究含有多大热度,人们还是未曾研究过的④,余如同一箴言的十三至二十所列举的例证,虽曾引用"天文学家的传说",亦不过是"传说"而已,并无实际测量的材料作为根据。他又写道:"火焰和燃烧的物体亦有种种强弱的热度,不过人们在这方面既未精研过,所以我们可轻易放过这一点"⑤,而精研过的,亦只是上面所谈到的那一些,作如是观而已。这就是培根的差度表大概的内容。当然,我们不能以现在科学的精确性作为标准,以要求培根在 17 世纪初叶的科学研究。尤其是他的三表,以热的一种性质为其研究的对象。而热的测量是科学的一个复杂问题。正如德国的物理学家福瑞德里许·洪德写道:"热学在当时(17 世纪)完全处

---

① 见《新工具》第二卷箴言(九),关译本,第 177 页。
② 见《新工具》第二卷箴言十八(十一)项,又箴言二十、二十四等处。
③ 见《新工具》第二卷箴言十一。
④ 见《新工具》第二卷箴言十一、十二。
⑤ 见《新工具》第二卷箴言二十一。

于黑影中;当时的知识需要数学亦很少;关于热学上的叙述还没有一点很清的数学形式。"①洪德这里所讲的数学形式,当然不是指浅显的热度的凭温度计计算,可是他的这一句话,是说明17世纪物理学在热的方面,还只是萌芽,培根恰恰以热的现象为其三表研究的对象,而三表中的差度表又是要研究热这一性质表现于各物体之多少为任务,其所涉及的面之广,自日月星辰以至鸟兽虫鱼,花草树木,则所举的事例"如何可憐","插入一些传说和报告以代替证明过的历史和确实的例证"②,是在所难免的。然而培根这差度表所根据的原则为约翰·穆勒《逻辑系统》归纳法的共变法(严译"消息术")的蓝本,是极其明显的。培根的原则是:"只有在模跟着性质的增减而增减时,我们才可以把那种性质认为是真正的模。"③而穆勒的共变法是说:"有一现象,为任何变,当其变时,有他现象,常与同时,而生变态。是现象者,乃为其因,或为其果,或于因果,有所关属。"④这两种提法,本质上是相同的。

三表是培根的新归纳法的准备阶段。它们把所搜集的大量材料,按一定的原则排列起来,以便寻出某一性质之模的。正如培根写道:"这三种列表的功用和职司,就在于把例证呈示给理解力。有了这一层准备以后,我们就可以适用所谓归纳法。"⑤

上面的引文已经指出,模之与性质只是外表(即现象)与真实(即实质)的分别。由现象而求其实质,按培根的看法,只即是求现象之所以然之理,有是理则有此现象,无是理则不可能有此现象。是理是什么,不能凭空臆测。凭空臆测的结果,培根说"是一些幻想和猜想,以及模糊不清(定义不明)的意念,不断须加以修正的公理,是经院学者之所为"⑥。求得性质的模,求得其所以然之理,从外面现象深入到其存在的实质,首先就要"看看哪一种性质是与所与性质同时存在或不存在的,哪一种性质是

---

① 洪德(Friedrich Hund):《理论物理学引论》第四卷,《热学理论》,黄席棠译,科学出版社,1956年,第261页。
② 见《新工具》第二卷箴言十四的培根语。
③ 见《新工具》第二卷箴言十三。
④ 见穆勒:《逻辑系统》第三卷第八章第六节,严译《穆勒名学》部丙,第112页。
⑤ 见《新工具》第二卷箴言十五。
⑥ 见《新工具》第二卷箴言十五。

与所与性质常在一块或增或减的"①。

从所与的性质(即所考察的性质)要联系到另一种性质,看看这另一性质是和所与的性质同时存在,或和所与的性质不是同时存在,如果它们是同时存在,是否同时互相消长,这是要从三表中看出来的。如果一种性质存在,而某另一性质不同时存在,则培根认为这某另一性质不可能是和第一种性质有现象与模的关系的。如果这某一性质存在时,而第一种性质不存在,则它们也不能有现象与模之关系。如果一增减而另一不变,则它们也不会是有现象与模之关系的。这就是培根之所谓排除法。培根认为排除法是像火之炼金一样,逐步把不相干的东西排除出去的。"有一些性质,往往不存在于所与性质存在的例证内,或存在于所与性质不存在的例证内,有时所与性质虽减,它们却增,所与性质虽增,它们却减。因此,在适当地排斥了、拒绝了那些性质以后,一切轻浮的意见便烟消云散,所余的只有肯定、坚固、真实、分明的模。"②

这就是排除法的本质和使用。可是运用这排除法,"话说来虽快,可是要想达到这个目的,途径是很迂曲而错综的"③。在《新工具》第二卷箴言十八,培根举出一个排除法的例子,以表示三表的实践意义。

排除表,即从热的模中所排斥出的性质举例如下:

(一)因为太阳的光线也有热,所以就不能认为热是和地上的元素(即培根时代的地、水、火、风)的性质有性质与模的关系,即地、水、火、风皆非热的模而被排斥了。

(二)因为平常的火有热,尤其是地下的火有热,而这种火是离天体的光线最远的,而且是和天体的光线完全不相干的,所以天体的性质不是热的模而被排斥了。

(三)因为一切物体(矿物、植物、兽皮、水、油、空气等等)靠近火或其它热的物体以后,都能发生热,所以物体的特异的或较微妙的组织不是热的模而被排斥了。

(四)因为滚水和空气、金属和别的固体,只受热而不至于烧红,

---

① 见《新工具》第二卷箴言十五。
② 见《新工具》第二卷箴言十六。
③ 见《新工具》第二卷箴言十六。

所以光亮不是热的模而被排斥了。

(五)因为全体都是坚固的金和其它金属亦可以燃烧,所以稀薄性不是热的模而被排斥了。

(六)在寒暑表中的空气,虽然膨胀,虽然有明显的空间移动和扩大,可是没有显著的热之增加。因此,整个物体的扩大之运动不是热的模而被排斥了。

(七)因为物体的摩擦可以生热,因此我们便要排斥了能生火的主要的性质。(指当时人们认为在物体内的一种生热的热素。)

培根一共举了十四种排除法使用的例子,说明何以某一性质,如地、水、火、风,如天体,如物体的特异的组织,微妙的组织,如光亮,如稀薄性,因为它们不存在时而热点存在所以不可能是热之模而被排斥,那就是说,热这种性质之模不能于这些东西里面求之。他并写道:"此外,还有别的可排斥的性质,因为这些表并不是完全的,只不过举例罢了。"①从这些实际的例子,我们就可以理解到培根的三种表,即存在表、缺在表和差度表,是怎样提供材料,以运用排除法来初步进行事物之模的寻求的。

十三、关于热的模之第一次收获

培根正确地指出,排除法只是建立了真正归纳法的基础,而归纳法的最后结论还不能由此而得出。他认识到排除法的本质是消极的,只能证明什么不是事物之模,而不能确定什么才是事物之模。况且所谓排斥,分明是要排除简单的性质,而什么是简单的性质,这每每不是很正确的一个观念,因之排斥的过程亦每每不能是十分精确的。例如上面所举的元素的性质,天体的性质和稀薄的性质等,都是暧昧不清,尚未确定的,因之,排除法的结果只是研究的初步结果,必须进一步探求,以确定所考察的事物之模②。

可是,"我们在衡量了上述三种初次列表以后,我们的理解力便可以自由进行,根据上表中所给的例证,同到处可以遇到的例证,在肯定方面,试探着来解释自然。这种试探,我叫它做理解力的放任,或解释的初步,或初次的收获"③。

---

① 见《新工具》第二卷箴言十八,关译本,第 186—188 页。
② 见《新工具》第二卷箴言十九。
③ 见《新工具》第二卷箴言二十。

这是培根的归纳法的一大关键。在这里他肯定假说是归纳法过程中的一个重要环节。他的"第一次收获"就是观察之后,通过大量材料的整理成三表,运用三表,排除了与所考察的性质无关的情况,把模的探求缩小到比较狭小的范围,理解力就比较"放任"地,却有根据地进行它的活动,就是说,它的推测虽仍是带有放任性,但不是凭空的臆测的,已经接近于自然的解释了。我们认为这是培根在其归纳法过程中之使用假说。他是这样写道:"我们可以说,就上边所述的看来,一种事物的模,一定可以在那种事物所存在的全体例证中,找得出来;否则它便不是模。因此,我们可以说,模决不容有相反的例证存在。"①

他的意思是说,相反的例证在三表中被排除了之后,剩余之例证中,就必定能找出事物的模,所以就可以说,这是寻找模过程中的初次收获,是解释自然的开始,因之理解力在这缩小范围里,就可有根据来比较地放任活动。

当然,寻找模的过程还不能在此终止,结论还未得出。究竟模是什么,还需要决定。怎样在缩小了的范围里求得真正的模,培根因为受其当时的科学水平和科学实践所限制,尚不知道在其所谓初次收获的基础上,把所假设的模和演绎推理结合,从而推出所假定的必然结果,再回到所剩余的例证中,逐一排除与这推理所得的结果相违的例证,而得出其与之相符合的例证作为最后的结论。培根太过于相信其所提倡完全依赖排除法的归纳法,而忽视了传统的亚里斯多德演绎法,就倾向于纯粹归纳法的偏差,而不知道真正的科学归纳法必须是归纳法和演绎法的适当结合,正如后来恩格斯正确地指出,"归纳和演绎正如分析和综合一样是必然相互联系着的。我们不应当在两者之中牺牲一个而把另一个高高地抬上天去,我们应当力求在其适当的地位来应用它们中间的任何一个,而要想做到这点,就只有注意它们的相互联系,它们的相互补充"②。培根并不是不认识到归纳和演绎相结合之必要性的。他在其《新工具》一书第一卷箴言一百零三曾写道:"从特殊事物中抽绎出公理来,并藉此公理的光亮转而

---

① 见《新工具》第二卷箴言二十。
② 恩格斯:《自然辩证法》,人民出版社,1955年,第189页。

指示出新的特殊事物来,因为我们的道路并不是平衡的,它是一上一下的;起初上升到公理,随后再降落到工作①上。"②可是在他的归纳过程中未能运用这一极其重要的原则来发挥其"初次收获"的功用,而只坚持着排除的这一方法在"初次收获"的缩小范围里来寻求其所考察的性质之模。

他怎样继续使用排除法企图来完成归纳法的任务呢?

首先,他所根据的一条原则是说:"模决不容有相反的例证存在。"其次另一条原则就是:"模在有些例证中,比在别的例证中较为明白显著一点;那就是说,在一些例证中,模的性质是少受别的性质的限制、阻碍和范围的。"培根叫这一类的性质做"光辉"的或"映目"的例证③。

培根关于热的模之寻求,在三表中得到了其研究的初次收获之后,便提出一个假说,说:"热是某种性质的一个特殊情况,那种性质就是所谓运动。"④

"热是运动的一个特殊情况",这是培根的多么天才的一个假说! 他是用什么方法来证明这假说的呢? 他说:"这一层明白地表现于常在运动的火焰中,和常在运动的滚水中。由运动所引起的热的激动和热的增加,亦可以看出这一层来,就如风箱和吹气所生的热便是。……由别的运动中,我们只可以看到这一层,就如第三表中第二十八⑤和三十一⑥两个例证。"⑦。培根这一些都是直观的观察,不能说是什么科学的证明,这是明显的。以至当他写道:"我们还知道,一切物体在受了强烈的火同热以后,纵不消灭,亦会有显著的变化;由此看来,一个物体所以分明地分解开,原是因为热在它的内在部分引起了一种纷扰、混乱和狂暴的运动。"⑧这也

---

① 应译"其结果"。——作者
② 见关译本,第 95 页。
③ 见《新工具》第二卷箴言二十,关译本,第 189 页。
④ 见《新工具》第二卷箴言二十,关译本,第 189 页。
⑤ "凸镜置于离可燃烧物一指尺的地方,则它不易燃了那物体,但如果把凸镜先置于半指尺以外,慢慢地再往一指尺的地方移动,则它比较容易燃了那个物体。可是光线的锥形和联合仍然没有变,热的作用所以增加,完全是因为运动的原故。"这是证明培根不理解光学,故有这例。——作者
⑥ "铁砧在锤打之下,只可以变得很热。"这例比较正确。——作者
⑦ 见《新工具》第二卷箴言二十,关译本,第 189 页。
⑧ 见《新工具》第二卷箴言二十,关译本,第 189 页。

不过是从直观的观察而引起一种想象,还不是证明。

培根进一步发展他的"热是运动的一个特殊情况"这一假说,就假定"运动是类(genus)热是种(species)",并加以解说,"我不是说,热能生运动,或运动能生热(在一些情形下自然是如此的),乃是说,热的精英和本质就是运动,并不是别的。不过这种说法只得被种属的差异所限制。这些差异,我当下就要谈到"①。热如果是运动这一类的一种,当然它就在运动的种差(differentia)。问题就是怎样求得这个种差。

培根很正确地指出,这种差不能在人所感觉到的热之中来寻找,因为"可感的热"只是一个相对的意念,它只同人有关,并与宇宙无关,因此,我们可以给它下一个确当的意义,说它只是热在元精上所生的结果。这不只是培根的一点正确的看法,而且从这一点我们还可看出,培根对于某一性质的模之寻求和确定,不是通过原因与结果的关系的。他所要确定的是热的模之本身,而非其因或果。他写道:"一个物体靠近热的物体时,它会借着热的传达,或热的转移,变得热了,不过我们不可把热的传达和热的模混淆了。因为热是一回事,传热作用是另一回事。"②热的传达不是热的本身,因为"以前本没有热,热只可以为摩擦所生,这就是以把传热作用排斥于热的模以外。靠近热的物体时,热虽然可以生出来,可是这并非由于热的模来的,只是依靠于一种较高级、较普遍的性质,就是依靠于同化的性质,或自身扩大的性质"③。这就是说,热这种性质能传达、能同化,能自身扩大,这只说明热这一种性质具有这些一系列属性,而尚未说明何以热之为热,未说明热之模,所以传热作用只是热的一种作用,并非热之模,因而在寻求热之模的过程中就被排斥出去。

培根直观地认定热是运动的一种。如果确定了它的种差,就可以根据亚氏传统逻辑的种的本质等于其最近类的本质加上其种差这公式而确定热的本质,确定热的模是什么了。问题是:"有什么真正种别的差异,可以限制运动,并且使它成功为热的模。"④

---

① 见《新工具》第二卷箴言二十,关译本,第189页。
② 见《新工具》第二卷箴言二十,关译本,第190页。
③ 见《新工具》第二卷箴言二十,关译本,第190—192页。
④ 见《新工具》第二卷箴言二十,关译本,第191页。

种差的第一种属性就是,热是一种扩大的运动,能使物体膨胀。培根举出火焰、滚热的液体、木料、可燃的物、熔化的金属、空气等为例用以说明,而且指出和热相反的冷是能使一切物体收缩的,如在严霜中墙上的钉子都会因缩小而掉下来①。

第二种的种差就是,热是一种上升的运动,所以把火杖放在火内,你抓住它的顶,而一直放进去,它会烧你的手,可是如果你从旁边或下边放入,则它不能烧得那样快,而冷则正和这相反②。

第三种的种差就是,热是一种向外扩张的运动,不是整个物体的一律运动,而是物体中较小部分的运动。这种种差最能表现于火焰和沸水中,其较小部分不断地颤动增大,以后逐渐又降低③。

第四种的种差是第三种的一个限制,就是说,热的冲动的或颤动的运动是快的,不是慢的④。

培根由热的模之寻求初次收获,就得出结论说:"热是向外扩张而又受了限制的一种运动,它在交战状态中,可以作用于物体的较小分子上……热在向各方扩张时,同时还得有一种向上的倾向……而且它必须不是弛缓的,必须是迅速而猛烈的。"⑤

培根认为这就是热的本质,是热之模,也就是热的定义。他并认为这个定义可以通过实验来检查其正确性。他写道:"你如果能在任何一种自然物体上生起一种膨胀的或扩张的运动来,而且能把这种运动抑制住使它返回去,因而又使膨胀作用不能平衡进行,使它在有的部分通过,有的部分被阻;则你便会产生出热来。"⑥姑无论培根热的这个定义是否为现代物理学家所能接受,也姑无论他所设想的这个实验是否能在现代物理中所能进行;可能他的种种观念完全是没有科学实践的根据,他所想象的这个实验计划,由于其中的观念之不正确所以不能在物理实验室中进行,

---

① 见《新工具》第二卷箴言二十,关译本,第191—192页。
② 见《新工具》第二卷箴言二十,关译本,第192—193页。
③ 见《新工具》第二卷箴言二十,关译本,第193页。
④ 见《新工具》第二卷箴言二十,关译本,第193页。
⑤ 见《新工具》第二卷箴言二十,关译本,第195页。
⑥ 见《新工具》第二卷箴言二十,关译本,第195页。

这都是因为生活于英国17世纪初叶的培根不能体会到我们今日的物理学之突飞猛进,在实验的积累中和数学计算中的各种步骤来讲,他的精神是根据他当时所掌握的科学知识,实事求是,企图在客观现实中求得具体事物之所以然之理,即他之所谓事物之模,而又要求在这模被得出之后,以实践为标准,进行实验,以检验所得出之模是否符合于客观现实。这是培根的归纳法之总的精神。这个精神的表现,是从大量材料的搜集开始,整理为三表,运用排除法,排斥了若干和所寻找的模没有相干的事实,因而缩小了研究的范围,得出其寻求的初步收获,作为假说,再说运用排除法,以确定所求的模之本质属性,然后在实验中检查其结论的正确与否,据之以建立或修正模之初步定义。

然而培根认为仍然不能停止在这定义上面,他说:"我们可以进一步看看,在解释自然方面和真正完全的归纳法方面,我们的理解力还有什么别的帮助。"①

解释自然,亦即寻求事物之模的别的帮助,还有九种如下②:

一、具有优先权的例证;

二、归纳法的凭藉;

三、归纳法的改正;

四、按照题目的性质,来变化研究方法;

五、研究中具有优先权的各种性质、就是什么应该在先研究,什么应该在后研究;

六、研究的界限,即宇宙中一切性质的总纲领;

七、实际的应用,即研究事物同人的关系;

八、研究的准备;

九、公理的上下阶级。

要完成其新归纳法,培根准备研讨这九项题目。但他在1620年出版的《新工具》一书中,只谈到其第一项,即优先权的例证为止,其余八项尚付阙如,是则《新工具》为未完成的书是很明显的。因之,培根的归纳法究

---

① 见《新工具》第二卷箴言二十一,关译本,第195页。

② 见《新工具》第二卷箴言二十一,关译本,第195页。

竟是怎样,我们也只得从他的遗著中,主要是从他的《学术推进》和《新工具》两书中来体会。根据上面几段的论述已可知其梗概。他关于二十七种优先权的例证的论列,有许多富有启发性的提示,兹于下段略述之,以为我们研究他的归纳法之结束。

十四、培根的优先权利例证的研究

在逻辑科学的范围里,"优先权的例证"这个名词,就是最重要的例证的意思①。培根在《新工具》一书中,列举了二十七种优先权的例证。关于这些例证,他写道:"这些例证的功用所以优于普通例证的地方,可以在理论方面或在实践方面,或同时在两方面看出。在理论方面,那些例证或则帮助人的感官,或则帮助人的理解力……在实践方面,它们指示实践,测量实践,或提高实践。它们指示实践,指出我们应该从那一点着手,以免重复别人的劳动,例如权力的例证便是;或者引导我们看清什么是可能的,来认识我们的目标;例如暗示的例证那样;假如四种数学的例证是测量实践的,多用的和幻术的两种例证是提高实践的。"②培根在《新工具》一书最后一条箴言里面,再一次指出他这部著作并非哲学而是逻辑,而且他的逻辑和当时流行的逻辑不同,其"目的虽在教导理解力,可是不是让理解力凭着人心的纤细鱼钩③来捕取抽象的观念(类如普通逻辑所为);它是要使理解力凭着真理来解析自然、来发现物体的品德和作用,以及在物质中所具的确定的法则。因此,这种科学不只是由人心的本质发生的,而是由事物的本质发生的;因此,我们正不必惊异,在这部书内,我何以到处用自然中的观察和实验,来阐述我所教人的这种艺术"④。可见,培根这一些优先权的例证都是为要指导观察,促进理解的。

---

① 《优先权》是拉丁文名词 praerogativa 之译。这名词是从拉丁文 proerogativas 这形容词来的,意即"最先投杂的",或"其意见是为人最先问及的"。这形容词又是从动词 praerogare,即 prae"在先"与 nogare"问"两词合并而成。由此可见"优先权的例证"就是最重要的例证,其所以最重要,就是要解决当前的问题,首先就要看这些例证是怎样的。——作者

② 《新工具》第二卷箴言五十二,关译本,第 299—300 页,译文按上引英文版略有修正。——作者

③ 关译"鬈须",沈译"卷须"皆不妥,兹按英译改。——作者

④ 见《新工具》第二卷箴言五十二,关译本,第 299 页。

优先权的例证都二十七种。按培根自己的分析,其第十六至二十种是帮助感官的,第一、二、三、十一、十二种是促进理解力的,第四、七、十三种是直接提高理解力的,第五、六种是间接提高理解力的,第八种是改正习惯错误的理解力的,第九种是为要导致宇宙最大的模或其结构的,第十四、十五种是为着防止得出虚妄的模和原因的,第十种是使人们不致重复他人已经走过的路的,第二十一至二十四种是测量实践的,第二十五种是告诉我们应以什么为实践的目标的,第二十六、二十七种是提高实践的①。

　　培根的优先权例证,主要是要帮助人的观察,或者帮助人的理解,正如上面所述,帮助观察的优先权例证,就是称为"灯光"的五种例证,即第十六至二十种,和称为"实用"的四种例证,即第二十一至二十四种,有关于距离、时间、分量和运动的十九种类型之测量的;帮助理解力的例证就是第一至第五种,是把求模的范围缩小,以便追索,第六至第九种是企图求得模的类、种、和其种差,第十种是在特殊中求其常规,第十一种是企图从简单枚举的"所有"达到科学归纳法的"凡",是十分重要的一种例证,第十二、十三种是以归类的方法来缩小其求模的范围的,第十四种是显示求模过程中推理的展开,和第十一种一样,也是比较重要的一种,第十五种的功用主要是消极的,要和其他的优先权例证结合才能收效的,第二十五种是能暗示什么是有益于人的东西,以决定科学研究的目的,第二十六种是指出什么东西会阻止或扰乱人们的研求,应加以排除,什么东西对于研求有积极作用,应设法使用,都是有关于科学方法的技术,富有实践的意义的,最后第二十七种则是在一般所谓神奇的事例中揭示其自然的规律以窥破其所谓神奇,完成科学研究的任务的。我们且按照这个顺序把二十七种优先权的例证来研究一番。

　　首先,我们要看看培根优先权例证中的第十六至第二十种。他称这五种为"灯光"的例证,又称它们为"直接消息"的例证。所谓灯光者,就是使人看得更清楚的意思。所谓直接的消息,就是这消息是直接从感性认识得来的。"这些例证是帮助感官的,因为自然的解释既然由感

---

① 见《新工具》第二卷箴言五十二,关译本,第299页。

官起始,并且遵着迳直的、有规则的,防护好的道路由感官的知觉进到理解力的知觉,进到真正的意念(notions)和公理,因此,我们可以确乎断言,感官的表象愈丰富精确,则一切事情进行起来,就都要较为容易,较为兴旺。"①这是培根关于这五种优先权例证的总论。

培根分论这五种例证时写道:"第一种可以加强、加大,并且改正感官的直接动作,第二种是以明显的事情来把不易察看出的事情弄得明显起来;第三种指示出有一些运动和事物过程(或等级)虽然只在结果上、间距中,才能得出来,可是那些过程是连续不断的②;第四种在感官完全无能为力时,可以供给它以一些代替物;第五种刺激起感官的注意,同时还要减少事物的幽渺性。下边我将按次序来分别论说这五种。"③

灯光的优先权例证的第一种,即全数二十七种中的第十六种,称为门户的例证。所谓门户者,就是帮助感官直接动作的意思。"感官中以视觉为最重要,这是明显的。因此,我们必须特别努力给这种感官找寻帮助。视觉所得的帮助可以分为三种;第一种可以使它看到不可见的物体,第二种可以使它见到远隔的物体,第三种可以使它看得较为精确,较为清楚。"④

培根在这里已列举了自然科学加强视觉的观察之主要仪器了。关于第一种,他举出了"眼镜和相类似的东西"。他并指出这些东西"只是以改正或救济视观的缺陷,并不能给较多的报告"。可是他也提到显微镜之"能把物体的表面体积特别放大,所以它们能发现出物体隐微而不可见的细形,和隐伏的结构和运动。借着它们的帮助,我们还可以出乎意外地察看出蚤、蝇和虫等等的精确形相和外形,以及从前所不能见到的颜色和运动"⑤。培根很高兴地写道:"德谟克利特如果见到一架显微镜,他或者会欢跃起来,以为观察原子的工具毕竟发明了,因为他曾经声言,原子是完

---

① "兴旺"应改译"成功"。——作者。见《新工具》第二卷箴言三十八,关译本,第236页。
② 注意这里培根已初步体会到事物发展和事物相对稳定的两方面。——作者
③ "兴旺"应改译"成功"。——作者。见《新工具》第二卷箴言三十八,关译本,第236页。
④ 见《新工具》第二卷箴言三十九。
⑤ 见《新工具》第二卷箴言三十九。

全不可见的。"①他并天才的预见到,"如果人们能把显微镜应用在较大的物体上,或较大物体的细构上,则亚麻布的组织可以看得如网子似的,而且珠玉内、液体内、粪便类、血液内、伤痕内的隐伏的细构和差异,亦可以分辨出来。这样一来,则那种发明所给人的利益就很大了"②。

培根又写道:"第二种帮助就是伽利略所发明的有名的镜子③。借着这种镜子的帮助……我们可以向天体开发一条较近的通路。"④

"至于第三种帮助,就是测竿和观象仪器等等。这种工具不能扩大视觉,只能改正它,指导它。此外还有别的例证,可以帮助其余感官的直接而单独的运动,不过它们并不能于已有的报告之外,再增加什么;因此,它们便不在我们所说的范围以内,所以我就不提它们了。"⑤当然,培根是不能想象到现代物理和其他自然科学所使用的日益复杂而精确的仪器,但在原则上,这些仪器都是包括在这一种优先权例证范围里面的。

灯光的优先权例证的第二种,即全数二十七种之第十七种,培根称之为传唤的例证。"传唤"是借用法庭的一个名词。传唤的例证是把以前不曾出现的东西传唤出来,亦称"呼唤"的例证,"使不可感觉的变为可感觉的",那就是说,它们能使那些原来不在感官所达到的东西纳入于感官范围之内。这一种例证之不同于上面的一种,就是"这一例证所注意的物体由于这些物体的距离较远,或者由于中介物之间隔,或者由于它们所生的印象不是感官所能忍受,或者由于感官预先被其它物体所占据,因而不能有空隙来容纳新运动,——有这些种种不同的原因,这些物体就逃掉人的感官;或者由于物体的分量微小不足以打动感官;或者由于时间太短促,不能使它们在感官上起作用。这一类情形是和视觉最有关系,其次是和触觉有关系。这两种感官,能给人以普遍的报告,而且那些报告是可以概

---

① 见《新工具》第二卷箴言三十九。
② 关译本第 238 页。按复式显微镜是詹森(Zacharias Janssen)于 1590 年所发明,培根写此一段文字时,似乎还未看见,而能这样预见到显微镜在工业和医药中的巨大作用,是难得的。——作者
③ 指望远镜,据《大英百科全书》第九版,望远镜是 1608 年发明,只在《新工具》出版前十二年。参看关译《新工具》第二卷箴言三十九,英译原注三。
④ 见关译《新工具》第二卷箴言三十九。
⑤ 见关译《新工具》第二卷箴言三十九。

括一般物象的。至于其它三种感官,所能给人的报告则太少,而且它们给人的报告只是直接关系于它们的特有对象的"①。

距离远的对象不易知觉,就用另一种东西来迎接它们,或者代替它们以打动感官,例如烽火、钟铃等都有传达作用。被其它东西隐蔽或间隔的物体,可以使用间接的方法使它们呈现于感官,借助于外表上存在的部分或由内面排泄出的部分来窥测隐蔽的部分,例如由脉搏可知人体的状况,由粪便可验人的内脏等②。

培根认为"我们所知的一切可触物都含着一种不可见不可触的'元精'"③。当然,这是当时很流行的一种看法,我们现在认为是无根据的,可是按其研究的精神,这是要求从外面可见的现象深入到不可见的本质,从而掌握事物所以然之理,求得其性质之模。培根写道:"整个的事物是可见的或可触的,可是它们的较微妙的组织和结构是不能见不能触的。因此,在这方面,我们的报告亦只有使之转化为感官所能达到的④。……因此,我们可以用比较方法来考究各种物体的膨胀或会合,那就是说,要考察在每一物体中,多少物质占着多少空间。……就是说,在各种物质中分量的多少可以用比较来推算,并且可以归类成精确的(或几乎精确的)比例。因此,人们如果说,'在某种体积的金内有某些物质,而且酒精如果要有相等的分量,必须占二十一倍于金的空间',这话是很有根据的。至于物质的积聚和比例,则我们的感官可以依靠重量来发现它们,因为重量同可触物各部分实在的物质分量是相应的。"⑤我们在这里就看见培根不只是像上面一条优先权例证那样,认识到仪器在自然科学研究中的重要性,而且在本条优先权例证里又指出自然科学中计算的方法,主要是靠比例。他并写道:"我已经做了一个很精确的列表,在那个表内,我已经把各

---

① 见《新工具》第二卷箴言四十。
② 见《新工具》第二卷箴言四十。
③ 参看《新工具》关译本,第 240—242 页。
④ 这里关译"还原作用"不妥,沈译更模糊不清。按英译是用 reduction 这词,而 reduction 即拉丁文 reductio,从动词 reducere,即 re＋ducere,原意本为"引归原位",却此义用之正少。此外应译为"转化",如"时之化为分秒而不变其值";全子句应译为"使之转化为感官所能达到"。——作者
⑤ 参看《新工具》关译本,第 240—242 页。

种金属的重量和体积加以识别；……这回事情在各方面效用极大……可以发现许多出乎人意料之外的事情。最重要的就是：它指示给我们说，我们所知的一切可触物……其比重不能过于一比二十一。——由此看来，自然是很有限制的，至少在我们所研究的它这一部分是可以如此说的。"①

培根在这优先权例证之下提出了一种实验方法，根据比例的原则来计算不可触物，如气体物所占的空间，并提出寒暑表这一仪器，来测量不易为感官所知觉的那种微弱温度或冷度，通过人工技巧的分离作用来确定混合物中所含的水分、油质、元精、灰质等的成分多少，而且指出在这种分析时所应注意的事，例如分析时用火，就应注意到物体在受了火或其它东西的搅扰以后，会自大自身同分解时所用的其他物体②，得到它们本来不含有的许多性质。这些例子都是说明怎样可用感官能接触的东西间接地把感官不能直接观察到的东西表现出来③。

培根又指出，"感官的作用需要运动，而运动又需要时间。因此，任何物体的运动，如果太慢或太快，使它和感官起作用时所用的时间不成比例，则那种物体便完全不能感到，逃掉了感官"④。这是观察中十分重要的察觉，培根予以指出，是有价值的。根据他当时的科学水平，他认为，"物体在太慢而不易为人所察觉时，我们亦可以由运动的集合结果（例如钟表）发现出它来。至于太快的运动，从来还不曾有人能加以计算"⑤，殊不知现代科学之能精确地计算光、声、电的速度。可是培根是认识这种计算之为必要的，正如他写道："不过我们既考察自然，则亦不得不在一些情形下，来有此种实验。"⑥

余如利用各种方法改变观察的情况，使观察的对象比较更加适合于感官的能力，使不可见物转化为可见物，使不能直接知觉的东西在感官前

---

① 见《新工具》关译本，第 243 页。
② 注意培根是把火看成是一种物质的，他仍是地、水、火、风四元素的看法。——作者
③ 见《新工具》关译本，第 243 页。
④ 见《新工具》关译本，第 245 页。
⑤ 见《新工具》关译本，第 245 页。
⑥ 见《新工具》关译本，第 245 页。

变为可以知觉的东西,都是培根所考虑到的问题,而是后来科学所逐步解决了的。他并且谈到利用感官比人更灵敏的动物,如犬之于气味,光之于猫,也足以证明他对于观察之考虑周详了。

灯光例证的第三种,即全数二十七种优先权例证的第十八种,就是道路的例证,又称旅行的例证,连节的例证。这些例证的功用是在于把自然有阶段的连续运动指示出来。"这一类的例证只可以说是逃掉观察,不可说是逃掉感官"①,因为人们观察自然每每是没有计划,而且是间断的,所研究的每每是已经完成的物体,而不是在自然中正在发展着的物体。培根在这里是注意到事物发展而不只是事物相对稳定方面。他写道:"就如在研究植物成长时,我们必须由播种观察起,必须看它何时膨胀,何时仿佛充满了元精……我们可以把地中所埋的种子日日取出来仔细观察,看它第二天是什么样子,第三天、第四天,又是什么样子。其次,我们还可以观察,它如何开始把皮顶破,把纤维吐出,并且在松土中,同时能略略向上举起来。再其次,我们还可以观察,它如何把纤维发在下面成了根,发在上面成了叶,有时在土质松时,又发在旁边爬出去。"考察孵卵时也是一样。培根称这样的观察为不断地燃起我们的小灯烛。"在无生物方面,我们只可以有同样的试验,例如用火来考究各种液体、水、醋、油、果汁、生乳等的膨胀。"②这一切都是要在事物的变化过程中来了解事物的。人们容易只看事物的相对稳定状态而忽略其发展的过程。培根指出观察发展过程的重要性,而称这一种例证为灯光例证之一种,以其能使隐晦的变为明显故也。只有在事物的发展整体的光亮之下来看事物,才能清楚地看见其各部分和其过程中各阶段的意义。这一类优先权例证的意义就在于此。

第四种的灯光例证是全数二十七种优先权例证之第十九种,培根称之为补充或代替的例证。他又称之种例证为避难所的例证,因为在感官完全不能起作用时,在我们缺乏适当的例证时,便求助于这一种例证。所谓代替例证,就是在某种情况下,我们不能直接观察某一事物,就采取逐

---

① 见《新工具》第二卷箴言四十一,关译本,第 247 页。
② 见《新工具》第二卷箴言四十一,关译本,第 247 页。

渐接近的方法,或采取类推的方法,例如"一切物体,在靠近火时,都可以吸收热力,可是我们知道,空气比石头易于吸热。这就是由渐次的接近作用所表出的代替作用"。采取类推的方法,就是"我们所以能把不能直接知觉的东西呈现在感官范围以内,并不是借着不可见物的可见作用,乃是借着观察到的相类似的可见物"①。

关于补充的例证,培根并指出,"我虽然说,在缺乏适当的例证时,我们才以它们为最后的途径来求得知识",因之称为补充的例证,以其是补充缺乏之故。可是培根说:"我还希望人们知道,在有了适当的例证时,这些补充的例证亦是很有用的,因为它们可以证实别的例证所供给的知识。"②

最后一种的灯光例证,即全数二十七种中的第二十种,培根称之为分析的例证。"这种例证亦可以根据另一个理由叫做唤醒的例证。我所以称它们为唤醒的例证,乃是因为它们能唤醒人的理解力;我所以称它们为分析的例证,乃是因为它们能分析自然。"③培根有时亦称这些例证为德谟克利特的例证,大概是因为德谟克利特把物体分为极小的原子,培根说,"这些例证能供理解力想到自然中奇妙精微的作用,并且激动它、唤醒它,使它有适当的注意、观察和考察"④。培根认为一点墨水可以布成许多字母或线纹,一个最小的虫本身亦有元精和各样的组织,一点红番可以染满一大桶水,一点麝香可以使一大片空气染了香气,诸如此类的现象,都表现自然的微妙,有待人们的分析。颜色与光可以在玻璃和水的凝固实体中迅速穿过,磁石经过一切物体,这些作用经过空气时并不互相干涉。在空气中,同时进行着许多声音、许多香气。这一些,培根认为是奇妙莫测,应加研究,探其底蕴的。如果他生活在今日,则无线电收音机的现象当更为他所惊奇而要追求其所以在之理的了。

培根在讨论了五种灯光例证之后,就总结地写道:"这些例证多半是在《新工具》的知识部分有用的,因为知识是由感官出发的。不过我们的

---

① 见《新工具》第二卷箴言四十二,关译本,第248、249页。
② 见《新工具》第二卷箴言,关译本,第250页。
③ 见《新工具》第二卷箴言四十三,关译本,第250页。
④ 见《新工具》第二卷箴言四十三,关译本,第250—251页。

全部事业要以工作(实践)为归宿;所以知识是我的起点,实践是我们的终点,因此,我就要进而论列那些在实践方面很有效的例证。"①

培根把他所称为实践的例证分为两类,共有七种,总称为实用的例证。前四种称为数学的例证,是有关于物体的力量和作用的计算的;后三种称为赐惠或仁慈的例证,是适合我们的要求的②。我们认为这样的划分,虽是由实用观点出发,可是全数二十七种优先权的例证,哪一种又何曾不是从实用出发?毋宁把前四种之称为数学例证的,还是作为感性认识阶段上的例证,应紧接上述五种灯光例证之后来考虑,而把后三种之称赐惠例证的作为理性认识阶段的例证,在全数二十七种例证结束部分来考察。

数学的例证的第一种,即全数优先权例证的第二十一种,培根称之为测竿或尺度例证,又称广度或限制的例证。因为物体和运动在隔着距离而起作用,是有一定的广度的,如果能测定这个广度,确定这个限制,例如知道某一望远镜射程是多少,就可以确定它的使用的范围。

有许多物体只在直接接触时才能作用,例如一物之冲击另一物,又如外敷的药品如膏油之类,不与身体直接接触,则必不为功。味觉和触觉都是属于这类的例证,还有一些能力,只能在很小的距离外起作用,例如琥珀之吸草,水泡互相接触时可以互相消灭,磁石之与铁等等,其距离的广度皆有待于确定的。还有一些能力在很大的距离可能起其作用的,如地球之与物体,月球之与海水;行星之间的吸力。培根并指出北冰洋流来的冰块,其冷气所及的广度是很大的。有些香气传播亦远,其射程亦应予以测量。因为根据事物的本质,这些能力的射程之远近必非偶然而是不变的。当然,能动之强弱每每为中介物的能力或阻力所影响,应加以观察确定。还有些运动在直接接触时才起作用,有了距离便不起作用,却又有些运动其作用恰恰与此相反,在有距离时才起作用,而接触则不起作用,又有些物体,在距离近时,其作用小,距离远时,作用反大,例如视觉之某种现象,这都要在实际上加以测量而分别确定的。

---

① 见《新工具》第二卷箴言四十四,关译本,第252页。
② 见《新工具》第二卷箴言四十四,关译本,第252页。

培根并且指出物体之扩张和紧缩,都是按照其性质而有一定的程度,超过这程度,该物体就不能再事扩张或缩小,有如气胞的扩张到一定程度便会破裂。这一切种种都应在实验中做出精确的测量,其结果是有极大的实践意义的①。

数学的例证第二种,即全数优先权例证的第二十二种,培根称之为进程的例证,又称流水的例证。其名曰流水,是因为古人的计时是以水之流为准(如我国古代的铜壶滴漏),而不是以沙。培根指出,"这些例证是以时间的段落来度量自然,正如测竿的例证用空间的等级来度量一样"②。培根并指出,"一切自然的运动都是在时间中进行着的;有的虽快些,有的虽慢些,可是它们在事物的本质中,都是有确定时间的。就是那些似乎突然的运动,似乎(如常人所说)转瞬间的运动,亦能有时间的分划"③。

培根当然认识到,天体的运动,海的一潮一汐的运动,余如重的物体向地下坠,轻的物体向天上移(这是按当时的说法,以向地向天别物体之轻重),都是在确定的时间内而完成。而且他并体会到,物体运动的需要时间多少,不只是要看运动的物体的不同性质,还要看它所经过的中介。这一点是伽利略在 1590 年在意大利庇沙斜塔所做的实验所证明,破斥了当时经院哲学沿袭亚里斯多德的学说,认为物体坠地,其速率是和它们的重量成正比例,并证明一切物体,不论其重量如何,如果不为空气所阻,则以同等时间在一垂直的距离而下降。培根在其当时,并猜测到,炮光被人看见,比炮声被人听见要来得快些,这就证明在这一点上,他是站在当时科学的前线。可是他是不相信地动说的,例如在《新工具》第二卷箴言四十七有"地球是静立不动"的说法,而且不能接受地动说,例如谈到伽利略的潮汐学说时,他写道,"不过他这种说法乃是根据于不能为人接受的地动说"④。可是,一般说来,在其当时,他提出物体某一性质的作用有其快慢的区分,并且在实践中利用这种时间性,是重要的。他写道:"你如果把紫罗兰浸在醋内一天的工夫,则所提出的香是很微弱的;可是你如果把它

---

① 见《新工具》第二卷箴言四十五。
② 见《新工具》第二卷箴言四十六,关译本,第 257 页。
③ 见《新工具》第二卷箴言四十六,关译本,第 257 页。
④ 见《新工具》第二卷箴言四十七,关译本,第 259 页。

浸了一刻钟就换一次新的(因为花的香气是很少的),一刻以后就取出来,并且隔一刻钟就换一次新的(因为花的香气是很少的),一直换到六次,则浸润作用可以十分浓厚起来。因此,醋中的花,虽然只在一小时半内换了六次,可是就在醋中没有花的时候,它亦含着一种可人的香气,而且那种香气不但可以比得上紫罗兰,还可以继续整年之久。"①

数学例证的第三种,即全数优先权例证的第二十三种,培根称之为分量的例证,借用药物的名词,只称自然的剂量。培根是要利用这一种例证,来"按照含藏品德的那些物体的分量,来计算各种品德,并且指出品德的情况是如何依靠于物体的分量的"②。可是,所举的实例只限于啤酒同葡萄酒在瓶中比在桶中成熟得快,人在水中沐浴不同于把水微洒在身上,一片磁石不如整个磁石之易于吸铁等比较直观的观察,而很少有更精确的定量测量。然而他即指出过,"还必须进而考察,一个物体的分量同其品德的情状有什么比例关系……因为人们相信,它们是相等的。因此,一温士的枪弹如果在某种时间内落地,则两温士的枪弹落地时似乎就要两倍快;实则事实并不是如此的。各种品德亦并没有同一的比例,它们的比例都是十分差异的。因之,这一类的试题应该求之于经验,不应该求之于大概或猜想"③。培根这一点的提示,是有非常重大的实践意义的,已为后世物理学所证实了。

培根在这条例证里最后指出:"在考察自然时,我们必须确知:要产生某种结果,我们应当需要多少物体的分量——或剂量——还必须让人提防,不要太多了或太少了。"这是工业的常识,后世随着科学与技术的进展,大都确定了。可是培根在这里体会到量和质的联系,是有其重要的哲学和科学的理论和实践意义的。

数学例证的第四种,即全数优先权例证的第二十四种,培根称之为斗争的例证,又称为互争雄雌的例证。他在这里写道:"这一类例证可以指示出品德④的互相消长;可以指示出哪一种品德是较强的,较胜的,哪一种品德是

---

① 见《新工具》第二卷箴言四十七,关译本,第 260 页。
② 见《新工具》第二卷箴言四十七,关译本,第 260 页。
③ 见《新工具》第二卷箴言四十七,关译本,第 261 页。
④ 据 Bohn's Libraries 英译本应该译为"能力"。参看《新工具》该英译本第 538 页。——作者

较弱的,屈服的。因为物体的运动和作用亦如物本身一样,亦是有组合,有分散,有混杂的。我在这里首先陈述各种主要的运动,或自动的品德(能力),以便较明晰地比较各种运动的力量,并且较清晰地指示出争战和雄长的例证来。"①

培根列举了物质十九种的运动形态,从他讨论这十九种运动的文字中,我们可以看出,他是认为运动不是物质以外的东西,而是物质的基本内在的属性的,而且物质的运动是多种多样的,正如马克思所写道:"培根认为'物质原本的属性之最先而又最重要的是运动——不只机械的和数学的运动,而且还有意图、活生生的精神、紧张,或者用船用檠墨②的话来讲,又有物质的折磨(Qual)。'"③

培根所列举的十九种运动如下:

(1)反抗运动。"这种运动是内存于物质的各部分中的,而且物体所以绝对不能消灭,亦就是由于这种运动的品德。因此,任何大力、任何重力(或压力)、任何猛力、任何长的时间,都不能使极小的物质部分归于无物。任何小的物质部分,终久是存在的,终久要占空间,而且它不论处于如何被压迫的地步,它只会变化自己的形象和地位,以求释放自己;如果不是这样,它就仍然照旧存在;它一定到不了虚无的地步,一定不能不存在于任何地方。……这种运动,我们只无须举例来证明,因为各种物体中都是含着它的。"④培根在这里把物质的永恒性就述说得很明确了。

(2)联合运动。"借着这种运动,各种物体在任何地方都可以使自己同别的物体不能断了接触经院学者们叫它为'防止虚空的运动'。就如水被吸时,或被抽时便是这样。"⑤

(3)自由运动。"借着这种运动,物体可以努力来逃避反常的压力或

---

① 见《新工具》第二卷箴言四十八,关译本,第262页。
② 檠墨是 Jacob Boehme 17 世纪德意志哲学家,和意大利的布路诺(Bruno)并称为近世初期的二大思想家——作者。
③ 马克思引檠墨所原用 Qual 这一字,是檠墨用来指"性质"而言的。拉丁文"性质"一词是 qualitat。檠墨认为这字是从 quallen 而来,和 Quelle"源泉"同义。引文见《苏联大百科全书》"培根"条。据此,则 Qual 不应译为"折磨"或"苦恼",而应译为"本源",意即和物质不可分割。——作者
④ 见《新工具》第二卷箴言四十八。
⑤ 见《新工具》第二卷箴言四十八,关译本,第263页。

紧张,以恢复其本性所适宜的广袤……就如游泳中水的运动,在飞行中空气的运动……在钟表中发条的运动……至于弦、革、布,等等在受了紧张以后亦要回跳(不过紧张力如果继续久了,则会得到很大的力量,因此这种情形就不会出现)。"①培根的这种称为自由的运动,显然就是现在物理学中的弹性。

(4)物质的运动。"这种运动和上述的运动正有几分相反。因为在自由运动中,各种物体都恐惧厌恶,并且躲避任何新广袤、新范围、新扩张,或新收缩(这些名词都是一回事),并且尽它们的能力来回避,来恢复其原有的密度,而在反面的这种物质运动中,则各种物体正希望一种新范围或新广袤,并且能顺利地、迅速地,有时还猛烈地(如火药)来达到这目的。"②

(5)连续运动。"这种运动不是指一种物体和他物体间简单的原始的连续(因为这样它就成了联合运动)而言,乃是指一种物体以内的自身连续而言。因为我们分明知道,一切物体都是恐惧连续的分解的;恐怖的程度虽有大小,而其为恐怖则一。因为在坚硬的物体中,如钢或玻璃中,反抗解体的力量固然十分强烈,可是即在似乎无抵抗力的液体中,或抵抗力极小的液体中,抵抗力只仍然在极低的程度内存在着,并且在许多实验中都可以表现出来,就如水泡同水点的圆形,檐上滴水的细长形,胶物的粘合性等等。"③

(6)利益的运动或需要的运动。培根认为——"物体因为有这种运动,所以它们在置于十分差异十分相反的别的各种物体中时,它们如果能有机会逃了哪些物体而同较相近的物体相联合,则它们一定会欢迎后者,选择后者;并且在选择时,好像觉得这层联合是它们的利益(故名利益运动),好像它们是需要这些物体的(故名需要运动)。"④培根所举的实例中有"纸、布等等,同其孔内所含的空气不相容,因此,它们便容易沾染水素或其它湿体,把气排斥了"⑤。现在我们的物理学称这为毛细管吸力的现

---

① 见《新工具》第二卷箴言四十八,关译本,第263页。
② 见《新工具》第二卷箴言四十八,关译本,第265页。
③ 见《新工具》第二卷箴言四十八,关译本,第265、266页。
④ 见《新工具》第二卷箴言四十八,关译本,第265、266页。
⑤ 见《新工具》第二卷箴言四十八,关译本,第265、266页。

象,而培根则以利益运动或需要运动来描述它们。

(7)较大聚会的运动。"借着这种运动,各种物体便可以同本质相近的大物块接近在一块,例如重的物体就倾向地球,轻的物体就倾向天际。"①培根认为经院学者们称这些现象为自然运动,其理由实在是肤浅,可是培根自己亦未能说明这些现象,只名之为较大聚会的运动而已。限于当时的自然科学的水平,他谈到这种种的物质运动形态时,亦只能识别其形态的大体上之不同,而不能说明其所以然之理,然而这种识别亦应该能引起人们的注意,于自然的观察不无小补。

(8)较小聚会的运动。"借着这种运动,一个物体中相同的各部分可以同相异的各部分分享开,自己集合在一块……例如牛乳停了一会以后,乳皮就会升在顶上,渣滓就会沉在底下。"②显然这是由于牛乳中各部分比重的差异,而培根用较小聚会运动这一名词来描述其现象,如上面较大聚会运动一样,并非什么科学的解释。

(9)磁力的运动。根据培根的说法,"这种运动能把物体提起来或使它们膨胀起来,此外没有别的"。培根所举的实例是"月的吸水,或使潮湿的东西膨胀,星界能把行星吸在最高顶上,日能使金星的同水星的离角(elongationo)不致超过某种限度"。这些现象是他当时所观察的现象,统统称之为磁石运动,其不能归之于大聚运动或小聚运动的原因,是因为它们是"一种中间的不完全的聚会,所以应该另成一类"③。同上述两种运动一样,这并非现象的什么说明,而只是直观性的描述,却把现象形式的同异予以区分,还可以算是科学观察的初步吧。

(10)逃避的运动。培根说,"这种运动恰和小聚运动相反,借着这种运动,各种物体可以由于其反感性(antepathy)逃避出去,或把相反的物体排挤出去,使自身同那些相反物分离开,不与它们混合在一块"④。培根的实例是"臭恶的气味被嗅官所排斥,而且在排斥时还可以借着交感作用使胃口发生了倾吐作用;又如涩味苦味只要被上颚和喉头所排斥,而且

---

① 见《新工具》第二卷箴言四十八,关译本,第267页。
② 见《新工具》第二卷箴言四十八,关译本,第268页。
③ 见《新工具》第二卷箴言四十八,关译本,第271页。
④ 见《新工具》第二卷箴言四十八,关译本,第271、272页。

在排斥时可以借着交感作用使头摇动起来"①。

(11)同化作用,又称自扩作用,或简单的生产作用。"借着这种运动,一类的物体可以把别的相关的物体或至少与它们相适合的物体转化成它们自己的实质本质。就如火焰在蒸气上或油质上,便可扩殖自己,生产出新火焰来……动植物的坚硬部分,如叶、花、肉、骨等等,只可以从其食物的汁液中,同化一些新实质,以补充它们的损失。"②在同化作用条件下,培根最后指出,"在前述的九种运动中,各种物体似乎只想保持它们的本质,只有在这第十种运动中,它们才有扩张的欲望"③。培根之所以说"前述的九种"和"这第十种",而本条是"第十一种"运动,因为它是指第一种运动之后的十种,而把第一种作为是突出的,因它是一切物质所共同具有的。

(12)刺激的运动。"这种运动只和同化作用一样,都是散布的、传递的、转移的、扩张的,而且它们的结果大体亦是一样的。不过它们的作用方式和题材都是不一样的。因为同化作用在进行时,好像有权威的,它能命令,能强迫被同化的物体就范于它自己。至于刺激作用,则在进行时,似乎带着一种艺术和诡计,而且是偷着来的;它只是央求,只是安排被刺激的物体,来求合于刺激物的本质。再其次,同化运动是在加多了和变化了各种物体和实质后,才能生产了较多的火焰、空气、元精和肌肉的,而在刺激运动中,则只有物体的品德在被增殖了,转移了以后,就可以产生较多的热,较多的磁力,较多的腐力。……面素、酵母、凝乳,或一些毒药,所以能在生面、啤酒、干酪,或人体内刺激起,并且招徕一种连续不断的运动,亦是得力于刺激力者少,得力于被刺激物的易变倾向者多。"④

(13)印象的运动。"它同前两种运动,即同化运动和刺激运动,有显著的区别……印象运动虽然亦是散布的、传递的,可是它似乎是永久依靠于主动者的;因此,主动者如果一去掉,或者停止了作用,则那种运动便会消失而不能产生其结果。因此,这种结果一定是在一刹那中生起的,至少亦是在很短的时间中生起的。……这种运动的表现有三种途径,第一它

---

① 见《新工具》第二卷箴言四十八,关译本,第271、272页。
② 见《新工具》第二卷箴言四十八,关译本,第273页。
③ 见《新工具》第二卷箴言四十八,关译本,第274页。
④ 见《新工具》第二卷箴言四十八,关译本,第274、275页。

表现于光线内,第二它表现于音的振动内,第三它表现于磁力的传递作用内。因为你如果把光支掉,则颜色同其别的形相可以立刻消灭;你如果把原来产生音的那个物体的振动取消了,则音亦可以立刻沉寂……你如果把磁石取消了,则铁亦会立刻掉下去。"①

(14)结构运动或位置运动。培根说:"物体所以有这种运动,并不是想要同它物体联合或分离,它们只是要同它物体发生某种位置关系,并列关系,或结构关系。这种运动是很深奥的,人们还不曾精细研究过它。我虽然相信这种运动一定有其原因,但是在一些情形下,这种运动亦似乎没有一种原因,因为人们会问,为什么天体要由东往西转(培根是不主张地动说的)……这些都是我们应当仔细研究的,因为我们如不把这些物体完全了解了,则它们是不易控制,不易驾驭的。"②它们,这是培根的世界可知论。

(15)传递运动或通路运动。"借着这种运动,物体的品德在传过媒体物时,可以为媒介物所阻止或增进。至于或阻止或增进,则看那种物体同在作用中的品德以及媒介物三者的本质而定。因为媒介物的作用是各不相同的,有的宜于光,有的宜于暗,有的宜于热,有的宜于冷,有的宜于磁力等等。"

(16)皇家的或政治的运动。培根说:"借着这种运动,一个物体中得势的同统治的各部分可以约束、驯服、征服,并规范其它部分,强使它们发生了联合、分离、停止、进行、排列等等作用。不过这些作用并不是按照初被动部分的欲望而发生的,乃是求合于统治部分的幸福的;因此,在这里,统治部分便在归顺部分上建立了一种政府组织。……在密度较大而且缺乏活跃元精的物体中(就如在水银和硝酸中)较厚重的部分只可以成为主人翁,因此,若非用一种方法,把这种羁绊和限制摆脱掉,则我们万不能希望得到新的物体变化。"③这里培根并没有举出很明显的实例来说明,所以究竟所指的是什么一种运动,殊属费解。

(17)自发的旋转运动。培根写道:"运动有三种,有时物体的运动似乎是无限的,有时是完全静止的,有时是在达到某种限度后按其本质或停

---

① 见《新工具》第二卷箴言四十八,关译本,第 277、278 页。
② 见《新工具》第二卷箴言四十八,关译本,第 276、277 页。
③ 见《新工具》第二卷箴言四十八,关译本,第 278 页。

或转的。凡位置适宜而又喜爱运动的物体,则它们便循着圆形来运动,而且那种运动是永久的、无限的。至于地位适宜而憎恶运动的物体,则停止不动,至于那些位置不适当的物体,则照着直线进行(因为是最短的途径)以与本质相近的物体互相联合。"①这都是培根根据各种运动的观察结果,用"喜爱"、"憎恶"等字样来说明,无非是意味着这些运动是不假借外力,而是自发的。

(18)震动运动。"这种运动可以说是永受禁锢的一种运动。各种物体如果不曾找到它们的恰好地位,可是同时亦并不十分不自在,则它们会永久颤动,永久不息,既不甘心停止,又无勇气前进;这便是所谓震动运动。"②当然,这只是一种带诗意的描述,并非什么科学的说明,但是培根是指出了一种运动的形态。至于他把动物的心脏和脉管作为他所描述的,"既不甘心停止,又无勇气进行"的颤动的例子。现在看来,殊为可笑,可是当时血液循环说才仅仅出现,培根还没注意到,虽然发现血液循环的这位医生是他的亲信朋友。

(19)静止的运动。这个名词是自相矛盾的。培根亦写道:"这种运动很难与运动一名相应,不过它确乎是一种运动。"③他并且以这种所谓默动性来说明他所主张的地不动说。他写道:"借着这种运动,地球可以块然静立。"④

培根在《新工具》一书第二卷箴言四十八里面,叙述了十九种运动的形态以后,总结了他的运动学说,是这样写道的:"上边已经简略地陈述了那些性质最普遍的运动、趋向和活动的品德。在这些分类下,我们可以摹拟出不少的自然科学来。我并不敢说,此外再不能加上别种运动,亦不敢说我这些分类不能按照自然的脉络再精确地分一下,归成较小的数目。读者应该知道我现在并不是如一般人一样来说任何抽象的区分。"⑤这就很明显地表现出,培根这十九种运动形态还是初步的区分,不是一成不变的,不是一种抽象的形而上学的区分,可以并应该,根据人们对于事物更

---

① 见《新工具》第二卷箴言四十八,关译本,第278页。
② 见《新工具》第二卷箴言四十八,关译本,第279、230页。
③ 见《新工具》关译本,第280页。
④ 见《新工具》关译本,第280页。
⑤ 见《新工具》关译本,第280页。

深入的认识,重新加以考虑,再行决定的。可是,他正确地体会到,自然科学是根据物质的运动形态之不同,而划分成为各种各类的科学部门的。所以他说,"在这种分类下,我们可以摹拟出不少的自然科学来"。

培根关于物质的各种运动形态又写道:"我们若非按着物质的真正的法则和自然的结构给它们下一些定义,则它们完全是思辨的,一点功用也没有。同时,我们还可以说,此处所举的这些运动亦能够帮助我们来衡量各种品德的优势,来搜寻各种交战的例证,因为这正是我们的目的所在。因为在我们所陈述的这些运动之中,有些是无救的,有些是较强的,能禁锢,能束缚,能支配别的运动;有些运动的载力比较大;有些的速度比别的快;有些又能资助、加强、加大、加速别的运动。反抗运动是最坚硬、无敌的。联合运动是否如此,则我尚不能决定。因为我还不敢说完是否有一个虚空,来集在一块,或分散于物体小孔中。"①培根把物质普遍存在的反抗运动看为是最难战胜的,却因为不能确定虚空是否存在,就不敢断言联合运动是否也如此。原因就是他对于联合运动的体会比较肤浅,尤其是比较抽象,未能区分各种不同形式的联合,才这样说的。然而他注意到各种运动的斗争情况,和斗争中运动力量的对比,是很有价值的。

培根又指出,"我们应该同样精细地来考察,在何种方式下,这些运动会失败。我们应当研究,他们是否完全停止,是否继续反抗,是否受了压服。因为我们所见的一切物体无论全体或部分都没有真正的静止,只是表面上有静止罢了。这种静止有时是为平衡作用所引起的,有时是被运动的绝对优势所引起的"②。

培根在这里似乎有些思想的混乱。他前面提出的是某种运动形态会不会完全停止的问题,而后面跟着所说的,是物体没有真正静止的事实。运动形态的变化和转变是一回事,物质不能停止其运动又是一回事,二者不可混淆,而培根在当时是没有清楚地理解的。

然而培根当时对于物质运动的观察,可算是精细的,例如在上引这一条箴言的最后一段里,他这样写道:"在这里,我们看到,所追求的利益愈

---

① 见《新工具》关译本,第281页。
② 见《新工具》关译本,第282页。

大，则运动亦愈强。就如关于全宇宙沟通方面的那种联合运动，便比引力运动较强，因为引力运动是只限于有密度的物体间的沟通的（这是培根局限于当时的认识水平）。再其次，我们还看到，趋向私善的那种倾向，除了在很小的体量中以外，亦不易胜过趋向公益的那种运动。这些法则，我希望它们亦可以应用在政治学中。"①

叙说过培根关于感性认识的九种优先权例证之后，现在我们可以看看他的帮助和提高理性认识的那些优先权例证。我们认为这一类的例证一共有十八种，兹分论之如次。

孤立的例证。"所谓孤立的例证，就是说，它们不止把所研究的性质表现于某些物体中，而且那些物体和某些别的物体，除了这种性质以外，并不能有别的共同点。反过来说，如果有些例证不把所研究的性质表现于某些物体内，而且那些物体同某些别的物体在各方面都相似，只是没有那种性质，则这些例证亦是孤立的例证。"②

这完全就是后来穆勒在其《逻辑系统》（严复译为《穆勒名学》）中所谈的别异法。穆勒别异法（严复译为"别异术"）是说："有一现象，此存彼亡。彼此之事，靡所不同，惟有一事，独见于此。是独见者，必其因缘，抑其后果。"③

这里所谓"事"就是培根的"物体"，"现象"就是培根的"性质"。因这，穆勒的别异法也就是培根的孤立例证，是无可置疑的（参看本文第六章第十二段"三表的制成与其意义"）。

培根所举的实例，其一种是："如果我们要研究颜色这种性质，则三棱镜和水晶便是孤立的例证。因为它们不止能把自身的颜色表现出来，还能把它们的颜色表现在墙上、露上等等。因此，它们同花中、石中、金属中、木料中所具的确定颜色便没有共同之点，所共同的只是颜色。由此我们就容易扮相到，所谓颜色就是物体受光以后，光的影像的变化。这种光的变化，在前一种情形下是由于投射角的度数不同，在后一种情形下是由

---

① 见《新工具》第二卷箴言四十八，关译本，第283页。
② 见《新工具》第二卷箴言二十二，关译本，第196页。
③ 严译《穆勒名学》部丙第102页。

于物体的组织不同。"①

这是优先权例证的第一种。

优先权例证的第二种培根称之为转移的例证。培根之称这些例证为转移的例证,因为"在这些例证中,原来不存在的性质可以产生出来,在另一方面,原来存在的东西,应可以消灭下去"②。

培根所举的例子是这样的:"我们如果假定所考察的性质为白色;则我们可举完整的玻璃为转移的例证,因为玻璃在捣碎以后,就能产生出白色来。其次,我们可再以天然的水,和被激动而生泡沫的水做为例证。因为玻璃和水在它们的天然状态下,是透明的,不是白的;而捣碎的玻璃和吐沫的水则是白的,而不是透明的。因此,我们必须考究在这个转移过程中,发生了什么变化。因为我们分明看到,白的形式(模)是由玻璃的捣碎和水的搅动所传递来的。但是我们并不曾见加添了些什么,我们只见玻璃和水分裂成小部分,并且有空气跑进来。不过我们只要知道,两种透明度数不同的物体(空气和水或空气和玻璃),其微小部分在混合以后,由于不平均的光线屈折,便产生出白色来,那我们在发现白色的形式(模)方面讲,已经就有了不小的进步了。"③

在上面的例子中,培根的物理学见解,由于三百多年前英国自然科学水平的限制,是不正确的。他只分析直观所能看到的某些东西,而作出未能深入到事物本质的结论,可是他努力在现象中,求得其所以发生的道理来解释,是值得我们注意的。

然而我们还要注意到,他在这里并不是要发现事物之间的因果关系,而是要寻求某一种性质之模。关于这一点,他是这样写道:"不过我们在这些例证中,却有一种危险,需要我们考虑。我们在此,切勿看形式(模)和助生因(efficient cause)之间有太大的关系;应不要使理解力在看到助生因以后,对于形式(模)发生了或至少沾染了一种虚妄的意见。"那就是说,不应该认为求得某一性质之"前因",就已经求得了性质之模,即性质之所以在这理。事物之模和事物的因是两回事。培根明白地写道:"我们

---

① 见《新工具》第二卷箴言二十二,关译本,第196、197页。
② 见《新工具》第二卷箴言二十三,关译本,第197页。
③ 见《新工具》第二卷箴言二十三,关译本,第198页。

只应当把助生因看做是传递形式(模)的一个媒介。"①

转移例证的作用,是在于它们"能驱肯定的判断或形式(模)自身于狭隘的范围以内。因为一种事物的模,在这个转移过程内,不是必然地传达过去,就是必然地被消灭了的"②。在这些转移例证中,就是要看传达过去的,或被消灭了的是什么,从而追求其模,故说把求模的范围缩小了。这的确是把研究推进了一步。转移例证的作用就在于此。

优先权例证的第三种,培根称之为映目的例证。那就是上面在寻求热之模过程中,谈到第一次收获时,他称为光耀的例证。这种例证又称为自由的或优胜的例证。其名曰自由的例证,是有其道理的,因为自然中凡百事物都是复杂的统一整体,其中有许多性质纠缠在一起。有待于分析的,而这种自由的例证,就把所研究的一种性质"赤裸裸地单独呈现出来……不受任何障碍的束缚和羁绊"。这些例证又称为优胜的,因为它们所呈现的是"赤裸裸的单独一种性质"。好像这种性质"把一切障碍都克服了,压制了,战胜了"。培根认为"这一类的例证自然能把形式(模)明显地摆露出来"③。因为这个缘故,这种例证才称为映目的或光耀的例证。

培根所举的实例是空气寒暑表和水银的重量。"膨胀的运动是热的形式中的主要成分……火焰虽然能分明表示膨胀,可是它是瞬息生灭的,因此,它便不能把膨胀的'进程'表示出来。……不过寒暑表却能显著地把空气的膨胀表示出来,而且那种膨胀是明显的……""水银除了比金以外,比一切其它实质都重,而且金子比水银重不了许多。不过水银却比金子更能指示出重量的形式(模)来。"④

第四种优先权例证称为隐密的例证,亦称微光的例证。"它们所呈现出的性质,其力量是最微弱的……那种性质虽然亦略事奋斗。起初亦有一点努力,可是它旋即被相反的性质所埋没,所征服。"⑤例如"我们可假

---

① 见《新工具》关译本,第 198 页。
② 见《新工具》关译本,第 197 页。
③ 见《新工具》第二卷书箴言二十四,关译本,第 199、200 页。
④ 见《新工具》关译本,第 200 页。
⑤ 见《新工具》第二卷箴言二十五,关译本,第 201 页。

定密度是我们所研究的性质。所谓密度就是决定物体形象的一种性质,正同流动性相反。在这里所谓隐密的例证,便把液体中微弱的密度表示出来,就如水泡就是由水体组成的一种有定型的薄膜。屋檐的流水亦是一种相似的例证。如果有充分的水继续往下流,则流水连成一细长条,以保存水的连续性;如果没有充分的水往下流,则流水成为圆点,以防水的连续性中断,因为水点是保存连续性最好的一种形相。不过水线一停止住,水点一开始下降,则水立刻往上回跳,以避免中断。……事实上,一切物体中都有一种避免间断的倾向,不过这种倾向在同质的物体中(如流体),较为微弱而无力,而在复杂的混合物体中(如固体),则较为活跃而强烈"①。

我们姑且不去计较,培根关于固体、液体的密度这种说法,按现代物理来讲,是否正确,而只看他怎样在同一类的现象中,注意到其性质表现最为微弱的那一种现象,从而求得全类现象所以然之理,这是原则上很重要的。性质之表现,强弱虽有不同,而其为同一类的性质是应注意的。因之,培根认为"隐密的例证最能指示出所谓类别来(geuera)",有别于上面所讲的映目的例证,因为"映目的例证容易指示出种别的差异似的"。他并加以解释说,"这里所谓类别是一种公共属性"②。正如他曾写道:"一切物体中都有一种避免间断的倾向,不过这种倾向在同质的物体中(如流体),较为微弱而无力。"把所谓同质物体中微弱而无力的,不易为人察觉的避免间断的倾向,统属于一切物体中的这种倾向来考察,确是异中求同,所以说,"能指示出所谓类别",而映目的例证,是"赤裸裸地把单独一种性质呈现出来",因为这种性质是不同于与之纠缠在一起的许多其他性质,故说是"能指示出种别的差异",是同中别异。这两种例证的功用,应该是相互补充的,是逐渐缩小求模之范围,先从隐密的例证确实模之类,再以映目的例证中确定其种差,那么,这所求的模就不难获得了。培根的方法是根据形式逻辑所讲的,种等于其最近类加上其种差这一个公式的。

第五种优先权例证,培根称之为组成的例证,又称小队中的例证③。

---

① 见《新工具》关译本,第201、202页。
② 见《新工具》关译本,第201页。
③ "小队中的"是 manipular 之译。manipulu 是从拉丁文 manipulus"小队兵"的意思。关译为"制作",沈译为"搜集",均不妥。——作者

培根举记忆为例。能帮助记忆的，第一是秩序或分配，其次为人工记忆法常用的东西①"……人工的记忆常用的东西往往能使记忆得到惊人的帮助，使记忆超过本有的能力"②。

培根说："这叫做无限性的割断，因为在努力回忆一种事物时，我们如果对于所寻求的事物，没有一种预觉或知觉，则我们便会在无限空间中费力追求，东找西找。反之，我们如果有一种确定的预觉，则无限性立刻被割断，记忆亦不至往很远处游行。"③因之，培根认为"这些例证合组成所研究的那种性质，它们本身只是一种较小的形式（模），因为真正的模……既是存于深处，所以为应付烦难的情节，和救济脆弱的人类理解力起见，我们只要遇到有'一些'特殊的形式，能把一团例证合拢在公共意念以下，我们就要精勤研探那些形式，而不可以忽略过去。因为无论什么东西，只要能连合各种性质，则连合的程度虽不完全，它们亦能准备好道路，使人把形式（模）发现出来"④。所以，这种例证是帮助人们根据发现的一点踪迹以追求所研究的性质之模的。

第六种优先权例证，培根称之为契合的例证，或相似的例证。这些例证又称平行的例证或物理相似关系，是"在具体物中表示事物的相似关系和联合"⑤。培根所举的实例很多，如镜子和眼、耳的组织和能发回声的地方，这些东西是契合的、相似的；又如鱼的翅和四足兽的足是平行的。

培根认为，"由这种契合，我们不独能观察到它们的相似（只这种观察在许多方面就是有用的），而且我们可由此形成一个公理说：'各种感官同产生反射作用于感官上的各种物体，性质是一样的。'再其次，我们的理解力还可以根据这个暗示，得到较普遍、较高级的一种公理"⑥。显然，培根在这里是想到类推的作用，那就在说，由两物某方面的相似而推论到它们在其他方面的

---

① "常用的东西"是 topic 之译，topic 在原拉丁文和转到英文，均有"论题"的意思，可是在逻辑里自从亚里斯多德时代起，便有"常用的东西"的特殊意义，由亚氏的 Topica 可见，故英译《新工具》用 common-places 这一词，关译本"论题亦叫做 places"显然是牵强，应改正。——作者
② 见《新工具》第二卷箴言二十六，关译本，第 203、204 页。
③ 见《新工具》第二卷，关译本，第 204 页。
④ 见《新工具》第二卷，关译本，第 203 页。
⑤ 见《新工具》第二卷箴言二十七，关译本，第 206 页。
⑥ 见《新工具》关译本，第 206 页，重点是我加的。——作者

相似。

培根使用类推的方法不只在这一处,例如还有在《新工具》第二卷箴言十二中,热性在相似情形下不存在的例证(四),他也是用类推的方法。他认为类推作为一种方法是很有用的,"不过它们(即相似的例证)不能一起始就直接组成公理,它们只是把物体中的相符性标记出来,指示出来。在发明形式(模)方面讲,它们虽然没大用处,可是在启发宇宙的部分构造方面,同分解宇宙的分子方面讲,它们是很有功效的"①。然而类推的功用,大都在于暗示,其所暗示的还有待于证明,而且"它较不确定,所以在应用时,我们应当谨慎判断"②。

优先权例证第七种,培根称之为奇特的例证③。"这些例证亦可以借用文法学者的名词,叫做不规则的例证。这一类例证所表现出的是具体的物体,而且那些物体似乎是违反了自然的途径,破坏了自然的秩序,并且和同类中其它物体不相似的。"④

培根把这种例证和契合的例证对比说:"契合的例证是彼此互相似的,奇特的例证是独有的。"⑤奇特的例证和隐密的例证对比,对它们的功用正相同,就是说它们都可以把自然提高了和统一了,以求发现出公共性质来(发现了以后,我们才能用真正种别的差异来限制它们)⑥。培根的意思是说,奇特的事物,如果能确定它们之所以然之理,寻出其发生的法则,则所谓奇特的事物,亦不过是正常的事物,正如他自己写道:"我们在研究时,必须继续努力,把所谓自然中神奇事物的性质归纳到一些形式(模)中或确定的法则中,这样,我们才会知道,一切不规则性或单独性(奇特性)是依靠一些公共的形式(模),而且所谓神奇亦只在于同种中某种确定的差异和程度,或稀奇的联合,而不在于种属之不同。"⑦培根强调要把所谓奇特的事物纳之于正常,他写道:"可是现在人们的思想是不进步的。

---

① 见《新工具》第二卷箴言二十七,关译本,第 206 页。
② 见《新工具》第二卷箴言四十二,关译本,第 209 页。
③ 关译英文 singulor 为"单一",沈译为"单在",均不妥,故改今译。——作者
④ 见《新工具》第二卷箴言二十八,关译本,第 210 页。
⑤ 译"独特的"较妥。——作者
⑥ 译"独特的"较妥。——作者
⑦ 关译据英译略改。——作者

他们只是说,这一类东西是自然的秘密和伟大的工作,它们是没有原因的,是在通则以外的"①,而培根则坚持没有无因的果,一切都可以一般的自然规律来说明的。

优先权例证的第八种,培根称之为反常的例证。他说:"这些例证是自然的错误,是奇怪的东西,表示自然离开了常轨。"②

培根是把这种所谓反常的例证和上述的奇特的例证区分开来的,"因为后一种是种别的怪象,前一种是个体的怪象"③。可是培根认为它们的功用几乎是一样的,都可以改正理解力由平常现象中所得的错误印象,而把公共的形式(模)呈现出来"。培根并接着写道:"即在反常的现象中,我们亦当继续研究,一直到把反常的原因发现出来。不过这种原因并不能适当地达到任何形式(模),它只能达到一种隐密的作用,由此种作用再达到模。"④正如有些注释家指出,培根这一段文字是不易理解的。揣其意思是说我们必须找出反常现象之所以反常的原因,却这原因并不等于常轨之模,我们只能通过这反常的原因而进一步来求得所要追求的常轨之模⑤。因为正如培根结束这段文字时写道:"我们所以探求这种例证,乃是因为能知道了自然的途径⑥,就易于观察自然的反常,而在另一方面,则我们如能知道了自然的反常,亦就较容易描写自然的途径(常轨)。"⑦

培根又指出,这些反常的例证同奇特的例证比较,"还有一层区别,就是说,它们在实用和实验方面,能给人较多的帮助,因为要产生新种是很难的,而尽管换已知的种,从而产生许多稀罕而不常见的效果,则是较为不困难的。由自然的神奇,进到艺术的神奇,那是一种顺利的途径。因为我们如果发现出自然中反常现象有什么理由,则我们不难以艺术推究出它是在哪一点上由偶然离开正路的。我们如果能在一种情形下,发现出错误的原因来⑧,则应能在别的多数情形下发现出来。因为一方面的错

---

① 见《新工具》关译本,第211页。
② 《新工具》第二卷箴言二十九,见关译本第211页,关译词句按英译略加改正。——作者
③ 见《新工具》关译本,第211页。
④ 重点是我加的。——作者
⑤ 参看《新工具》关译本,第319页注二。
⑥ 即自然的常轨。——作者
⑦ 参看《新工具》关译本,第319页注二。
⑧ 意即发现反常的原因。——作者

误(反常)就容易指点出,引致到各方面的错误(即不依常轨的东西)。在这方面,用不着举例,因为例子已经够多了"①。培根最后指出,"我们必须把自然中一切奇形怪状、一切新奇的、稀罕的、不常见的东西,加以搜集,做成一部特殊自然史"②。培根是最相信材料的大量搜集,使能由之而发现事物的规律、掌握事物的规律,就能改造自然的。他相信偶然的事物之中,也有其认为偶然发现的神奇,是不可理解的,则神奇永远是神奇,不能纳入科学的范围,永远不能为人类所掌握的了。所以关于这点,他写道:"不过在搜集(奇怪的材料)时必须极其审慎,乃能信而有微。凡依靠宗教的任何东西,都可以存疑……至于自然幻术家或炼金家等等人们的著作中所述的怪事,亦一样可以存疑的,因为他们一向是爱造作荒诞的。因此,我们所承诺的事实,一定要取之于端重的信史和可靠的报告。"③培根这种对待奇事的看法和态度,是完全严肃而科学的。

　　优先权例证的第九种,培根称之为邻接的例证,又称两歧的例证,因为"这些例证所呈现出的特种似乎是由两种种别所组成的,或者似乎是两种种别间的一种原形物"④。培根认为苔藓便是一例,因为它是"腐朽物和植物中间的",彗星又是一例,因为它是"星和流星中间的",飞鱼又是一例,因为它是"鸟和鱼中间的",等等。培根认为"这些例证或者可以归之于奇特的例证之中,因为在全自然界中,它们只是十分稀奇古怪的现象"⑤,可是,这些例证亦有其独特的功用,因为它们"能暗示到宇宙中平常种别何以有那些数目和性质。此外,它们还可以使理解力由现在的东西进到将来可存在的东西。所以它们的功用是很大的"⑥。从这些话,我们似乎体会到培根是在想到事物的发展和进化。既然两个不同的物种有其中间的两歧种,则两种可能是由这中间的两歧种发展出来,因之种别的数目就逐渐增加,而现存的东西便可演变为将来的新的东西了,故培根的

---

① 见《新工具》关译本,第211页。正如人工可以变化植物、鸟、兽、家畜等等,又如人工能造大理石、人造丝,以至于金刚石、珍珠等等。——作者
② 见《新工具》关译本,第211页。
③ 见《新工具》关译本,第211页。
④ 见《新工具》第二卷箴言三十,关译本,第212页。
⑤ 见《新工具》第二卷箴言三十,关译本,第212页。
⑥ 见《新工具》第二卷箴言三十,关译本,第212页。

两歧例证是含有进化论的思想的。

优先权例证第十种,培根称之为权力的例证,又借用罗马帝国徽记的名词称之为威标(fasces)的例证。"这些例证就是各种艺术中,最高贵、最完全的作品,它们可以把各种艺术的至极成就表现出来。"①

培根对于这些各种艺术的名贵作品之研究,是十分注意的,因为它认为"人们的理解力既然可以被自然中稀奇不经的作品刺激起来,也就能研究、发现,能贯通那些作品的模"②。他认为,我们不应满足于艺术过去的成就,而应该在百尺竿头更进一步,而且这是完全可能的,因为自然中的神奇是不易理解的,尚且能揭发其秘密,何况艺术的成果是人为的。其方法大都是很明显的,仅可以在其现有的基础上,更求进步,"把人类已往获的作品,尤其是那些最完美的作品,记录下来,列数出来,从这些作品出发,找到一种较易接近的途径,以达到一向不曾试验过的新工作。因为人们如果在仔细考究了这些作品以后,再热诚地、勤敏地来推进其工作,则他们一定会使这些作品更有进步,一定会把它们应用在较高贵的用途上"③。

何况,"过去所用的方法和途径,大都是很可怜的",只知其然而不知其所以然,"模还是全未发现",只是由于偶然。如果不加以系统的研究,找出其作品之所以为精良之理,那就不能有什么进步。因之,培根提出,"我们所应做的,只是把一切机械的艺术和文艺的艺术(只就它们关于作品方面论)搜寻出来,加以完全的考察,并且由此把各方面最伟大、最精彩、最完美的作品,以及它们产生的途径或作用的方式,集合起来,做成一部特殊的自然史"④。

培根并很正确地指出,"我们不当鄙弃玩具和把戏,因为它们的用途虽然琐屑可笑,但是它们所给人们的知识,有些是很有用的"⑤。

培根又写道:"最后,迷信和幻术(就其经常的意义说)亦不应当完全

---

① 见《新工具》第二卷箴言三十一,关译本,第213页。
② 见《新工具》第二卷箴言三十一,关译本,第213页。
③ 见《新工具》第二卷箴言三十一,关译本,第213页。
④ 见《新工具》关译本,第213、214页。
⑤ 见《新工具》关译本,第215页。

排斥了。因为它们虽然在一堆谎言奇谈下深深地隐伏着,可是我们亦该把它们研究一下。因为在它们里或者有些是有自然的作用做它们的基础的。就如迷魂术就能使想象加强,使远距的物体发生感应,使印象由精神传到精神,亦如由物体传到物体一样。"①关于所谓迷魂术的这种说法,究竟有什么事实的根据,我们姑且勿论,可是培根在这一段文字里所提出的问题,是值得我们注意的。

培根认为,上述五种例证,即契合的、奇特的、反常的、两歧的和权力的。"在未研究任何性质之前,就该先行考究的,所以一起首我们就该把它们搜集起来,作为一种特殊的自然史……当作一种准备,以改正和廓清人的理解力,使理解力离开它所习见的事物,易于接受真正观念的干燥纯洁的亮光。"②

优先权例证的第十一种,培根称之为友仇的例证,又称为确定命题的例证。"在这些例证所呈现出的物体(或具体的实质)中,我们所论究的性质或则是常常伴随着的,就如不可分离的伴侣似的;或则是常常远离而不相友好的,就如敌人和仇人似的。"③

在研讨这一种优先权例证的时候,培根涉及归纳法的很重要一条原理。他这样写道:"从这些例证,我们可以得到确定普遍的命题,无论是肯定的或否定的;在这些命题中,主题(即主词)就是一个具体的物,宾位(即宾词)就是所考察的那种性质,因为特殊的命题是并不确定;在所谓特殊的命题中,我们看到,在任何具体物中,所论究的那种性质是易逝的,易变动的,那就是说,它一面会积聚或被获得,一面又会分离或被抛除的。因此,特殊的命题,除了在我们所说过的转移例证情形下以外,它们对于别的命题,是并没有优先权的。"④

这段文字含义重要,却有待于解释的。它的主要意思是说,例证中所呈现的物体(以 S 来表示)既是为所论究的性质(以 P 来表示)所常常伴随着,或常常分离开来,则以命题来表达,其形式便是"所有 S 是 P",或"所

---

① 见《新工具》关译本,第 215 页。
② 见《新工具》关译本,第 215、216 页。
③ 见《新工具》第二卷箴言三十三。
④ 见《新工具》第二卷箴言三十三,关译本,第 216、217 页。

有 S 不是 P"。前者是一个全称肯定判断的形式,后者是全称否定判断的形式,即传统形式逻辑的 A 命题和 E 命题。这两种命题可写为 SaP 和 SeP。培根认为全称命题,不论是肯定抑或否定,是确定的,因为 S 都是 P,或 S 都不是 P。

特殊命题的形式是传统形式逻辑的 Z 型或 O 型命题,即"有些 S 是 P"或"有些 S 不是 P",可以用符号写为 SiP,或 SoP。既然只是有一些 S 是 P,即只有一些这类物体具有所考察的那种性质,而"有些"之义是不定的,不是一定指这个或那个物体,所以,以所察的性质而言,其联系是易逝的,变动不居,游移不定的,因为有些个别物体具有,即"获得"这性质,而有些个别物体则不具有,即"抛除"这性质。因之,特殊命题无优先权,因为这种命题对于性质之模之追求,没有给我们什么线索,不像全称命题之能指示"所有 S"都是 P,是把 P 归于 S 的范围之中来研究,因为 P 是 S 这类物体的一种公共性质。现在问题就是,所有的 S 都是 P,是不是 S 和 P 的联系(即 P 常常伴随着 S),是有其一定不移之理?如能确定这个理,即 P 之所以常常伴随 S 之故,那么我们就可以说,凡 S 都是 P,所以全称肯定命题是能指示出求模的范围的,故为一种优先权的例证。所有 S 都不是 P 的功用也是如此。这是归纳法从简单枚举发展到科学归纳法的过程。友仇的例证在科学研究中的重要性就是在于此。

优先权例证的第十二种,培根称之为附加例证或极限例证。"极限"这个形容词是比较恰当的,因为这些例证是指出某一性质在一类物体出现的限度的,就是说,这性质之出现不能超出某一定的范围。例如,培根指出,重量这种性质,是在黄金与酒精两极限之内,因为按他当时的知识所及,黄金是最重而酒精是最轻的。这也是能缩小求模的范围的①。

优先权例证的第十三种,培根称之为联合的例证。其所以称为联合的理由,是因为通过这种例证,一般人认为是不同的东西可以联合为相同的东西。用培根自己的话来说,"它们能使理解力由种别的差异升到类别"②。

---

① 见《新工具》第二卷箴言三十四。
② 见《新工具》第二卷箴言三十五,关译本,第 219 页。

培根所举的实例,大都是按其当时的科学知识水平,现在并没有多大意义的,兹引其一例来说明这种联合例证的功用。他写道:"我们可以举热为我们所研究的性质。据人们说,热有三种(这好像是十分通俗十分有权威的一种区分),一为天体的热,一为动物的热,一为火的热;他们还说,这些热(尤其在前两种后一种比较时为然),在本质上,在种别上——就是说在种别的本质上——明明是异质的,因为天体的和动物的热是能产生能养育的,而火的热则是能消耗能毁坏的。不过我们在这里,却有一种公共情节,却有一种联合的例证。因为我们如果在室内继续生起火来,把葡萄搁在里边,则葡萄在一月中便可成熟,比在户外还速。因此,葡萄果实即悬在树上,亦可以受了火热,成熟起来;虽然在常人看来这种成熟作用乃是太阳的正常工作,由这种现象出发,理解力便容易排斥了主要的异质性的观念,进而研究日热同火热之间究竟有什么差异,使它们在公共性质之外,又发生了极差异的作用。"①

优先权例证第十四种,称之为指路标的例证。培根说,"这种名词是由道路分叉的地方所立的指路标以指示各种方向的。这些例证亦叫做决定的裁判的例证,在一些情形下,亦叫做断言的有权威的例证"。他又说:"我的解释是这样的。就是说,在论究任何性质时,理解力如果因为看到有许多性质常常汇合在一块,以致自己猜疑不决,不知该把所研究的性质的原因,归于两种或三种性质中那一种,则指路标的例证可以指示给我们说,哪一种性质同所论究的性质是有必然确定的联合,哪一种性质同所论究的性质只有可变化可分离的联合。这样我们的问题便可以解决了。前一种性质便可认为是原因,后一种性质便被排斥了,取消了。"②

培根在这里不是求事物之模,而是求其原因了。但这里所求的不是他称为助生因(efficient)的那种原因,而是和事物有必然联系的另一事物,他的所谓"性质"就是不同的事物,各种事物常常是纠缠在一起,"汇合在一块",以至我们不能决定,我们所研究的那一种事物的原因是两种或三种事物中的哪一种。那么就要分辨哪一种事物是和所研究的事物有必

---

① 见《新工具》第二卷箴言三十五,关译本,第 219 页。
② 见《新工具》第二卷箴言三十六,关译本,第 223、224 页。

然的确定不移的联系,哪一种只是和我所研究的事物有偶然的可分离的联系。其有必然确定的联系的便是所研究事物的原因,而只有偶然联系的便不是它的原因。这是因果关系的确定之方法。

在他所举的第一个实例中,可以更清楚地看出这方法在实践中的应用。他的实例是求潮汐的原因。

潮汐从观察所得的初步结果是它(1)每日都重复两次的;(2)每次是六小时;(3)而潮汐的时间有一种轻微的差异;(4)这差异恰好又和月的运动相符。

问题是:潮汐是否和月的运动有因果的关系? 这就是归纳过程中假说的提出。进一步就是发展这个假说,我们要看培根是怎样进行这一段的归纳推理的。

第一步,培根认为潮汐的原因只有两种的可能,"这种运动或则是被水的一进一退所引起,像水在摇动的盆中一样,水要流在那一面,它就会离开这一面;或则它是被水的一升一落所引起的,像水在沸时,可以一起一落。我们的问题是说,潮汐的原因应该归于这两种原因的哪一种"①。这假说就发展成为一个选言判断的形式,那就是说,潮汐的发生或则由于水的一进一退,或则由于水的一起一落,二者必居其一,这选言判断之有两项是根据实际的观察的,是无第三者之可能的。

其次,培根推论说,"如果我们采取第一种原因,则海的这一边如果有潮时,同时在另一边必然有汐。研究的结果是必然达到这一点"②。这是从第一种假说,潮汐由于水的一进一退的这一假说,推演出来的假定结果。那就要从实际观察来看这推演假说的结果是否和观察所得的客观事实相符合。

培根引用16世纪西班牙地理学家阿科思塔(Acosta)和其他的人的观察所得的事实说,"在弗罗里达(Florida)海岸和对面西班牙同亚非利加的海岸上,潮和汐是同时出现的;并不是说,在西班牙和亚非利加海岸上有汐时,在弗罗里达海岸上就有潮"③。

---

① 见《新工具》关译本,第224页。
② 见《新工具》关译本,第224页。
③ 见《新工具》关译本,第224页。

观察的事实和从假说推出的结果是相违的。可否由之而就放弃这第一假说,来确定第二个与之矛盾的假说呢?培根并不是这样把问题太过简单化了,他提出一种复杂情况之可能。这是很科学的提法。他写道:"如果你仔细一观察,就会知道,这种现象并不能证实了升降的运动,反对了递进的运动(即由否定第一种假说,而确定第二种假说)。因为水一面所以有递进的运动,一面亦可以同时在一个海洋中相反的两岸上升起来,它们或者是别的地方拥挤而来的,河流就是这样的,它们可以在两边同时起落,可是那个运动分明是递进的运动,一面亦可以同时在一个海洋中相反的两岸上升起来,它们或者是别的地方拥挤而来的,河流就是这样的,它们可以在两边同时起落,可是那个运动分明是递进的,就如水由海中入到河口内便是。同样,由东印度洋而来的大量的水,亦许挤在一块,纳在大西洋中,因此,两岸上同时就潮起来。因此,我们必须再研究,是否有别的海峡,可以让水同时退下来。在这里,我们又见有比大西洋较宽较大的南海(包括现在的太平洋和南冰洋)可以合于这个用途。"①

那就是在论证一个假说的过程中,由于情况的复杂,不能只根据一个简单的两次的选言判断由其一选项之推翻而直接就肯定其他的一选项,推理便复杂化起来。这是实际情况的要求,不能墨守简单推理的形式,可是不就是放弃了原来选言判断两选项的矛盾,而是推理过程的演变,那就是在证明第二种假说时,预设由第一种假说的反驳而在第二种假说立场上加以辩护。

在这阶段上,培根又来个所谓指路标的例证。他写道:"慢慢地,我们在这方面,就找到一个指路标的例证。它是这样的。我们如果看到,大西洋中,弗罗里达同西班牙两个相对的海岸上有潮起来时,同时太平洋中秘鲁和中国的海岸上亦有潮起来,则我们就可根据这个决定例证的权威,来反驳另一个假设,我们在此,可以说,我们现在所研究的潮汐,不是递进的运动。因为我们并看不到有什么海或地方可以在同时容纳水的降落。要想察看这一点,最好是问问巴拿马和黎马(Lima)的居民(在这里,太平洋和大西洋只被一狭小的土腰所分),海的潮汐还是在土腰的反对两面同时

---

① 见《新工具》关译本,第 225 页。

出现的,还是一边潮时,一边就要汐的。我们如果假说地球是不动的,则这个决定或排斥似乎就没有问题了。不过地球如果是旋转的,则地球的和水的不平衡运动(就速度而论),或者可以使水猛烈地堆起来成了潮水,猛烈地降下去成了汐水(水到不能再往上积聚时便退回来),不过在这方面,我们可以另有单独研究。可是就根据这个假设说,我们的论题仍没有变动,我们仍可以说,海中一部分有潮时,同时在另一部分必然要有汐。"①那就是说,不论地球是不动或是旋转,海中一部分有潮,则同时另一部分必有汐,培根却认为实际的观察是否定了这结论的。

于是他就写道:"我们在精细视察之后,如果能排斥了前一种递进的运动,则我们还可以用上述的一种运动——升降运动——为我们所考察的性质。"②

这样的归纳推理是完全正确的。原来假设的选言判断有两选项,虽然从实际上看,其形式是矛盾,似乎其一选项被否定了之后,在形式上就可肯定下来另一选项。但培根并不就这样确定其结论,他认为还应该在客观现实中寻找这其他选项的证明,这才是完全的实事求是。

他写道:"关于这个性质解释,有三条岔路。因为水在潮升汐降的,如果没有别的水增加进来,则它的运动一定不外三条途径。或者是地的内部涌出一些水来,又退回去;或者是水的量没有增加,只是以前的水(分量不增)扩大了、变稀了,占了较大的空间,随后又收缩回来;或者是亦没有增加,亦没有扩大,只是以前的水(分量密度都照旧),从上面受了一种吸力,借着交感作用(sympathy)升起去,随后又跌落回来。我们现在可以取消了运动的前两种原因,把我们的研究归结于后一种原因。那就是说,我们可以研究研究,水是不是可以借着交感作用(或吸力)升起去③。第一点,我们分明看到,在海壳内所有的水,并不能一直升起来,因为海底上并没有别的水来填补它们。因此,水纵然有上升的倾向,它应必然被事物的黏合力或普通所谓憎恶虚空之感所阻止、所抵拒。因此,我们只得说,水在一处升起来,同时亦在别处减退。此外,我们还必须承认,吸力既不

---

① 见《新工具》第二卷箴言三十六,关译本,第223、224页。
② 见《新工具》关译本,第226页。
③ 培根写这时,当然是在牛顿发现万有引力之先。——作者

能在全体上起作用,它一定要以极大的密度在中间起作用,以使水在中间升起来,而且在升起时,两边的水必然是要减退的。"①

这也是假说的推演。假定潮汐是由于水的升降运动,而这升降的运动又是由于什么原因呢? 培根推演他的假说,承认可能有三种原因,却不考虑其第一、第二两种,是因为太过和所观察的事是不符吗? 他并未说明,只说"把我们的研究归结于后一种原因",即"从上面受了一种吸力"。

怎样证明这最后的假说呢? 他写道:"我们在这个题目上,便终久得到一个指路标的例证。因为如果看到,在海汐时,水面拱起来,圆起来,水在海中间升起来,在两旁(两岸)落下去;而同时又看到在海潮时,那个水面又较为平坦,较为均等,水又返回本来的位置,则我们便可以根据这个决定例证的权威,来断定水的升起是由于吸力所致。如果没有这个例证,则我们不得不完全排斥了这个说法。要以探海绳在海峡中做这种实验是很容易的;我们很容易察看出,在海汐时比在海潮时,海的中间是不是要较高些,或较深些。如果真是这样的,则我们必须说(违反普通意见),在汐时,水要升起,在潮时,水要下落,来冲洗海岸。"②

在这里,我们看得很清楚,培根是怎样使用他所谓指路标的例证来证明一种假说的。指路标的例证的使用要求在观察和理论中把所研究的某一事物的原因,缩小其可能的范围到极小数的可能,从而形成一种具有两三选项的选言判断,再把这选言判断,A 是 b,或 c,或 d,推演出来。结果是,如是 b,则必有一定的推断,再到客观事实,或已确定的理论中,检查这推断的正确性,从而逐步取消了各种选项之可能性。剩下只有一种的可能,就进而从事实证明这唯一可能的正确。这是归纳推理过程中很重要的一个关键,培根在这一种优先权例证的讨论中,他把这方法说得很明白。当然,使用这方法时,很容易犯的错误就是选言判断中的各选项,如上述的 b、c 和 d 不是总而尽其一切的可能(它们的互不相容,在这里还不是那么重要),但是培根在逐步排除各选项之后,不是因为只剩下一种,就肯定这就是正确的结论,例如 b 和 c 被排除了,就肯定 A 是 d,像传统形

---

① 见《新工具》关译本,第 226 页。
② 见《新工具》关译本,第 226、227 页。

式逻辑那样,他还把 A 是 d 付诸推演,而予以实践的检查,就是说,如果 A 是 d,还应有什么结果,这结果是否与观察的事实相一致。这样一来,A 是 d 的结果就证实了。

培根重视这种指路标的例证,而这种例证也是科学实践中很重要的一个关键,通常称为交叉路的例证(crucial instances),所以他写道:"我们以在这种例证方面,特别广为论列,乃是因为要想使人在判断事物的性质时,渐渐惯于应用指路标的例证和光明的实验,而排斥了仅仅可然(即盖然)的推论。"①

优先权例证第十五种,培根称之为离异的例证。他写道:"在这种例证中我们能看到,最常见的各种性质被分离开。这些例证同友好例证下所附的仇敌例证差别之点,就在于仇敌例证指示出一种性质同其常相连的具体物分离开,而离异例证则指示出各种性质的互相分离。再其次,离异例证同指路标差异之点,就在于离异例证不能确定任何东西,只是表示出,各种性质的互可分离。它们的功用是在检查出虚伪的形式(模),消灭了表面的虚浮理论,给理解力做一个压舱物。"②

培根说,"要举例证明,则我们可以考察泰莱苏(Bernardino Telesio,1509—1588,又音译为帖烈肖,意大利的哲学家自然科学家,其主要著作是 De rerum natura《事物的性质》)所认为食伴和宿伴的那四种性质,就是热度、光明、稀度和易动性,在这方面,我们看到许多离异的例证。因为空气虽是稀薄而易动的,可是它并不热而明;月虽是明的,可并不热;沸水虽是热的,可没有光;在轴上的铁针,运动虽然迅疾灵敏,可是它的体是冷的、密的、不透明的。同类的例证还有许多"③。换句话说,离异的例证是指出例外以破轻率的概括的,它的功用完全是消极的,能破而不能立的。

上述的优先权例证第十六至第二十四,九种,是帮助感官,提高感性认识的,其第一至第十五,共十五种,是帮助理解,主要是有关于寻求事物之模,在推理过程中起作用的。二十七种优先权例证中还剩下三种,即第

---

① 见《新工具》关译本,第 234 页。
② 见《新工具》第二卷箴言三十七,关译本,第 234、235 页。"压舱物"的意思是使理解不致过于轻浮草率。——作者
③ 见《新工具》第二卷箴言三十七,关译本,第 235 页。

二十五、二十六、二十七这三种。

优先权例证的第二十五种,培根称之为暗示的例证。"这些例证可以暗示或指示出什么是有益于人的东西。"①

培根的《伟大复兴》的科学研究方法部分,如其整部研究一样,都是为着实用、为着增进人类的福利,因之,在这里他就提什么东西是有益于人,应该为我们的研究的对象这个问题。他是完全反对为科学而研究科学的这种不正确的态度。他写道:"只是权力,只是知识,只能发扬人性而不能祝福人性。因此,我们必须在全体事物中找寻那些有利于人生的东西。"②那就是说,生也有涯,而知也无涯,不能以有涯随无涯,必须在无涯中找寻其有利于人生的东西,作为我们研究的对象,以明确我们研究的目标。

然而什么才是有利于人生的东西呢?培根说,"在我们讨论实施的方法时,才可以详细研究这些条款"。但是实施的方法是他提出的九项对于有助于模之寻求的题目之第七项,即"实际的应用,即研究事物同人类的关系"这个题目,而培根并没有讨论到这题目,所以这条优先权例证的内容是付诸缺如的。③

优先权例证的第二十六种,培根称之为多用的例证,又称通用的例证。培根说,这些例证有关于各种工具和方法的,在阐述实施原理和实验方法时,再为精细的讨论④。至于那些已经发明,已经通用的工具和方法,则将在关于各种艺术的特殊历史内专为叙述⑤。"在当下,我只对它们附加一些概括的议论,以来表示这种普遍的功用。"⑥

培根写道:"人们在自然物体上发生作用时,除了简单的分合而外,还有七条途径。(1)或则把能阻止能扰乱的东西排除了;(2)或则利用压缩作用,扩张作用,激动作用等等;(3)或则利用热和冷;(4)或则使物体继续

---

① 见《新工具》第二卷箴言四十九,关译本,第283页。
② 见《新工具》第二卷箴言四十九,关译本,第283页。
③ 参看《新工具》第二卷箴言二十一、箴言四十九,关译本,第196、283页,并参看本文本章第十三段。
④ 这也是培根所计划而在其著述中没有实现的。——作者
⑤ 也是培根计划中未完成的一部分。——作者
⑥ 《新工具》第二卷箴言五十,关译本,第284页。

停留在适当的地位;(5)或则来阻止来规范物体的运动;(6)或则利用特殊的交感作用;(7)或则使这些方法全体地或部分地,按照适当时间,互相排列,互相连续。"①

培根认为"弥漫四周无孔不入的空气,同天体的光线,都能引起很大的纷乱,因此,任何东西,只要把它们驱除出去,我们就可以认它是有普遍功用的东西……例如我们有时借凝化作用或化学家所谓封泥来把器皿完全封住……就如我们把油倒在酒上或植物的液汁上,就能如盖似的,把它们的表层盖住,完全免了空气的损害"②。诸如此类,都是排除扰乱的东西的办法。

压缩作用之例如"一切机器可以被紧压所用所毁坏","你把一根木枝用压力折回去,时候长了,它便不会回跳"。"热和冷在自然中同在艺术中委实是发生作用的最大工具。""我们还应当研究有什么方法可以使物体来接受冷。""最要紧的,我们还应该来研究,来发现,我们在按照适当的距离和时间,秩序和间歇,交替的应用热并逐渐取消热时,有什么结果和作用。""所谓继续作用就是把物体搁置在相当地点,然其自行作用,并且在很长的时间内不受一切外面的力量……时间的工作比火的工作微妙了许多。因为火炼的酒不如时间所炼的酒美,火烧的灰亦没有各种实质经了多年后所分解成为尘土那样精细……各种例证,只要能指示出继续作用的途径和结果;则我们都应当在各方面勤加搜集。""所谓运动的规范就是说,一物遇见别物后,可以阻止、排斥、容纳,或指导别物的自然运动。这种作用多半由于器皿的形式和位置。就如蒸馏器的直立锥体可以促进蒸气的凝结,又如容纳器的后面锥体亦可以促进糖中渣滓的溶出。""至于第六种作用方式,则有借于交感作用或反感作用(aversion),不过这种作用还多是未发现的……至于普遍性稍小的交契作用,就是主要物体同其养料(就是它们的元质同食品)间所有的那层交契使用,因此,我们必须考究,各种矿物产生时,需要什么气候、什么土壤、什么深度,必须论究,珠宝是生在石内或是生在矿内;必须论究,在什么土壤内,各种树木、灌木、杂

---

① 见《新工具》第二卷箴言五十,关译本,第284页。
② 见《新工具》关译本,第284—286页。

草,生得最旺盛,或者说最为畅快……必须要论究,在各种土壤中,哪一种肥料最为有力,最为适当。""最后第七种作用方式,则是借着调换前六种方式而进行的……不过说到要按照特殊的目的,来调换各种作用,则我们虽不易发现其连琐或秩序,可是那种连琐和秩序如果发现了是最有助于工作的……关于多用的例证,我们的解释亦就限于此了。"①

上面我们是摘录培根自己的话语,简略地说明什么是他所说的多用的例证和人们在自然物体上发生作用的七种方式。从这些简短的引句里面,我们可以看出,培根这一种所谓多用的例证和上面一种所谓暗示的例证(即第二十五种)一样,都是为着应用起见的,为着研究自然以控制自然,改造自然的,和工业与艺术有密切关联的。

"在优先权的例证下,最后我们还有第二十七种幻术的例证。在这种例证下,质料因或助生因比起所产生的结果来,是微末而渺小的;因此,它们是常见的,亦似乎是神奇的;有时它们只在一看之下是神奇的,有时在熟虑以后,仍是神奇的。不过我们把自然的摺叠拆开以后,在发现了形式(模)、过程和结构以后,自然究竟能做些什么,那就只好等时间来证明了。"②

在这里,我们充分地看到培根的科学精神和态度的表现。以其当时的自然科学知识水平来讲,所谓幻术(magic),亦称魔术,其中许多现象好像是神奇的,不可以常理喻的,可是他坚持一切都可以理喻,都可以自然本身的规律来说明自然,解释自然这个科学原则,认为"把自然的摺叠拆开以后,在发现了模、过程和结构以后,自然究竟能做些什么,那就只好等时间来证明"。他对于科学发展的前途,对于人类之能控制自然,终久能改造自然以谋人类的福利这种展望,是具有最大的信心的。

然而,他是本着实事求是,知之为知之,不知为不知的精神来看事物,来处理问题的。他写道:"至于要问,究竟有没有方法来改变物体的渺小部分,来转化物质的微妙结构(这种过程是转化任何物体时所必需的),来使'自然'迂绕曲折所做的工作,在短时期内完成了——这个问题,我当下

---

① 各引文见《新工具》第二卷箴言五十,关译本,第286—297页。
② 见《新工具》第二卷箴言五十一,关译本,第298页。

是不能根据确定的象征加以答复的。在真实坚牢的事实方面,我们希求的既然是究竟的、无上的。因此,我要永久憎恶那些虚妄的、夸大的事情,并且尽力排斥它们。"①这是何等的自信心,何等的伟大科学气魄!

最后,培根这样写道:"关于各种例证的尊严性和优先权,我们所说的话亦就止于此了。人们应该记得,在我这本《新工具》里面,我研究的是逻辑,而不是哲学。不过我的逻辑目的虽在教导理解力,可是它并不是让理解力凭着人心的纤细鱼钩,来把握抽象的观念(类如普通逻辑所为);它是要使理解力凭着真理,来解析自然,来发现物体的品德和作用,以及其在物质中所具的确定的法则。因此这种科学不只是由人心的本质发生的,而且是由事物的本质发生的;因此,我们正不必惊慌,在这部分书内,我何以到处用自然中的观察和实验,来阐述我所教人的这种艺术。"②

在这几句话里,培根在结束《新工具》时,又一次说明这书的本质。在这本书里,他是研究逻辑的问题。当然,在讨论逻辑的问题时,他不能不涉及哲学,正如我们在上面所看到。而且他的逻辑不是当时流行的传统形式逻辑,不是刚只在思辨中绕圈子,而是要揭发自然的奥秘以改造自然为人类谋福利的增进的。换句话说,培根的《新工具》是关于科学研究,尤其是自然科学研究的方法的一部著作。这部书是研究我们现在称之为科学归纳法的一部书。

写完关于优先权的二十七种例证之后,培根说:"他就要进而先论究归纳法的帮助和改正,然后再进而论究具体的事实,隐秘的作用,隐密的结构,以及箴言二十一中所列举的其余部分(参看本文本章第十三段)。这样我便可以如忠实诚笃的监护人一样,慢慢等到人的理解力解放了,成熟了以后,把他们的财产交还他们。这以后,人们的产业一定会进步,人们控制自然的权力亦一定会扩大……因此,我们就用各种劳动力(当然不是各种争辩,或无聊的幻术的浮夸举动,而是各种劳力)把万物终久征服几分,使它们来供给人以面包,供给人以生活的必需品。"③

这样,培根就结束了他留下来的《新工具》一书。可是按其原来的计划,这本伟大的著作,还远远没有写完的。

---

① 见《新工具》第二卷箴言五十一,关译本,第298页。
② 见《新工具》第二卷箴言五十二,关译本,第299页。
③ 见《新工具》关译本,第300、301页。

十五、培根的《新亚兰特斯》

根据培根原来的计划来看,不但他的《新工具》是一本还没有写完的书,他的《伟大复兴》也只是完成其一小部分。可是他的科学工作计划是伟大的,而他对于科学进展的远景,以其当时英国 17 世纪初叶的情况来说,是令人钦佩的。读他的《新亚兰特斯》(New Atlantis)一书就可以知道了。

培根的《新亚兰特斯》是一本传奇体的小说,描写他对于科学成就的远景。这书和柏拉图的《理想国》与莫尔的《乌托邦》是同一类的政治小说,但是柏拉图和莫尔所注重的是社会的政治方面,而培根所想象的是科学发展会怎样影响社会的组织和提高人类的福利。

书名之《新亚兰特斯》是有其来源。"亚兰特斯"是一个神话中的地理的名称,首先见于柏拉图的 Timaeus 和 Critias 两对话。据柏拉图所述的神话,古埃及的祭司虽向最初厘定雅典法律的梭伦(Solon)谈到雅典史前的文化,就述及大西洋中的一个大岛,名亚兰特斯(Atlantis)。"这岛位置在你们称为赫拉克莱斯(Heracles,即 Hercules 的希腊原文)柱海门的前面,面积有里比亚(Libya,古希腊人亚非利加洲之称)和亚细亚两洲之总和,是到达其他岛屿的甬道,从这些岛屿就可到达围绕真正大洋的彼岸;因为赫拉克莱斯海门中的海只是一个港,入口很狭。那个海才真正是海,围绕这海的陆地才真正是大陆。谈到亚兰特斯岛,岛上有一伟大而强盛的帝国,统治全岛和另外几个岛,其势力并达到大陆的某些部分,而且还征服了赫拉克莱斯海门里面的里比亚,直到埃及,并征服了欧洲,直至都仁尼亚(Tyrrhenia,古希腊人之称意大利中部的 Etrusia)。"据柏拉图的神话,这岛的居民恶贯满盈,一昼夜全岛沉到海中去了,后人就没有知道它的了。培根借用这种神话而名他的理想社会为"新亚兰特斯"①。

培根的《新亚兰特斯》一文仅一万余字,又是没有写完的一本书,所以这书 1627 年初版的末尾即有"其余尚未写完"的附语。编定这书的 W.

---

① 有译 New Atlantis 为"新大西岛"的,按此译不妥。Atlan te'c Qcean 固然是译为"大西洋",但这是因为洋在欧陆之西,与 atlantic 一词无关。查 atlantis 是从 Atles 这词而变形的,和方向没有关系。——作者

Rawley 与"对读者说的话"中曾写道:"这小说是培根描写一个学术团体的。这学术团体的建立,乃是为着解释大自然,借以产生惊人的工作以谋人类的利益的。团体名所罗门学院,又称六日工作学院。培根写成的止这一部分。诚然,所描写的工作极为广大高深,有过于一切能想象得到的事物之外;然而这些事故大都是人力之所能逮的。培根并想要在这部小说里,拟出岛国法律的大纲,作为社会的规范,但是兹事体大,非一朝一夕可能定竣,又因他要搜集自然史,无暇兼顾,不得不先从事于搜集的工作,于是这部小说未能写完。"①

培根在《新亚兰特斯》小说中,描述他自己在一海船上,带领船员五十人,自秘鲁航行一整年,要到中国和日本,南洋遇风,船上存粮将要告罄,四望汪洋,坐以待毙。一日傍晚,忽见北方云雾密集,好像离陆地不远,向之直驶,第二天早晨,果然看见陆地。遂驶入了一个港口,看见一座城市,虽不十分大,但是建筑是很华美的。及近岸时,正想登陆,有一小艇自陆地驶来,不许登岸,经过多少的交涉磋商,才能获得登陆的许可。所有的交谈,都是用西班牙语进行的。

登陆之后,发现那处地方的居民,是有很高的文化水平的,不但市政坦然,而且街道清洁,人民安乐,一切表现高度的文化,并之怀柔远人,对于外来的旅客毫不歧视,可是法律森严,任何人都不能轻举妄动。一日在街上遇见旅居该处、以经商为业的一个犹太人,和他谈到这座城市,他同样地表示他的羡慕。从这个犹太人得到消息,说有一位所罗门学院的领导人就在那天来到这城市,市民都要去欢迎他。遇风的船员也跟着大家去参加这欢迎会。仪仗十分严肃,市民的情绪也极为热烈。过此之后,在小说中扮演为遇风船员领袖的培根说,这个犹太人也和我们分手了。"可是再过了三天,犹太人来对我说:'你们真是幸运啊;所罗门学院的这位领导人知道你们在这里,叫我来告诉你们,说他要接见你们全体哩。但只限定和你们自己选定的一个人谈话,日期定在后天,因为他要祝福你们,所以时间是在上午。'约定的日期到了,船员选定我作谈话人。他是用西班

---

① 译自《新亚兰特斯》1627 年版"卷头语",见 The Advancement of Learning and New Atlantis. The world Classics,1944 年英文版第 236 页。

牙语向我这样说的：'我的小子，神祝福你；我送给你的是我最宝贵的东西，因为我为着爱神与爱人的缘故，我将要告诉你所罗门学院的真实情况。我是要按这个程序来谈的。首先，要将说明我们这个组织的目的；其次，我们的工作的一切设备和器具；再其次，我们工作人员所从事的各种工作与其任务；最后，我将要谈谈我们所遵守的条例和仪节。

'我们组织的目的是要知道事物的原因和事物的奥秘运动；是要扩大人类能力所能达到的极限，所能做到的一切。

'工作的准备和器具是下面所说的……'所说的包括好几个深穴，有些深到三千六百英尺，挖在大小山之下的，称之为下界，为凝结，硬化，冷藏，保藏等用，可以作为人工的矿道，可以产生人为的矿物，可用以治疗疾病，益寿延年；还有地窖，来藏各种的白垩质，像中国人烧瓷所用的土那样；还有高塔，最高的约有半英里，有些高塔是筑在高山上的，因之最高的达海拔三英里，称之为上界，按塔之高度与其位置，分别用为冷藏、隔离、保藏，也可用来观看流星，风、雨、雪、雹；还有大湖、淡水的湖和咸水的湖都有，畜饲鱼类家禽，有池塘从咸水沦为淡水，也可用以把淡水变为咸水，有急流水作为动力，有机器使风力加强；还有凿的井和人造喷水池，使之含有各种矿质，其中有一道水称为乐园水，可以保卫健康，益寿延年；还有广阔的大厦，在大厦里面表演流星，雨雪雷电，并且产生空气中的蛙、蝇等等；还有医疗室、浴池，以治各种病痛；还有果园花园，不是只供游览，而且是为着试验土壤，来适合制酒的各种草木，来试验接枝，试验如何使花木的季节变迟变早，增加其果实，加速其成熟，改变其味道、颜色、形状，并能用之于医药；还可以使树木不靠种籽而只靠土壤的混合而从土里生长出来，使各种植物改变为新种；还有公园，饲养禽兽，不但供人玩赏，而且用以解剖，功用很大，还试验各种毒品、解毒的手术和药剂，用解剖来试验人们视为身体重要部分被消灭之后，或者被取出之后，生命是否延续；身体某些部分看来好像死了，能否使之复苏；试验禽兽，以人工使其长得比天然的更高更大，或者使之停止其生长，变为矮小，使禽兽滋生比自然的更繁多，或者使之不生育，使之改变其颜色、形状、动作等等；试验禽兽的杂交以产新种，因为一般人认为他们杂交是不能生育的，从而产生多种的鸟兽虫鱼和滋生的物，有些是完整的生物如鸟兽，并有雌雄能繁殖；这一切都并非偶然得到,而是预先计划,早就知道的;还有池沼,用以试验鱼类,有特别地方,以试验有用的虫蝇,例如蚕虫、蜜蜂;还有酿酒坊、面包制作所,厨房、制造特种饮食;酒色无数,制法不一而足;有些酒是用肉类酿成的,饮之可不必食肉,而且酒性不太强烈,甘之有如牛奶;面包也是用各种质料制成,可用干的肉类鱼类来制面包;肉类捣乱,使之碎嫩,食后经久不饿;还有肉类食之使人身体格外坚强,气力加倍;还有药店,世所罕见的,供应繁多,泡制奇异,配剂准确,有如天然物品;还有各样的机械,是欧洲所未曾见的,能制纸、布、丝、绸、羽毛,颜色鲜艳,式样新奇,除销售外,其新货品还运往全国各地以资展览;还有大火炉,火力巨大,火力有猛烈而迅速的,有强大而耐久的,有柔和而细小的;有吹风的、宁静的、干的、湿的,等等;还有仿日光热,天体热的,热力强度不一而足,功效很大;还有仿粪热、腹热、生物内部种种的热、湿草堆的热、石灰热,等等;还有生热的器具,隔离热的场所,生热的地下洞,以适合种种的用途;还有远景装备的房屋,用来证明种种的光和放射,和种种的颜色,从无光体或透明体可以显出各种颜色,如宝石和三棱镜,可不是虹的杂色,而是单色,而且能以复合光来射到远处,明见秋毫;有各种各式的光,用光使人有关于形状、大小颜色的错觉,并表演阴影的作用,能看远物如天体,并能使人见近物像是远的,远的像是近,混乱物之远近,又能帮助视觉,如眼镜的作用,能见微小物体,丝毫不爽,如小蝇小虫的形色、谷物的结构、宝石的瑕疵,肉眼不能察觉的粪便和血液中的东西,等等;还有各种人造宝石,光艳无比,水晶、玻璃、玻璃化的金属,僵石与不完全的矿物,大力的磁石、自然和人造的稀有石;还有声室、为试验声音、发生声音之用、试验各种音阶与谐声;还有种种新奇乐器,能发大而浊的声、高而清的声,震动的声、鸟兽的声;还有助听器、反响器、传声器,各种名目不同;还有香水厂,出产各种香水、香料;有糖果厂,出产美酒、牛奶、汤、冷食,种类不胜枚举;还有机器厂,制造各种动力机,使用车轮和其他机件来发动,其力比大炮更强;还制造军火、火药,不可遏止的野火;还能学鸟之飞腾,飞腾上空,制造潜水艇、游水带、游水衣,制造奇异的钟,制造机器,仿人畜鸟兽爬虫的行动;还有教学室,有精巧的几何仪、天文仪;还有技巧室,呈现种种错觉,使人见闻错乱,可是学院工作人员是禁止使用的,违者重罚。

'还有学院人员的分工。有十二员用其他国籍身份航行外国,不暴露本国国籍,采集各国书刊和实验模范。这些人员称为贩光的商人。

'有三员是搜集书本中的实验的,称为捕获者。

'有三员是搜集所有机械技术的、艺术中的、和尚未收入艺术中之种种实际中的一切实验的,称为神秘人。

'还有三员是按其个人的见解,进行新的实验的,称为前驱者或采矿家。

'更有三员,是把前面四种工作编为目录和表格,使人能作出鉴定,从而得出公理的,称为编纂者。

'再则还有三员,致力于研究其他工作人员的实验,设法从这些实验中识别其能对于人类的生活和知识有利益的东西,进行工作,证明原因,找出预测自然的方法,容易而清楚地发现物体的品德与功能。我们称这些人员为施主。

'全体工作人员经过会议和协商之后,熟思过已有的工作和搜集,指定三人来指出新实验的方向,以便进一步提高,更深入了解自然。我们称这三人为灯烛。

'又有三员是进行所规定的实验,实验后,作出报告的。我们称他们为接种者。

'最后有三员是要把前面实验所发现的成果作出见解,成为公理与箴言。我们称这些人为自然的解释者。

'你也一定会想到,我们还有新手和学徒,叫工作后起有人,不致中断。还有许多男女工人、助手。我们还要磋商,我们的发明和经验什么是可以发表的,什么是不能发表的。保守秘密的部分,全体人员都宣誓保密。可是有些是向国家布露,有些是不布露的。

'按我们的条例和仪式,我们有两个长而大的展览廊。在一廊中陈列比较难能可贵的新发明的模型和样本;在另一廊中,展览发明人的雕像。在这廊里,就有你们发现西印度群岛哥仑布的雕像;你们发明大炮和火药的那位修道士的雕像也在那里①;发明音乐的人,发明字母的人,发明船

---

① 这是指英国罗吉尔·培根,可是火药不是罗吉尔·培根所发明;而是中国人发明的。——作者

的人，发明印刷术的人，发明天文台的人，发明金属品的人，发明玻璃的人，发明蚕丝的人，发明酿酒的人，发明五谷和面包的人，发明食糖的人，我们都陈列有他们的雕像，因为我们的传统说法是比你们欧洲人的传统说法更为正确。然后我们还有本国的发明家，这些发明比你们的更好，但是你还未看见过，逐一来说，也就太频繁了，况且说起来你也不易了解，也会弄错。每逢有一有价值的新发明，我们就为其发明人立一雕像，并给他以高贵光荣的报酬。雕像有的是铜的，也有是宝石的，也是有试金石的，也有是柏香木或其它木制而素金装潢的，还有些是铁质的、银质的、金质的。

'我们还有诗歌礼拜，每日举行崇拜以礼上天而谢上天的厚赐；还有祈祷、祈福，使我们的工作得到光亮，并使我们把一切劳力用之于正途。

'最后，我们还有巡视的工作，巡视国内各大城市，而且在各大城市随时按计划宣传新而有利于人的发明。我们也宣示所预测的疾病、瘟疫、害虫群、荒旱、大风、地震、大水、彗星、周年温度，和其他的现象，警告人民使他们知道如何防避，如何补救。'

他说完这些话，便站起来；我就如所受的指示那样，立刻跪下，他便以他的右手按在我的头上，说，'小子，愿神祝福你，而且祝福我们所建立的关系。我允许你为着各国的好处，把这些话发表出来，因为我们在神的庇佑之下，住在这人所不知的地方'。他随即就离开我，留给我和我的同人大约值两千元的赠礼，他们随便到来什么地方，在任何情况之下，都是给人以大量的礼物的。"①

这就是培根科学研究的远景和集体科学研究的计划。其深思远虑，实有足以惊人者，难怪在他死后 36 年，英国皇家学会成立时，英国科学家认为学会的组织是他的《新亚兰特斯》所鼓舞，又难怪 18 世纪法国《百科全书》创办时，其创办人狄德罗认为这创举之成功是有赖于培根之盛名。

培根对于科学成就的远景是伟大的，他对于科学研究的期望是深厚的。科学研究是要窥探自然、解释自然、揭露自然的蕴秘，以控制自然，利用其规律来增进人类的福利，使人们过美好、安乐、和平的生活。培根的三部名著，《学术推进》、《新工具》和《新亚兰特斯》都是贯彻着这种伟大的

---

① 节译《新亚兰特斯》上引英文版，第 264—275 页。

人本主义的精神。他的主张见之于《学术推进》,方法见之于《新工具》,而实践的远景则表现于《新亚兰特斯》,所以这三部书是应该连贯地读下去的。可惜《新工具》和《新亚兰特斯》都是未完之作,但也足以窥见培根思想和方法之一斑了。

第七章 培根哲学思想和逻辑归纳的评价与批判[①]

初步研究了培根及其《新工具》之后，我更感觉到马克思所写"在最初创造朴素形态的唯物主义的培根那里潜藏着唯物主义学问全面发展的萌芽"这话，是完全正确的。虽然培根一再提出，他的兴趣不是哲学，所谈的不是世界观，而是逻辑，他的《新工具》主要的为着帮助人们来理解自然，解释自然，可是在他谈到这些方法论的问题时，他不得不从他的世界观出发，他的哲学不得不随处流露出来，有时并不得不自觉地表示出来。从以上可以看到他肯定了"可感觉的热只是一个相对的意念，它只同人有关，并与宇宙无关"[②]。他分清主观的认识和客观的存在，而一再强调认识自然必须从客观存在出发，必须接触个别具体事物，人们只能解释自然，求得其规律，不能光凭主观来臆测自然。人们所做的必须是 interpretatio naturae，而不应该是 antipatio naturae。他认识到物质的永恒性，他认为不能把任何物质归结于无，只能使之变动其形态。物质有各种各样的运动形态，他并于指出形态的十九种时，声明说，这不是最后的区分，根据人们对于自然的更深入认识还可能有更精确、更细致的区分的。他认识到"热是某种性质的一种特殊情况，那种性质就是所谓运动"，而且运动不是物质以外的东西，而是物质所固有的，量与质是联系着的，而且量能影响到质的变化。他体会到必须从发展来观察事物，可是事物有其相对稳

[①] 韦卓民先生曾将本章内容以《对法郎士·培根关于科学研究问题的贡献和他的逻辑归纳法的估价与批判》为题发表于《华中师范学院学报》1957年第1期，在发表时附上了如下作者注："本文是拙著《培根与其〈新工具〉》一稿的最后一章。全稿七章，都十三万多字，研究法郎士·培根的生平和著作，主要是为着分析《新工具》一书的内容，从而确定这书在培根整个科学研究计划中的地位和它在西洋逻辑史中对于归纳法的贡献，并纠正前人对于培根归纳法的某些意见。"高新民先生在选编《韦卓民学术论著选》（华中师范大学出版社1997年版）时再次收录了此篇论文。在重新整理本章内容时，我们以《韦卓民学术论著选》为蓝本，并对照韦卓民先生的手稿进行整理。——整理者注

[②] 《马克思恩格斯全集》，俄文版，第3卷，第216页。

定的一面,因为不从事物的相对稳定来看事物,就不能辨别事物之异同。他又认识到事物的相互联系,所以没有无因之果,又没有无果之因。培根这一些体会都是很重要的辩证因素,难怪马克思说:"在培根那里,物质以其有诗意的感觉性的光辉向着全人类发笑。"①

但是培根的唯物主义只是机械的。他在自然的研究中所追求的,与其说是事物之关系,事物发生、发展的原因,毋宁说是某一事物之为这事物的性质。他所寻求而要确定的是事物之模。这种思想,不论培根承认与否,最后分析起来,还是柏拉图的理念思想,因为他一而再地声明,他的模是所研究的性质之本身,而不是事物发生发展的有效原因。据他的看法,一切事物之为这事物和其他事物的联系无关,而只是由于这事物的本身,这样他归根结底就把世界中的各事物孤立起来,所以复杂的事物只不过是简单事物的凑合,而不是由简单事物之相互作用而发展为复杂和新事物,因之,马克思评定培根为"最初创造朴素形态的唯物主义者"是完全正确的,而且如上文所指出,培根承认物质之外还有精神,还有神灵的独立存在,足见他的唯物主义是不彻底的。

虽然如此,培根还不失其为"近代实验科学的创始人"(见上引马克思语)。他不但热衷于自然科学的研究,提倡实验科学的研究,而且对于科学研究前途的成就是具有明确的目标,无限的信心的。他的"学术伟大复兴"全部计划,就是要加强人类通过深入自然的认识和了解以控制自然,利用自然为人类谋福利的力量。他认为不应为科学而研究科学,是应在科学研究中达到自然的新理解、新发现和新发明,从而丰富人们的生活,扩大人类对于自然统治的范围使人类成为自然的主人翁,在自然上面建立人类的王国(Regnum Hominis)。这是他科学研究的目的,表现于他的《学术推进》和《新工具》之中,尤其是很现实地具体地表现于他的《新亚兰特斯》短篇传奇小说之中。而且对于人类最后能通过服从自然战胜自然,通过认识并深入理解自然的规律,通过这些规律的掌握和运用,能达到人类在自然上面建立其统治自然的王国,是具有极大的信心的。只要人们在科学研究中有计划有步骤地,经常注意物质的本身与其各种各样的结

---

① 《马克思恩格斯全集》,俄文版,第3卷,第216页。

构和变化,注意物质的各式各样的运动形态与其运动的规律,而且经常把知识和实际理论和实践,紧密地结合起来,这个认识自然,理解自然变动的规律,从而控制自然统治自然的伟大目的是完全可以达到的,因为自然中只有现在还未为人们所认识的东西,但是没有什么是人们所不能认识,不能理解的,因之在自然之上建立起人类的王国,不只是《新亚兰特斯》短篇小说中的一种想象,一种理想,而是小说的作者,培根的一种坚强信念,这信念是可以成为现实的。新亚兰特斯岛上的所罗门学院岂不是在培根死后36年时实现为英国的皇家学会,三百年后的今日还巍然屹立,有了相当的成就了吗?而培根对于所罗门学院这一理想是写道:"……所罗门学院是地球上最高贵的组织,是全国的光亮……我们这个组织的目的是要知道事物的原因,和事物的奥妙运动;是要扩大人类能力所达到的极限,所能做到的一切。"①培根的这一信念,到了今日,不只是实现了英国的皇家学会,而且实现于全世界各国的科学院和与之相类似的集体科学研究的组织了。可是培根在其英国资本主义上升的当时写道:"我们的主要目的是使自然为人类服务,为人类谋安适"②,而不想到在资本主义到了最后阶段变成帝国主义的今日,许多关于自然的知识,许多自然科学研究的成果,由于社会制度之落后,都被好战分子野心家们利用为毒害人民残害人类的工具,这还有待于我们全世界爱好和平、热爱科学的人们,努力斗争以彻底改变当前的局势,而使科学真正地全面地为人类服务。

培根对于学术的推进,尤其是对于自然科学的研究,具有这种深厚的热情,寄予这样巨大的希望,当然是不满意于其当时的学术和科学的情况的。他认为一般学术的落后原因特别是自然科学之落后原因,是不一而足。他所指出的有时人的成见③,忽略知识的源泉④,学术界的保守⑤,崇

---

① 见《新亚兰特斯》,英文版,第255、265页。
② 见《新工具》第二卷箴言三十一,关译本213页。
③ 参见《伟大复兴》作者序言,见 Bohn's Libraries《学术推进》和《新工具》合刊,1901年,英文版,第4页。
④ 《伟大复兴》,1901年,英文版,第5页。
⑤ 《伟大复兴》,1901年,英文版,第5页。

拜古人①经院哲学,尤其是亚里斯多德统治的经院哲学独霸的影响②,学术的过分系统化,变成枯槁不能发展③,还有从事空谈,不务自然的探讨,只知闭门造车,"人们在其自己的小天地中寻找真理,而不知在外面大天地中去寻找"④,即有些发明,还是偶然碰见的⑤,并不是向自然发问的答复⑥。其结果就是繁琐的哲学,自然科学的裹足不前,培根为其长叹息。他认为挽狂澜于既倒,首先要做到科学的全盘计划,而这计划中的工作,以提倡和发明科学研究的新方法为当务之急。这是培根反应的他的时代的精神,认为亚氏学派的传统逻辑不能适合于自然科学研究,故思有所改弦更张,甚至提出一种新逻辑以取而代之,正如本文在第五章所述,于是才有《新工具》之作,其用意是反对亚里斯多德的"旧"工具的,用心是很苦的。

然而培根是反对亚里斯多德的吗?他的《新工具》究竟是完全新的吗?能否完全取亚氏的所谓"旧"工具而代之吗?后人已经有了某些的评论,本文作者也在这里提出自己的初步见解。

关于培根对亚里斯多德的传统逻辑的批评,本文在第五章中已有论述,故不重述,只需再次提到他在这点上所写的,如"现在我们所有的科学,不能帮助我们发明新工作,同样我们现在所有的逻辑,并不能帮助人们探求真理,所以它的害处,比益处大",又如"三段论式,并不能应用于科学的第一原则,只是徒然地应用于中间公理,因此,它就不足以曲尽自然的微妙;它只是以强人同意于命题,却不足以捉捕住事物的真相"⑦。可见培根对于当时的亚氏传统逻辑之抨击是厉害的,然而这并不是说他不分皂白的抨击亚里斯多德。

培根在剑桥大学肄业时,至少是用拉丁文读过希腊的古典文学和哲学的。他在他的著作中,提到和引用过希腊的古典著作和古希腊的哲学

---

① 《伟大复兴》,1901年,英文版,第5、49、50、441页。
② 《伟大复兴》,1901年,英文版,第412、427页。
③ 《伟大复兴》,1901年,英文版,第51页。
④ 《伟大复兴》,1901年,英文版,第51页。
⑤ 《伟大复兴》,1901年,英文版,第185页。
⑥ 《伟大复兴》,1901年,英文版,199页。
⑦ 见《新工具》第一卷箴言十一、十二、十三,关译本,第39页。

思想的地方很多。他提到柏拉图的地方有好几处,如在《学术推进》一书就提过五六次。一开头在该书的第一页就引用柏拉图认识论的回忆说,他写道:"我很能记得柏拉图的说法,'知识只是回忆',人心原来是具有知识的。"①这明显是从柏拉图的 Phaedo 引用的。他批评柏拉图之"把哲学和神学之混淆在一起"②,提到柏拉图之认为"理念是知识的对象"③,这些引文是从柏拉图的 Timaeus 来的。谈到驳斥希腊时代的诡辩家时,他写道:"亚里斯多德驳斥的很妙,可是柏拉图举出实例来驳斥更妙"④,可是在《新工具》一书里,培根又把柏拉图和亚里斯多德都列为古希腊的诡辩家⑤。足见他是熟悉柏拉图的思想受其影响的。

培根在其著作中提到亚里斯多德的地方则比任何其他古代希腊哲学家都多得多,不下三四十次。其中有的是同意亚氏的说法,甚至赞扬亚氏的思想,有的只是提一下,未加褒贬的,而有时是出于批评的语气,甚至是正面抨击的,但是总的来说,他对于亚里斯多德是褒多而贬少的,不可把这和他反对当时的亚氏传统混为一谈的。

例如在其《学术推进》一书中,培根批评亚里斯多德,说他"任意制造科学名词,蓄意抹杀古代知识,凡提到任何古代作家就是要加以排斥,凡提到古人的意见就要予以辩倒,这就是他沽名钓誉的方便法门"⑥。在同书中,他又批评亚里斯多德说他虽然写过多种关于伦理学的书而绝未好好谈过伦理学中重要部分的爱情问题,关于风俗与习惯,亚氏也好像看不清楚,而且有时漠不关心⑦。他认为亚氏的自然科学是为了自己的逻辑服务,不能成为一个独立的学术部门⑧。至于亚氏学派的哲学不重思考而偏于系统化,多事概括轻率,流为教条主义⑨。观其三段论式的证明,

---

① 《学术推进》第一卷,Bohn's Libraries,1901 年,英文版,第 27 页。
② 《学术推进》第一卷,第 51 页。
③ 《学术推进》第一卷,第 138 页。
④ 《学术推进》第五卷,第 206 页。
⑤ 见《新工具》第一卷箴言七十一,关译本,第 68 页。
⑥ 《学术推进》第三卷,英文版,第 123 页。
⑦ 《学术推进》第七卷,英文版,第 286、288 页。
⑧ 见《新工具》第一卷箴言五十四。
⑨ 见《新工具》第一卷箴言六十七。

就可见其一斑①。培根对于亚里斯多德不好的批评,亦不过寥寥几条而已,和他的严厉批评亚氏的传统逻辑相去天壤。

培根在另一些地方又提到亚里斯多德及其著作,却未加以褒贬的。例如他曾经提到过亚氏的四种原因学说,显然是知道亚氏《形而上学》一书的②,提过亚氏的《说天》③引用过亚氏的《修辞学》④和两种关于伦理学的著作,都无按语⑤。培根好像并知道亚氏的《分析篇》和《辩谬篇》两书⑥。在《学术推进》一书第五卷第三章里,提到亚里斯多德在其当时之驳斥诡辩家,并在谈到辩论时,好像是熟悉亚氏的《辩论常识篇》(Topica)的⑦。这些地方都是培根对亚里斯多德未加批评的。

然而他称扬亚里斯多德的地方则不在少处。他写道:"亚里斯多德,无疑的是一个伟大的哲学家"⑧,他又写道:"亚里斯多德的成果与其诚实可靠的品质是值得我们注意的"⑨。谈到研究中需要提出疑问时,培根写道:"在亚里斯多德的著述中,我们有问题提出的高贵典型不只应受后人所赞扬,而且应为后人所模仿。"⑩谈到概念的形式,培根认为亚里斯多德对儿童理智发展的观察是正确的⑪。关于语文的研究,他肯定亚里斯多德的方法是应该学习的⑫。谈到延年益寿之法,他极其称扬亚氏 De longitudine et novitiate vitae 这篇著作,他提到亚里斯多德对于身心相互影响的研究,提到亚氏关于道德培养的名言⑬。诸如此类,散见各书,足见培根虽然极端反对中世纪所歪曲的亚氏传统逻辑,而对于亚氏在学术

---

① 见《新工具》第一卷箴言一百零四。
② 《新工具》第二卷箴言一。
③ 《学术推进》第三卷,英文版,第143页。
④ 《学术推进》第七卷,英文版,第273页。
⑤ 《学术推进》第七卷,英文版,第203页。
⑥ 《学术推进》第五卷,英文版,205页。
⑦ 《学术推进》第五卷,英文版,第197、198页。
⑧ 《学术推进》第一卷,英文版,第61页。
⑨ 《学术推进》第一卷,英文版,第47、48页。
⑩ 《学术推进》第三卷,英文版,第135页。
⑪ 《学术推进》第三卷,英文版,第137页。
⑫ 《学术推进》第六卷,英文版,第237页。
⑬ 《学术推进》第七卷,英文版,第289页。

中的成就还是十分推崇的。他所企图的亦惟在科学研究中以其《新工具》来代替当时流行的亚氏传统逻辑而已。培根反对崇古，可是不任意抨击古人，对于亚里斯多德和他对于其他的古代思想家一样，是给予公允的评价的。

至于《新工具》一书，我们可以肯定为培根的一部杰作，是方法论的一部划时代的作品。在逻辑史中有其地位的。

培根名其书为《新工具》，意思就是帮助人的理智来深入理解自然的一种方法，所以这书的副题为"解释自然的一些暗示"。

培根认为自然的一切现象都是极其复杂，有待于分析，表面看来不易理解，微妙莫测，好像一座迷宫似的，故需求的迷宫的线索（filum labyrinthi），然后才能窥其奥秘。他的新的科学研究方法就是要帮助人们做到这一点。他的新的方法是从观察和实验入手。观察实验的材料大量搜集之后，必须按照一定的原则使之分类，列为三表，以便从而求得事物所以然之理，培根称这步工作为寻找性质之模，因为性质就是事物间之同异，事物的性质就是据以认识一种事物之为这一种事物的标志，所以寻求事物性质之模，亦即揭发事物所以然之理，掌握事物性质之模，亦即所以控制事物，使其变换其性质以适合人类的需要。

然而材料的搜集大都依赖感性的认识，而感性认识每每是为许多成见和偏见影响。要求认识的正确，首先就要防止这些培根称之为"偶像"的成见与偏见。培根的偶像说包括有许多正确观察的指南，洵为科学研究在观察阶段上的宝筏，就是现在还值得我们注意的。

三表即经制定之后，我们就据以追求事物之模。其追求的原则，乃是模在那里，所研究的性质就在那里，模不在那里，所研究的性质就不在那里，模之量增减，所研究的性质之量亦随之而增减。性质是可见，而模是不可见的，性质是现象，而模是本质，现象不离本质，本质必呈为现象，按图索骥，求模的法门，如是而已。培根称这为排除法，自认为他的创见。其法之不同于简单枚举法亦在如此。

但是简单枚举之弊端在于草率的概括。为要避免这种弊端，培根认为从三表的分析所得出的结论，只能算是科学研究的初步收获，只能说是已经把所求的模，包围在一个狭小的范围，模的擒获，还得要进一步追剿。

如何进一步追剿，以捕获所要求得之模，培根在其《新工具》第二卷箴言二十一里面列举九项不同的步骤，惜乎所列举的，只有优先权例证一项是培根在《新工具》里所写出，余都未见诸他的著作，所以我们也只得按他遗留下来的《新工具》来估量他对方法论的成就。

评论培根科学归纳法的人们已经不止一次指出，他所最注意，甚至不惜放下《新工具》的写作而企图自己去进行的，就是自然史的汇集，就是具体材料的大量汇集，因为他认为没有大量材料，就无从编制其三表，没有三表，则科学研究无法进行。当然，科学研究必须从个体的具体事物入手，可是材料的量究竟需要多少，是以研究问题的性质为转移。一般来说，社会科学的问题所需要材料之量比自然科学所需要的多，而自然科学中，化学物理所需要的比起生物学所需要的少，理化中各部门又各有不同，不能一概而论，而培根未曾加以区别，系统地强调材料的大量收集，是因当时现代研究的实践尚在萌芽时期，而培根的体会难免是比较模糊的，何况所谓材料的收集，其本质在于经验的积累，而积累的方式不限于机械式的堆积。在科学的长期发展过程中，由经验之分析到立论的确定，逐步检查、丰富、深入、提高，螺旋形地上升，绝不是一朝一夕，一个科学工作者毕生所能了事。这是现代科学三百年来的经验，培根在其17世纪的初叶，是无法认识的。可是在其当时，强调科学之从具体事物的观察入手，而又强调科学实践经验的大量积累，以防止轻率的概括，是有其价值的。如果我们把培根的自然史理解为自然科学的历史，那么他的体会之正确性就更为明显了。至于自然史的完成，绝不是一朝一夕，甚至于不是一个时代的事，培根亦早看到，但是他的体会既无实际经验之基础，似嫌太过模糊罢了。

培根的《新工具》，在其作者的眼中，是一种新的归纳方法，有别于当时通行的只限于简单枚举的，所谓归纳法。培根指出简单枚举法的局限性，认为它不能负起科学研究，深入理解自然的任务。这一点是完全正确的。他的《新工具》是一套崭新的科学研究方法，从它的体系和它的步骤来讲，在立论上是一种创见，正如三段论式是亚里斯多德的创见一样，这是研究逻辑史的人所必须承认的。然而培根在《新工具》中每每把亚里斯多德看成是只知演绎而不知归纳，即有归纳亦不过限于简单枚举法，这是错误的。培根在其遗著中，虽曾提及过亚里斯多德的《辩论常识》(Topica)和《辩谬》(Sophistica Elenchis)两篇，并且好像提过亚氏的《分析篇》(Analytica)，但是从他的论调中，很难说他会仔细地研究过亚氏的逻辑六篇(即后人之称《工具论》的)，至少他是似乎不知道亚里斯多德在六篇中所谈的归纳法，是不限于简单枚举法，其所谈到的归纳法总的精神，也不是简单枚举法的精神①。这又是培根对于亚里斯多德的误解。

不但如此，他还夸大了材料收集和材料本身分析的功用。他认为材料大量收集，列为三表之后，根据模存则性质存，模亡则性质亡，性质之量随模之量而增减，这一简单原则，便可求的事物所以然之理而发现其模，未免把科学研究工作过于简单化，其错误正如亚里斯多德夸大了其所发现的三段论式一样，也正是犯了主观的偏见。谈到洞空偶像时，他曾写道："有些醉心于某种特殊的科学和某种特殊的钻研，其原因是由于他们认为他们自己是这些部门的创作人和发明人，或者是由于他们在这些部门里曾经做过最大的努力，因之就习惯于这些部门。到了这些人从事研究哲学或者钻研普遍性的东西，他们就以主观既成的幻想来曲解和腐蚀哲学与普遍性的东西。"②培根正犯这一种偏差。

培根实在是把科学研究的工作过于简单化了，看得太过容易了，否则就是把他的《新工具》的功用过分夸大了。他在《新工具》第一卷里写道："人如果单凭手稳和眼灵说自己所画的直线比他人所画的直，所画的圆比他人所画的圆，那么我诚然是有心同人比较自己的才能；不过他如果只说，他用上尺子或规子所画的直线或者圆，比他人所画的要直要圆，那他并不是十分夸大。这话还不仅用于我这种初步的试探，而且可以适用于以后的工作。因为我的科学发明法能十分划平人类的智力，使各种事物都不依赖个人的卓越天才，因为按照这个方法，任何事情都是按照最稳当的规律和理解而进行的。我的功绩亦只在于此。"③新工具的功用之于科学的发明果真是像尺和规之于画直线和画圆一样吗？任何科学研究的方法真是能像尺与规那样机械地来运用的吗？培根把科学研究的工作看得

---

① 参见拙著《亚里斯多德逻辑》，北京科学出版社，1957年，第五章第六段。
② 见《新工具》第一卷箴言五十四。
③ 见《新工具》第一卷箴言一百二十二，关译本，第109页。重点是我加的。——作者

太过容易了，正如评论培根《新工具》的人们指出，培根太过忽略科学想象在科学发明之中的重要性。没有理论的基础和事实的根据，凭空的想象在科学研究中不会发生任何作用，可是纵然有了理论的基础和事实的依据，不运用创造性的想象，还是不能导致科学问题的解决和科学的发明。苹果从树上落到地上曾经有了不知若干年，何以牛顿能因之而想象到万有引力？忽略这一点确是培根的一种严重偏差。

还有评论培根《新工具》的人，认为培根否定了演绎法在归纳过程中的作用，好像培根犯了归纳法的偏差似的①。培根究竟是不是否定了演绎推理在归纳过程中的作用呢？我们可以肯定地说，他在谈到他的新的归纳法的时候，是没有很明白地指出演绎推理的功用，没有很明确的指出演绎推理在归纳过程中所占的重要地位的，因之，人们就很容易作出结论说，培根在其《新工具》中否定了演绎法在归纳过程中的功用，这结论却不是完全正确的。我们在本文第六章里面研究培根关于热的模之第一次收获②和优先权例证第十四③的时候，都郑重地指出培根是在使用假说来进行他的归纳推理。使用假说来进行归纳推理，当然首先就要推演其假说，推论假说如果是真的话，就必然有一定的结果，再把这所得出的推论结果付诸实践以检验他是否和事实相符，这就是演绎法在归纳过程的主要功用，也就是归纳之与演绎相结合。培根使用假说时，是这样推演其假说的。我们在上面论到他的优先权例证十四的时候写道："在这里，我们看得很清楚，培根是怎样使用他所谓指路标的例证来证明一种假说的。指路标的例证的使用，要求在观察和理论中把所研究的某一事物的原因，缩小其可能的范围到极小数可能，从而形成一种具有两三选项的选言判断，再把这选言判断 A 是 b，或 c，或 d，推演出来。结果是，如果 b，则必有一定的推断，再到客观事实或已确定的理论中，验其这推断的正确性，从而逐步取消了各种选项之可能性。剩下只有一种的可能，就进而从事实证

---

① Bohn's Libraries 的《新工具》编辑者是其一例，参见该版第 385—386 页脚注。
② 第十三段。
③ 第十四段。

明这唯一可能的正确。这是归纳推理过程中很重要的一个关键,培根在这一种优先权例证的讨论中,把这方法说得很明白的。"①如果我们的分析是正确的话,那就是证明培根并没有否认演绎法在归纳过程中的功用,而且恰恰相反,他是肯定了演绎法在归纳过程中的功用的。

同时,这也证明了有些人认为培根在其新的归纳法中忽略了假说的功用这种看法的错误。培根在其归纳推理过程中,无疑的是使用了假说,可是他没有足够地认识到假说在科学研究中重要地位和功用,这也是可以肯定的。正如罗素指出:"培根的归纳方法没有足够强调假说的地位,这是偏差的。他希望光只靠材料有条理的安排,就会使正确的假说成为一见而知的了,但是这种情况是罕有的,一般说来,一种假说的构成是科学工作最困难的一部分,需要很大的才能的。一直到现在,还没有找到什么方法,根据一定的规则来发现一道假说。通常是要先有初步的假说,才能进行事例的收集,因为事例的取舍,是决定于一事例是否和问题有关系,否则事例浩如烟海,不知如何选择。演绎法在科学中的作用是远胜于培根所估计的。要考验一道假说,从这假说到其能以观察证明的推断,常常是一个漫长的演绎过程,而且这演绎过程是数学的,培根则过低估计了这方面数学在科学中的重要性。"②我们认为罗素对于培根这批评是公允的。

虽然是这样,我们仍然认为,从整个说来,培根的科学研究方法是正确的,我们对于前人不应该要求过高。纵然培根从材料大量收集制成各种自然史的方法,编制三表从而运用排除法的方法,与及其所提出的许多运用优先权例证的方法,没有为他后来的科学家所整套采用过,古今的重要科学发明也没有哪一种是根据他的《新工具》的整套方法的,然而科学研究的方法从理论上讲是一回事,在实际运用上是另一回事。在实际应用上,除方法的理论之外,还需结合着许多在科学门类各有不同的技术,而这些技术是科学实践中积累的结果,绝非培根在其当时所能关门造车的。所以他的科学研究技术和现代的科学研究技术比较起来,是不可以

---

① 第十四段。
② 译自罗素:《西方哲学史》(A History of Western Philosophy by Bertrand Russell),1945年,纽约英文原版,第544—545页。

道里计的。

  然而培根归纳方法的主要缺点不是在于它的科学研究中观察和实验技术之过于朴素,而是在于他对于事物发生原因这观念的不够正确,他对于事物因果关系的了解,太过为他自己模的这个观念所限制,太多受到中世纪世界观的影响[①]。因之以今视昔,培根的《新工具》当然不是最完善的科学方法,但是以其当时的 17 世纪初叶来讲,他把科学研究方法作为一种专门科学来研究,补充了亚里斯多德的归纳法,大大地纠正了亚氏传统的过于侧重演绎法的逻辑,太过为三段论式这一种推理形式所局限的逻辑,这是他有价值的贡献,是他可珍贵的创见,在逻辑史中不能磨灭的。

          全稿写成于一九五六年十二月十九日

---

① 参见本文第六章第十段"培根之所谓模是什么"。

主要参考书目

1. 培根著《学术推进》(Advancement of Learning, Bohn's Philosophical Library),伦敦1901年英文版。

2. 培根著《新工具》(Novum Organum)全上版。关琪桐中文译本,民国二十六年(1937年)6月商务印书馆版;沈因明中文译本,1934年上海辛垦出版社。

3. 培根著《新亚兰特斯》(New Atlantis, Expord University Press, The World Classics)伦敦英文版,韦卓民中文译稿。

4. 培根著《论文集》(Essays, Ward. Lock. and Co., Loudon)伦敦版。

5. 斯都乐意特著《培根传》(Francis Bacon, by Mary Sturt.)1932年伦敦英文原版。

6. 薛格洛夫主编《西洋哲学史简编》,王子野中文译本,1949年9月新华书店版。

7. 哈夫丁著《近代哲学史》(A History of Modern Philosophy, by Harald Höffding, translates by B. E. Meyer. I vols.)英文译本,1900年伦敦版。

8. 罗素著《西方哲学史》(A History of Western Philosophy, by Bertrand Russell)1945年纽约英文原版。

9.《苏联大百科全书》,俄文原版。

10.《英国大百科全书》,英文第十一、十三版。

11. 亚当孙著《逻辑简史》(A Short History of Logic, by Robert Adamson)艾丁堡与伦敦1911年英文原版。

12. 穆勒著《逻辑系统》(A System of Logic, by John Stuart Mill, London)伦敦1906年英文版;严复译《穆勒名学》,商务印书馆版。

其他逻辑学论文

目　录

一　恩格斯论归纳法…………………………………… 716
二　关于逻辑史研究中的几个问题…………………… 730
三　浅论科学研究的方法……………………………… 736

一 恩格斯论归纳法[①]

归纳推理是形式逻辑的一个重要组成部分,但是我们在学校教学中,讲到归纳推理的时候,常常对于归纳推理的结论是盖然性的抑是必然性的这一个问题不能弄得很明确,因而引起学生怀疑归纳推理的正确性,而归纳推理一方面是为演绎推理的依据,且另一方面,归纳推理又为科学研究所用的方法。对于归纳推理结论不能决定其是正确性,必然性,则必对于演绎推理亦发生问题,对于科学研究,因而对于科学的成果,都会引起怀疑。所以归纳推理的结论是盖然性的抑是必然性的这个问题不可加以研讨。认为一般归纳推理的结论是盖然性的人们,常常引用恩格斯的《自然辩证法》,而未完全理解恩格斯在《自然辩证法》谈到归纳推理的时候,所指的是哪一种归纳推理,这是不可不弄清楚,进一步来理解恩格斯,掌握其论证的精神的。本文首先既论归纳法的本质,次言归纳推理与演绎推理的关系,指明在马克思主义辩证唯物论以前,唯心主义的逻辑家无法解决归纳推理之能得出必然性的结论的问题,却在恩格斯《自然辩证法》所谈到的归纳法的几点又常为人所误解,故特别提出,加以研讨。

根据毛主席的指示,"认识有两个过程:一个是由特殊到一般,一个是由一般到特殊"[②]。这是毛主席对逻辑的归纳法和演绎法下了正确而简洁的定义。人的思维之所以由特殊到一般,就是因为在特殊里存在着一般,而归纳法的本质就是在个别特殊的事物中发现其存在的一般,发现个别特殊事物的本质以求其类别,发现事物的相互联系,特别是它们的因果联系,以知其如何有内在的特殊矛盾而变化而发展,以知其变化发展的规律。不深入体会毛主席的这一指示,就无从理解逻辑所讲的归纳法。

[①] 《恩格斯论归纳法》在作为本书的附录之前,曾于1955年4月7日发表于《华中师范学院学报》1955年第1期。高新民先生在选编《韦卓民学术论著选》(华中师范大学出版社1997年版)时再次收录了此篇论文。在重新整理本附录时,我们以《韦卓民学术论著选》为蓝本,并对照韦卓民先生的手稿进行整理。——整理者注

[②] 毛泽东:《矛盾论》,人民出版社,1956年,单行本,第14页。

在所引《矛盾论》的一段中,毛主席又教导我们说:"就人类认识运动的秩序说来,总是由认识个别的和特殊的事物,逐步地扩大到认识一般的事物。人们总是首先认识了许多不同事物的特殊的本质,然后才有可能进一步的进行概括工作,认识诸事物的共同的本质。当人们已经认识了这种共同的本质以后,就以这种共同的认识为指导,继续向着尚未研究过的或者尚未深入研究过的各种具体的事物进行研究,找出其特殊的本质,这样才可以补充、丰富和发展这种共同的本质的认识,而这种共同的本质的认识不致变成枯槁和僵死的东西。"①这又是一段十分重要的指示。人类的认识过程首先是从个别特殊事情的认识开始,通过归纳的方法,分析、比较、抽象、概括、类化等而认识一类事物的共同本质。有了这共同本质的认识,从而将这认识作为某一定范围内的原理,以之来应用于尚未深入理解的,却属于同一范围的,即同一类别的事物。这便是演绎法了。故演绎法是以归纳法所获得的成果为其依据,为其出发点。演绎之有待于归纳,其理故甚明。却归纳之为法,是即物以穷其理。吾国先儒有云:"天下之物莫不有理,惟有理有未穷,故其知有不尽。"②是则归纳之即物以穷理,其即物也必切,不切则非所穷理之物,而穷理的功夫又在穷之一字。穷之术有粗精,其别有限于表面不能到里者,又由表而到里者。其所含因素,所经步骤,又不一而足,而其法之到精微,是在于穷理,必掌握所穷理的事物之特殊矛盾,夫然后问题使得而解决。而特殊矛盾之掌握,又有待于事物分析之详且尽。事物分析之详尽,首先必根据事物之实际情况,结合其前此已知之理,作出假说,由假说引申出其应有的结果,然后回到事物中以求其引申之证,其理乃得而知。故假说的提出,为寻得当前特殊矛盾所必经之途,然而假说云者,不能草率将事,必也明辨其具体事务,依据已知之理,而后通过假说才有获得问题最后解决之可能。主观胡乱猜测的假说,何有于科学的探讨?而假说引申便是演绎。是则归纳为演绎之依据,而演绎又为归纳所必需,两者相互依存不容分割,可无疑义。而且归纳之成果,应用于尚未研究或尚未深入研究的同类事物,以继续检验这

---

① 毛泽东:《矛盾论》,人民出版社,1956年,单行本,第14页。
② 《礼记》的《大学篇》注补。

归纳的成果,从而补充它,丰富和发展它,使之不致变成枯槁和僵死。所以"人类的认识总是这样循环往复的进行,而每一次的循环(只要是严格地按照科学的方法)都可以使人类的认识提高一步,使人类的认识不断地深化"①。但是宇宙是不断地发展着,所以毛主席又指示我们说:"在绝对的总的宇宙发展过程中,各个具体发展过程都是相对的,因而在绝对真理的长河中,人们对于在各个一定发展阶段上的具体过程的认识只是有相对的真理性。无数相对的真理之总和,就是绝对的真理。"②根据这点指示,我们所认识,只要它是正确的,虽然它只是相对的真理,而还不是绝对的真理,可是它之为真理,而且是可靠的,在其不断的发展中一步一步地接近于绝对真理,是可以肯定的。和演绎推理紧密联系的归纳推理,其结论之可靠性也是这样。

但是对于这最后一点,形式逻辑家的意见还未能取得一致。有些形式逻辑家认为归纳推理的结论本质上和演绎推理的结论不同。其说是演绎乃由一般到特殊,而归纳则从特殊到一般。演绎之由一般到特殊,是把其前提所含蕴、所包藏的东西,在结论中引申、敷衍出来,犹如缠丝者然。蓝原藏有丝,丝自蓝出,蓝之如何,丝亦如何,由蓝而丝,丝性依于蓝性。演绎亦复如是。演绎之前提皆真,演绎过程未离正法,其结论之真且确,无可置疑。归纳则不然。归纳之为法,即物以穷理,而穷理之物常非物之全类。所即之物既未尽,则所穷之理未可放而推之于全类。偏以概全,其非为论,自可断言。持归纳推理之结论,常是盖然性之说者,立论是在于此。章士钊氏在其《逻辑指要》之云云,是其一例。章先生之言曰:"从耳目之原,以臻于通则,所为心程,不若三段之足容种种方式。据科学史之所诏,凡昭显一法,期于普应,绝非易易。"③章氏复以"性契"为归纳法之所依凭,从而推演所谓"阴达三段",以阐明归纳法之理。文长,近八千字不能全录④。所谓性契,即英语之 uniformity of nature,严复氏译为"自然常然"。其阴达三段,即归纳三段论式。"阴达"者,拉丁文"归纳"之意。

---

① 毛泽东:《矛盾论》,人民出版社,1956年,单行本,第14页。
② 毛泽东:《实践论》,人民出版社,1956年,单行本,第16—17页。
③ 章士钊:《逻辑指要》,第278页。
④ 参见章士钊:《逻辑指要》,第279—297页。

章氏立论,全采米勒(严译音为穆勒)之说,而米勒之言归纳推理本质,在其《名学》一书,凡两篇,都六节,原文近七千字。原译且超过七千字,然其旨趣,摘录该书严译,可得概言之如次:

"内籀(即归纳)者,取阅历而观其通也。人经历之事变不同,顾其中有相类者,以某事之皆见,其见也,常有其所以见。吾得一然,能由此而推其常然,是则内籀而已矣。"①由同类的事物中,寻出其某一现象之所以呈现的缘由,作为此现象发生的常规,就是归纳法。

米勒接着说:"使因缘无异,则信于一者,将信于无穷。"但上页有云:"人经历之事变不同",而此云"因缘无异",不同事变之中,寻求所谓"无异之因缘",已非易易。穷理之功在于此。此问题始终非米勒所能解决。看其往下所说便知。

"以约翰、彼得、妥玛诸人之有死也,故人类皆有死。"②使执米勒而问之曰:何以之此?将应之曰:"所由知凡信于约翰、彼得、妥玛诸人,必于人类莫不信者,无他,以自然常然故耳。"③自然既常如此,故凡约翰、彼得、妥玛是这样,则人类都必定是这样。是则无论个别的人之高矮,肥瘦怎样,人类都是怎样,宁有是理?故本质属性与非本质属性不可不分,而本质属性与非本质属性将何以区分,米勒之论归纳法,未曾谈到。

何况,以"自然常然"而论,米勒尚不能自圆其说。他曾自己在同篇第二节有云:"未来者不必同于既往,未见者不必同于所见者。今岁之雨晴,不为明年之成例,此夕之噩梦,不期后夜以复然。且使岁而常然,夕而为此,人意正复讶之。"米勒因而做出结论曰:"其籀例之术,未为精审可知,盖古人所谓内籀,正如培根所言,为历数内籀(今译简单枚举法)。米勒此之谓"古人"即指亚里斯多德与其学派而言,而米勒称为"浅学常智之所常用也。以其心未经科哲诸学之磨砺,故不知更有经历之涂术。……必俟何等变端而后可断其常然而公例立,此惟大心上智,有研几之学者而后能之"④。

---

① 严复译述《穆勒名学》(三),商务印书馆,第19页。
② 严复译述《穆勒名学》(三),商务印书馆,第21页。
③ 严复译述《穆勒名学》(三),商务印书馆,第22页。
④ 严复译述《穆勒名学》(三),商务印书馆,第32页。

从上面可见，米勒之于归纳推理，断言亚里斯多德与及培根，先后近两千年所用的简单枚举归纳推理之不能做出常然的结论，必有待于"大心上智"，"更有精严之涂术"，而在本篇第二节所谓"其理将于本部之二十一、二十二等篇论之"，其所论者亦不过寻求现象之间因果关系的求同、别异等归纳方法。是方法等，米勒而后，百年来最为欧西形式逻辑所推崇，几于视为归纳之无上法宝。揆其趣归，不过培根《新工具》一书第二部所言"显在""缺如""比较"三表之增补，仅仅限于现象表面之观察，而未能深入事物联系之本质，原非科学归纳之上乘，故米勒之洋洋自得称为"精严之涂术"者，未能解决科学归纳推理之问题。立足于经验论的米勒又焉能臻此？米勒在其《名学》一书中，一再声明"一例之立，一事之诚常质成于阅历"①，"衡阅历者，仍阅历也。阅历而外，无能为阅历之质成，因阅历而得其常然。而孰为不爽，孰为难堪，为彼为此，阅历自裁量之"②。

米勒承英国培根以来二百余年经验论的传统，将其认识论局限于感性认识，浮在现象表面，虽知只靠现象的认识而不深入到本质，必不能达到知识的堂奥，故在其逻辑的探讨中，每欲冲破经验论的樊篱，有欲罢不能之威，却囿于其阶级与历史条件，不能使经验的感性认识发展到理性认识的阶段，故虽已知其立论之缺点，却因其"名学"于1842年刊行时，尚未有马克思主义的唯物论，仍不能有辩证唯物论关于认识论发展过程的理论为之指导，结果就是归纳推理的问题始终无法彻底解决。这问题的解决，必有待于马克思主义的辩证唯物论，是今日之言逻辑者，尽人皆知的。

这就使我们不得不谨慎地研究恩格斯对于归纳法的批评了。

恩格斯在其《自然辩证法》中批评归纳法，主要有三个不同的对象：一是归纳法草率的概括；二是亚里斯多德的归纳三段论式；三是归纳万能论。兹分别研究之。

归纳草率的概括，在恩格斯写现在编成为《自然辩证法》的札记时代，主要是表现于生物学的分类。

生物学分类法，渊源于亚里斯多德。亚氏的生物学分类是根据其二

---

① 该书部丙篇四第二节第31页。
② 该书部丙篇四第二节第32页。

分法原则。生物之分,是按其某一属性之有无,而其有无所根据之属性,是本质的抑是非本质的,未达顾及。此种分类法未能深入所分类的生物之本质,是其最大之一缺点,然其统治西欧之生物学思想者两千多年,至林奈(Linnaeus,1707—1778,瑞典生物学家,以创始生物学新分类法名世)始予以改革。林奈的分类法主要是根据比较解剖学与比较胚胎学。生物之归类(按亚氏之生物学分类,是自大类下而分为小类,故曰分,而林奈之生物分类,是以个别生物归于一种,种归于一类,故应名归类,实与分类有别),必按其种之历史进化与其机体结构之分析,法至善也。恩格斯所称"一百年前,用归纳发现了海蝦和蜘蛛都是昆虫,而一切更低的动物便是蠕虫"①。显然是恩格斯批评生物学旧分类法其称归纳者,盖因其以特殊纳入一般,本与逻辑的归纳法无关,然其之为草率概括,实与正确归纳之理相达。"现在用归纳法发现了这(上所讲的所谓归纳)是荒谬的……""归纳法绝不能证明,世界绝不会有无乳腺的哺乳动物。从前乳房是哺乳动物的标记。然而鸭嘴兽就没有乳房。"②概括之为事实所破斥,则其为草率可知。由所经研究一类若干事物,发现其共同属性,未深入到本质联系,而断其为全类所必具有的属性,是所谓简单枚举的归纳推理。若干哺乳动物无不有乳房,因而作出概括,谓世界绝不会有无乳房的哺乳动物,这概括本限于前所观察的哺乳动物,纵使所观察者为数极繁,究仍非类之全数,以偏概全,其谬甚类,而为一鸭嘴兽之例子所摧破,事有必然者。米勒所谓"未来者不同于既往,未见者不必同于所见"是也③。简单枚举归纳法之未为精审可以知之矣。

于是恩格斯在《自然辩证法》有这一句常为逻辑家所引用的话:"黑格尔曾经说归纳推理本质上是一种尚成疑问的推理,这个命题的论断是何等的高妙。"④

黑格尔断定归纳推理本质上是一种尚成疑问的推理,而恩格斯许其为高妙,是则恩格斯也认为归纳推理本质上是一种尚成疑问的推理。果

---

① 《自然辩证法》,人民出版社,1955年,第188页。
② 《自然辩证法》,人民出版社,1955年,第188—189页。
③ 《自然辩证法》,人民出版社,1955年,第188—189页。
④ 《自然辩证法》,人民出版社,1955年,第189页。

尔,则由归纳推理作出的结论不为必然性的,是恩格斯的论断。我们对此加以分析如次:

首先要知道黑格尔的这句话是指什么的归纳推理说的。黑格尔这句话是在《逻辑科学》俗称《大逻辑》讨论"反映的推论"(贺麟译黑格尔《小逻辑》语)时,才有这句话。"逻辑科学"的"反应推论"一节相当于"小逻辑"的第190节。这节无此句,而在这节的"附译"中有这一段,与《大逻辑》大致相同。兹全录以明其意,因为《大逻辑》尚无中文译本。

全称的推论会指引到归纳的推论。在归纳推论里,个别构成联结的中项。当我们说:"凡金属皆传电",这乃是一经验的命题,从所有各种个别的金属加以实验所得的结论。于是我们便得到下列形式的归纳推论:

普遍 A —个体 E—特殊 B

金是金属,银是金属,同样铜、铅等皆是金属。这是大前提。于是小前提随着产生:所有这些物体皆传电。由此得出一条结论:所有金属皆传电。在这里有连接功能的乃是作为全体性的个体性。但这种推论又立即指引到另一种推论。这种推论的中项乃全部个体所构成。这先假定在某种范围内,观察和经验是完全无疑的。但这里所处理的对象乃是个体事物,于是我们又陷入无穷的进展(E、E、E……),因为在归纳法里我们是无法穷尽所有的个体事物的。……因此每一种归纳总是不完备的[①]。

很明显的,黑格尔这里所谈的归纳法就是他的2100多年前亚里斯多德所谈的归纳法之一种,其归纳法的形式也系丝毫无改于亚里斯多德的那一种归纳形式。亚氏在其著名的逻辑六种中(后人称为《工具论》者),屡次以三段论式(即亚氏的演绎法)与归纳法相提并论,视其为基本上两种不同的认识方式。其演绎法是思维之从一般到特殊,而归纳法是思维之从特殊到一般。却亚氏谈到归纳法的时候,就把它套上一种三段论式的形式,盖三段论式为亚氏所独创,洋洋自得于其所成就,便以为三段论式之为法也无往而不服。其主见之深有如此。细读其《分析论前篇》第二卷二十三章68b页15至36行便知。他说:"归纳法,即归纳的三段论式,是三段论式之以其端项之一来建立其另一端项与其中项之间的关系的一

---

① 黑格尔:《小逻辑》,贺麟译,生活·读书·新知三联书店,1954年,第371—372页。

种推理方法,例如,如果 B 是 A 与 C 两个端项之间的中项,归纳法就是用 C 证明 A 关于 B。"这就是归纳法。如果将这推论列为三段论的公式,便有:

所有 C 都是 A,

所有 C 都是 B,

这两前提显然是今日形式逻辑的三段论式所称为第三格者,其结论应是:"有些 B 是 A。"而亚氏却从这称为三段论式的推理中得出"所有 B 都是 A"的结论,其原因就是他认为在归纳推理中,前提"所有 C 都是 B"的 C 和 B 的外延是相等的,因之"所有 C 是 B"亦可写为"所有 B 是 C",于是就有下列一个三段论式:

所有 C 都是 A,

所有 B 都是 C,

所以,所有 B 都是 A。

其关键是在于 C 乃是完全列举,穷尽其 B 之类,故等于 B 的全部外延,因之 C、B 两者之外延相等。

亚氏这一种归纳法只是现代形式逻辑所称为完全归纳法的一种形式,即研究某一类事物必穷尽其全类而无遗漏,而后做出结论。其术既在穷尽全类之事物,故实际上,在许多情况下是不适用的。类之有不能穷尽者,所以黑格尔就有"限于无穷的进展(E、E、E……)的批评",因为的确,"我们是无法穷尽所有的个体事物的……因此每一种归纳总是不完备的"①。

但是黑格尔这样批评亚里斯多德的归纳法,是尚未深入,未够全面的。对于形式逻辑所称简单枚举法作这样的评语,是完全正确的。却以简单枚举是亚氏上面所举的例子,黑格尔,正如后来许多逻辑家一样,是错误的,是曲解了亚里斯多德的归纳法学说。亚氏的归纳法学说不限于《分析论前篇》第二卷第二十三章,而评亚氏归纳法的逻辑家,每每只引此一例而弃其余,不免犯了缺乏全面体会亚氏学说之错误。当知亚里斯多

---

① 黑格尔语,黑格尔:《小逻辑》,贺麟译,生活·读书·新知三联书店,1954 年,第 371—372 页。

德在其逻辑六种中，谈到归纳推理之处不一而足。例如，在六种之第五种，"论题篇"，标准页第 105a 第 13 至 16 行，亚氏有云："归纳法是从个体到一般的推进，例如这种的论证：假使有技能的航海员是最有成绩的航海员，而同样地，有技能的驾车员是最有成绩的驾车员，那么，一般地说，有技能的人在其本业上是最好的。"这是亚氏从几个实例得到归纳结论的一例。它并未依靠所谓完全归纳法。又例如在其"分析论后篇"第 1 卷第 13 章所举的行星之近地球是以不闪光为证（标准页第 78a 第 29 至 35 行）。这一例是从一实例而得到归纳的结论。不论从多少事例而得出归纳的结论，其术可能是简单枚举法，亦可能是科学的归纳法。其分别不在于其事例之多寡，而在于分析之是否深入到事物的本质联系。亚氏在《分析论前篇》第二卷第二十三章所举的马、人等无胆汁，而马、人等皆长寿，故无胆汁的动物皆长寿一例，表面上是用简单枚举的不完全归纳法，也就是黑格尔在其批评归纳法时所指的方法，上文已经讲过。而黑格尔之误解亚里斯多德是在百年以前，却法人禅尼（Paul Janet）在其《哲学概论》（Traité élémentaire de la philosophie）一书中，1927 年巴黎第四版、逻辑之部，第一段第七章，亦同样地误解亚里斯多德这一点论证。许多逻辑家之如黑格尔、禅尼等人，皆忘记了亚里斯多德在其当时，是认为物类的种乃学人所尽知无疑，所以列举的马、人等不是指"无法穷尽的"个体的马、人等，而是指其类之中可穷尽的马、人等种。种既可尽知，则列举可尽其类。类穷，故归纳三段论式的中项（今称中词）在第二个前提中是与其端项相等，因之其结论是全称的。不明乎此，则亚里斯多德在其"分析论前篇"所谈的归纳三段论式是有问题的，其结论就是无根据，犯了逻辑的错误，亦即黑格尔所说，"归纳法推理本质上是一种尚成疑问的推理"。恩格斯认为黑格尔高妙之处也是黑格尔所指的简单枚举的归纳法这一点。谁都需要承认简单枚举之为归纳的一种方法，是本质上有问题的。简单枚举法并无经验的积累，加以概括。使其限于所经验的范围，正确的概括，又何可厚非？但以之推而普及于经验范围以外的同类事物，则"今岁之雨晴，何得为明年之成例，此夕之噩梦，自不能期后夜之复然"？（严复译米勒语，见上引文）然而归纳之为法，不限于简单枚举。亚里斯多德还在两千年前之言归纳推理亦未尝限于简单枚举。不应从"分析论前篇"第二卷第二十三章所用的完全归纳法来理解亚里斯多德的归纳法学说,亦不应从上面所引《论题篇》或《分析论后篇》所用的简单枚举法来理解亚里斯多德的归纳法学说。是二法者,皆"未为精审"。"更有精严之涂术"(严译米勒语,见上引文),是在亚里斯多德之"分析论后篇"第二卷第十九章。

亚里斯多德在《分析论后篇》第二卷第十九章中,主要研究三段论式和科学证明所依赖的基本前提是怎样获得的,亦即研究归纳推理的本质。本章标准页第 100a 页第 15 行至 100b 页第 3 行,有一段话说:"许多逻辑上不易看清楚的特殊事物站住了,我们的心灵中就有了最初的一般了:因为感性的活动虽然是关于某一个特殊的事实,而其内容是一般性的,例如,其内容是一般的人而不是某一个人,在这些初步的一般性的认识站稳了时,认识的过程就继续推进,直至不可分割的概念建立起来,直至真正的一般建立起来才了事。"关于这一点,罗氏在其《亚里斯多德》一书有云:"亚里斯多德之论归纳推理,其本质是一个人引导另一个人从特殊的知识到一般的知识。用一个事实或几个事实,用许多事实或用所有一切事实,是以研究的对象可能理解的难易为转移。亚里斯多德之所以认为科学的最初原理可为人以归纳法来理解,并不是另外有什么基本上特别不同的方法,来认识这些原理。亚氏的说法只是,如果在具体的感性认识中,其原理比较易于寻获,如同在数学的研究中那样,则从一个实例便可认识到其适用于同类一切实例的原理;如果其原理比较复杂,不易从具体的事实马上得出,就需要多数的事实。"①亚氏归纳推理的根据是一般存在于特殊。"感性的活动虽然是关于某一特殊的事实,而其内容是一般性的。"归纳推理的任务是在特殊中认识一般。故亚氏归纳推理的真谛,不是现代形式逻辑所谓完全归纳法,也不是简单枚举法,而是今日科学归纳推理之在特殊中发现其一般。由于两千年前古希腊奴隶主社会时期,科学尚未发展,为历史条件所限制,亚氏归纳法的方法远非完善,然其归纳推理的本质是科学归纳推理。可见恩格斯在其《自然辩证法》中认为黑格尔判定归纳推理本质上尚成疑问是高妙的,不是指任何归纳法而言的,而是指简

---

① 译自 W. D. Eoss, Aristole, 1945 年伦敦第四修订版第 40 页。按罗氏系英国牛津大学教授,生于 1877 年,专研亚里斯多德的原希腊文著作,考察颇为精详,一般理解亦甚确切。

单枚举那一种归纳法而言的。简单枚举法所得的结论,当然是有问题的,因为任何时候发现一个和它的结论相反的实例,这结论便被推翻了。"天下乌鸦一般黑"只是经验积累的概括,正如从前欧洲的谚语"天鹅尽是白"一样,而今在澳洲已经发现黑色的天鹅。何时发现非黑色的乌鸦,当然是一个疑问。科学的正确结论本质上有异于"天下乌鸦一般黑",岂可同日而语?如果因为恩格斯对于简单枚举的归纳法发生疑问,就根据这一点怀疑到归纳法本身,是完全没有理由的。恩格斯只赞同黑格尔之认为简单枚举的归纳法尚成疑问,并未赞同黑格尔之误解亚里斯多德。这两个问题不可混为一谈。

恩格斯在《自然辩证法》中除了批评草率的概括和简单枚举法之外,还给全归纳派以严重的斥责。所谓全归纳派,又称归纳万能论者,认为归纳法是唯一正确的方法。这一派人反对演绎推理,而只相信归纳推理。他们要抹杀演绎推理而高抬归纳推理的价值。恩格斯指出,这是完全错误的。他说:"归纳与演绎正如分析与综合一样是必然相互联系着的。我们不应当在两者之中牺牲一个而把另一个高高地抬上天去,我们应当力求在其适当的地位来应用它们中间的任何一个,而要想做到这点,就只有注意它们的相互关系,它们的相互补充。"①由此可见,恩格斯所斥责的,不是归纳法的本身,而是歪曲归纳法的归纳万能论者,Den All-Induktionisten. 他斥责的,不是在两千多年前研讨归纳推理的亚里斯多德,也不是16至17世纪反对中世纪教条主义逻辑而大力提倡归纳的科学方法的培根(按培根的《新工具论》出版于1620年),而是19世纪上半叶的惠威尔(按惠威尔 William Whewell 生于1794年,卒于1866年,著有《归纳科学的历史》,于1837年在伦敦出版。与《归纳科学的哲学》,于1840年在伦敦出版)。"归纳法的全部混乱是英国人惠威尔所造成的,归纳法科学包围着纯粹数学的科学,因而设想归纳法和演绎法是对立的。关于这一点,不论新的或旧的逻辑都是毫无所知的。"②这就更明确地说明恩格斯并未轻视真正归纳法的科学作用。他只反对归纳万能论,反对

---

① 《自然辩证法》,人民出版社,1955年,第189页。
② 《自然辩证法》,人民出版社,1955年,第189页。

把归纳与演绎这两者之间牺牲其任何一个,而高高地抬另一个到天上去。他反对把归纳法与演绎法对立起来。他正确地强调它们的相互依赖性,强调它们的相互补充性。恩格斯这指示是完全正确的而且必要的。无归纳推理,则我们的认识仅限于感性阶段,不能提高到理性阶段。归纳固从感性认识始,却不以感性认识终。归纳必在感性认识的特殊寻求中而发现理性认识的一般。无归纳推理,则演绎推理又无所依据。却归纳如果与演绎脱离,则认识之限于现象的罗列,不能将当前的认识和已知的原理相结合而纳之于整个的系统。二者相依为命,缺一不可,犹如车之两轮,相互依赖。恩格斯指出:"依据归纳派的意见(即依据脱离演绎法而孤立起来的归纳法拥护者们的意见),归纳法(即脱离演绎的归纳法),是不会错误的方法。但事实上它是如此无力,以致它的似乎是最可靠的结果每天都被新的发现所推翻。"①全归纳法,即与演绎对立的归纳法,如惠威尔之流所提倡的,最多不过是经验累积的简单枚举法,当然是每天被新的发现所推翻。代表经验论的逻辑家米勒尚且能认识到这一点。其言曰:"五十年以往,同非洲内地之土番,人类以何者为正色?彼将曰黑也。十余年以往,问欧洲之民,鸽有不白者乎?乌有不黑者乎?彼将曰,天下无有是也。乃至于今,是二民者,各知其大误。然必以五千载而后悟其非。当其未悟也,彼且以常然者为常然矣。"②恩格斯亦指出:"归纳法(按即经验累积,未加分析的归纳法,如简单枚举法)不能证明,世界决不会有无乳腺的哺乳动物。从前乳房是哺乳动物的标志。然而鸭嘴兽就没有乳房。"③全归纳法之无力,大都类此。

但是"天鹅尽是白"与"北极熊尽是白"本质上不同。"天鹅尽是白"只是某种限度内经验的积累,只是简单枚举法的一种结论,故往日之常然者不必为明日之常,而"北极熊尽是白",是生物学根据北极熊之生活习惯与生活环境,通过生物进化的规律而认识到白之为保护色,无之则熊无以生存者。故简单枚举法所得"天鹅尽是白"的结论,只限于现象表面的观察,浮在感性认识上面,而科学归纳法所得"北极熊尽是白"的结论,虽其判断

---

① 《自然辩证法》,人民出版社,1955年,第189—190页。
② 严复译《穆勒名学》(三),商务印书馆,篇三,第二节。
③ 引自《自然辩证法》。

形式与前者无异,而其深入到事物的必然联系,提高到理性的正确认识,则与前者不同。前者是根据恩格斯所批判的简单枚举归纳法,故结论成问题,而后者是恩格斯所强调必和演绎法相结合的科学归纳推理,故为归纳法的真谛。二者本质上大异,不可混为一谈。不明乎此,不足以言恩格斯之论归纳法。望文生义,智者不取。

关于恩格斯之论归纳法,其梗概如此。但还有一点不能已于言者,就是"自然辩证法"有一段是恩格斯论悟性与理性的。全文是1955年版第184至185页。此段文字原是札记性质,初读未易生解。如"整个悟性活动,即归纳、演绎,以及抽象……对未知对象的分析……综合……以及作为二者综合的实验……是我们和动物所共有的。就其种类讲来,这一切方法——从而普通逻辑所承认的一切科学研究手段——对人和高等动物都是完全一样的。它们只是在程度上(即每一有关的方法的发展上)不同而已"。根据这一段文字的字面上来讲,归纳、演绎、抽象正如分析、综合、实验一样,都是人和动物所共有,只是在程度上有所不同,即发展上不同,而且这些方法都属于悟性的活动。"悟性"是一翻译名词,究作何解? 从字义讲,《说文》解"悟"为"觉",《辞海》则谓"悟性是由普遍概念以认识事物之性能。凡明晓事理,能因甲以辨乙者谓之悟性"(见"悟性"条)。《说文》之义甚泛。据《辞海》义,则悟性已是间接的认识,已属思维范畴,而释氏因明,且以"能立,能破,似能立,似能破,令他得悟。以现量,比量,似现量,似比量,令自得悟"是则悟之为间接认识;属思维范畴类。如悟性不属间接认识的思维范畴,则恩格斯何以将归纳、演绎、抽象等皆属于悟性? 如属间接认识的思维范畴,则这些方法既是人类与动物所共有,岂非动物也有抽象思维? 如果动物有抽象的思维,何以恩格斯在本段下面又有"辩证的思维——正因为它是以概念本性的研究为前提——只对于人才是可能的"这句话? 而且动物如果有抽象思维,而根据斯大林在其卓越的著作《马克思主义与语言学问题》一书的指示,思维是和语言同时发生,语言又是社会劳动的产物,难道在不同程度上而在本质上,动物和人类一样也有社会劳动吗? 可知从文字表面上来理解恩格斯是不正确的理解。然而如何理解恩格斯这段札记的文字呢?"悟性"是恩格斯所用的德文的Verstand之译,"理性"是其德文Vernunft之译。Verstand译为悟性,毋宁译为认识或分辨。认识中的分辨是人类与动物所共有,如动物之能辨别木石与事物,陆之与水。恩格斯举果核之剖开是分析的开端,又举动物的伎俩属于综合的类型。在狗狄多而言,石与肉之辨别是似类概念的表现,而实非类概念的本质。是皆指感性认识而言。故归纳、演绎、抽象云云者,亦只动作上表现直接感性认识,无与于间接认识的思维。理性(德文 Vernunft)才是我们所讲的思维。据此,恩格斯这段文字才可理解。益见从文字的表面以理解恩格斯,尤其是以此法读恩格斯的《自然辩证法》,难免望文生义之弊,不见其可。明乎此,方可读恩格斯,方可与言恩格斯之论归纳法。

1955 年 4 月 7 日

二 关于逻辑史研究中的几个问题

整理者按：

本文是曹方久先生根据韦先生的一封复信的底稿加工整理而成的，曾发表于《华中师范大学学报》1993年第2期。原信底稿未注明时间，估计在1964年前后。当时北京中国人民大学哲学系逻辑教研室函请韦先生解答几个关于逻辑史方面的问题，要求"不吝赐教"，"提供指导性意见"。韦先生复信中针对所提问题，十分认真地作了答复。这封复信对研究逻辑史确具有指导性意义，特别是其中提供的许多文献资料，在50年后的今天的国内学术界，仍然是罕见的，有的甚至仍是空白。

曹先生当时未找到正式的复信，只得把底稿和一份不完整的草纲，连同中国人民大学逻辑教研室的来信，三者合而为一，在结构与文字上作了必要的调整与改动，从而整理成此文，并作了许多注释，本文"整理者注"皆为曹先生所注，大小标题亦为曹先生所加。

（一）关于西方逻辑史方面的一般文献资料

10年来，我主要从事于西洋哲学史和英国文学的教学工作，以及翻译康德的原著与撰写有关康德哲学的著作，未遑兼顾形式逻辑史，以前曾有所涉猎。我往日所用的这方面的文献资料，大都是德、法文的，而且据我所知，英、俄文的比较少，间或有之，也是语焉不详。1962年，美国纽约出版 Bochenski 的一本书，Ivo Thomas 英译为 A History of Formal Logic，可以参考。

我往年所用的关于逻辑史方面的书主要有如下几本：

1. Carl Proutl：Geschichte der Logic im Abendland，1885年，Leipzig版，共两册，这是内容最丰富的一本书，惜迄今仍未有中译本，即使英译本也一直还未看见。

2. Poul JF Louét：Histoire de la philosophie，1928年巴黎版。此书逻辑史部分尚好，但远不如上述 Poutl 的书详尽而确切。

3. Harald Höffding：History of Mordern Philosophy，1900 年伦敦版英译本。此书中关于逻辑史的资料可用。

4. Encyclopaedia Britannica(《不列颠百科全书》)，从第 9～15 版的 Logic 篇中有资料可用，列举文献也较详细。此书中还有欧洲古代和中世纪的哲学家与逻辑学家的有关资料。

5. Encyclopaedia Americana(《美国百科全书》)中的 Logic 篇亦可参用。

6. Friedrich Ueberweg：Grundris der geschichte der philosophie，1862—1866 年柏林版。我个人认为，此书在西洋哲学史中，就其提出的文献及其略述的资料来说，是最好的一本书。可参考其中关于形式逻辑史，尤其是古代与中世纪部分。该书有英译本(1903 年纽约版)，我国过去有复印本可用，各大学图书馆大都备置。

7. Friedrich Ueberweg：System der Logic und Geschichte der Logischen Lehren，1883 年波恩版。其中颇有些好的资料可用。

8. R. Adamson：A Short History of Logic，1911 年伦敦版。原是《不列颠百科全书》中的一篇，语焉不详，尤其是中世纪部分太略。

9. J. M. Boldwin：Dictionary of Philosophy and Psychology，共 3 大册，1905 年纽约版。此书虽嫌陈旧，但尚可参考。

（二）关于三大形式系统以前逻辑知识存在和传授的情况及文献

概念、判断、推理三大形式系统，据说是由 5、6 世纪间波亚提奥斯根据 3 世纪薄斐略(Porphyry)的《范畴篇导论》提出来的，那么三大形式系统以前逻辑知识的存在和传授以及文献资料方面的情况怎样呢？

关于这个问题，前面提到的 Carl Proutl 的那本书中讲得最详细，Ueberweg 的书也有所论述。兹据我的浅见，谨提出以下几点意见以供参考并希指正：

1. 亚里斯多德的逻辑六篇后称 Organon(《工具论》)，并非亚氏亲自订正的著作，而且是他尝试的研究，未成定论，当然没有系统可言。他的继承人虽然对它有所增加，但无关大体。斯多噶派对之却有所发展，中世纪采入的亦多，但大都沿袭亚氏的意见，在逻辑上把 Dialectic(《辩论术》)

与 Rhetoric(《修辞学》)一并列入,且对本来属于认识论范围的"真理"问题,也谈得很多。伊壁鸠鲁(Epicureous)认为 Dialectic 不是指导行为的正确学说,所以他偏重认识论而以知觉为认识的来源。

2. 薄斐略主要在注释亚里斯多德的《范畴篇》里详细地讲了"五事"或"五言"①。波亚提奥斯(Boethius)②继承之,后世发展为"薄斐略之树"(中世纪教科书,对薄斐略关于物质的逻辑分类作了说明)。关于本质性等问题应联系这一理论来看,否则,没有概念系统的依据是难以确定本质属性是什么的。

愚意认为,亚氏原来所注意的乃是辩论的技巧,兼及推论形式的分析,所以是将推理分析为判断,分析判断为名词(称为"端 terminus"者以此),而不是如后来那样,把这顺序颠倒过来,从概念开始。

亚氏的研究是以语言为根据的,因此,概念与名词、判断与命题、三段论式与推理不予以区别开来。后来欧西③承古代的传统,直至 19 世纪初黑格尔仍是如此。近代数理逻辑偏重形式与公式,也不注意这一方面。

3. 9 世纪左右及其以后,逻辑分为语法、修辞学与辩论术(方法)。到了 10 至 11 世纪,教会垄断了欧西的学术思想,贬低逻辑为神学的附属学科,那就谈不上发展了。当时的口号是"voluntoria certitudo absentium"(不求确实之意,实即盲目信仰)。

可是,由于在中世纪欧西神学思想中存在着有形教会与无形教会之争,从而在逻辑思想上乃着重于唯名论与唯实论之争,即"一般"与"个别"孰实孰虚的问题。9 世纪 Alfarobi(阿尔法拉比)不主"singulare sentitur, universale intelligitur(个别是感性的,一般是理性的)",而提出个别在其形式上存在于理性中,而普遍就其和个别结合着存在而言,也是感性的。这不过是重复亚里斯多德的学说而已。10 世纪的 Avicenna④则认为"五言"本身不是普遍的,也不是个别的。

---

① "五言",又称"五旌"(quinque voces),指种、属、属差、偶性、属性。
② Boethius(480—524 或 525),即波埃斯或波伊提乌。——整理者注
③ 欧西,旧时泛指欧洲、西洋。——整理者注
④ Avicenna,即原名伊本·西拿的穆斯林著名哲学科学家阿维森那(980—1037)。——整理者注

4. 可见，所谓概念、判断、推理三大形式系统恐怕并不是早在 3 世纪的薄斐略甚至不是 5 世纪的波亚提奥斯确定下来的体系，而据我所知，至少要等到大约 12 世纪的阿拉尔（Peter Abelard，1078—1142）学派在亚里斯多德的 De Interprtation 的一种注释里才有所谓"doctrina incomplexiorium"（未结合成分的学说）、"propositionunl"（命题学说）和"et syllogismorum（三段论式学说），亦即概念、判断、推理三形式初步明确地提出。阿尔伯特（Albert Magnus）在 12 世纪中叶分逻辑为"incomplesio"（未结合的成分）与"complexio"（这些成分的结合），进而作出推理。乃至 1250 年，在 Auxerre① 的 Lambert（兰伯特）的 Summa Lamerti 一书中，还是像 Perus Hispanus 的 Compendium 那样，把语法与逻辑的一些材料渗入经院的教义里，他的 Summales Logical 分逻辑为如下七部分：

①De Enunciationes（声明）

②De Universalibus（普遍）

③De Praedicomentis（范畴）

④De Syllogismo（三段论式）

⑤De Locis Dialectices（辩论常识）

⑥De Fallacees（谬误）

⑦De Therminorum Propietatibus（名词性质）

前六部分包括 1140 年以前所知的逻辑，即当时所谓的"旧逻辑"，也就是波亚提奥斯派的亚氏逻辑学说，而最后一部分是新增的材料，讨论所谓"Suppositions"（即名词的扩张，例如，"凡人皆有死"可扩张为"张三、李四等皆有死"等命题），以及"rellative"、"appellation"、"amplication"与"restriction"、"distribution"与"exponibility"等。所以到 13 世纪时，概念、判断、推理这三大形式系统似乎还没有十分明确地形成。关于这一点还可以参看前面提到的 Proutl 与 Ueberweg 的著作。

依我未成熟的意见，逻辑的概念、判断和推理三大形式系统之确定下来并流传至今，恐怕还是要归功于 17 世纪的 Port Royel Logic（《波尔·

---

① Auxerre，法国中部的一个城镇。——整理者注

罗亚尔逻辑》)①二这本书中创见甚少,但文字浅显通俗,所以风靡一时,流传甚广。由于此书在本质上仍是沿中世纪的逻辑观念,重演绎而轻归纳,甚至不能反映当时自然科学的成果;所以只把逻辑局限于概念、判断与三段论式的一种推理的研究,以至影响今日的欧西各国仍然因袭这种格局。尤其在法国,我们可以随便翻阅现在天主教会所用的拉丁文逻辑教本,乃至极为流行的哲学概论如 Poul Jonet 的 Traité élémentaire de le philosophie(1927 年巴黎版)一书便知。后者的逻辑部分中,概念、判断与三段论式一共有 390 页,除应用逻辑外,归纳只有 12 页,而所谓"应用逻辑"部分,虽然有 10 页,但其中不应属于逻辑的材料却占了大部分篇幅。

(三)关于亚里斯多德的三段论

有人认为:对亚氏三段论,格伦补充第四格,兰伯特补充四格公理,汉米尔顿加进了宾词量化,汤姆生规定了 8 种判断公式。是否是这样呢?有无新的看法和文献呢?

关于这个问题,我只简单地指出,与此问题有关的文献大都已见拙著《亚里斯多德逻辑》(1957 年科学出版社出版)一书的第六章。该书是我仓猝之作,有不少未妥之处;原来只是为高等学校形式逻辑教学提供初步的材料,并非对亚氏哲学研究之作,但对于亚氏的三段论式一直发展到现代的情况,已约略谈到,请参阅并指正。

汤姆生的 Law of Thought(《思维规律》)是一本有参考价值的书。遗憾的是,虽然我读过此书,但目前手边也没有。我现推荐另一本书,即 Lukasiewicz Jan 在 1951 年出版的 Aristotle's Syllogistic② 一书。

这本书见解新颖,但愚意以为从逻辑史来看,作者的立论不免武断,他完全以假言推理来解释亚氏的三段论式,似乎是缺乏史料根据的。

---

① 《波尔·罗亚尔逻辑》,又名《逻辑或思维术》,乃由于其著者是波尔·罗亚尔运动的两位领导者 Antoine Arnauld 和 Pierre Nicole。——整理者注

② 鲁卡谢维奇(1878—1956),波兰哲学家,以研究传统的亚里斯多德逻辑而著名。——整理者注

(四)关于批评三段论的观点与文献

罗吉尔·培根,皮特拉,波卡西等人对三段论进行了尖锐而猛烈地批判,16世纪后自然科学家对亚氏逻辑也作过批评。关于这方面的情况及文献材料亦可参见拙著《亚里斯多德逻辑》一书。但关于罗吉尔·培根等人抨击三段论式的文献还可参考前面提到的 Proutl 的著作和《不列颠百科全书》各专论,罗吉尔·培根的先驱 Petrus Ramus [①](彼得·拉姆斯,即 Rierre de La Ramoe,皮培尔·德·拉·拉姆,1515—1572)反对当时经院派的逻辑,认为它不适用。据说,他在 1536 年的硕士学位论文中曾攻击亚里斯多德的学说是荒谬的。1555 年他在用法文写的逻辑著作 Dialectic 中,认为逻辑有两部分,一为发现论证的形式,二为用判断力应用于这些形式。故后来就有人把判断力称为"彼得的第二部分",如某人缺乏判断力时,就被说成为"缺乏彼得的第二部分"。其实,认真说来,拉姆斯并未完全脱离亚里斯多德的逻辑体系。

我几年前曾撰有《培根与其〈新工具〉》一书稿,未刊出,尚待整理[②],其中也有一些这方面的材料。

---

① Petrus Ramus,是 16 世纪法国著名哲学家、逻辑家,他的逻辑学在 16—17 世纪的欧洲极为流行,曾因反对正统的亚氏逻辑而遭迫害致死。

② 此书稿已写出 30 多年,可惜由于种种原因,迄今未出版,现存华中师大"韦卓民遗著整理小组",仍然在"尚待整理"中。

三　浅论科学研究的方法[①]

"科学研究的方法"这个题目很大,涉及面很广,我这里仅根据个人体会浅谈两个问题:一是介绍我本人在国外做科学研究的一些经验,二是泛论科学研究的方法、步骤和应注意的问题。

(一)

我大学毕业时(1910年),曾搞过科学研究,但只是一种尝试,很肤浅。后来在欧美留学做研究生时,才算真正搞科学研究,经受了比较严格的科学锻炼。

当时欧美一些发达国家研究生的研究方式主要有三种①"Seminar",②教师定期指导下的个人研究,③写学位毕业论文。现按个人经验介绍如下:

1."Seminar"。

Seminar 相当于研究班、研讨班、研究小组等,源出于德国。实际上各国的 Seminar 都不尽相同,我们现在的"课堂讨论"也是其中的一种形式,是苏联因袭俄国而传入我国的。在德国大学里,每个研究生专业的 Seminar 都有专设的研究室、资料室和指导教师的个人研究室。我在柏林大学时由于不是正式研究生,只旁听过一个 Seminar,随后在美国哈佛大学研究院,每学期至少参加一个 Seminar。每个 Seminar 通常有10个研究生参加,每周举行研讨会两次,每次2小时。研究生轮流提出论文,大家针对论文提出问题讨论、争辩;然后由指导教师作总结。这是一种很好的学习研究和争鸣的方式。我通过 Seminar 初步练习了搜集材料、组织材料和熟悉文献的方法,锻炼了提出问题、分析问题和解决问题的能力。特别要指出的是我学会了鉴别材料真伪,分辨第一手材料和第二手

---

① 本文是曹方久教授根据韦先生60年代的一次报告的草稿整理加工而成的,具体时间、地点和对象均无记载。曾发表于《华中师范大学学报》1990年第2期。——整理者注

材料的方法,明确了参加学术讨论的基本要求。当我们争论问题时,老师很注意争论时的礼貌和态度。他很反对意气用事,以感情代替理论;要我们培养学术涵养与风度。他说,大家尽可以从不同的角度或方面提出不同的乃至尖锐的反对意见,坚持自己的意见,但同时必须有礼貌地尊重并认真考虑别人的不同意见,如果自己有错误,就要立即承认并修正,不应强词夺理,把维护个人的"面子"置于探讨真理之上。

2. 老师指导下的个人研究。

在美国,一般讲,只有具有一定科研基础的研究生才能开始个人的研究。指导个人研究的教师是在学术上造诣比较深、知识相当渊博的教授。我读哈佛大学研究院时,在一位70多岁的老教授指导下从事个人研究,他对我要求十分严格,同学们都认为他很厉害,不容易接近。我听他讲授一年的课后,他才让我搞个人研究。每周对我个别指导两小时,布置一周的学习和研究的任务,指定必读的参考文献,有200页左右读完后,按规定的时间到他的研究室汇报并回答他的问题。他首先要我简要地汇报读书心得和发现的问题,当我谈到某个问题时,他就要我谈这个问题的另一方面或与此有关联的其他一些问题,要我一并分析。汇报之后,他用半小时的时间对我的汇报进行分析、评价;虽然也有肯定,但主要是批评我的不足和谬误,最后布置下一周的任务。

老师布置的下一周的文献资料每每和上一周的不同;或深度不同,或观点不同,或采用的方法不同,等等。在下周的定时指导时,他就要我指出上下两周文献资料异同之处,如二者观点不同,就问我的观点如何?赞成谁?反对谁?并说出理由和根据。这样一来,每周的定时指导都是一场考试,为了对付这两个小时,我必须天天紧张地学习,刻苦地钻研,反复地思考,兢兢业业不敢稍有懈怠。我正是在这位严师的指导下,较快地掌握了专业知识,锻炼了我对待学问严谨认真的科学态度,提高了独立进行科学研究的能力。可惜的是,由于其他原因我未能在他的指导下写学位论文。我的学位论文是后来在英国伦敦大学完成的。

3. 写毕业论文。

当时英国的大学指导研究生的方式和德、美两国不同,即主要通过写毕业论文来指导。毕业论文与Seminar的论文不同,Seminar也要求写论文,但只是习作性的短篇,一般万把字即可,只解决一个较简单的问题。而毕业论文则是系统性的长篇论文,要求解决前人未解决、甚至未涉及的问题,从而对本专业能作出创造性的贡献。

那时,博士生的毕业论文规定至少要用两年以上的时间。研究生从拟定大纲、搜集、整理和组织材料到写出初稿,每一个环节都要送指导老师审阅并照老师意见修正,这样按部就班地下来,通常要 3~4 年才行。如果材料搜集不很棘手,或事先已经大体搜集就绪,其他环节也比较顺当,两年也可能完成。

在伦敦大学时,导师指导我写博士论文的过程中,很注意培养我搜集材料和研究问题的方法与能力。以下几例可见一斑。

在搜集材料问题上,老师只对我进行一般性的提示,而不具体告诉我搜集哪些材料,怎样和到何处去搜集。他认为,研究生是作为专家来培养的,而未来的专家应该了解本专业各方面的情况;如果还要老师指出论文材料的范围、出处以及搜集的方法,那怎能培养出合格的专家?因此,老师指导我搜集材料时,总是让我钻"烟囱",等我钻得差不多了,他才说,这里不够,那里不行,要我再去钻。开始,我把搜集的材料送他审阅,他说不行,不够。我请教他,应该再如何搜集了,他幽默地说:"在这个问题上,你是专家,我是外行,我只代表学术界对你提意见,找毛病,评论你研究成果的价值,你不要依赖我给你更多的东西。"我对老师的这几句话印象十分深刻,使我认识到,独立研究是一个研究生首先的和起码的职责,不具备这个条件就根本不配当研究生。

有次,在我送审的提纲中提到,陶器在公元前约 5 世纪—前 3 世纪发明于中国,而后才传入东欧。此问题本与我的论文主题无大关系,但碰巧这个观点同英国一位地质学家和一位陶器专家的观点相左。我的老师对此情况颇感兴趣,乃鼓励我深入钻一下这个问题,搜集更多的材料以证实自己的看法,并敢于向那两位专家挑战。我本是研究哲学的,现在要我去钻陶器的发源地及其传播的历史,不免离开我的本行和研究主题而进入地质、考古的领域了,牵涉面太多、太广。但我必须遵照老师的教导去做,我一头扎进图书馆,广泛搜集资料,访问有关专家、学者,终于写出一份有分量的材料,证明了我的观点,驳倒了那两位专家。事后我体会到,老师并不是要我离开本题去钻牛角尖,搞枝节问题;而是借这个问题培养我独立地广泛搜集各种有关资料的能力,开阔我的视野,扩大我的知识面,同时培养我以严肃的科学态度敢于向权威挑战的勇气和创新精神。

还有一事启发颇大:在写论文的过程中,我发现我国宋代的朱熹和古希腊亚里斯多德在一些重大哲学问题上相类似。那么,他们的思想有没有历史的联系?朱熹是否受过亚里斯多德思想的影响?但两位哲人在时间上相距1700多年(一为公元前5世纪,一为12世纪),空间上又远隔重洋,何止万里?加上语言文字的差异,决不能因为两位在哲学思想上有相似之处,就轻率地认为有师承关系。虽然,我国和欧洲早在朱熹之前1400多年已开始通商,但物质的商品交换和抽象的哲学思想的交流毕竟不是一回事。所以,对此问题必须作深入的研究,在掌握大量材料的基础上待证据确凿、理由充足,而后才能作出实事求是的结论。这一问题原来也不是我的论文的组成部分,甚至并无什么直接的联系;但老师却要我作进一步的研究,弄清楚两位哲人究竟有无师承联系,能确证其有固然是成绩,如确证其无当然也是成绩。

在老师的鼓励下,我满怀信心地钻研进去。开始我依据一定的材料,提出了亚里斯多德的思想在朱熹以前传入中国的三个可能性。我的根据是,唐太宗时,大秦景教、伊斯兰教和佛教这三派宗教曾相继传入中国,而宗教语言和哲学语言是有关联的。那么,当时在欧洲盛行的亚里斯多德的哲学就有可能随着这三种宗教之一而传入中国,这就有了三种可能。我按照科研逻辑的方法、步骤,依次验证这三个假设;重新钻研了亚里斯多德和朱熹的有关著作,阅读了上述三种宗教的有关典籍、文献、历史。当时我只掌握了大秦景教和佛教的一些资料,但对于伊斯兰教,我只知一部《可兰经》,特别是对于它传入中国的历史,却一无所知。我不得不请教内行、专家,或登门拜访,或以信函方式求教(英国学者很愿意用通信方式来回答或讨论问题)。我用了半年时间进行钻研、考证,首先否定了其中两种可能性,最后只剩随大秦景教传入这一可能还有一点影子。那时,我到德国请教柏林大学Franke教授(我过去的老师),他找到一篇尚未发表的内部传阅的论文,文中提到亚里斯多德的著作有可能于7世纪时通过大秦景教从叙利亚传入中国,但缺乏具体材料证实。这样,这唯一的可能也不过只是一条据以追查的线索而已,它是不能作为肯定结论的充足理由或论据的。当时,在这个问题上,国内外再没有人比我掌握的资料更多了,因此,我完全可以作出亚里斯多德在朱熹以前没有传入中国,因而两位哲人没有师承关系的结论。这是一个消极的否定性的结论,而科学研究中,真正按科学方法得出的一个否定性的消极结论也是重要的,其价值并不亚于一个肯定性的积极结论。而且更重要的不是在这个问题上得出什么结论,而在经过半年时间对这一问题进行钻研,我不仅读了不少书籍资料,掌握了更多的专业知识,而且大大提高了钻研问题的能力,学会了科学研究的方法。

我在国外做研究生的四年生活中,体会到一个研究生的首要任务,不是听课,甚至不是读许多书,而是在有经验的老师指导下学习科学研究的方法。大学毕了业的人应该具备自学的能力,知道读什么书,如何读书,不需要花多的时间去听课。我虽然也听过不少课,读了不少书(每年约读100本专业书,杂志在外),但我收获最大的则是得到严格的科学训练,锻炼了科学研究的方法。

上述国外培养研究生的三种方式主要是根据个人的经历,有很大的局限,且均为资本主义国家的情况,我们可作为参考,批判地吸取采用。

(二)

人们从事一门学科的研究都包含三种不大相同的活动:即学习、钻研和科学研究。三者是蝉联的、交错的,而在性质上则是有所不同的。

"学习"是一种很广泛的活动。人一生下来,从吃奶起,便是学习的开始。婴儿时期的种种活动,对周围事物的逐步了解、认识,都是步步深入的学习。此后,上小学、读中学就更是学习了。进了大学,学习的范围、内容和质量有了很大的变化,走出教科书和老师所教的圈子,要读许多参考书、报纸杂志,还要走向社会考察、实习,到实验室亲手做实验,这就从比较单纯的接受性学习阶段进入高一层的学习,我把这种比较复杂性的学习称之为"钻研"。随后,在钻研中每每发现不能解决或不完全能解决的问题或者人们在过去未接触过的新问题;以解决这些问题为目的的再学习、再钻研,并用种种科学方法和科学手段来解决问题的过程,我才称之为"科学研究"。科学研究的结果一定是为本门学科或专业作出了或大或小的创造性的贡献。因此,学习、钻研和科学研究是有机关联着的三种活动、三个阶段。由学习发展到钻研、又由钻研发展为科学研究是一个逐步升高、逐步深化的过程。当然,三者并不是截然分开的阶段,是你中有我、我中有你的互相交错的活动。前面的活动是后面的基础,包含有发展为后面的契机;后面的活动是前面发展的必然结果,并包含前面于自身之中。很明显,离开学习和钻研的科学研究是不可想象的;对于一个研究者来说,也不存在单纯的学习或单纯的钻研,而必须在一开始的学习和钻研中,捕捉将要在科学研究中所要发现和提出的问题,为以后的选题打好基础;否则走了弯路,浪费光阴、事倍功半。

在广泛学习、深入钻研基础上开展的科学研究必定是从发现"问题"开始的,没有"问题"就没有科学研究。确定了要解决的"问题",也就确定了研究的方向,确定了研究的对象。一般在学习和钻研时会碰到、发现许多问题的,但并不是所有的问题都可以作为科研的对象。我认为,在选题时要作如下的考虑:

第一,确定为科研对象的"问题"不是灵机一动、随心所欲的问题,也不是冥思苦想出来的问题,而是本学科或本专业在继续向前发展中所碰到的障碍或困难;研究的目的在于排除这些障碍,克服这些困难,为科学的发展创造条件;这样的"问题"才有价值、有实践意义。

第二,作为科研对象的"问题"之提出应是合理的、合逻辑的、同已知的事实不相冲突的。

现以康德在《纯粹理性批判》一书中所研究的中心问题为例来说明以上两点。康德认为,当时哲学认识论面临着一个十分棘手的问题:即自然科学知识都是综合经验而来的"综合判断";按说,经验的知识是没有必然的普遍有效性的,只有"验前的"(或称"先天的")知识才有必然的普遍有效性;可是,自然科学的公理、定理、定律等在事实上又具有这种必然普遍有效性;这应如何解释?他认为,这说明事实上存在着"验前的(先天的)综合判断"。可是,这种"验前的综合判断"是怎样成为可能的呢?这就是康德在《纯粹理性批判》一书中所要解决的根本问题。这一问题的提出符合哲学发展的内在逻辑,是十分合理和顺理成章的。须注意:他的问题并不是"验前的综合判断有无可能"？而是"验前综合判断如何成为可能的"？因为事实上存在着这种判断，谁也不能否认；关键是在他以前谁也没有说明这种判断是怎样成为可能的。这个问题的提出和解决在哲学认识论的发展史上有十分重大的意义，这是康德的一大功绩。

第三，作为科研对象而提出的问题应是前人未曾解决或未完全解决的问题。因此，当提出一问题作为研究对象时，就要首先弄清楚该问题是否有人提出过、研究过？解决的情况如何？这就要求广泛深入地查阅有关文献资料，摸清来龙去脉。查阅专业杂志时，其前号越多越好，以自然科学为例，世界上历史最久的杂志是英国皇家学会的《年报》(Proceedings of the Royal Society)，有 200 多年的历史。据说，我国藏有完备一套的只有清华大学。虽然为了研究现代自然科学的某一个问题，不一定非要查阅 200 年前的记载不可，但至少近几十年的资料是要查阅的。我们现在研究自然科学、历史、哲学、宗教等方面的问题，最感头痛的是文献资料不足，每每数典而忘祖。当然，在科学研究中，应该勇于创新，破除对古人的迷信，但是决不应因此而割断历史的联系，不尊重前人的研究成果，干出枉走弯路、白费力气的蠢事。

"问题"正式确定之后，按照一般的步骤就要根据事实和已有的资料，对所提的"问题"设想出一种或几种可能的答案，这就是"假设"。"假设"是对"问题"作出的、有一定盖然性的结论，但暂时还提不出确认这一结论的充足理由。尽管"假设"只是假定的解答，但在知识的发展上却有很大的意义。科学理论最初都是作为"假设"而产生的，都必须经过"假设"的阶段；从而任何科学都是通过合理的科学"假设"而向前发展的。恩格斯说过：只要自然科学在思维着，它的发展形式就是假说。当然，不仅自然科学，而且人文科学也是如此。

提出"假设"时须注意以下几点：

其一，必需"持之有故，言之成理"。所谓"持之有故"，即指"假设"的提出须依据事实与已有的科学原理。那些凭主观臆造、任意杜撰的假定不是我们所说的"假设"。所谓"言之成理"，乃指根据这一"假设"所推断出来的东西能得到说明；能说明与解释的现象越多，其盖然性程度越高。当然"假设"所引申出来的现象即使存在，并不等于它已是确实可靠的理论;因为这些引申出来的现象可能是其他原因引起的。所以一个"假设"虽然"持之有故、言之成理",它仍然只是盖然性的而不是科学理论。

其二,"假设"虽有事实和客观的依据,但它毕竟是人们对于要解决的问题的主观意见。所以,一个严肃的科学工作者就要勇于在事实面前修正错误乃至放弃已判明为不正确的"假设",改弦更张,提出新的合理的"假设"。如果坚持己见、顽固偏执,就不是科学的态度。所以,主见不可无,而成见则绝不可有。

其三,在某种情况下,一个"假设"表面上似乎和某些事实相违。但事实有简单与复杂、现象与本质、假象与真象等差别。那些没有经过认真观察、分析和筛选的"事实"还不能说就是事实;一般的所谓"事实"之中,常伴有假象等杂质,一经把这些杂质清洗之后,面貌可能大大改观、甚至面目全非了。如有人说他的确看见了"鬼",他认为这是"事实"。但当真相大白后,他所谓的"事实"已不复存在。因此,如果发现某"假设"与事实相违,就需要首先考查并追究这一"事实"是什么样的事实,是真象还是假象,是现象还是本质;而要做到这一点,就必须下一番苦功夫才行。

其四,一般情况下,提出一个"假设"不应同已知的公理、原理、定律或规律相矛盾。但必须注意两点:① 虽然不应相矛盾,但也不是要求基本同一,不是要求提出的"假设"直接可以从某已知的原理推演出来。因为如果可以直接推演出来,就说明"假设"与已知原理基本上是同一的东西,没有任何创见与新意,因而也不是什么科学的"假设"。如果一篇论文表面上似乎对某个问题提出一个假定、设想,而究其实质不过是对某原理、原则的解释与说明,这就没有什么科研价值。② 如一假设和已有的科学理论发生了冲突,不可过早而轻率地否定和放弃此一假设。爱因斯坦最初提出相对论的假设是和牛顿的定律相矛盾的,但相对论这一假设成了新的科学理论,丰富、发展、扬弃了牛顿的理论。非欧几里德几何学的假设并未因与公认的欧几里德几何学相矛盾而被否定,反而发展了几何学。哥白尼的"太阳中心学说"开始只是一个科学假设,它直接与托勒密的"地球中心说"相冲突,但最终被否定的不是"太阳中心说"而是曾被认为神圣不可侵犯的"地球中心说"。科学正是通过否定,打破旧的、不完备的理论,证实新的、更完备的科学假设而向前发展的。

其五，提出科学的假设固然要有破除迷信、勇于创新的精神，但最基本的仍然是尊重事实、实事求是的科学态度。绝不可借口破除迷信而怀疑一切、否定一切。

"假设"的提出与形成，只是解决"问题"的初步阶段，科研工作要继续下去，还要发展假设、检验假设，最后形成真理性的结论。这往往是个漫长的过程，有时一篇论文即可解决一个问题，有时可能需要很多论文和专著来解决；假设需要实践长期地、反复地检验，甚至经过多少年、几代人才能形成科学理论。

科学研究所经历的道路每每是迂回曲折的，研究工作是十分艰苦细致的工作，要付出极大的心血，要做出很大的牺牲，有时刻苦努力很久却收获甚微；可是科研成果正是这样一点一滴逐渐积累起来的。科学研究中通常是一环套一环的没有止境，一个问题解决了，或者尚未完全解决，就又发现了新的问题；解决了一个小问题又冒出一个大问题；有时一个大问题似乎已经解决，但仔细一检查，原来还有许多小问题尚未解决。往往越钻问题越多，"剪不断、理还乱"，深感自己知道的太少、太少，而未知的却很多、很多。在科研的道路上既要自信，但不能自满；既要虚心，但不能心虚。要充满信心，谦虚谨慎而又大胆地钻进去，走下去，最终一定会出成果的。

整理者后记

本卷为《韦卓民全集》第九卷逻辑学研究部分,由《形式逻辑纲要》、《亚里斯多德逻辑》、《培根与其〈新工具〉》和《其他逻辑学论文》四部分构成。

其中的《形式逻辑纲要》(定稿于1958年5月7日)和《培根与其〈新工具〉》(定稿于1956年12月19日)皆为手稿,未曾正式出版;《亚里斯多德逻辑》已于1956年在科学出版社公开出版;《其他逻辑学论文》中的三篇论文曾先后发表于《华中师范学院学报》,并于1997年再次收录于高新民先生选编的《韦卓民学术论著选》(华中师范大学出版社1997年版)中。

在整理过程中,我们进行了如下分工:《形式逻辑纲要》正文部分由丁泽华、高梦娇和张卫国录入,由丁泽华、高梦娇和杨士柱初校,附录部分由杨士柱录入,由田辉初校;《亚里斯多德逻辑》由田辉录入和初校;《培根与其〈新工具〉》由张舟录入并校改;《其他逻辑学论文》由杨士柱录入,由田辉校对;张卫国负责前两本书的外文订正、逻辑推导校对和复校,以及全卷的统稿工作。

这次整理在尽可能地理解韦先生的思想和尊重其创作风格的前提下,对下述方面作了订正、修改:(1)对不符合现代汉语习惯和现代人阅读习惯的表达作了必要的调整;(2)按现行规范对标点符号作了改动;(3)对过时、不通行的人名、地名、术语根据新的规范作了必要的改动;(4)增加了少量的整理者的注释,删去了一些不必要的中英文注释;(5)花较大气力对繁体字和连写的且不清晰的外文单词作了规范的处理。

张卫国

2014年10月30日

出版后记

韦卓民先生(1888—1976),广东珠海人,我国著名的翻译家、哲学家、教育家,曾长期担任华中大学校长(1929—1951年)。韦先生毕业于文华大学,曾留学美国、英国,先后获哈佛大学哲学硕士学位和伦敦大学哲学博士学位,精通英、德、法、俄等多种外语,学贯中西,尤其是在康德哲学、黑格尔哲学、逻辑学、宗教学方面造诣很深。他毕生致力于沟通中西文化,在西学东渐、弘扬中国传统文化方面作出了巨大贡献。整理、出版《韦卓民全集》(11卷)对全面展示、传承韦卓民先生的学术成就,弘扬他的爱国精神和教育思想具有重要的文化价值和现实意义。

华中师范大学有一批富于抢救保护学术珍品责任感的领导和学者,一直在不计得失地付出。如上世纪八九十年代,以章开沅教授为首的校领导组织成立了韦卓民遗著整理小组,与韦先生一同工作过的曹方久(已去世)教授,敬仰韦先生学问与人品的唐有伯、高新民、王宏维等教授,一直在搜集、整理韦先生的遗著。华中师范大学出版社从20世纪90年代起就开始陆续编辑出版韦卓民先生的译著系列及相关研究,出版有"韦译哲学名著研究系列"及关于韦卓民研究的重点图书260多万字,包括《康德哲学讲解》、《康德〈纯粹理性批判〉解义》、《康德哲学原著选读》及《韦卓民学术论著选》等书。其后,由于经费和人手的紧张,仍有约700万字的译稿和文章等未能整理出版。所幸2013年湖北省新闻出版广电局启动了湖北省学术著作出版专项资金资助项目,11卷本的《韦卓民全集》获得资助;一贯重视韦卓民著述出版的珠海市委宣传部对该套书的出版也给予了高度重视和经费上的有力支持;还有马敏、余子侠、高新民、刘家峰等老师也为全集的出版不计名利地做了大量工作。特别要说明的是,韦卓民先生的后人对全集出版给予了无私的帮助,他们承诺放弃稿酬。根据他们的建议,出版社和他们商定全集出版后开付的稿酬,将作为"韦卓民奖励基金",用于研究韦卓民先生著述的出版及相关的学术活动。在此,对这些一直关心、支持全集出版的所有同仁一并致以诚挚的谢意!

《韦卓民全集》的书稿形式繁多而复杂,除有大量手稿外,还有一些是从图书馆和档案馆拍摄的图片资料;手稿的大部分存放于华中师范大学档案馆,少部分保存在韦先生亲属手中,还有部分资料被收藏在英国和美国的大学图书馆。韦卓民遗著整理小组力求尽量把海内外所藏相关文献搜罗完备,整理出版。此次出版的《韦卓民全集》包括韦卓民生前已公开出版的各类作品和从未刊发的手稿、书信等,总体上分为翻译书稿和研究论著两大类,并按照哲学、逻辑、教育、宗教及文化等板块进行分卷,共11卷。

由于《韦卓民全集》绝大部分为翻译作品,如康德的《纯粹理性批判》、《康德的经验形而上学——〈纯粹理性批判〉上半部分注释》、《判断力批判》及卡斯拉的《康德〈判断力批判〉解义》、《康德哲学原著选读》,斯密的《康德〈纯粹理性批判〉解义》等,都是深奥难懂的哲学著作;加之韦卓民先生生活的年代和当时的行文习惯,书稿中有些说法和表述与现在的语言文字规范及出版规范有较大出入,但又不能按现在的要求径改,只能采取尊重历史、适当变通的原则进行特殊处理,现分述如下:

1. 关于标点符号。书稿中有很多不是分句而使用分号,不必断句而使用逗号,在"与"、"和"等之前使用标点的情况,还有在破折号前使用逗号和句号,以及括号中的内容单独列出并在句末用句号的情形等。这是当时的行文特点及作者的表达习惯,只要不影响对文意的理解,一律保持原貌;但如果导致无法理解,甚至是明显的错误,才按现在的规范予以改正。

2. 对书稿中的有些字词与现在的说法有出入的处理。如把"钥匙"写作"锁钥"、"介绍"写作"绍介"、"终究"写作"终久"等,都一仍其旧;还有一些不符合现在的用词规范的,如"已曾"、"看成是"、"涉及到"等,只要不影响对内容的理解,亦未作改动。

3. 全集的注释很多,且形式繁杂。有大量简写的,如"A713 即 B741"是指康德《纯粹理性批判》两个不同版本的页码;有很多注项不全的,如"见书之第 12 节";同一文献资料有多种说法的,典型的如华特生的 The

Philosophy of Kant Explained 一书,韦先生有时简译为《解康德》,有时译为《释康德》,更多的时候译为《康德解》等等。编审人员不宜按照现有的规范统一,注项不全的也因资料有限而没法补充完整。为了尽可能保持原貌,更为避免造成新的错误,只能大致统一。

4. 正文内容的层次复杂,很多并没按现在通行的层次表达形式。同一层次的内容,有用 A、B、C……表示的,也有用 a、b、c……表示的,还有用(1)、(2)、(3)……表示的等,甚至同一层次的内容,其表现形式也不统一。考虑到没有错误,均未径改。

5. 有些表述虽不合适,但明显属于个人的写作习惯。如书稿中经常用"而"表递进关系,还有很多"是……的"句式,但有的"是……"后面没有"的"字等。虽然改了更符合现在的规范,但文中此类表述甚多,考虑到这种表述不影响读者的理解,亦未擅改。

6. 全集中还有少部分英文内容,原稿中同一个英文单词既有英式拼写,也有美式拼写,专用词的大小写亦不统一,同一地名的写法不尽相同,还有作者在书信后的署名写法不尽一致,为了保持作品原貌,亦未全书统一,仅在同一篇章或同一书信中统一。

韦卓民先生行文的特殊性还有不少,书稿的编校需要特别对待之处也很多,在此不一一赘述。

与大多数 20 世纪上半叶人物文集整理出版的难度大一样,《韦卓民全集》书稿的整理、编审难度远远超乎我们的想象。书稿除了少部分成书外,绝大部分都是图书馆和档案馆存放多年的手稿,编校这类书稿的难度有三:一是书稿中有大量非规范的简化字、繁体字、异体字,并夹杂有德文、英文、法文、拉丁文、希腊文等外文,且字迹难以辨认;二是书稿存放时间太久而导致的字迹脱落或模糊不清;三是由于书稿的专业性太强而难于理解。这不仅给书稿的收集整理增加了难度,对编审和校对人员也是极大的挑战。为了使文集尽量保持韦先生写作的原貌,也为了最大限度减少书稿的差错,编校人员反复查阅原件,并多次到图书馆、档案馆通过复印、拍照等方式获得资料进行核对和辨认。这仅仅有负责、敬业的精神和认真、细致的态度是不够的,编辑同人是怀着对韦先生的景仰之情和对学术的敬畏之心来做这套书的。我们有理由相信,《韦卓民全集》的出版将为学术界提供一个全面研究韦卓民先生的最佳文本,也将为西方哲学、教育学和宗教学等的研究提供重要的学术资源。同时,韦卓民作为研究中西方文化的先贤,其全集的刊行也将进一步推动中西方文化的交流与合作,为我国当下的学术发展与文化建设起到积极作用。

本社
2016 年 3 月 10 日